橿原考古学研究所 編

橿原考古学研究所論集 第十七

創立80周年記念 ―空間・ひと・装飾―

八木書店

口絵 1　中西遺跡弥生時代前期水田遺構と現代の水田
　　　　（第 26 次調査区上空から北東を望む、遠方中央に畝傍山）

口絵2　飛鳥京跡出土の海老錠
　　　（左：飛鳥京跡苑池第8次調査出土の牡金具
　　　　右：飛鳥京跡第15次調査出土の牝金具）

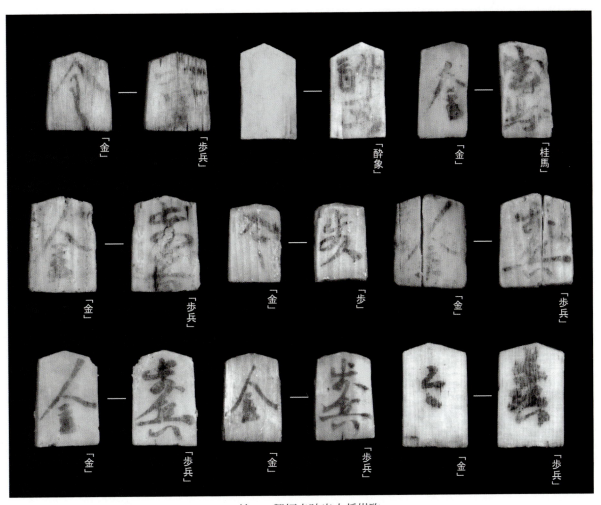

口絵3　興福寺跡出土将棋駒

序　文

　奈良県立橿原考古学研究所は、本年創立80周年を迎えました。昭和13年（1938）9月13日に、奈良県史蹟名勝天然記念物調査会による皇紀2600年記念事業に伴う橿原遺跡の発掘調査事務所として発足してから、80年を閲しました。研究体制を整えるとともに、設備更新なども進めて、無事に本年を迎えることができましたことは、皆様のお力添えがあったことと、心より感謝申し上げます。

　橿考研はこの機会に気持ちを新たにし、先輩方が積み重ねられてこられた成果をもとに、国内外の考古学研究の中核施設としてさらに進歩していくよう真摯に取り組んで行く覚悟です。今回の創立80周年記念論集が、「空間・ひと・装飾」をテーマとしましたのも、橿考研の考古学・古代学に関する研究の質を高めることが、歴史の「空間」を広げ、そこに集う「ひと」の輪を育て、それによってひとびとのこころを豊かに「装飾」することにつながることを願ってのことです。昭和38年（1963）に本研究所の記念論文集の第1冊として「近畿古文化論攷」を刊行し、その後5年に1度刊行して、本冊で17冊目となりました。

　最後になりましたが、本書の出版を助成していただきました公益財団法人由良大和古代文化研究協会、ならびに本書の編集・出版で大変お世話になりました八木書店古書出版部の皆様に感謝を申し上げ、序文といたします。

　　平成30年9月13日

奈良県立橿原考古学研究所
所長　菅谷文則

―― 例　言 ――

1. 本書は、奈良県立橿原考古学研究所が昭和38年（1963）以来5年毎に刊行する『橿原考古学研究所論集』の第17冊であり、奈良県立橿原考古学研究所創立80周年記念論集である。

2. 本書では、「空間」・「ひと」・「装飾」のテーマを設け、それぞれに即した考古学・古代史などの論考33本をおさめた。

3. 本書の構成は、「空間」・「ひと」・「装飾」のテーマの順とし、各テーマのなかでは、対象とする時期・地域・器物を勘案した配列とした。

4. 本書は、公益財団法人由良大和古代文化研究協会からの出版助成を受けた。

目　次

カラー口絵

序　文 .... 菅谷文則　i

例　言 ii

空　間 1

日本における初期水田の構造と湛水機能の時空間的変異
　―秋津遺跡の事例解析から― .... 稲村達也　3
摂津地域の庄内形甕生産に関する予察 .... 岩越陽平　10
日本における先史から古代の広場　―人々が集う場（広場）の考古学― .... 橋本裕行　17
畿内における竪穴式石槨の石材・石棺材の変遷 .... 奥田　尚　23
3世紀の宗像・沖ノ島と大和・三輪山 .... 石野博信　30
古墳時代研究と削平・埋没古墳 .... 菅谷文則　34
今城塚古墳と新興中小規模古墳の動静 .... 田中晋作　40
「原畿内」領域西辺の特異な古墳・三題 .... 森岡秀人　48
新沢千塚を考える .... 河上邦彦　56
前期難波宮孝徳朝説の検討 .... 泉　武　66
難波長柄豊碕宮から後飛鳥岡本宮へ .... 重見　泰　78
飛鳥寺北方における条里地割の再検討　―「八釣道」古道説に関連して― .... 入倉徳裕　85
東アジアの都城遺跡と世界遺産 .... 山田隆文　92

ひと 101

山西省忻州市九原崗北朝墓群1号墓の年代と被葬者について ……… 蘇　　哲 103
飛鳥河の傍らの嶋家・嶋宮（岡宮）と飛鳥河辺行宮
　　―2人の皇祖母命の居所とも関係して― …………………………… 西本昌弘 112
「山岳寺院」の成立 …………………………………………………………… 森下惠介 122
信貴山寺資財宝物帳 ―翻刻と覚書― ……………………………………… 東野治之 127
天孫降臨と日向と隼人と ―なぜ日本の歴史は日向から始まるのか― … 田中久夫 132
常陸における弥生時代の紡錘車 …………………………………………… 茂木雅博 143
田下駄は農具といえるのか ―分布状況からみた田下駄の用途に対する予察― … 本村充保 154
土器炉の検討 ―近畿地域の鎔銅技術の基礎的研究（Ⅱ）― …………… 北井利幸 162
長方墳から双方墳へ ―河内二子塚古墳の築造の背景― ………………… 泉森　皎 169
ヨモツヘグイと渡来人 ……………………………………………………… 坂　　靖 177
韓式系羽釜と移動式カマドからみた日韓交渉の一様相
　　―尼崎市平田遺跡・吹田市五反島遺跡出土資料を中心に― ………… 中野　咲 185
陶棺と土師氏 ………………………………………………………………… 絹畠　歩 193

装飾 ……199

同形三角縁神獣鏡3面の鋳造・研磨・装飾性
　　―黒塚古墳出土2号・27号・33号鏡の程度評価による生産状況の一考察― …… 三船温尚 201
倭鏡と仿製三角縁神獣鏡における挽型使用形態の検討 ………………… 水野敏典 209
三角縁神獣鏡製作技術把握への小考 ―挽型共有説の検証― …………… 清水康二・宇野隆志 216
大谷今池2号墳出土の繊維痕跡 …………………………………………… 髙木清生・奥山誠義 225
葛城地域における飛鳥時代後半の軒瓦の展開 …………………………… 大西貴夫 232
徳興里古墳壁画図像の系譜関係 …………………………………………… 東　　潮 239
弥生時代の巫覡小考 ………………………………………………………… 豊岡卓之 246
「戈と盾をもつ人物」像の弥生絵画 ……………………………………… 岡﨑晋明 254

付載：奈良県立橿原考古学研究所5年間（2013～2017年度）の主な歩み ……… 263
執筆者紹介 …………………………………………………………………… 271

空間

日本における初期水田の構造と湛水機能の時空間的変異
―秋津遺跡の事例解析から―

稲村 達也

はじめに

日本に水田稲作が導入された弥生時代前期の初期水田のすがたの復元は、考古学や歴史学を発展させるばかりでなく、社会的な関心に応えることができる。中国において3000年前までに非脱粒性を獲得したジャポニカ型栽培イネ系統が野生イネから選抜され、日本へ導入されたと考えられている（Konishi et al. 2006）。人々は、より多くのコメを得るために、野生イネに特有な脱粒性を無くし種子の数・サイズを大きくするなどのイネの栽培化を図りながら、それの生育する場所と栽培管理の改良を続けてきたと考えられている（佐藤2009、稲村ほか2013）。

日本に上陸した水田稲作がわずか300年間で北九州から中国、近畿、東北へと展開している。弥生時代の初期水田稲作を対象とした調査では、水田の形状・大きさ・配置、水利施設の変遷などが明らかにされている（藤原ほか1989、高谷・工楽1988、岡田2017）。また、DNA分析によって弥生時代のイネ品種の特性解析が進められている（佐藤2007）。しかし、この時代のイネの生育の場がイネを育てるためにどのように形成・管理されていたかは詳細に明らかにされていない。人々は水田に水を蓄えることで、雑草の抑制、灌漑水由来の種々の栄養素の蓄積、および乾燥害からの回避などを図ってきた。弥生時代前期の小区画水田は、あぜによって囲まれていることから水を蓄える機能を期待したものであったと考えられる。しかし、このような弥生時代の個々の水田を対象とした湛水機能[1]に関する考古学的調査や農学的調査の事例は極めて少ない。

そこで、本研究では、弥生時代前期の小区画水田を対象に、水田の管理で最重要な湛水を支配する水田の構造と、湛水機能との関係の経時的変化と空間変動を農学的・考古学的視点から調査・解析することで、弥生時代前期における水田の構造とその管理の変遷の一部を明らかにした。

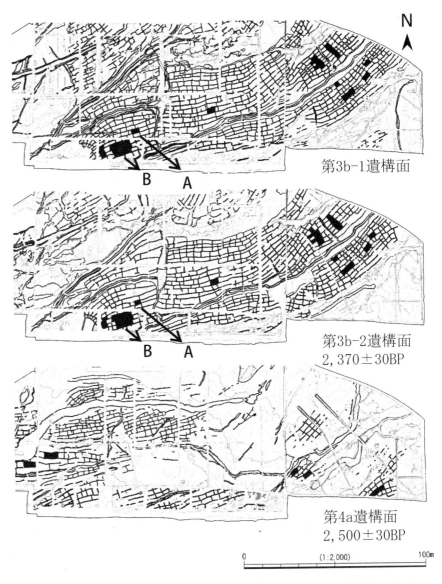

図1　秋津遺跡　第3b・4a遺構面と調査対象の小区画水田（黒塗りつぶし）
（橿考研提供画像より作成）

1 調査遺跡の概要

調査の対象とした奈良県御所市所在の秋津遺跡で検出された弥生時代前期の水田遺構では、水田が洪水砂層を挟んで、弥生時代前期末（第3b－1遺構面）、同前期後葉（第3b－2遺構面）、同前期前半（第4a遺構面）の3期分残存している（図1）。それぞれの遺構面で残存している水田を、新しいものから順に水田（末）、水田（後葉）および水田（前半）と呼ぶことにする。

水田（末）と水田（後葉）の間には時として薄い細砂層があり、両者の水田の形やあぜの方向はほぼ同一で、水路の位置なども踏襲している。水田（後葉）と水田（前半）との間層は厚い砂礫層となっている。さらに、水田（前半）の形は水田（末）や水田（後葉）とほとんど変わりないが、あぜの方向が異なっている。第4a遺構面（弥生時代前期前半）では、第3b－1遺構面（同前期末）や第3b－2遺構面（同前期後葉）で検出された水路や堰などは確認されていない。このことから、弥生時代前期前半に緩い傾斜面に最初に水田（前半）が拓かれた後、氾濫によって水田が埋没し、低いところを埋めるように堆積した砂礫によってやや平坦化したその上に、再び水田（後葉）が拓かれたのだと考えられている。

2 調査の方法

奈良県御所市所在の秋津遺跡での現地調査を、2011年11月から2014年7月にかけて断続的に行った。調査対象とした水田遺構は、弥生時代前期末の水田32筆、同前期後葉の水田32筆および同前期前半の水田7筆である（図1）。

小区画水田の構造を明らかにするため次の手順で土壌採取と調査を行った。

①図1のA水田において、検土杖（長谷川式大型検土杖）を用い傾斜方向に10cm間隔で直線上の30地点の土柱（φ17mm）を採取し、土柱の土壌表面から作土[2]またはあぜの表面および底面までの長さを計測した。そして、別途測定した土壌表面の標高に基づいて作土の表面と底面、あぜの表面の標高を求めた。作土内で最も低い作土の底面から各採取地点での各作土の表面またはあぜの表面までの距離をそれぞれの高さとした。同様に、各採取地点での各作土の底面の高さを求めた。10cm間隔で測定した作土表面および底面の高さの空間変動を解析し、これらの高さの空間依存性を調査するのに最適な測定間隔40cmを求めた。空間変動解析には、GS+（Version3.1 for windows, Gamma Design Software, Plainvill, MI）を用いた。

②この最適測定間隔40cmに基づいて、全調査水田に

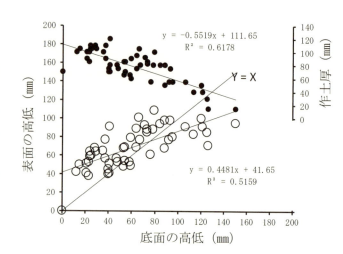

図2　作土底面の高低と作土表面の高低および作土厚との関係（図1のA水田）

おいて、40cm×40cmメッシュで土柱を採取し、前述の方法で各採取地点の作土の表面と底面、あぜの表面の高さを求めた。

③作土表面の均平化の程度は、調査対象とする小区画水田内の各土柱採取地点（40cmメッシュ）における作土底面の高さと作土表面の高さとの関係の一次回帰直線の傾き（図2）より求めた（式1）。

作土面の均平度＝1－回帰直線の傾き　………式1

④非湛水面積割合は、小区画水田の下流側のあぜの平均高まで湛水した場合に露出する水田面積の割合とし、式2によって求めた。

非湛水面積割合＝A/B　……………………式2
　A＝平均畔高より高い作土面の土柱採取地点数
　B＝土柱採取地点数

⑤測定後の作土を風乾後ボールミルで微粉砕し、全窒素、全炭素と炭素安定同位体比（$\delta^{13}C$）を京都大学生態学研究センターにおいて同位体比質量分析計（Thermo Fisher delta V、delta S）で計測した。そして、C_4植物[3]起源炭素の割合は米山（1996）によって求めた。

3 小区画水田の構造と湛水機能の経時的変化

弥生時代前期前半、同前期後葉そして同前期末にかけて、小区画水田の構造と湛水機能がどのように変化したかを知るために、水田（末）、水田（後葉）および水田（前半）における湛水に関連する諸形質と非湛水面積割合を表1に示した。

あぜを含まない水田の長辺と短辺の長さは、有意では

表1　湛水に関連する諸形質と
非湛水面積割合の水田間比較

			水田 (末) (N=32)	水田 (後葉) (N=32)	水田 (前半) (N=7)
水田の 形状[注1]	長辺の長さ	cm	286 [a]	286 [a]	353 [a]
	短辺の長さ	cm	174 [a]	174 [a]	211 [a]
作土と あぜの 特性	作土の厚み	mm	35.9 [a]	41.2 [a]	20.0 [b]
	作土面の均平度[注2]		0.351 [a]	0.384 [a]	0.111 [b]
	作土面の高低差	mm	41.7 [a]	54.6 [a]	45.1 [a]
	作土面の傾斜	m/m	0.0146 [a]	0.0139 [a]	0.0047 [a]
	あぜの高さ	mm	53.5 [a]	62.3 [a]	34.9 [a]
作土土 壌の化 学性	全窒素	%	0.051 [a]	0.087 [b]	0.071 [ab]
	全炭素	%	0.689 [a]	1.264 [b]	1.108 [b]
	C_4植物起源炭素の 割合[注3]	%	10.3 [a]	26.8 [b]	35.9 [b]
非湛水面積割合[注4]		%	43.5 [a]	53.3 [ab]	70.2 [b]

表中の数字は平均値
数字の右肩のアルファベットが同一の場合、5%水準で有意差が
無いことを示す
注1）あぜを含まない水田面の形状
注2）図2参照
注3）米山1996
注4）下流側のあぜの平均高まで湛水した場合、露出する水田面
積の割合

ないが、水田（前半）において水田（末）および同（後葉）に比較してやや大きい。これは、水田（前半）が水田（末）や同（後葉）と比較して傾斜がやや緩やかな場所に拓かれた水田であったためと考えられた。

作土表面の均平化の程度は、水田（前半）と比較して水田（末）および同（後葉）で有意に高く、同様に作土の厚みも水田（前半）と比較して水田（末）および同（後葉）で有意に増していた。このことから、弥生時代前期末および同前期後葉において、作土底面が高い場所では作土の厚みを薄くし、そして作土底面が低い所では作土の厚みを増すことで、作土表面（以下、作土面と略）の均平化を弥生時代前期前半と比較してより積極的に図っていたことがうかがえた。そして、作土の厚みの調整は作土が厚いほど容易と考えられ、弥生時代前期後葉および同前期末における積極的な均平化には作土の厚みが貢献していた可能性が示唆された。一方、作土面の高低差に水田（末）、水田（後葉）、水田（前半）の間における改善は認められなかった。あぜの高さは有意ではないが水田（末）および同（後葉）において水田（前半）と比較してやや高い傾向が認められた。

非湛水面積割合は弥生時代前期末において同前期前半

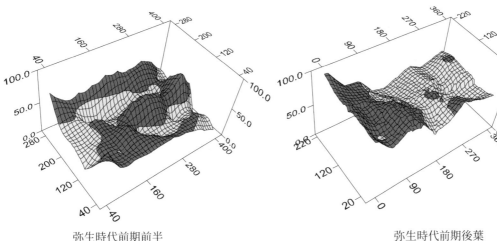

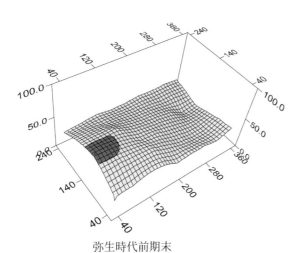

図3　湛水機能の変遷

図は1枚の水田を、曲面は作土面の凹凸を表す。曲面の黒色は平均あぜ高まで湛水した時に水面から露出する部分を示す。図の高さの単位はmm、長辺・短辺はcm。

と比較して有意に大きく低下、すなわち湛水機能が向上していた。この湛水機能の向上は、弥生時代前期後葉の水田の上に拓かれた同前期末の水田における上述した水田構造の改良に起因すると考えられた。そして、水田（末）の C_4 植物起源炭素の割合は、水田（後葉）と水田（前半）のそれらと比較して有意に低かった。以上のように、弥生時代前期前半の小区画水田では、非湛水面積割合および C_4 植物起源炭素の割合が高い傾向にあることから、水不足がちな状態にあり乾燥や高温に強い植物（C_4 雑草）が優占化していたと想定された。この結果は、水不足がちな水田（湛水機能の劣る水田）では C_4 雑草が優占するとの知見（荒井・宮原 1956、松中 1999）と一致すると考えられる。

以上の解析結果は、弥生時代前期前半から同前期後葉・同前期末にかけての水田構造の改善（作土面の均平化とあぜの高さ）と、これに伴う湛水機能の改善（非湛水面積割合や C_4 植物起源炭素の割合の低下）の存在を示唆すると考えられた（図3）。一方、弥生時代前期前半の小区画水田は、湛水にかかわる水田の構造（水田面の均平化、あぜの高さ）と水田の湛水機能が劣っていた。すなわち、作土面の均平度が低いにもかかわらず、作土面の高さに対して相対的にあぜの高さが低いことがあげられた。更に、弥生時代前期後葉・同前期末の小区画水田で検出された水路や堰などが確認されていない。これらのことから、弥生時代前期前半の小区画水田では積極的に灌漑するのではなく、降雨にたよる天水田[4]のような利用形態であった可能性が示唆されると考えられる。

なお、調査したすべての小区画水田では、すき床[5]が検出されていない。水田での湛水の程度は、水田へ流入する水量と水田から流出する水量とのバランスで決まる。すなわち、すき床が無い水田（縦方向への水の流出が大きい水田）では、灌漑施設が改良され水田への流入水量が少々増加しても、水田が相対的に大きすぎればその表面を水で覆い隠すことはできない。水田の形状と大きさは立地する地形（等高線の形状）と当時の技術に大きく依存し、小区画水田もこれらの結果と考えられるが、当時の水田の区画が小規模となった要因としてすき床の有無も無視できないと考えられる。

4　湛水機能と水田構造との関係

前述したように、弥生時代前期における小区画水田の構造（作土表面の均平度とあぜの高さ）の改善が、湛水機能の向上（非湛水面積割合や C_4 植物起源炭素の割合の変化）をもたらしたと推定された。そこで、湛水に関与する水田構造のどの要素が湛水機能の向上に寄与していたかを

表2　非湛水面積割合と作土面の均平度、高低差およびあぜの高さとの相関関係

		単相関係数	偏相関係数	偏回帰係数
水田 （末） (N=29)	作土面の均平度	0.174 NS	0.125 NS	0.149 NS
	作土面の高低差	0.211 NS	0.533 **	0.012 **
	あぜの高さ	-0.062 NS	-0.538 **	-0.012 **
水田 （後葉） (N=28)	作土面の均平度	-0.195 NS	-0.072 NS	-0.070 NS
	作土面の高低差	0.314 NS	0.538 **	0.009 **
	あぜの高さ	-0.114 NS	-0.437 *	-0.007 *
水田 （前半） (N=7)	作土面の均平度	0.192 NS	0.247 NS	0.572 NS
	作土面の高低差	0.815 *	0.693 NS	0.018 NS
	あぜの高さ	0.657 NS	-0.317 NS	-0.007 NS

NSは有意で無い。*、** は5％、1％水準で有意。

明らかにするために、弥生時代前期末、同前期後葉、同前期前半における、非湛水面積割合と水田の構造（作土面の均平度、作土面の高低差およびあぜの高さ）との関係を解析した（表2）。

水田（末）および水田（後葉）では、非湛水面積割合は作土面の高低差との間に有意な正の偏相関の関係に、あぜの高さとの間に有意な負の偏相関の関係にあった。そして、作土面の高低差とあぜの高さの偏回帰係数の絶対値がほぼ等しいことから、非湛水面積割合に対する両者の寄与の程度はほぼ等しいと考えられた。すなわち、非湛水面積割合の抑制に対して、作土面の高低差の抑制とあぜの高さの維持はほぼ等しく影響していたと考えられる。

一方、水田（前半）では、非湛水面積割合は作土面の高低差とあぜの高さとの間に有意な偏相関関係になかったが、作土面の高低差との間にやや大きな偏相関係数（0.693、P=0.194）が認められた。

この様に、弥生時代前期前半、同前期後葉から同前期末になると、湛水機能を向上させるために、作土面の高低差を小さくすると共に、あぜの高さを高くする管理が実施されていた可能性が示唆された。

5　小区画水田の構造と湛水機能の空間変動

棚田は水田の長辺側の畦畔を等高線に添わせる。しかし、調査対象とした小区画水田では、等高線に直交する方向に長辺側の畦畔を平行に長く配し、その畦畔間をやや低い短辺あぜで仕切ることで連続する小区画水田を配置していた（図1）。所々の短辺畦畔に設置された水口・水尻から想像されるのは、長辺畦畔間を標高の高い小区画水田から標高の低い下流側の小区画水田へと灌漑する田ごし灌漑の存在である。このような灌漑方式が推定される水田遺構において、その構造と湛水機能がどのように空間変動していたかを知ることは、連続した水田における水田管理の実態解明につながると考えられた。

表3 標高別で見た水田の構造と湛水機能
（弥生時代前期末）

			上位田	中位田	下位田
作土面の標高		m	98.291 [a]	98.223 [b]	98.134 [c]
水田の形状	長辺の長さ	cm	307 [a]	293 [a]	400 [a]
	短辺の長さ	cm	247 [a]	207 [a]	200 [a]
作土とあぜの特性	作土の厚み	mm	26.5 [a]	36.2 [b]	36.8 [b]
	作土面の均平度		0.629 [a]	0.399 [a]	0.441 [a]
	作土面の高低差	mm	23.7 [a]	40.5 [ab]	56.6 [b]
	作土面の傾斜	m/m	0.052 [a]	0.111 [a]	0.097 [a]
	あぜの高さ	mm	29.2 [a]	57.6 [ab]	73.2 [b]
	あぜの高さ／作土面の高低差		1.25 [a]	1.46 [a]	1.48 [a]
作土土壌の化学性	全窒素	%	0.048 [a]	0.048 [a]	0.047 [a]
	全炭素	%	0.611 [a]	0.636 [a]	0.641 [a]
	C_4植物起源炭素の割合	%	14.1 [a]	11.6 [a]	12.2 [a]
非湛水面積割合		%	0.766 [a]	0.711 [a]	0.333 [a]

表中の数字は平均値。
数字の右肩のアルファベットが同一の場合、5%水準で有意差が無いことを示す。

表4 標高別で見た水田の構造と湛水機能
（弥生時代前期後葉）

			上位田	中位田	下位田
作土面の標高		m	98.201 [a]	98.155 [b]	98.067 [c]
作土とあぜの特性	作土の厚み	mm	57.4 [a]	35.1 [b]	40.8 [b]
	作土面の均平度		0.613 [a]	0.149 [a]	0.237 [a]
	作土面の高低差	mm	62.8 [a]	47.9 [a]	61.9 [a]
	作土面の傾斜	m/m	0.078 [a]	0.106 [a]	0.112 [a]
	あぜの高さ	mm	68.5 [a]	72.3 [a]	83.9 [a]
	あぜの高さ／作土面の高低差		1.09 [a]	1.63 [a]	1.36 [a]
作土土壌の化学性	全窒素	%	0.084 [a]	0.079 [a]	0.075 [a]
	全炭素	%	1.133 [a]	1.105 [a]	1.09 [a]
	C_4植物起源炭素の割合	%	31.2 [a]	29.5 [a]	29.4 [a]
非湛水面積割合		%	0.677 [a]	0.617 [a]	0.497 [a]

表中の数字は平均値。
数字の右肩のアルファベットが同一の場合、5%水準で有意差が無いことを示す。

そこで、図1の地点Bにおける連続する9筆の弥生時代前期末および同前期後葉の水田を対象に、湛水に関連する諸形質と非湛水面積割合の空間変動を解析した。解析では、対象とする9筆の小区画水田を標高によって上位田（水田①、②、③）、中位田（水田④、⑤、⑥）および下位田（水田⑦、⑧、⑨）に区分した（図4）。区分した上位田、中位田と下位田の標高は、弥生時代前期末では有意に異なり、上位田と中位田および中位田と下位田との標高差は68mmおよび89mmであった（表3）。同様に、弥生時代前期後葉で有意な標高差はそれぞれ46mmおよび88mmであった（表4）。

非湛水面積割合は、弥生時代前期末と同前期後葉ともに、有意ではないものの上位田に比較して下位田で低く、それぞれ上位田比43.5%および同73.4%に抑制されていた（表3、表4）。前述したように、非湛水面積割合は面の高低差を低くするとともにあぜを高くすることで抑制されていたと考えられた（表2）。ところが、弥生時代前期末において、あぜの高さは上位田と比較して下位田で有意に高かったものの、作土面の高低差は上位田と比較して下位田で有意に大きかった。一方、作土面の高低差に対する相対的なあぜの高さ（あぜの高さ／作土面の高低差）は、有意ではないものの上位田と比較して下位田で大きくなっていた。また、同前期後葉でもほぼ同様の傾向が認められた。これらの結果は、湛水機能の向上に対する、作土面の高低差の抑制と比較した、あぜの高さの維持の重要性を示唆していると考えられる。

次に、連続する9筆の小区画水田における湛水関連形質の空間変動を図4に示した。弥生時代前期末において、上位田（①から③）における作土面の高低差は、中・下位田（④から⑨）のそれに比較して小さく、連続する3筆の小区画水田群において変動幅が小さく均一に展開する傾向を示した。そして、C_4植物起源炭素の割合は、中位田（④から⑥）と比較して上位田（①から③）で高いものの、上位田（①から③）と中位田（④から⑥）ともに連続する3筆の小区画水田群において変動幅が小さく均一な展開を示した。

この結果から、上位田および中位田ともに連続する3筆の小区画水田群において変動幅が小さく均一となった作土面の高低差が、上位田と中位田で異なる作土面の高低差に応じて決まる湛水深の変動幅を小さくすることで、連続する3筆の小区画水田群においてほぼ均一な湛水深をもたらしたと考えられた。このほぼ均一となった湛水深が、上位田および中位田においてC_4植物起源炭素の割合が小区画水田を超えてそれぞれ均一に展開する一因であったと推察された。

そして、弥生時代前期末において、全炭素は、標高の高い上位田から標高の低い中・下位田へと高くなる傾向を示した（図4上）。その中でも、上位田①から中・下位田へと高くなる全炭素の傾向と、上位田②または上位田③から中・下位田へと高くなる全炭素の傾向はほぼ同様であるが、全炭素の値は前者が常に高く推移した。また、上位田内で水田①から水田③へと全炭素が高くなる傾向が認められ、同様の傾向が中位田と下位田においても認められた。一般的に、水に含まれる有機物は水の流れによって運ばれ、水が溜まりやすい所（例えば、標高が低い所）に蓄積されやすい。これらのことから、長辺畔畔間を標高の高い上位田から標高の低い下流側の中・下位田へと灌漑する田ごし灌漑の存在が示唆された。そして、上位田①から中・下位田への田ごし灌漑と上位田②または上位田③からの田ごし灌漑との間では、両者間

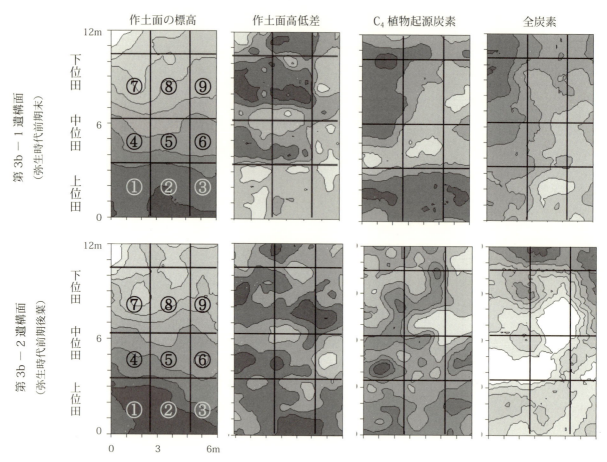

図4 小区画水田群における湛水関連形質の空間変動
図中の直線は小区画水田のあぜの位置を表し、①から⑨は小区画水田を示す。図中の濃い部分は各形質の値が大きいことを示す。連続する9個の水田群の位置は図1のAである。

での全炭素の値の違いから、互いに独立した灌漑水系の関係にあったことが示唆されると考えられる。また、上位田群内、中位田群内および下位田群内での水の流れの存在も示唆され、この長辺畦畔を超えての灌漑の存在は、前述した上位田群内および中位田群内での小区画水田の構造と湛水機能の均一性とも関連すると考えられる。

一方、弥生時代前期後葉では、作土の全炭素は、上位田で中位田と比較して高く均一に展開し、中位田から下位田へと増加する傾向にあった（図4下）。しかし、作土面の標高差とC_4植物起源炭素の割合の空間的変動は、同前期末のそれらとは異なり標高に応じた傾向を示さず、小区画水田を単位として変動する傾向であった。これらの結果は、長辺畦畔間を標高の高い中位田から標高の低い下流側の下位田へと灌漑する田ごし灌漑の存在を示唆するとともに、水田の構造と湛水機能が小区画水田を単位として管理されていた可能性を示唆すると考えられる。

まとめ

調査対象とした奈良県御所市所在の秋津遺跡で検出された弥生時代前期の水田遺構では、小区画水田が洪水砂層を挟んで、弥生時代前期末（第3b-1遺構面）、同前期後葉（第3b-2遺構面）、同前期前半（第4a遺構面）の3期分残存していた。従来、弥生時代の小区画水田の形状と大きさ、水利施設と水管理などの検討が行われてきたが、個々の水田の湛水機能についての検討は非常に少ない。そこで、湛水に関連する水田の構造と湛水機能との関係に着目し、調査対象とした水田遺構において、一枚一枚の小区画水田および連続する小区画水田群の形状を詳細に分析することで、初期稲作における水田管理の実態についての考古学的・農学的解析を試みた。

その結果、弥生時代前期前半から同前期後葉・同前期末にかけて、湛水に関連する水田構造（作土面の均平化とあぜの高さ）が改善され、これに伴い湛水機能の改善（非湛水面積割合やC_4植物起源炭素の割合の低下）が進んだと考えられた。ここで、弥生時代前期前半から同前期末にかけての湛水機能の向上では作土面の高低差の抑制とあぜの高さの維持が同程度に重要であったが、弥生時代前期末や同前期後葉における湛水機能の改善では作土面の高低差に対して相対的にあぜの高さを高くする管理がよ

り重要であったと考えられた。一方、弥生時代前期前半の小区画水田は、湛水にかかわる水田の構造（水田面の均平化、あぜの高さ）と水田の湛水機能が劣っており、積極的に灌漑するのではなく、降雨にたよる天水田のような利用形態をとっていた可能性が推定された。

次に、弥生時代前期後葉と同前期末の連続する小区画水田群における湛水関連形質の空間変動の解析から、長辺畦畔間を標高の高い水田から標高の低い下流側の水田へと灌漑する田ごし灌漑の存在が示唆された。また、同じ標高の水田間での水の横への流れの存在も示唆された。そして、弥生時代前期後葉では水田の構造と湛水機能が小区画水田を単位として管理されていたが、同前期末では同じ標高の小区画水田群内において小区画水田の構造がほぼ均一になるように管理され、その結果、この小区画水田群内において湛水機能もほぼ均一になっていたと推定された。

以上の結果から、弥生時代前期前半から同前期末にかけて湛水に関与する水田の構造と湛水機能の改善が行われ、弥生時代前期末になると、長辺畦畔間を流下する田ごし灌漑の存在とともに、水田管理が小区画水田単位で行われ構造と湛水機能が水田間で異なっていたと想像される同前期後葉とは異なり、ほぼ均一な構造と湛水機能を持った小区画水田群が標高に応じて棚田状に展開していた可能性が示唆された。

註
(1) 水田においてイネの成育に必要な水を蓄え雑草抑制や養分供給のために水田表面を水で覆い露出させない機能。あぜの高さ、水田表面の起伏・傾斜の程度、すき床の有無などに左右される。弥生時代における灌漑施設についての考証は多いが、水田で水を蓄えるための機能についての考証は稀である。
(2) 水田土壌をイネの生育に好ましい環境とするための耕起、灌漑などの人為が加わり、常に攪乱されている表層土壌。イネが根を張り、栄養素、水、酸素を吸収する。作土では、灌漑水に由来する粘土、有機物などが蓄積する。
(3) 光合成回路の違いにより植物はC_4植物とC_3植物などに分類される。C_4植物は、乾燥や高温の環境に強いとされる。C_4植物には、タイヌビエ、ミズガヤツリ、アワなど、C_3植物にはコナギ、マツバイ、イネ、コムギなどがある。植物の炭素安定同位体比（$\delta^{13}C$）は、空気中の二酸化炭素を光合成により植物体内に取り込む際の光合成回路により決まり、C_3植物では平均で-27‰（-30～-25‰）、C_4植物では平均-12‰（-15～-10‰）である。
(4) 雨水で営まれる稲作。イネの生育中の水深は0～50cmで、多くは圃場に畦畔があり、雨季の初めに植代を作り移植されることが多い。
(5) 一定の深さでの耕耘を繰り返すことで、常に農耕具（鋤）の当たる部分の土壌が硬く固まった作土の直下にできる非常に硬い土層。縦方向への水の流れを抑え、湛水機能を高める。

引用・参考文献
荒井正雄・宮原益次 1956「水稲の本田初期深水灌漑による雑草防除の研究」日本作物学会紀事24　pp.163-165
稲村達也・村田資治・岡田憲一・本村充保・田中貴・足立紘一 2013「弥生時代前期における小区画水田の構造と機能」第235回日本作物学会講演要旨　p.66
岡田憲一 2017「第3節弥生時代前期の水田遺構の調査結果」『中西遺跡Ⅰ』奈良県立橿原考古学研究所調査報告書123冊　奈良県立橿原考古学研究所　pp.517・518
Konishi, S., T. Izawa, S. Y. Lin, K. Ebana, Y. Fukuta, T. Sasaki and M. Yano 2006「An SNP caused loss of seed shattering during rice domestication」Science 312 pp.1392-1396
佐藤洋一郎 2007「DNA分析からみた弥生時代の稲作」広瀬和雄編『弥生時代はどう変わるか 歴博フォーラム 炭素14年代と新しい古代像を求めて』学生社　pp.56-68
佐藤洋一郎 2009「イネにおける栽培と栽培化」山本紀夫編『ドメスティケーション―その民族生物学的研究』国立民族学博物館調査報告84　pp.119-136
高谷好一・工楽善通ほか 1988「水田遺構集成」農耕文化研究振興会
藤原宏志・佐々木章・俣野敏夫 1989「先史時代水田の区画規模決定要因に関する検討」『考古学と自然科学』21 日本文化財科学会　pp.23-33
松中昭一 1999『きらわれものの草の話』岩波ジュニア新書
米山忠克 1996「土壌有機物のδ^{13}C値から植生の変化を読む」Radioisotopes 48　pp.57・58

謝辞
奈良県立橿原考古学研究所の本村充保指導研究員、岡田憲一指導研究員ならびに絹畠歩主任技師には現地調査ならびにデータ解析において多くのご助言・ご協力を頂いた。また、京都大学大学院農学研究科の元学生、墨川明徳君、足立紘一君、村田資治君ならびに田中貴君には現地調査、土壌分析ならびにデータ解析の補助をお願いした。奈良県立橿原考古学研究所の菅谷文則所長には本研究の端緒を開いていただいた。これらの方々に謝意を表します。

本研究は、JSPS科研費25580167および15K12945の助成を受けた。

空　間

摂津地域の庄内形甕生産に関する予察

岩 越 陽 平

はじめに

　弥生時代終末期[1]、地域間交流の活性化とともに、外来系土器が多量に出土する交流拠点的な集落を中心にして列島各地を結びつけるネットワークが形成されると、土器の製作技術に関する情報、あるいは製作集団そのものが各地域の拠点に一早く移動・伝達する現象が認められるようになる。弥生時代終末期のいわゆる畿内地域では、吉備系の土器製作技術と畿内地域の土器製作技術の融合によって新たに出現した庄内形甕や精製器種の生産が交流拠点的な集落を中心に行われた。これまでの発掘調査の成果や研究の進展により、畿内各地域の交流拠点の様相や、地域内での集落ごとの土器組成の差異などについては比較的明瞭になってきているが、地域によってデータの蓄積に偏りがみられる。
　本稿では、弥生時代終末期～古墳時代前期前半の摂津地域を対象にして、近年公表された資料を中心に、庄内形甕生産の可能性とその系統などについて若干の検討を行う。

1　研究史

　弥生土器と「布留式土器」の間を埋める資料として提唱された「庄内式土器」（田中琢 1965）は、現在では製作技術や分布のあり方が異なる、複数の系統の土器群から構成されていることが明らかになっている。一つは、酒井龍一が「伝統的第Ⅴ様式」（酒井 1975）と呼称した弥生時代後期からの在来技術によって生産された土器群であり、もう一つは、吉備系の土器製作技術との融合によって、弥生時代終末期の初めに新たに成立した庄内形甕と非常に細かい単位の横ミガキなどを特徴とする精製器種が挙げられる（次山 1993 など）。
　庄内形甕は内面のケズリ調整によって極めて薄く整えられた器壁や、限定的な胎土の使用、限られた集落での生産を示唆する分布の偏在性などを特徴とする。特に中河内地域の庄内形甕については他地域への活発な搬出がみられることなどから、自家消費量以上の土器を生産し、「商品」として扱ったとみる説（都出 1974）の他、古墳築造に伴う労働力を保証するための生産という説（酒井 1977）も提示された。庄内式土器が提唱された当初は、中河内地域で生産された庄内形甕が注目されたが、現在では中河内と大和で最初期の庄内形甕が現れたのち、南山城・播磨・筑前地域など、いくつかの地域で生産されたことが明らかにされている。そして、地域ごとの製作技術の違いに基づく型式設定や、製作技術の系統関係の検討がなされている（久住 1999、高野 2010、長友・田中 2007、米田敏幸 1992 など）。
　庄内形甕の生産はこれらの地域内でも特に、外来系土器の量が卓越する交流拠点を中心に行われた（田中元浩 2005 など）。例えば大和地域では桜井市纒向遺跡、中河内地域では八尾市中田遺跡群、山城地域では久御山町佐山遺跡などの集落が、庄内形甕の生産の中心となり、多量生産が行われた。
　本稿で対象とする摂津地域は、豊中市穂積遺跡や庄内遺跡など、学史上の重要遺跡を擁するが、良好な一括資料の不在等の要因で研究はやや立ち遅れていた（森岡・竹村 2006 など）。しかし、外来系土器を多量に出土する交流拠点の様相（米田文孝 1983、杉本 1999、森岡 1999、桐井 2016 など）や、庄内形甕の生産の状況などが次第に明らかとなってきている。摂津地域産と考えられる庄内形甕の存在については、森岡秀人の指摘が早く（森岡 1999）、河内型庄内形甕の模倣に積極的な摂津地域東部、消極的な摂津地域西部という地域差の存在にも言及しており、現在でもその認識は正しいといえる。青木勘時も茨木市東奈良遺跡出土の庄内形甕を例に河内型庄内形甕の忠実模倣としての「東摂型」の存在を示唆している（青木 2003）。
　また、田中元浩は一括性の高い資料を中心に、畿内各遺跡で甕の系統ごとの比率とその時期的変遷を検討する中で、高槻市安満遺跡、茨木市東奈良遺跡、大阪市崇禅寺遺跡等、摂津地域において、庄内形甕の製作技術の受容に積極的な集落を数量的に明らかにしたといえる（田中元浩 2005）。
　これらの研究により、摂津地域での庄内形甕や模倣生産の実態が明らかになってきたが、それ以後も『新修豊中市史』（豊中市編 2005）での新たな資料の公表や、多数の外来系土器が出土した尼崎市東園田遺跡の調査（岡田・山上編 2009）などが行われ、摂津地域の資料状況は少しずつ変化している。
　それらの資料も踏まえつつ、本稿では摂津地域で出土

した、明らかな搬入品を除く庄内形甕を中心に、分布状況を確認した後、その系統などに関して若干の新しい視点を提示したい。

2 分析の対象と前提

検討に移る前に、本稿で取り扱う資料の分類と時期区分について触れておきたい。弥生時代終末期から古墳時代前期の間、本稿で主に扱う庄内形甕を含め、弥生後期形甕、庄内形甕、布留形甕の大別3系統の甕が、集落ごと、時期ごとにその比率を変えながら生産された。

弥生後期形甕は弥生時代後期から生産が続く甕で、平底で厚い器壁、タタキ成形などを特徴とし、内面はハケ調整やナデ調整で仕上げられる。

庄内形甕は弥生時代終末期の初頭から生産が開始され、尖底～丸底の底部、内面のヘラケズリ調整によって薄く仕上げられた器壁、外面の左上がりまたは右上がりの細筋のタタキ目、口縁端部の摘み上げ等の特徴を持つものを典型とする。庄内形甕については、これまでの研究の成果として、河内型庄内形甕や、大和型庄内形甕のような、地域型式の存在が認識されている。庄内形甕は地域ごとに限定的な胎土を用いて製作される傾向がある。例えば、河内地域では初期のものを除いて、大半がいわゆる「生駒西麓産」の胎土で製作される。

布留形甕は特に大和地域で、庄内形甕を母体として、そこに山陰地域の土器製作技術が加わることで成立したと考えられ（寺沢1986）、丸底、薄い器壁、内面ヘラケズリ調整など庄内形甕にもみられる諸特徴に加え、外面ハケ調整、頸部や口縁部に施される強いナデ調整、底部成形時の痕跡である底部内面指頭圧痕などを特徴とする。以上の特徴に基づいてこれら3系統の甕を大別して把握する。

時期区分として、現在の資料状況では摂津地域単独での細分編年は難しいため、寺沢薫による弥生時代終末期から古墳時代前期にかけての編年（寺沢1986）および、それを整理した田中元浩の時期区分を参考にして（田中元浩2005）、Ⅰ期（庄内1式）、Ⅱ期（庄内2・3式）、Ⅲ期（布留0式）、Ⅳ期（布留1式）として扱う。

3 摂津地域における庄内形甕の系統

まず、生駒西麓産の胎土で製作された河内型庄内形甕など、明らかに搬入品であるものを除き、摂津地域の庄内形甕出土遺跡とその諸例を挙げた（図1・2）。

これまで森岡・青木らによって摂津地域産の庄内形甕の例として挙げられてきた資料は、体部外面に右上がりのタタキ目を有するものであり、摂津地域への搬入も多い河内型庄内形甕の製作技術の規範に基づいて製作されたと考えられてきた（森岡1999、青木2003など）。しかし、現在の資料状況で注目すべき点として、外面に左上

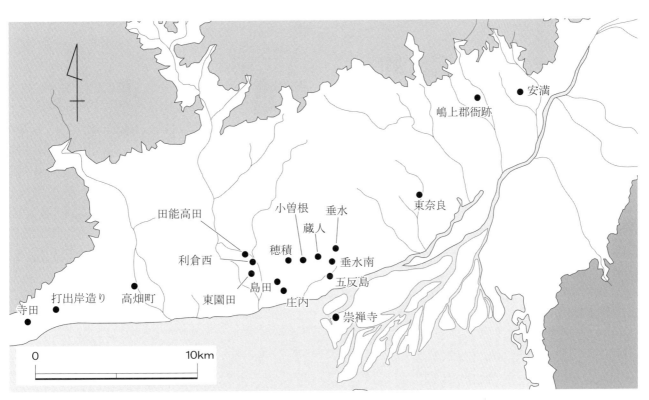

図1　摂津地域の庄内形甕出土遺跡（生駒西麓産を除く）

空　間

がりのタタキ目を持つ庄内形甕の出土例も増加傾向にあることが指摘できる。特に猪名川下流域から吹田市南部の低地部にかけての範囲では、摂津地域へ多量に搬出されていた生駒西麓産の庄内形甕を除けば、右上がりのタタキ目を持つ庄内形甕と比べても、遜色ないだけの点数が確認できる。

　このタタキ目方向の違いについては、製作技術の系統差がまず想定できる。他地域に先駆けて庄内形甕の出現がみられ、他地域での庄内形甕生産に影響を与えたといえる中河内地域や大和地域ではそれぞれ、河内型庄内形甕、大和型庄内形甕という庄内形甕の地域型式が生産されており、例外はあるものの河内型ではタタキ目は右上がり、大和型では左上がりのタタキ目をとるといった大きな違いが存在する。また、この両型式には外面のタタキ目の方向以外にも、内面のケズリ調整の方法に違い

があり、河内型庄内形甕は、内面の頸部屈曲部までケズリを厳密に施し、頸部屈曲部を鋭く仕上げるのに対し、大和型庄内形甕の場合には、ケズリ調整を頸部屈曲部より下で終えるものが典型的である。図２に挙げた資料についても、図の表現方法で判別しがたい点もあるが、実見を行ったものについては、タタキ目の方向と内面ケズリ調整の方法が上記のように相関する傾向がある。したがって、摂津地域の庄内形甕生産を考える上で、これまで指摘されてきたような河内型庄内形甕以外の技術系統も考慮する必要が出てきたといえる。

　この左上がりのタタキ目を持つ庄内形甕の系統について若干の考察を行うならば、地理的関係から、同じく左上がりタタキの庄内形甕のみられる大和あるいは播磨地域からの搬入品、またはその技術規範に基づいて製作された在地の土器という可能性も考えられよう。ただ

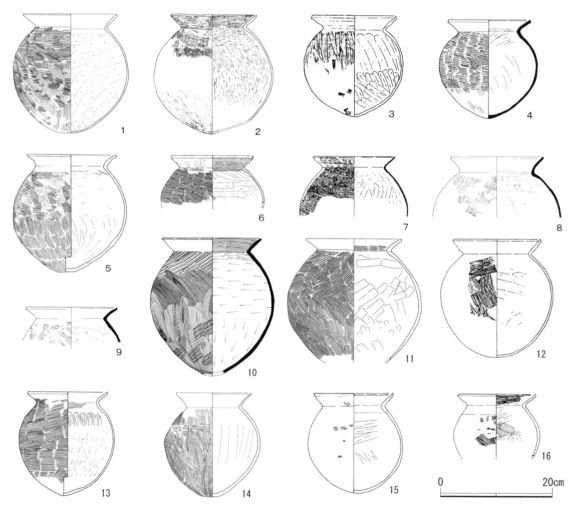

１‥‥島田遺跡４次北大溝SD１（豊中市編 2005）　２‥‥穂積遺跡27次井戸１（橘田編 2001）　３‥‥穂積遺跡１次 SK44（豊中市編 2005）
４‥‥田能高田遺跡SR401（甲斐編 1997）　５‥‥東奈良遺跡(88-6)溝１（奥井・井上編 1990）　６‥‥小曽根遺跡８次井戸SE１（豊中市編 2005）
７‥‥五反島遺跡河道Ⅳ上層（西本ほか 2003）　８‥‥蔵人遺跡第Ⅸ層（賀納編 2007）　９‥‥蔵人遺跡SD803（賀納編 2007）
10‥‥安満遺跡井戸２（森田・橋本編 1977）　11‥‥利倉西遺跡１区南落ち込み１（豊中市編 2005）
12‥‥打出岸造り遺跡河道３（矢口・北原編 1996）　13‥‥東奈良遺跡(88-2)溝１（井上編 1989）
14‥‥島田遺跡１次流路（豊中市編 2005）　15・16‥‥東園田遺跡29次自然流路３（岡田・山上編 2009）

図２　摂津地域出土の庄内形甕の諸例（生駒西麓産を除く）

し、播磨地域の長越遺跡出土の左上がりタタキ目の庄内形甕は内面ヘラケズリの範囲が下半部に限定されるという傾向がある（長友・田中2007）のに対し、図2-1～9の庄内形甕は上半部までケズリを行うといった異なる特徴がある。この点では大和型により近い特徴を持つといえよう。なお、筆者が実見した豊中市域の資料（図2-1・2・3・6）では、大和型庄内形甕の特徴である角閃石の含有などがみられず、消極的ながらも、摂津地域で製作された可能性を指摘しておきたい。

右上がりと左上がりのタタキの庄内形甕が併存する傾向は筆者が実見を行った豊中市島田遺跡出土の庄内形甕でも同様である（図3）。分析対象としたのは、島田遺跡4次調査の北大溝SD1より出土している庄内形甕である。同遺構は本稿でのⅡ期から古墳時代中期前半までの時期幅の長い資料を含み、吉備系・山陰系・東海系・讃岐系・西部瀬戸内系などの外来系土器が出土しており、この遺跡の交流拠点的な様相を示している。

庄内形甕は生駒西麓産のものを除くと、図2-1に挙げた、全形が窺える良好な資料の他は、大半が細かな破片資料ではあるが、頸部の残る破片64点を抽出し、外面のタタキ目方向と内面ケズリ調整との相関関係を検討した。ケズリ調整については、3手法に分類したが、ケズリA手法としたものは頸部内面の屈曲部まで徹底してケズリ調整を施すものであり、頸部内面が鋭利に仕上げられる。B手法はケズリ調整の一部が頸部屈曲部まで達するが、大部分は、頸部屈曲部よりも下で終わる。C手法はケズリ調整がどの部分でみても頸部の屈曲部までは達しないものを指す。ただし、分析資料の多くが破片資料であるため、全体を復元した場合、A手法またはC手法としたものがB手法となり得る可能性もある。

この分析の結果、まず右上がりのタタキ目を持つ庄内形甕の破片が35点（55％）、左上がりのタタキ目を持つ破片が28点（44％）あり、島田遺跡では、両者が混在して出土する状況にあることが分かる。続いて、内面ケズリ調整との関係を検討すると、右上がりのタタキ目を有する破片は、A手法である傾向が強いのに対し、左

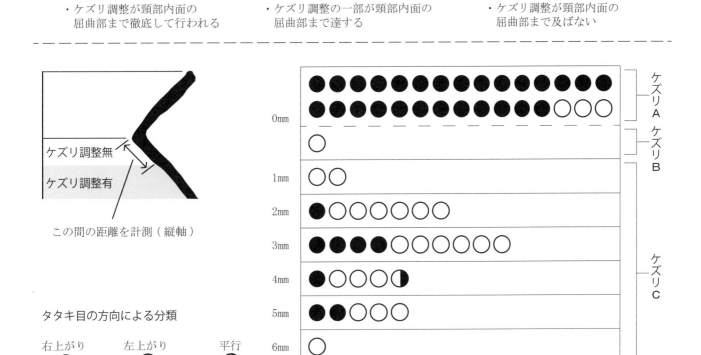

図3　島田遺跡出土の摂津産庄内形甕のタタキ目方向とケズリ手法

空　間

上がりや平行のタタキ目を持つ破片では、C手法のものが殆どである。すなわち、タタキ目の方向にみた違いが、内面のケズリ手法の違いと相関関係を持っていることが分かり、破片資料からではあるが、①右上がりのタタキ目を有し、頸部屈曲部までケズリ調整を行なう庄内形甕と、②左上がりまたは平行方向のタタキ目を有し、頸部下までケズリ調整を行なう庄内形甕という、技術系統を異にした大別2系統の庄内形甕が摂津地域の交流拠点に存在したことがわかる。

なお、図2の資料でみると、右上がりのタタキを持つものは、尖底で体部中位より上に体部最大径があるものが含まれるのに対し、左上がりタタキのものは丸底で球形体部のものが多い点など、型式変化が進んでおり、その出現時期がやや遅れる可能性がある。

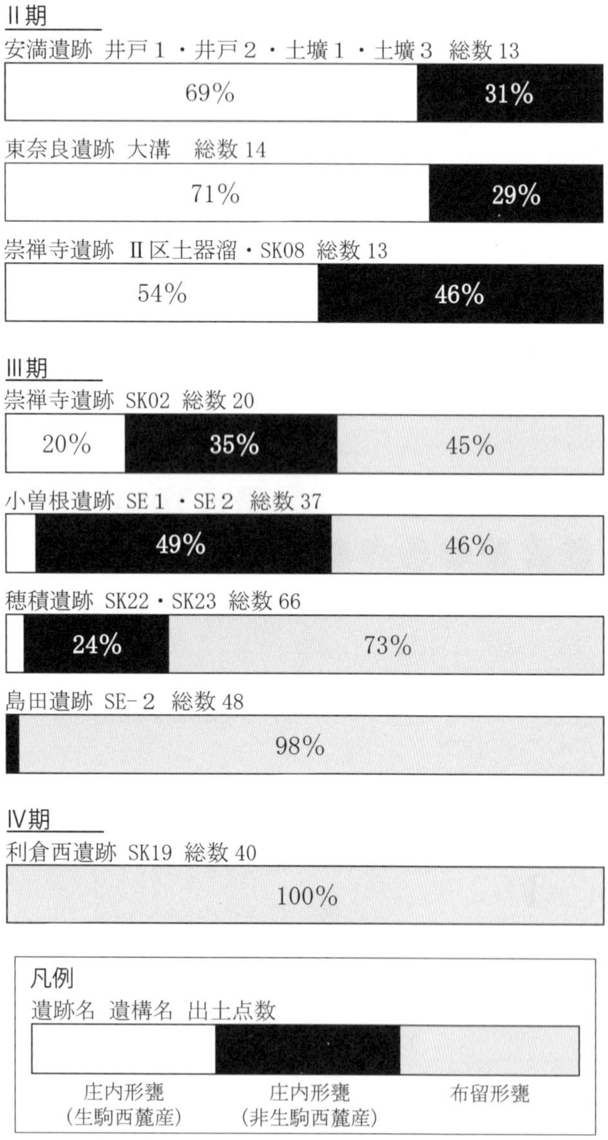

4　摂津地域における庄内形甕の消長

続いて、摂津地域での庄内形甕の消長を考えるため、一括資料中にみられる庄内形甕（生駒西麓産・非生駒西麓産）および布留形甕の比率を確認した。分析に用いた資料はやはり破片資料が多く、口縁端部の残る破片を一個体としてカウントしているが、弥生後期形甕については同時期の壺などとの判別が困難であったため、定量的に示すことができなかった。また、庄内形甕としたものについても、弥生後期形甕に庄内形甕の製作技術である口縁端部のつまみ上げの影響が出ているものを誤認している可能性は払拭できないが、ここでは庄内形甕の消長を追うことを主な目的としたい。

本稿では、実見により検討を行なった猪名川下流域の遺跡（豊中市穂積遺跡、小曽根遺跡、島田遺跡、利倉西遺跡〔豊中市編2005〕）から得たデータを、田中元浩の摂津地域での分析（田中元浩2005）と合わせて提示する[(2)]。

Ⅱ期の資料は、安満遺跡井戸1・井戸2・土壙1・土壙3、東奈良遺跡大溝、崇禅寺遺跡Ⅱ区土器溜・SK08出土土器が挙げられる。Ⅱ期は、非生駒西麓産の庄内形甕が初めて出現する時期であり、摂津地域で庄内形甕生産が開始された可能性がある。この段階では非生駒西麓産の庄内形甕に対し、生駒西麓産の庄内形甕の搬入量が上回る傾向にある。

続くⅢ期においては、崇禅寺遺跡SK02、小曽根遺跡SE1・SE2、穂積遺跡SK22・SK23、島田遺跡SE-2を対象とした。Ⅲ期には非生駒西麓産庄内形甕の出土点数が搬入品である生駒西麓産庄内形甕の出土点数を上回るようになり、摂津地域での庄内形甕生産がⅡ期以降も継続したことが窺える。この時期から出現する布留形甕に関しては、庄内形甕と同程度の点数が認められ、島田遺跡SE-2では多数を占める布留形甕に対し、庄内形甕はごくわずかしか存在しない。

利倉西遺跡SK19を代表的な資料としたⅣ期では、生駒西麓産庄内形甕、非生駒西麓産の庄内形甕はともに組成中から姿を消しており、Ⅲ期まで継続した可能性のある庄内形甕の生産がⅢ期からⅣ期への移行期に終息に向かったことが分かる。

なお、数量的に示すことができなかったものの、弥生時代後期から生産され続けてきた弥生後期形甕についてはⅣ期に至っても、依然として生産が続いており、Ⅱ・Ⅲ期の間もあくまでも組成の中心は弥生後期形甕にあった。その中で、Ⅱ・Ⅲ期には摂津地域で生産された可能性もある庄内形甕が認められるようになり、そして、布留形甕と入れ替わるかのように消長した。

庄内形甕から布留形甕生産への移行には地域差が認め

図4　庄内形（生駒西麓・非生駒西麓）甕と布留形甕の比率

られる。大和東南部では大和型庄内形甕に山陰系の土器製作技術が加わることで布留形甕が成立したと考えられており、大和地域の纒向遺跡などでは、布留形甕の出現後、Ⅳ期には早くも庄内形甕が組成の中から脱落する。一方、中河内地域の中田遺跡群や南山城地域の佐山遺跡、京田辺市大切遺跡などでは、Ⅳ期に至っても庄内形甕の生産が継続する（田中元浩2005など）。摂津地域は庄内形甕と布留形甕の消長のあり方だけを比較すれば、大和地域との類似性が認められるが、摂津地域では庄内形甕の生産自体が非常に小規模であることもあり、庄内形甕の生産から布留形甕の生産へ連続的に推移したのかは、現状では判断が難しい。

まとめ

やや迂遠ではあるが、非生駒西麓産の庄内形甕から、摂津地域での庄内形甕生産の可能性を探ってきた。特に、猪名川下流域を中心に、左上がりのタタキ目を持つ庄内形甕が認められることに注目した。

摂津地域では吹田市垂水南遺跡（米田文孝1983）や、尼崎市東園田遺跡（岡田・山上編2009）、茨木市溝咋遺跡（伊藤編2000、合田編2000）、大阪市崇禅寺遺跡（杉本1999）等、弥生時代終末期から古墳時代前期にかけて、多数の外来系土器を出土する遺跡が存在し、交流拠点的な性格を持つ遺跡として取り上げられている（森岡1999）。図1に示したような庄内形甕の分布傾向と、猪名川下流域での東園田遺跡や豊中市島田遺跡のような交流拠点的な集落遺跡の存在を加味すると、摂津地域の中で庄内形甕・精製器種・布留形甕などの土器製作技術をいち早く受容したのも、このエリアの集落であった可能性が高いと考えられる。

ただし、他地域の交流拠点的な集落では庄内形甕が甕形土器の組成の大部分を占めるようになるのに対し、摂津地域ではあくまでも主体は弥生後期形甕にあり、庄内形甕の生産体制は存在したとしても小規模であった。この理由として、いくつか想定するならば、1点目として、庄内形甕の生産自体がそもそも摂津地域に根付いたものではなく、市場での交換などを目的に、他地域（河内・大和など）の庄内形甕製作集団が移動し、一時的な生産を行っていた可能性も想定したい。

また、2点目として、摂津地域は多数の外来系土器の存在にみられるように、日本列島の東西からやってくる多くの人々が往来したことは確実ではあるが、外来系土器の量は河内潟南岸のエリアなどに比べると劣っており、そのような交流拠点としての強度の違いが、土器生産体制にも反映されているのかもしれない。

なお、摂津地域の交流拠点の中でも、外来系土器の様相に小地域ごとの差異が指摘されている（桐井2016）。複数系統の庄内形甕が存在する背景に交流ルートの多様さが関係している可能性も想定しておきたい。

おわりに

雑駁ながら検討を行ってきたが、本稿で分析の対象とした資料の多くが破片資料であり、あくまで摂津地域での庄内形甕生産の可能性を提示したに留まる。今後の発掘調査成果の蓄積に委ねるところが大きいとはいえ、摂津地域での庄内形甕生産を認定するまでにも、製作技術をより詳細に検討する必要があったが、筆者の力量不足のために多くの課題を残すことになってしまった。また、その他にも、胎土分析など多くの手続きが必要となろう。本稿を今後の糧としていきたい。

註
(1) 本稿では「庄内式土器」を定型化した前方後円墳出現以前の土器様式として位置付ける都出比呂志の見解に従い、寺沢薫による土器編年（寺沢1986）の庄内0～3式を弥生時代終末期、箸墓古墳築造時期である布留0式以降を古墳時代と捉える。
(2) 田中元浩の分析で提示された高槻市安満遺跡（Ⅱ期）・茨木市東奈良遺跡（Ⅱ期）・大阪市崇禅寺遺跡（Ⅱ・Ⅲ期）のデータを利用する。また氏の分析では、弥生後期形甕や、弥生後期形甕が庄内形甕の影響を一部受容し変容したもの（変容甕）を含むが、本稿では典型的な庄内形甕を中心にその消長を検討することに焦点をおく。

引用・参考文献
青木勘時 2003「古墳出現期土器の生産と流通―庄内・布留系土器生産の構造論的視点から―」石野博信編『初期古墳と大和の考古学』学生社
伊藤武編 2000『溝咋遺跡（その3・4）』（財）大阪府文化財調査研究センター調査報告書 第50集
岡田務・山上真子編 2009『東園田遺跡第29次調査概要』尼崎市埋蔵文化財年報 平成15年度 尼崎市教育委員会
久住猛雄 1999「北部九州における庄内式併行期の土器様相」『庄内式土器研究』ⅩⅨ 庄内式土器研究会
桐井理揮 2016「古墳出現期の猪名川流域―外来系土器の検討を中心として―」『古墳出現期土器研究』第4号 古墳出現期土器研究会
合田幸美編 2000『溝咋遺跡（その1・2）』本文編 （財）大阪府文化財調査研究センター調査報告書 第49集（財）大阪府文化財調査研究センター
酒井龍一 1975「和泉における弥生式～土師式土器の移行過程について 認識論的仮説として」『上町遺跡発掘調査概要』和泉市教育委員会
酒井龍一 1977「古墳造営労働力の出現と煮沸用甕―造営キャンプの検証にむけて―」『考古学研究』第24巻第2号 考古学研究会
杉本厚典 1999「崇禅寺遺跡の古墳時代初頭の土器様式」『研究紀要』第2号 大阪市文化財協会
関川尚功 1976「纒向遺跡の古式土師器」『纒向』桜井市教育委員会
高野陽子 2010「山城の庄内式甕をめぐる二、三の問題」『京都

府埋蔵文化財論集』第 6 集 （財）京都府埋蔵文化財調査研究センター
田中琢 1965「布留式以前」『考古学研究』第 12 巻 第 2 号 考古学研究会
田中元浩 2005「畿内地域における古墳時代初頭土器群の成立と展開」『日本考古学』第 20 号 日本考古学協会
次山淳 1993「布留式土器における精製器種の製作技術」『考古学研究』第 40 巻 第 2 号 考古学研究会
都出比呂志 1974「古墳出現前夜の集団関係―淀川水系を中心に―」『考古学研究』第 20 巻 第 4 号 考古学研究会
寺沢薫 1986「畿内古式土師器の編年と二・三の問題」『矢部遺跡』奈良県文化財調査報告書 第 34 集 奈良県立橿原考古学研究所
寺沢薫 2002「布留 0 式土器の新・古相と二、三の問題」『箸墓古墳周辺の調査』奈良県立橿原考古学研究所
豊中市史編さん委員会編 2005『新修 豊中市史』第 4 巻 考古 豊中市
長友朋子・田中元浩 2007「西播磨地域の編年」大手前大学史学研究所編『弥生土器集成と編年―播磨編―』六一書房
西村歩 1996「和泉北部の古式土師器と地域社会」『下田遺跡』（財）大阪府文化財調査研究センター
森岡秀人 1999「摂津における土器交流拠点の性格―真正弥生時代と庄内式期を比べて―」『庄内式土器研究』XXI 庄内式土器研究会
森岡秀人・竹村忠洋 2006「摂津地域」『古式土師器の年代学』大阪府文化財センター
森岡秀人・中井秀樹・濱野俊一 1996「庄内式併行土器の様相をめぐる摂津地域の動向」『庄内式土器研究』XII 庄内式土器研究会
山田隆一 1994「古墳時代初頭前後の中河内地域―旧大和川流域に立地する遺跡群の枠組みについて―」『弥生文化博物館研究報告』第 3 集 大阪府立弥生文化博物館
米田敏幸 1991「土師器の編年 I 近畿」石野博信・岩崎卓也・河上邦彦・白石太一郎編『古墳時代の研究』第 6 巻 雄山閣
米田敏幸 1992「庄内播磨型甕の提唱―松下勝氏の訃報に接して―」『庄内式土器研究Ⅲ』庄内式土器研究会
米田文孝 1983「搬入された古式土師器―摂津・垂水南遺跡を中心として―」『考古学論叢』関西大学文学部考古学研究室

図出典
伊藤武編 2000『溝咋遺跡（その 3・4）』（財）大阪府文化財調査研究センター調査報告書 第 50 集
井上直樹編 1989『昭和 63 年度発掘調査概報』茨木市教育委員会
奥井哲秀・井上直樹編 1990『平成元年度発掘調査概要』茨木市教育委員会
岡田務・山上真子編 2009『東園田遺跡第 29 次調査概要』尼崎市埋蔵文化財年報 平成 15 年度 尼崎市教育委員会
甲斐昭光編 1997『田能高田遺跡』兵庫県文化財調査報告 第 166 冊 兵庫県教育委員会
賀納章雄編 2007『蔵人遺跡発掘調査報告書 I』吹田市教育委員会
橘田正徳編 2001『豊中市埋蔵文化財発掘調査概要 平成 12 年度』豊中市教育委員会
合田幸美編 2000『溝咋遺跡（その 1・2）』本文編 （財）大阪府文化財調査研究センター調査報告書 第 49 集（財）大阪府文化財調査研究センター
豊中市史編さん委員会編 2005『新修 豊中市史』第 4 巻 考古 豊中市
西本安秀ほか 2003『吹田市五反島遺跡発掘調査報告書』吹田市教育委員会
森田克行・橋本久和編 1977『安満遺跡発掘調査報告書―9 地区の調査―』高槻市文化財調査報告書 第 10 冊 高槻市教育委員会
矢口裕之・北原治編 1996『平成 7 年度国庫補助事業 打出岸造り遺跡第 9 地点発掘調査実績報告書』芦屋市教育委員会

謝　辞
　本稿は 2013 年度に大阪大学へ提出した卒業論文の一部である。卒業論文の執筆において、福永伸哉先生、高橋照彦先生には懇切丁寧な指導を賜った。謹んでお礼申し上げる。また、中久保辰夫助教をはじめ、考古学研究室の諸氏に多くの有益な助言を頂いた。
　資料の実見等において、下記の諸氏、諸機関のお世話になり、様々な助言を頂いた（五十音順、敬称略）。
　岡戸哲紀、大庭重信、木村理、桐井理揮、清水邦彦、陣内高志、高梨政大、竹内裕貴、中居和志、西浦熙、西本安秀、西村恵洋、白谷朋世、濱田延充、早川圭、原田昌則、正岡大実、山本亮、吉田知史、森岡秀人、芦屋市教育委員会、尼崎市教育委員会、大阪府文化財センター、大阪府立弥生文化博物館、高槻市教育委員会、茨木市教育委員会、吹田市教育委員会、豊中市教育委員会、八尾市文化財調査研究会

日本における先史から古代の広場
―人々が集う場（広場）の考古学―

橋 本 裕 行

はじめに

　近代以前において、日本に果たして広場が存在したか。
　日本考古学（以下、単に「考古学」と略記する）においては、広場に関する研究は皆無である。それは、ものを対象とし、ものから歴史を復元するという性格を有する考古学の宿命なのかもしれない。または、後述するように、近代以前の日本には「広場」は存在しなかったという、暗黙の了解があったからなのかもしれない。しかしながら、考古学研究者は、時として「広場」という用語を無意識に使用していたのも事実である。
　考古学界では、広場というテーマで議論されたことはないが、日本民俗学界（以下、民俗学と略記する）では、これをテーマとして活発な議論が行われたことがある。そこで、まず民俗学における広場研究を手掛かりとして、考古学的事象の中に広場を探索することにしよう。

1　民俗学研究に学ぶ
　　―日本に広場は存在したか―

　ここで参考となるのが、福田アジオの研究である（福田 1996）。以下に、福田の研究の概略を示す。

(1) 日本の広場論と村落
①都市論と広場

　日本における広場研究は、元来建築家によって行われており、結論的には日本の都市には広場がなかったとされる（羽仁 1968）。その理由は、欧米における広場が、市民社会とともにあるものであり、古代ギリシアにおけるポリスのアゴラ等のように、市民がそこに集いポリスの意志を決定するような機能を果たすものであったからである。
　福田はこれに対して、広場を市民の集まる空間の意味でのみ把握することに問題があり、1　広場は人々が集合することができる空間、2　一定の土地が空き地となっており、建物その他の構築物がなく、人々が集まってくる、あるいは集められる空間、3　権力が強制的に人々を集め、命令を伝えたり、儀礼を見せたりする場であると唱えた。そして、広場は都市特有の装置であり、都市以外の集落に広場は存在しないのかという疑問を投げかけた。

②都市と農村

　日本における都市の市民と広場を結びつける従来の考え方は、必然的に広場を都市特有の存在とするが、都市形成の前提としての農村の存在を無視できない。都市は農村から完全に断絶して形成されたものではなく、都市民は農村からの系譜を背負い、農村の文化を継承し、農民としての行動規範を間違いなく引きずっている。したがって、日本の村落社会から発展した、日本の都市における広場の観念は、欧米的な観念での広場に一致しないと、福田は結論づけている。また、広場が重視されてきた理由を人々が集合し、そこで議論をし、協議し、共同の儀礼を行い、連帯し、一体化することに意義を見いだしたからだと説く。

③広場の範囲

　福田が新たに定義した広場は、1　人間によって物理的に創出された一定の空間、2　人々が集まり、人々が一定の時間を過ごすことができる空間、3　不特定多数の人々が集合し、何らかの共通の行動様式をとることができる空間である。その前提条件は、社会的に一定の資格を有する者だけが集まるとか、入るのに入場料とか木戸銭を取るというような条件を付けて制限を加えない（出入り自由）とする。また、広場に含まないものとして、1　限定された人間のみが入ることができる空間（→屋敷内・農場内に設定された空き地）、2　校庭、入場料を取る公園・庭園等を提示した。

(2) 用語としての広場
①広場以前と以外

　福田は、広場という日本語は近世以前からすでに存在し、それは、単に空間、空き地の意味であり、人々が集合するという社会的意味は伴っていないと主張する。また、広場が人々にとって社会的意味を持つ言葉ではなかったと指摘し、その理由として、民族語彙として広場が存在しないと考えられること、また、広場が固有名詞として使用されなかったと判断できることを挙げている。そして、第二次大戦前から広場という呼称が使用されていた例は皆無であり、広場は欧米の都市のスクエアとプラザを日本語に翻訳する言葉として使用されるようにな

り、次第に人々の集まる空間を言うようになってきたものと推定した。また、日本社会において広場に相当する空間を認識する可能性がある用語として、ニワ（庭）とツジ（辻）を提示した。

②ニワ

基本民俗語彙として示される「ニワ」には、2つの空間と2つの意味が存在する。具体的には、1 農家の母屋内の土間（＝作業場）。2 母屋の前に広がる空間（＝作業場）。これは、一定の儀礼空間（祭礼時の芸能や儀礼）に転化する。3 村組を示す庭（＝村落運営組織。地域限定の特殊事例）。4 芸能を上演する空間、である。

③ツジ

民俗語彙として示される「ツジ」は多種多様である。例えば、交わりと分岐（四つ辻と四つ角）の意味がある。ツジは道路の交差・合流地点（四つ辻・丁字路）を示し、近畿地方で頻繁に使用される。カドは分岐点（四つ角）の意味を有し、主に関東地方で使用される。つまり、ツジという言葉とそれによって示される空間は概して近畿地方を中心に西日本に認められるという。

④ツジの意義

ツジは、道路が集まり、集合する地点であり、道路より広い一定の空間が形成され、そのことによって人々が集うのに便利な場所となった。特に1つのツジが村落の公の場として重要な機能を果たしてきたために、ツジにおける社会的意味を与える施設・装置が設定された。例えば、1 掲示板（高札）、2 ムラの各家に放置するための施設（火の見櫓・太鼓櫓・サイレン・スピーカー）、3 石塔・石仏類の建立（地蔵・庚申塔・常夜灯）、4 道標、5 辻堂の建立（地蔵堂・薬師堂・観音堂）等がそれである。そして、様々な事物が設けられることによって、ツジは村人の集まる所（寄り合いの場）となった。つまり、ニワと比較して、ツジが広場としての意味をより強く持っていたと考えられ、しかも、その情況は西日本に顕著であったと、福田は説く。

(3) 村落景観の東西と広場

①村落の東西

関東地方に代表される東の村落と近畿地方に典型的な西の村落には様々な相違がある。

一例を挙げれば、それは東の「番」と西の「衆」である。番は家を単位とし、家の順序に秩序の基本がある（月番・年番・当番等＝責任制の組織）。それに対して、衆は、個人を単位として、個人の集合に秩序の基本がある（十人衆・長老衆・諸頭衆等＝衆議制の組織）。

また、村落景観においても東西に大きな相違がある。例えば、東の村落は屋敷が連続していない（屋敷地を囲み、それらの空隙には田畑がある）。それに対して、西の村落は家の凝縮した塊（個別の屋敷を強調せず、集落としての一体性を示している）である。

②西の集合空間

西の村落は、人々が集まるための施設を計画的に設けている。その理由は、以下の2点である。

1 集落形態が密集した村落であるため。つまり、特別に意図的に集合するための空間を設けなければ、人々が多数集まることが可能な空き地を集落内に確保できない。したがって、会所（室内の集合施設）＋空き地（野天の集合施設）がセットとして設けられる必要があった。

2 「衆」原理に基づいて動く社会であるため。つまり、基本は複数の人々が衆議するところにあったからである。

③東の空き地

東日本の集会施設としての公民館、公会堂、集会所の大部分は、第二次大戦後の建築である。例外的に倶楽部がある。また、寮・庵等の仏堂もある。

集会施設のないムラでは、集会は原則として役職者の家を会場とした。また、施設としての集会の場所を持たないため、施設の前面に空き地を設けて屋外の集合空間とすることもなかった。

④広場の東西

以上のことから、福田は、日本の村落社会には、その村落景観において、また内部の社会秩序において東西に大きな相違があったことを指摘する。例えば、東日本は個別屋敷を強調する景観であり、「番」を秩序とした。したがって、集合施設を設ける必要性が欠如していた。これに対して、西日本は集落としての一体性を強調する景観であり、「衆」の秩序とした。したがって、集合施設を計画的に設定することが不可欠であった。そして、日本の村落での恒常的施設としての広場は、屋内の集会施設と共に、集落景観としては家々が密集する集落形態をとる「衆」村落において形成された、と結論づけた。

以上が福田の論旨であるが、日本における広場は、欧米的な広場としては捉えることができないとした福田の指摘は、参考となろう。そこで、以下縄文・弥生・古墳の各時代における集落のいくつかを事例として挙げ、広場の探索を試みることとする。

2 縄文・弥生・古墳の広場を探す

(1) 前提

対象となる時代は、文字史料が皆無または僅少のため、広場を特定することは不可能である。そこで、集落址の中に建物跡が全く存在しない一定の空間を仮に広場と捉え、そのような事例を提示することとする。

(2) 縄文時代集落の中の広場

事例1：神奈川県南堀貝塚（縄文時代前期） 1955年に調査され、台地縁辺部を環状に巡る竪穴住居址群が検出され、それに取り囲まれた内部は遺構が存在しない空閑地と認識された。また、この空閑地の中央部に大型の石皿1点が据え置かれていた（図1）。空閑地は広場と認識され、広場の中央に置かれた石皿は、この集落に居住する全成員の共用物であり、この広場において日々の生業活動が行われていたと考えられた。

この遺跡は、港北ニュータウンの建設に伴い、1977年に再調査が実施され、広場と思われた中央の空閑地から多数の土坑墓が検出された（図2）。

事例2：神奈川県神隠丸山遺跡（縄文時代中・後期） 台地平坦面において環状に配置された竪穴住居址・掘立柱建物群が検出され、それらに囲まれた内側の空間から多数の土坑墓が検出された（図3）。

事例3：岩手県西田遺跡（縄文時代後期） 大規模な環状集落が調査され、縄文集落のモデルとなった。まず、中央に墓坑群（広場＋墓地）があり、それを取り囲むように掘立柱建物群（乾燥小屋＋モガリ小屋）、さらにその外側に竪穴住居址群（日常的住居）と貯蔵穴群が取り囲み、同心円状の環状にそれぞれの機能を有する遺構が配列されている（岩手県教委1980、鈴木1988）。中央の広場では、日常の生業活動と祖先祭祀が行われていたと推定されている[1]。

小結 環状集落の中央に存在する空間は、墓地と広場という2つの機能を併せ持っていたと推定できる。

(3) 弥生時代集落の中の広場

事例1：神奈川県大塚遺跡（弥生時代中・後期） 環濠集落を全面調査した稀な例である。環濠は弥生時代中期に掘削され、環濠で囲まれた内部から竪穴住居址と掘立柱建物跡が検出された。出土土器から中期の住居址は三時期に大別でき、大きく三群に分かれることが判明した。検出遺構を時期別に色分けしてみると、環濠内部には多数の空白地が存在する（図4）。これらの空白地は、居住民が日々の生業活動を行うための広場として機能したものと考えられる。

事例2：大阪府池上曽根遺跡（弥生時代中期） 環濠集落のほぼ中央部から大型掘立柱建物が検出された。建物はほぼ正方位に建てられた東西棟で、その南に隣接して巨大な欅を割りぬいた井戸が付設する。さらに、その南側には小竪穴遺構1基が存在する（図5）。この掘立柱建物は、特殊な遺構であり、神殿説が唱えられている。環濠内の別の調査区内では、同時期の遺構が複雑に重複しているが、この大型掘立柱建物の南側は遺構が希薄で、一定の空間となっている。神殿説に従うならば、この空間は祭祀を執行するための広場（祭場）であったとも考えられる。

事例3：静岡県汐入遺跡（弥生時代後期） 溝で囲まれた3つの方形区画があり、その中から竪穴式住居址や掘立柱建物群等が検出された（図6）[2]。方形の区画溝で囲まれた範囲は、宅地であり、宅地内の空間は、居住民が日々の生業活動を行うための広場として機能したものと考えられる。

事例4：滋賀県伊勢遺跡（弥生時代後期） 中央に塀で囲まれた掘立柱建物群があり、それを中心とした大型掘立柱建物が円形に配置されていると推定されている（図7）。中央の建物群は、神殿と考えられている。神殿とその周りを取り囲む掘立柱建物群の間に空間が存在する[3]。

小結 環濠集落内に存在する空間は、広場として機能したものと考えられる。また、池上曽根遺跡や伊勢遺跡では特殊な建物の周辺に空間があり、祭祀を執行する場としての広場と考えられる。一方、汐入遺跡のように宅地内の広場が出現した。

(4) 古墳時代集落の中の広場

事例1：静岡県大平遺跡（古墳時代前期） 豪族居館とその家族が居住する宅地と見られる遺構群が検出された。西側に方形の柵列で囲まれた大型掘立柱建物と独立棟持柱を有する掘建柱建物があり、その東側に南北に並ぶ柵列で囲まれた4つの区画がある。各区画内には竪穴住居址や掘立柱建物群が存在する（図8）[4]。図8で⑥区とされた区画は、主に方形に配列された掘立柱建物で構成されており、その中央に広い空間がある。⑥区の建物を倉庫群と推定した場合、中央の空間は、倉庫へ物資を出し入れするための作業空間（広場）であったと考えられる。

事例2：極楽寺ヒビキ遺跡（古墳時代中期） 方形の溝と柵列によって区画された範囲に縁と庇を有する大型掘立柱建物跡が検出された。区画溝は東西に長い長方形を呈し、南側中央部に土橋が付設される。建物は西側に寄っており、東側に広い空間がある（図9）。これらの遺構は、葛城氏の居館または神殿の可能性が高いと考えられている。豪族居館であるとするならば、西側の区画は政を執行するための庭（大庭・広庭）であった可能性がある。

事例3：群馬県黒井峯遺跡（古墳時代後期） 榛名山の噴火によって一瞬にして埋没した遺跡で、日本のポンペイと呼ばれる、一般農村集落である（図10）。竪穴住居址が点在し、それを繋ぐ小径がある。また柴垣で囲まれた小屋がある。建物と建物の間にある空間は、畑や荒蕪地であり、人々が集う空間とは考えられない。

小結 古墳時代には、宅地内広場や特殊な建物に付属する広場がある一方で、農村においては広場的な空間

空　間

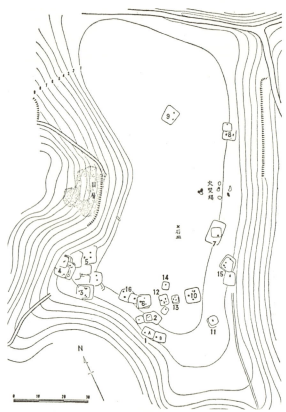

図1　南堀貝塚遺構配置図

図2　南堀貝塚（再調査時）遺構配置図

図3　神隠丸山遺跡遺構配置図

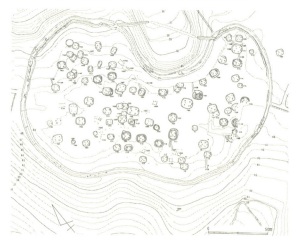

図4　大塚遺跡遺構配置図

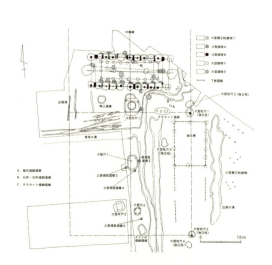

図5　池上曽根遺跡遺構配置図

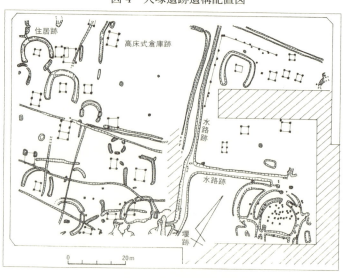

図6　汐入遺跡遺構配置図

日本における先史から古代の広場

図7　伊勢遺跡全体図

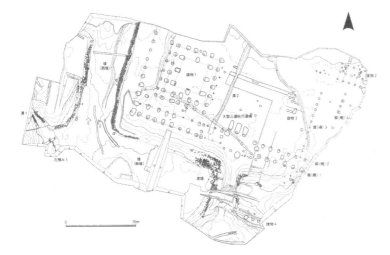

図9　極楽寺ヒビキ遺跡遺構配置図

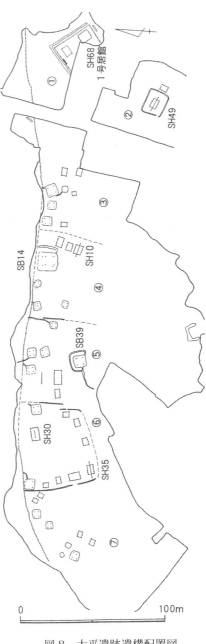

図8　大平遺跡遺構配置図

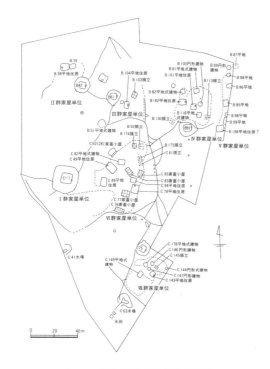

図10　黒井峯遺跡遺構配置図

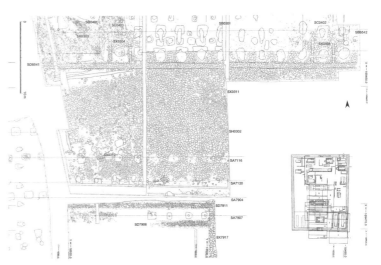

図11　飛鳥京跡内郭 SB0301 南面石敷 SH0302 平面図

空　間

は存在しなかった可能性がある。

まとめ

　上記の事例から、日本における広場は以下のように推移したものと考えられる。

　縄文時代前期頃から環状集落が形成され、その中央部が墓地と広場として機能した。環状集落内の広場は、日常の生業活動と祖先祭祀を執行した場と考えられる。縄文時代晩期頃から墓地と集落が分離し始め、広場の実体は一時期不明瞭となる。

　弥生時代になると環濠集落が形成され、環濠内には居住民が日々の生業活動を行うための広場が存在した。また、中期頃から大型掘立柱建物に付属する広場が出現した。この広場は、祭祀を執行するための場であったと考えられる。さらに、後期になると方形の溝で囲まれた宅地が出現した。宅地内の空間は、そこに居住する家族が日々の生業活動を行うための場であったと考えられる。

　古墳時代は、弥生時代から出現する大型掘立柱建物に付属する広場と宅地内広場が発展した時期と考えられる。その一方で、農村においては広場的な空間が存在しなかった可能性がある。

　飛鳥時代になると、宮殿が整備され、政務や祭事を司る建物の前には、石を敷き詰めた広場が造営された（図11）。

　宮殿内における広場は、その後平城宮・平安宮へと継承されていくが、その一方で一般集落における広場的空間は不明確となってゆく。その後の推移は、福田アジオ説に繋がっていくものと考えられる。

註
(1) 鈴木編1988および同書 p.123「201　岩手県西田遺跡の「集落」内の墓域」
(2) 静岡県汐入遺跡の復元想像図については下記の文献を参照。
　　広瀬和雄編1998『都市と神殿の誕生』新人物往来社　p.167「図8　静岡県汐入遺跡の建物群復元想像図／イラスト＝早川和子氏」
(3) 大橋信弥・鈴木康二 2009『大型建物から見えてくるもの』滋賀県立安土城考古博物館 p.67 図39
(4) 静岡県大平遺跡の復元想像図については下記の文献を参照。
　　（財）浜松市文化協会 1992『佐鳴湖西岸遺跡群　本文編Ⅰ』表紙裏　大平遺跡・想像図

引用・参考文献
岩手県教育委員会 1980「東北新幹線関係埋蔵文化財調査報告書Ⅶ（西田遺跡）」『岩手県文化財調査報告書』第51集
鈴木公雄編 1988「縄文人の生活と文化」『古代史復元』2 講談社 pp.142・143 236 縄文の祭り復元図（構成・作画／大塚和義）
羽仁五郎 1968『都市の論理』勁草書房
福田アジオ 1996「日本の村落空間と広場」『国立歴史民俗博物館研究報告』第67集

図出典
図1　港北区郷土史編さん刊行委員会 1986『港北区史』p.99 図5　南堀貝塚　前期の集落
図2　武井則道 2008「南堀貝塚」『港北ニュータウン地域内埋蔵文化財調査報告書』40　（財）横浜市ふるさと歴史財団・横浜市教育委員会　第74図
図3　図1文献　p.107 図6　神隠丸山遺跡　前・中・後期の集落
図4　武井則道 1991「大塚遺跡―弥生時代環濠集落址の発掘調査報告Ⅰ　遺構編―」『港北ニュータウン地域内埋蔵文化財調査報告書』Ⅻ　横浜市埋蔵文化財センター　付図
図5　乾哲也 2000『史跡池上曽根遺跡保存整備事業報告書―地方拠点史跡等総合整備事業（歴史ロマン再生事業）による史跡公園整備―第1分冊』和泉市教育委員会　p.44 第10図
図6　静岡市立登呂博物館 1988『特別展　静岡・清水平野の弥生時代―新出土品にみる農耕生活―』静岡市立登呂博物館 p.61／岡村渉 2004「汐入遺跡第6次発掘調査報告書」『静岡市文化財調査報告』静岡市教育委員会　p.3 第3図
図7　守山市教育委員会 2017「伊勢遺跡確認調査報告書」Ⅸ『守山市文化財調査報告書』p.7 図2
図8　鈴木敏則 2003「東海・関東における大型建物・方形区画の出現と展開」『日本考古学協会　2003年滋賀大会資料集』日本考古学協会滋賀大会実行委員会 p.57　静岡・大平遺跡
図9　北中恭裕 2007「極楽寺ヒビキ遺跡」『奈良県文化財調査報告書』第122集　奈良県立橿原考古学研究所　p.26 図11
図10　石井克己・梅沢重昭 1994「黒井峯遺跡―日本のポンペイ」『日本の古代遺跡を掘る』4　読売新聞社　p.75
図11　林部均 2008「飛鳥京跡」Ⅲ『奈良県立橿原考古学研究所調査報告』第102冊　奈良県立橿原考古学研究所　図面10　遺構図8　図版5・44

追記
　本論は、平成13年（2001）6月20日に開催された広場研究会（テーマ：「世界の広場」）で口頭発表した「縄紋・弥生・古墳時代の広場？」をもとに書き改めたものである。当初、広場研究会から論文集を出版する予定であったが、それが滞ったままのため、主催者の承諾を得て本書に掲載することとした。

畿内における竪穴式石槨の石材・石棺材の変遷

奥田　尚

はじめに

　畿内に分布する古墳に使用されているあるいは使用されていたと推定される竪穴式石槨材及び石棺材を主として裸眼で、構成粒が細かい場合は携帯用の倍率20倍の実体顕微鏡を使用して観察した。現在、石材が観察できる古墳は非常に少ない。この観察結果は1970年以降に行ったもので、調査を始めてから45年以上の歳月が過ぎている。この期間に発掘調査が行われ、詳細な観察ができた場合、散在する破片に基づく場合など、個々の古墳に関しても石材の観察した量に非常な差があり、石材の構成に関する精度にも非常にばらつきがある。観察できた古墳の数は非常に少ないがその観察結果について述べる。また、石材の観察と並行して進めている石材の採取推定地についても調査が進むにつれて詳細となり、採石地についても変化が生じている。

　畿内に竪穴式石槨が造り始まるのは3世紀後半で、5世紀後半には終わりを迎えている。しかし、石槨に使用されている石材と同質の石材の使用が6世紀前半に及んでいる地域もあることから、6世紀前半頃までの石材の使用について述べる。また、石材の採石場の掌握に関しては政権との関係が推測されることから、『日本書紀』[1]・『播磨国風土記』[2]の記述と石材産地の関係についても言及する。

　石材を観察した結果は、報告書や雑誌にその都度掲載しているが、諸般の事情により報告書が刊行されず、原稿のままのものや、未報告のものがある。今までに観察したもののみの結果について述べる。

1　竪穴式石槨の石材

　竪穴式石槨に使用されている石材の石種をもとに古墳を区分すれば、石英斑岩を使用する古墳、橄欖石安山岩を使用する古墳、輝石安山岩KKを使用する古墳、角閃石安山岩AYを使用する古墳、紅簾石片岩等の結晶片岩を使用する古墳、片岩か頁岩を使用する古墳、天井石に火山礫凝灰岩IHを使用する古墳等に区分される。また、これらの石材を石槨の天井石に使用する場合には一定の決まりがあったように窺える。

（1）石英斑岩を使用の古墳

　石英の斑晶が目立ち、板状節理が顕著な石英斑岩である。石材の採石地は篠山市今田の付近と推定される。四條畷市の忍ヶ岡古墳、茨木市の紫金山古墳、池田市の茶臼山古墳・呉三堂古墳等の石槨の壁石、神戸市の西求女塚古墳の天井石にみられる。分布は茨木市と四條畷市を東限とする摂津の範囲となる。

（2）橄欖石安山岩を使用の古墳

　橄欖石を含む安山岩で、板状節理が顕著な石である。石材の採石地は柏原市の芝山頂上部付近と推定される。八尾市の西ノ山古墳、藤井寺市の唐櫃山古墳、柏原市の玉手山1・3・5・7号墳・松岳山古墳、大和郡山市の小泉大塚古墳、天理市の西山古墳・西殿塚古墳・波多古塚古墳・ヒエ塚古墳・マバカ古墳・下池山古墳・柳本大塚古墳・行燈山古墳・黒塚古墳・櫛山古墳、桜井市の箸墓古墳・茶臼山古墳・二反田古墳等にみられる。また、西求女塚古墳・枚方市の禁野車塚古墳の壁石にみられる。これらの古墳は大和郡山市・天理市・桜井市の奈良盆地周辺部、柏原市・八尾市の大和川流域に、点として神戸市や枚方市に分布する。

（3）輝石安山岩KKを使用の古墳

　黒色と青銅色透明の輝石を含み、板状節理が顕著な石である。石材の採石地は柏原市の亀ノ瀬付近と推定される。藤井寺市の城山古墳、柏原市の玉手山9号墳、桜井市の茶臼山古墳等にみられる。

（4）角閃石安山岩AYを使用の古墳

　板状節理が顕著でなく、不定形な貝殻状に割れる場合が多い。角閃石の斑晶は5mmに達するものもあるが、殆どみられない場合が多い。石材の採石地は香芝市の旭ヶ丘付近と推定される。天理市の中山大塚古墳・天神山古墳・上ノ山古墳、桜井市のメスリ山古墳、橿原市の弁天塚古墳、御所市の掖上鑵子塚古墳、広陵町の巣山古墳等にみられる。橄欖石安山岩を使用されている古墳の分布範囲にある古い時期の古墳に使用されている。角閃石安山岩AYは馬見丘陵にある前期・中期古墳の葺石に使用されている場合が多い。4世紀までは橄欖石安山岩を使用した古墳の分布地にも運ばれているが、5世紀になると奈良盆地西南部の葛城地域の古墳に使用される石材と

空　間

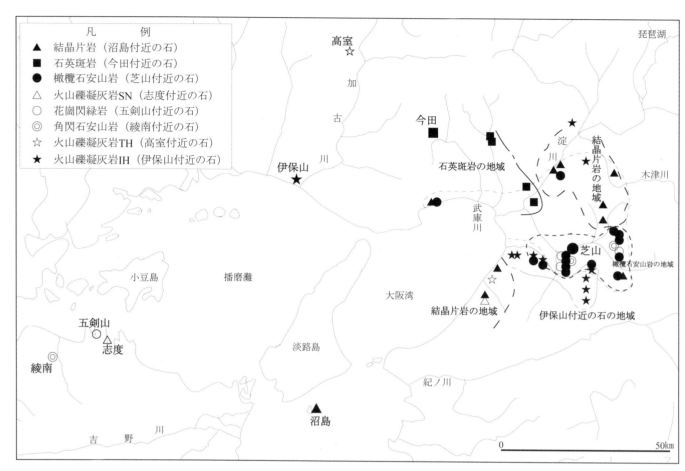

図1　3・4・5世紀の大和の石材

推定される。

(5) 結晶片岩を使用の古墳

紅簾石片岩・玄武岩質凝灰岩質点紋片岩（緑泥石片岩）・絹雲母片岩等の結晶片岩である。石材の採石地は淡路島の南部にある沼島付近が推定される。岸和田市の貝吹山古墳、堺市の長山古墳、茨木市の将軍山古墳、山城町の椿井大塚山古墳、大和郡山市の郡山城の古墳、奈良市の日葉酢媛陵等にみられる。分布は茨木市から山城町にかけての淀川・木津川流域から平城山を越えた奈良市・大和郡山市の奈良盆地北部にかけての地域、堺市から岸和田市にかけての和泉北部の大阪湾沿の地域となる。

(6) 片岩か頁岩を使用の古墳

片岩か頁岩を使用する古墳は交野市の鍋塚古墳・森1号墳、頁岩を使用する古墳は向日市の元稲荷古墳、片岩を使用する古墳は御所市の宮山古墳等である。これらの古墳の石材については詳細な検討が必要である。

(7) 天井石に火山礫凝灰岩 IH を使用の古墳

黄土色や青灰色を呈する火山礫凝灰岩で、灰白色や淡青灰色のガラス質流紋岩の角礫、淡桃色の長石が含まれる。石材の採石地は高砂市の伊保山付近と推定される。この石種の天井石は、御所市の宮山古墳南側石槨、葛城市の屋敷山古墳公園在、香芝市の阿弥陀橋脇在（奥田 2016）、同市の良福寺の杵築神社境内在、同市の福應寺在、川西町の比売久波神社境内在、同町の公民館前在、大和郡山市の郡山城天守台東在（石碑の前に天井石2石）、羽曳野市の誉田八幡神社境内在、藤井寺市の藤井寺境内在、同市の津堂城山古墳の展示館前在（奥田 2012）等にみられる。これらの分布地は堺市から羽曳野市にかけての竹内街道沿の地域、王寺から御所市にかけての葛城の地域となる。また、山城や大和郡山城跡にもみられる。

(8) 天井石に使用の斑岩材

メスリ山古墳の天井石の斑岩と天理市の長岳寺境内にある大石棺仏の斑岩は同質の石である（奥田 2010）が、大石棺仏の出土地については不明である。この斑岩は大和・河内では産しない岩相を呈する。京都市山科から大津市にかけての付近に分布する斑岩の岩相の一部に似ている。

2 石槨材の使用傾向

　竪穴式石槨をもたない古墳は多くある。竪穴式石槨がみられる古墳は少なく、石材の使用に壁石と天井石が同質材の場合、異なる場合がある。また、石槨が確認されず、石棺のみの古墳もある。石槨材の使用をもとに古墳を区分すれば、以下のとおりとなる。
　Aグループ：石槨の壁石と天井石に異なる石種の石材
　　が使用されている…桜井茶臼山古墳　メスリ山古墳
　　西求女塚古墳　茨木将軍山古墳　元稲荷古墳　等
　Bグループ：石槨の壁石と天井石に同質の石が使用さ
　　れている…黒塚古墳　下池山古墳　等
　Cグループ：石槨がない…赤土山古墳　東大寺山古墳
　　富雄丸山古墳　等

　桜井茶臼山古墳は、天井石に輝石安山岩KK、角閃石安山岩AY、玄武岩質凝灰岩質点紋片岩等が使用され、石室の壁石に主として橄欖石安山岩、僅かに輝石安山岩KK等が使用されている。メスリ山古墳の壁石は角閃石安山岩AYや輝石安山岩KKと推定され、天井石が斑岩、片麻状石英閃緑岩、弱片麻状黒雲母花崗岩、輝石安山岩で、石槨の壁石とは石材の石種が異なる。西求女塚古墳の壁石は橄欖石安山岩で、天井石は玄武岩質凝灰岩質点紋片岩と石英斑岩である。茨木将軍山古墳の壁石は主として紅簾石片岩で、天井石は砂岩AI・輝石安山岩等である。

　壁石に同質の石を使用する古墳は、壁石に同じ石を使用している氏族の集まりと考えられ、同じ石を使用することができた。天井石に異なる石材が使用されている古墳の被葬者は、この石材を使用していた氏族を掌握していた者と推定される（奥田2010）。他の地域の石を天井石に使用する古墳の被葬者は、同じ石材を使用する氏族に比べて、その範囲を超えた繋がりをもつ被葬者であったといえよう。石槨をもたない古墳の被葬者は、同じ範囲内の氏族であるが、採石地を掌握していたものから石材をもらえる状況でない者の墓といえよう。よって、前述のように、石槨の石材の使用傾向から、墓を造るにあたっても石材の使用状況からA・B・Cのランクがあり、被葬者に歴然とした身分の差が存在していたことが窺える。

　しかし、宮山古墳の南側石槨のように4世紀第4四半期頃から使用が始まる火山礫凝灰岩IH製の天井石をもつ石槨には同質の石材を使用した長持形石棺が伴っている。この時期にAランクのような天井石が壁石と異なる使用でなく、一元的に供給される天井石材となり、石棺材も天井石と同質の石材を使用する傾向が始まるといえる。石切場を掌握した豪族が一元的に石棺や天井石を供給するようになる。Aランクの石材を使用している古墳は桜井市から天理市にかけての大和川流域に分布するが、この地域に火山礫凝灰岩IH製の石棺はみられず、御所市から王寺町にかけての葛城の地域や、羽曳野市から堺市にかけての竹内街道沿いの地域に分布する。分布の状況から判断すれば、石切場の権限を掌握していたのは葛城付近の豪族（葛城氏）と推定される。

　竪穴式石槨の石材の分布地域をおおまかに区分すれば以上のようになるが、石英斑岩が分布する地域に西求女塚古墳、結晶片岩が分布する地域に禁野車塚古墳のような橄欖石安山岩を壁石に使用する古墳がある。古墳の築造時期をみれば、これらの古墳は石英斑岩や結晶片岩を使用する古墳の築造時期よりも古くなり、橄欖石安山岩を使用する古墳の分布地域は時期が下れば縮小しているといえる。石槨の天井石についてみれば、4世紀第4四半期頃になると天井石に長持形石棺の石材と同質の火山礫凝灰岩IHが使用される。各地の異なる石材を天井石に使用する状況から、採石地を掌握した豪族の石材に天井石の使用も変化する。中山大塚古墳や桜井茶臼山古墳のように角閃石安山岩AYの石材を使用した古墳が天理市・桜井市にみられるが、これらも古期の古墳で、葛城の地域に長持形石棺を使用する古墳が造られるようになるとこの石材を使用した古墳は天理市・桜井市の地域でみられなくなる。

3 石棺の石材

　石棺が竪穴式石槨内にみられる古墳は御所市の宮山古墳ぐらいである。松岳山古墳では後円部墳頂に石棺が存在するが、石槨の形状については観察できない。石棺の南側に立っている板石は石材の形状から石槨の南端に使用された天井石と推定される。これらは石棺と石槨材の関係がみられる古墳である。石棺のみがみられる場合が多い。石棺に使用されている石材とその所在地について述べる。識別した石棺の石種は角閃石安山岩AN、花崗閃緑岩GN、火山礫凝灰岩SN、火山礫凝灰岩IH、火山礫凝灰岩HX、火山礫凝灰岩MXなどである。

(1) 角閃石安山岩ANを使用の石棺
　　　（香川県綾南町付近の石　以下、綾南付近の石と表記）
　この石材は、斑晶が細かく、安山岩質岩の捕獲岩も含まれる場合、長石や輝石の斑晶が7mmに及ぶような場合があるなど、岩相に変化がある。石基は灰色、ややガラス質である。この石材の石棺は、柏原市の松岳山古墳棺の側石、柏原市の安福寺境内棺（割竹形石棺）、天理市柳本の光蓮寺跡の石棺仏（石棺の側石）、柳本の専行院の石

空　間

棺仏（石棺の側石）である。これらの石棺は芝山付近の石が石槨に使用されている地域に分布する。

（2）花崗閃緑岩GNを使用の石棺
　　　　　　　　　　　　　（高松市の五剣山付近の石）
　中粒の花崗閃緑岩であるが、構成粒が細かいため裸眼では角閃石の粒を識別し難い。そのため黒雲母花崗岩と裸眼で同定していた。拡大して観察すれば角閃石が含まれることから花崗閃緑岩となる。岩相的に五剣山の西側に分布する花崗閃緑岩の岩相の一部に似ている。現在、花崗閃緑岩が分布する牟礼町から庵治町にかけての付近には多くの石切場跡があり、細粒の部分を採石され、庵治石の石材名で販売されている。花崗閃緑岩GN製の石棺は柏原市の松岳山古墳棺（古式の長持形石棺）の蓋石・小口石、天理市柳本町の黒塚古墳館西側の棺蓋（もとは専行院在　古式の長持形石棺の棺蓋）、同町の専行院の石棺仏前の台石（組合棺の蓋石）、同町の長岳寺境内の一石五輪塔（棺蓋の端部　もとは元柳本町役場の前にあったもの）、同町の櫛山古墳棺（棺蓋　橿考研附属博物館在）である。これらの石棺は芝山火山岩SNを石槨の壁石に使用されている地域に分布する。

（3）火山礫凝灰岩SNを使用の石棺　（志度付近の石）
　白色の火山礫凝灰岩で、含まれる火山礫の石種と岩相から香川県の志度湾周辺付近に分布する凝灰岩の岩相の一部に似ている。この石材の石棺は岸和田市の貝吹山古墳棺（破片）である。二上山付近に分布する凝灰岩の岩相とは異なる。この石棺は結晶片岩を石槨の壁石に使用されている地域に位置する。

（4）火山礫凝灰岩IHを使用の石棺
　　　　　　　　　　　　　（高砂市の伊保山付近の石）
　この石の石棺は香芝市公民館前在の棺蓋（古式の長持形？石棺）、新庄町の屋敷山古墳（長持形石棺の部材）、同市の阿弥陀橋脇在（長持形石棺の棺蓋）、大和高田市の専立寺境内在（長持形石棺の縄掛突起部）、御所市の宮山古墳棺（長持形石棺）、堺市立博物館在（長持形石棺の縄掛突起部　もと百舌鳥八幡宮境内在）、羽曳野市の誉田八幡神社境内在（長持形石棺の小口石）、香芝市公民館前在の棺蓋（刳抜式家形石棺　古式の長持形石棺）である。これらの石棺は御所市から王寺町にかけての葛城の地域、堺市から藤井寺市にかけての竹内街道沿いの地域に主として、城陽市や天理市にも分布する。

（5）火山礫凝灰岩THを使用の石棺　（高室付近の石）
　灰色で、一見、砂岩様にみえる石で、主としてガラス質流紋岩の亜角粒と軽石からなる。このような岩相の石は加西市高室付近に分布する火山礫凝灰岩の岩相の一部に似ている。この石材を使用した石棺は乳の岡古墳棺（古式の長持形石棺）である。実物を観察していないが、堺市博物館の特別展の写真をもとに推定している。この古墳が位置する地は結晶片岩を石槨材に使用されている古墳が分布する地である。

（6）火山礫凝灰岩HXを使用の石棺　（氷川？付近の石）
　灰色の輝石安山岩質火山凝灰岩や灰色の安山岩質火山礫凝灰岩を使用した刳抜式石棺である。石材の産地については熊本県の氷川付近とされているが、筆者は産地とされる地の石材を観察していない。大和郡山市の水晶塚古墳（破片）、藤井寺市の長持山古墳棺（刳抜式石棺）、同市の唐櫃山古墳棺（刳抜式石棺）がある。これらの古墳は芝山の石を石槨に使用した古墳が分布する周辺部に位置する。

（7）火山礫凝灰岩MXを使用の石棺　（馬門付近の石）
　淡赤褐色を呈し、黒色の細かい輝石粒が含まれる輝石安山岩質凝灰岩である。石材の採取地は宇土市馬門付近と推定される。この石材を使用した石棺は桜井市の兜塚古墳（古式の刳抜式家形石棺）、同市の金屋の石仏下棺（古式の刳抜式家形石棺）、同市の慶雲寺墓地の棺（刳抜式棺の棺身）、天理市の東乗鞍古墳奥棺（古式の刳抜式家形石棺）、奈良市の野神古墳棺（刳抜式石棺）、藤井寺市の長持山古墳の上に置かれていた棺[3]（古式の刳抜式家形石棺）、高槻市の今城塚古墳（石棺材片）である。これらの古墳の多くは火山礫凝灰岩HXを使用した古墳の分布と同様に芝山の石を石槨に使用されている古墳が分布する周辺部に位置するが、今城塚古墳のみが結晶片岩を使用されている地域に分布する。

（8）結晶片岩を使用の石棺
　絹雲母片岩・玄武岩質凝灰岩質片岩・泥質片岩など結晶片岩を方形板状に加工した石を組み合わせた箱式石棺である。この石材の石棺は枚方市の牧野車塚古墳の陪冢（組合式石棺）、同市の万年寺山古墳の陪冢（箱式石棺）などで、石棺が直葬されている。偶然のことであるが、万年寺山古墳の西方で行われた調査で、石棺の蓋石をあける時に出会った。人骨頭部の左上方の側石と小口石が合わさった上部に拳大の割石があり、石材が橄欖石安山岩（芝山の石）であった。この石は意図的に置かれたものである。これらの石棺は結晶片岩を石槨に使用されている古墳が分布する地域にある。

4　石棺材の使用傾向

　石棺は形状から古式の長持形石棺、長持形石棺、箱式石棺、古式の刳抜式家形石棺、刳抜式家形石棺に区分される。また、明らかに畿内の形でない舟形石棺や割竹形石棺もある。これらの石棺とその石材の推定される産地の関係について、石材の産地をもとに述べる。石棺材の産地は、讃岐地方では綾南付近・五剣山付近・志度付近、播磨地方では伊保山付近・高室付近、肥後地方では氷川？付近・馬門付近である。

（1）讃岐地方の石

　石材の産地は綾南付近（角閃石安山岩 AN）・五剣山付近（花崗閃緑岩 GN）・志度付近（火山礫凝灰岩 SN）の3地点が推定される。

　讃岐の石が石棺に使用されている古墳は4世紀第4四半期頃あるいはそれ以前と推定される古墳である。柳本付近に散在する石棺材片から松岳山古墳棺と同様の石材で製作された石棺が柳本付近にもう1基存在していたことが窺える。櫛山古墳の石棺は石棺片で、花崗閃緑岩 GN であるが、この底石は調査時に石室内にそのまま埋め戻されたそうである[4]。また、同付近には花崗閃緑岩 GN 製の石棺が他に少なくとも2基存在したと推定される。柳本付近や松岳山古墳・玉手山古墳がある付近は、石室材の分布からみれば、大和川流域に分布する橄欖石安山岩の板石を石槨の壁石に使用している古墳の範囲となる。貝吹山古墳では志度付近の石と推定される火山礫凝灰岩 SN が石棺に使用され、石槨に沼島付近の石と推定される紅簾石片岩が使用されている。石槨材に橄欖石安山岩を使用する地域と結晶片岩を使用する地域では、讃岐地方の石であっても採石地を異にしているといえる。

（2）播磨地方の石

　石材の産地は伊保山付近（火山礫凝灰岩 IH）・高室付近（火山礫凝灰岩 TH）の2地点が推定される。

　古式の長持形石棺は、香芝市公民館の前、乳の岡古墳棺にみられる。これらの棺の石種は前者が伊保山付近の石で、後者は高室付近の石と推定される。前者の古墳の分布地は橄欖石安山岩を石槨材に使用する古墳が分布する地域で、後者は結晶片岩を石槨材に使用する古墳が分布する地域である。讃岐の石を使用した古墳が分布する地域においても石棺材の採石地において違いがみられる。播磨の石においても古式の長持形石棺では同様のことがみられる。長持形石棺となれば石材が伊保山付近の石となり、堺市・藤井寺市では竹内街道沿いの地域、大和では葛城の地域に分布し、香芝市付近では円筒形の縄掛突起をもつ刳抜式家形石棺にまで使用される。

（3）肥後地方の石

　石材の産地は氷川？付近（火山礫凝灰岩 HX）と馬門付近（火山礫凝灰岩 MX）の2地点が推定される。

　石棺の形状から氷川？付近の石製の石棺が古く、馬門付近の石製の石棺が新しい時期といえる。

　氷川？付近の石製の石棺の分布は芝山の石製の石槨が分布する地域となるが、馬門付近の石製の石棺は芝山の石製の石槨が分布する地域と高槻市付近となる。広域的にみれば、近江の湖東にある円山古墳や甲山古墳の石棺にも同様の石材が使用され、甲山古墳棺は方形の突起をもつ刳抜式家形石棺である。また、肥後ではこのような石製の石棺をみない。畿内からの特注の石棺であるといわれている。この石棺が使用される時期の状況については『日本書紀』から窺え、後述する。

　以上のように石棺材が特定の地域・地で採石されていたように推定される。このような現象は石棺材の採石地で石棺が制作され、使用される地域に注文に応じて運ばれていたとする考え方もあるが、時期により使用される石棺が異なり、使用される地域も限定されることから、地域を支配していた豪族の中心となる者が石棺材の採石地の権限を掌握し、その豪族の都合によって石棺が供給されていたと推定される。綾南付近・五剣山付近の石材を掌握していた者は芝山の石を石槨に使用していた地域の豪族で、播磨地方の石材を掌握したのは葛城地域の豪族（葛城氏）、肥後の石材を掌握したのは大伴氏と推定される（後述）。

5　石棺材の採石推定地と書物の記述

　石棺材の採石推定地と『播磨国風土記』・『日本書紀』に記された記述との関係について述べる。

（1）『播磨国風土記』の記述との関係

　松岳山古墳では橄欖石安山岩が石槨材に、石棺材に讃岐の石が使用され、宮山古墳では結晶片岩（阿田付近の石）が石槨の壁石、天井と石棺に播磨の石が使用されている。これらの古墳は共に4世紀第4四半期頃に築造されたとされ、この時期に讃岐の石を使用した古式の長持形石棺から播磨の石を使用した長持形石棺に変わっている。この現象と『播磨国風土記』に記述されている印南郡の部分を比較する。

　『播磨国風土記』では、「此の里に山あり。名を伊保山といふ。帯中日子命（仲哀天皇）を神（崩御した御遺骸を

空　間

奉じていること）に坐せて、息長帯日女命（仲哀天皇の皇后　神功皇后）、石作連大来を率て、讃岐の国の羽若の石を求ぎたまひき。彼より渡り賜ひて、未だ御廬（殯宮のこと）を定めし時、大来見顕しき。故、美保山といふ…」とある。この記述の「羽若」は脚注に「香川県綾歌郡綾上村羽床上・綾南町羽床下」とあり、松岳山古墳の石棺の側石材である角閃石安山岩ANの採石推定地と同じ地と考えられる。また、同質の角閃石安山岩ANは柏原市玉手山にある安福寺の石棺で、玉手山3号墳から出土した伝承があり、割竹形石棺の棺蓋である。石材からみれば、『播磨国風土記』の記述と石棺の採石推定地が同じである。松岳山古墳棺の蓋石と小口石は花崗閃緑岩GN（五剣山付近の石）で、地理的に讃岐への海からの入口となる屋島の合戦付近に産する石となり、角閃石安山岩ANの採石地と異なる地である。しかし、五剣山付近は大和川流域へ海運で石材を運ぶとすれば、運搬ルートの上に位置する。

『播磨国風土記』では「神功皇后が石棺に羽若の石を求め、石工を連れて行った。その後、海を渡って播磨の印南の地で石工の大来が殯宮をつくった」とある。芝山の石を使用している豪族が石棺材を讃岐の羽若に求めていることは、松岳山古墳の石棺・柳本付近に散在する石棺部材の石材から一致してくる。また、石工が印南郡に移動したことは、長持形石棺とその石槨の天井石が伊保山付近の火山礫凝灰岩IHであり、この記述も石材の採石地と同じとなる。

神功皇后の母は葛城高額媛で、葛城の系統の人である。石作連大来が仲哀天皇の殯宮を美保山にしたことは伝承であるが、讃岐から海を渡って播磨の地に石工が移動したことが窺える。この現象は、大和・河内での石棺材の採石地を伊保山付近で掌握したこと示していると推定され、葛城地域に播磨系の石材が多くみられる現象は、葛城氏が伊保山付近の石材の権利を掌握した結果と考えられる。

（2）『日本書紀』の記述との関係

肥後付近で製作されたと推定される石棺に氷川付近の石製と馬門付近の石製のものがある。これら石棺の分布をみれば、氷川付近の石製の石棺は藤井寺市の長持山古墳と唐櫃山古墳、大和郡山市の水晶塚古墳で、芝山の石製の石槨の分布域の縁部に分布する。馬門付近の石製の石棺は藤井寺市の長持山古墳の墳丘上、奈良市の野神古墳、天理市の東乗鞍古墳、桜井市の慶雲寺墓地、同市の金屋の石仏下、同市の兜塚古墳にみられ、大阪府と奈良県にある古墳は氷川？付近の石製の石棺の分布と同様に、芝山の石製の石槨の分布域の縁部に分布するが、円山古墳と甲山古墳は近江の湖東の地となる。

これらの石棺の形状から時期を推定すれば5世紀の第4四半期から6世紀前半となる。この時期の様子を『日本書紀』の記述から抜粋してみれば、

雄略天皇

　18年秋　物部目連・物部菟代宿禰に朝日郎を討たせる。

　23年　雄略天皇が大殿で死す。大伴室屋大連・東漢掬直に遺詔。

清寧天皇

　星川皇子の乱を大伴室屋大連・東漢掬直が平定。

　元年　大伴室屋を大連、平群真鳥を大臣とする。

顕宗天皇

　3年　任那に阿閉臣事代を送る

　　　　紀生磐宿禰は任那を股にかけて高麗と交流し、西方で三韓の王となろうとした。

仁賢天皇

　6年　日鷹吉士を高麗に行かせ、巧手者を召した。

武烈天皇

　即位時　大伴金村を大連とする。

　6年　百済国は調を進上した。天皇は何年も貢物を献上しなかったと思い、使者を抑留した。

継体天皇

　元年　大伴金村を大連、許勢男人を大臣、物部麁鹿火を大連とした。

　21年　近江臣毛野が6万の軍で任那に行く。筑紫造磐井が水路を閉鎖。

　22年　物部麁鹿火大連と筑紫国造磐井が御井郡（福岡県三井郡）で交戦。

とあり、大連大伴室屋、大連大伴金村が活躍し、任那の存続を目指し、朝鮮の出兵を繰り返している時期である。また、筑紫国造磐井が反乱を起こした時期である。北九州を通じて韓半島へ頻繁に豪族が出軍した時期である。

大連大伴室屋や大連大伴金村が活躍した時期に馬門付近の石製の石棺が使用されている。金村は540年頃に失脚していることから今城塚古墳から出土している馬門付近の石製の石棺の使われなくなる時期と似ている。鰹木形突起の家形石棺、円形突起の家形石棺、方形突起の家形石棺と形式的に変化しているのは馬門付近の石製の石棺のみである。また、馬門付近の石製の石棺は石棺の採石地となる宇土市を始め、肥後一帯で確認されていない。このような状況を考慮すれば、馬門付近の石の採石権を掌握していたのは肥後付近の豪族でなく、芝山の石を使用している地域にいた豪族と推定される。また、九州との関わりがあるのは、任那の防衛のために何度も韓半島への出軍を企てた大伴金村、韓半島に大軍で出軍し

た近江臣毛野が『日本書紀』の記述にみられる。以上のことから、大伴金村が馬門付近の石を掌握していたことが窺える。大伴金村が実権を握っていた大和・河内の範囲は藤井寺市から奈良市南部・天理市・桜井市の大和川流域の範囲となる。また、近江に馬門付近の石製の石棺があるのは近江臣毛野と金村の関係があるために、金村が石棺を与えたのか石棺材の採石許可を与えたのだろう。今城塚古墳から馬門付近の石製の石棺片が出土していることは、大伴金村が継体天皇を擁立しており、馬門付近の石製の石棺の製作する権限を掌握していた結果といえるだろう。大伴金村の死後、肥後の石は朝廷に掌握されたようで、橿原市の植山古墳の東棺・西玄室の破片、大阪市の四天王寺にある熊野権現礼拝石に使用されている。

おわりに

畿内に分布する3世紀から6世紀前半にかけての時期の石槨・石棺に使用されている石材を観察し、石材の岩相に基づき、石材の採石地を推定した。時期と地域により石材の使用に傾向があり、その傾向が時期によって変化することが明らかとなった。また、『播磨国風土記』・『日本書紀』の記述と石材の関係についても比較した。以上のことから、畿内における竪穴式石槨・石棺の石材の使用については次のようになる。

3世紀後半から4世紀にかけて：竪穴式石槨の壁石に使用される石材に基づけば、分布する古墳が3地域に区分される。芝山付近に産する橄欖石安山岩、沼島付近に産する結晶片岩、三田市西部付近に産する石英斑岩を石槨の壁石に使用される古墳である。橄欖石安山岩を使用する古墳が分布する地域には讃岐の角閃石安山岩AN・花崗閃緑岩GNを使用した石棺、結晶片岩を使用する古墳が分布する地域に讃岐の凝灰岩を使用された石棺がみられる。

4世紀末から5世紀にかけて：奈良盆地の西南部の葛城付近に播磨の石を使用した長持形石棺が分布し、竪穴式石槨の天井石にも播磨の石が使用されるようになる。時期が下れば、堺市から藤井寺市にかけての竹内街道沿いの付近にも分布する。石英斑岩や結晶片岩を使用していた地域には殆ど分布がなく、豊岡市出石・養父市高田・城陽市等に点として分布する。香芝市付近では家形石棺の石材にもみられる。この現象は葛城付近の豪族により播磨の石が掌握されていたことを示している。また、5世紀後半になれば、肥後の輝石安山岩HXを使用した石棺が河内・大和の橄欖石安山岩を使用した石槨が分布する地域に分布し、時期を追って輝石安山岩MXを使用した石棺が分布するようになる。この現象は大伴室屋・大伴金村が肥後の石を掌握した結果生じた現象といえよう。

5世紀末から6世紀前半にかけて：橄欖石安山岩を石槨材に使用する地域の豪族が肥後の輝石安山岩HX・輝石安山岩MXを使用した石棺の採石地を掌握し、使用した。この石材の採石地は大伴金村が掌握していたと推定され、湖東の円山古墳や甲山古墳の石棺は金村に協力した近江臣毛野等の豪族に渡された石棺と推定される。6世紀になると鹿谷寺跡北方付近の火山礫凝灰岩RKを使用した刳抜式家形石棺が巨勢谷の地域に分布する古墳で使用され始める。巨勢谷付近の豪族が造り出した石棺である。しかし、香芝市付近では播磨付近の石材である火山礫凝灰岩IH製の刳抜式家形石棺を使用している豪族が存在し、伊保山付近の採石場を掌握していた。

以上のように、畿内では、奈良盆地東南部を中心とした豪族が使用していた讃岐の石材が、奈良盆地西南部を中心にした豪族が使用する伊保山付近の石材に変化し、石槨の天井石の使用のされ方もAランクの豪族による供献から、石棺材と同じ石材の使用となり、一元化されるようになる。更に、家形石棺が使用されるようになると巨勢谷付近、藤井寺市・桜井市・天理市付近、香芝付近と狭い範囲で使用されるようになる。

石棺の運搬に関しては、4～6世紀の石棺材の産地は、讃岐、播磨、肥後となり、讃岐・播磨は瀬戸内海に位置し、肥後は西海に接する。吉備地方で肥後の石棺材がみられることから、石棺の運搬は瀬戸内海を通じて水運により行われたと推定される。松岳山古墳棺の蓋石は突起を復元すれば全長4.5m、幅が1.6m、重量が2.5tとなる。このような石造物を運搬できる船あるいは筏が必要となる。徳川期の大坂城桜門枡形にある蛸石は前島？から一昼夜で運ばれた記録がある。古代における石材の水運による輸送技術についても検討する必要があるだろう。

註
(1)『日本書紀』の記述は、監訳者井上光貞による1989年(6刷)中央公論社発行の『日本書紀』上・下を使用。
(2)『播磨国風土記』の記述は、校注者秋本吉郎による1996年(4刷)岩波書店発行の『風土記』を使用。
(3) 森浩一氏から「あの石棺は長持山古墳の石室の上にあった。長持山古墳の棺でない」と聞く。
(4) 伊達宗泰氏から「あの底石は埋め戻した」と聞く。

引用・参考文献
奥田尚 2010「メスリ山古墳の天井石と長岳寺の大石棺仏の石材」『古代学研究』第185号 pp.53-56
奥田尚 2012「藤井寺市津堂城山古墳の天井石」『古代学研究』第193号 pp.52-54
奥田尚 2016「香芝市狐井城山古墳付近の石棺・石室材」『古代学研究』第208号 pp.43-49

空　間

3世紀の宗像・沖ノ島と大和・三輪山

石 野 博 信

はじめに

　三輪山麓には3世紀の都市・纒向遺跡が存在し、北部九州から関東に及ぶ各地域の土器が15〜30％あって、広域の交流が想定できる（石野1976aほか）。そのうち、北部九州系の土器は少量ながら大阪平野一帯に点在し、纒向遺跡では朝鮮半島南部の伽耶系土器と共に北部の楽浪系土器がそれぞれ少量ながら流入している。
　一方、博多湾岸の福岡市西新町遺跡では3・4世紀の多くの住居跡と共に筑紫・韓・近畿各地の特色をもった土器群が30％余ずつ存在し、3世紀の交易拠点であったことを教えている。
　そのような中で、武末純一氏によって宗像・沖ノ島遺跡の土器片の再調査が行なわれ、玄界灘の孤島である沖ノ島に3世紀の近畿系土器＝纒向式（庄内式）土器が数点含まれていることが紹介された（武末2011）。
　3世紀は邪馬台国の時代であり、邪馬台国を都とした倭国は、239年以来、中国・魏と交流し、錦などの織物類を中心とする中国系文物を積極的に輸入すると共に、魏を権威の背景として列島各地域に勢力を拡張しはじめた。
　3世紀初頭から末期にかけて奈良盆地東南部と大阪平野東部で主として使用された日常容器である纒向式土器がナゼ宗像・沖ノ島に存在するのか。3世紀の日・韓・中の交流史の中で考えてみよう。

1　宗像・沖ノ島と筑紫の纒向式土器

　北部九州各地に3世紀を中心とする近畿系の纒向式（庄内式）土器が20遺跡以上に分布することは1983年段階ですでに判明していた（橿考研博1986）。私は1973年に纒向遺跡の報告書作成作業に入った頃、大分県安国寺遺跡出土土器を九州大学で見学し、「庄内型甕」として報告書に転載した（石野・関川1976）。
　1985年以降には博多湾岸の福岡市西新町遺跡の報告書が刊行され、3・4世紀の土器群が明らかになった。それは在地の筑紫型だけではなく伽耶系と近畿系の土器群がそれぞれ30％ずつ存在し、筑紫人をはじめ伽耶人と近畿人（大和・河内人）が一つのマチに100人中約30人ずつ存在していたことが考えられるようになった。まさに3・4世紀の交易都市である。
　3世紀の日本列島には倭国の首都である邪馬台国が存在し、中国・魏や韓と交易を行なっていた。その交易センターの一つが博多湾岸の"西新町"であった。また博多湾から沖合60kmに宗像・沖ノ島がある。玄界灘の孤島・沖ノ島は5世紀以降、奈良・平安時代にかけて航海安全を祈願する祭祀遺跡として著名だが、武末氏によって3世紀の近畿系と山陰系土器の存在が確認されたのである（武末2011）。近畿系は纒向型河内甕7点である。そしてまた、壱岐・原ノ辻遺跡や対馬にもごく少量ではあるが纒向型甕の存在が明らかになり（古澤2016、俵2016）、博多湾と糸島半島、言いかえれば奴国と伊都国を通じてのヤマトの玄界灘交易が僅かではあるが垣間見えてきた。

2　大和・三輪山麓の筑紫系・韓系土器（図1）

　3世紀に近畿系・東海系・北陸系・山陰系などの土器が東西各地に移動している中で、九州系（筑紫系）土器はほとんど動いていない。3世紀の北部九州は閉鎖社会なのか、と言えばそうではなく上述した他地域の土器が筑・肥・豊各地に濃密に分布している。"自らは出ないがいくらでも受け入れる"開かれた社会だった。そのような中で、航海用の水甕と思われる大型壺が瀬戸内海と日本海沿岸に拡散している。2・3世紀（弥生後期・古墳早期）の大型壺は筑・豊の沿岸部から大阪湾岸に及び、海運の増大を考えさせ、奈良盆地の纒向遺跡などにも到達している。大型壺の形態からみると2・3世紀の海運業の中枢地は伊予・讃岐のようだ。

(1) 筑紫系土器

　このような中で、動かない筑紫系土器が3世紀後半の奈良県・纒向遺跡に存在することが指摘された。「辻土壙4下層に、筑前型庄内甕」が2点あることを指摘し、「纒向に——北部九州の人も当然来ていて」私が以前から主張していた纒向型王権祭祀（石野1976b）に「筑紫の人も、わずかながら参加しているのは、非常に重要だ」と久住氏は主張した（「」は久住2006）。
　報告書『纒向』を刊行した1976年段階には存在が明らかになっていなかった「筑前型庄内甕」が、久住氏

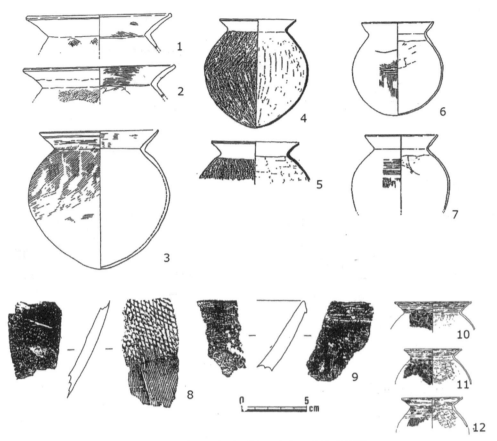

図1　北部九州の纒向型甕と大和の楽浪系土器
＜出 典＞

1・2 沖ノ島社務所前（武末 2011）　　8・9 奈良・纒向遺跡（橋本・村上 2011）
3 宗像・今川遺跡（武末 2011）　　10 奈良・纒向遺跡 辻土坑4（久住 2006）
4・5 宗像・下高宮遺跡（花田 2012）　　11・12 奈良・纒向遺跡 南飛塚古墳周濠（久住 2006）
6・7 壱岐・原ノ辻（古澤 2016）

によって提示され、筑紫系人が大和まで進出していることが明らかになった意義は大きい。私はかつて辻土壙4下層の土器群には、河内・濃尾・出雲・加賀など近畿・東海と山陰・北陸など日本海沿岸の土器が多く、それらの地域の人々が大和の王権祭祀に参加していたことを推定した（石野 1976b）。その中に、「報告書」段階には気付かなかった筑紫系人も加わっていたのだ。「筑前型庄内甕」は、私の用語では「纒向甕」のことで、大和由来の纒向甕の製作者が筑紫に移住し、その子孫が筑紫で生産した土器である。ということは、大和から筑紫に移住した大和人の子孫かその類縁者が大和の王権祭祀に参画したことを示し、3世紀の大和と筑紫の連携を考えさせ重要である。

(2) 韓式系土器

纒向遺跡、巻の内地区の3世紀の導水施設に隣接する第90次調査地から35点の韓式系土器の小片が出土している。図化できた2点のうち図1のNo.8は大型の瓦質の壺か甕の胴部破片で「弥生末～布留式期」に比定されている（橋本・村上 2011）。

他の調査地点からも数点の韓式系土器片が検出されているが、北部九州に比べると極めて少ない。

3　宗像・沖ノ島祭祀と扶安竹幕洞の海運祭祀（図2）

2011年、絶海の孤島・沖ノ島に3世紀の近畿系土器群があることがはじめて紹介された（武末 2011）。出土地点は、沖ノ島社務所前で船泊から10mほど上の平坦地で、岩上や岩陰での祭祀場よりは下方である。紹介された土器片は壺口縁部片2点と甕口縁部片7点で、甕は纒向河内型（庄内河内型）の特色をもち、纒向様式（庄内様式）の後半、纒向3・4類（庄内中葉・後半）＝3世紀中葉・後半に相当する。

纒向河内型甕の完形品は筑紫本土の今川遺跡の例が紹介されているが、宗像地域はそれ以外にも久原滝ケ下遺跡など纒向式土器が北部九州の中でも比較的顕著である。その上、2016年に行ったシンポジウム『邪馬台国時代の狗邪韓国と対馬・壱岐』（香芝市二上山博物館・ふ

空間

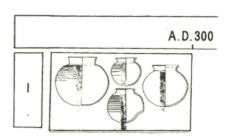

図2　魏・韓ルートと扶安・竹幕洞遺跡（兪炳夏1998・国立全州博物館1998）

図3　扶安・竹幕洞遺跡（上：遠景、下：近景）

たかみ史遊会）では、壱岐・原ノ辻遺跡と対馬出土の纒向型土器が紹介され、大和が玄界灘沿岸のクニグニと連携して対馬海峡をこえようとしていた一端が考えられるようになった（古澤2016、俵2016）。

対馬海峡をこえれば朝鮮半島で、そこには3世紀の金海・良洞里遺跡などの墳墓に倭製の広形銅矛が数多く副葬されており、その背景には40数本の銅矛をもつ対馬海洋民の存在が想定できる（井上2014）。

半島南端から多島海を経て北上すれば全羅北道海岸に扶安竹幕洞祭祀遺跡が存在する。以下、国立全州博物館編1998の日本文発表要旨を一部引用する。

兪炳夏「竹幕洞遺跡で行なわれた三国時代の祭祀は土器を中心が中心をなす露天祭祀である。祭祀を行う対象は、発掘された遺物中に中国製の陶器、倭系の石製模造品、そして水霊信仰と関連のある土製馬があるので海神と判断されており、遺跡の立地からみて海岸断崖の上が選ばれている。祭祀の主な目的は航海上の安全であったろう。」（22頁）。「竹幕洞遺跡から出土した土器の上限は天安清堂洞遺跡の土器と類似する壺類の存在から3世紀代で4世紀中葉までの在地的規模の祭祀である。」（42頁）。

河孝吉「竹幕洞遺跡出土の大甕は水甕として使われたようである。日本沖ノ島遺跡の出土遺物と類似性が見られることは、海岸地域どうしの漁撈形態、漁撈信仰はもちろん生活習慣さえ類似性のある一つの漁撈文化をなしていることが多いからである。」（98頁）。

尹明喆「竹幕洞祭祀遺跡は単純な内海用ではなく、東アジアの古代国際航路の重要な役割を荷っており、他の地域とも関連をもつ可能性がある。」（128頁）。

同報告書で兪炳夏氏によって図示された中国・山東半島北岸から朝鮮半島西岸を経て、対馬—沖ノ島から日本列島に至る海路（229頁）は同書に示された海流（126頁）と合わせてみると、3・4世紀の倭・韓・魏の交流ルートが暗示されている。

おわりに —3世紀後半〜4世紀前半の韓・筑・和—

4世紀以降に盛期を迎える宗像・沖ノ島と韓半島西岸

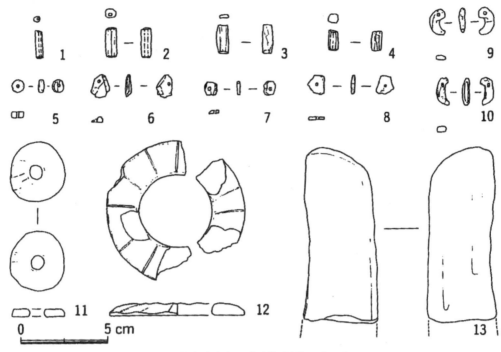

上之庄遺跡出土玉造遺物実測図（1/3）

図4　4世紀中葉の三輪山麓の祭祀具　奈良県桜井市上之庄遺跡（橋本2002）

の竹幕洞遺跡の祭祀に連動して想起されるのは三輪山麓から西南2キロにある4世紀の上之庄遺跡である（図3）。4世紀中葉（布留2式期）の旧河道の岸辺に「緑色凝灰岩製の管玉や滑石製の車輪石・臼玉・曲玉・管玉・双孔円板の製品および未製品が数多く出土」している（橋本2002）。

　大神神社境内をはじめ、三輪山麓に集中的に分布する子持勾玉を指標とする三輪山祭祀（寺沢1988）以前に滑石製品などの専用祭具を用いた三輪山祭祀が存在した。もっとも、それ以前の三輪山麓には2世紀末～3世紀後半を盛期とし、4世紀前半に及ぶ纒向遺跡があり、同遺跡内には旧河道に沿って調査した地域だけで30基余の3世紀を中心とする祭具を埋納する土坑群があって、三輪山祭祀との関連を想定した（石野1976b）。

　宗像・沖ノ島と扶安・竹幕洞の祭祀は、ともに3世紀代に始まるが4世紀代の国家的祭祀とは大きく異なる。しかし2世紀末～3世紀は、倭の女王・卑弥呼登場を契機とする倭国連合の成立期であり、3世紀中葉の男王登場をめぐる混乱を経た後に女王・台与が登場する倭国の混乱と安定の期間に相当する。台与の執政期である3世紀後半は北部九州の筑紫系纒向甕に象徴されるように筑紫と大和はゆるやかな筑・和連合に入り、さきに述べたように筑紫系纒向甕が宗像・沖ノ島から壱岐・対馬に少量ながら波及する。3世紀後半の筑・和連合の成立は、4世紀に定着する沖ノ島と竹幕洞の航海安全祭祀の先駆けであった。その成果をうけて大和・三輪山麓の上之庄遺跡では、王権による玄界灘・朝鮮海峡の航海安全祭祀が執行されたのであろう。

引用・参考文献／図出典
石野博信・関川尚功1976『纒向』桜井市教育委員会
石野博信1976a「纒向式土器の設定と近畿赤焼土器の展開」『纒向』桜井市教育委員会
石野博信1976b「三輪山麓の祭祀の系譜」同上
井上主税2014『朝鮮半島の倭系遺物からみた日朝関係』学生社
橿原考古学研究所附属博物館編1986『三世紀の九州と近畿』河出書房新社
香芝市二上山博物館編2006『邪馬台国時代のツクシとヤマト』学生社
久住猛雄2006「土器交流—ツクシとヤマト」『邪馬台国時代のツクシとヤマト』学生社
国立全州博物館編1998『扶安・竹幕洞祭祀遺跡』同・発行
武末純一2011「沖ノ島祭祀の成立前史」「宗像・沖ノ島と関連遺産群」世界遺産推進会議編『宗像・沖ノ島と関連遺産群　研究報告Ⅰ』プレック研究所
俵寛司2016「邪馬台国時代の対馬」『邪馬台国時代の狗邪韓国と対馬・壱岐』香芝市二上山博物館「ふたかみ史遊会」討論
寺沢薫1988「三輪山の祭祀遺跡とそのマツリ」和田萃編『大神と石上』筑摩書房
橋本輝彦2002「三輪山山麓の玉造遺跡」『東アジアの古代文化』113号
橋本輝彦・村上薫史2011「巻野内遺跡群の特殊性」『大和・纒向遺跡』第3版　学生社
花田勝広2012「宗像地域の古墳群と沖ノ島祭祀の変遷」『沖ノ島祭祀と九州勢力の対外交渉』九州前方後円墳研究会
古澤義久2016「邪馬台国時代の壱岐」『邪馬台国時代の狗邪韓国と対馬・壱岐』香芝市二上山博物館「ふたかみ史遊会」

空　間

古墳時代研究と削平・埋没古墳

菅 谷 文 則

1　古墳時代研究の基礎としての古墳

　古墳と古墳から出土した遺物の研究には、長い研究史があり、きわめて高い水準に至っている。

　古墳時代の研究は、1900年代前半に、銅鏡の舶載か仿製かの区別とその製作時代の研究、埴輪からする衣服・髪型などの研究、武器・武具などの研究が進んだ。その結果、人物画・風俗画に始まり神話絵巻作成などにも、大いに反映された。建築についても古墳時代中期から後期の関東各地と宮崎県などから出土した埴輪が、関西を舞台とする神話絵巻などに描き込まれることが多かった。ところが、神話絵巻の机（案）などに至っては、平安時代以降の史・資料に基づいて描かれている。

　さらに大きく言えば、古墳時代の社会構造の解明に至っていなかったのが、20世紀前半の研究水準であった。器物研究が中心であったとしてよい。前世紀後半には、規制されていた古墳の発掘調査も開始された。日本の歴史学界が各時代史とともに社会組織論に集中して研究活動をした時期であったこともあって古墳時代の社会論も深められた。考古学では近藤義郎[1]が、古墳と集落、古墳群（群集墳）形成研究に取り組まれた。このうち古墳と集落論は、時期決定の資料である土器研究が遅れていたこともあり[2]、その後の研究課題となった。群集墳研究は、徹底した分布調査[3]と、一部の発掘調査[4]を通じて発展した。

　古くから古墳の定義は、地上に（相対的に）高い墳丘を築き、そこに竪穴式石室、粘土槨、箱式石棺、横穴式石室などを設置して埋葬主体とした大規模な墓と規定されていて、今日でも継承されていると言ってもよい。もちろん崖面に横穴を掘り埋葬施設とするものも、古墳には含ませているが、今も、横穴・横穴墓などとして区別している。古墳は地上から突出した人工物であるので、視認できることが、最も重要な要素であると言ってもよい。このため古墳時代研究の基礎は、古墳の分布を示した分布図作成となると言っても過言ではない。

　1964年には東京都宇都木向原遺跡が発掘された。方形周溝墓と仮称された、墳丘をもたない、あるいは築かれることがなかった墓とされる遺構が確認され、報告されたのである。現在まで続く方形・円形周溝墓問題である。墓か否か。本来は墳丘があり、のちに削平され、周溝部のみが埋没していたかは、いまだ判然としない。これよりも早く方形周溝墓は、福岡県藤崎遺跡第1号地点においても知られていたが、あまり注目されていなかった。1912年には、藤崎1号墓の箱式石棺から三角縁神獣鏡も出土していて、1963年には同じ福岡県において平原遺跡が発掘調査され、これ以後は墳丘の有無が多方面から論じられた。この後も、方形台状墓、円形台状墓なども確認され、その存在は、共通の認識となった。地上からは視認できない、またはほとんど視認できない古墳時代の墓が存在することが確認されたのである。

　墳丘部が削平され周溝あるいは墳丘の基底部のみが、耕作土下に残されている古墳も多い。また、尾崎喜左雄が群馬県において、火山からの噴出物下に完全に埋没している古墳の調査研究をされ、極めて大きい成果を上げられた（尾崎1966）。このことが、群馬県の火山噴出物による黒井峯遺跡など埋没遺跡に気付くベースになっていたのである。

　削平されたのち、周溝部のみが埋没し、残された古墳を、奈良県下においても多く検出しているが、古墳時代研究の基礎資料としては、必ずしも反映していないと思う。

　1970年代初から約10年間にわたって、奈良県では遺跡地図作成のための分布調査と関連調査を実施していた。この時、河合大塚山古墳の東の安堵町宮堂において、水田畦畔に前方後円形で、その周囲を馬蹄形周濠がめぐっているかのような地形を確認した。大型古墳（全長約300m）が削平されたとして、新聞紙上をにぎわせた。本論で述べる削平・埋没古墳の発掘調査によらない確認の先行例であるとされたが、再検討の結果、河川の蛇行による地形とされた（白石1970・1971）。その後の発掘調査によって、古墳であった可能性はなくなった。このため、わたしたちは発掘調査の結果を重視している。奈良県下の前方後円墳の集成については、2001年に『大和前方後円墳集成』を刊行して、319基の前方後円墳を確認した。そこには27基の削平・埋没古墳が含まれていたが、これに注目されることはなかったように思われる（橿考研2001）。

　自然の営力、例えば洪水による削平なのか、古墳築造後のいつの時代の人工による削平であるのかでは歴史的意義に大きい違いがある。研究課題である。

2 奈良盆地の削平・埋没古墳

現在のところ、奈良市において21数ヶ所、天理市においては96数ヶ所、桜井市20数ヶ所、橿原市約9ヶ所、大和郡山市約26ヶ所、田原本40ヶ所以上、三宅町7ヶ所以上、斑鳩町2ケ所など多くの削平・埋没古墳が遺跡調査によって確認されつつある。多くの調査が、道路拡幅などによる小面積の試掘ともいってもよい発掘調査によって検出されている。橿原市四条古墳のように、大学の運動場新設に伴う藤原京（宮）跡の調査において周溝を含めて一辺32mの造り出し部をもつ方形墳を全面検出し、確認することもあったが、多くは断片的試掘成果をつなぎ合わせたものである。調査を担当された方々の調査能力に頼ることが大きい。奈良市と桜井市・田原本町では、埋没古墳をテーマとした展覧会も開催されている（奈良市埋文2006、桜井市埋文2006、唐古・鍵考古学ミュージアム2011）。

奈良県下の削平・埋没古墳の確認の歴史として、奈良市法華寺町における京奈和道（当時は奈良バイパスといっていた）建設に伴う発掘調査のなかで、一条高校の東南隅からウワナベ古墳東側に対して奈良国立文化財研究所が1969・70年に事前発掘調査を実施し、平塚1号墳（全長70mの前方後円墳）と平塚2号墳（前方後円墳あるいは帆立貝式古墳、全長などは不明）が検出され、その内容が報告された。ついで、平城宮跡の発掘調査において、平城天皇陵に治定されている樹木うっそうとした円墳が、全長250mの前方後円墳の後円部であり、市庭古墳と命名された。その南側においても全長117mの前方後円墳が確認され、神明野古墳と命名された。これらが確認された早い事例である。ともに佐紀古墳群の南群を構成する古墳で、多くの埴輪などが出土している。この両古墳は、論文や概説書などの分布図に表示されることが多い。ところが平城宮東方の法華寺町の仮称法華寺境内古墳（全長約107mの5世紀前半の前方後円墳）は、ほとんど注目されていない。奈良市埋蔵文化財調査センターと奈良国立文化財研究所が部分的に確認して、図化されている[5]。

墳丘の上部が削平され、粘土槨の一部が検出された古墳が佐紀の猫塚古墳の近くにあったが、墳形確認には至っていない。松林苑跡の第11次調査中に粘土棺（槨）が検出された。1号棺は長さ約3m、幅約50㎝が確認され、石製合子蓋、石釧、車輪石、勾玉、管玉などが出土した。典型的な前期古墳の器物である。2号棺は粘土床があったことを確認できたのみである。墳形の確認は出来ていないが、古墳の主体部であることは確実である。奈良市井上町（元興寺金堂跡近くの町名）の発掘調査においては石製品（合子）が中世後半の井戸から出土していて、前期古墳が近くに所在していた可能性がある[6]。元興寺西面大垣下層には、埴輪をもつ直径約30mの円墳も確認されている。

こうして奈良市街にも、佐紀古墳群と同時期の古墳があったことが確認されつつある。佐紀古墳群の南群が、南に延び、東にも少し広がるようである。今後の各種調査の進展によってさらに削平・埋没古墳が見出される可能性も高い。なかでも南北に敷設されている近鉄橿原線に並行している奈良市から大和郡山市にのびる西の丘陵地帯には、宝来横穴群などが知られてはいたが、墳丘をもつ古墳の存在は予想されておらず、宝来山古墳のみが知られていた。近年、埴輪を持つ方墳（1辺11m以上）が確認されている。家形埴輪とヒレ付円筒埴輪をもつ平松北内古墳（墳形は円墳か）、六条野々宮古墳（径30mの円墳か）などが、丘陵上に南北に分布している。これらはごく小面積の発掘であったので墳形は確実ではないが、中期前半の円筒埴輪が出土している。これらの削平・埋没古墳の立地する丘陵の南端は、大和郡山城までのび、丘陵上には植槻八幡神社などの遺跡があり、中世末に筒井氏が築城した近世郡山城に連なる。丘陵南端は、宮内庁が陵墓参考地として管理している新木山古墳に至る。大和郡山城の天守台は、大和郡山市が近年、整備のための発掘調査をしているが、埴輪がごく少量ではあるが出土していると聞いている。

ところが、天守台南東側の柳沢神社本殿の北東側に立つ記念碑の拝所という位置に長さ約2.5m、幅50㎝、厚さ30㎝以上の黄みがかった竜山石が置かれている。竜山石は明治時代以降の鉄道網の発達とともに、奈良県下にも多く運ばれているが、それらの多くは、長さ約1.8m、幅・厚さ30㎝ほどの、葛石であった。それを適度に分割して、溝の底石などにしたものも多い。大和郡山城に残されている竜山石は、石材加工の規格が近世以後のものとは全く違うようである。わたしは大和郡山城築造過程で、丘陵上に中期の竪穴式石室をもった大型古墳が存在していた可能性を推定している。そうすると、さきに記した宝来山古墳と新木山古墳までの間に、大型古墳（前方後円墳）と小型の円墳などが点在したのではないかと思わざるを得ない。大和の古墳群観も大いに変化するのである。もちろん巨大古墳が存在していたのではないが、六条山から大和郡山城に連なる低平な丘陵に古墳が築かれなかった理由を探す方が困難である。

3 奈良盆地東縁部の削平・埋没古墳

北の奈良市旧市街地から、南は三輪山南麓の初瀬川右

空　間

表1　2001年刊行の『大和前方後円墳集成』以降に確認された
　　　埋没・削平古墳

古墳名	所在地	全長	周濠	埴輪	備考
石塚東古墳	桜井市東田	29 m	○	○	帆立貝式古墳
メクリ1号墳	桜井市辻	28 m	○		前方後方墳
箸中イヅカ古墳	桜井市箸中	100 m	○	○	
毘沙門塚古墳	桜井市茅原	45 m	○	○	
水晶塚古墳	大和郡山市八条町	50 m	○	○	帆立貝式古墳
寺山30号墳	天理市森本町	30 m			
法華寺境内	奈良市法華寺町	107 m	○	○	
法連寺境内	奈良市法蓮町	15 m	○	○	

表2　『大和前方後円墳集成』（2001年）収録の埋没・削平古墳

古墳名	所在地	全長	備考
梨本南2号墳	平群町（長屋王墓）	45 m	周濠
佐紀高塚古墳	奈良市（高野陵）	127 m	周濠
ヤイ古墳	奈良市	18.5 m	周濠・埴輪
神明野古墳	奈良市	117 m	周濠・埴輪
木取山古墳	奈良市	110 m	周濠
市庭古墳	奈良市（平城陵）	253 m	周濠・埴輪
推古神社古墳	大和郡山市	41 m	埴輪
野田古墳	天理市	51 m	周濠・埴輪
星塚1号墳	天理市	37 m	周濠・埴輪
星塚2号墳	天理市	40 m	周濠・埴輪
荒藤古墳	天理市	30 m	周濠・埴輪
袋坂古墳	天理市	50 m	周濠・埴輪
塚山古墳	天理市	90 m	周濠・埴輪
ヒジリ塚古墳	天理市	43 m	周濠・埴輪
小半坊古墳	天理市	100 m以下	周濠・埴輪
小立古墳	桜井市	34.7 m	周濠・埴輪
箸中イヅカ古墳	桜井市	80 m	周濠・埴輪
石見（玉子）遺跡	三宅町	35 m	周濠・埴輪
シロト古墳	田原本町	50 m	
唐古・鍵1号墳	田原本町	?	周濠・埴輪
羽子田3号墳	田原本町	?	周濠・埴輪
四条2号墳	橿原市	43 m	周濠・埴輪
池田4号墳	大和高田市	50 m	周濠・埴輪
黒石東2号墳	広陵町	40 m	周濠・埴輪
芝塚1号墳	葛城市	50 m	埴輪
箸尾1号墳	広陵町	40 m	周濠・埴輪

岸までには、日本を代表する纒向古墳群、大和古墳群（柳本支群、萱生支群など）があるが、そこにも、削平・埋没古墳があることが、桜井市埋蔵文化財センターの橋本輝彦・中村利光によってまとめられている（橋本2007）。

両氏によると、各種の発掘調査で周溝や墳丘の一部が20基確認されているという。3世紀代から6世紀代までの古墳が多く、一部は時期不明である。地域は別であるが、桜井市阿倍小立古墳は木製と土製の埴輪を墳丘に樹立していた古墳としてしられている。そのために木製埴輪が残っている。ここでは纒向遺跡内の削平・埋没古墳をみていくことにする。

1960年代からの一連の纒向遺跡の調査で注目されたのは、古式土師器の編年研究が進み、纒向石塚などが、3世紀の纒向型前方後円墳であることが公表されたことである。古墳と古墳時代研究における画期的な研究であった（石野ほか1976）。1959年に刊行された『大三輪町史』（網干1959）では、纒向石塚古墳などはまったく注目されず、円墳としていた。周辺の勝山・矢塚・東田大塚はほとんど記述されていない。削平・埋没古墳として纒向石塚古墳を含めてもよい。石塚から約400m南東のJR巻向駅近くの旧纒向小学校敷地の発掘調査では、メクリ1号墳と命名された全長28.5mの前方後方墳が検出された。出土した土器は、庄内式3式から布留0期のもので、3世紀中葉の築造で、まもなく周濠は埋められたと報告されている。前方後方墳については、なぜ前方後円墳ではなく、前方後方墳としたかについては議論が定まっていない（茂木1992）。ほぼ同時期の土師器を出土した和歌山市秋月1号墳（和歌山県教委2005）とも相似していて興味深い。纒向古墳群において、前方後方形の墓が築造されてから、まもなく削平されていることは、つまり古墳群のみならず、国家形成論とも大きくかかわる。さらなる調査結果の整理と、周辺の発掘調査が望まれる。藤原宮の南の城殿町において藤原宮第187次調査で検出され瀬田遺跡と命名された削平・埋没古墳SZ4500（奈文研2017）と、メクリ1号墳は、形態的に似た墳形で土器形成は、発掘報告者と意見の違う研究者もいるが、大きく年代に差がない時期に築造され、ほぼ同じ時期には、削平・埋没された点がよく似ていて、古墳の初現論とも関係する例として重視する必要がある。

纒向石塚古墳の東南約350mでは、南飛塚古墳の一部が確認されている。ただし、墳形の全形確認には至っていない。築造時期は、3世紀後半としている。また、多くの木製品、建築部材が出土していることでもよく知られている。

纒向川右岸のホケノ山古墳の北側には、小規模な墳丘をもつ古墳が、10数基も分布している。墳頂部を残して、墳丘は埋没していると思われる。方墳・前方後円墳もある。纒向川左岸の茅原大墓古墳の周辺にも数基の同様の古墳がある。これらの全体像の解明は極めて困難であるが、初期古墳を論じる時には看過出来ないと思われる。

天理市萱生を中心とした大和古墳群萱生支群の北側の岸田川から北へ約600mまでは前期古墳を認めることが出来るが、北方には前期古墳が所在しない地域となる。

大和古墳群から、天理大学キャンパス内の西山古墳（前方後方墳・全長183m）との約11㎞の間にも多くの古墳がある。後期の西乗鞍山古墳もある。西乗鞍山西側の天理市浄水場の小墓古墳は地上に墳丘を残していたが、その範囲確認調査において削平・埋没古墳である2号墳が確認された。

天理市では多くの埋没古墳が存在する。天理市星塚1号墳（復元長約37m・前方後円墳）が、1985年に確認されたことから引き続き検出されている。星塚2号墳は1952年の発掘調査時には、直径40mの円墳としていたのが、1983年からの範囲確認調査によって、全長40mの前方後円墳であることが確認された。天理市域には西と東の乗鞍山古墳、別所大塚古墳など横穴式石室を埋葬主体とする前方後円墳が多い地域であるが、他のすべては、丘陵上に分布していて、星塚2号墳は奈良盆地部における唯一の横穴式石室を内部主体とする前方後円墳である。天理市域の埋没前方後円墳は多い。松本洋明のご教示によると6基あり、他に円墳、方墳が90基あるようである。奈良盆地東側の山麓部と、天理教本部北側の丘陵地の古墳に現存する古墳をもって石上氏と物部氏などを考えていたが、見直しも必要である。

奈良盆地の南側の桜井市から明日香村、橿原市にかけても埋没古墳が確認されつつある。その一部を紹介しておく。

藤原宮の下層にも埋没古墳がある。高殿町地内における水路改修の事前調査で2008年に確認され、古墳周濠SD10753と命名されている。埴輪が出土している地点も多く、古墳時代中期前半までの古墳が多いことが知られている。大藤原宮の地域においても検出されている。先述のように2017年度には、橿原市城殿町の高等職業訓練校の校舎改築工事に伴う事前発掘調査を奈文研藤原調査部が実施したところ、削平・埋没古墳が確認され円形周溝墓SZ4500と命名された。報告書によると、古墳は全長25.5mの前方後円形であり、築造時期は布留式土器でも早い段階とされている。上記した桜井市メクリ1号墳と規模が近く、時期も近いことは、奈良盆地南部の古墳時代初期の社会状況を考える場合の重要な資料である。このことに関連して注視すべきは、条里制と表現

空　　間

される農地計画（農地造成）によって削平された藤原宮域と大藤原宮域を越えた地域においても、多くの削平古墳が存在していたのである。削平古墳か、藤原宮建設以外の削平の理由も考える必要がある。大規模な大藤原宮以外の削平古墳は古墳群単位で削平されていて、個々の古墳がいわゆる開発行為の障害のために個々に削平されたものではないと考えられる。農地開発（条里制施行）と直接結びつける発掘状況にはないようである。2007年には、耳成山の北側の橿原市葛本町においても検出されている。平岩欣太・川部浩司によると（橿原市教委2005）、橿原市内においては、四条町古墳群と下明寺古墳群があるという。内膳古墳群は、近鉄八木駅北側の市街地に埋没している。

　ここまで前方後円墳を中心に述べてきたが、橿原市内では、方形周溝墓を中心とした古墳群が、多く検出されている。近鉄八木駅の北側から北東部にかけては、数群の古墳群が検出されている。田原本町の大乗東堀池遺跡は特殊器台を出土した橿原市弁天塚古墳の東南120 mにある。下明寺古墳群（円墳2基、方墳6基）にも近い。市内中心部の四条町から慈明寺町にかけても多い。四条町西の曲川町においても検出されている（菅谷1976a）。

　これらの削平・埋没古墳は小型のものが多いが、現在の大字単位に削平・埋没古墳群があることになる。もしも市域全域を発掘調査することができれば（もちろん、100％できないことは言うまでもない）、多くの削平・埋没古墳群が検出されることであろう。これらの削平・埋没古墳の削平がいつ、いかなる理由でされたのであろうか。第1に考えるのは、条里制施行に伴うものであるが、それを示す資料は皆無である。もちろん、条里制の施行工事に伴う削平中に土器が周溝墓に入り込むことを想定することは困難である。このため、土器の出土は一般に期待できない。削平された古墳の多くは、築造からわずかな時期をへて削平されているようにも思われる。中期古墳の終わり頃に集中していることを手がかりにすると、古墳時代を大きく前後に区別する群集墳社会の出現とも関係するかもしれない。

　わたしは、早くに、横穴式石室をもつ古墳から構成されている群集墳の墓は、自己の農耕地をもった在地人が灌漑用水を管理し、その用水受益者らが集団を形成し、その紐帯として表現されたのが奈良盆地周辺の谷間に分布する群集墳であるとした。また、紀ノ川左岸の岩橋千塚古墳群の形成過程を分析したときには、古墳群を形成した紀氏は、より古い形態の氏族構成を7世紀初頭まで保っていたことを論じたことがあった（菅谷1976b）。古墳時代研究では、古墳時代は全国一律に変化あるいは進化を遂げていたと模式図で示されることが多いが、各地が一つのモデルのように進んで行ったのではないと思う。奈良盆地では京奈和国道の用地（奈良市〜御所市の南北方向の道路）においてほぼ全域にわたって事前発掘調査を実施した。京奈和道・中和幹線（桜井市〜香芝市の東西方向の片側2車線の道路）などの事前調査においては、橿原市近鉄八木駅北側の削平・埋没古墳群、同四条町・曲川町などのような古墳群は、膨大な面積のこれらの道路用地の発掘調査では確認されていない。古墳時代社会の多様性を示しているものと思われよう。

　田原本町から三宅町は、古代の郡制では、式下郡であったが、1889年4月1日の市町村制施行に伴い磯城郡三宅町となった。田原本町大字多・平野などは十市郡であった。村名は記紀に記されている三宅（屯倉）を村名とされ、のち町名となった。盆地の底部に近いこともあり、古墳が所在しない地域と認識されていて、磯城郡川西町の島根山古墳（全長190 mの前方後円墳）は、全くの単独で築造されたとされているが、島根山古墳から東方に位置する唐古・鍵遺跡の方向を見ると、島根山古墳につづくすでに削平・埋没古墳となった中・小規模の前方後円墳、円墳などが多く見られたはずである。そのひとつに、形象埴輪の本質論争の材料となっていた石見遺跡[7]がある。のちに石見遺跡は、直径30 mの周濠をもつ円墳であることが明らかになった。いまも地上に墳丘を留めている黒田古墳（全長55 mの前方後円墳）のような規模の古墳群が点々とあったようである。これと、記紀の記す倭屯倉とは、もう少し調査の進行を待ってから論じるべきであると思う。

　大和盆地の低地の古墳と古墳時代研究は、今後の資料の増加を待つべきであると思う。

まとめ

　奈良盆地の削平・埋没古墳の小規模発掘あるいは試掘調査の積み重ねによって、考古学史に残されている形象埴輪出土地点や、水辺などの広義の祭祀行為にかかわるとされていた石見遺跡（森1961）が、いずれも古墳であることが判明し、祭祀説は認めることが出来なくなった。

　大和高田市の削平・埋没古墳である池田古墳からは、みずらを結い、弓を肩に掛ける優秀な人物埴輪が出土している。上記した石見遺跡からは、石見型盾・椅坐人物像など優秀な形象埴輪が出土していて、重要文化財の牛形埴輪も羽子田遺跡から出土している。牛形埴輪は奈良県内ではわずか2例のみである。ごく限られた古墳のみから出土していることは、削平・埋没されている古墳に独自の文化背景があることを示している。その分析が

必要である。

　大型の前方後円墳のことについてはすでに述べているので、紙幅の制限もあり再記しない。また、橿原市を中心に発掘調査されている、曲川古墳群、八木古墳群、下明寺古墳群など以外にも、他地域の事例の増加が期待される。

　最後に強調したいことは、現在も墳丘を地上に残している古墳は、古墳時代の社会を完全に示しているとは言い得ないことである。2001年の大和の前方後円墳の集成においても8.4％が削平・埋没古墳であることに気付くのが遅れたことを反省したい。

　　註
(1) 近藤義郎を中心とした岡山県月の輪古墳調査、操山遺跡調査、蒜山原調査などがその実践であり、その成果である。
(2) 古墳時代須恵器の編年研究は、樋口隆康、楢崎彰一らが、北部九州、東海の資料を用いて行った研究が今に生きている。1962年の森浩一による阪南古窯跡群（現在では田辺昭三による命名である陶邑が一般的名称となっている）土師器については各地において弥生式土器につながる土器研究が積極的に行われたが、のち、纒向遺跡の初期土師器研究に集成された、と言ってもよい。
(3) 和歌山市岩橋千塚古墳群の分布調査は、その古墳群を4回にわたって調査したが、近年の赤色立体地図によると、若干の確認していなかった古墳が検出されている。分布調査を担当し、赤色立体地図作成の提案をした私としては、さらなる分布調査の方法を考えねばと、考えている。
(4) 群集墳の発掘調査は、各地で試みられ、実施された。近畿地方で早いのは、1951年の滋賀県長浜市雲雀山古墳群を直木孝次郎・藤原光輝・角田文衞らが行ったのが早い。兵庫県家島群島の焼山古墳群調査では技術の向上がみられなかったが、新沢古墳では多くの大学の学生が多数参加することで切磋琢磨し技術がかくだんに進んだ。そして各地へその技術は伝えられた。また、各地方自治体単位で遺跡分布調査が始められ、全都府県版の遺跡調査地図としてまとまったが、精粗の差が大きく、その後各地方自治体において修訂版、改訂版が刊行された。ベースマップも当初の5万分の1地形などから、市町村発行のものでは千分の1地図まであり、精度が上がっている。
(5) 以上の古墳については、奈良市埋文2006、桜井市埋文2006、唐古・鍵考古学ミュージアム2011に記されているので、個別データはこちらを参照されたい。
(6) 森下恵介氏・鐘方正樹氏のご教示による。
(7) 削平・埋没古墳について本文では述べなかったが、私は藤原京、平城京については、条坊制を考えていた。これについて日本文・中国文で論文を書いているが、ともに条坊制施行に伴う削平と考えていた。しかし、他の要因もたくさんあることが判明してきた。方形周溝墓・円形周溝墓に低平であっても墳丘があったかどうかについて、今後精細な発掘調査が望まれる（菅谷2012）。

　　引用・参考文献
網干善教1959「古墳時代」『大三輪町史』中央公論社
石野博信ほか1976『纒向』　＊のちに版を重ねている
尾崎喜左雄1966『横穴式古墳の研究』吉川弘文館
橿原市教育委員会2005『2003年度橿原市文化財調査年報』
唐古・鍵考古学ミュージアム2011『消えた古墳』〔図録〕
桜井市立埋蔵文化財センター2006『忘れ去られた古墳』〔図録〕
白石太一郎1970「奈良県下古墳基礎調査について」『青陵』15
白石太一郎1971「宮堂古墳の再検討」『青陵』17
菅谷文則1976a「6世紀の墓地と村落と水源―とくに大和の場合」『ヒストリア』72
菅谷文則1976b「紀ノ川流域への古墳の伝流についての一考察」『横田健一先生還暦記念古代史論叢』創元社
菅谷文則2012「藤原京、平城京的興建和古墳的削平」『徐苹芳先生記念文集』上、上海古籍出版社
奈良県立橿原考古学研究所2001『大和前方後円墳集成』橿原考古学研究所研究成果4
奈良市埋蔵文化財調査センター2006『古墳の残像―都の造営で壊された古墳・残された古墳』〔図録〕
奈良文化財研究所2017「藤原京右京九条二・三坊、瀬田遺跡の調査」『奈良文化財研究所紀要』
橋本輝彦2007『桜井市域における埋没古墳の調査』2007年3月10日　「桜井市域における埋没古墳の調査」展覧会の講演会資料 B4版　8PP
茂木雅博1992『前方後円墳』同朋舎出版
森浩一1961「形象埴輪の出土状態の再検討」『古代学研究』
和歌山県教育委員会・財団法人和歌山県文化財センター2005『緊急雇用対策特別基金事業に係る発掘調査資料整理概報―和歌山県内6遺跡の概要報告書』

　　謝　辞
　このタイトルの論文を考えたのは2017年3月であった。その後5月末に大患をわずらい、11月7日まで入院生活を余儀なくされた。初稿はベッドで執筆し始めた。退院後に資料を増加させ、ようやく仕上げることが出来た。論文というより散漫な文章になってしまったことは遺憾なことであったが、ここまで病後の回復が進んだことに、個人としては喜んでいる。多くの同学の指導と資料提供に感謝したい。手書き原稿を入力し、資料収集をしてくださった橿原考古学研究所の箕倉永子氏に満腔の謝意を示したい。資料提供くださった方々のお名前を記して感謝の念としたい。

奈良市　森下恵介氏　鐘方正樹　大和郡山市　十文字健氏　服部伊佐男氏　天理市　松本洋明氏　桜井市　橋本輝彦氏　橿原市　竹田正則氏　田原本町　藤田三郎氏　三宅町　安原貴之氏　和歌山市　大木要氏

空　　間

今城塚古墳と新興中小規模古墳の動静

田 中 晋 作

はじめに

　今城塚古墳が築造された古墳時代後期前半、のちに畿内とよばれるようになる地域に形成された大型古墳群に大きな変化が起こる。小論では、この現象を中期から後期の間に、畿内政権の中枢を担った勢力の政治的構造に大きな変化、飛躍と表現してもよい変化があったことの反映ととらえ、このことについて考えるところを述べる。
　また、中期と後期の武器、とくに防御用武器である帯金式甲冑から挂甲への武装装備の更新と、その出土古墳の分布の違いを検討することによって、あくまでもひとつの指標でしかないが、軍事という視点から上記の変化の大きさをはかってみたい。さらに、畿内に所在した諸勢力の動静を分析することによって、今城塚古墳の被葬者を中心とした政権中枢勢力の政治的構造についても言及したい。

1　古墳群の変化

　さて、古墳時代前期から中期の畿内に所在する大型古墳群は、古墳の規模や形、埋葬施設や副葬品などに違いがみられる多様な古墳によって構成されている。このような古墳間にみられるさまざまな違いは、ひとつには古墳群を形成してきた勢力の階層的序列とその推移を可視化させる一種の装置として機能していたといってもよく、それぞれの勢力の政治的構造、権力や富の所在などを明らかにする上できわめて有用な手がかりになる。さらに、古墳群間にみられる古墳の数や個々の古墳の大きさなどは、諸勢力間の格差や政治的構造の違いをある部分において反映したものといえる。つまり、古墳群自体が重要な考古学的資料になっているといってもよい。
　この視点で畿内を代表する大型古墳群をみてみると、たとえば、前期最大の古墳群である広義の大和古墳群は、古墳群の形成がはじまる前期前半以降、継続して築造される首長墳、あるいは首長墳とする「大型主墳」と相対的に規模が劣る「主墳」によって構成されている[(1)]。ここでいう「主墳」は、人体埋葬を主眼とする古墳を指すもので、前期後半へ向かって、「主墳」間に規模の格差や墳形に顕著な違いが現れてくるようになり、あくまでも規模や内容の相対的な比較になるが、築造される古墳数の増加とともに、「大型主墳」と「小型主墳」、その間にある「中型主墳」という格差をもつ古墳によって古墳群が構成されるようになる。
　さらに、これが中期に入ると、「大型主墳」や一部の「中型主墳」に帰属すると考えられる「陪塚」が新たに出現する。「陪塚」は、帰属する主墳との間で、「一つの大形古墳に対して、①規模・施設・副葬品等が量的あるいは質的に劣り（従属性）、②同時代の築造にかかわり（同時代性）、③ある程度計画的に配置されたとみられる（計画性）」（西川1961）古墳で、拙著では、人体埋葬を主眼とする陪塚と特定物品の埋納を主眼とする陪塚に区分した（田中2001）。さらに、藤田和尊氏は、これに「主墳の濠の周堤の上に築造されるか、またはほぼ接する位置にある」ことを条件に加えて判断をしている（藤田2011）。
　このような前期から中期にわたる古墳群の変化は、すべての古墳群で同様にみられるのではなく、畿内に所在する限られた有力古墳群のみでみられる現象で、「大型主墳」の規模の拡大とともに、特定の古墳群が他の古墳群に先駆けて新たな変化を生み出しながら、発展、拡大していくという推移がみてとれる。このような先進的な古墳群を時間軸に従って示すと、前期前半～半ば：広義の大和古墳群→前期後半：佐紀古墳群西群→中期：百舌鳥・古市古墳群となり、これらの古墳群を形成した勢力が、それぞれの段階で畿内政権の主導権を握った勢力であると考える（田中2001）。
　ここで、後期前半に築造された今城塚古墳と比較するために、中期を代表する大型古墳群のひとつである古市古墳群の状況をみておきたい。古市古墳群は、中期から後期前半まで、おおよそ百数十年間にわたって古墳の築造が継続し、結果的に総数百数十基にもおよぶ多様な古墳によって構成されることになる（天野2008）。さらに、古墳群の形成が継続する期間内においても、さまざまな変化がみられる（天野1993、河内2008、田中2016aほか）。まず、「大型主墳」は、最初に築造された津堂城山古墳から中期半ばの誉田御廟山古墳まで古墳の規模が拡大していく。ところが、その後の「大型主墳」は、やはり隔絶した規模をもつとはいえ、誉田御廟山古墳に比べ相対的に縮小するようになり、勢力が後退する後期に入ってさらに縮小する。また、古市古墳群の形成がはじま

った中期前半では、全長150m前後の「中型主墳」が複数みられるが、誉田御廟山古墳の築造を境にしてその規模が一気に縮小する。一方、「小型主墳」や特定の「大型主墳」を中心に配置されていた「陪塚」は、その数を増しながら中期後半の早い段階まで一定数の築造が継続し、その後ともに減少に転じる。

このような現象は、誉田御廟山古墳の築造を境に、古市古墳群の勢力内における中間層の影響力の後退と、勢力がもつ権力や富が「大型主墳」の被葬者である特定の人物に集中していく過程を示しているものと考える（川西1988、一瀬2015、田中2016a）。この点に関していえば、誉田御廟山古墳の出現は、古市古墳群の勢力の政治的構造上のひとつの画期としてとらえることも可能である（田中2001）。また、畿内でみられる他の大型古墳群でも、百舌鳥古墳群を除いて（川西1988）、中期後半までに「中型主墳」の規模が縮小し、勢力内での中間層の影響力が後退していったことがわかる（田中2001・2016a）。

このような変化をみせる中期の大型古墳群に代わって三島地域に今城塚古墳が築造されることになる。全長190mの今城塚古墳は、中期半ばの誉田御廟山古墳や大山古墳、また、後期後半の五条野丸山古墳などにはおよばないが、後期前半では、傑出した規模をもつ前方後円墳である。

さて、古墳時代の三島地域に関しては、これまでに多くの研究者による数多くの論攷がある（森田2006ほか）。これらの研究成果に依拠すると、中期後半では、古市古墳群や百舌鳥古墳群にはおよばないが、「陪塚」をともなった「大型主墳」である全長226mの太田茶臼山古墳を中核にした、複数の「中型主墳」と「小型主墳」によって構成された古墳群といえる。ところが、今城塚古墳は、中期の大型古墳群でみられたような、相対的に規模が劣る「中型主墳」や「小型主墳」、また「陪塚」を伴わない、単独で築造された大型前方後円墳である。厳密には、古墳群とよぶべきではないとの指摘を受けるかもしれないが、前期前半当初にみられた「大型主墳」のみによって構成される古墳群と同様に考えたい（田中2001）。太田茶臼山古墳と今城塚古墳の被葬者の関係も気になるところであるが、少なくとも、両者には、古墳群の構造という点で大きな違いがある。

一方、後期前半には、今城塚古墳とともに淀川水系の各地に出現する南塚古墳（茨木市）、また物集車塚古墳（日向市）や井ノ内稲荷塚古墳（長岡京市）、さらに猪名川流域の勝福寺古墳（川西市）や園田大塚山古墳（尼崎市）といった、全長40〜50m規模の前方後円墳が出現する。これらの古墳の出現は、前期から形成されてきた猪名野古墳群を構成する園田大塚山古墳を除いて、この段階に当該地域で複数の新興中規模勢力が台頭したことを示す現象である[2]。後述するように、これらの勢力は、今城塚古墳の被葬者と密接な関係をもつ勢力である。また、これらの新興中規模古墳についても、現状では井ノ内稲荷塚古墳を除いて（寺前2005）、格差がみられる複数の古墳を伴うことなく単独墳として築造されていること[3]、また、南塚古墳を除いて、同等規模の古墳が継続して築造されていないことが注目される。

この段階にみられる大きな変化は、まず、前期から中期にわたって継続、発展してきた大型古墳群が姿を消すことである。これに加え、今城塚古墳は、中期にみられたような大規模な古墳群の頂点に立つ「大型主墳」ではないが、その勢力は淀川水系および猪名川流域に新たに出現する複数の中規模勢力を膝下に組み込んだ、より進んだ政治的構造をもつに至ったことが考えられる。

小論では、上記の現象を、今城塚古墳の被葬者は中期までにみられた特定の地域に依拠して古墳群を形成する勢力ではなく、淀川水系から猪名川流域にわたる、それまでにない広範な地域に強い影響力を及ぼし、その膝下に、今城塚古墳との間に大きな格差がある、複数の新興中規模勢力を組み込んだ新たな政治的構造をもつ勢力に変化、成長していったことを反映したものと考える。以下では、この勢力を今城塚古墳を中心にした淀川水系と猪名川流域の勢力とよぶことにする。

2　政権中枢勢力を軍事によって支えた諸勢力の動静

では、このような今城塚古墳を中心にした淀川水系と猪名川流域の勢力の台頭を、どの程度の大きさの変化としてとらえればよいのであろうか。先に飛躍という表現を用いたが、まずこの変化の大きさを、中期と後期前半の武装装備の違いをひとつの指標にして考えてみたい。これは、軍事が政治体の構造や性格を考えるうえで重要に手がかりになると考えてのことである。

さて、畿内政権の主導権が、佐紀・馬見古墳群の勢力から百舌鳥・古市古墳群の勢力へ移動する中期に入ると、長刀の一般化、鉾や盾の増加、鉄鏃の大型化、そして帯金式甲冑の出現と、それまでにみられた武器やその組成に大きな変化が生じている（西川1966）。甲冑については、中期半ばに機能的にすぐれた挂甲が導入されるが、中期をとおして帯金式甲冑（古谷1996）が武装装備の中心的な位置を占めている。

とくに、中期に入って出現する帯金式甲冑は、百舌鳥・古市古墳群の勢力のもとで一元的に開発、生産され（北野1969）、その意図によって供給されたと考えられ

空間

ている。さらに、中期の武器は、攻撃用武器と防御用武器が表裏一体の関係をもって推移していることから、実用武器として機能していたといえる。このことから、帯金式甲冑を含む武器の受給関係は、その開発、生産主体者である両古墳群の勢力との政治的・軍事的関係を導き出すきわめて有効な指標にすることができる。つまり、武器の受給関係にみられる継続性や量の寡多は、百舌鳥・古市古墳群の勢力との政治的距離をはかる手がかりにすることができるとともに、このような甲冑を核にした装備の標準化と、中期半ばを境にしてみられる大量の帯金式甲冑の日本列島各地への供給は、大規模な軍事組織の編制を可能にする基盤が整えられていたことを示すきわめて重要な現象である（田中 2001）。

ところが、今城塚古墳が築造される後期前半にも、中期でみられた変化に勝るとも劣らない大きな変化がみられる。それまでの武装装備の中心を占めていた帯金式甲冑が、挂甲に置き換わるという刷新が図られることである。挂甲に関しては、中期半ばから継続してみられるが（内山 2008、阪口 2013）、帯金式甲冑の消滅は、まさに劇的な変化といえる。このような機能的に優れた挂甲による武装装備の刷新は、戦力整備という点からすると革新的な意味をもつが、一方でそれまで備蓄されてきた大量の帯金式甲冑の廃棄、更新という、当時の社会にとってはきわめて大きな代償をともなうことでもある。今城塚古墳で出土している武人形埴輪が挂甲を装着した表現に統一されていることは、このことを裏付けるひとつの現象であるといえる。

さらに注目すべき現象は、後期前半の挂甲出土古墳の分布が、奈良県高取町域など一部の地域や古墳群を除くと、中期の帯金式甲冑および挂甲出土古墳の分布と重ならないことである。今城塚古墳の出現を前にして、古市古墳群の勢力が後退し、百舌鳥古墳群では大型前方後円墳の築造が停止する。さらに帯金式甲冑の副葬が顕著であった桜塚古墳群東群などの中期の新興中型古墳群や、後出古墳群などの一部の初期群集墳でも新たな古墳の築造がみられなくなる。

このことは、百舌鳥・古市古墳群の勢力を軍事的に支えた、主として帯金式甲冑で武装した勢力が、今城塚古墳を中心にした淀川水系と猪名川流域の勢力のもとでも引き続きその役割を担うのではなく、後期前半に刷新された武装装備をもつ新たな勢力によってその役割が取ってかわられたこ

とを示していると考える（田中 2016b）。また、後期前半の畿内でみられる挂甲出土古墳は、地域の有力首長墳が主体になり、出土古墳数と複数副葬の減少により、挂甲の出土量自体が大きく減少する（藤田 2006、内山 2008）。淀川水系と猪名川流域にあっても挂甲が出土している古墳は、今城塚古墳と南塚古墳の2古墳に限られている。このことから武装装備の刷新にとどまらず、挂甲を含む武器の所有、管理にまでおよぶ変革を伴った

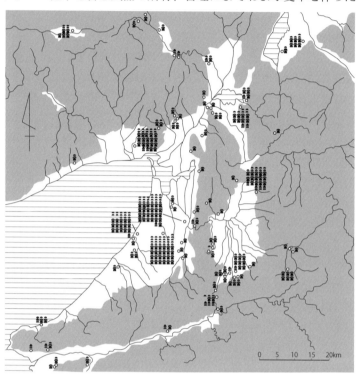

図1　古墳時代中期の甲冑出土古墳分布図

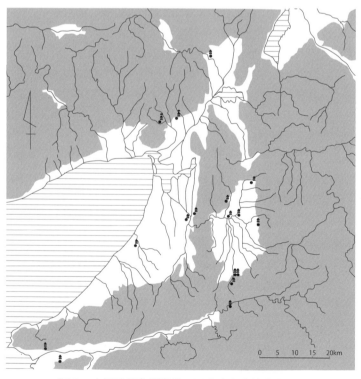

図2　古墳時代後期前半の甲冑出土古墳分布図

ものであったことが想定される。後期前半における古墳群の変化は、武装装備という視点からみると、政治構造上の飛躍ともいうべき変化を伴った現象として理解されるべきであると考える。

3 猪名川流域に投影された畿内政権の主導権をめぐる動静

では、今城塚古墳を中心にした淀川水系と猪名川流域の勢力は、どのような政治的構造をもっていたのであろうか。そもそもこのような勢力の存在自体が想定できるのかを含めて検討してみたい。

ところで、古墳時代の畿内各地域の諸勢力の動静については、首長系譜の変動に着目した都出比呂志氏の研究が注目される。都出氏は、ケーススタディとして取り上げた桂川右岸地域での首長系譜の詳細な検討から、盟主的首長を輩出するグループに数次にわたる変動があったことをみいだし、この現象が政権中枢で生じた政治的変動と連動していたとの想定を示した。さらに、このような変動が、4世紀後葉、5世紀前葉、5世紀後葉、6世紀前葉にあることを指摘し、とくに、6世紀前葉の変動は、大王継体の登場と密接な関係をもつとする（都出2005）。また、この方法を猪名川流域に適用した福永伸哉氏によって、その妥当性が追認されている（福永2004）。

小論は、基本的には都出・福永両氏の考えに与するものである。しかし、これまで繰り返し述べてきたように、両氏が示した首長系譜の変化だけでは、政権中枢勢力が畿内各地域に所在する諸勢力に及ぼした影響力の差や、その関係の深浅をはかるには不十分だと考えている（田中2012ほか）。ここでは、猪名川流域を取り上げて、首長系譜の変動と「モノ」の移動を組み合わせることによって、このことをより明確に示したい。

猪名川流域の動静

猪名川流域では、主要な古墳の分布状況から、前期には大きく5つの勢力の存在が想定され、それぞれ二世代程度の首長墳が継続して築造されている。猪名川流域という限られた範囲でありながら、前期には複数の勢力がそれぞれ一定の領域をもって併存していたことは重要である。ところが、中期に入ると、猪名川左岸地域：桜塚古墳群東群（豊中市）と、猪名川右岸地域：猪名野古墳群（伊丹市・尼崎市）のふたつの勢力に集約される。

さらに、桜塚古墳群東群は中期の内に古墳を築造する力を失い、一方の猪名野古墳群は、後期前半の園田大塚山古墳を最後にやはり古墳の築造が停止する。一方、後期前半、園田大塚山古墳とほぼ同時期に長尾山丘陵の東側に新たに勝福寺古墳が築造されるが、後続古墳がみられない。ところが、後期後半には、中期に古墳の築造が途絶えていた五月山南麓と、新たに長尾山丘陵の西側に、それぞれ巨大横穴式石室をもつ鉢塚古墳（池田市）と中山寺古墳（宝塚市）が築造される。

ここでは、このような首長系譜にみられる変動に、三角縁神獣鏡や帯金式甲冑、また捩り環頭大刀などといった、前期から後期までの政権中枢勢力との関係を示す「モノ」の移動を加えることによって、この動きをより鮮明に浮かび上がらせてみたい。

猪名川流域では、2面の三角縁神獣鏡が出土している。三角縁神獣鏡は出土しているが、出土古墳数、出土枚数がともに少なく、さらに継続性も認められない。猪名川流域には、三角縁神獣鏡を供与した大和盆地東南部の勢力と関係をもった勢力が存在していたことが想定できるが、その関係は他の三角縁神獣鏡が多く出土する地域の勢力に比べ浅かったことが考えられる。また、猪名川流域では、前期後半以降も古墳を築造することができる勢力は存在しているが、大和盆地東南部の勢力にかわって政権の主導権を握った佐紀・馬見古墳群の勢力との結びつきを示す「モノ」、たとえば、石製模造品や筒形銅器、巴形銅器や新式神獣鏡といった副葬品の存在を確認することができず、両古墳群の勢力と距離をおいた関係にあったことが考えられる（福永2005b、田中2009）。

ところが、中期に入り、新たに形成される桜塚古墳群東群では、帯金式甲冑を中心に大量の甲冑が継続して出土している。桜塚古墳群東群の勢力は、百舌鳥・古市古墳群の勢力ときわめて深い関係をもち、両古墳群の勢力を軍事的に支えた新興中規模勢力であったことを示している（田中2004）。ところが、対岸の猪名野古墳群では、現在までのところ甲冑の出土は知られていない。今後の出土が否定されているわけではないが、猪名川流域という限られた地域の中に、百舌鳥・古市古墳群の勢力にきわめて近い桜塚古墳群東群の勢力と、距離をおいた猪名野古墳群の勢力という、政治的関係が異なるふたつの勢力が、猪名川をはさんで東西に併存していたと考えられる。

さらに、これが後期前半に入ると、猪名野古墳群最後の古墳である園田大塚山古墳から、三葉文楕円形杏葉と関係が深い二葉文楕円形杏葉が出土する（小野山1995）。また、勝福寺古墳では、畿内型横穴式石室を主たる埋葬施設とし（岡野1991、土生田1991）、捩り環頭大刀が出土し（高松2007a）、尾張型埴輪（東影2007）が使用されていた。これらは、今城塚古墳を中心にした勢力と関係が深い勢力が共通してもつ「モノ」であることが指摘されている（福永2005aほか）。つまり、後期前半の猪

空　間

名川流域に併存する園田大塚山古墳と勝福寺古墳は、異なる首長系譜の勢力でありながら、ともに今城塚古墳の被葬者と結びつきをもった勢力であったことが考えられる。ただし、園田大塚山古墳と勝福寺古墳にみられる埋葬施設の違いや副葬品の構成(4)から、政権中枢との政治的距離が同一であったと考えることはできない。

このように、猪名川流域という一見完結したようにみえる限られた範囲の中にあっても、特定の勢力が、古墳時代をとおして安定して成長していくのではなく、とくに中期までは、政権中枢勢力と密接な関係をもつ勢力と距離をおく複数の勢力の併存というきわめて不安定な状態がつづき、後期前半になって、一時的にではあるが、その併存が解消されたことになる。小論では、この現象にとくに注目したい。

桂川右岸地域の動静

ところで、猪名川流域でみられた首長系譜の変動は、畿内各地の多くで共通してみられる現象であるが、その内容は一様ではなくきわめて多様である。このことを、桂川右岸地域で行われてきた研究の成果と比較することによってみてみたい（都出2005、福永2004、田中2013）。

桂川右岸地域では、向日グループをはじめとする複数のグループで多くの三角縁神獣鏡が継続的に出土している。また、猪名川流域ではみられなかった石製模造品が、三角縁神獣鏡の出土がみられない今里グループや上里グループに属する中期前半の古墳から出土している。さらに、帯金式甲冑は、中期前半の山崎グループ（大山崎町）：鳥居前古墳で出土しているが、このグループは、後続古墳の築造が認められず断絶し、中期後半になってそれまで古墳が築造されてこなかった山田グループ（京都市）：巡礼塚古墳で新たに甲冑が出土するようになる。さらに、直接的な系譜上のつながりを別にすると、後期前半には、中期の帯金式甲冑が入らなかった向日グループや井ノ内グループに、今城塚古墳の被葬者の影響が出てくる。たとえば、物集女車塚古墳では、勝福寺古墳でみられた捩り環頭大刀、尾張型埴輪（梅本2011）や畿内型横穴式石室に加え（宮原1988、土生田1991）、広帯二山式冠（高松2007bほか）や三葉文楕円形杏葉（松浦2005）、さらに吹田系須恵器（秋山2006）というように、今城塚古墳の被葬者との関係を示すより多くの「モノ」がみられる。また、井ノ内稲荷塚古墳では、大規模な盗掘を受けていたにもかかわらず、三葉文楕円形杏葉が残

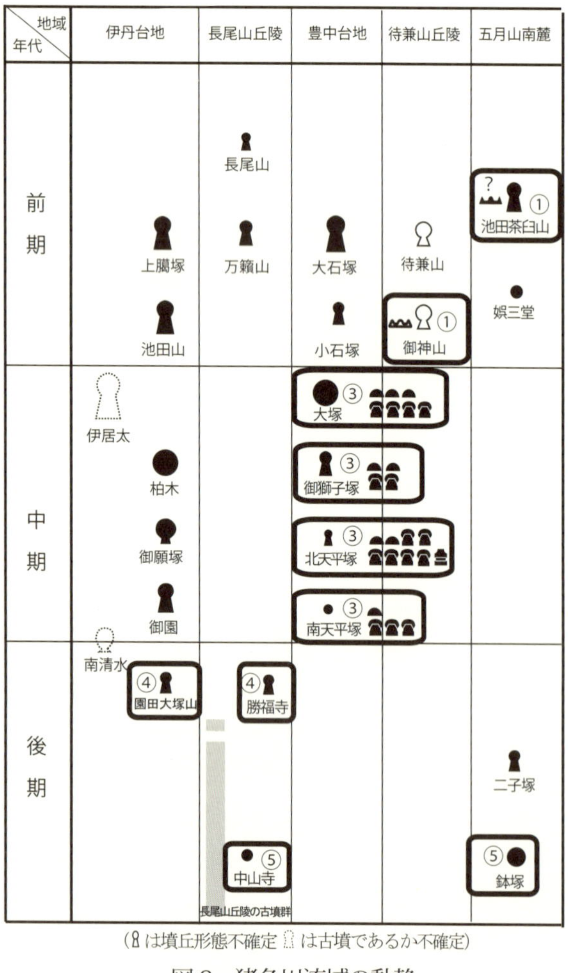

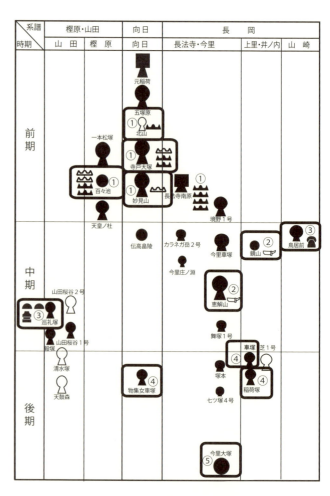

図3　猪名川流域の動静

図4　桂川右岸地域の動静(6)

されていた。

このように、桂川右岸地域では、大和盆地東南部地域の勢力と三角縁神獣鏡を介した強い関係をもった勢力以外に、佐紀・馬見古墳群の勢力と石製模造品を介した関係をもった勢力が所在しており（田中2008a・b）、猪名川流域の諸勢力との違いがみいだされる[5]。一方、猪名川流域では、大和盆地東南部地域の勢力や佐紀・馬見古墳群の勢力との関係が相対的に浅かったか、あるいは距離をおいていたことが、百舌鳥・古市古墳群の勢力から桜塚古墳群東群に多量の甲冑が早くから継続して供給される要因になったことが考えられる。このことから、桂川右岸地域で甲冑の供給が滞るようになった要因が、大和盆地東南部地域の勢力や佐紀・馬見古墳群の勢力と深い関係をもった勢力が地域内に所在していたことに求められる可能性が考えられることになり（田中2009）、逆に百舌鳥・古市古墳群の勢力と距離をおいていたことが新たに今城塚古墳の被葬者とのより強い結びつきをもつようになったことにつながったと考えたい。つまり、前期から中期の当該地域でみられた、大和盆地東南部の勢力と関係をもつ勢力、佐紀・馬見古墳群の勢力と関係をもつ勢力、さらに、百舌鳥・古市古墳群の勢力と関係をもつ勢力と、一方にそれぞれと距離をおく勢力の併存が、ひとつの地域の中でさながらモザイク模様のように浮かび上がってくる。

ところが、後期前半で、猪名川流域でみたと同様に、桂川右岸地域においても、政権中枢勢力と関係をもつ勢力と距離を置く勢力の併存が、古墳の動静に反映された現象からすると、一時的にせよ解消されていた可能性が想定できる。

このように、猪名川流域や桂川右岸地域といった限られた地域の中にあっても、首長系譜の変動にそれぞれの首長系譜でみられる「モノ」を加えて整理していくと、直接的な系譜上のつながりを別にすると、前に政権内の主導権を握った勢力と関係が深かった勢力は、つぎに主導権を握った勢力と距離をおき、逆に、前に主導権を握った勢力と距離をおいていた勢力は、つぎに主導権を握った勢力と深い関係をもつ勢力となって現れてくるという傾向が共通してみてとれる。つまり、一見完結したかのようにみられる地域内にあっても、「モノ」の移動を組み合わせてみることによって、政権内の主導権を握った勢力とさまざまな関係をもつ勢力が併存していたことを顕在化させることができるのである。限られた事例の検討からではあるが、「モノ」の移動に反映された政権中枢勢力と畿内各地に所在する諸勢力との関係の推移は、都出氏らが指摘するように政権中枢勢力との関係に連動していることがあらためて確認できるだけでなく、その関係が多様で、きわめて複雑な構図になっていたことがわかる。

このような推移をみせる猪名川流域と桂川右岸地域にあってもっとも注目したい現象は、繰り返すことになるが、中期まで政権中枢勢力と密接な関係をもつ勢力と距離をおく複数の勢力が併存していたことに対して、後期前半、今城塚古墳の出現と前後する時期に、それまでみられた政権中枢勢力と密接な関係をもつ勢力とこれと距離をおく勢力の併存という現象が、古墳の存在からはみられなくなることである。後期前半の当該地域では、一時的にではあるにせよ、政権中枢勢力＝今城塚古墳の被葬者と密接な関係をもつ勢力と距離をおく勢力の併存状態が解消されたことを示していると考える。

おわりに

古墳時代後期前半、今城塚古墳の出現を境にして、中期までにみられた大型古墳群が終焉を迎える。この現象と期を一にして、今城塚古墳の被葬者のもとで、挂甲による武装装備の刷新が図られ、それまでに備蓄されていた大量の帯金式甲冑が廃棄、更新されるという劇的な変化が起こる。前期後半、佐紀・馬見古墳群の勢力と朝鮮半島東南部地域の勢力との間に成立した軍事を基軸にした新たな関係に端を発した国家的な軍事組織の編制への歩みは、中期に入り百舌鳥・古市古墳群の勢力のもとで朝鮮半島を対象にした計画的で、長期間にわたる大規模な軍事活動の展開にともなって大きく進展したものと考える（田中2016b）。これにつづいて起こる武装装備の刷新は、畿内政権内で、中期に主導権を握った百舌鳥・古市古墳群の勢力と、後期前半の今城塚古墳の被葬者の勢力それぞれを軍事的に支えた諸勢力が、主導権の交替に連動して交替していたことと対応すると考えられる。畿内政権内で生じた主導権の交替は、少なくとも畿内およびその周辺地域においては、それぞれを軍事的に支えた勢力を含めた交替というきわめて大きな変化であったといえる。このような現象は、この間にみられる朝鮮半島情勢とこれに連動した日本列島内での対応によって生じたものと考えられる。今城塚古墳の出現時にみられる古墳群の変化は、今城塚古墳の被葬者のもとで、少なくともこのような軍事上の変革を確実に履行することができる体制が成立していたことを反映していると考える。

さらに、今回は、猪名川流域と桂川右岸地域という限られた地域での検討ではあったが、今城塚古墳が出現する後期前半に、それまで当該地域内に併存した異なる政治的秩序を払拭し、一時的にではあるにせよ、今城塚古墳の被葬者による政治的秩序が敷衍化されたと考えられ

空　間

ることは重要である。この現象は、淀川水系と猪名川流域という、中期までにはみることができなかったより広範な範囲の新興中規模勢力を膝下に組み込んだ新たな政治的構造を構築していたことを反映したものと考える。ここに、今城塚古墳を中心にした淀川水系と猪名川流域の勢力の台頭として考え、その存在を想定したい。

　これまでに指摘してきたことに加え、「国家はその成立にあたり、自らが形作ろうとする秩序と相反する他の秩序が、その支配領域内部に存在することを許さない。」とする吉永匡史氏の言を援用するならば（吉永2016）、古墳時代前期以降、政権内の主導権をめぐる確執の克服とともに、畿内を構成する諸地域でみられる、政権中枢勢力と関係をもつ勢力と距離を置く勢力の併存の解消、つまり、政権中枢勢力と距離をおく諸勢力の排除、ないしはその力を削ぐことは、国家形成過程において避けてはとおれない重要案件である。これまでに、小論で取り上げた猪名川流域と桂川右岸地域に反映された諸勢力の動静は、今城塚古墳の出現とともに大きな転機を迎えたものと考える。

　今城塚古墳の被葬者が、淀川水系から猪名川流域という広範な地域で、それまでみられた複数の政治的秩序の併存を払拭できるような強い政治的影響力をもったこと、つまり、その政治的構造が、中期までの大型古墳群を一気に変化させることになったものと考える。しかし一方で、後期前半にみられた淀川水系と猪名川流域での、今城塚古墳の被葬者によって敷衍化された政治的秩序は、後期前半以降も継続して維持されず後退する。また、畿内各地の諸勢力の動静をみる限り、その基盤は盤石なものであったとはいえそうにない。今後、対象地域を畿内およびその周辺地域に広げ、地域内に政権中枢勢力と距離をおく政治秩序をもった諸勢力の併存の解消過程を追うことに努めていきたい。

註
(1) 広義の大和古墳群では、前期前半以前に遡る墳墓が含まれている可能性が指摘されている（白石2000ほか）。
(2) 畿内型横穴式石室を手がかりにすれば、二子塚古墳（宇治市）なども含め、より広い範囲を設定することができる可能性がある（白石2000、福永2005a）。また、継続的に調査が進められている、井ノ内稲荷塚古墳に先行する長岡京市井ノ内車塚古墳も含めて考えることができるかもしれない。
(3) 今後の調査によって、今城塚古墳も含め、周辺に小規模古墳の存在が明らかになる可能性は高いと推定する。
(4) たとえば、石井智大氏は、勝福寺古墳第2石室出土の須恵器（坏身・坏蓋）を千里窯跡群で生産されたもの、園田大塚山古墳出土の須恵器は、千里窯跡群以外で生産されたものと考えている（石井2007）。
(5) 桂川右岸地域では、石製模造品以外に筒形銅器や巴形銅器をもつ古墳がみられ、これを介した佐紀・馬見古墳群の勢力との関係が考えられる。
(6) 桂川右岸地域における古墳の編年については、都出比呂志

（都出2005）・山本輝雄（山本1997）・福永伸哉（福永2004）の成果を参照して作成した。

引用・参考文献
秋山浩三 2006「古墳副葬須恵器の生産地推定一例」吉岡康暢先生古希記念論集刊行会編『陶磁器の社会史』桂書房
天野末喜 1993「Ⅰ古市古墳群について」『新版　古市古墳群』藤井寺市教育委員会
天野末喜 2008「都市化以前の古市・百舌鳥古墳群及び周辺の古墳群（1）古市古墳群」白石太一郎編『近畿地方における大型古墳群の基礎的研究』
石井智大 2007「古墳への須恵器の供給とその背景」『勝福寺古墳の研究』大阪大学文学研究科考古学研究室
一瀬和夫 2015「倭の五王と出雲の豪族　百舌鳥・古市古墳群における大王墓とその周辺」『前方後円墳と東西出雲の成立に関する研究　古墳時代中期における出雲の特質』島根県古代文化センター研究論集第14集
内山敏行 2008「小札甲の変遷と交流―古墳時代中期・後期の繊孔2列小札とΩ字形腰札―」『菅谷文則先生退任記念論集　王権と武器と信仰』同成社
梅本康広 2011「〔四〕東海系埴輪の存在意義」『長岡宮跡内裏「東宮」内郭後宮　野田遺跡　物集女車塚古墳』（財）向日市埋蔵文化財センター
岡野慶隆 1991「畿内における初期横穴式石室の一形式―勝福寺古墳北墳・雲雀丘C北四号墳の位置づけ―」『関西学院考古』9
小野山節 1995「楕円形鏡板三葉文杏葉馬具の招来とその模倣」小野山節編『琵琶湖周辺の6世紀を探る』京都大学文学部考古学研究室
川西宏幸 1988『古墳時代政治史序説』塙書房
河内一浩 2008「古市古墳群の形成過程」白石太一郎編『近畿地方における大型古墳群の基礎的研究』
北野耕平 1969「五世紀における甲冑出土古墳の諸問題」『考古学雑誌』54-4
阪口英毅 2013「甲冑」『古墳時代の考古学4　副葬品の型式と編年』同成社
白石太一郎 2000『古墳と古墳群の研究』塙書房
高松雅文 2007a「捩り環頭大刀と古墳時代後期の政治的動向」『勝福寺古墳の研究』大阪大学文学研究科考古学研究室
高松雅文 2007b「継体大王期の政治的連帯に関する考古学的研究」『ヒストリア』第205号
田中晋作 2001『百舌鳥・古市古墳群の研究』学生社
田中晋作 2004「大阪府桜塚古墳群東群の被葬者集団がもった軍事的特質について」『地域と古文化』『地域と古文化』刊行会
田中晋作 2008a「石製模造品についてⅠ―畿内およびその周辺地域における有力古墳の動態―」菅谷文則編『菅谷文則先生退任記念論集　王権と武器と信仰』同成社
田中晋作 2008b「三角縁神獣鏡の伝世について―畿内およびその周辺地域における有力勢力の動態―」『古代学研究』180
田中晋作 2009『筒形銅器と政権交替』学生社
田中晋作 2012「猪名川流域に投影された政権中枢勢力の動静」莬原刊行会編『莬原Ⅱ　森岡秀人さん還暦記念論集』莬原刊行会
田中晋作 2013「京都府桂川右岸地域に投影された政権中枢勢力の動静」奈良県立橿原考古学研究所編『橿原考古学研究所論集』16　八木書店
田中晋作 2016a『古市古墳群の解明へ　盾塚・鞍塚・珠金塚古墳』新泉社
田中晋作 2016b「武器の拡散にみる地域間関係」『第13回古代武器研究会発表資料集』古代武器研究会
都出比呂志 2005『前方後円墳と社会』塙書房

寺前直人 2005「位置と環境」大阪大学稲荷塚古墳発掘調査団編『井ノ内稲荷塚古墳の研究』大阪大学稲荷塚古墳発掘調査団

西川宏 1961「陪塚論序説」『考古学研究』8-2

西川宏 1966「武器」『日本の考古学　古墳時代（下）』河出書房新社

土生田純之 1991『日本横穴式石室の系譜』学生社

東影悠 2007「近畿地方における尾張型埴輪の様相」『勝福寺古墳の研究』大阪大学文学研究科考古学研究室

福永伸哉 2004「畿内北部地域における前方後円墳の展開と消滅過程」『西日本における前方後円墳消滅過程の比較研究』大阪大学大学院文学研究科

福永伸哉 2005a「いわゆる継体期における威信財変化とその意義」大阪大学稲荷塚古墳発掘調査団編『井ノ内稲荷塚古墳の研究』大阪大学稲荷塚古墳発掘調査団

福永伸哉 2005b『三角縁神獣鏡の研究』大阪大学出版会

藤田和尊 2006『古墳時代の王権と軍事』学生社

藤田和尊 2011「陪冢論の現状」『古墳時代の考古学3　墳墓構造と葬送祭祀』同成社

古谷毅 1996「古墳時代甲冑研究の方法と課題」『考古学雑誌』81-4

松浦宇哲 2005「三葉文楕円形杏葉の編年と分析」大阪大学稲荷塚古墳発掘調査団編『井ノ内稲荷塚古墳の研究』大阪大学稲荷塚古墳発掘調査団

宮原晋一 1988「内部主体」『物集女車塚古墳』向日市教育委員会

森田克行 2006『今城塚と三島古墳群』同成社

山本輝雄 1997「第三章　古代国家の成立　第一節三・四」『長岡京市史』本文編1　長岡京市役所

吉永匡史 2016『律令国家の軍事機構』同成社

※挿図・表の作成については、斎藤由美子氏の援助を得た。また紙面の都合上、報告書の引用を割愛した。御寛恕願いたい。

空　間

「原畿内」領域西辺の特異な古墳・三題

森　岡　秀　人

1　畿内制以前の「原畿内」

　昨今、考古学において、弥生時代における「畿内地域」の頻用、古墳時代においては「畿内政権」の慣用が目立っており、無批判に「畿内」という術語を使用することに一定の問題があることを唱導しておいた（森岡 2017a）。日本古代史において明確に上限年代を保持する「畿内」の成立過程を無視して用いられている現状については、やはり何らかの措置を採るべき余地があるのではなかろうか。かつては、森浩一氏が「畿内」中心史観について、時代性を棚の上にあげての安易な術語利用に対して、注意を喚起されていた（例えば、森 1987 など）。また、それを意識する人がないではない。

　私の基本的姿勢はこうである。『日本書紀』大化 2 年（646）年正月甲子条にみえる改新詔（第二条）に謳われた「畿内国」（ウチツクニ）は国制が敷かれる以前の有力豪族エリアを念頭に置いて、四至国土要所の設定が強調されている。すなわち、「其の二に曰はく、初めて京師を修め、畿内国の司・郡司・関塞・斥候・防人・駅馬・伝馬を置き、鈴契を造り、山河を定めよ。凡そ京には坊毎に長一人を置け。…凡そ畿内は、東は名墾の横河より以来、南は紀伊の兄山より以来、西は赤石の櫛淵より以来、北は近江の狭狭波の合坂山より以来を、畿内国と為す。…」の著名な記述である。礼基軸の支配秩序としての中国王畿制をそのままの形態では導入しなかった列島の畿内制は、きわめて流動性に富むものとの理解に立っており、孝徳期の交通主幹線上の 4 地点（四至）と内実がその時点における好適地であった歴史性を多分に負っていたと考えている。

　畿内と畿外の境界が 646 年の段階で地名に基づく具体的方法で明示された場合、なぜこの時点においてこのような設定が行われたかという内外二分の均衡点の必然と、その前提は一体何かに関心が及ぶのが自然であろう。比較考量すべき諸説はあるものの、考古学が提示し得る一つの仮説は、こうした畿内制とは全く無関係に弥生時代、古墳時代以来、離合を繰り返しつつあった首長間の親縁関係やヤマト王権膝下の勢力圏に形成されてきた政治的なまとまりが無関係ではないということであろう。日本古代における畿内制の導入は、制度としては唐突かつ外圧的なものであったかもしれぬが、それを受容する側の下地、より明晰に言えば、畿内の地理的枠組みを政治的経済的にも支えることが可能な誘致地域が該期の為政者間に半ば共有され、既に容認する形で存在していたとみるのが理に則している。換言すれば、その直前とも言うべき古墳時代後期や飛鳥時代の近畿中部地域の結束の動向、その周縁のグレーゾーンの考古学的環境に畿内四至と目される地点が諸要件を満たしつつ醸成していたことと密接に関わる。

　かような考えは、既に弥生時代前期（新）段階の分析から常に意識されてきたことではあり、中・南河内、大和を要とする古墳時代前期・中期の大型古墳、大型古墳群の分布構造にも表れているが、ヤマト政権・畿内政権の成立を契機として暗黙の内に考えられることが多かった。本稿では、その切り口を流動的な畿内前史と捉え、「原畿内」（プロト畿内）の概念で歴史の長期変動の一部と理解し、外挿された「畿内」とは一線を画して俯瞰する。そして、原畿内の西辺域でクローズアップされる不可思議な様相を呈する古墳を三つ取り上げ、その内容の特異性について整理を企て、時空間の中に位置付ける。やがて「畿内制」が襲うであろう下地の地域の不動ではない境域帯の問題をソフトフォーカスし、若干考える向後に対する予察としたい。

2　「原畿内」西端境域帯内外と関わる特異な古墳 3 基

（1）山芦屋古墳（図1）

　個人住宅の建設に伴うガレージの基礎工事現場から、兵庫県南部、阪神地方では最大クラスの巨石墳がみつかった。1976 年暮れのことである。1977 年に武藤誠先生の指導の下、勇正廣・藤岡弘両氏と石室を中心に発掘調査を試み、巨石墳というだけではなく、その形態や出土遺物からみて、当地域では特異な構造の大型横穴式石室墳であることが判明した。六甲山地前山の鷹尾山の山裾、標高 86m の高位段丘斜面地に立地し、古墳時代後期・終末期の城山古墳群の盟主層を担う一墳である。兵庫県芦屋市山芦屋町に所在する。

　この古墳を筆頭に挙げたのは、破格の規模を有する横穴式石室を内蔵するのみならず、平面形が正方形に近く復元できる玄室に長い羨道部を構築している点、当地域には全く類例をみない石室型式だからである。その石室

「原畿内」領域西辺の特異な古墳・三題

左）横穴式石室平面実測図
右）須恵器（一部）実測図
　　（1）平底直口壺　（2）器台
左下）横穴式石室平面位置図
右下）山芦屋古墳所在位置図

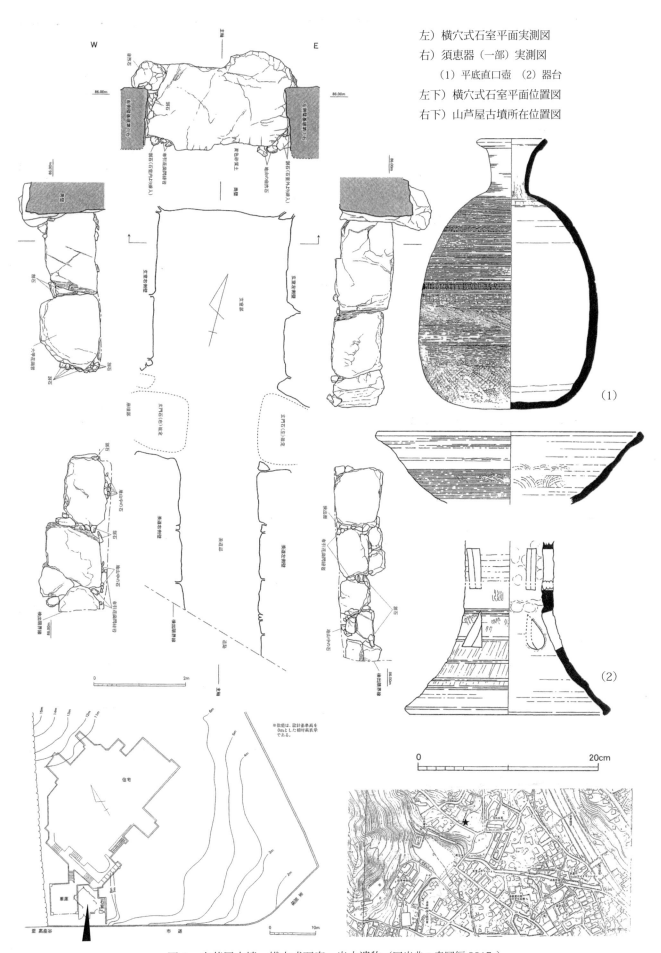

図1　山芦屋古墳　横穴式石室・出土遺物（図出典：森岡編2017c）

空　間

は両袖形で、大きさは、玄室幅 3.15m、玄室長 3.6m、玄室残存高 2.1m、羨道幅 1.7m、羨道残存長 5.95m を計測し、優に全長 10m を超える大型横穴式石室である。石室高はあくまで推定の域は出ないものの、丈高で 5m を前後する復元値を出している。玄門立柱石は抜去されていたが、左右両側壁は 1m や 1.5m を超える石材を基底石として 2 石ずつ配石し、玄門石までの壁石には縦に長い間詰的な石が残存するようである。奥壁基底石は 3m を軽く越す巨石 1 石を設えるが、その上部にはすくなくとももう 1 段、想定を逞しくすれば 3 段積みとなるような丈高の玄室高があったと推量する。したがって、玄室側壁も 3～4 段積み、羨道側壁も 2～3 段積みの壁面構成を推測しており、上部は徐々に小振り化する石材が用いられたと思われる。なお、墳丘は完全削平されて掌握不可能であるが、径 25m 近い大型円墳と推定される。

床面には工事による巨大な乱掘坑があき、先行する盗掘も行われた形跡があるので、出土副葬品は 10 分の 1 にも満たないが、遺失の禍を免れた遺物には、金銅装の雲珠・鞍金具を要とする飾馬用の馬具セット、刀装具として水晶製三輪玉を装着した飾大刀、胡籙や弓矢などの副葬が想定される。棗玉やガラス玉も少数残る。かろうじて残存した土器類は乏しいけれど、須恵器 31 点、土師器 1 点を図化しており、築造時期が 6 世紀後半に遡り、7 世紀前半に至るまで追葬を行っている。刳抜き式家形石棺などの玄室納置が想定されたが、証左はない。

特徴的な須恵器に羨道床面出土の平底短頸直口壺があり、胎土・施文共に精緻な優品である。器面には格子状タタキ目、カキ目、擬凹線、櫛描波状文、櫛先列点文が認められる。山芦屋古墳被葬者の性格を象徴する土器であり、口径 7.2cm、器高 28.6cm を測る。器体内面に白色異物が付着し、内部から山桃の炭化種子 1 点、近辺でも 2 点が検出され、注目される。また、この土器を載せたと考えてよい高坏形の器台がみられる。タタキ、カキ目、同心円当て具痕、凹線がみられ、透し孔は長方形・三角形・水滴形と変化に富む。この 2 点は微弱ながらも渡来的要素の倭系化が窺え、色調・胎土からセット関係にあるように思える。両者には乱掘・盗掘とは別に儀礼的な叩き割りの痕跡が観察できる。馬具については、発掘当時、末永雅雄・武藤誠両先生と千賀久氏にご教示いただいた（森岡編 2017c）。

(2) 旭塚古墳（図 2）

山芦屋古墳から約 100m 離れた標高 70m 余の緩傾斜地に立地する本墳は、同じ城山古墳群中の独立的な一墳で、標高 260m を測る背山の鷹尾山（三角錐状）を意識

して築造された終末期古墳である。1961 年、京都大学の小林行雄氏が石室内を発掘調査しているが、未報告である。当時は大型横穴式石室を内蔵するもので、墳形も円墳とされている。その後、1981 年になって武庫川女子大学考古学研究会が墳丘・石室の測量調査を実施している（武庫川女子大学考古学研究会 1984）。また、2006 年には当該地が再開発にかかり、芦屋市教育委員会が宅地造成に伴う墳丘・石室の事前調査を実施している。

この古墳にも、近隣地域では類例を全くみない諸要素が多々認められた。墳形は多角形を呈し、20m 以上の平面規模を有する。内蔵された石室は、全長 9.8m、玄室幅 1.9m、玄室長 4.1m、羨道幅 1.6m、羨道長 5.7m、石室残存高 2.1m を測り、壁体は主に巨石を縦位置に意識的に使用することと、両羨門石は立柱石を使用すること、かなり形骸化をとげた袖を左右に備えるものである。壁石は六甲花崗岩を使用している。構造上、注目すべきは巨石の縦使いを基調とし、玄室の奥部には巨大で厚い一枚石を床石として設えている。横穴式石室に横口式石槨の属性を浸透させた特殊な態をなす。石室床面と開口部南の前庭部から竜山石の剥片・砕石面を検出し、石棺片などが混じるわけではないものの、その利用部位は近畿地方でも稀なものと言え、特異な終末期横穴式石室の一つに数えられよう。

墳丘南西部において、交角 150 度前後の外護貼石面の二辺が確認された。隅角部を持つ貼石面であり、その現存高は 1.24m。墳丘外表には 20cm 前後の自然石を少なくとも 3 段以上貼り組み上げており、石室開口部西側がかろうじて墳形を保つ形で残存する。その基底には墳裾より 20cm の落差をもって一段高くした造成面が墳丘を取り巻くように付設され、破壊を免れた基壇幅 1m、長さ 1.5m の範囲には夥しい数の須恵器や土師器が供献されていた。土師器 12 点、須恵器 40 点、総個体数 52 点を数えるもので、時期は 7 世紀中頃のものに限られる。鉢巻状に外周基壇の全体が残っておれば、計り知れない数の土器が遺存していたものと思われる。小型の坩、高杯、甑などには播磨以西の山陽系の要素が多分に見受けられる。

墳丘は城山から派生する微支谷地形を埋積した河成堆積物の起伏を巧みに利用し、それを残核状態に削り残して墳丘としている。したがって、検出された墓坑も石室壁体を高い位置から包蔵するものとなっており、天井石を覆う程度の盛土を復元しても、それでもかなり腰高の墳丘に復元できる点、近隣地域に類例を欠く存在となっている。周囲に群集墳を構成する古墳が全くなく、袋状となった微地形の奥まった所に築かれた風水の地勢に適う立地となっている（森岡・坂田編 2009）。

「原畿内」領域西辺の特異な古墳・三題

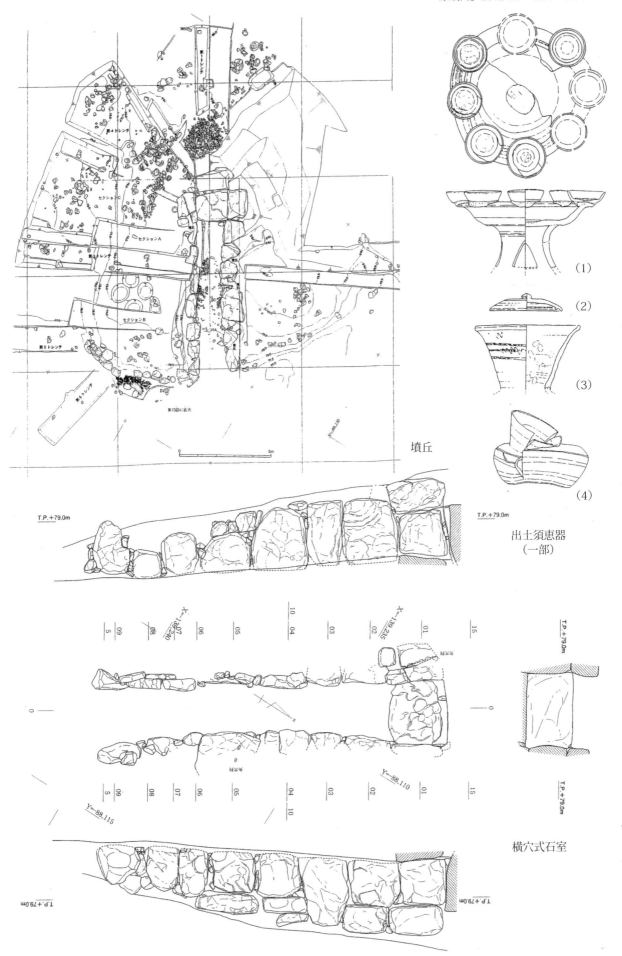

図2　旭塚古墳　墳丘・横穴式石室・供献土器（図出典：森岡・坂田編 2009）

空　間

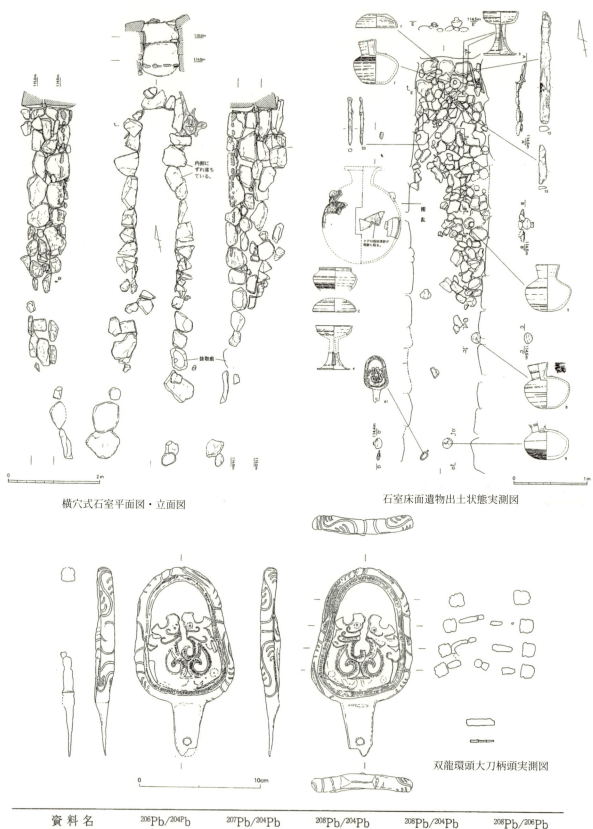

資料名	$^{206}Pb/^{204}Pb$	$^{207}Pb/^{204}Pb$	$^{208}Pb/^{204}Pb$	$^{208}Pb/^{204}Pb$	$^{208}Pb/^{206}Pb$
環頭（1）	18.39	15.63	38.65	38.65	2.1
環頭（2）	18.39	15.63	38.64	38.64	2.1
環頭（平均）	18.39	15.63	38.64	38.64	2.1
誤差範囲（1σ）	±0.010	±0.010	±0.030	±0.030	±0.0006

図3　岩ヶ平61号墳石室・遺物出土状態・双龍環頭大刀柄頭・鉛同位体比分析（図出典：白谷編 2014）

(3) 岩ヶ平第 61 号墳（図 3）

最後にもう 1 基の特色ある古墳と出土遺物を検討しておきたい。それは岩ヶ平第 61 号墳である。芦屋市六麓荘町に所在する本墳は、阪神間最大規模の八十塚古墳群の主要支群である岩ヶ平支群 I 小支群に属している。無袖形の小規模横穴式石室で、六甲山南麓の緩傾斜する段丘面、標高 115m に立地する。石室型式と須恵器から、7 世紀初頭の築造と推定される。墳形は楕円墳で、東西 8m、南北 12m と小さく、南方に開口する無袖形石室の大きさは、残存長 5.48m、幅 1.06m、残存高 1.08m を測る。玄室相当部床面には敷石が施される。盗掘はみられたが、須恵器・鉄釘・鉄鏃・鉄刀・両頭金具などの副葬品が遺存した。

本墳は他の 2 基の横穴式石室墳（岩ヶ平第 59・60 号墳）と同一小支群（I）を構成するが、同群中の第 59 号墳は、往時には 100 基を超えたと推測される阪神間最大クラスの八十塚群集墳の中でも特筆される。未発掘ながら群中最古の横穴式石室とみられ、当該 61 号墳の性格を考える上に近在なだけに存在する意義は大きい。右片袖形で、玄門石の上において少なくとも小石材 2 石を挟んで天井石を構架させたもので、有袖系列の石室では構築技術要素が群内で最も古い。少数の出土須恵器もそれを証している。6 世紀中頃の築造とみられる。

3 墳の築造時期は、6 世紀後半に先ず 59 号墳（右片袖形）が選地、築造され、60 号墳（無袖形）→ 61 号墳（無袖形）が後続する。この小支群中に群形成の先駆けをなす 59 号墳が含まれていることは、大阪湾への優れた眺望など立地の良さに表れているものの、61 号墳から全く予想しなかった金銅製双龍環頭大刀の変形環頭部が検出されるまでは、小支群内石室形式・築造年代組成に釈然としないものがあった。発掘報告書（白谷編 2014）に記載されているように、この環頭部は奥壁際に副葬された刀身から意図的に外されて開口部付近に副葬されており、環頭部は両側方から大きな外圧が加えられて縦方向に大きく変形した珍品である。

環頭部の双龍はその衝撃により損傷も著しく、当初の形態を全く保っていないが、出土後、保存処理を進め、変形の理由や製作時期、副葬時期、自然科学分析など多方面にわたって再調査した（森岡編 2017b）。その結果、この双龍環頭大刀は、蛍光 X 線分析法による定性分析では、少量の鉛を含む純度の高い銅製で、茎部分を除いて表面を鍍金したものと考えられた。また、鉛同位体比測定に基づく産地同定は日本産領域端に含まれる。錫成分を欠く分、曲げなどの変形を与えやすいことが理解される。加えて、東海東部など東日本の実例とも深く絡む副葬属性を具備することなどに注意が及んだ。

八十塚古墳群は無袖形石室を主眼とする苦楽園支群以外に、この岩ヶ平支群のごとく、両袖・片袖・無袖がある程度時間的変遷を示しつつ、混在するものまでバラエティに富むが、全体として武器・馬具の副葬は抑制された感が強く、装身具の方が目立つ群集墳と言える。したがって、双龍環頭大刀の確認はそれだけでも意表を衝く存在となったが、全国的にも時空間の中で際立つありようを示しており、他の 2 古墳と絡ませた再考を促す。

3 特異な 3 古墳をめぐる二、三の考証

以上、時空間の両面で流動的な原畿内の西辺領域の内外を問うに相応しい古墳を 3 基摘出し、その内容に関して看過できない点を記述、強調した。次にそれらの微証を手掛かりに、その存在意義を見極め来歴について言及し、大化前代の地域像として描写に努め、覚書とする。

山芦屋古墳・旭塚古墳を含む城山古墳群は、隣接する三条古墳群と並んで、畿内型の横穴式石室で構成される等質的展開を示す一般的な群集墳ではない（森岡 2002）。築造時期や立地点、埋葬施設の構造が個々すべて異なり、相互に独立した累代的な首長墓が時間的累積を伴って営まれた結果、その集合体が古墳時代後期・終末期の群集墳と見紛う緊密度を獲得したものと言える。それは三条寺ノ内 A・B 墳、三条 5 号墳、城山 3・4・10・14・15・17・18・20 号墳など、既に発掘調査された他の古墳からも容認でき、東方 2km の距離を置いた八十塚古墳群の一般性、平準化傾向とは、およそ対照的な造墓過程を示している。と、同時にミニチュア竈形土器の副葬慣行が兵庫県下最大数を占める点や急斜面を駆け上るかのように高所にも造営範囲を広げる選地方式は見過ごせず、山芦屋古墳の強固な個性は盛期における渡来系の要素を多分に体現したものであろう。

旭塚古墳は羨門立柱石や石室壁体、墓坑の構成や出土須恵器の様相に加え、竜山石の盛用に山陽～播磨の影響力の大きさを感得させ、原畿内の領域圏外の手になる築造を考えさせる。古墳の被葬者や構築集団に東播磨や北播磨の人物の直接的関与がみえ、墓域の専有がより東の摂津西部で実現したことも考えられてよい。通説では摂播国境はかなり西方の神戸市須磨区の境川付近と想定されているため、この 7 世紀中葉の偏西的な古墳築造動向は、渡来色の濃厚な城山・三条古墳群全体の造営主体の性格とも大きく絡む。それには少なく見積もっても二世代は古い山芦屋古墳の突発的な出現を前提としており、6 世紀後半には最も有望な非在地系の首長墳が招致されたこの地域の特質が、少なくとも数十年の造墓期間

は保たれていることを証すものである。

　最後に岩ヶ平61号墳出土の変形双龍環頭大刀の問題を取り上げよう。群集墳中の無袖小石室から検出されたものの、古墳の築造より半世紀以内での古い製作時期が与えられる。小石室の被葬者がどの段階でこの金工品を入手したかは不分明であるが、伝世した場合でも築造段階直前に下賜されたか、それを遡る時点で賜与された器物とみており、その所有者が近接する59号墳の被葬者である蓋然性も大きいと考えられる。59号墳の石室に副葬されてもよい品ではあったが、実際には両被葬者の間に装飾大刀の授受が行われ、貴重な威信財が現象的には古墳間を移動したと理解している。61号墳の床面深部から出土した須恵器には、本墳にそぐわない古いタイプの堤瓶が認められ、その接合資料が59号墳周辺にあって、古墳を跨ぐ動きを伴っている点は甚だ示唆的であるまいか。その結果、双龍環頭大刀が古墳時代から飛鳥時代に移行する過程において、身分秩序の停廃を受けた7世紀初頭に至り、大刀刀装具の分解や変形を伴いつつ稀有な副葬行為を踏んだことが考えられよう。

4　原畿内西辺部おける「畿内」化への助走と錯綜

　翻って、「原畿内」という概念で畿内前史に省察を加えると、これまでによく認知されている考古学上の諸成果の中に、その西端域変動の助走を暗示させる前段階の有事、様相を摘出することができる。紙幅の関係でその詳細を述べることはできないが、弥生時代では、銅鐸14口、大阪湾型銅戈7本が一括多数埋納された神戸市灘区桜ヶ丘があり、古・中段階までの銅鐸が紀元直後あたりで意図的に観念された場所を目指して埋められたと考えられる。最古段階鐸を含む多数埋納例がより西の地域で確認されているので（島根県荒神谷遺跡例、兵庫県南あわじ市松帆銅鐸例）、時期の下る桜ヶ丘例は、より安定を図る場所への撤退とみる。その土地柄を踏襲するのが、同区海浜部に築造された西求女塚古墳である。竪穴式石槨から三角縁神獣鏡など銅鏡7面以上がまとまって出土している。大阪湾北岸平野部の最西端を占める前期首長墳であり、同時にヤマト政権中枢との政治的関係を3世紀後半に濃密に取り結ぶ有力墳とみることができる。この立地点はそのまま7世紀段階には、新羅使難波津入貢に際し、禊儀礼など検疫的関門となった敏売浦と合致し、8世紀前半には摂津国兎原郡津守郷が成立する。さらに8世紀末に至ると、摂津系の剣状花文軒瓦の分布域がより西まで拡大し（房王寺廃寺、大寺廃寺）、播磨国府系瓦の東限がこの付近と重複する。兵庫県下の装飾大刀と原畿内圏とは分布の関係にいくつかの有意性を発するが、近畿を中心に分布する単龍鳳環頭大刀と近畿圏外に多い双龍環頭大刀・頭椎大刀の分布に緩やかに認められる排他性の存在に加え、岩ヶ平61号墳例は分解と変形という行為が重ねて備わり、かつ上記した地域性が装飾大刀の消長からも有意な年代と言える。

　小稿で扱った芦屋地域は、畿内制下の「畿内」に入るエリアであることは疑いない。しかし、7世紀初頭の推古期では、掲出した実例が畿内政権膝下に編入されていないことも暗示しており、横穴式石室の畿内型分布域との不整合なありようも窺われる。これを一概に原型畿内の輪郭部、接続域の形成として強く意味づけすることには問題があるものの、異例で一過性的な分布とみなすより、グレーゾーンである西摂津地域の旧兎原郡域に該当する点にも留意しつつ、より先行する前史社会での地域圏の性格を捉える必要がある。なお付言しておくが、前期畿内政権の成立を導く前提に「原畿内政権」という術語を用いて、1世紀に及ぶ長期の近畿型鏡種の独占者を「管理下においた鏡をのちに秩序だてて分与に移した組織者の前身」に比定して、その推移を俯瞰する説（川西1989）は、多分に3世紀の倭人伝社会から大和政権への推移に合理的解釈を提言したものであり、既に古墳時代の始まりから畿内政権の使い方を肯定する点で大きく異なるものであるが、歴史的に経過していく時々の政体のプロトタイプを原型領域を絡ませて模索する点において共通し、留意したことを断っておく。

5　結び

　小論では、筆者と直接関わりのあった近畿西部の3つの古墳の特異なあり方を遺構・遺物の面から取り上げ、その具体相を示した。そして、古代畿内の原型の形成、「原畿内」と仮称したエリアのとくに西辺地域の一角に顕在化した横穴式石室墳の実情に絞り、地域性の観点ではない捉え方の一端を明らかにしようとした。「畿内」前史の動向を考古学的に垣間見るための手続き、検討をさらに押し進める必要がある。

　この地域は6世紀段階に畿内型の横穴式石室が面的に分布し、畿内政権との結び付きが在地首長を介さない直轄要素の高い地域と見做されている（太田2011）。しかし、横穴式石室に限ってみても、特殊な内実があったようで、孝徳期以前ではなお動揺しつつ流動的要素を発現したゾーンが見え隠れすることを指摘した。もとより畿内四至の選択地はこうした柔軟性を脱却した証しではあるものの、天武12〜13年（683〜684）の国境画定政策の前夜にあっては、古墳時代後期以降の複雑な地域間関係が旧国のレベルでは企図せずして不安定な姿を示

すものであり、国家的な「畿内」誘致領域が形而上学的に定まるまでには政治・文化の錯綜する境域がかなりの振幅をもって自在に展開していたことが考古資料に反映する。被葬者の出自や性格は、規格化も一定進んだ横穴式石室そのものにも露呈している。

畿内の内と外がその前哨で先鋭化する地域は限られたものであろうが、摂津西部は5世紀の後半からその具体域が柔構造にせよ原畿内圏の形成として駆動をみせる所であり（森岡2002・2008）、小稿も備忘のための微証を予定調和的でない解消の歴史的背景を嗅ぎ分ける手立ての一つとして提示した。

この後、本地域は7世紀末になって郡寺と思しき芦屋廃寺を造営し、讃岐や播磨に比べてデフォルメのさほど進まぬ法隆寺式の八弁複弁蓮華文軒丸瓦（正確には長林寺式）・忍冬唐草文軒平瓦を創建時に所用する。前後して用いられた高句麗系の特異な軒丸瓦も検出されている。寺田遺跡における摂津国初期兎原郡家の設置を考えさせる郡領「大領」「少領」の墨書土器（8世紀）の確認をはじめ、葦屋駅家の活動も史料や遺物にみえる。それらは近年の神戸市東灘区深江北町遺跡や芦屋市津知遺跡の出土遺構・遺物に兆候を窺うことができる。それは畿内制導入以降、ほぼ畿内の最西端の一角を担う土地の多機能化して躍動する姿であり、一方では官衙建設地帯の重層性を彷彿とさせる。少なくとも7世紀半ばの三条九ノ坪遺跡出土干支年銘木簡（「壬子年」表記、652年）が起点の年代を何某か示唆していよう。前期難波宮、長柄豊崎宮の完成時前後のことであり、まさに孝徳期の畿内制下、ウチツクニの関門となるこの地域の重要性が古墳被葬者の終末動向を通しても再編成の動きを促したと言えよう。

引用・参考文献

勇正廣・藤岡弘 1976「古墳時代」『新修芦屋市史』資料篇1　芦屋市

大谷晃二 1999「上塩冶築山古墳出土大刀の時期と系譜」『上塩冶築山古墳の研究』島根県教育庁古代文化センター

太田宏明 2011『畿内政権と横穴式石室』学生社

川西宏幸 1989「古墳時代前史考―原畿内政権の提唱―」『古文化談叢』第21集　九州古文化研究会

菊地芳朗 2011『古墳時代史の展開と東北社会』大阪大学出版会

古代学研究会編 2015『シンポジウム 古墳時代における政権と畿内地域』資料集

新納泉 1987「戊辰年銘大刀と装飾大刀の編年」『考古学研究』第34巻第3号

白谷朋世編 2014『八十塚古墳群第145地点発掘調査報告書―八十塚古墳群岩ヶ平支群第60・61号墳の調査―』芦屋市教育委員会　pp.1-42

武庫川女子大学考古学研究会 1984『旭塚古墳』

森岡秀人 2002「摂津・八十塚古墳群と兎原郡葦屋郷・賀美郷周辺の古代史」『八十塚古墳群の研究』関西大学文学部考古学研究第7冊　関西大学　pp.265-361

森岡秀人 2008「考古学が語る本庄地区周辺の地域史」『本庄村史』歴史編　本庄村史編纂委員会

森岡秀人 2017a『「畿内」社会萌芽の研究にみられる考古学上の問題』『古代学研究』211　pp.36-47

森岡秀人編 2017b『兵庫県芦屋市八十塚古墳群岩ヶ平支群第61号墳出土双龍環頭大刀調査・分析報告書』芦屋市文化財調査報告第106集　芦屋市教育委員会　pp.1-33

森岡秀人編 2017c『山芦屋古墳発掘調査概要報告書―兵庫県下有数の大型横穴式石室墳―』芦屋市文化財調査報告第107集　芦屋市教育委員会　pp.1-38

森岡秀人・坂田典彦編 2009『旭塚古墳　城山古墳群発掘調査報告書―第1・2次確認調査結果の概要と多角形終末期横穴式石室墳の保存調査―』芦屋市文化財調査報告第77集　芦屋市教育委員会　pp.1-206

森浩一 1987「考古学用語と地域名」『同志社大学考古学シリーズ』Ⅲ　同志社大学考古学研究室。『森浩一著作集1 古墳時代を考える』新泉社、2015年に再録。

横穴式石室研究会編 2007『研究集会 近畿の横穴式石室』

追　記

本稿脱稿後、校正中に「畿内」と関わる二、三の論考が管見に入り、用語や概念において対峙的な見解や賛同すべき記載などがみられた。一つは、紀元1世紀に形成されるヤマト国が広域地域圏としての「畿内圏」をなし、2世紀に入ると、倭の求心核になって機能すると分析した岸本直文氏の論文で、纒向遺跡を倭国の求心点ととらえ、その成立を2世紀中頃と考える立場である。大和川流域の河内・大和が周辺の拠点集落を解体し、社会統合が進む証左として斉一化される畿内第Ⅴ様式の分布構造をあげる。きわめて早い時期に生得的な「畿内圏」の存在を主張する点で、私見と相容れない（岸本直文 2018「倭王権と倭国史をめぐる論点」『国立歴史民俗博物館研究報告』第211集、pp.15-50）。いま一つの研究は、7世紀に日本に受容された律令制下の畿内制と中国の畿内制とを対比しながら論じた西本昌弘氏の論考で（西本昌弘 2018「畿内制とウチツクニ」広瀬和雄・山中章・吉川真司編『講座畿内の古代学 第Ⅰ巻 畿内制』雄山閣、pp.56-81）、大化の畿内制の内実について、単一の畿内国とする関晃説への支持は減衰しており、大倭・河内・山背など既に国造制下における区分の存在を容認すべきとする。天武・持統期の畿内制や律令制下の畿内制とは異なり、大化の畿内制の中心は難波長柄豊碕宮（前期難波宮）にあるとする点は筆者も同様である。また、『日本書紀』にみえるウチツクニは、「中洲」「中洲之地」（神武即位前紀）、「畿内」（崇神紀）、「中国」（景行紀）、「中区」（成務紀）、「邦畿之内」（仁徳紀）、「王畿」（継体紀）、「畿内」（欽明紀）などの使用意図を西本氏が丹念に検討したとおり、きわめて多様な意味と企図、文飾を保持したものであり、その存在や輪郭は倭国領域そのものも含んで臨機応変な表現と見做される。ウチツクニに近づく考古現象もけっして結果ありきではなく、プロト畿内の政治性の弱い枠組みが四至設定の極限でどう歴史的に強化、評価できるかの詮索の一つが小稿の果たす小さな役割と考える次第である。

空　間

新沢千塚を考える

河　上　邦　彦

はじめに －今なぜ新沢千塚（群集墳）なのか

1970年～1980年代の学界は群集墳研究に関心があった。それは日本の高度成長の世にあって都市部周辺の開発（住宅化）が進み、その丘陵上に築かれていた古墳や遺跡の調査がおこなわれ、破壊が進み、小規模な古墳が多数消えていった。奈良県下では新沢千塚古墳群、石光山古墳群、天理豊田古墳群、清水谷古墳群、忍海古墳群、龍王山古墳群等々、中でも新沢千塚古墳群は1962年から5年間にわたって130基もの古墳が調査され、その報告書は調査後20年も後になって刊行された（橿考研1981）。しかしこのような長年月が過ぎると、調査関係者の分散により直接調査した人達が、報告書にかかわらなくなってしまっている。その結果、内容に誤認やあやまりが多く、これでは文化庁が推進してきた記録保存という面からは逸脱することになる[1]。

新沢千塚の報告書は、なぜかまとめがない。これは橿考研の報告書の中では唯一である。また、新沢千塚古墳群の調査の際に充分な分布調査がされていなかった。調査においては、適当な古墳を選び、古墳の墳丘のみの測量で、分布図は作成できなかった。広大な面積の草刈りと木の伐採ができなかったからである（橿考研1981）。

千塚の古墳の分布状況は、報告書によると、126号墳のある県道の北側をA地区、南側をB地区とし、このA・B地区が後に史跡となっている。曽我川の東側には、小高い丘陵があり、ここにも10数基から100基程度の古墳があり、これをC地区と呼んでいる。この南側に開墾された地域があり、500号墳が存在した。これもC地区内である。B地区の東側に宣化陵と倭彦陵があり、このあたりをD地区と呼んでいる。この南側の貝吹山を中心としてE地区と呼んでいる。

群集墳としての千塚は、A・B地区で、C～E地区までは新沢千塚と呼ばないほうが良いだろう。1985年に至って、新沢千塚古墳群の史跡整備が行われ、A地区の整備は橿原市、B地区は奈良県によって整備と詳細な分布図が作成された[2]。五年間にわたる調査は墳頂を中心としたものであったので、墳丘全体を掘るということはなかった。その結果、墳丘裾や斜面の埋葬施設が発掘されていなかった。しかしこの部分にも埋葬施設があることがわかったのは、B地区の235号墳とその周辺の古墳の全面発掘（奈良県教委1988）によって判明した。

これによって古墳の数の2～3倍の埋葬施設があることが推測される[3]。新沢千塚古墳群は未解決の問題がまだ多い。

新沢千塚古墳群を特徴付ける126号墳によって（橿考研1977）、例えば新沢千塚古墳群の被葬者は帰化系の人々であろうという説が流布されているが、これについても問題があると考えられる。このような状況であるので、現状で私が考える千塚の問題について、再考してみようと思う。

1　新沢千塚の古墳分布

1923年の『奈良県高市郡古墳志』には川西の千塚「盛土累々たる大小三百七十の円墳…中には不規則ながら瓢形とも見られるものもあるが、殆ど全部は円墳であって大きなものは大抵山系の分岐点頂にある」と表しその数と分布の記録の一部を記している。

1925年の『県内御陵墓・同伝承地及び古墳墓表』では川西町に約370基、一町に約350基の古墳の存在を記している。また1963年から1964年にかけて橿原考古学研究所で県道より北側で古墳の分布調査が実施された。

1962年から5年間の発掘調査での成果もふまえて分布地図が示されたが当時正確な地図が無かったため地図上に正確にドットが落とされていない。そのため今日かつて調査した古墳が報告書掲載の図上のどれに当たるか、現地でどの古墳に該当するのか不明になっているものがある。新沢千塚のこれまでの正確な分布調査は1971年におこなわれた『奈良県遺跡地図』（橿考研1992）作成時の調査がベースになっている。これによると県道の北側（A地区）で191基、南側（B地区）157基になっている。新沢500号墳の存在した地域については広義の新沢千塚であるが、ここまで含めると、この部分のどの範囲までを千塚として含めてよいのか判断しにくいので、今は狭義の意で県道をはさんで南北の丘陵のみとしておく。（これは史跡地区である。）

北側については1980年から9年間にわたり橿原市によって整備工事がなされたが、新しく地図等が作られなかったので、古墳の分布状況についても大きな変動は無

図1　新沢千塚A・B地区古墳分布図（筆者作成）

空　間

い。1989年南側で県教委によって今回の整備事業がなされ、それに先だって1/500の地図を作成したところ、これまでに知られなかった多くの古墳の存在が判明し、また整備に伴って実施した発掘によって、古墳と古墳の間に存在する小規模古墳の存在が指摘されることにもなった。このような古墳は草薮や林内では見つけることが困難であるが、地図上に表れた等高線の状況によってかなり多く存在することが示されることとなった。このため、先の報告に記された古墳以外に新しく100基近くの古墳が追加されることになり、また、その内容も前方後円墳や方墳等もあることが知られるようになったので、現状の古墳分布状況を示しておきたい。中でも特に目立つものとしては帆立貝式前方後円墳とされていた274号墳前方部は別の古墳と考えるべきと判断できること、289号墳は前方後円墳であること等である。尚報告書段階の古墳No.についても現状では当時のすべての古墳No.が判明していないので発掘古墳の番号を重視して再整理した。新しい古墳については追加でNo.を与えておきたい。これによって前方後円墳8基（＋2）、方墳16基（＋2）、円墳275基となる。円墳の規模別の数は直径約30m（2）、径25m（3）、20m前後（19基）、18m（23基）、15m（25基）、12m（33基）、10m（49基）、8m（51基）、5m（23基）である。A・B地区を合わせると450基余りになる（図1）。

　千塚の墳丘　千塚の大半は、小円墳であるが8基の前方後円墳や前方後方墳、その他に方墳がある。

　千塚の前方後方墳は2基知られているが、私見ではいずれも、前方後方墳とは認識しがたいものである。大和の各地域で、後期の前方後方墳がみつかっていないので、この2基は異質とも言えよう。109号墳の前方後方墳は外形測量図をみても、後円部側で小円墳が多くあって、前方後方墳といいがたい。これを前方後方墳と言い出したのは調査時の調査主任の一人である。109号墳の副葬品が非常に豊富であるのに対し、後方部と思われる部分の埋葬施設が非常に貧弱であるのを考慮したものと思われる。不充分な調査が誤解を生んだものであろう。

　方墳については、中期の方墳と思われるものもあるが、終末期の方墳が多いようである。終末期の方墳は、丘陵端部の古墳と古墳の隙間に作られたものが多い。これは6世紀末～7世紀初めの古墳築造のあり方に似ている。このように考えると、新沢千塚は、多数の小円墳に若干の方墳と前方後円墳がまじるというタイプといえよう。墳形の種類からみる千塚の構成は大和では石光山古墳群（橿考研1976）に似ているといえる。

　新沢千塚の支群分け　一見何の規則性もないように見える古墳群も、精密な測量によるとグループ（群）がみえてくる。調査当時から分かっていたのは、81号墳と328号墳の周辺で調査中にこの部分は測量調査した（図2）しかし、盟主墳とみられる古墳と周辺の古墳との間にあまり大きな差がみとめられなかった。その差は　形と規模のみである。しかし比較的正確な分布図ができると、地形的にグループ分けができるようである。これを重視してみると、およそ30～50程度のグループができる。

2　千塚の埋葬施設

(1) 木棺直葬

　新沢千塚古墳群の埋葬施設は、木棺を直接墳丘に掘り込んだ土坑（墓穴）の内に置き埋めるという埋葬方法の古墳が大多数である。これを木棺直葬墓とよばれている。木棺直葬墓は、弥生時代の墓にも多く、古墳時代全体を通じて存在している。大和では石光山古墳群（5世紀末～7世紀）、清水谷古墳群等でも多数の古墳がこの埋葬形態である。ただ木棺は土の中で腐って消えていることが多く、発掘では木棺の存在した部分を土質の変化や土の硬さ等で掘り分けて木棺の痕跡を探すのである。したがって、木棺痕を検出したとしてもその外側を検出しているにすぎない。棺の内法を示しているのではないことが多い。新沢千塚の発掘の初期、1962、1963年頃は、発掘技術も未熟で1964年以後になってやっと木棺痕跡を掘り分けることができるようになった。木棺痕から推定できる木棺の構造は二種類ある。

　割竹形木棺　棺の断面がU字型をなすもので、前期古墳等における割竹形木棺と同じようなものであるが、全体に前期のそれよりは短く、長くても3m強である。この種の木棺は弥生時代の木棺にも多くあり、古墳時代後期にまで使われるが、新沢千塚の5世紀代になると全体に少なくなってくる。木棺の木口板と側板で二種類に分けられる。

　組合箱型木棺　板材を箱型に組み合わせた木棺で、棺痕跡から3種類に分類できる。それは木棺側板と木口板の組み方から

　①木口板が、側板巾より大きいもの……………………🗋
　②側板が長く伸び、木口板がやや中に入るもの……🗋
　③全くの箱型をなすもの……………………………………🗋

　組合箱型木棺は、弥生時代にもわずかに認められるが、古墳時代中期以降になって多く出現する。それは工具類が発達する期代と一致する。古代には板材を作るのが極めて困難であった。工具が発達していない頃は丸太材を2つ割にして中を割り抜くのが手っ取り早い棺の作り方

であったが、これは中を割り抜くため無駄な部分が多くなる。丸太材をいくつも縦割りにし、その表面を鉇などで削り、木板に仕上げる。時間はかかるが無駄が少ない。箱型木棺は割竹型木棺より進化した形だといえる。木棺の具体的な構造は新沢千塚の木棺痕跡だけではわからないが、幸い新沢千塚からそれほど遠くない大和高田市の三倉堂遺跡（岸1934）から木棺がいくつか見つかっていてその構造がわかる。

（2）横穴式石室

新沢千塚古墳群のもう一つの埋葬施設は横穴式石室である。これまで千塚で発見されている横穴式石室はわずか4基である。

221号墳は当初の発掘では配石木棺と思われていたが、その後の発掘で初期の横穴式石室であると判明した。5世紀中頃の古墳であろう。玄室は細長く片袖で、羨道は短い。これによく似たものは、寺口・忍海古墳群の28号墳にある。いずれも初期横穴式石室である。

509号墳は玄室が2段積みの特色ある形態をしている。これの類例は県下に3例ほど知られている。これは大岩古墳のような玄室2段積みの横穴式石室で、岩屋山型の後に出現する横穴式石室である。

530・204号墳は両袖の横穴式石室であるが、千塚の南側に広がる貝吹山に点在する小規模な古墳の中に類例が多い。千塚の南側に広がる丘陵地帯には、未調査の横穴式石室が多い。

千塚の開始頃、1基とはいえども古式の横穴式石室が作られているということは、忍海の古墳群が帰化系氏族の墓所であれば新沢千塚の開始も帰化人によるものと推測せざるを得ない。しかし千塚はその後、木棺直葬を採用している。その原因は何か。おそらく千塚周辺では石室を作る石材の確保が難かったからであろう。もし千塚周辺に石材が確保できる場所があれば、さらに多くの古墳が横穴式石室になったと考えられる。

3　副葬品

千塚は盗掘されている古墳が少ないので、多くの副葬品が残されているから、その学術的史料価値は高い。

鏡　新沢千塚の調査古墳130基のうち、鏡の出土した古墳はわずか7基にすぎない。そのうち500号墳と213号墳は、前期古墳であるから、群集墳としての千塚ではわずか5基の古墳からしか鏡が出土していないということである。

これは、一般的に中期から後期の古墳では鏡の出土が少ないことと符合するが、それにしても基本的に鏡が少ないということである。48号墳では、南棺から四獣形・捩文鏡、北棺は小型の仿製鏡をもっていた。しかしこの古墳の埋葬施設が粘土槨であることを考えると、5世紀前半のやや古式な古墳であることを示している。これは時代区分では中期古墳といえる。

109号墳は画文帯神獣鏡、173号墳は細線文獣帯鏡が出土している。この両鏡はいずれも同型鏡を多数持つことで知られている。かつてこれらの鏡を中国の南朝製という説もあったが、これはありえない。これらの鏡は5世紀代に古い漢代の鏡を、型押しして作られた仿製鏡であろう（河上2005）。にもかかわらず、このような鏡が群集墳から出るという事実を考えると、他の遺物として、刀剣や甲冑が出土していることを考えると、被葬者像が浮かび上がってくる。おそらくこの古墳の被葬者は武人であろう。

甲冑　甲冑の出土した古墳は、千塚では12基である。その中でも500号墳の方形板革綴短甲がもっとも古いが、これは前期古墳であるのでこれは省く。その他には、5世紀から6世紀に至る。三角板革綴短甲や三角板鋲留短甲、そして横矧板鋲留短甲などがある。甲冑類は肩鎧や甲、頸甲などが揃って一式となるものであるが、千塚では一式が揃った古墳はない。ただ115号墳281号墳では比較的揃っているが他の多くは甲だけということが多い。109号墳では、短甲と挂甲が共存しているが、これは2つの棺に別々に入っていたようである。

普通前期古墳でも甲冑一式がセットで入っていることは少ないことが報告されているが、千塚でも同じことが言える。

馬具　馬具の出土した古墳は20基であるが、多くは簡単な轡のみで、一部に飾馬の馬具がある。112号墳と312号墳の鏡板は、明日香村カイワラ1号墳・2号墳（長谷川2012）で出土したものと類似し、帰化系の遺物であると考えられている。これは実用性の高いものである。

刀剣　千塚の古墳で、どの埋葬施設でも出土することが多いのは刀剣である。他の群集墳と比較すると石光山古墳群では、刀子が一般的である。観覚寺古墳群ではそれもない。この頃は同じ群集墳であってもその内容に大きな差があることを示している。

須恵器　千塚の副葬品の最も顕著なものは、須恵器である。なかで最も古いものは5世紀前半の型式をもっている。最も新しいものは7世紀中頃の形式である。奈良時代まで下降する須恵器もある。このことから千塚の築造時期がある程度推測できる。

装身具や工具類についてはそれほど特徴付けるものはない。

千塚の帰化系の遺物　千塚出土の副葬品を分類すると、

倭系遺物と帰化系遺物に分けられる。126号墳では、国際性豊かな帰化系遺物が出土していることから、その被葬者は帰化人と推定されていた。そしてこの古墳の存在から、千塚全体が帰化系氏族の墓所とされてきた。はたしてそうであろうか。そこで千塚で、どの程度帰化系遺物が出土しているか検討してみよう。

109号墳では垂飾耳飾りが出土している。鉄器では281号墳で鉄鉾、鏟が出土し、墳頂から陶質土器（須恵器）が出土している。また272号墳からははさみが出土している。その他に327号墳の象嵌入鉄刀がある。

帰化系の土器については、いくつかの古墳で出土しているが、281号墳ではやや多くの陶質土器と思われるものが出土しているが、他は1～2点である。多くが平底底部であり、百済系の土器と思われる。その他に、272号墳と322号墳で把手付土師器椀が出土している。これは土師質土器であるが、帰化系の人の手によるものと考えたい。つまり、6世紀後半以降の横穴式石室内で、ミニチュア炊飯器のセットが出ることがしばしばある。新沢千塚ではこれが一切なく、時代がやや古く、まだ炊飯器が出現していなかった時期と考えられる。つまり6世紀中頃に出現するミニチュア炊飯器の前身がこの把手付椀と思われる。以上のように帰化系遺物を考えてみると、千塚では一般に考えられているよりはかなり少ないと言わざるをえない。一方倭系の文化と考えられるのは、群内に前方後円墳があること、埴輪を持つ古墳が多いことなどである。つまり千塚は、在地倭人と帰化人の両者が混在しているといえる。馬具のうち轡は前記したように帰化系であろう。

埴輪　一般に群集墳では埴輪を持つ古墳は少ない。千塚ではやや多く、発掘墳130基のうち円筒埴輪を持つものが41基におよぶ。これは円筒埴輪をもつ古墳が多いといえる。一部の古墳では、墳頂に埴輪の囲繞が認められるが、形象埴輪をもつ古墳は非常に少ない。形象埴輪を配置するクラスの人々でないことを示している。また、円筒埴輪列が多いということは、外来系の人々が被葬者でないということを示している。

4　まとめ

須恵器の出土からみる祭祀儀礼

千塚を発掘していると墳頂・墳土中・埋葬施設の中や周辺から須恵器や土師器が出土することが多い。これは調査中にも十分注意したが、報告書の中ではこのことについてあまり言及されていない。その出土状況を見ると、副葬品として完全な形で出土するもの、破片となって出土するものの二種類ある。完全な形で棺内から出るものは被葬者に伴う副葬品と考えてよいだろう。封土中に出土するものには接合すれば完形品になることが多い。これは明らかに破砕して埋められたものと考えられる。墳頂では、封土中と同じように破片となって散在しているものが多い。さらに、大型の甕や壺を墳頂に置き、その上から石を落として割っている例があるので、墳頂における破砕祭祀の存在は明らかである。墳頂ではその他に須恵器の壺の底に穴を穿って置いている例が3例ほど確認されている。これなどは底部削孔土器として前期古墳で知られているものとつながるのかもしれない。千塚調査中の私見であるが古墳の墳頂部が平坦なものとやや円錐形のものがあり、前者は表土に近く埋葬施設があり、後者はかなり深いところに埋葬施設があるという傾向があった。

千塚の副葬品による格差

千塚では木棺直葬という埋葬施設の結果、盗掘がしにくく、多くの古墳が未盗掘という好条件にある。そこで残された副葬品を分類することによって、次のように分類することができる。

①鏡＋刀剣＋甲冑＋工具＋大量須恵器
②甲冑＋刀剣＋須恵器
③馬具＋刀剣＋工具＋須恵器
④刀剣＋刀子＋須恵器
⑤須恵器のみ

この様に分けられるが、ひとつ気付いた点がある。それは甲冑と馬具は共存している例がないことである。このことは、この二つの副葬品を持つ被葬者の差ではなく、時代の差であるのではないか。ただし、451号墳の前方後円墳のように石棺があった古墳ではいずれも細片となっているが、共存している例が1例ある。400番代の古墳は、宣化陵の存在と密接な関係があると考えられ、首長墓の系譜であろう。このことを重視すると、この二つの遺物は被葬者に関わることが言えよう。甲冑と馬具を持つ古墳は、各々被葬者の身分を示し、前方後円墳ではそれらを統括する人物と想定される。

木棺直葬と横穴式石室の群集墳の違い

この問題については、木棺直葬の群集墳の方が古式で横穴式石室の群集墳の方が新しいという見解が以前からあった。私もこのように考えたことがあった。しかしこれが必ずしも正しいとはいえないという資料がでてきている。群集墳が発生した初期の頃、目立つ埋葬施設は横穴式石室で木棺直葬が発見されなかったことからきている。

大和にはおよそ50基以上からなる群集墳が50箇所

新沢千塚を考える

群集墳	古墳数	埋葬施設	年代
新沢	600 前方後円墳あり	木棺直葬 横穴式石室	5世紀中〜 7世紀初
石光山	100 円・方・前方後円墳	木棺直葬 横穴式石室	5世紀後半〜 7世紀初
龍王山	600 円墳のみ 横穴300基	横穴式石室	6世紀後半〜 7世紀
細川谷	約100 円墳のみ	横穴式石室（新式）	6世紀初〜 7世紀中
山口・笛吹	約100 円・前方後円墳あり	横穴式石室（古式）	5世紀中〜 7世紀末
忍海	約100 円墳のみ	横穴式石室（古式）	5世紀中〜 7世紀初
天理・石上	約150 円墳	横穴式石室 （新式）	6世紀〜 7世紀
岩橋 （和歌山）	約600 円・方・前方後円墳	横穴式石室 小竪穴式石室 （古〜新式）	5世紀中〜 7世紀中
一須賀 （大阪）	約150〜200 円墳	横穴式石室 （古〜新式）	5世紀中〜 7世紀初

表1　大規模群集墳の概要

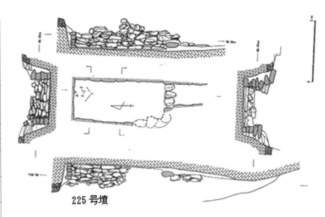

225号墳

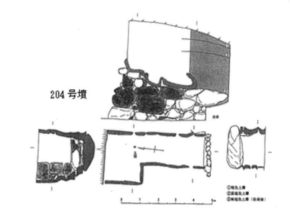

204号墳

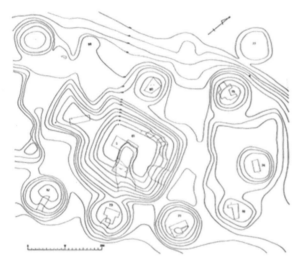

81号墳を中心としたグループの墳丘図

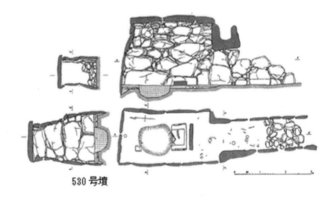

530号墳

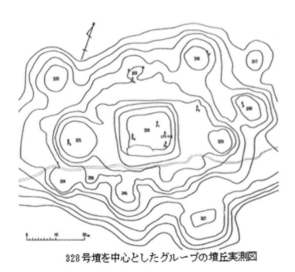

328号墳を中心としたグループの墳丘実測図

図2　グループ別測量図

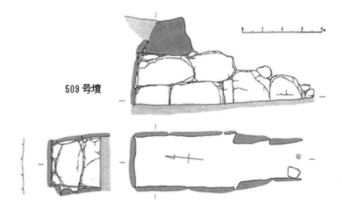

509号墳

図3　新沢千塚の横穴式石室

61

以上知られている。そのなかの100基以上の群集墳について、表1にまとめた。これを分類してみると木棺直葬と横穴式石室を中心とするものがある。木棺直葬を中心とするものは新沢古墳群・石光山古墳群である。

これらのことから、およそ5世紀初めから末頃には、群集墳が成立し、その埋葬施設は葛城の地域を中心として、横穴式石室が採用される。その後5世紀末頃から、一部の群集墳、新沢古墳群や石光山古墳群のように、両者が混在するものが出てくる。この場合、横穴式石室は非常に少なく、古いものが多い。6世紀中頃に入ると、大和の各地域に横穴式石室を主体とした群集墳があらわれる。この一連の流れは、次のように理解されよう。

もともと群集墳は帰化系の人々によって築かれ始め、横穴式石室を埋葬施設として成立した。5世紀末頃には、在地の倭人たちにも墓を作ることが流行し、石材の問題や構築技術の問題で横穴式石室が作れず、木棺直葬を採用したのであろう。6世紀に入ると倭人の中でも横穴式石室を作ることが可能となり、横穴式石室のみの群集墳が作られるようになった。群集墳研究で、近藤義郎氏が岡山の佐良山古墳群（近藤1952）を材料として群集墳を家父長制家族墓としてイデオロギー的なとらえ方をしたが、これは、使った資料が6世紀から7世紀にかけての横穴式石室であり、先に述べた倭人の墓であったからである。群集墳の成立という意味では、畿内の材料を使う必要がある。おそらく群集墳は帰化人によって成立し、その後、倭人の間に広がったものであろう。

あとがき

新沢千塚古墳群は、約50年前に調査されたため、現在ではあまり注目されていない。しかし、群集墳として全体の1/4弱が発掘調査され、多くが未盗掘という好条件の古墳群であるにもかかわらず、その実態が充分に研究されているとはいえなかった。このことが気になっていた筆者は、今考えている千塚のことをまとめたいと、この小文を記したのである。しかし、紙面の関係で充分に記すことができず、大幅に文章を削除したので意が通じにくくなっている部分があるのが残念である。

新沢千塚は、すべて帰化系の人々の墓所でなく、在地倭人の墓も混在しているといえる。千塚は大和の群集墳のうちでも極めて特殊な状況であり、その性格は武人集団であろう。

註
(1) 記録保存は調査された内容からその遺跡古墳を復元できる事が前提である。安易な報告書はそれが不可能である。
(2) 当時の社会情勢から調査費用・人材の不足から、現在のような充分な調査ができなかった。
(3) 石光山古墳群では、墳丘全体の調査で、墳頂以外のところでも多くの埋葬施設が発掘されている。

引用・参考文献
橿原市教育委員会1988『史跡 新沢千塚古墳群 保存整備報告』
河上邦彦1995『後・終末期古墳の研究』雄山閣出版
河上邦彦2005「中・後期古墳出土のいわゆる舶載鏡について」『橿原考古学研究所研究成果第8冊 三次元デジタル・アーカイブを活用した古鏡の総合的研究』
岸熊吉1934『木棺出土の三倉堂遺跡及び遺物調査報告』奈良県史蹟名勝天然記念物調査報告
近藤義郎1952『佐良山古墳群の研究』津山市
奈良県教育委員会1992『史跡 新沢千塚古墳群 整備事業報告書』
奈良県立橿原考古学研究所1976『葛城石光山古墳群』奈良県史跡名勝天然記念物 第31冊
奈良県立橿原考古学研究所1977『新沢126号墳』
奈良県立橿原考古学研究所1981『新沢千塚古墳群』奈良県史跡名勝天然記念物 第39集
奈良県立橿原考古学研究所1992『遺跡地図第3分冊』
長谷川透2012「阿部山遺跡群出土馬具の再検討」『明日香村文化財調査研究紀要第』11号 明日香村教育委員会
雄山閣2016『季刊考古学』137号 古墳時代・渡来人の考古学 雄山閣出版

図出典
図1 筆者作成
図2・3 奈良県立橿原考古学研究所1981『新沢千塚古墳群』奈良県史跡名勝天然記念物 第39集

別表 新沢千塚古墳群 古墳別概要 1

[1962年度調査]

古墳No.	墳丘規模(m)	墳形	埴輪 円筒	埴輪 形象	内部構造	墓壙規模(m)	棺 形式	棺 規模(cm)	鏡	玉	副葬品 刀剣(矛)	甲冑	馬具	鉄鏃	副葬品 土器 須恵	副葬品 土器 土師	工具 刀子	工具 斧	工具 鉇	工具 鎌	工具 鋤先	工具 ほか	その他副葬品	封土中遺物	年代
500	全62 後32 前24	前方 後円墳			後円 粘土槨 副槨 I号粘土槨 II号粘土槨 埴輪円筒棺	9.2×4	割竹形 割竹形	785×70 750×55 450×60 535×55 長70	6	勾玉16丸1管101 ガラス小玉451	剣4刀23矛1槍3	方形板短甲1		1銅1			29	10	16	18	21	ノミ4	鋸柱形2鋼形石4片石釧2片 筒形銅器5鋼釧1車輪石3石釧1釵甲1	埴輪片 土師器	4c中～後
501	12.1×12.2	方墳			(木棺直葬)					管玉3	刀1					埴輪片 土師器片									3c代?
502	11	円墳			粘土床	3.5×1.5																		古式土師器	
503	12	円墳			(木棺直葬)	4×1.6	(舟形)	310×60																須恵器(築上祭祀) 埴輪	6c中～後
504	9×9.3	円墳			(木棺直葬)						刀1													埴輪片	5c前半
505	11×11.6	円墳			(粘土床)						剣1						2					針		埴輪片	5c前半
506	9	円墳			木棺直葬		箱形	180×60									1							土師器片 埴輪	5c末～6c初
507	10	円墳			東 粘土槨 西 粘土槨	6.9×3.6	割竹形 割竹形	512×60 445×55			剣3 矛1	短甲1											赤色顔料 盾3	埴輪 赤色顔料	5c前～中
508	17×18.5	(方墳)			横穴式石室							短甲1	輪鐙										不甲鉄器1 櫛6	埴輪	6c中
509	2.5	円墳			木棺直葬		箱形	250×80			剣1矛1槍先1			13		○	1							須恵器片	5c末～6c初
510	12.5	円墳			木棺直葬		割竹形	215×76																埴輪片	5c末～6c初
511	12～13	円墳			木棺直葬 (粘土床)		箱形	181×88										1						土師器	6c前半
513	10.7	円墳			木棺直葬		箱形	235×55																弥生片	6c前半
514	12	円墳			木棺直葬 (粘土床)		(箱形)				剣1 槍先1							1						埴輪 赤色顔料	6c前半
515	14	円墳			木棺直葬						刀1							1						弥生	5c中～中
516	15	円墳			木棺直葬																			弥生	
517	11	円墳			組合式木棺		組合式木棺	180×45						4										弥生	5c中～6c後半
521	14.8×12	方墳			木棺直葬		箱形	幅45			剣1					○	1						釘		6c後半
522	16×13	円墳			木棺直葬		箱形	210×50			刀2 矛					○	1	1							6c後半
530	12×10	円墳			横穴式石室		組合式石棺									○									
531	13	円墳			木棺直葬		箱形	250×120								○									
532	10	円墳																							

[1963年度調査]

古墳No.	墳丘規模(m)	墳形	埴輪 円筒	埴輪 形象	内部構造	墓壙規模(m)	棺 形式	棺 規模(cm)	鏡	玉	刀剣(矛)	甲冑	馬具	鉄鏃	須恵	土師	刀子	斧	鉇	鎌	鋤先	ほか	その他副葬品	封土中遺物	年代
70	8×9	方墳												5	○		1							須恵器	5c末～6c初
71	12.5	円墳			(木棺直葬)						刀1			1	○		1	1						埴輪片	5c末～6c初
73	12×11	円墳			木棺直葬		箱形	270×130			刀1			6	○			1	3			ノミ1		弥生	6c中
74	10	円墳	○		木棺直葬		箱形	300×80						数	○									弥生	5c後～末
75	12×10	円墳													○										5c末～6c初
80	10	円墳			(木棺直葬)										○									埴輪片	5c末～6c初
81	全40 後方28×25 前方幅20長12	前方 後方墳		家	後 木棺直葬 前 木棺直葬									4	○		2	1	1						6c前～中頃
82	13	円墳		盾	(木棺直葬)		箱形	208×68		金方形冠飾・耳飾・指輪・玉	刀1			8	○			1	1			ノミ1	鐙1 砥石1		6c前半
88	数m				木棺		胡箙状木棺	310×63	1		刀2 剣1													祭祀配祀	6c前半
97	11×10.5	円墳			(木棺直葬)		箱形	162×57			剣1				○									弥生	5c後半
103	18.5	円墳	○	朝顔	(木棺直葬)		箱形	210×70			刀1 剣1		○		○			1					ガラス椀・皿		5c末～6c前
104	16×13	円墳			(木棺直葬)		箱形	220×54			刀1 矛				○					1			斑斗1 漆輪3	須恵器	6c中頃
107	16.5			鶏										3	○									須恵器	6c中頃
114	14×13	円墳			木棺直葬		箱形	360×77		小玉1				30	○									須恵器	6c後半
126	22×16	方墳	○		第1 木棺直葬 第2 木棺直葬 第3 木棺直葬		箱形	175×45		小玉5					○									須恵器大甕	5c末
127	8	(円墳)			(木棺直葬)																				
128	12×14	円墳			(木棺直葬)		箱形	225×75		白玉3	剣1			29	○		1		1					須恵器	5c末～6c初
129	15	円墳			(木棺直葬)																				6c中頃
130	16×13	円墳			(木棺直葬)																			土師器	6c後半
131	16.5	円墳			(木棺直葬)		箱形	240×60			刀1 剣1			2	○										6c前半
132	14×13	円墳			木棺直葬		箱形	215×55			刀1			23	○									土師器	5c後半
154	22×16	方墳	○																						
156	8	円墳																							
158	14	円墳									刀1														
160	全30	前方 後円墳										短甲1													
162	(円墳) 12×13	(円墳)	○			3.6×1.6																			
166	17	円墳	○																						

空　間

別表　新沢千塚古墳群　古墳別概要　2

古墳No.	墳形	墳丘規模(m)	墳丘 円筒 形象	内部構造	墓壙規模(m)	棺 形式	規模(cm)	鏡	玉	刀剣(矛)	甲冑	馬具	鉄鏃	土器 須恵 土師	刀子	斧	鉇	鎌	鍬先	ほか	その他副葬品	封土中遺物	年代
【1963年度調査】																							
169	円墳	10		木棺直葬																			6ᶜ後半～末
170	円墳	10		木棺直葬		箱形	幅85																6ᶜ後半
171	円墳	20×17																					6ᶜ前半
172	円墳	12.1×13.5	○	木棺直葬		箱形	134×56			剣1												須恵器片	6ᶜ前半
182	方墳	12×8																					
【1964年度調査】																							
28	円墳	20		木棺直葬		組合せ	171×43		金釧1					○							釘 砥石		6ᶜ後半
29	円墳			(木棺直葬)																			6ᶜ後半
43	円墳	17.2×18		木棺直葬		箱形	250×75																5ᶜ前半～末
47	円墳	17.1×16.5		北 粘土槨			450×56	2									○				有孔円板		5ᶜ前半
				南 粘土槨			280×45	1															5ᶜ前半
48	方墳	16		礫槨			180×100						11										5ᶜ中頃
49	円墳	13×13.7		木棺直葬			310×60		多数	刀1			15	○	3								6ᶜ前半～後半
50	(方)墳	23.5×16		東 木棺直葬	3.8×1.3		320×73		多数	剣1		○	30		1								5ᶜ後半
				西 木棺直葬																			
52	円墳	12.9×12		木棺直葬			310×65		金釧2	剣1					3							弥生	6ᶜ前半
53	方墳	7.6																					6ᶜ前半~中
54	円墳	12		木棺直葬			230×70		ガラス玉54 管玉3				2	○	2								6ᶜ中頃
94	円墳	17×13							金釧1						1								6ᶜ前半
96	円墳	15.3×13.8		木棺(盗)					臼玉5														6ᶜ後半
109	前方後方墳	28		前 木棺直葬	3.5×2.0	(割竹形)	310×60	3		刀6剣2矛1	短甲挂甲	○		○	4		○				三環鈴1		5ᶜ後半
112	円墳	16.2×15.7		木棺直葬		箱形	390×70		甲飾2 ガラス小玉30	刀2矛1			48		1	1		1			釘2		6ᶜ前半
115	円墳	18.25×17.25		木棺直葬			314×70	2	ガラス小玉954 勾玉1 管玉1	刀3剣1	短甲 衝角胄	○	4	○	1								5ᶜ末
117	円墳	14																					6ᶜ前半
118	円墳	10		木棺直葬			310×60			刀1					2								6ᶜ前半
122	円墳	17.3×15.5		木棺直葬			220×84					○											6ᶜ初
125	円墳	13×12		木棺直葬			290×70			剣1		○		○	1								6ᶜ中~後半
133	円墳	16		木棺直葬			310×70			刀1		○	1					1			砥石1		6ᶜ前半~中
137	方墳	20		木棺直葬			315×75	1	土玉1 櫛	刀2剣2	甲冑一式	○	83	○	10	6	5	8	3		盾3		6ᶜ中頃
139	円墳	18.5×17		木棺直葬		家形					短甲1		21	○	1								6ᶜ中~後半
141	円墳	16.5																				須恵器	5ᶜ末
152	円墳	14																					6ᶜ後半~中
164	円墳	15																					6ᶜ後半
165	円墳	23×20		木棺直葬	4.4×2	家形	327×70			剣1矛1			33		1	1		1			砥石1		6ᶜ中頃
173	円墳	16		木棺直葬		箱形	250×46																6ᶜ中~後半
175	円墳	16		木棺直葬		箱形	243×65																6ᶜ中頃
178	円墳	26×24		木棺直葬		箱形	297×70			刀1			8	○									7ᶜ初
179	円墳	15		木棺直葬		箱形	100以上×65			刀1			2	○									6ᶜ前半
180	円墳	16×15																					
181	方墳	16×13																					
【1965年度調査】																							
204	円墳	19		横穴式石室			幅95~100		ガラス小玉19 ガラス丸玉22 管玉2	刀2		○	51	○	1		1						5ᶜ末~6ᶜ初
205	円墳	16.9		木棺直葬			320×70			刀2					1								5ᶜ後半
206	円墳	20																					6ᶜ前半~中
207	円墳	14																					
208	円墳	10		後1 木棺直葬		(割竹)	320×80			刀1			10		2		1				ウルシ		6ᶜ中頃~後半
				後2 木棺直葬			275×80								2								
				後3 木棺直葬			270×60								1								
212	前方後円墳	全26		前1 木棺直葬		(割竹形)	190×70		耳環 ガラス小玉6											鎌1		くびれ 土馬	6ᶜ中頃~後半
				前2 木棺直葬			300×67								1								
213	前方後円墳	25.5		粘土槨		割竹形	559×63	3	管玉1 勾玉1 石釧1	刀2					2								4ᶜ後半
221	円墳	13		横穴式石室											2						鏃		5ᶜ後半~末
224	円墳	12×8		木棺直葬		箱形	360×60			刀1			3		3			1					5ᶜ前半
225	円墳	9×10		木棺直葬		箱形	370×52			剣1					1		1				櫛		5ᶜ後半~末
230	方墳	12		木棺直葬		箱形	270×71						10										5ᶜ中頃
231	円墳	9×10		木棺直葬		組合せ	290×57			刀2												ウルシ	5ᶜ後半
243	方墳	18×15		木炭槨																			

新沢千塚を考える

別表 新沢千塚古墳群 古墳別概要 3

[1965年度調査]

| 古墳No. | 墳丘 | | 埴輪 | | 内部構造 | 墓壙規模(m) | 棺 | | 副葬品 | | | | | | | | | | | | | | | 封土中遺物 | 年代 |
| | 墳形 | 規模(m) | 円筒 | 形象 | | | 形式 | 規模(cm) | 鏡 | 玉 | 刀剣(矛) | 甲冑 | 馬具 | 鉄鏃 | 土器 | | 工具 | | | | | その他副葬品 | | |
															須恵	土師	カブ	斧	鉇	鎌	鋤先	ほか			
250	円墳	10×11			未発掘																				
251	円墳	10×9			未発掘																				
252	円墳	15.6×15			未発掘																				
255	円墳	16×15.5		家形	東 木棺直葬		箱形	330×70			刀1						2							5C後半
256	円墳	16×11.5	○		未発掘			325×70			剣2			29			1							
262	円墳	22	?		東 木棺横穴式		割竹形	300×65		勾玉1管玉1小玉10丸玉3	刀1				○		3							6C前半～中
					内 木棺直葬		組合せ	255×60																	
272	前方後円墳	35			第1木棺土壙	5×3	組合せ	190山×70		空玉8管玉2小玉1平玉1金環2				21	○		5					ハサミ		6C前半～中
					第2 木棺直葬			334×75																	
					第3									○											
					第4 粘土槨			380×67																	
274	帆立貝	20			後 粘土槨		割竹形			管玉1	剣			○										7C前半
					前 木棺直葬																				
277	円墳	15×13.8			東 木棺直葬		組合せ	335×84						7	○		2			1		不明1		6C前半
281	方墳	20×23		家形	西 木棺直葬		箱形	350×58				○		47	○					2				5C後半
284	円墳	16.5×14			東 木棺直葬		箱形	267×54		ガラス玉3	刀2剣2矛1			多数	○		1							6C後半
291	円墳	17.5×20			内 木棺直葬		組合せ	303×70			刀1				○		8			7				6C後半
292	円墳	13×15.2			未発掘																				
310	前方後円墳	24			東 木棺直葬			360×95						1			1					矢鏃		6C前半
					西 木棺直葬																				
					北 木棺直葬																				
311	方墳	17.5			未発掘								○				2					ウルシ		6C前半～初
312	円墳	18	○	○	木棺直葬	3.88×1.6	組合せ	282×74						5	○		2					不明鉄器		6C初
315	円墳	?			未発掘		割竹形	333×85	1		刀1													6C後半
335					横穴式石室																				

[1966年度調査]

304	円墳	13			未発掘																				
318	方墳	15				4×1.8	組合せ	約300×65			刀1		鉤轡	3	○		1						須恵器 祭上祭祀	6C後半
319	円墳	8×9				3.1×1.1	土壙																土馬	6C中
321	円墳	19×17			木棺直葬	3.5×2.5	割竹形	250×80						8	○		1						須恵器 祭上祭祀	6C中～後
322	方墳	15×13			木棺直葬	4.2×1.5	割竹形	310×67		ガラス小玉55					○		1						須恵器 祭上祭祀	6C前半
323	円墳	18			木棺直葬		組合せ	325×65		管玉1算盤玉13							1					台付円板	須恵器 祭上祭祀	6C前半
325	円墳	10			木棺直葬	2.9×1.5	組合せ	180×50		メノウ勾玉13管玉17空盤玉9	刀1		皮甲胄1		○		2					金環2	須恵器 祭上祭祀	6C前半
326	円墳	7			木棺直葬	4.98×2.8	組合せ	280×90						5								釘	須恵器 祭上祭祀	6C中頃
327	円墳	20			南 木棺直葬	3.8×2.4	組合せ	200×55		金環1			含装轡(?) 鏡板引手1	9	○		3			1		刀装痕	須恵器 祭上祭祀	6C中頃
					北 木棺直葬	3.8×1.5	組合せ	254×70									2							
328	円墳	25			木棺直葬	4.5×1.7	組合せ	230×68			刀1			10	○		1						土馬 須恵器	6C中頃～後半
329	円墳	12			木棺直葬		箱形	315×57			刀1矛1			5				1						5C後半～末
330	円墳	13			木棺直葬	3.7×1.5	箱形	300×70			刀1矛1				○		2					釘	須恵器 祭上祭祀	6C前半～中
333	円墳	17×15			東 木棺直葬	3.8×3.6	箱形	260×65		土玉100	刀1				○							釘	須恵器 祭上祭祀	6C前半～中
					内 木棺直葬			220×60						1											
345	円墳	11×10					箱形	228×55			刀1				○								須恵器 祭上祭祀	6C中頃
451	前方後円墳	42	*		(右棺形)	6.0×1.5							○				3						須恵器 祭上祭祀	5C末～6C初
452	前方後円墳	55 (円墳?)			木棺直葬		組合せ	280×62		金環2	刀1		○		○		2					釘	須恵器 祭上祭祀	6C後半
454	方墳	11			木棺直葬		割竹形	210×65															須恵器 祭上祭祀	6C後半

[1992年3月報告]

221-A	円墳	5																							
221-B	方墳	4.2×3.2					耳環2																墳丘裾から須恵器	
地336	円墳	7～8																						製塩土器	
地328	円墳	12			*S40調査の再調査			3×1.2															砥石		
地329	方墳	7			小石室			1.2山×0.4																	
地337	円墳	8																						土馬	
地338	方墳	18×17			*S40調査の再調査			墳丘斜面に合口甕棺あり																墳丘の各所から須恵器	
224-A	方墳	?																							6C中
224-B	円墳	5																							

作成：河上邦彦　整理：奥田好秀（未完）

空間

前期難波宮孝徳朝説の検討

泉　武

はじめに

　大阪市中央区法円坂の古代の景観は、南北に連なる台地（上町台地）が中央にあり、西は大阪湾、東は河内湖が形成された。上町台地北端の考古学調査で、2時期の宮殿跡が確認された。前期難波宮と後期難波宮である。後期難波宮は聖武が天平16年（744）に難波を皇都と定め、元正太上天皇とともに難波宮に入っている。遺構として検出された後期の宮殿跡は、通説のように聖武朝の難波宮であろう。

　前期難波宮は、孝徳の造営になる宮殿であり、『孝徳紀』に記す難波長柄豊碕宮にあたるとする。考古学調査で検出された内裏と朝堂院を備えた宮城で、面積にして約80.7haの広大な宮殿跡（相原2003）を指すのが通説化している。

　中尾芳治は、多岐にわたる論拠を示して、前期難波宮孝徳朝説を主導した（中尾1995）。根拠のひとつである宮殿造営の整地年代について、「遺構は上町台地の北部一帯を盛土・整地した上に建てられている。整地工事によって埋没した住居址に伴う須恵器・土師器や、整地層から出土する須恵器の型式から、整地の年代は7世紀中葉に比定できる。7世紀中葉における大規模な整地工事の契機は、長柄豊碕宮の造営が最もふさわしい。」という。

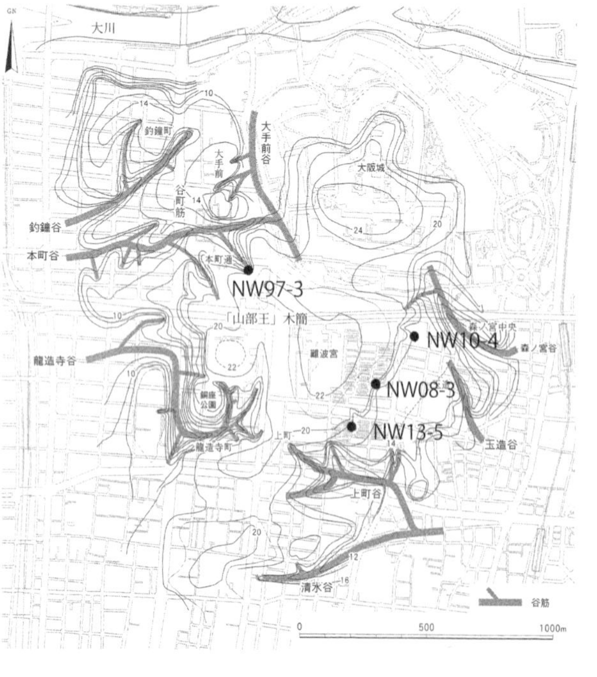

　ところが、整地層中に含まれる最新型式の土器の年代は、あくまでも整地年代の上限を画するものにすぎないとも指摘する。つまりこの根拠には、遺構と土器の理解において幾つかの疑問の余地をのこす。湊哲夫は、整地土から出土する土器は遺構の上限を示すだけの資料であり、ただちに造営年代を示すとは限らないという（湊1998）。湊の指摘は、遺構と遺物の基本的な理解であり従いたい。以下において、最近の調査成果を資料として定説化しつつある前期難波宮孝徳朝説を検討する。

1　水利施設の構築年代と出土土器（※印は筆者の追記）

　NW97－3次調査（佐藤ほか2000）において検出された湧水施設（SG301）と、これに接続する石組溝（SD301）、および出土土器などが充実、これらは前期難波宮の造営年代を論ずるうえで欠かせない資料といわれている。古市晃は、これをもって前期難波宮孝徳朝説を裏付ける有力な物的証拠のひとつであると評価された（古市2009）。

　NW97－3次調査の遺構について、通説のような理解が可能であるのか以下において検討したい。

遺構の概要

　SG301（図2－1）は、谷頭に造られた約8×5mの隅丸長方形で、深さは約1mの水を溜める施設である。肩部は部分的に花崗岩を積むが、大部分は粘土を盛って固めた。西北辺で石組溝SD301に接続する。SG301の内に木枠1・2、外に3・4の施設があり、湧水を効率的に汲み上げる目的で設けられたという。

　SD301は、花崗岩を使用した石組みの暗渠排水溝である。SG301から西北の谷筋に延びる。検出されたのは約13.5mであり、SG301との接続部分から5mは蓋石がなく暗渠にはならない。このような構造は当初からのものであると理解されている。

　石組溝の構造は、側面基底に長径1m前後の石を据え、その上に50cmほどの石を2～3段積み上げる。底の部分も石敷きである。溝内はSG301から約10m地点（断割No.1地点）で、幅約50cm、高さ約1mあり規模の大きな施設である。

図1　谷地形調査地点（寺井2004に加筆）

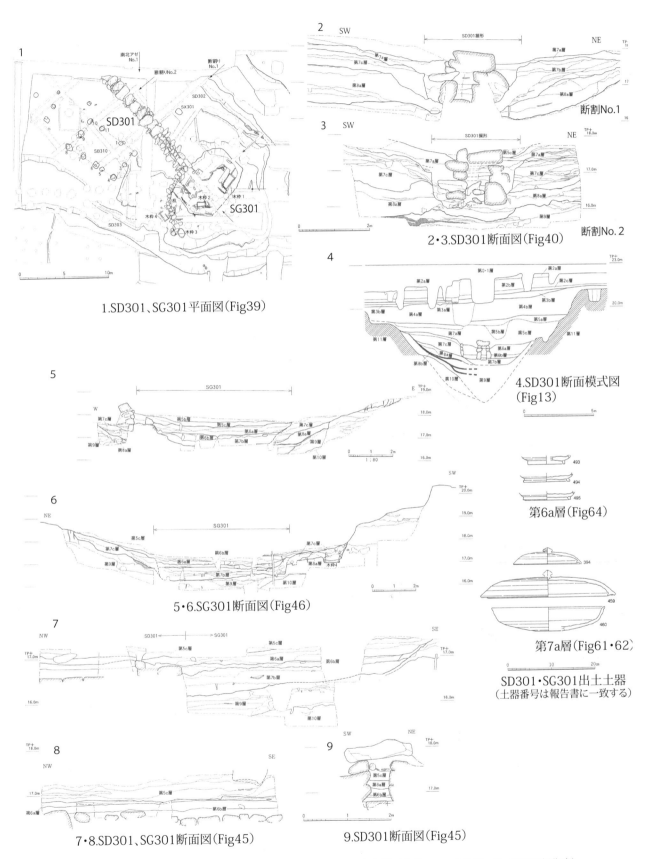

図2 NW97-3次調査水利施設（SD301・SG301）断面図と出土土器（佐藤2000を改変 Fig番号は報告書）

空　　間

層序（所見 抄録 第5層より上位と9層以下は省略）

以下で報告書の本文と図面を検討するが、最初に報告の観察所見を抄録し、この後、層位ごとに所見と観察の不整合な記述に対して疑問点を列挙する。

報告に記載された関係する断面図は4枚あり、図2-1に示された断割りNo.1（以下No.1）はSG301から約6m、断割りNo.2（以下No.2）は同約10m地点の横断面で北西面を観察している。No.1と2は約4mの間隔をあけている。3枚目は図2-4「地層断面の模式図」（以下では模式図）とする図面である。4枚目は図2-5～8のSG301の横断面図及びSG301とSD301の縦断面図である。

凡例で言及はないが、SD301 No.1とNo.2の第7・8・9層やSG301の層位変換面は太線、各層中の細分は細線で区分するようで、これに従って記述する。またSD301外側の土層断面は石組溝を中心に、左の層位をSW面、右をNE面として区分する。

石組溝の層位の観察所見
第6層（抄録）

第6層はSD301、SG301の内部に堆積した水成層である。a・bに細分される。a層は多量の木屑を含み、水利施設として機能停止の時期に捨てられ土砂が堆積した。7世紀後葉～8世紀初頭の遺物を含む。b層はSD301の内部にのみ堆積した土砂層。施設が機能していた段階の堆積物である。難波Ⅲ中段階（7世紀中葉）の土器が出土し、a層からは難波Ⅲ新段階からⅣ古段階（7世紀後葉から末）の土器が見られるが、a・bとも出土した遺物は7世紀中葉で、造営時のものと大差がない。

第6層の疑問点

①NE・SW面の不整合：模式図NE面には、第6a・b層が図示されるが、図2-2・3のNo.1・2NE面には第6層は示されていない。模式図（図2-4）では第5c層と第7b層に挟まれる層位である。しかもSW面にのびる線がみえ、掘方に沿う石組みに及ぶ。よって第6a層と第7層との関係は不詳である。

模式図のNE面a・b層は、SW面の第7層に相当して石組溝の掘方をつくることになり、b層は石組溝内の堆積土であるとしたことに不整合である。掘方整地土は築造時、石組溝内堆積土は機能時のものであり、模式図で示された掘方土と石組溝内の堆積土が同じであることはない。掘方の基盤土と溝内堆積土の違いを模式図で明確にすることが求められる。そもそも模式図の解説がないのである。

②第6a・b層の遺物：a層から多量の木屑の出土があったと記すが、木屑の由来あるいは堆積状況の図面などはなく不詳である。木屑の出土に注目するのは、第7b層からも多量の木材の出土があったことを記すからである。第6a層と第7b層の木材、木屑がまったく違うものなのか、同一のものかについて言及はないが、これは層序全体の理解に関わる。

③第6a層出土土器の年代観と同層位の時期決定の齟齬について：まず、第6a・b層の土器の出土地点は、SD301とSG301の堆積した土であると説明するが、模式図で示されたa・b層からは出土しなかったのか不詳である。

次に、図2第6a層の493から495の3点の須恵器高台付杯身について。佐藤の土器編年（佐藤ほか2000）では、難波Ⅳ古段階に出るタイプの高台である。飛鳥・藤原地域土器編年（重見2014）の飛鳥Ⅳ古段階に相当しよう。佐藤は7世紀後葉から8世紀初頭とした時期は穏当な見解である。ところが6層のまとめで7世紀中葉の時期に言及されたが、これは包含層中の土器ということにとどまり、必ずしもSD301の築造時期を示す根拠にはならない。遺構と層位の基本的な理解は、SD301をつくる整地土（遺物包含層）の土器が7世紀中葉であれば、掘方の掘削はそれ以後なのである。掘方内の土器と溝内の土器を「造営時のものと大差がない」とする理解の根拠は示されていない。

以上の検討で、第6a・b層は、石組溝の外にも整地土として確認されるのであれば、第7層との関係は再精査すべきであろう。土器も難Ⅲ中段階が築造時の土器であるとするのは再検討が必要であろう。さらに模式図のSW面の掘形に沿う石組みは本文中にはなく、何を示すのか説明が必要である。

第7層（抄録）

第7層は水利施設造営時の客土層や堆積層である。a～cの3層に細分される。a層は、砂混じりシルトの偽礫層や小礫混じりシルト・極細粒砂で、SD301の石材が据えられたのち、裏込めや蓋石を覆うための客土である。裏込めには直径20㎝の偽礫もみられ、石の隙間にはシルトや粘土が詰められて水漏れを防いでいた。

b層は石組溝SD301の築造が始まるまでに堆積した水成層で、極細から粗粒砂層で部分的にシルト層がはさまれる。SG301の最下層に堆積する。造営途中の湧水や雨水により土砂が堆積した。難波Ⅲ中段階の土器がまとまって出土した他、木簡2点と木簡を転用した人形1点などの木製品や多量の木材も見られた。

c層はシルトから粗粒砂の偽礫からなる谷を埋めた客土層で、水利施設を造営するための第1次客土である。

これにより谷は約半分の深さまで埋め立てられる。土砂は地山や谷の深部から供給された。上面からSD301を築くための掘方が掘り込まれる。これらの地層からは、7世紀中葉の遺物が多量に出土した。

第7層の疑問点

①SD301の蓋石を被覆する層位：No.2のNE面の蓋石裏面には第5c層があり下半を埋める。このc層の観察所見は、後期難波宮期に石組溝を埋め立てた客土であるという。この下は第7a層になり、側石の裏込め土と全体の埋め土が図示される。NE面No.1の側石と蓋石にかかる土層には細線が入り区分される。側石の土はNo.2を見れば第7a層であるが、蓋石にかかる土は第5c層である。そうであれば、No.1も蓋石にかかる土は第5c層であることが推定される。この層と細分線の右は第7a層と指示されている。細分線が逆転しているのか、あるいはすべてが第5a層とすべきなのか不詳である。

このことは、SW面でも同様に観察される。第7a層は本来は第5c層であることを、これらの図面から読み取れる。さらにSW面の第7a層の上面にある破線で区分された土は、どのように理解されるのか記述がない。

②第7a層について：a層の観察所見は、石組溝の裏込めと被覆土であるという。①でも疑問点を示したが、裏込め土は、きめ細かい粘土を用い石組みの目地も丁寧にしていると観察された。よってこの裏込め土と、上位の被覆土であるa層は別の層位として区別できるのではないか。No.1・2の側石までの裏込め土の分層線はこのことをよく示している。

③第7層No.1のSW面とNE面堆積層の不整合：No.2は両側の堆積層は整合するが、No.1のc層（SW面）とb層は不整合である。No.1・2は4m隔てた堆積土層であることを考慮しても、SW面は凹凸はあるものの一体的である。ところがNE面のc層は観察されず、b層に置き換わっている。報告の観察ではb層は水成層であり、c層は客土でSD301の掘方になるという。No.1のNW面ではb層が掘方を形成することから、報告所見と図に示された理解は不整合である。さらに、この面のb層の堆積状況は、No.2のc層に同じである。よってNo.1のb層は、水成層などではなく整地層であることを示唆する。

④模式図の第7b層について：この図ではSD301の底に堆積する層をb層とする。これによる限り、b層はSG301と石組溝の基盤を形成する土層である。b層の堆積原因は、石組溝の築造途中の湧水や雨水により流入した土砂であるというが、築造途中を想定すれば、床面の石敷きなどは設置されていたことが想定される。よって

その下に流入土が堆積することはありえないだろう。そもそも水成層といわれた軟弱地盤が巨大な石組溝の基盤になることがあるだろうか。No.2では石組溝の基盤層は第8a層であることを図示する。No.1のNE面にあるb層と、模式図の石組溝下のb層は別のものであることを示している。

⑤SD301構築の掘方：No.1のNE面の掘方はb層を掘削する。SW面ではc層を掘削するという。No.2は両側ともc層が肩部を作る掘削である。石組溝の層位は観察した地点で相違するのか。No.1と2の所見の違いは、模式図でもさらに異なり、SW面は第7a層を掘方とする掘削なのである。NE面では第5c層であることが予想されるが図示されていない。よって掘方となる層位の再精査が必要ではないか。

No.1の掘方ラインは石組溝の両側石部分で止めている。No.2でもNE面では側石で止まり、SW面も不鮮明である。つまり石組溝の掘方底部と石組溝石敷きとの関係が明確でない。No.2では第8a層まで観察されているのだから、基盤層の観察所見が必要であろう。

⑥第7a層と水辺の祭祀：佐藤は水利施設の造営過程を検討するなかで、a層から多量の土器が出土したことについて触れ、c層に比べて前代の遺物の混入が少ないことや土馬を含むことから、「この周辺（※水利施設）で水に係わる祭祀を行った後で、そのとき用いた土器類をこの層（※a層）の客土時に投棄した」と解釈された。しかし、この説明ではSD301が未完成のときに水辺祭祀が行われたことになる。しかし祭祀行為はあくまでも施設の完成後であると理解され、祭祀終了後に使用された土器が廃棄されたのである。祭祀に使用された土器が包含層中の土器になることなどありえないだろう。

したがって、水辺祭祀が行われた時期と、a層によってSD301が覆土された時期は別であると理解するのが穏当であろう。祭祀用の土器とa層に包含された土器は厳密に分離して精査すべきである。

⑦第7a層の土器：a層の層厚は図2-2・3から約20～40cmであることが読み取れる。土器の出土について、「整理箱200箱に及ぶ多量の土器であり、多くが完形かあるいはそれに近い状態で出土し、その場に投棄されたような状況」であると観察されたが、当該の記録図面がない。この所見がa層のことであるとの言及はないが、完形土器の出土があることから推察すれば、これらは水辺祭祀との関係が想定される。包含層の土器に完形品が含まれることはないだろう。

⑧第7a層の土器：湊哲夫はこの層中の須恵器について、高台付蓋杯B（図2-4-394）は難波Ⅲ中段階ではなく、難波Ⅲ新段階に相当すると指摘し、a層はこの段

空　間

階であろうといわれた（湊 2013）。しかし、上記の理解では難波Ⅲ新段階相当の須恵器は、むしろ水辺祭祀にかかわる可能性がある。このほかにも、図 2－4－459・460 なども口径が大きく、丸みのある体部の特徴は、難波Ⅲ中段階より新しい要素であろう。

⑨第 7c 層について：SD301 を構築する客土であると記述するが、別のところでは「難波宮造営前に谷内部にすでに堆積していた地層が、客土として再堆積したもの」であるともいい、あるいは 8 層にも相当するという。この所見をどのように理解すればよいのか文意がとれない。c 層は自然堆積層であるというのか。№ 1 の SW 面と№ 2 の両側の c 層は、明らかに SD301 を構築する基本的な整地土であることを示す。

以上の検討で、第 7 層についても観察所見と、図示された断面図にはいくつかの不整合が指摘できる。特に SD301 を構築する層位と、その基盤土の理解は慎重な再検討が必要である。また包含層中の多量の土器の由来について、水辺祭祀に言及されたが、これがいつの時点で行われたのかも慎重な検討が必要であろう。

b 層から木簡と木屑が多量に出土したことの評価はまったくない。当調査地の北約 150m 地点でも谷を埋めた土砂の中に、木簡 31 点と加工痕跡を残す木の端材などが 3,000 点以上出土している（江浦 2000）。これらも廃棄された遺物であることから、b 層の形成を推定する重要な比較資料である。

第 8 層の観察所見（抄録）

第 8 層は谷の中に水利施設が造営されるまでの地層である。a・b に細分される。a 層は細粒砂混り粘土質シルトやシルト質細粒砂で、第 7c 層の下に堆積する。客土ではなく自然に堆積した地層である。6 ～ 7 世紀中葉の遺物を含む。b 層は粗粒砂質シルトやシルト質細～極細粒砂で、谷の南斜面の中ほどでみられた。

第 8 層の疑問点

第 8a 層の観察所見と断面図について。a 層の所見は前記の通りであるが、土層としての形成が理解できない。№ 1・2 によると（図 2－3）、a 層は 50 ～ 100㎝の層厚があり、層間の分層も顕著で自然堆積層とは理解しがたい。№ 2 の断面の所見は、明らかに SD301 の基盤土として図示されている。第 8 層の層序の所見（19 頁）と、「難波宮造営前に谷にすでに堆積していた地層（八層）が客土として再堆積した」（16 頁）の 2 か所の記述は、整合性のある文意がとれない。

湧水施設（SG301）

SG301 は遺構の概要で述べたので繰り返さないが、構築についての観察所見を抄録する。

肩部には部分的に花崗岩を積むが、大部分は粘土を盛って固められていた。SD301 につながる部分では、南西側に石組みは見られ、北東側では石は検出されなかった。本来石が据えられていたか結論は出せなかった。肩部の盛土は第 7c 層に相当し、SD301 よりも早い段階でつくられたらしい。

Ⅴ章「水利施設の造営過程」でも構築の復元を述べている。「第 7c 層による第 1 次客土が行われる。SG301 の部分は、それまでの埋土を残さず掘り下げ、地山である第 11 層を露出させる。客土に用いられた土はその際の排土とともに、SD301 の築造予定部分の堆積土や外から運ばれてきた台地の土である。」。

SG301 構築観察の疑問点

①構築の復元過程：Ⅴ章前半の説明は、第 7c 層が基盤土として客土されたというが、後半では地山を掘り込んで地盤とするような記述であり文意が通らない。SG301 の断面図（図 2－5・6）は、第 7c 層が観察されている。ところが断面図（図 2－7・8）は SG301 の底面のラインの下は第 9 層であり、第 7c 層がない。地山の 11 層でもないのである。よって所見記述と図面に整合性がなく理解できない。

② SG301 底部と基盤土の関係：この施設の発掘中はかなりの湧水が認められたようであるが、客土とされる第 7c 層の関係に触れていない。

③肩部の積み石：図 2－5・6 に断面図が示されているが、第 1 石と第 7c 層の関係がわからない。

④ SG301 と SD301 の関係：所見では SG301 が設置された後に SD301 が築かれたと観察するが、両施設の縦断面である図 2－7・8 には示されず検証不能である。

⑤第 7b 層出土遺物について：SG301 内の底部に第 7b 層が示されているので、この層からの出土であろう。難波Ⅲ中段階の土器がまとまって出土したほか、木簡 2 点と木簡を転用した人形 1 点、多量の木材も見られたという。木簡 534 は上下端を欠損しているが「山部王」と読まれた人名木簡である。報告書の所見は、「伴出遺物の年代からみて、この木簡に記された人物は天武元年、壬申の乱において没した「山部王」の可能性がある。」といわれた。首肯できる見解であろう。ところが、木簡が出土したのは、SG301 最下層の第 7b 層（図 2－5）である。第 7b 層の理解は、「第 7b 層の土砂が中に堆積したのち SD301 が築造されるが、それほどの時期差は見積もる必要はない。」という。つまり木簡 534 が出土した層位は、SG301 と SD301 がつくられた直後の堆積層

であることが示されている。この理解と人名木簡との時期的な整合性を求めれば、SG301の築造は天武朝である。

出土した土器と水利施設の構築時期

最初に、本報告の佐藤の土器編年型式（※本報告に記載あり）と時期をまとめておく。第6a層—難波Ⅲ新段階（7世紀中〜後葉）・Ⅳ古段階（7世紀後葉〜末）、b層—難波Ⅲ中段階（7世紀中葉）。第7a・b・c層—難波Ⅲ中段階。第8a-層難波Ⅱ新段階（6世紀後葉）〜難波Ⅲ中段階（7世紀中葉）である。

水利施設の築造時期の根拠は、「谷の堆積層（第8a層）のもっとも新しい土器や客土（第7c・7a層）に含まれる多量の土器が難波Ⅲ中段階に属し、7世紀中葉とすることができる。」とする。つまり各層から満遍なく大量に出土する土器によって、その土器群型式の示す年代をすなわち構築時期であるとした。

SD301に関係する第7層の層序の検討からは、細分された層がいずれも整地土であることを示唆する。その中に包含された土器型式が同じであれば、整地作業には時間的な懸隔はないだろう。

このように理解できれば、第7a・b・c層と第8a層の形成は、上町台地にあった難波Ⅲ中段階（7世紀中ごろ）の遺構を削平して、これを整地土（客土）としたと理解するのが穏当である。

したがって、第7b・c層を基盤とするSD301は、難波Ⅲ中段階以降の構築なのである。水利施設を構築するための整地土内の土器型式の示す年代が、この上に構築された年代を示すことはない。むしろ水辺祭祀があったのであれば、ここで使用された土器を厳密に抽出することで、SD301の時期決定の指標になるのではないか。

SG301の構築時期は、人名木簡の理解と出土層位を考えれば天武朝の所産なのである。

2　谷を埋める整地土と遺物の理解

難波宮が造営された上町台地の周辺の地形は、長年にわたる調査により宮殿の東西と南において埋没した谷が幾筋も検出され（寺井ほか2004）、谷は上町台地上にあった遺構と共に削平され、この土砂をもって整地土としたことが明らかにされた。ここで検討するのは、いつの時期の削平なのかという、いわば整地土とそこに含まれる遺物の理解についてである。ここで資料にするのは、宮殿の東にあたるNW13-5次調査（高橋・小田木2015）、NW08-3次調査（大庭ほか2010）、NW10-4次調査（大庭ほか2012）の3か所である（図1）。

NW13-5次調査（図3-1）

調査区の概要（報告所見の抄録）：宮殿中軸線から約150m東の地点で東西に長い調査区である。観察された断面は北面にあたる。上町谷の支谷dの肩部が検出され、谷内は第5〜7層で充填されていた。検出面から3.9mでも谷底にいたらない。

層序・遺物（抄録：第4層より上は省略。第8層は地山）

第5層　a〜c層に細分される。黒褐色シルト偽礫・明黄褐色地山偽礫などの客土層で谷を埋めた。最大層厚は270cm以上である。a層は層厚100cmあり谷の中央に分布する。最下部に自然堆積層があり、谷埋め作業の休止時の堆積だろう。b層の層厚は110cmで谷の中央に分布し比較的柔らかい堆積物。c層は谷の肩付近からb層の下位にある。西側から土砂を投入して谷を埋めた。その後谷の中央に残った窪地にa・b層を客土として投入し平地を造成した。各層の上面にはよく締まる偽礫を入れた堅固な地盤である。

古代の土師器・須恵器などが多量に出土したが、遺物は7世紀中ごろ以前のものに限られる。前期難波宮造成に伴って谷を埋めた客土とみてよい。

第6層：黒褐色砂質シルトなどの客土で、層厚は220cm以上である。泥質の堆積物が主体であること、上面が平坦ではないことから、谷を埋めるより台地高所での平地造成に伴う排土である。5世紀から7世紀中ごろの多量の遺物が出土。中心は6世紀中葉にあり、その年代は台地上の平坦部に展開する難波宮下層遺構の時期に等しい。

第7層：黒色粗粒砂質シルトの古土壌で、西肩から少し下がった谷底上にある。5世紀後葉〜6世紀中葉の土器が出土した。

谷埋土の年代観（抄録）

第7層の土器は難波ⅠからⅡ古に属するものが多いが難波Ⅱ新に降るものも含まれる。年代は5世紀後葉〜6世紀前半を主体としながら6世紀中葉も含む。この年代は谷底付近に古土壌が形成された時期幅を示すとともに、第6層の客土が開始される時期の上限を示す。

第6層の土器は難波Ⅱ新の古相が主体で一部が同新相を呈する。土師器29・30、須恵器99は難波Ⅲ中である。年代は6世紀中葉を中心にして、6世紀後葉に降る。第6層の客土はこの時期に行われた。難波Ⅲ中の土器はごく少数であり、一部の客土がこの時期にも行われたとみることができ、6世紀中葉から7世紀中ごろ以前の、第7層の客土が行われる直前までの時期を表す遺物相で、いわゆる難波宮下層遺構の存続時期と同じで

空　　間

1　NW13-5次調査

2　NW08-3次調査

3　NW10-4次調査

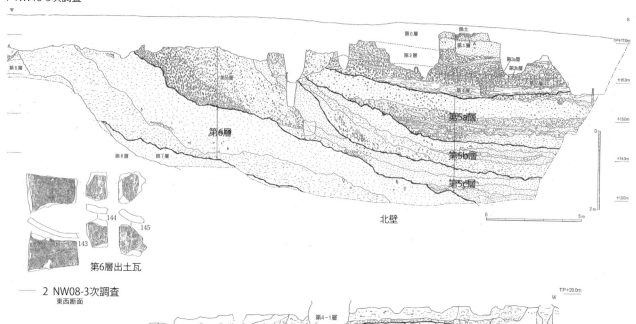
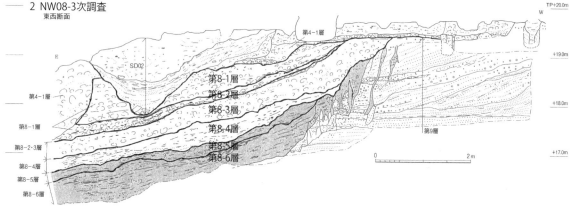
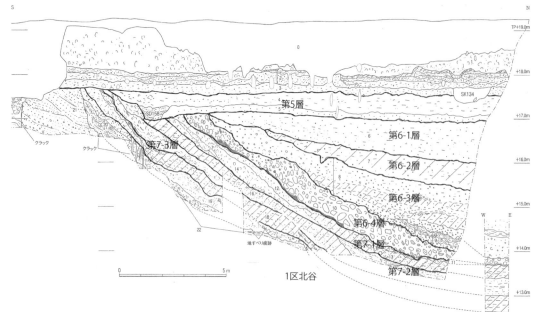

図3　難波宮周辺の谷の調査（断面図太線は加筆）

ある。

　第5層の土器は難波Ⅲ中までのものに限られ、同段階のものが最も多い。7世紀中ごろに属し、第7層（※5層の誤りか）で谷を完全に埋めようとしていることから、前期難波宮造成の時期を示している。

　観察所見の疑問点
　第6層について：①14頁では、谷を埋める目的よりは排土を捨てた地層であるといわれたが、35頁では客土として理解されている。整地土には変わりないが説明としては不整合である。
　②第5・6層の理解について：第5〜6層は全体で3m以上の層厚があり、谷を埋めるのに2段階を想定された。第6層は6世紀後葉に行われたが、一部には7世紀中ごろであり、第5層は7世紀中ごろの整地であるとの所見である。その根拠は、いずれも整地土の中心となる土器型式の示す時期をもって谷を埋めた時期とした。
　しかし、100年近い長期の造成工事など想定できるだろうか。第7層の層序の説明に「第6層の客土が開始される時期の上限を示す」時期は6世紀前半であるという。よって包含層中の土器型式の年代観と谷を埋める時期は違うと考えるのが基本であろう。
　③第5・6層出土遺物について：土師器・須恵器は両層ともに難波Ⅲ中段階のものが出土しているとして、前期難波宮造営の造成時期を孝徳朝であるとする。しかし、第5・6層ではともに平瓦が出土している。第6層では図示された143〜145（図3-1）にあたり、「凸面は縄目タタキ、凹面は布目圧痕が認められる」とする。第5層257は丸瓦の玉縁部分で、内側は布目圧痕があるという。よって観察や拓本を見ると両層の瓦は同時期のものであり、このような技法の瓦は、飛鳥の地域では川原寺以降に出現する。
　したがって、第5・6層の整地は、長期間にわたる造成と理解することはできず、一時期の作業であると理解できる。谷を埋める時期は、整地土中の難波Ⅲ中段階以降であり、瓦の出土を考慮すれば奈良時代にはいることも視野にいれるべきである。このように理解できれば、孝徳朝の宮殿造営のための整地作業であるとは到底いえないだろう。

　NW08-3次調査（図3-2）
　調査区の概要（報告所見の抄録）
　宮殿中軸線から約110m東の地点で、東西の調査区を北1〜3区、西区、東区に区分している。ここでは東区について検討する。観察された断面は南壁である。調査区で検出されたのは東南東に開いた埋没谷の谷頭である。谷は調査区で南北幅10m、深さ約4mが確認された。

　層序・遺物（抄録：第7層より上は省略）
　第8層：1〜6に分層された。報告は6層から記述するが拙論では上位層から抄録する。
　第8-1層：調査区南壁付近にのみ残る。下半は白色粘土偽礫と炭・焼土粒の互層、上半は炭粒を多く含む黄褐色シルト質粘土の偽礫を主体とする。谷はその後も形を留め、5〜7層は古代から中世にかけての堆積である。土器は難波Ⅲ中段階〜新段階のものである。
　第8-2・3層：偽礫を多く含む人為的な埋め立て土。近隣の高所を削った排土をそのまま投棄したと考えられる。層厚は最大で60cmである。谷の落ち際に分布することから、谷全体を埋めることを目的としたものではない。土器は第8-4層より若干新しく、難波Ⅲ古段階から中段階にかけてのもので、これを覆う第8-1層から出土した遺物の年代観から、第8-2・3層は前期難波宮造成時のものと考えられる。
　第8-4層：褐色細粒砂質シルトを主体として、焼土・炭粒や偽礫、炭の薄層が斜面に沿って堆積し、土師器・須恵器も含まれる。土砂の崩落や、土器、炭の廃棄によって堆積したものである。酸化鉄の沈着が著しく、木質遺物は大半が炭化したものである。土器は難波Ⅲ古段階である。
　第8-5層：上半は有機質の黒褐色砂質シルトが堆積。炭粒や土器が含まれるが、遺物の量は少ない。土器は第8-6層と同じで難波Ⅱ新段階のものを主体とする。
　第8-6層：谷の最下部で確認した有機質の黒褐色ないし黒色細粒砂〜砂質シルト層で、部分的に炭の薄層を挟む。土師器、須恵器、未炭化の木片などが多数出土し、土器は完形に復元できるものが多い。難波Ⅱ新段階のものが大半を占める。次に炭土焼土の出土層位、および瓦・塼の出土層位を示す。
　炭・焼土の出土層位：第8-1層下…炭・焼土粒の互層、第8-1層上…炭粒多い。第8-2・3層…炭、第8-4層……焼土・炭粒の廃棄。木質遺物は大半が炭化。第8-5層…炭粒。第8-6層…炭、未炭化の木片多い。
　瓦・塼の出土層位：瓦…第8-5・6層からは出土なし。第8-4層…丸瓦、第8-2・3層…平瓦、第8-1層…平瓦、塼。「前期難波宮以前の瓦と判断できる」とする。

　谷埋土の年代観（抄録）
　第8-2・3層について「難波Ⅲ古段階から中段階にかけてのもので、これを覆う第8-1層から出土した遺

物の年代観から、第8-2・3層は前期難波宮造成時のもの」との所見である。

観察所見の疑問点
①第8層全体の層位：形成過程についての記述がない。唯一第8-2・3層も整地土とはいわない。堆積の過程が人為的なのか自然堆積であるか不詳である。
②出土した土器：下位の第8-6層から上位の第8-1層まで、土器型式に沿った時間軸が整合的に与えられて理解されている。第8-6層が難波Ⅱ新段階は575～625年、第8-1層は難波Ⅲ中段階で650～660年代が与えられている。つまり100年近くその時代の土器型式に当てはまる土器だけが、土砂と共に流入もしくは投棄されたというのか。第8-2・3層の所見からは以上のような見方も可能なのである。
③第8層-1と第8-2・3の層位：その土層から出土した土器型式をもって前期難波造営時、あるいはその時期に堆積したとする。しかし造営のための整地とそこに含まれる土器型式の表す年代は何ら関係がない。当該層位の上限を示すにすぎない。
④各層から満遍なく出土する焼土・炭・木質遺物について：これの評価は言及がない。報告46頁では、「谷からは木製品・自然木などの木質遺物が多数出土し、大半が第8-6層に含まれていた。これは、上位層に比べて本層が地下水位の影響により木質遺物が遺存しやすい環境にあったため」と観察された。つまり、第8-6層より上位層でも木製品があったと推定されたのである。さらに、第8-6層の木製品には建築部材の木端らしきものがある。
⑤瓦・塼：由来をどのように評価するのか言及がない。報告42頁図444の凸面菱形格子タタキの平瓦の時期の精査が必要であろう。

したがって、第8層全体の形成は時間の懸隔のない整地であり、焼土や焼けた木製品、炭などがすべての層に含まれることを考えれば、台地上における被災した建物の片付けに伴うものと推定することも可能であろう。

NW10-4次調査
調査区の概要（図3-3）：調査地は宮殿中軸線から約400m東の上町台地縁辺に位置する。調査区西には、東方官衙遺構群が存在する。調査は1～6区に区分されたが、1区北で西から東に延びる谷の南斜面（北谷）、6区では中央よりで北西から南東に延びる谷の谷頭（南谷）を検出した。埋没谷の呼称ではともに「森ノ宮谷」とされる。

北谷からは朱鳥元年（686）に消失した前期難波宮のものと考えられる大量の壁土が出土し（第6-4層）、下層（第7層）からは、前期難波宮の時期を中心とした土器や木製品とともに、瓦が多く出土した。東方官衙の遺構には火災痕跡が認められないことから、壁土はさらに西側の宮殿中心域から運ばれ、下層の遺物は隣接した台地上から投棄されたと理解できる。

以下では1区北谷について検討する。

層序（抄録：第5層より上位は省略）
第6層：1～4層に細分された。層厚は最大260cmある。
第6-1・2層：礫混じり粘土質シルトで、焼土・炭を含む礫混じり粘土質シルト層。中世前半の瓦器椀が出土。
第6-3層：礫混じり粘土質シルトで下部やや暗色化。焼土・炭を含む。奈良時代の瓦が出土。
第6-4層：3層に細分され、細粒砂～シルトで焼土・炭を含む水成層。最下部は壁土・焼土・炭の集積層。前期難波宮の大量の焼けた壁土を含み、西壁で30～60cmの厚さで堆積していた。
第7層：1～4層に細分された。谷斜面の崩落土と暗色帯、谷底付近の湿地性堆積土からなる。層厚は100～150cmである。
第7-1層：斜面上半の崩落土（12・14層）と、斜面下半の湿地性堆積層（11・13層）である。11層は滞水域で堆積したとみられ、この上に堆積した第6-4層の壁土による荷重で変形した。
第7-2層：斜面上半の暗色化した16層と、下半の砂を多く含む湿地性堆積層（15層）である。
第7-3層：斜面上半の暗色化した18層とその上の崩落土（17層）である。谷底付近の深掘りトレンチで確認。
第7-4層：谷埋土の最下層である（19・20層）。20層は地山の第8-1層の二次堆積物で、地すべりによると考えられる。

出土遺物：第7-1～3層からは、前期難波宮期に併行する7世紀中～後半の土器のほか、古代瓦が多く出土した。谷底付近の第7-1・2層には、木製品を含む木質遺物が多く含まれていた。第7-4層は遺物の量は少なく、古墳時代中期の土器、7世紀代の土器も含まれ、上位層との明確な時期差は見いだされない。土器は第6-4層～第7-4層の時期差が認められない。土師器は難波Ⅲ中段階（1は難波Ⅲ古段階）に相当し、須恵器は大半が難波Ⅲ中段階に相当する（59・60は難波Ⅲ古段階）。前期難波宮に伴うものと考えられる。

観察所見の疑問点

①炭・焼土の出土層位：層位の説明は、第6層からの炭・壁土・焼土の所見が記されるが、断面図3-3には、第7-2・3層にも暗色化した炭の記述がある。さらに、第6-1〜3層の炭・焼土について、第6-4層に由来する二次堆積物であるというが、なぜ下層である4層の炭・焼土が上層に移動するのか文意がとれない。

②第7層出土の木製品と壁土：木簡、舟形、琴柱、独楽以外は用途不明品と建築部材の端材などもある。第6-4層のものも炭化した木材で垂木などの部材である。一方、壁土の多くは、第6-4層から大量に出土している。第6・7層は明確に区分されているが、壁土や焼土・炭と木材の出土は、一体的な一連の投棄のなかで理解できるのではないか。これは両層の土器は、時期差が認められないとの所見に整合的なのである。

③谷埋土の年代観：火災の後片付けによる投棄で谷を埋めたという理解は従いたい。しかし谷を埋めた年代観について、「第6-4層と下層には確実に奈良時代に下る遺物はない」とするが、第2・3層の中世瓦器と奈良時代瓦の出土についての評価は記述がない。第6-4層上面までが飛鳥時代の埋土であれば、ほとんど谷は埋まっていないのである。

④宮殿中心域の壁土と建築材：第10節において、これまで壁土がまとまって出土した地点を図にされている。この図では、内裏を中心とする地域に集中することが読み取れるが、宮殿の柱抜き取り穴や柱穴埋め土に焼土・炭を含むことも報告されている（李2005）。疑問とするのは「完成した宮殿を「其宮殿之状不可彈論」とする『日本書紀』の記述は、このような状況を反映したと考えられる。」と、『孝徳紀』白雉3年（652）9月条を根拠として、消失した宮殿を孝徳朝であると示唆された。

しかし、朱鳥元年（686）の火災後の片付けされた建築材や壁土・焼土の中に、前期難波宮孝徳朝説を根拠付ける難波宮Ⅲ中段階（7世紀中ごろ）の土器が、まとまって包含されることをどのように理解するのか。この谷は宮殿域からは離れていて（東約400m）、長期にわたってゴミ捨て場的な利用しかなかったことがうかがえる。したがって土器型式の示す年代は孝徳期であろうが、これをもって消失した宮殿を孝徳期とする根拠にはならないだろう。

⑤建築材：第6-4層中の所見に、「炭粒は多く出土したものの炭化した柱材は少なく、特に主材となる大型の柱材は出土しなかった。火災後の片付けの過程で、壁材と柱材を分けて処理したことがうかがえる。」と、理解されたことは肯首される。ところが第7層の木製品の理解が記されていない。憶測であるが、第7層の木材や端材は宮殿建築に伴って出た廃棄物を投棄したものとできないか。

以上3か所の谷調査の観察所見とこれに対する疑問点を列挙した。各調査における個別的な疑問点とは別に共通する課題がある。

①NW08-3次調査とNW10-4次調査では、共に焼土や焼けた木製品、炭などが出土している。NW08-3次調査の報告は、これらの遺物の所見はないが朱鳥元年（686）の宮殿が被災した以降の廃棄であると理解する。

②NW08-3次調査とNW13-5次調査の谷埋土の年代観について、両遺跡とも土層内の主たる土器の型式で谷を埋める年代にあてている。しかし、個別に指摘したように、その型式年代は当該層位の上限年代を示すに過ぎない。まして、難波Ⅲ中段階（7世紀中ごろ）の土器によって、前期難波宮の造営を孝徳朝に当てはめることはできない。

寺井誠は、谷を埋める整地土の全般的な検討を行ったが、その中で整地の時期決定の根拠を、「整地の時期は、整地層のもっとも新しい出土遺物できめた」といわれた（寺井ほか2004）。つまり包含層中の土器が整地の時期決定の拠りどころとしている。これは前記したNW13-5次調査、NW08-3次調査、NW10-4次調査、あるいは1項で検討したNW97-3次調査に通底する、年代決定の際の基本的な共通認識なのであろう。同氏報告の注2に「この前提自体に疑問を挟む向きもあるかもしれないが、NW97-3次調査の石組溝を造るための整地層や本書で報告したNW90-7次の整地層から難波Ⅲ中段階の土器が多量に出土した事例や、OS99-16次調査で検出した多量の難波Ⅲ中段階と少量の新段階の土器を含む整地層の上で、新段階の土壙を検出した事例などから、整地層に含まれる遺物は整地の時期とそれほど離れていないとして支障はないと考える」という。しかしNW90-7次調査の整地土と、石組溝の検討で再三疑問点として挙げたように、整地層の土器と整地の時期を、それほど離れていないとの証明はないのである。

高橋工は、報告書表3「宮城南門前面の地形改変とその時期」で21か所の谷を埋める時期の検討をされた。この中でも出土遺物の時期を指標として半数以上を前期難波宮期とされたが（高橋・小田木2015）、これらの時期決定に孝徳朝の宮殿造営ありきの認識が、遺構理解の共通となっているのではないか。

3 焼土・壁土

大庭重信は、NW10-4次調査で谷を埋める大量の焼土・壁土の報告をした（大庭ほか2012）。内裏中心部か

空間

ら東約350mの地点にあたり、玉造谷からの支谷（報告は北谷とする）の一部が調査されたのであろう。

谷は南から北に傾斜し、南端のTP＋18.0m付近で台地の傾斜変換点が観察される。この地点から谷を埋めた最下層にあたる第6・7層が形成されている。断面図によると北に約18m、第6層上面から第7層底までの層厚は約7mである。第7層からは主には断面の炭化した建築部材が大量に出土したほか、木簡や木製品が出土し、第6層からはコンテナ約200箱（420kg）の壁土、塼、石材（榛原石）などが出土した。壁土は焼土であり、炭も含んで2.5mも堆積していたと報告する。大庭は、谷を埋めた建築部材や焼土は、朱鳥元年（686）に消失した前期難波宮の宮殿建物の一部であるとされたが、この理解は肯首されるであろう。

図4は大庭の作成した前期難波宮での焼土・壁土出土地点図に、李陽浩の報告（李2005）する、宮殿域での柱抜き取り跡の焼土や焼壁土、炭化物混入が観察された建物の地点を追加したものである。

『天武紀』朱鳥元年（686）正月乙卯条は、「難波の大蔵省に失火して、宮室悉に焚けぬ。」とある。この記事で天武朝の難波宮の火災は大規模であったことが想定されるが、図4の示すところは、『書紀』の記述を裏付けるように、内裏から朝堂院、さらには宮城南門の回廊建物まで火災痕跡が残っていたのである。寺井誠の報告したNW93-5次調査（寺井ほか2004）は、宮城南門（SB701）の東回廊（SC701）南柱筋にあたるS5柱穴内が赤く焼け締まった状況が確認され、柱穴C2の柱抜き取り穴から土壁が出土した。

何よりこの図の焼土・壁土の出土地点の広がりに注目

すれば、内裏と朝堂院をあわせた広大な宮殿は、天武朝時代の前期難波宮であることを改めて示す根拠になろう。

前記の宮城南門や東回廊の柱抜き取り跡から、難波Ⅲ古〜中段階の土師器と須恵器が出土していると報告することから、南門の建築時期は難波Ⅲ中段階以降なのであり、天武朝の建物であると理解できる。

天武朝前期難波宮の造営はいつから開始されたのか。この課題の検討は、これまで調査された宮殿地域の遺構と遺物について、孝徳期と天武期に区分する基礎的な作業が不可欠であろう。

黒田慶一は、内裏から西八角殿院にかけて、難波宮中軸線から西に傾く建物跡・柵列跡・溝跡群を検討し、これらの遺構は官衙（難波宮下層官衙）であると推定され、遺構群の性格は、孝徳朝大郡宮の中心的な官衙遺構であると考えられた（黒田1988）。

湊は下層官衙について黒田とは別の見解を示し、「下層官衙は7世紀中葉以降の下層遺構廃絶に伴う孝徳朝の難波諸宮のひとつである味経宮であろう。」という（湊1998）。内裏と朝堂院を備えた前期難波宮の遺構の詳細な検討がまたれる。

4　前期難波宮の中軸線の振れと造営尺

宮殿中軸線の振れ

李陽浩は、前期難波宮と後期難波宮の中軸線と建物方位について検討をおこない、前期宮殿の中軸線の振れは北0度39分56秒東であり、後期宮殿の中軸線の振れは北0度32分31秒東であることから、後者は前期中軸線をかなり正確にトレースしたと評価した。さらに注（3）において、藤原宮の中軸線の振れと対比してほぼ等しいことを指摘した（李2005）。

藤原宮の最新成果によると、北0度38分31秒西への振れである（箱崎ほか2004）。東西への振れの異同はあるものの、数値に対する信頼度は変わりないだろう。

藤原宮内先行条坊の内、朱雀大路の振れ（東側溝）は北0度37分39秒西である。一方、前期難波宮南門から南に約10kmで検出された「難波宮南門大路」であろうといわれる難波大道の中心点の振れは、北0度42分45秒東である（藤田1995）。積山洋は、この道路跡と難波宮軸線（積山氏は北0度40分02秒東とする）との関係を座標からみると、実際に見つかっている道路遺構の中心点から東に7m余の位置を通過する。それは幅18m弱の路面の東端付近にあたり、驚くべき精度であるという（積山2009）。つまり両宮殿とも建物の地割基準は同一の測量技術によっているといえよう。

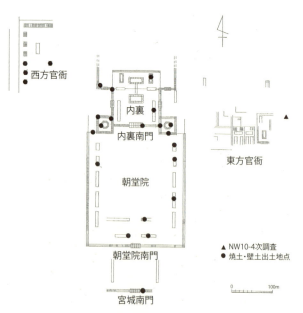

図4　難波宮宮殿域からの焼土・壁土出土地点
（大庭2012に加筆）

宮殿と条坊道路の造営尺

　中尾芳治は、前期難波宮内裏前殿から導かれる造営尺は 29.2cm であるという（中尾 1981）。藤原宮では井上和人によって、建物の造営は 29.2～30.2cm（小尺）が使用されていることが明らかになっている（井上 2004）。つまり前期難波宮の建物と藤原宮は同一の小尺を基準尺としたのである。

　一方、藤原宮宮域と宮内の主要区画の地割り、および京内の区画や条坊の設定基準尺は、35.2～35.6cm の大尺が使用された。難波京の条坊がどのように施行されたのかは現在でも調査例がない。右記した朱雀大路の延長であると推定される難波大道が比較できる唯一の資料である（藤田 1995）。

　藤原京朱雀大路の両側溝心々間距離は 24.8m（70 大尺）、路面幅の計画寸法は 50 大尺（復元値 17.70m）である（井上 2004）。難波大道の東西両側溝幅は 0.7～1.5m、路面幅は 18.5m、両側溝心々幅は 20m に復元できるという。難波大道の両側溝の規模は、藤原京西側溝の最大幅が 7m もあることから、両側溝心々間の距離では比較できないが、路面幅については両者の数値がほぼ一致し、ともに 50 大尺が計画寸法であったことを示す。

　よって前期難波宮と藤原宮の中軸線の振れ、あるいは朱雀大路の振れは両宮殿で一致する。さらに両宮殿は小尺を建物建築の基準尺とし、条坊道路などは大尺を基準尺として施行されたと考えるのが穏当である。

　藤原宮・京の造営は、先に京の条坊道路から開始され、内裏や朝堂院などの宮内諸建築は後になるという。『天武紀』天武 5 年（676）条は、「新城」の初見記事で、藤原京の造営工事の始まりを示唆する（寺崎 2002、重見 2017）。

　藤原宮・京の造営と、前期難波宮・難波大道の造営には、測量と建築技術における基準尺の一致は、天武時代の設計と施行、および両宮の建設のあったことを想起させる。

まとめ

　以上の 4 項目の検討により、考古学的調査で明らかにされた朝堂院を伴う前期難波宮は、孝徳朝のものではなく、天武時代の造営であることが理解できよう。なにより、考古学の成果による遺構の理解に、孝徳朝造営であるという整合性を求める無理な所見が垣間見える。

　註
　　拙著『キトラ・高松塚古墳の星宿図』（同成社、2018 年）において『孝徳紀』を史料批判する中で「前期難波宮孝徳朝説の検討」として発表した。小論は難波宮跡東方で調査された、谷埋土の調査所見を検討し、先の史料批判の補論とした。

引用・参考文献

相原嘉之 2003「飛鳥浄御原宮の宮城―飛鳥地域における官衙配置とその構造」『明日香村文化財調査研究紀要』第 3 号
井上和人 2004「古代都城制地割再考」『古代都城制条里制の実証的研究』学生社
江浦洋 2000「難波宮跡北西の発掘調査」『大阪府警察本部庁舎新築工事に伴う大坂城跡（その 6）発掘調査速報』（財）大阪府文化財調査研究センター
大庭重信・黒田慶一・宮本佐知子・宮本康治 2010『難波宮址の研究』第十六　（財）大阪市文化財協会
大庭重信・小田木富慈美・谷崎仁美・黒田慶一・趙哲済・李陽浩・池田研 2012『難波宮址の研究』第十八　（公財）大阪文化財研究所
黒田慶一 1988「熊凝考―難波郡と難波宮下層遺跡―」高井悌三郎先生喜寿記念事業会編『歴史学と考古学　高井悌三郎先生喜寿記念論集』真陽社
佐藤隆・京嶋覚・南秀雄・森毅・小倉徹也・辻美紀・平井和・池田研・伊藤幸司・島居信子 2000『難波宮址の研究』第十一　（財）大阪市文化財協会
重見泰 2014「後飛鳥岡本宮と飛鳥浄御原宮―宮殿構造の変遷と「大極殿」出現過程の再検討―」『ヒストリア』第 244 号
重見泰 2017「新城の造営計画と藤原宮の造営」『橿原考古学研究所紀要』第 40 冊
積山洋 2000「孝徳朝の難波宮と造都構想」『巨大都市大阪と摂河泉』雄山閣出版
積山洋 2009「難波大道と難波京」『シンポジウム資料　畿内の都城と大道―難波大道の発掘は何を語るか―』
高橋工・小田木富慈美 2015『難波宮址の研究』第二十　（公財）大阪文化財研究所
寺井誠・京嶋覚・佐藤隆・南秀雄・伊藤幸司・島居信子・李陽浩 2004『難波宮址の研究』第十二　（財）大阪市文化財協会
寺崎保広 2002『藤原京の形成』山川出版社
中尾芳治 1981「前期難波宮内裏前殿 SB1801 をめぐって」『難波宮址の研究』第七報告篇　（財）大阪市文化財協会
中尾芳治 1995『難波宮の研究』吉川弘文館
箱崎和久・竹内亮・小谷徳彦 2004「朝堂院東南隅・朝集殿院東北隅の調査―第 128 次―」奈良文化財研究所『奈良文化財研究所紀要』
藤田道子 1995『大和川今池遺跡発掘調査概要・XII』大阪府教育委員会
古市晃 2009「孝徳朝難波宮の史的意義」『日本古代王権の支配論理』塙書房
湊哲夫 1998「陪都難波京の成立」吉田晶編『日本古代の国家と村落』塙書房
湊哲夫 2013「前期難波宮跡の成立年代」『立命館大学考古論集』VI　立命館大学考古学論集刊行会
李陽浩 2005（財）大阪市文化財協会『難波宮址の研究』第十三

空間

難波長柄豊碕宮から後飛鳥岡本宮へ

重見　泰

はじめに

　明日香村岡・飛鳥に所在する飛鳥宮跡は、舒明から持統までの宮殿が重複する遺跡と考えられている。そのうち、最も上層にあるⅢ期遺構はエビノコ郭の造営を機に2分されており、先行するⅢ-A期が後飛鳥岡本宮でⅢ-B期が飛鳥浄御原宮と考えられてきた。この構造と変遷をもとに、難波長柄豊碕宮からの系譜と藤原宮への継承関係について多くの議論があり、宮都の展開過程のなかで飛鳥宮跡の位置付けが試みられている（積山2013、中尾2014、林部2001・2013など）。しかし、飛鳥宮跡の遺構変遷と出土遺物の再検討から、Ⅲ期遺構は3期に区分すべきであり、Ⅲ-a期が後飛鳥岡本宮として造営されたもので、Ⅲ-b・c期が飛鳥浄御原宮にあたること、そして、後飛鳥岡本宮には内郭前殿が存在せず、天武朝になって初めて造営されたものであり、エビノコ郭の造営は天武10年（681）頃にまでずれ込むものと考えられる（重見2014・2015）[1]。

　宮都の展開においてこの見解がとくに問題となるのは、後飛鳥岡本宮の直前の宮である難波長柄豊碕宮との関係である。難波長柄豊碕宮とされる前期難波宮の内裏前殿は、藤原宮大極殿に直結するともみられている重要な殿舎であり、構造的な類似性から飛鳥宮跡Ⅲ期遺構の内郭前殿へと継承されたものと考えられてきた。しかし、上述したように、後飛鳥岡本宮には内郭前殿が存在しておらず、その継承関係については再考しなければならない。宮殿構造の継承については通時的な検討が必要であるが、紙幅の関係からそれは別稿で述べることとし（重見2018）、本稿では、難波長柄豊碕宮から後飛鳥岡本宮にどのように構造が引き継がれたのかについて考えたい[2]。

1　後飛鳥岡本宮と飛鳥浄御原宮の構造

(1) 飛鳥宮跡の変遷

　まず、飛鳥宮跡Ⅲ期遺構の変遷を確認しておく（図1）。
　Ⅲ-a期は、660年頃に内郭の造営から始まるもので後飛鳥岡本宮に該当する。内郭は東西塀SA7904によって北区画と南区画とに分割され、北区画は人頭大の石敷き、南区画は礫敷きである。この舗装方法の違いは空間の使用法や性格を反映したものと考えられ、北区画が私的空間、南区画が公的空間にあたる（小澤2003 pp.23-26、林部2008 pp.246-247）。北区画には同じ規模と構造の大型建物SB0301・0501が南北に並立し、いずれも東西に廊下で連結する小型建物が付属する。南区画中央区は建物のない広場（庭）であり、その東西に南北棟建物が並立する。南門SB8010の南側には石組溝SD8931で区切られるまでの南北約100mもの広い空間が広がっている。

　Ⅲ-b期は、670年頃に造営されたもので、Ⅲ-c期も含めて飛鳥浄御原宮に該当する。内郭前殿SB7910はこの時期に造営された。北区画のSB0301の西に付属するSB0401を撤去して池を造るが、これは内郭前殿SB7910の造営によって公的空間が整備されたことに起因するものと考えられる。内郭の東南（以下、東南地区）には石組溝SD8931を埋め立てて南北棟SB9008、東西棟SB7201、東西塀SA8201からなる建物群が配置された。

　Ⅲ-c期は、東南地区の建物群を撤去してエビノコ郭が造営される。エビノコ郭は一本柱塀で囲まれた区画で、西辺に内郭南門と同規模の門が開く。門を入った正面に正殿SB7701（9間×5間）が建ち、その奥に南北棟建物が配置されている。区画の東辺には南北石組溝が通るが、一本柱塀がどのように巡るのかは不明である。エビノコ郭は内郭南区画と同じく礫敷きの舗装であり、公的な儀礼空間であったことを示す。その正殿は内郭前殿よりも規模が大きく、宮殿全体の正殿と考えられる。なお、エビノコ郭正殿を「エビノコ大殿」と呼ぶことがあるが、大殿は天皇の日常生活の場であり、病臥したときに利用するもっとも内向きで私的な殿舎である。したがって、私的空間から独立した公的空間の中心建物の名称としては相応しくない。

(2) 後飛鳥岡本宮の構造

　後飛鳥岡本宮の構造は次の通りである。南門の前面には広大な「南庭」があり、南門を入ると「庭（朝庭）」があって、その庭の東西には並立する南北棟建物が位置している。そして、東西塀でふさがれた庭の奥に大型建物が並ぶというものである。この構造は、『日本書紀』から復原される小墾田宮の構造と共通する。すなわち、庭に並列する南北棟建物が「庁」にあたり、北区画の大型建物でもより内向きの殿舎であるSB0501が、天皇が

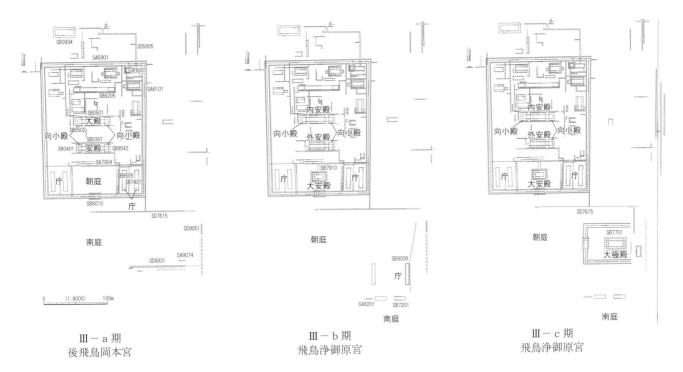

図1　飛鳥宮跡Ⅲ期遺構の変遷と殿舎比定

起居する最も私的な殿舎を意味する「大殿」にあたるものと考えられる。北区画の南側の大型建物SB0301は、私的空間のなかでもより公的機能をもった殿舎と考えられ、「安殿」に相当するものと考えられる。大型建物SB0301は桁行が8間で中央に天皇の座を置くことができないことから、参列者を意識した儀式において天皇が出御する構造としてはふさわしくないが、飛鳥時代においては宮殿内の儀式で天皇が庭の参列者と直接対面することはないのであり（樋笠2014）、天皇の座をあえて殿舎中央に設ける必要はない。小墾田宮の段階では、大殿が私的機能とともに公的機能も果たしたと考えられるのであり、機能分化した公的殿舎が大殿と同じ構造であっても不思議ではない。

(3) 飛鳥浄御原宮の構造

飛鳥浄御原宮は後飛鳥岡本宮を踏襲したものだが、天武天皇は天武元年（672）、その朝庭に内郭前殿SB7910を造営した。これは、南区画を公的空間として独立させるためだと考えられる。この時期に、それまで公的機能を果たしていたSB0301の西に付属するSB0401を撤去して池を造るのはSB0301の機能に変化があったことを示すが、これは内郭前殿の造営によって公的空間が南区画に整備され、SB0301の公的機能が南区画へ集約されたことに起因するものと考えられる。また、内郭前殿の造営によって「朝庭」の機能は南門の南に移った可能性が高く、それにしたがって、「南庭」はおもに東西棟SB7201の南側の空間を指すようになったものと思われる。東南地区に造られた南北棟SB9008、東西棟SB7201、東西塀SA8201からなる建物群は「朝庭」に配置されたものであり、SB9008の南北12間、東西2間という長大な平面形態は前期難波宮の庁と類似することから、庁もしくは朝集殿のような施設であった可能性が想定されるが、東西で対称となる構造をとるかどうかは今後の調査によらなければならない。

エビノコ郭正殿は内郭前殿よりも規模が大きく、宮殿全体の正殿と考えられることから天武朝にみられる「大極殿」の可能性が高い。エビノコ郭正殿が南面するのに対してエビノコ郭の西門が正門となるのは、西門を出た空間が内郭南門に面する空間と同じであり、ここが群臣や百官らが参集し列立する「朝庭」として機能していたからだと考えられる。射礼の場として登場する「西門」をエビノコ郭の西門にあてる見解があるが、「西門」はエビノコ郭の造営以前とみられる天武4年（675）から登場することから、この「西門」は内郭の門を指すとみるべきである。

内郭前殿は内郭の公的空間の正殿であることから、内裏の正殿を意味する「大安殿」に比定できる。内郭前殿の東西区画に並立する南北棟建物は「朝堂（庁）」として引き継がれた。また、天武10年（681）正月の饗宴では、天皇が「向小殿」に御して親王・諸王をより内向きな「内安殿」に召し入れ、諸臣は「外安殿」に入っている。記事の内容から、これらの殿舎は互いに近接するもので、内安殿と外安殿は対応する名称であることから、内郭北区画の南北に並立する大型建物がそれらに相当す

空　間

る可能性が高い。すなわち、より内向きの「内安殿」がSB0501でそれに対する「外安殿」がSB0301に該当する。これらは、後飛鳥岡本宮で「大殿」「安殿」と呼ばれた殿舎であるが、天武10年頃を境に殿舎名が付け替えられたものと考えられる。そして、「内安殿」「外安殿」の東・西に付属する建物が「向小殿」に相当する。

ところで、『日本書紀』の天武紀には「新宮」「旧宮」が登場する。「〜宮」というのは、平城宮の中宮、西宮、東宮などのように、完結する区画の施設全体を意味するもので、部分的な殿舎や区画のことではない。したがって、「新宮」は飛鳥浄御原宮のことであり、継承した後飛鳥岡本宮を含めたⅢ-b期およびc期遺構全体を指す。そして、「旧宮」は後飛鳥岡本宮のことであり、Ⅲ-a期遺構を指すものと考えられる[3]。

この3期変遷で重要なことは、「大安殿」にあたる内郭前殿SB7910が後飛鳥岡本宮の段階には存在せず、飛鳥浄御原宮の段階で造営されたことである。SB7910は、前期難波宮の内裏前殿と藤原宮大極殿とを繋ぐ存在として大極殿の系譜に位置付けられているが、この重要な殿舎が一時存在しない状況をどのように理解すべきなのか。後飛鳥岡本宮に続く近江大津宮とされ、後飛鳥岡本宮の構造と類似することが指摘されている錦織遺跡においても内郭前殿にあたる空間に建物が存在しなかった可能性が高く、大極殿の前身とされる重要な殿舎の系譜が一時完全に断絶するのである。

そしてもう一つ重要なことは、「大極殿」にあたるエビノコ郭正殿の造営が天武初年よりも大きくずれ込むことである。これは飛鳥浄御原宮の当初のプランとは異なる構想があったことをうかがわせるものであり、その構想は藤原宮の造営や複都制とも関わる問題である。

2　難波長柄豊碕宮の構造復原

(1) 前期難波宮の構造

孝徳朝の難波長柄豊碕宮に比定されているのが上町台地の先端に位置する前期難波宮である（図2）。造営年代に対する批判もあるが（白石2012）、前期難波宮造営に関連する出土土器や木簡の内容から、孝徳朝に造営された難波長柄豊碕宮の可能性が最も高い（中尾2014）。その構造は、内裏と14棟以上の庁を配置する広大ないわゆる「朝堂院」[4]で構成され、区画や内部の殿舎は左右対象に配置される。その中枢部の東側と西側にはそれぞれ官衙が配置されている。

内裏には軒廊で繋がれた内裏後殿SB1603と内裏前殿SB1801があり、それぞれの東西には脇殿が配置される。そして、内裏前殿・後殿が配置された空間は東西塀で区分されている。内裏後殿は桁行9間（34.4m）×梁行5間（14.6m）、内裏前殿は桁行9間（36.6m）×梁行5間（18.8m）で、内裏前殿の規模が大きい。内裏前殿は藤原宮の大極殿の位置にあり、宮全体の正殿といえる規模と配置になっている。

前期難波宮の内裏区画と朝堂の東西幅が藤原宮と同じ規模であり、内部の殿舎配置も類似することから、藤原宮は、天武朝の複都制構想のなかで整備されつつあった前期難波宮の構造を直接的にモデルとしたもので、内裏前殿は藤原宮大極殿の直接の祖型とみなされている（中尾2014、積山2013 pp.59-95）。また一方で、内裏前殿は飛鳥宮内郭前殿と相似形であり、区画との比率や2棟が並立する脇殿の存在という類似性から、同じ系譜にあって飛鳥宮跡内郭前殿へ継承されたと考えられている（林部2001 pp.295-318・2013、積山2013）。さらに、エビノコ郭正殿は、平面プランが内裏前殿と相似形で9間×5間という構造も同じことから、内郭前殿と同じく内裏前殿の系譜にあってそれを小型化したものと理解されている（積山2013 p.77）。

(2) 難波長柄豊碕宮の復原

上述したように、後飛鳥岡本宮であるⅢ-a期には内郭前殿が存在しておらず、前期難波宮内裏前殿からの継承関係は成り立たない。ただし、群臣の場である庭と庁からなる空間は、『日本書紀』の記述から復原される小墾田宮の構造と共通するものであり、内郭前殿がない飛鳥宮跡Ⅲ-a期の構造こそ飛鳥時代の基本的な宮殿構造

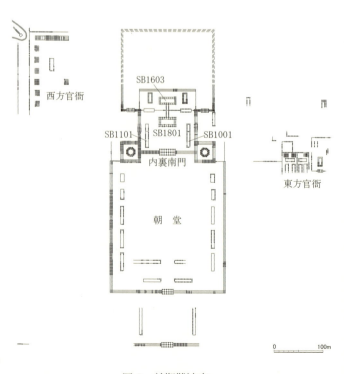

図2　前期難波宮

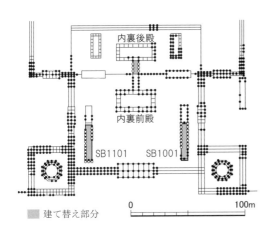

図3　内裏前殿周辺の建て替え

であったと考えられ、改めて前期難波宮の特殊な構造が浮かび上がる。なお、小墾田宮の構造は、「庁」の配置をめぐって意見がわかれているものの、岸俊男氏によって復原された南門―朝庭・庁（朝堂）―閤門（大門）―大殿という基本構造が妥当である（岸1988a）(5)。

そこで、前期難波宮の内裏前殿周辺の遺構を改めて確認してみたところ、内裏前殿周辺にのみ特殊な建て替えが認められ（図3）、これが内裏前殿の築造と関連する可能性があることを指摘した（重見2015 p.15）。すなわち、内裏前殿の東・西に配置された長殿SB1001・1101が、北側5間分を廃し、残り11間分を1mだけ南へずらして建て替えられていることから、ある時期に長殿の北側に空間を確保したことがうかがえること。そして、その空間のほぼ中央に内裏前殿が位置しており、内裏前殿に取り付く軒廊は、もともと東西塀以北のみだったものを内裏前殿まで延長して建て替えたと考えられること。これらのことから、内裏前殿はのちに増築されたもので、当初のプランにはなかった可能性が高い。つまり、前期難波宮が造営された当初、内裏前殿はまだ造営されておらず、内裏部分には東西塀で区画された内裏後殿と脇殿が造営されただけで、その南には東・西長殿のある庭が存在していたと考えられる。

これと関連して、難波長柄豊碕宮の構造を史料から知る上で参考になるのが『日本書紀』白雉元年（650）2月甲申（15日）条の白雉献上の記事である。

　朝庭の隊仗、元会儀の如し。左右大臣・百官人等、四列を紫門の外に為す。粟田臣飯虫等四人を以て、雉の輿を執らしめて、在前ちて去く。左右大臣、乃ち百官及び百済の君豊璋・其の弟塞城・忠勝・高麗の侍医毛治・新羅の侍学士等を率て、中庭に至る。三国公麻呂・猪名公高見・三輪君甕穂・紀臣乎麻呂岐太、四人をして、代りて雉の輿を執りて、殿の前に進ましむ。時に、左右大臣、就きて輿の前頭を執

き、伊勢王・三国公麻呂・倉臣小屎、輿の後頭を執きて、御座の前に置く。天皇、卽ち皇太子を召して、共に執りて観す。

これをみると、元日朝賀のように朝庭に隊仗が並ぶなか、紫門の外に四列に列立する左右大臣と百官および朝鮮三国の人々らが雉の輿を先頭に紫門から中庭に入っている。そして、担ぎ手が代わりながら輿を天皇の居る御座の前に置く。この記事から、朝庭から紫門を入ると中庭があり、その先に天皇が出御する殿が位置するようすがわかる。この宮は味経宮＝豊碕宮だと考えられるが（市2014）、この宮の構造を前期難波宮と対応させると、殿は内裏前殿、中庭は内裏前殿前の庭、紫門は内裏南門、朝庭はいわゆる朝堂院にあたるとみられている（直木1975、岸1988b、石川1990、今泉1993b、市2014）。この場合、百官が内裏前殿に直面して列立することが問題である。

藤原宮における大宝元年（701）の元日朝賀では、宝幢が大極殿の「正門」に立てられた。この時の宝幢跡とみられる遺構が大極殿院南門の南正面で検出されているように（奈文研2009・2017）、百官の列立空間は朝堂に設けられていたと考えられる。また、外国使節の迎接においても、藤原宮では天皇と参列者は門によって隔てられて直接対面することはなく、小墾田宮以来の形式が残存していたと考えられており、天皇が参列者に直接対面するようになるのは平城宮からだという（樋笠2014）。したがって、白雉が献上された殿と百官および朝鮮三国の人々が列立した中庭は同一空間に存在したのではなく、塀などで隔てられていたと理解すべきである。

また、雉の輿を殿まで運ぶ過程に注目すると、紫門から中庭に入れる人物、殿の前に進める人物、御座の前に置く人物が交代しそれぞれ異なっている。内裏前殿が当初から存在したとすると、輿を担いだ粟田臣飯虫等4人が先頭に立って左右大臣と百官および朝鮮三国の人々という大人数を率いて中庭に入れば、粟田臣ら4人は内裏前殿の目の前にいることになるが、その内裏前殿の前に輿を進めるために、また担ぎ手が交代するのはあまりにも不自然である。

同じように担当者が代わる例として、外交使節への迎接があげられるが、推古16年（608）8月壬子（12日）の隋使および同18年（610）10月丁酉（9日）の新羅・任那使への迎接では、難波津で迎える使者、館への導者、京へ入った時に迎える者、そして宮への導者がそれぞれ替わっている。また、舒明4年（632）10月甲寅（4日）にみられる唐使高表仁等の迎接においても、難波津の江口での迎接、館前までの導者、館内への導者がその都度交代しているように、区間や空間が変わるときに担当者

空　間

が交代している。輿の担ぎ手の前後の交代が、紫門から中庭、殿前から殿内の御座前という「外」から「内」への移動であることを勘案すると、殿の前に進めるための担ぎ手の交代も別空間への移動と考えるべきであり、「中庭」と「殿」が異なる空間にあったからだと考えるのが妥当である。推古16年に隋使裴世清を迎えた際には、隋使が奏上した書を大門の前に進める時に、同じ空間の「庭中」で人物が交代しているが、これは大門より奥に居る天皇に取り次ぐという別空間への伝達であり、導者が交代するのはごく自然である。

このように、内裏前殿は孝徳朝難波長柄豊碕宮にはなかった可能性が高い。したがって、内裏区画には、南側に「中庭」と「庁」にあたる長殿で構成される空間があり、それとは塀で仕切られた北側に「殿」にあたる内裏後殿と脇殿からなる空間が対置されていたことになる[6]。白雉献上記事からわかるように、内裏後殿は公的な殿舎であり、私的な殿舎は3条の東西塀で区画されたさらに北側の空間に位置したものと考えられ、孝徳が崩御した「正寝(おほとの)」がそれにあたるものと考える。

これらを踏まえて難波長柄豊碕宮の構造を改めて確認すると、南門―朝庭・庁―紫門―中庭・庁―殿―正寝(大殿)となる。小墾田宮で公私機能が未分化だった大殿は、私的殿舎「正寝」と公的殿舎「殿(SB1603)」に分化し、庁のある庭はそのまま「中庭」として引き継がれている。「中庭」の庁である東・西長殿SB1001・1101は桁行16間×梁行2間だが、北5間と南11間は仕切られており、使用上、区別された空間になっている。この「中庭」と東・西長殿からなる空間は朝堂であり、群臣の侍候空間という機能(吉川2005 pp.174-176)を継承した区画である。すなわち「紫門」から奥は小墾田宮の構造をほぼそのまま継承した構造にあることがわかる。そして、その南に14堂以上の庁と広い朝庭からなる広大な朝堂が新たに付加された。この朝堂こそ難波長柄豊碕宮の最大の特徴といえる。

内裏前殿の造営時期については、内裏前殿が飛鳥浄御原宮の「大安殿(SB7910)」とエビノコ郭正殿SB7701の相似形にあって、区画や付属建物からなる空間的要素においても両者に共通性が高いことから、天武朝の造営と考えられる。とくに、「大極殿」であるエビノコ郭正殿は9間×5間という構造においても内裏前殿と一致し、宮の正殿という位置付けでも共通することを重視すると、内裏前殿は、エビノコ郭正殿よりも後に造営された可能性が極めて高い。後述するように、天武12年(683)12月の複都制の詔を受けた改築とみるのが妥当であろう。

3　後飛鳥岡本宮への継承

難波長柄豊碕宮の構造を以上のように復原すると、後飛鳥岡本宮への継承関係はきわめて明確となる。すなわち、後飛鳥岡本宮の大殿SB0501と安殿SB0301は難波長柄豊碕宮の「大殿」―「殿(SB1603)」の二重構造を引き継いだものであり、庁と「中庭」からなる朝堂を内郭南区画にほぼそのまま継承した。

ただし、SB0301は桁行8間で東西に小殿が付属する特殊な構造であり、内裏後殿SB1603の構造を継承してはいない。これは、SB0301が大殿SB0501の構造と同一であるように、より古い形態を残すもので本来の王の空間の正殿に近いものではないかと考えている。それと比較すると、難波長柄豊碕宮の内裏後殿は桁行9間で、梁行長に対する桁行長の比率も藤原宮大極殿に近く先進的な構造といえる。宮が完成した際に「其の宮殿の状、殫に論ふべからず」(『日本書紀』白雉3年〔652〕9月条)と詠まれ、天武朝において、藤原宮(新城)が難波長柄豊碕宮をモデルに設計されたと考えられるのは、先進的な要素があったからにほかならない。また、天武11年(682)9月壬辰(2日)に「難波朝庭の立礼を用ゐよ」と孝徳朝の礼に復することを命じたのも難波長柄豊碕宮の先進性を示すものと思われる。藤原宮大極殿と内裏後殿SB1603の平面プランが類似するのは、孝徳朝において、SB1603が天皇の出御する公的殿舎であったからであり、藤原宮大極殿にそのプランを採用した可能性があると思う。革新的なSB1603の構造が後飛鳥岡本宮で採用されなかったのは、宝姫皇女(のちの斉明)と中大兄らによる飛鳥還都が武力行使のないクーデターとも言えるものであったことを勘案すると、広大な朝堂の不採用とも関連して、孝徳朝の政策を否定する意図によるものと考えるべきであろう。

後飛鳥岡本宮の「庁(SB8505・7401)」は桁行10間で2棟が並立するが、建物周りの石敷き方法の違いから、庭に近い内側のSB8505の方が、軒が深く床位置の高い構造であって格式が高い建物と考えられている(林部2001 pp.299-302)。これらは難波長柄豊碕宮の東・西長殿SB1001・1101で北5間と南11間で仕切られていた空間・機能を横並びの別棟に分割したものと考えられるが、より奥に位置した北5間の機能が後飛鳥岡本宮では庭に近い内側の庁へと継承されたものと考えられる。SB8505・7401の桁行が10間なのは、東・西長殿の南11間分が果たした機能を継承するためにそれに近い規模にしたものと推測される。

難波長柄豊碕宮で「中庭」と東・西長殿が同一空間にあるのとは異なり、後飛鳥岡本宮の庭と庁は廊状の区画

施設で区切られている。これは儀式を行う庭と侍候・朝政を行う庁とを明確に区分したものであり、機能空間の分離を意図したものと推測される。群臣による合議、奏上が行われた空間から群臣を排除したともいえる（林部2001 p.299）。

このように、小墾田宮からみられる大臣・大夫といった限定された群臣の侍候空間という本来の朝堂区画は、後飛鳥岡本宮にほぼ同じ構造で引き継がれているのであり、難波長柄豊碕宮で新たに付加された広大な朝堂が飛鳥の宮で継承されていないことを勘案すると、難波長柄豊碕宮で出現した広大な朝堂は、群臣の侍候空間としての機能が分化したというよりは、別の機能空間として付加されたと考えるべきである。飛鳥に戻った宮に広大な朝堂が継承されなかったのは、宮殿構造としてそれが絶対条件ではなかったことを意味する。この広大な朝堂について、私は、参集した百官らに君臣秩序を確認させる場であったと考えている（重見2018）。

4　天武朝の宮都造営と難波宮

以上、難波長柄豊碕宮から後飛鳥岡本宮への継承は、小墾田宮以来の王宮の基本構造であったことを確認した。天武朝では、この基本構造に次々と公的な正殿を建築していくとともに、新城の造営にも着手した。最後に、後飛鳥岡本宮を継いだ天武天皇の宮都造営と都城構想について触れ、今後の課題を示しておきたい。

飛鳥浄御原宮は後飛鳥岡本宮を踏襲したが、儀式空間の庭に公的空間の正殿として「大安殿（SB7910）」を造営した。「大安殿」が造営されたことで、南門の南が「朝庭」と呼ばれるようになったものと考えられ、それにともなって、「南庭」はおもに東西棟SB7201の南側の空間を指すようになったものと思われる。飛鳥浄御原宮での拝朝は、天皇が大安殿に出御し、この「朝庭」に群臣および百寮らが列立したものであろう。飛鳥宮跡Ⅲ-b期に東南地区に造営された南北棟建物SB9008は構造的に「庁」と類似するものであり、朝庭とともに一時的に広い朝堂を構成していたと考えられる。

さらに、天武10年頃、内郭の外側に大極殿（エビノコ郭正殿SB7701）が造営された。この大極殿は大安殿と類似した機能を果たしていることから大安殿から機能分化した殿舎とみなせるが、前代までの宮殿には存在しない殿舎であって、内郭から切り離され、群臣の場から隔絶した公的空間として創出されている。このように、飛鳥浄御原宮では、後飛鳥岡本宮で分離された儀式空間の整備、拡大が図られている。

また、天武朝で注目されるのは前期難波宮の改築である。この時期に内裏前殿が造営されたと考えられるが、内裏前殿は、飛鳥浄御原宮の「大安殿（SB7910）」と同じく古来の朝堂区画の「中庭」に増築されたものであり、SB7910の平面プランと相似形であることや内裏後殿と軒廊で連結する形態がSB7910と類似することから、飛鳥浄御原宮の「大安殿」の系譜にあるものといえる。それは儀式空間の正殿であるとともに宮殿全体の正殿の位置を占めるものであり、「大極殿（SB7701）」と同じ構造で藤原宮大極殿院と類似する配置をとることから、「大極殿」を意識したものだった可能性が高い。これによって、群臣の侍候空間であった古来の朝堂区画は天皇が出御する空間となったが、外交的機能や現実的な運営上、天皇の独占空間とはなりえないものである（重見2018）。これにともなって、庁の機能はおのずと低下したものと考えられ、長殿の北5間分が排除されたのはそのためであって、必要最小限の11間分のみが残されたものと推測される。古来の朝堂区画が担っていた侍候・儀礼空間としての機能は、広大な朝堂へと移されたのであり、これによって、広大な朝堂は、儀礼空間でもあり五位以上官人の侍候空間という朝堂本来の機能と、日常的な国政執務の場である官衙としての機能を併せ持つことになったと考えられる。

このようにみてくると、前期難波宮は小墾田宮の構造を踏襲しつつ、それを発展させたものであることが再確認できる。前期難波宮の構造については、孝徳朝で唐制への傾斜が顕著であることもあって中国都城からの系譜が強調されることが多い（岸1988b、中尾1995・2014、積山2013ほか）。宮殿プランの策定において中国都城を参考にした可能性は高いとは思うが、基本的な宮殿構造の実態としては、内的要因から発展したと考えるべきであろう。

天武12年12月の複都制の詔にある「先づ難波に都つくらむと欲ふ」の「都」は、京域を含まない宮処のみを意味するものであり（重見2017・2018）、宮中枢部の造営を意図したものであることから、上述した内裏前殿の造営と庁の縮小はこの詔を受けた改築と考えられる。

これに先立つ天武10年頃には飛鳥浄御原宮においても「大極殿」が造営され、殿舎名の変更や外郭の整備が行われた。さらに、天武11年3月には新城の宮城造営にも着手しているが、これらは飛鳥浄御原令の編纂の進捗による支配体制の整備を受けて、その体系や規定に沿った形に宮殿が設計され、また改変されたものと考えられる（重見2017）。この一連の流れのなかで出された複都制の詔は難波宮の「宮処」造営を意図するものであり、これを受けた宮の改造もまた、新しい支配体系を反映したものであった可能性が高い。内裏前殿は大極殿に

相当する殿舎であり、天皇を頂点とする支配構造を顕示するものとしてはもっとも相応しい。

新城の造営と飛鳥浄御原宮の整備、難波宮の改築の問題は、天武朝の宮都構想および複都制構想を考える上で重要であり、藤原宮や平城宮の構造理解にも欠かせない。これをみていくためには通時的な宮都展開の検討が必要であるが、これについては別稿（重見2018）で改めて述べたい。

註
（1）重見2014で遺構変遷を再検討し、重見2015で殿舎比定を行った。
（2）以下で行う史料の検討では、『日本書紀』日本古典文学大系68　岩波書店　1967年に依拠した。
（3）「新宮」「旧宮」について、鶴見泰寿氏は、天武14年の「旧宮」は、天武13年に決定した新城の宮室の地に対して飛鳥浄御原宮を「旧宮」と呼んだもので、天武7年（678）と同10年（681）の「新宮」は後飛鳥岡本宮に対して飛鳥浄御原宮を呼んだものとする。しかし、天武13年の「宮室の地」の決定以降であっても「旧宮」を付けて呼ぶ殿舎名がほかに見られないし、実態として天武天皇が起居する場であり、政務の場である飛鳥浄御原宮を指して旧宮と呼んだとは考えにくい。新城の宮を同時に使用する状況であればその可能性もあるが、持統4年以降でさえも「藤原宮地を観る」とあり、遷宮直前まで「藤原宮に幸す」とあって、天皇の御在所および政務の場所はあくまでも飛鳥浄御原宮であって、これを旧宮と呼んだ形跡はない。藤原宮の完成は遷宮以後にずれ込むことがわかっているように、天武14年の段階で使用できる状況にあったとは到底考えられず、仮に、旧宮安殿に対応するような「新宮安殿」が築造されていたとしても、使用される状況にないものを呼び分ける必要性は認められない（鶴見2015）。
（4）「朝堂院」という語は平安時代以降の用語であり、それ以前は「朝堂」が用いられているため、ここでは朝庭と庁からなる区画全体を「朝堂」と呼ぶ（今泉1993a pp.133-136）。
（5）小墾田宮の構造については、重見2018で検討している。なお、小墾田宮の構造復原に対する研究史は西本昌弘氏が詳細にまとめている（西本2008）。
（6）飛鳥時代の王宮において、内裏に通じる門は棟門のような区画塀と一体的な構造であり、その意味で前期難波宮の内裏後殿区から北側が内裏にあたる。「内裏南門」と呼ばれている7間門は従来の王宮全体の正門（南門）であり、「内裏前殿」「内裏後殿」という名称もふさわしくないと考えるが、便宜上、踏襲する。内裏の門については、重見2018で詳述した。

参考文献
石川千恵子 1990「古代大殿祭考」『日本歴史』第505号
市大樹 2014「難波長柄豊碕宮の造営過程」武田佐知子編『交錯する知―衣装・信仰・女性―』思文閣出版
今泉隆雄 1993a「平城宮大極殿朝堂考」『古代宮都の研究』吉川弘文館
今泉隆雄 1993b「律令制都城の成立と展開」『古代宮都の研究』吉川弘文館
岸俊男 1988a「朝堂の初歩的考察」『日本古代宮都の研究』岩波書店
岸俊男 1988b「難波宮の系譜」『日本古代宮都の研究』岩波書店
小澤毅 2003「小墾田宮・飛鳥宮・嶋宮」『日本古代宮都構造の研究』青木書店
重見泰 2014「後飛鳥岡本宮と飛鳥浄御原宮―宮殿構造の変遷と「大極殿」出現過程の再検討―」『ヒストリア』第244号
重見泰 2015「後飛鳥岡本宮の構造と飛鳥浄御原宮の成立」『ヒストリア』第249号
重見泰 2017「新城の造営計画と藤原京の造営」『奈良県立橿原考古学研究所紀要』第40冊　奈良県立橿原考古学研究所
重見泰 2018「律令制都城の形成」『奈良県立橿原考古学研究所紀要』第41冊　奈良県立橿原考古学研究所
白石太一郎 2012「前期難波宮整地層の土器の暦年代をめぐって」『大阪府立近つ飛鳥博物館　館報16』大阪府立近つ飛鳥博物館
積山洋 2013『古代の都城と東アジア　大極殿と難波京』清文堂
鶴見泰寿 2015『古代国家形成の舞台・飛鳥宮』新泉社
虎尾達哉 1984「律令官人社会における二つの秩序」岸俊男教授退官記念会編『日本政治社会史研究』中　塙書房
直木孝次郎 1975「大極殿の起源についての一考察―前期難波宮をめぐって―」『飛鳥奈良時代の研究』塙書房
中尾芳治 1995「前期難波宮と唐長安城の宮・皇城」『難波宮の研究』吉川弘文館
中尾芳治 2014「難波宮から藤原宮へ―日本古代宮都の成立過程をめぐって―」中尾芳治・栄原永遠男編『難波宮と都城制』吉川弘文館
奈良文化財研究所 2009「朝堂院の調査　第153次」『奈良文化財研究所紀要2009』
奈良文化財研究所 2017「藤原宮朝堂院の調査　第189次」『奈良文化財研究所紀要2017』
西本昌弘 2008「七世紀の王宮と政務・儀礼」『日本古代の王宮と儀礼』塙書房
林部均 2001『古代宮都形成過程の研究』青木書店
林部均 2008「まとめ―古代宮都のなかの飛鳥京跡―」『飛鳥京跡』Ⅲ（奈良県立橿原考古学研究所調査報告第102冊）奈良県立橿原考古学研究所
林部均 2013「日本古代における王宮構造の変遷―とくに前期難波宮と飛鳥宮を中心として―」『国立歴史民俗博物館研究報告』第178集　国立歴史民俗博物館
樋笠逸人 2014「高御座の成立―八世紀における登壇儀礼の再検討―」『日本史研究』第623号
吉川真司 2005「王権と官人社会」上原真人ほか編『社会集団と政治組織』（列島の古代史　ひと・もの・こと3）岩波書店

飛鳥寺北方における条里地割の再検討
―「八釣道」古道説に関連して―

入 倉 徳 裕

1 序 言

　前稿において筆者は、黒崎直がその著書『飛鳥の都市計画を解く』（黒崎2011）で展開している説を批判し、7世紀の飛鳥地域―現在の奈良県高市郡明日香村飛鳥を中心とする、南北2km、東西0.5kmほどの盆地状をなす地域―に氏が説くような方格地割が設定されていたとは考えがたいことを指摘した（入倉2014）。その根拠の一つは、黒崎説できわめて重要な位置を占めている飛鳥寺北辺道路―飛鳥寺々域北限塀心の北10mを道路心とする東西道路―が、石神遺跡においてその想定線上を調査しているにもかかわらず検出されていないということにあった[(1)]。

　しかし、飛鳥地域における方格地割の存在はともかくとして、黒崎説以外にも、飛鳥寺の寺域北辺に沿って、7世紀ないしそれ以前に遡る古道が存在したとする見解がいくつか公表されている[(2)]。これらの説では、明日香村飛鳥の旧飛鳥小学校南東―石神遺跡の南東隅付近―から東へ向かい、飛鳥集落の北東でやや北にずれて同村八釣に至る里道（図1）を古道の痕跡とし、さらに、阿倍山田道（後述）に先行ないし併行する、飛鳥地域の主要な東西交通路であったとする。

　この里道の位置に、阿倍山田道設定以前の主要な東西交通路―飛鳥川を越えて西へ続く―を想定するのは、前述のごとく、石神遺跡でそれらしい遺構が検出されていないという難点があるものの、石神遺跡付近から東方へ向かう古道の存在自体は否定できない。明日香村飛鳥東方の八釣から小原付近は、中臣氏の拠点であったと推定

され、また八釣集落西方の竹田遺跡で7世紀後半の建物跡などが検出されているので、飛鳥から八釣に至る古道は存在するのが当然ともいえる。

　ただし、筆者は、この里道は条里の地割痕跡とする方がよいと考えるので、以下にその根拠を述べていく。

2 秋山日出雄の「八釣道」古道説

(1) 秋山説の概要

　前節で述べた里道を、最初に古道の痕跡としたのは秋山日出雄である。秋山は、『飛鳥京跡 一』の論考（秋山1971）において、この里道を「八釣道」[(3)]と称し、7世紀にまで遡る可能性を述べているが、その内容を筆者なりに要約すれば以下のようになる。

ⅰ) 飛鳥は、7世紀代において倭京・倭都・古京などと、都制の存在を示す「京」の文字で呼ばれることがしばしばあり、何らかの都制が布かれたことが推測されるので、それを「飛鳥京」と呼ぶ。

ⅱ)「飛鳥京」の範囲が藤原京に及ぶとする喜田貞吉の説（喜田1912）、藤原京の京域を、横大路・下ツ道・中ツ道を北・西・東の京極として、東西8坊・南北12条と復原する岸俊男の説（岸1969）から、「飛鳥京」は下ツ道を西京極、上ツ道を東京極、横大路を北京極、石舞台古墳の北を南京極とする東西8里・南北9里（この「里」は令制の里で、1里≒530m）の範囲と考えられ、これが喜田のいう「広い意味における飛鳥」に当たる。

ⅲ) 上記の「飛鳥京」の範囲に1里単位で方格線を引くと、藤原京域を含む北半の平地部では、寺院の伽藍中軸線が1里方格ないし半里方格の中央に一致し、南半の丘陵部では、地形に規制されて寺院の方位が区々であるのに対し、飛鳥寺・川原寺・奥山久米寺・豊浦寺は、伽藍中軸線が1里方格を3等分した方格線に一致する。このことから「狭い飛鳥」では、3分の1里＝100歩単位の方格地割が設定されていたと推測される。

(ⅳ)「狭い飛鳥」の範囲は、北限が大官大寺と奥山久米寺の中間、南限が川原寺と橘寺の間の古道、西限は亀石付近（明日香村川原）、東限は治田神社境内の

図1 「八釣道」の位置（約1/50000）

空　間

立石付近（明日香村岡）であり、この範囲に中ツ道の延長線を南北中心線として、100歩を単位とする東西8坊・南北10条の条坊が考えられる。

（ⅴ）「八釣道」は、東西方向の方格線上（北端から数えて5本目、川原寺・橘寺間道路から数えて7本目）にあり、『日本書紀』天武元年（672）6月己丑条に見える「飛鳥寺北路」で、飛鳥寺の北限は「八釣道」だったのではないか。また、八釣から東方へ向かえば、桜井市高家の群集墳所在地を経て倉橋に達し、東北には山田寺が存在することから、「八釣道」は「飛鳥京」から東方への通路であり、「万葉集にみえる阿倍・山田の道の飛鳥への通路もこの道では」ないか。

（2）『日本書紀』の「京」「倭京」と飛鳥京域論

前項で述べた秋山の「八釣道」古道説は、次の2つの部分に分けられる。

① 7世紀の飛鳥地域には「京」で示される都制＝方格地割が広範に設定されており、「八釣道」はその地割痕跡である（ⅰ～ⅴ前半）
② 「八釣道」が飛鳥地域から東方への通路で、阿倍山田道に当たる（ⅴ後半）

このうち①ⅲ・ⅳの飛鳥方格地割論については、すでに井上和人が、秋山説も含めて立論の根拠を詳細に検討し、成立が困難であることを指摘している（井上1986）[4]。筆者もまた、前稿において、飛鳥方格地割論には立証方法に問題があること—想定する方格地割に合致する遺構の抽出が主になっており、一致しない遺構に注意が払われていないこと、7世紀の飛鳥地域に方格地割を想定すべき理由が充分に説明されていないことなど—を指摘したところである（入倉2014）。よって、ここでは①ⅰ・ⅱの『日本書紀』の「京」「倭京」と飛鳥京域論—飛鳥の範囲および具体的都制の存否—についてのみ述べることとし、②の「八釣道」＝阿倍山田道説については節を改めて検討する。

まずⅰについて、『日本書紀』における「京」の用例を見ると、崇神10年9月壬子条の「帝京」（本例のみ）を初めとして[5]、「京都」（景行17年3月己酉条が初出）、「京」（景行18年3月条が初出）、「京城」（允恭42年11月条）、「京師」（敏達元年5月壬寅朔条が初出）などがあり、これらはいずれも天皇の宮が存在した場所を意味している[6]。また、「倭京」「倭都」「古京」が見られるのは、白雉4～5年（3例）および天智6年～天武元年（6例）に限られており、すでに指摘されているとおり、「倭京」等は、この時期に実際の天皇の宮が存在した難波・近江に対する倭（大和）の宮の所在地と解すべきである[7]。したがって、「京」や「倭京」等の文字が使用されていたとしても、藤原京以前の飛鳥地域に特別な都制—方格地割による条坊制など—が存在したとする根拠にはならない[8]。

次にⅱについて、かつて喜田貞吉が、古代の飛鳥を後の藤原京にまで及ぶ範囲としたのは、『日本書紀』允恭42年11月条に「爰新羅人恒愛京城傍耳成山。畝傍山。」とあることから、『日本書紀』編纂当時、耳成山、畝傍山の辺りまで飛鳥の京域（允恭天皇の宮は遠飛鳥宮）と認識されていたと解し、また『万葉集』巻1-78の「飛鳥の　明日香の里を置きて去なば　君があたりは　見えずかもあらむ」が、藤原宮から寧楽宮に遷る時の元明天皇の歌であることから、歌の「明日香の里」を藤原宮と解したこと等による。

しかし、これらは古代の飛鳥が広域であったとする自説に引きつけた解釈であり、「京城」や「明日香の里」を現在の明日香村飛鳥付近と解しても何ら不自然ではない[9]。むしろ、岸俊男が指摘しているとおり、古代に飛鳥と呼ばれた範囲は、藤原宮はもちろん近傍の小治田（小墾田）、豊浦、橘、島さえ含まず（岸1970）、現在の明日香村岡から飛鳥に限定されていたのであり、喜田が言う—そして秋山が支持する—「広い意味の飛鳥」が藤原京造営以前に存在していたという根拠は見出せない。

なお、秋山は、「飛鳥京」が岸説藤原京を含む広域に及んでいた根拠として、『日本書紀』天武9年（680）5月乙亥朔条の「京内廿四寺」、天武13年（684）3月辛卯条の「天皇巡行於京師而定宮室之地」、持統4年（690）9月乙酉条の「勿收今年京師田租口賦」の記事をあげている（秋山1971　pp.274-275）。しかし、その後の発掘調査で、藤原京の造営は天武13年より前に遡ることが確認されており、現在では、これらの記事に見える「京」「京師」は藤原京そのものとするのが有力な見解である（小澤1997）。すなわち、天武朝に行政機構や条坊地割を伴う「京」の整備が進められていたことは事実として認められるが、それを藤原京に先行する「飛鳥京」や「倭京」として理解する必要はないのである。

3　「八釣道」＝阿倍山田道説

（1）阿倍山田道について

阿倍山田道は、『日本霊異記』上巻第1話に記載されている「雷を捉えし縁」の説話から、存在が想定される古道である。説話では、雄略天皇の命を受けた小子部栖軽が、鳴雷を求めて、「磐余宮」から「阿倍」より「山田前之道」と「豊浦寺前之路」を経て「軽諸越之衢」に至り、そこから引き返して「豊浦寺」と「飯岡」の間に落ちた雷を捉えたので、雷が落ちた場所を「電岡」と呼

び、そこを分注で「古京少治田宮之北」としている。「磐余宮」は、雄略天皇の宮としては記紀等に所伝がないが、磐余はおおよそ阿倍丘陵の北方一帯と考えられる。そこから、「阿倍」＝桜井市阿部、「山田」＝桜井市山田、「豊浦寺」＝明日香村豊浦、「軽諸越之衢」＝橿原市石川町（かつての下ツ道との交差点で現在の丈六交差点）と続くルートは、現在の県道15号線（桜井明日香吉野線）から県道124号線（橿原神宮東口停車場飛鳥線）の位置とほぼ一致する[10]。

上記の県道は、明日香村奥山付近から橿原市石川町の丈六交差点まで、若干蛇行しながらもほぼ東西方向の直線をなしており、飛鳥川の東側では、雷丘の南の切り通し状の箇所を通っている。そのため、当該部分は、横大路や上・中・下の三道と同じく、7世紀に直線道路として整備された道を踏襲していると考えられ、岸俊男は、藤原京の京域復原において、想定される南京極大路（横大路から南へ6里）の位置より90m程度北にはなるが、この道が藤原京の南京極に当たるものとした（岸1969）。

(2) 阿倍山田道の設定時期をめぐる議論

阿倍山田道を藤原京造営以前から存在した古道とする考え方に対し、1980年代後半から行われた雷丘東方遺跡や県道124号線拡幅に伴う発掘調査は、道路の設定時期を7世紀まで遡らせることが妥当かどうかについての議論を呼ぶことになった。

雷丘東方遺跡においては、1987年に、県道より60mほど南の地点で検出された井戸から「小治田宮」の墨書を持つ平安時代初期の土器が出土し[11]、上記の『日本霊異記』の記述ともよく整合することから、『続日本紀』天平宝字4年（760）から天平神護元年（765）に見える「小治田宮」が、飛鳥川東岸の雷丘付近に存在していたことが確実となった。1993年には、県道の北約120mで、奈良時代末ないし平安時代初頭に廃絶した築地基礎（SX3130）や濠（SD3131）が検出され[12]、それが雷丘東方遺跡における奈良時代遺構群の北外郭施設と考えられることから、小治田宮の宮域が県道の南北に及ぶ―阿倍山田道が県道の位置に存在したとすると、小治田宮の宮域内を道路が横断する形になる―可能性が高くなった。

一方、県道124号線拡幅に伴う調査では、1990年および1992年の調査において、旧道の北側から藤原宮期の東西溝（SD2540・SD2800）が東西200m以上にわたって検出され、当該時期の阿倍山田道北側溝の可能性が指摘された[13]。1994年の調査では、旧道の南側で東西溝（SD3302）が検出されたが、出土遺物の年代観から、旧道北で検出された東西溝（SD2540・SD2800）より古く、同時期の道路側溝とは考えられないことから、現在の県道の位置に、奈良時代以前の阿倍山田道が存在したかどうか疑問とされた[14]。

これらの調査結果を受けて、竹田政敬は、奈良時代以前における阿倍山田道は、現在の県道より南の藤原京十二条大路[15]に相当する位置を通っており、現在の県道が踏襲している道路は、平安時代以降の条里施工に伴って新たに設定されたものとした（竹田1997）。また、西口壽生も、山田寺南門の南で検出された東西道路[16]の西延長線が、石神遺跡A期の北限施設[17]の北を通り、かつ横大路から南へ3190m（ほぼ令制の6里）で藤原京十二条大路の位置に近いことから、阿倍山田道は藤原京十二条大路に当たるものとした（西口2001）[18]。

一方、小澤毅は、宮域が古道を取り込むこと―平城宮と下ツ道のごとく―は支障にならず、阿倍山田道の路線を小治田宮の宮域外に求める必要はないこと、竹田や西口が想定する藤原京十二条大路の位置は、飛鳥川以西では池や丘陵にぶつかるが、そこに道路が通っていた痕跡はなく、飛鳥川の東でも雷丘南側の「上ノ山」を横切ることになることから、阿倍山田道は現在の県道の位置に想定せざるを得ず、奈文研山田道調査で検出された東西溝は、SD2540・SD2800が藤原京期の北側溝、SD3302がそれ以前の南側溝に当たるものとした（小澤2002）。

この議論については、その後に行われた石神遺跡の調査で、一定の結論が得られている。まず、藤原京十二条大路相当位置で行われた調査[19]では、東西方向の道路遺構は検出されず、竹田や西口の想定―奈良時代以前の阿倍山田道を藤原京十二条大路の位置とする―は成り立たないことが明らかとなった。そして、県道124号線の南隣接地で行われた調査[20]で、7世紀中葉の盛土工法で構築された道路（SF2607）とその南側溝（SD4270）、およびその後継遺構と考えられる東西溝（SD4275・4280・4285）が検出された結果、阿倍山田道は7世紀中葉に現在の県道の位置に設けられ、藤原京の時期にも引き続き存続していたことが確実視されるに至った[21]。

(3) 飛鳥地域における7世紀前半以前の東西交通路と「八釣道」＝阿倍山田道説

阿倍山田道の設定年代の上限が前項のとおりであれば、7世紀前半以前に、飛鳥地域の主要な東西交通路がどの位置をどのような形態で通っていたかが問題となる。推古16年（608）に隋使を海石榴市[22]で迎えている以上、北東から飛鳥に入る道はあったはずであるし、飛鳥から畝傍山にかけては蘇我氏の本拠地であり、蘇我稲目の「軽曲殿」（欽明23年8月条）や蘇我馬子の「家於飛鳥河之傍」

空間

（推古34年〔626〕5月丁未条）、蘇我蝦夷の「畝傍家」（皇極元年〔642〕4月乙未条）などの諸施設を結ぶ道もあったはずだからである。

このような視点に立てば、秋山の「八釣道」＝阿倍山田道説は、問題を大幅に先取りしているように見える。しかし、論考の中では、なぜ「八釣道」を阿倍山田道とすべきなのか、いつ北方に移動するのかなどについては特に言及されていない。わずかに、八釣より「東北すれば山田寺に至る」（秋山1971 p.291）とあるが、八釣から山田寺に直行するには谷を横断しなければならず、そこに主要な交通路が存在したとは考え難い。

おそらく、秋山が「八釣道」を元の阿倍山田道としたのは、県道124号線の位置にある阿倍山田道を方格地割論の中にうまく取り込むことができなかったためと思われる。阿倍山田道と「八釣道」の間隔はほぼ300mなので、両者を100歩≒177m単位の方格線に合致させることは不可能である[23]。そのため、100歩単位の方格地割論にとってより整合性の高い「八釣道」を方格線として採用し、かつ奈良時代以前の阿倍山田道としたのであろう。

したがって、方格地割論を除くと、秋山の論考中には、「八釣道」を古代に設定された直線道路の痕跡と見るべき根拠は示されていないといえる。この点は、その後に公表された各論考[24]も同じであり、今のところ「八釣道」古道説は想定の範囲を出ていない。7世紀前半以前における飛鳥地域の東西交通路の位置と形態は重要な問題ではあるが、現時点では「八釣道」がその解になるとはいえないのである[25]。

4　飛鳥寺北方の条里地割と「八釣道」

前節で述べたように、「八釣道」を古代の直線道路の痕跡とする説には、未だ確証が得られていない。むろん、「八釣道」付近に飛鳥から八釣、高家、倉橋に向かう道路が存在していた可能性は否定できないが、冒頭に述べたとおり、筆者は「八釣道」を条里の地割痕跡とする方がよいと考える。

図2は、橿原考古学研究所編『大和国条里復原図』（橿考研1980）に示されている飛鳥寺周辺の地形と条里地割である。飛鳥寺周辺は、高市郡路東29条4里に当たるが、「八釣道」は北3行目の中央付近に位置しており、条里地割とは関係しないように見える。

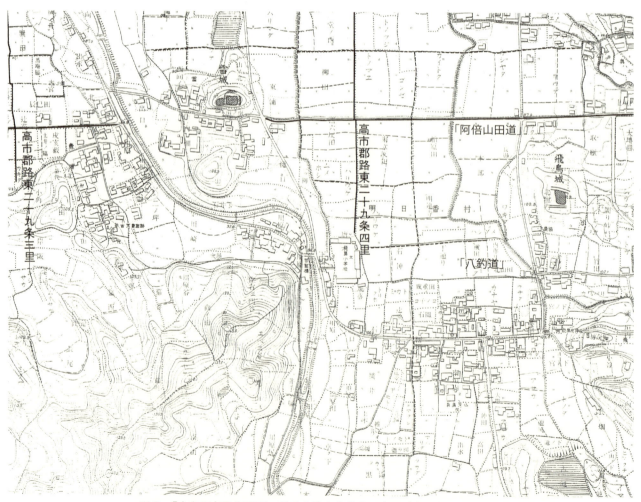

図2　『大和国条里復原図』が示す飛鳥寺北方の条里地割（約1/7000）

しかし、一見してわかるように、この復原図では条里の坪界線があまり拾えておらず、北1・2行目の界線、北2・3行目の界線が部分的に示されているに留まる。これは、路東28条と29条の条界を阿倍山田道としたことに起因するが、阿倍山田道を条界に当てるには大きな問題がある。

すでに小澤毅が指摘していることであるが、阿倍山田道を条界とすると、路東28条の南1行目（最南行）の南北の長さが、条里1町の平均≒109mよりかなり長くなってしまうのである（小澤2002）。木全敬蔵による奈良盆地の条里地割の調査結果を見れば、条里1町の長さはばらつきが大きいが、概ね109m±10mの範囲に収まっている（木全1987）。これに対し、路東28条最南行の南北長は、1/1000地形図上で計測すると120～125mであり、偶然の変動とするには大きすぎる。

小澤は、このことを認めた上で、阿倍山田道が条里の設定以前から存在していたため、道路の位置を条界に合わせるよう坪の規格調整が行われたものとする。しかし、7世紀に設定された道路のうち、条里の割付基準になっている下ツ道・横大路は別として、中ツ道や上ツ道は必ずしも条里の坪界と一致しているわけではなく、阿倍山田道についても条界に当てられていると見るべき必然性はない。

改めて、阿倍山田道周辺の地割を観察すると、道路の北側に、東西方向の畦畔が存在することに気付く。この畦畔は、現在でも奥山集落の南方から雷丘付近まで続いており、阿倍山田道との間隔は10～30mなので、路東28条と29条の界線として無理がない位置にある。また、飛鳥川西岸の明日香村豊浦から橿原市和田町においても、阿倍山田道（県道124号線）の北側に東西方向の畦畔が認められることから、路東29条の北界が阿倍山田道より北になることは確実である。

そして、この畦畔を路東29条の北界とした方が、図3のとおり『大和国条里復原図』より飛鳥川東岸における29条の坪界をうまく拾うことができるのである。すなわち、北1・2行目の坪界は、かつて西口壽生が元の阿倍山田道に想定（西口2001）した畦畔の位置、2・3行目の坪界は、中ノ川が不自然に東西方向をとる位置となる。さらに、北3・4行目の坪界には正しく「八釣道」が位置し、4・5行目の坪界の位置には飛鳥集落中央の東西道が当てはまる。これより南では、明確な坪界線を見出すことができないが[26]、飛鳥寺の寺域北半までは、

図3　飛鳥寺北方の条里地割復原案（約1/7000）

図3のように条里地割を復原すべきものと考える。

以上のように、高市郡路東29条の北界を見直すことによって、飛鳥寺周辺の条里地割をより整合的に復原することができ、本稿の主題としてきた「八釣道」も条里の地割痕跡として的確に位置付けることが可能である。少なくとも、遺構として確認できていない直線道路の痕跡とするよりは蓋然性が高いといえよう。

1970年代以降、飛鳥地域の考古地理学的研究においては、藤原京以前の方格地割や交通路の復原に主眼が置かれてきた感がある。7世紀は、飛鳥が歴史の中心舞台であったから、そこに関心が向くのは当然であるが、8世紀以降における条里の展開についても追究を忘れてはなるまい。

註
(1) 奈文研石神遺跡1・3次(奈文研1982・1984)。なお、このことは筆者より早く井上和人が指摘している(井上2007)。
(2) 秋山1971、相原1999・2013a・2013b、関川2013など。
(3) この里道は、八釣集落西方の小字名から「竹田道」とも呼ばれているが(明日香村2002、関川2013)、本稿は秋山説(秋山1971)の検討を中心に論述を進めるので、以下「八釣道」で統一する。
(4) ただし秋山は、井上の批判以前に「先に筆者は飛鳥京の内城域や大津京を令制一里三等分による十二条八坊制を考えたことがあるが、いまは再考したく、また正確な方格地割があったか否かも再検討したく考えている」と述べている(秋山1980)。
(5) 田辺征夫は、『日本書紀』における「京」の初出を推古16年(608)8月癸卯条の隋使裴世清入朝記事「唐客入京」とするが(田辺2005)、実際にはそれ以前に20例以上存在する。
(6) ちなみに、「都」は「〜を都とする」「〜に遷都する」という動詞的な用法が一般的である。
(7) 湊1983、阿部1986、小澤1997、西本2014など。
(8) 岸俊男は、天武5年(676)頃から「京」「京師」の語が頻出することについて、この時期に一定の京域を持った京が建設されていたことを示し、それが「倭京」であるとした(岸1982)。黒崎直も藤原京以前の「京」は「倭京」とも「古京」とも呼ばれ、方格地割を伴うものであったとする(黒崎2011)が、『日本書紀』の用例に照らせば、「倭京」等の語をそのような実体のあるものと解釈するのは無理があろう。
(9) 岸俊男も、「飛鳥の明日香の里」の「題詞については異説もあり、歌意についての新しい解釈も可能なので、あまり拘泥する必要がない」としている(岸1970)。
(10) 「飯岡」の位置は長らく未詳であったが、最近、山本崇は山田寺の北西方に比定する見解を示している(山本2013)。
(11) 明日香村雷丘東方遺跡3次(明日香村1987)。
(12) 奈文研71-10次(奈文研1994)。
(13) 奈文研山田道2・3次(奈文研1991)および山田道5次(奈文研1993)。
(14) 奈文研山田道7次(奈文研1995)。
(15) 藤原京の京域は、岸俊男の復原より広がることが明らかとなっているが、条坊の呼称は岸説に準じる。
(16) 奈文研山田寺7次SF608A・B(奈文研2002)。
(17) 奈文研石神遺跡13次SD3896(奈文研2001)。
(18) 竹田や西口が想定するように、藤原京十二条大路が阿倍山田道を踏襲していたとすると、たまたま横大路との南北距離が令制6里になったとせざるを得ないが、それは不自然であろう。

(19) 奈文研石神遺跡15次(奈文研2003)、同16次(同2004)。
(20) 奈文研石神遺跡19次(奈文研2008)。
(21) ただし、石神遺跡19次の報告(奈文研2008)では、慎重に未調査部分を阿倍山田道が通っていた可能性もあることを指摘している。
(22) 海石榴市の位置は、三輪山南西麓の桜井市金屋付近とする説、横大路と上ツ道の交点付近とする説があって確定していないが、飛鳥の北東であることは間違いない。
(23) このことは黒崎説でも同様であり、60歩≒106m単位方格でも、75歩単位方格でも、阿倍山田道は方格線上に乗らない。そのため、黒崎は「山田道の位置は周辺地形の影響を大きく受けたもので、いわゆる飛鳥の地割線などとは無縁に形成されていたもの」とせざるを得なくなっている(黒崎2011 p.147)。
(24) 相原1999・2013a・2013b、黒崎2005・2011、関川2013。なお、八釣集落の西方で行われた竹田遺跡の2000年度調査で、「八釣道」の北に接して東西方向の溝が検出され、道路側溝の可能性が指摘されているが(明日香村2002)、その隣接地で行われた2006年度調査では道路側溝らしい遺構は報告されていない(明日香村2008)。
(25) 阿倍山田道や川原寺と橘寺の間を通る道路の整備が7世紀中頃であること(後者の整備年代については明日香村1998、相原1999参照)を勘案すれば、7世紀前半の飛鳥地域の道路は、必ずしも正方位直線道路であったとは言えないであろう。林部均は、雷丘東方遺跡や石神遺跡などの7世紀前半の遺構が北に西に振れることから、推古朝の小墾田宮も正方位でなかった可能性が高いとしている(林部2010)。
(26) 路東29条と30条の条界に当たる飛鳥寺寺々域南辺では、条里以前の飛鳥寺の地割が踏襲されている。また、路東30条と31条の条界について、高橋誠一は明日香村役場北側の東西道とするが(高橋2006)、「八釣道」との距離は約1020mで、9坪分にしてはやや長すぎる。

引用・参考文献
相原嘉之1999「飛鳥の道路と宮殿・寺院・宅地―飛鳥の都市景観についての一視点」『条里制・古代都市研究』15
相原嘉之2013a「Ⅲ．飛鳥の道路網を復原する」飛鳥資料館図録第59冊『飛鳥・藤原京への道』奈良文化財研究所飛鳥資料館
相原嘉之2013b「飛鳥寺北方域の開発―7世紀前半の小墾田を中心として―」奈良県立橿原考古学研究所編『橿原考古学研究所論集16』八木書店
秋山日出雄1971「「飛鳥京と大津京」都制の比較的研究」奈良県史跡名勝天然記念物調査報告第26冊『飛鳥京跡一』奈良県教育委員会
秋山日出雄1980「「藤原京と飛鳥京」の京域考」『地理』25-9
明日香村1987『雷丘東方遺跡第3次発掘調査概報―村道耳成線道路改良事業に伴う調査―』明日香村教育委員会
明日香村1998「川原下の茶屋遺跡の調査」『平成8年度明日香村遺跡調査概報』明日香村教育委員会
明日香村2002「2000-11次 飛鳥竹田遺跡の調査」『明日香村遺跡調査概報平成12年度』明日香村教育委員会
明日香村2008「2006-4次 竹田遺跡範囲確認調査」『明日香村遺跡調査概報平成18年度』明日香村教育委員会
阿部義平1986「新益京について」『千葉史学』9
井上和人1986「飛鳥京域論の検証」『考古学雑誌』71-2
井上和人2007「「飛鳥の道路遺構と方格地割」説批判」『条里制・古代都市研究』22
入倉徳裕2014「新「飛鳥方格地割論」批判―7世紀の飛鳥に方格地割は存在しない―」『条里制・古代都市研究』29
小澤毅1997「古代都市「藤原京」の成立」『考古学研究』44-3
小澤毅2002「阿倍山田道について」奈良文化財研究所学報第

63冊『山田寺発掘調査報告』奈良文化財研究所
橿原考古学研究所編 1980『大和国条里復原図』奈良県教育委員会
岸俊男 1969「京域の想定と藤原京条坊制」奈良県史跡名勝天然記念物調査報告第25冊『藤原宮』奈良県教育委員会
岸俊男 1970「飛鳥と方格地割」『史林』53-2
岸俊男 1982「日本における「京」の成立」『東アジア世界における日本古代史講座6　日本律令国家と東アジア』学生社
喜田貞吉 1912「飛鳥の京（上）」『歴史地理』20-1
木全敬蔵 1987「条里地割の計測と解析」奈良県史編集委員会編『奈良県史第4巻』名著出版
黒崎直 2005「飛鳥の方格地割とその範囲」納谷守幸氏追悼論文集『飛鳥文化財論攷』納谷守幸氏追悼論文集刊行会
黒崎直 2011『飛鳥の都市計画を解く』同成社
関川尚功 2013「宮都飛鳥の道路と遺跡」『日本考古学』36
高橋誠一 2006「歴史地理学よりみた明日香村」『続明日香村史 上巻』明日香村
竹田政敬 1997「藤原京十二条大路と山田道」『堅田直先生古希記念論文集』真陽社
田辺征夫 2005「方格地割都城と方位に関する若干の覚書」納谷守幸氏追悼論文集『飛鳥文化財論攷』納谷守幸氏追悼論文集刊行会
奈文研 1982「飛鳥浄御原宮推定地の調査」『飛鳥・藤原宮発掘調査概報12』奈良国立文化財研究所
奈文研 1984「石神遺跡第3次調査」『飛鳥・藤原宮発掘調査概報14』奈良国立文化財研究所
奈文研 1991「山田道第2・3次調査」『飛鳥・藤原宮発掘調査概報21』奈良国立文化財研究所
奈文研 1993「山田道の調査（第5次）」『飛鳥・藤原宮発掘調査概報23』奈良国立文化財研究所
奈文研 1994「左京十一・十二条三坊（雷丘東方遺跡）の調査」『飛鳥・藤原宮発掘調査概報24』奈良国立文化財研究所
奈文研 1995「山田道第7次調査」『飛鳥・藤原宮発掘調査概報25』奈良国立文化財研究所
奈文研 2001「石神遺跡の調査―第110次」『奈良文化財研究所紀要2001』奈良文化財研究所
奈文研 2002 奈良文化財研究所学報第63冊『山田寺発掘調査報告』奈良文化財研究所
奈文研 2003「石神遺跡（第15次）の調査―第122次」『奈良文化財研究所紀要2003』奈良文化財研究所
奈文研 2004「石神遺跡（第16次）の調査―第129次」『奈良文化財研究所紀要2004』奈良文化財研究所
奈文研 2008「石神遺跡（第19・20次）の調査―第145・150次」『奈良文化財研究所紀要2008』奈良文化財研究所
西口壽生 2001「石神・小墾田・山田道」『季刊明日香風』79
西本昌弘 2014「藤原京と新益京の語義再考」『飛鳥・藤原と古代王権』同成社
林部均 2010「発掘された飛鳥の諸宮」木下正史・佐藤信編『古代の都1　飛鳥から藤原京へ』吉川弘文館
湊哲夫 1983「飛鳥浄御原宮の基礎的考察」『日本史論叢』10
山本崇 2013「Ⅰ．官道の整備と外国使節の往来」飛鳥資料館図録第59冊『飛鳥・藤原京への道』奈良文化財研究所 飛鳥資料館

図出典
図1　国土地理院5万分の1地形図より作製
図2　『大和国条里復原図』（橿考研1980）より作製
図3　奈良国立文化財研究所1千分の1地形図より作製

空　間

東アジアの都城遺跡と世界遺産

山 田 隆 文

はじめに

2017年7月の第41回世界遺産委員会の終了時点で、世界遺産は1,073件がリストに記載され、そのうち文化遺産は832件にのぼる[(1)]。文化遺産の種別は、「記念物（Monuments）」、「建造物群（Groups of Buildings）」、「遺跡（Sites）」に分類される。「遺跡」は、「人間の作品、自然と人間との共同作品」と『世界遺産条約』に規定され、この中には考古学的遺跡も含まれる。

考古学的遺跡で世界遺産リストに記載されたものも種類は多岐にわたるが、主なものとして墳墓遺跡や都市遺跡、特に現在は滅亡してしまって存在しない国家の首都の遺跡をあげることができる。

さて、中国を中心とした古代東アジア文化圏に属する地域でも多数の都城遺跡が世界遺産リストやその暫定リストに記載されている。都城遺跡は、国家の中枢施設の遺跡であり、その国の歴史を知るうえで、さらにはその国民に歴史（認識）を周知させるうえで最も重要な遺跡であることは、言うまでもない。しかし、その学問上の歴史的意義と、世界遺産としての顕著な普遍的価値（OUV：Outstanding Universal Value）の言明や価値基準（Criteria）の適用とは、必ずしも一致するものではない。

本稿では、それらの文化遺産がどのような顕著な普遍的価値の位置づけをしているのか、同じ文化圏における他の都城遺跡とどのような共通点や相違点があるのかの検討を試みることにする。

1　世界遺産である東アジア文化圏の都城遺跡

本稿では中国に存在した帝国を中心とした東アジア文化圏に属する都城遺跡のうち、世界遺産リストに記載されているもの17件、暫定リストに記載されているもの（以下、本稿では「暫定遺産」と称することとする）3件を検討対象とする。なお、都城遺跡の一部の資産を個別に世界遺産としている事例が2件あるが、本稿では「明清都城」として4件の世界遺産を、「朝鮮都城」として3件の世界遺産と1件の暫定遺産を、各々ひとつの事例としてまとめて検討対象とする。また、「シルクロード―長安〜天山回廊の交易路網―」には4つの都城遺跡が構成資産となっているが、本稿では1件の世界遺産として扱う。

さて、本稿では東アジア文化圏を中国の帝国及び、冊封関係など密接な交流関係があった国家が存在した地域とする。地理的な東アジアだけでなく、漢字を使用したベトナムも本稿では同じ文化圏として検討対象に加える。

では、まず各遺跡について、ごく簡単に世界遺産としての記載名称と遺跡の概要について述べる[(2)]。

漢　未央宮

前漢の都城である長安城の内部にある宮城のひとつである。中国陝西省西安市に所在する。未央宮は、初代皇帝の高祖7年（前200）に造営が開始された。前漢長安城の内部には、他に長楽宮、明光宮、桂宮、北宮と多数の皇宮があり、それら全体を取り囲むように屈曲させながら版築の城壁が築造された。城壁は前194〜前190年に築造されたもので、周長は約22.7kmになる。

2014年に世界遺産リストに記載された「シルクロード―長安〜天山回廊の交易路網―」（以下、世界遺産「シルクロード」）では、シルクロードの中心都市のひとつという位置づけで、周辺の市街地化の影響や調査整備の関係もあるのだろうが、漢長安城全体ではなく、未央宮のみが構成資産として登録されている。

漢魏　洛陽城

中国河南省洛陽市に所在する。西周代に東方経営の拠点として造営されたのが最初で、その後、後漢、曹魏、西晋、北魏などに都城として使用された。そのため漢魏洛陽城の城壁は、度重なる増築の結果、不整形に入り組んだ形状となっているが、概ね南北に長い長方形と理解することができる。南辺の城壁は洛河によって浸食されているが、復元周長は約1.43kmとなる。北魏の宣武帝は501年にこれまでの都城の周囲に南北約6.5km、東西約8.7kmの外郭城を増築し、その内部に方格の街区である坊里を整備した。

世界遺産「シルクロード」では、シルクロードの中心都市のひとつに位置づけられる。周辺は市街地化が進んでおらず、保存状況は良好であるとみられる。北魏洛陽城の外郭城も含めた都城全体が構成資産となっている。

唐　長安城大明宮

　唐の都城である西京長安城の城外の北西側に隣接して造営された皇宮（宮城）である。太宗の貞観8年（634）に高祖の避暑地として禁苑内に宮殿が造営されたのが最初で、玄宗の開元16年（728）以降はここで政務がおこなわれるようになった。

　隋の開皇3年（583）に造営が開始された大興城、後の唐長安城本体は南北約8.65km、東西約9.72kmの規模で、朱雀大街を中軸に南北13坊、東西10坊の方格の街区が広がり、中軸の北詰めに皇城・宮城を設ける北闕型都城の完成形のひとつと評価されるが、これは構成資産に掲げられず、大明宮のみが世界遺産「シルクロード」の構成資産となっている。

唐　洛陽城

　中国河南省洛陽市に所在する都城である。造営の開始は隋の大業元年（605）で、唐代には東都、また武周の都として使用された。南北約7.3km、東西約7.3kmで、唐長安城と同様に北闕型の都城である。外郭城の正門である定鼎門から北に延びる定鼎門街を中軸とする。この中軸線は、東西の中央ではなく、かなり西寄りに設定された変則的な形態であるが、南北13坊、東西13坊の方格の坊里が整備される。定鼎門街の北詰には、皇城・宮城が設けられている。

　世界遺産「シルクロード」では、シルクロードへと続く門という出発点の位置づけで洛陽城全体の正門である定鼎門の遺跡のみが構成資産として登録されている。

ウイグル可汗国　オルドバリク

　回鶻可汗国の第3代君主である牟羽可汗（在位759-779）によって建設された都城である。モンゴル国のオルホン川西岸のカラ・バルガスン遺跡に都城跡は存在する。都城は二重構造で、外城址は約5km四方におよび、その中心に位置する内城址は420×335mの規模を測る。

　なお「オルホン渓谷の文化的景観」は、遊牧民族による国家が存在した風土や遊牧民族の文化伝統と自然環境の関係性を強調した価値表明をしていることが特徴的であるが、唐の隣国であった突厥の石碑をはじめ、後述するモンゴル帝国の都城であるカラコルムや、ドイト丘陵の宮殿跡など遊牧民族による国家の考古学的遺跡も多く構成資産となっている。

モンゴル帝国　カラコルム

　「オルホン渓谷の文化的景観」の構成資産のひとつであるカラコルムは、チンギス・ハーンが建国したモンゴル帝国の都城として1220年に造営された。城壁に囲まれた南北約1.45km、東西約1.13kmの方形で、城壁内には宮殿のほか、軍事施設、仏教寺院をはじめイスラム教やキリスト教などの宗教施設、王侯貴族や一般住民の住居、商店などが多数存在していたことが発掘調査などの結果、明らかとなった。

　また、同じく構成資産となっているドイト丘陵の宮殿跡は、モンゴル帝国第2代皇帝のオゴデイ・ハーンの宮殿と推定されている。

元　上都

　モンゴル帝国の第5代皇帝で、中国に大元帝国を建国したフビライ・ハーンが最初に造営した都城で、中国内蒙古自治区シリンゴル盟正藍旗に所在する。モンゴル帝国による中国支配の首都として1256年から造営された。中国人官僚に命じて設計されたことから、中国の都城理念にかなう構造をしている。宮城・内城・外城の三重構造をしており、外城は、一辺約2.2kmの正方形である。開発が全く及んでおらず、遺跡の保存状況は非常に良好である。

　2012年に「上都の遺跡」として都城の全域かつ、単独で世界遺産リストに記載された。

高句麗　卒本城

　世界遺産「古代高句麗王国の首都と古墳群」の構成資産として、高句麗の建国当初の都だった卒本城と推定される中国吉林省桓仁満族自治県に所在する五女山城が登録される。玄武岩の切り立った崖が特徴的な五女山の山頂部に立地し、比較的緩やかな東側の斜面に石築で高く積み上げられた城壁が565m残る。城壁自体は高句麗よりも後の時代の修復の手が加えられている可能性も否定できないが、『三国史記』の記述では、紀元前37年の建国とされ、3世紀初め頃に次に述べる国内城に遷都するまで、都として機能したと推定される。城内の発掘調査では紀元前後までさかのぼる可能性のある遺物も出土している。

高句麗　国内城（丸都）

　中国吉林省集安市に所在する。『三国史記』や中国の正史の記録や考古学的な調査成果から3世紀の初め頃には遷都されていたと考えられ、長寿王15年（427）に平壌城に遷都するまで都城として機能した。平地の通溝城と後背山地の山城子山城で都を構成していた。高句麗の都城は平地城と山城のセットで構成されており、このスタイルは後の古代朝鮮全体や日本にも影響を与えたが、その典型が成立したのが国内城と評価できる。

空　　間

「古代高句麗王国の首都と古墳群」の構成資産として、通溝城(登録名「国内城」)と山城子山城(登録名「丸都山城」)が登録される。通溝城は、平面が不等辺の方形、周囲約2.7kmで、城壁は版築によって築かれ、外面は石築であることが発掘調査で判明している。山城子山城は南東に大きく開いた谷とそれを取り囲む山塊に周長約6.95kmの石築城壁をめぐらせた包谷式山城である。南門の城内側の平地部や周辺の傾斜地からは、防御施設だけでなく、平面八角形の宮殿建物なども多数検出され、単なる軍事施設ではなく、王宮として機能した可能性も想定される。

集安市域での世界遺産の構成資産は、上述の2つの城郭以外に、王陵を中心とした積石塚や古墳、広開土王碑がリストに記載される。

高句麗　平壌城

朝鮮民主主義人民共和国平壌市に所在する高句麗3番目の都である。平地城の清岩里土城と山城の大城山城のセットで都城を構成していたと考えられる。427年から586年まで都であったが、城自体は長安城遷都後も機能したと考えられる。

暫定リストに記載される「平壌の歴史的遺蹟」の構成資産候補として大城山城と清岩里土城がリストアップされている。大同江の北岸に面した低丘陵に築かれた周長約2.7kmの清岩里土城に王宮が置かれた可能性が高いと推定されるが、現在は内部に朝鮮民主主義人民共和国の主要施設などがあるため、内部に立ち入ることはできず、戦前の調査事例のほか、詳細は不明である。清岩里土城の北東の後背山地にある大城山城は、周長約7.1kmの石築城壁が築かれており、清岩里土城がある南西方向に開いた谷を取り込んだ包谷式山城である。城内からは石築の貯水池が170基も確認されているほか、大型建物跡、倉庫跡などが確認されているとのことであるが、その詳細についてはあまりわかっていないのが現状である。

高句麗　長安城

高句麗4番目で最後の都である。王宮が置かれたと推定される丘陵部の内城と街区にあたる平地部の外城が一体となった都城で、東西約3.6km、南北約6.3kmの規模をはかる。城壁の大部分は朝鮮戦争後の市街地化で消滅してしまったが、内城と北城を中心に一部遺存している。外城には戦前まで方格の地割が遺存しており、発掘調査の成果からも方格の街区、すなわち坊里が存在したことが判明したが、現在は市街地化によって地割痕跡の大半が消滅してしまい外城壁もわずかに残るのみである。

暫定リストに記載される「平壌の歴史的遺蹟」の構成資産候補として掲げられているが、長安城のどの遺構を資産とするのか、価値付けをどのようにする方針なのか詳細は不明である。

百済　熊津城

百済2番目の王都で、建国当初の王都は現在のソウルに所在した漢城であるが、475年に高句麗の攻撃によって蓋鹵王が殺害されると百済は一時期滅亡した状況となり、翌476年にその王子である文周王が漢城から大きく南下した現在の韓国忠清南道公州市である熊津城を都として百済を復興した。

王宮の置かれた公山城は、百済時代の築造であるが、朝鮮時代まで修築、増築を繰り返して使用され続けたため、現在みられる石築の城壁はほとんどが後代のものである。百済時代の遺構は、これまでの発掘調査の結果、城壁、宮殿建築、貯水池などが検出された。

2015年に世界遺産リストに記載された「百済歴史遺蹟地区」には、公州から公山城と武寧王陵をはじめとする宋山里古墳群の2件が構成資産となった。

百済　泗沘城

現在の韓国忠清南道扶余郡扶余邑に所在する百済3番目で最後の都城である。聖王が538年に同じ錦江の上流約25kmの熊津から遷都した。北から西を廻って南へと屈曲する錦江に三方を囲まれた立地で、その北端の丘陵に扶蘇山城を築き、その南麓から南西麓に王宮を造営したと推定される。河川に面していない東側の丘陵部には内部が版築で外面が石築の羅城が全長約6.3kmにわたって築造され、防御にあてている。

「百済歴史遺蹟地区」では、扶蘇山城、王宮推定地である官北里遺蹟、羅城が都城の遺構そのものの構成資産として掲げられ、その他に都城内の定林寺址、都城外東側に隣接する王陵である陵山里古墳群が構成資産となっている。

百済　金馬渚

韓国全羅北道益山市に所在する百済時代後期の宮殿遺跡である。『三国史記』や『三国遺事』には、この宮殿に関する記録がないが、ほかの文献史料に武王の別称と推定される名の王による金馬渚への遷都伝承が記述されており、それがこの遺跡であるという見解が有力である。ただし現状では、遷都ではなく、別都や副都と捉えるのが妥当であろう。

王宮里遺蹟は、南北約490m、東西約240mの城壁

に囲まれている。城内は、南に緩やかに下る傾斜地で、階段状に整地した面から、大小さまざまな宮殿建築や庭園、工房などの遺構が確認されている。

「百済歴史遺蹟地区」では、王宮里遺蹟のほかに近在の百済創建では最大の仏教寺院で、百済王室によって造営されたと推定される弥勒寺址が構成資産となった。

新羅　金城・金京

現在の韓国慶尚北道慶州市に所在する古代国家の新羅の都城である。神話上は紀元前57年の建国とされるが、考古学的に国家の存在を認識できるのは4世紀になってからで、南川北岸に面した低丘陵に築造された月城を王宮とした。唐との連合により三国を統一した7世紀後半から末頃には、唐の影響を受けて方格の街区を備えた都城を整備しはじめ、最終的には西川東岸の慶州盆地のほぼ全域に坊里が広がるに至った。

2000年に「慶州歴史遺蹟地区」として世界遺産リストに記載され、都城関連の遺跡としては、王宮である月城、東宮で庭園遺構のある臨海殿址、新羅最大の寺院である皇龍寺址、その北隣で現存する芬皇寺、都城の東側で防御をになった明活山城が構成資産となった。皇龍寺址の敷地が方格の街区の形態を示すが、一般の街区は構成資産に含まれない。

高麗　開京

中世の朝鮮半島に存在した高麗国の都城で、現在の北朝鮮開城市に所在する。918年に鉄原で高麗国を建国した王建が919年に本来の本拠地に新たに造営した都城である。唐長安城を典型とする古代都城の形態とは大きく異なり、周辺の丘陵や山地の稜線部に石築の羅城（外城）を廻らせ、内部に方格の街区は設けていない。羅城は周長約23kmに及ぶ。羅城域の北西隅に内城、皇城、宮城の城壁が築かれ、宮城内に王宮が置かれた。

2013年に記載された世界遺産「開城市の歴史的建造物と史跡」では、王宮である満月台をはじめ、羅城などの城壁、内城壁に設けられた南大門などの都城関連のほかに、遺産のコンセプトである儒教思想の教育施設である成均館や王陵群が構成資産となっている。

朝鮮　漢城府

近世の朝鮮半島に存在した朝鮮国の都城で、現在の韓国の首都ソウル特別市の漢江北岸に所在する。1392年に開京で建国した李成桂が1394年に遷都した。南北にある山地をつなぐように羅城が巡らされ、内部には一般の街区のほかに正宮である景福宮をはじめ、昌徳宮、昌慶宮、徳寿宮といった王宮、宗廟や社稷などの祭祀施設など多くの施設が造営された。

漢城府に関する世界遺産は、一括したものではなく、1997年に記載された「昌徳宮」、1995年に記載された「宗廟」、現在は暫定遺産である「漢陽都城」と個別のものである。さらに王の陵墓も2009年に「朝鮮王朝の王陵群」として別途記載される。

また、朝鮮国の行宮であった「華城」や「南漢山城」もそれぞれ単独で世界遺産リストに記載されている。

ベトナム　昇龍（タンロン）

現在のベトナム社会主義共和国（以下、ベトナム）の首都である北部のハノイ市に所在する。1009年に建国され、1010年に唐の支配拠点の跡地に造営された李朝大越国の都である昇龍（タンロン）で、その後ベトナムに建国された歴代国家の多くがここを都とした。現在も現存する建造物は、1428年に中国の明から独立して建国された黎朝大越国のもので、2010年に「ハノイ・タンロン皇城の中心地区」として世界遺産リストには、王宮の正門である端門や発掘調査で検出された11〜13世紀の李朝大越国の宮殿群の遺構などを含む皇城の西半6割程度が構成資産として記載されるが、フランス植民地時代に稜堡式に改築された外郭城壁は全く現存しておらず、構成資産には含まれていない。

ベトナム　順化（フエ）

現在のベトナム中部フエ市に所在する。1802年に建国された阮朝越南国の都である順化（トゥアンホア）で、初代皇帝の嘉隆帝によって造営された。中軸線は北西―南東方向にほぼ45度傾いており、フオン川に面した南東側が正面となる。フランスに留学経験のある建築家が設計した一辺約2.2kmの稜堡式の外郭城壁と外濠が周囲に巡らされる。中軸の南東詰めには幅662m、奥行き604mの王宮が造営されたが、これは当時の中国清朝の皇宮である紫禁城をモデルとして4分の3の規模で造営された。1993年に記載された「フエの建造物群」には、これら都城の建造物群と外郭城壁・外濠だけでなく、皇帝陵である帝廟や仏教寺院が構成資産となった。

なお、日本の古代都城の概要説明については、紙幅の都合上省略する。

2　都城の構成要素と価値基準の比較

この章では、前章で概説した現在の中国に存在した国家の影響を受けた東アジアの都城とその関連遺跡について、世界遺産としての資産の構成要素の比較、顕著な普

空　間

名　　称		区分	王宮	外郭施設 防衛施設	公的機関 (役所など)	宗教施設 教育施設	市街地 道路など	市・工房など 商工業施設	陵墓	文化的景観 など	備　考
飛鳥・藤原の宮都と その関連資産群	飛鳥	暫	○		○	○		○	○	○	
	藤原		○	△	○	○	○		○	○	
古都奈良の文化財		正	○	−	○	○	−	−	−	○	
古都京都の文化財		正	△	−	△	○	−	−	−	−	宗教建築と庭園
武家の古都　鎌倉		暫	△	○	△	○					
百済歴史遺蹟地区	公州	正	○		○				○	−	
	扶余		○	○		○		△	○	−	
	益山		○			○			△	△	
平壌の歴史的遺蹟（高句麗のみ）		暫	○	○	○	○	−	−	△	−	別に高句麗古墳 群が世界遺産
慶州歴史遺蹟地区		正	○		○	○	−	−	○		
開城の歴史的記念物と遺蹟群		正	○	○	○	○			○		
昌徳宮		正	○								朝鮮都城
宗廟		正				○					
漢城都城		暫		○							
朝鮮王陵		正							○		
南漢山城		正	○	○	○	○	−	−	−	−	行宮
華城		正	△	○	△	○	−	−	−	−	行宮
殷墟		正	○	○	△		○				
シルクロード		正	○	○	○	○	○	△			
古代高句麗王国の首都と古墳群		正	○	○	△	−			○	−	
元上都「ザナドゥの遺跡」		正	○	○	○			△	−		
北京と瀋陽の明・清朝皇宮群		正	○		○						明清都城
頤和園		正	○							○	
天壇		正				○					
明・清朝の皇帝陵墓群		正							○		
承徳の避暑山荘と外八廟		正	○			○				○	清の離宮
オルホン渓谷の文化的景観		正	○		○	○			○	○	
ハノイ・タンロン皇城中心地区		正	○	△	○	△	−	−	−	−	
フエの建造物群		正	○	○		○			○		

○構成資産がある　　△構成資産になっていないが、遺跡はある　　−適用せず

表1　東アジア文化圏における世界遺産の都城遺跡　構成要素の比較

遍的価値の言明やコンセプトの比較、価値基準の適用の比較をおこない、世界遺産の推薦国による特色や傾向にどのような違いがあるかを検討する。

　表1は、東アジアの都城遺跡で世界遺産リストおよび暫定リストに記載されたものの都城の構成要素を比較したものである。構成要素は、都城の中枢である皇帝や王が暮らし、政治を執りおこなう「王宮」、貴族や役人が政治をおこなう官衙や役所などの「公的施設」、都城を囲む区画や防御のための「外郭施設」、仏教寺院や学校などの「宗教・教育施設」、貴族や一般住民が暮らす地区とそこに敷設された「市街地・道路」、市場や工房などの「商工業施設」、皇帝や王侯貴族の「陵墓」、資産そのものや周辺を含めた「文化的景観」の8項目とした。なお、韓国の「昌徳宮」・「宗廟」・「漢城都城」・「朝鮮王陵」と、中国の「北京と瀋陽の明・清朝皇宮群」・「頤和園」・「天壇」・「明・清朝の皇帝陵墓群」は、それぞれ独立した世界遺産や暫定資産であるが、ここではまとめて「朝鮮都城」、「明清都城」と捉えることとした。

　さて、構成要素であるが、都城の中枢である王宮と公的施設は、当然すべての遺産に存在するものの、一部に遺跡としては存在が確認されているものの世界遺産の構成資産としてリストアップされていないものがある。特に「武家の古都　鎌倉」は、2013年にICOMOSからの勧告を受けて推薦を取り下げたことは記憶に新しいが、このときの勧告では鎌倉幕府の中枢機関である大倉御所などの施設がひとつも構成資産に含められていないことで世界遺産としての価値証明を充分に満たせていないと指摘された。

名　　　称	区分	i	ii	iii	iv	v	vi
飛鳥・藤原の宮都とその関連資産群	暫		○	○	○	○	○
古都奈良の文化財	正		●	●	●		●
古都京都の文化財	正		●		○		○
武家の古都　鎌倉	暫				○		○
百済歴史遺蹟地区	正		●	●			
平壌の歴史的遺蹟	暫	○	○	○			○
慶州歴史遺蹟地区	正		○				
開城の歴史的記念物と遺蹟群	正		●	●	○		
昌徳宮	正		●	●			
宗廟	正				●		
漢城都城	暫		○	○	○		○
朝鮮王陵	正			●	●		●
南漢山城	正		●		●		○
華城	正		●	●			
殷墟	正		●	●			
シルクロード	正		●	●	●	●	●
古代高句麗王国の首都と古墳群	正	●	●	●	●		
元上都「ザナドゥの遺跡」	正		●				●
北京と瀋陽の明・清朝皇宮群	正		●	●	●		
頤和園	正	●	●	●			
天壇	正	●	●	●			
明・清朝の皇帝陵墓群	正	●	●	●	●		●
承徳の避暑山荘と外八廟	正		●		●		
オルホン渓谷の文化的景観	正		●	●	●		
ハノイ・タンロン皇城中心地区	正		●	●	●		
フエの建造物群	正			○	●		

●は適用が認められたもの
○は適用がみとめられなかったものと、暫定遺産で適用を検討中のもの

表2　価値基準の適用の比較

　また、中国をはじめとする東アジアの国家のほとんどが仏教を受容しており、仏教寺院を構成資産としたものも非常に多い。
　一方で、貴族や一般住民が暮らした市街地やそこに敷設された道路網、住民の生活に関連する市場や各種の製品を造る工房などの遺跡を世界遺産の構成資産としているものは非常に少ない。これは、都城遺跡の多くが広大な面積であり、なおかつ現代も都市として機能しているために、遺跡としても部分的な把握に限られたり、保存措置を講じるのが困難であることが起因していると判断される。工房遺跡については、「飛鳥・藤原」で飛鳥池遺跡が構成資産候補としてリストアップされ、「百済歴史遺蹟地区」で推進当初に瓦窯や土器窯が構成資産候補としてリストアップされていた程度である。市街地を構成資産とできているのは、開発が及ばずに遺跡全体が良好に保存されている元上都やオルホン渓谷の構成資産であるウイグル可汗国のオルドバリク、モンゴル帝国のカラコルムなど数少ない。

　都城を囲む羅城などの外郭城壁や都城周辺の防御施設である城塞も、韓国・朝鮮や中国の都城では必須の構成要素であり、その多くが世界遺産の構成資産となっている。朝鮮国の都城の外郭である漢陽都城はまだ暫定資産で、現在単独での世界遺産リスト記載に向けた推進活動がおこなわれているが、城壁はあくまで朝鮮都城の構成要素のひとつに過ぎず、王宮のひとつである昌徳宮や祭祀施設である宗廟、構成資産ではない都城内の諸施設との関連性の中で、今後どのように単独での価値づけがなされていくのか注目したい。一方、日本の都城では羅城門とそれにつながる一部区間のみの築地塀の検出事例はあるものの、都城全体を完全に囲む外郭城壁としての羅城そのものが存在しておらず、また都城を直接的に防御する城塞も確認されていない。そのため、資産の分布範囲の意義付けが明確でないと見られがちで、韓国・朝鮮や中国のものと比べると資産の分布範囲と歴史的背景としての都城の範囲を関連付けて認識するのが難しい状態にあるといえる。
　陵墓は、一般的に都城から離れた場所に造営されており、都城そのものを構成するものではないが、国家の支配者である皇帝や王の墓所であり、都城と関連させて一体的に世界遺産とする事例はアジアに限らず多い。しかし、日本の世界遺産では暫定の飛鳥・藤原以外は陵墓が構成資産には含まれていない。日本の世界遺産で「古都奈良」の場合は平城宮跡が構成資産に含まれているために都城という概念を認識しやすいが、「古都京都」では宗教建築と庭園を中心に、宗教建築物群を中心に世界遺産としての価値づけがなされたため、「古都」を冠するものの都城遺跡としての認識はせず、都城の構成要素や為政者の陵墓を構成資産に採用しなかったものと考えられる。
　表2は、東アジアの世界遺産の価値基準の適用状況を比較したものである。
　価値基準とは、ユネスコ世界遺産委員会によって定められたガイドライン『世界遺産条約履行のための作業指針』[3]に規定された世界遺産としての顕著な普遍的価値を充たしていることを証明するための10項目の基準で、日本では登録価値基準や評価基準とも訳される。このうち1番目から6番目が文化遺産に適用されるものである。ここではまず、その6項目の内容を記しておく。
　 i ）人類の創造的才能を表す傑作である。
　ii ）建築、科学技術、記念碑、都市計画、景観設計の発展に重要な影響を与えた、ある期間にわたる価値観の交流又はある文化圏内での価値観の交流を示すものである。

空　間

ⅲ）現存するか消滅しているかにかかわらず、ある文化的伝統又は文明の存在を伝承する物証として無二の存在（少なくとも稀有な存在）である。

ⅳ）歴史上の重要な段階を物語る建築物、その集合体、あるいは景観を代表する顕著な見本である。

ⅴ）あるひとつの文化（又は複数の文化）を特徴づけるような伝統的居住形態若しくは陸上・海上の土地利用形態を代表する顕著な見本である。又は、人類と環境とのふれあいを代表する顕著な見本である（特に不可逆的な変化によりその存続が危ぶまれているもの）。

ⅵ）顕著な普遍的価値を有する出来事（行事）、生きた伝統、思想、信仰、芸術的作品、あるいは文学的作品と直接又は実質的関連がある（この基準は他の基準とあわせて用いられることが望ましい）。

　表2の比較結果に話を戻すと、今回比較対象とした20件の世界遺産と暫定遺産で適用が最も多いのが19件の価値基準ⅱで、次が18件の価値基準ⅲである[4]。

　東アジアの都城遺跡は、中国に歴代興った巨大帝国の影響を多分に受けて成立したものであることは疑いなく、中国を中心とした東アジア文化圏もしくは漢字文化圏に属していると評価できることから、価値基準ⅱが適用しやすいと言える。

　価値基準ⅲは、現存か消滅かにかかわらず、ある文明が存在したことを伝承する物証と位置付けられていることから、特に既に滅亡してしまった国家の中枢施設であり、かつ代表的な遺跡である都城には適用しやすく、また承認もされやすいものと言える。実際に「朝鮮半島を1000年近くにわたって支配した新羅」、「失われた高句麗文明の優れた物証」などの文言をみることができる。

　価値基準ⅳは、推薦時の適用は暫定遺産の検討中のものも含めて18件と多いが、世界遺産委員会で審議されて承認されたのは15件中12件と、可否が最も割れた結果となっている。国別にみると、日本・中国・モンゴル・ベトナムでは、これまで推薦で全てが承認されているものの、韓国・北朝鮮のみが5件中3件で承認されていない。その理由として、推薦書での価値基準ⅳの言明の内容が、他の価値基準の言明の内容と重複していることや、都城の要素のひとつである一般の街区が全く構成資産に含まれないことが、価値基準ⅳの条件である建築物やその集合体であることを充たしていないことが、ICOMOSの勧告で指摘されている。日本の鎌倉もICOMOSの勧告を受けて申請を取り下げているが、勧告の内容には、寺院や神社、庭園だけでは、最初の幕府の中心地であることのOUVを充たしていないなどの指摘が含まれている[5]。

　人類の傑作という価値基準ⅰは、日本や韓国・北朝鮮の遺産でも適用が検討されたり、実際に推薦書に明言された事例があるが、承認はされていない。中国の遺産は申請のすべてが承認されている。これは、価値基準ⅰの適用に値するものは東アジア文化圏の文化の発信源が中国に存在した各帝国の遺産のみであり、周辺の国家は中国の影響下のもと、周辺国同士は相互交流している（すなわち価値基準ⅱ）とICOMOSの専門家たちから認識されているということが理由のひとつと推測される。

　価値基準ⅵは、日本と中国では適用されることが多いが、韓国では適用されないことが多い。韓国での適用が少ない理由は、世界遺産で無形文化財との関連性を主張するよりも、別途に世界無形文化遺産の記載を積極的に推進する戦略を国家がとっている可能性が考えられる。逆に日本では都城遺跡に限らず、価値基準ⅵを適用する傾向が強い。近代遺産を除く文化遺産12件のうちおよそ3分の2にあたる7件で適用された。これは、日本において信仰や宗教儀礼、伝統技術などが現在もなお連綿と継承されていることと関連付けており、その根底には他国とは異なり、我が日本国が建国以来、現在まで滅亡することなく存続していることが理由のひとつであると考えられる。

むすび

　さて、奈良県が関係市村とともに県下4件目の世界遺産リストの記載を目指しているのが「飛鳥・藤原の宮都とその関連資産群」（以下、「飛鳥・藤原」）である。2007年に暫定リストに記載されて以来10年以上経過したが、国内の他の暫定遺産の進捗状況と比較すると、事業としては停滞していると言わざるをえない。ここではむすびに替えて、前項で比較した検討結果を踏まえ、「飛鳥・藤原」の課題について私見を述べることとする。

　まず、都城の要素と世界遺産としての構成資産の関係性については、表1に示したとおり、日本の都城の最大の特徴のひとつである外郭城壁が存在しないことを除くと、他の要素は全て構成資産候補としてリストアップされており、その内容は比較対象とした他の都城遺跡とも遜色はない。

　次に、価値基準の適用については、暫定リスト記載時には価値基準がⅰ以外のⅱ・ⅲ・ⅳ・ⅴ・ⅵの5項目で、構成資産候補が28件あったが、2014年に作成された啓発パンフレットによると構成資産が20件まで絞り込まれている。また、パンフレットの内容から価値基準ⅱ・ⅲ・ⅵの適用を検討していることが想定できる[6]。

　具体的には、東アジア文化圏の中での中国・朝鮮半島

と交流し、伝統的な文化と先進文化を融合・発展させたという視点は、価値基準iiに該当する。さらに、文化の融合・発展を示す遺跡が律令制による天皇を中心とした国家の成立過程を証明するという視点は、価値基準iiiに該当する。また、『古事記』や『万葉集』の舞台であることや日本人の多くが「日本の心のふるさと」と連想するという視点は、価値基準viに該当する。そして、全体のコンセプトは「日本国の誕生を物語る資産」としている。

構成資産について不安視されるのは、構成資産候補がOUVを証明するのに過不足がないか、また地域を限定することに正当性があるのか、ということである。「飛鳥・藤原」の場合は、「古都奈良の文化財」の平城宮跡との価値付けを明確に差別化することや、律令国家の成立を通史的に評価した場合に、なぜ同時代の難波長柄豊碕宮や大津宮が除外されて構成資産となりえないのかを、行政的な事情ではなく学術的に説明することが必要で、これは承認の可否が割れる価値基準ivの適用にとって重要となる。

また、コンセプトにある「日本国誕生」の文言も懸念材料となりうる。価値基準iiiでは現存か消滅に関わらずと規定しているものの「日本国」の文言を強調しすぎると現在の日本のナショナリズムにOUVがあると誤解される可能性があるのである[7]。我が国は「日本国」の名で現在も存続する国家ではあるが、その継続性の強調ではなく、「飛鳥・藤原」の資産が示す歴史上の重要な段階にOUVがあることを証明する努力が必要となってくる。

ここまで、東アジアにおける世界遺産及び暫定遺産である都城遺跡の比較を試みてきた。これだけ類似する遺産が存在すると、現在の独立国家としての個別の枠組みで捉える方法では無二な（少なくとも稀有な）存在であることを証明するのは、非常に困難である。個々の国家としてではなく、ひとつの東アジア文化圏として文化伝播や相互交流による各文化の様相を共通点も相違点も踏まえたOUVを見出す必要があるのかもしれない。

世界遺産の理念は、文化遺産の優劣のランク付けをして序列化することではない。世界遺産ではない地域の文化遺産や無形文化遺産も含めて、次世代への継承、持続可能な地球へ貢献するためにどのようにリストに記載し、保全活用するかが大切となってくる。「飛鳥・藤原」という非常に限られた地域（ローカル）における世界遺産へ向けた活動が、よりグローバルな視点で実施することの一助となれるよう、今後も各地の事例や専門家の意見を収集して検討を進めたい。

註
(1) なお、世界遺産の暫定リスト（Tentative List）に記載された遺産は、2018年4月現在で、1706件にのぼる。
(2) 都城の歴史的概要については各参考文献をもとに、世界遺産の構成資産の概要については、ユネスコ世界遺産センターのホームページに掲載される各遺産の概要、添付される推薦書（英文）によった。各推薦書については、紙幅の都合上、割愛させていただくことをお許しいただきたい。なお、ホームページのアドレスは次のとおりである。
http://whc.unesco.org/
(3) ユネスコ世界遺産センターから出された『The Operational Guidelines for the Implementation of the World Heritage Convention』で、2017年に改訂されたものが、現時点では最新版である。
(4) ともに適用していないのは、ベトナムのフエの建造物群であるが、これは推薦の際には価値基準iiiが適用されていたものの審議の結果、現存するベトナム阮朝の王宮建造物群を歴史上の重要な段階を物語る建築物の集合体の顕著な見本として価値基準ivのみが承認されたという事情がある。
(5) 「武家の古都鎌倉」は、1992年の暫定リスト記載時には価値基準のi・ii・iii・iv・viの5項目を適用していたが、世界遺産申請時にはiiiとivの2項目に絞り込んでいた。しかし2013年4月のICOMOSの勧告では、どちらも言明したOUVを充たしていないと指摘された。
(6) 世界遺産「飛鳥・藤原」登録推進協議会が2014年に発行した啓発パンフレットの記述内容による。
(7) ただし、現在も存続する国家の発祥の地を世界遺産とした事例は他に、アメリカ合衆国の「独立記念館（1979、vi）」や、「デンマーク王国のイェリング墳墓群、ルーン文字石碑群と教会（1994、iii）」などがある。特に、独立記念館はアメリカ独立という出来事のみを価値基準viとして適用したものである。

引用・参考文献
独立行政法人国立文化財機構東京文化財研究所 2013『平成25年文化庁委託 第37回世界遺産委員会審議調査研究事業』
独立行政法人国立文化財機構東京文化財研究所 2014『平成26年文化庁委託 第38回世界遺産委員会審議調査研究事業』
独立行政法人国立文化財機構東京文化財研究所 2015『平成27年文化庁委託 第39回世界遺産委員会審議調査研究事業』
愛宕元 1991『中国の城郭都市―殷周から明清まで―』中公新書1014、中央公論社
相原嘉之 2008「飛鳥・藤原地域における文化遺産の特質―世界遺産登録へ向けての覚書―」『明日香村文化財調査研究紀要』第7号、明日香村教育委員会文化財課 pp.1-30
山田隆文 2016「東アジアからみた古代朝鮮と日本の都城」豊島直博・木下正史編『ここまでわかった飛鳥・藤原京―倭国から日本へ―』吉川弘文館 pp.177-206

ひと

山西省忻州市九原崗北朝墓群1号墓の年代と被葬者について

蘇　哲

1　はじめに

九原崗北朝墓群は、山西省忻州市忻府区の蘭村郷下社村北東約600mのところに位置し（図1）、現在、5基の墳丘墓が確認できる（白2016）[(1)]。2013年から2014年にかけて、山西省考古研究所と忻州市文化財管理処が九原崗1号墓に対して調査を実施した。

現存する墳丘は直径6.5〜10m、高さ4.2m、版築の工法によって構築されている。墓丘の周辺でボーリングなどの調査も実施され、墓室の中心点から南へ110mの場所で長さ80m余りの土塁が確認され、墓苑の南壁と推定されている。

埋葬施設は、墓道、羨道、墓室の三部分から構成され、その中軸長さは約41.20mである。傾斜式墓道の長さ約31.50m、開口部の幅3.5m、底部幅2.50m、北端深さ6.47m。羨道の長さ3.00m、幅1.86〜1.95m、高さ3.00m。羨道の入り口に石門を設けたが、盗掘されたため、石製の門楣と額しか残っていない。墓室の平面が辺長5.85mの弧方形（各辺の中央が膨らむ正方形）となり、ドーム天井中心部の高さは、約9.3mである。磚築の壁の厚さは、0.45mである（図2）。床はレンガ敷きで、棺台も磚築である。金張り木棺の破片が墓室に散乱していた。墓誌は発見されなかった。

墓道、羨道、墓室の全壁面に壁画が施された。墓道の両壁が日干し煉瓦で築かれ、漆喰いを塗り付けてから壁画を描いた。羨道と墓室から、100㎡近くの壁画が盗掘されたと言われているが、それにしても出土の壁画は約200㎡にのぼり、北朝壁画墓ではトップクラスである（山西省考古研究所・忻州市文物管理処2015）。

忻州市は北朝時代に肆州秀容郡に属し、北魏末期に権勢を振るっていた契胡族爾朱氏の本拠地として注目されている。東魏・北斉の支配集団の重要メンバーの劉貴（劉懿）一族もこの地域の出身である。1号墓の被葬者について、北魏の権臣である大丞相・天柱大将軍・太原王爾朱栄（493〜530）説とその甥の柱国大将軍・潁川郡王爾朱兆（？〜533）説が挙げられている（徐2015）。発掘の担当者が、清朝道光年間に伝九原崗出土の東魏「故使持節侍中驃騎大将軍太保太尉公録尚書事都督冀定瀛殷並涼汾晋建肆十一州諸軍事冀州刺史郯肆二州大中正第一酋長敷城県開国公」劉懿（？〜539）墓誌との関係を視野に入れ、この壁画墓の年代は東魏から北斉の早期までと推定した（山西省考古研究所・忻州市文物管理処2015）。

小稿は、九原崗1号墓壁画の内容に基づいて被葬者像を絞り込み、さらに、伝九原崗出土の北朝諸墓誌を手がかりにその年代と被葬者について考察を試みていきたい。

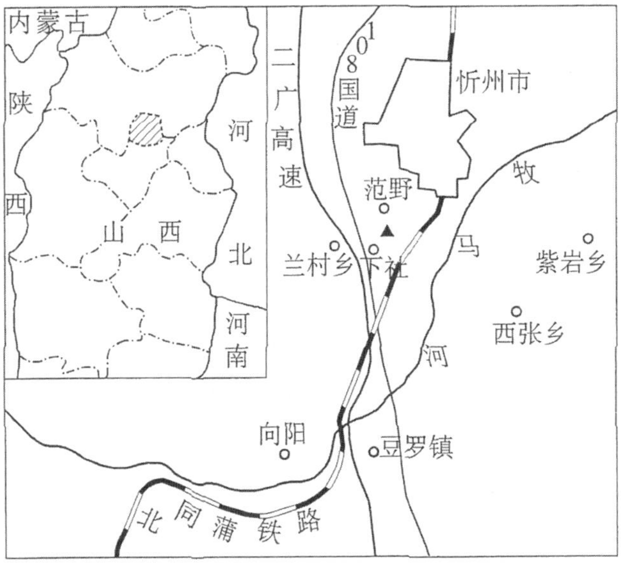

図1　九原崗北朝墓地の位置

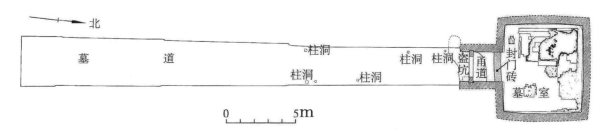

図2　九原崗北朝墓群1号墓埋葬施設の平面図

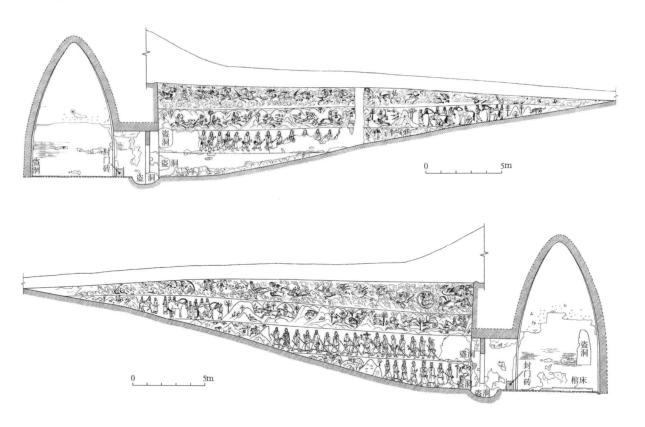

図3　東壁の壁画（上）　図4　西壁の壁画（下）

図5　墓道東壁の狩猟図（局部）

図6　墓道西壁の狩猟図（局部）

2　壁画の内容からみた被葬者の人物像

　九原崗1号墓でもっとも注目されている出土品は、墓道・羨道・墓室に描かれている壁画である（図3・図4）。

　墓道の東西壁は上から下まで4段に分けられている。上から1段目は、畏獣、仙人、鳥、神獣などを描き、余白に雲気、パルメットを配す。西壁に『山海経』に記録される「駮」（虎と豹を食う馬）と雷神を、東壁に「彊良」（蛇を食う怪獣）・「琴高」（琴の名手で、鯉に乗る仙人）を描いている。

　2段目の壁画は狩猟図と馬交易図である。前者の面積は約60.70㎡、中国現存古墳壁画では最大級の狩猟図である。横に展開される画面は、峰を仕切りにして各狩猟場面を水平方向につないで、山林で鹿、山羊、虎、熊などの動物を狩る人物を表現している。

　発掘概報によると、東の壁面には4つのチームの狩猟場面が描画されている。第1チームの3人の騎士が一縦列となって動物の群れを追いかける。第2チーム

104

の3人は徒歩の狩猟者であり、そのうちの2人は、矛で一匹の倒された熊を刺し、もう一人は刀を挙げてその熊を切る。第3チームの3名騎士が走りながら、それぞれ弓を持って猟犬を駆使し、虎、熊などの猛獣と山羊、鹿を狩っている。第4チームには2人の騎士がいる。前を走っている者が振り返って槍で熊を刺し、後を走っている者が猟犬を放って弓で逃走する3匹の熊を追いかけている（図5）。

西壁には、三つの狩猟チームが描画されている。第1チームには2人の騎馬人物がいる。笠をかぶり、弓を引いて1匹の狂奔する大鹿を狙っている人物は首領のように見え、その後に旗を脇挟む人物は伝令役である。第2チームの2人は虎狩りをしている。前方を走るの騎士はパルティアンショットの姿勢を取り、弓で後に飛びかかる虎を狙い、またもう一人の騎士が矛で後から虎の背を刺している。第3チームの狩猟風景は1人の騎士が猟犬を駆使して猪、山羊を追いかけるシーンと、1人の騎士および2人の従騎が鹿を狩るシーンから構成されている（図6）。

東壁の3段目には墓道の入り口側に丘陵を描き、弓持ち、北族の服装を着用する14人の人物が墓道の入り口方向へ進行している。4段目の壁画の保存状態が悪く、山、軍営と旗および墓室方向に向かう7人の人物が足部しか残っていない。

西壁の3段目には南から、狩猟・出行図が順番に配されている。一人の騎士が鳶を使って兎狩りをしている。17人の鮮卑や西域胡人らしき人物は弓を持って墓道の入口側に向かっている。4段目は「帰来図」であり、墓室方向へ進行している一匹の神獣と8人の刀などを持つ人物が描かれている。

墓道の北端、羨門の上方には細部まで描いた北朝風の建物があり、屋根の鴟尾の間に蓮華、両脇に2羽の朱雀を配している。斗栱の下に3つの門が設けられ、両脇の門の扉を開けたまま、小袖、重ね襟の服装を着用する女性たちが出入りしている（図7）。

墓室の壁画は3段に配置され、ドーム状の天井に天文図を、四壁の上段に四神図を配し、東・西壁の下段に出行の牛車・鞍馬図と傘やサシバなどの威儀具を描いた。奥壁の壁画は残っていないが、墓室の東・西壁に牛車・鞍馬を配した北斉壁画墓は、例外なく奥壁に端座する墓主夫婦像という決まり図像を描く。従って、九原崗1号墓の墓室奥壁の壁画も被葬者夫婦像という主題であると推定できる。

要するに、墓道1段目壁画の内容は、被葬者の信仰を語る漢民族風の神話伝説である。2段目の狩猟図、馬交易図と3段目の出行図、4段目の帰来図は男性被葬者

図7　羨門上方の建築図

の生前活動を描写するものであり、羨門上の建築図は被葬者の豪邸を象徴し、その家居の風景を描くものである。墓室の壁画がひどく破壊されたにもかかわらず、その配置は、これまで山西省で調査された太原市北斉武平元年（570）東安王婁叡墓（山西省考古研究所・太原市文物考古研究所2006）、武平2年武安王徐顕秀墓（山西省考古研究所・太原市文物考古研究所2003）などの男性を中心とした北斉の夫婦合葬墓の特徴が確認でき、河北省磁県の東魏武定8年（550）茹茹隣和公主閭叱地連墓のような女性を中心とする配置との違いは歴然である[2]。さらに、その前例のない大画面の狩猟図から、北族出身の武人的性格を持つ被葬者の人物像が浮き上がった。

3　爾朱栄・爾朱兆説についての検討

忻州は北魏時代に肆州秀容郡に属す。秀容郡を言うと、すぐに北魏末に権勢を振るっていた契胡族出身の爾朱氏を思い出させる。

北朝時代の名門貴族たちは、本貫地に帰葬する風習がある。爾朱氏は代々秀容第一領民酋長の爵位を務め、この地の格別の名門一族である。北魏正光5年（524）、陰山山脈南麓の国境地域を守備する六鎮の軍人が反乱を起こした。北魏朝廷が派遣した討伐軍は反乱軍に敗れたため、孝明帝が反乱の鎮圧を爾朱栄に任せた。しかし、武泰元年（528）3月、朝廷の内紛で孝明帝は母親の胡太后に毒殺された。爾朱栄はこの事件を口実にして孝荘帝を擁立し、軍を率いて洛陽を攻め落とした。洛陽に入城した爾朱栄が胡太后を黄河に沈め、貴族と朝臣2000人余りを殺害して「河陰の変」という大惨事を起こした。

ひと

永安3年（530）に、7年に及ぶ「六鎮の乱」の鎮静化に成功し、爾朱栄は晋陽（太原）に本拠を置いて朝政を独占した。その専横を憎む孝荘帝は、爾朱栄を宮中に誘い出して誅殺すると、その一族の爾朱兆・爾朱世隆らが起兵して首都洛陽を陥落させ、孝荘帝を晋陽に連行して殺害した。

普泰元年（531）、北魏懐朔鎮出身の軍閥高歓（北斉の高祖）は爾朱氏討伐の兵を挙げた。その一族の仲間割れをするよう離間策を行ない、爾朱氏の勢力を分断して各個撃破した。やがて、高歓が晋陽を攻略し、爾朱兆を秀容に敗走させた。永熙2年（533）、赤洪嶺で再び高歓に撃破された爾朱兆は窮地に陥り、自殺した。高歓が彼の遺体を収容して埋葬した。

河南省博物院の徐錦順氏は、九原崗墓の墓道の西壁にある鹿狩り図は、爾朱兆の鹿狩りのエピソードを再現したものであり、九原崗壁画墓の被葬者は爾朱兆である可能性が高く、爾朱栄である可能性も排除できないと指摘した（徐 2015）。

『魏書』巻75・爾朱兆伝に鹿狩りのエピソードに関する記事が残っている(3)。

爾朱兆は驍勇で、騎射を得意とし、手ずから猛獣を打ち倒し、敏捷さも抜群である。たびたび爾朱栄の狩猟に従い、人の昇り降りできない崖でも先がけて進んでみせた。爾朱栄に賞賛されて、爪牙に任ぜられた。ある日、爾朱栄は城外で北魏朝廷の使者を見送る際に、突然2匹の鹿が現れた。爾朱栄は騎射を得意とする爾朱兆に2本の矢を渡して、鹿を取ってくれ、と命令した。さらに、馬を止め、鹿の肉を焼くために、火を燃やした。やがて、得意満面の爾朱兆は戻り、1匹の鹿を献上した。朝廷の使者に自分の部下の強さを見せたかった爾朱栄は、爾朱兆が1匹の鹿しか獲れなかったのを見て怒り、なぜ2匹を獲れなかったの、と責めながら、彼を棒打ち50回の厳罰に処した。

九原崗1号墓の墓道西壁に描かれている鹿狩り図は、1人の騎馬狩猟者が弓を引き、2匹の鹿を追いかける画面である(4)。オスの鹿は脇が矢に刺され、血を流しながら、必死に走り、メスの鹿が振り返りながら逃げている。その2匹の鹿の上方に微かに見えるもう1匹の鹿のぼやけた残像が存在している（図8）。

筆者は、そのぼやけた鹿の残像について、何かの原因で壁画を描き直す時に塗りつぶされた図像であると考えている。このような事例が前漢墓にも北朝墓にも見られる。2004年、西安市文物保護考古所が調査した西安理工大学1号前漢壁画墓の墓室東壁に描かれた2人の騎馬人物は、もともと帽子をかぶる男性の姿であったが、何故か女性に描き直された（西安市文物保護考古所 2006）。1986年、山東省文物考古研究所と臨朐県博物館が調査した北斉天保2年（551）東魏威烈将軍・南討大行台都軍長史崔芬墓の羨道に描かれる門吏図にも描き直された痕跡が見られる。最初は、羨道の東西壁の切石板にそれぞれ小冠をかぶり、交領広袖の上着とスカートのような袍を着用し、麻で編んだ靴を履いている門吏を線刻したが、その後、線刻絵の上に白漆喰塗りをして、赤、黒、紺、緑、黄色の顔料で、それぞれ鶡の羽で飾った衝角付冑をかぶって明光鎧をまとい、楯と環頭太刀を持つ北朝風の重装武士に描き変えた（山東省文物考古研究所ほか 2002）。そのほか、2000年から2002年にかけて太原市で発掘された北斉武平2年武安王徐穎（字は顕秀）墓の墓室石門に刻まれる青龍・白虎がカラー顔料で2羽の朱雀に描き直されたことも報告されている（山西省考古研究所・太原市文物考古研究所 2003）。

以上の事例から、北朝時代では墳墓壁画が描き直されるのは、決して珍しいことではない。

九原崗1号墓の狩猟図は、北朝墳墓壁画の逸品であり、塗りつぶすという雑な描き方で視界から消えて行く鹿を表現するのは、まず考えられない。そのぼやけた鹿の残像は、おそらく不要となった下絵であり、塗りつぶされた直後に見えなくなったが、千年以上の歳月経って、顔料の滲みによって鹿の輪郭がまたうっすらと現れた。それはただの描き直す跡に過ぎず、『魏書』巻75・爾朱兆伝にある鹿狩りのエピソードの記事とは関係を結ぶことができないと思う。

爾朱栄と爾朱兆はいずれも北魏の末期に亡くなった人物であるが、北魏では石棺台、石屏風、石棺、石槨に装飾画を刻むことが流行し、壁画墓自体が少ない。しかも、これまで墓道には壁画を描く例が発見されなかった。九原崗1号墓は明らかに北魏墓ではない。

墓道、羨道、墓室の全壁面に壁画を装飾するタイプの

図8　墓道西壁の鹿狩り図
左上の枠内にぼやけた鹿の残像

劉懿墓誌[5]（趙超 2008）	『北斉書・劉貴伝』
① 君諱懿、字貴珍、弘農華陰人也。	① 劉貴、秀容陽曲人也。
② 父肆州、行成於己、名高当世。	② 父乾、魏世贈前将軍、肆州刺史。
③ 起家拝大将軍府騎兵参軍第一箇長。	③ 貴剛格有気断、歴爾朱栄府騎兵参軍。
④ 乃除使持節都督涼州諸軍事、本将軍涼州刺史…。	④ 永安三年、除涼州刺史。
⑤ 又為征南将軍金紫光禄大夫兼尚書右仆射西南大行臺…復除使持節都督二汾晋三州諸軍驃騎将軍晋州刺史。又行汾州事。	⑤ 建明初、爾朱世隆専擅、以貴為征南将軍、金紫光禄、兼左僕射、西道行台…復除晋州刺史。普泰初、転行汾州事。
⑥ 大丞相勃海王命世挺生…乃除使持節都督肆州諸軍事本将軍肆州刺史…。	⑥ 高祖起義、貴棄城帰高祖於鄴。太昌初、以本官除肆州刺史、転行建州事。
⑦ 及聖明啓運、定鼎鄴宮…遂以君為使持節都督陝州諸軍事本将軍郟州刺史…。復兼尚書仆射西南道行台加開府、余如故。式遏奸宄、鎮静河洛。	⑦ 天平初、除陝州刺史。四年、除御史中尉、肆州大中正。其年、加行臺僕射、与侯景、高昂等討独孤如願於洛陽。
⑧ 以興和元年十一月辛亥朔十七日丁卯薨於鄴都。追贈使持節侍中太保太尉公録尚書事、都督冀定瀛殷並五州諸軍事冀州刺史、余官如故。	⑧ 興和元年十一月卒。贈冀定并殷瀛五州軍事、太保、太尉公、録尚書事、冀州刺史、諡曰忠武。

表1　劉懿墓誌と『北斉書・劉貴伝』記事の比較

古墳が東魏末に首都の鄴城で成立したのである。これまで発見された最古の例は、鄴城の北西郊外（今河北省磁県）で造営された東魏武定8年茹茹隣和公主閭叱地連墓である（磁県文化館 1984）。このタイプの壁画墓が秀容地域に伝わったのは、おそらく北斉に入ってからのことである。さらに、九原崗1号墓から出土した俑も北魏の型式ではなく、北斉の型式であることも当該壁画墓の年代を裏付けている。

従って九原崗1号墓の被葬者は永安3年に誅殺された爾朱栄ではなく、永熙2年に自殺した爾朱兆でもない。爾朱氏が全滅してから、東魏・北斉の中枢で活躍していた人物であろう。

4　関連する北朝諸墓誌についての検討

これまで知られている伝九原崗から出土した墓誌と墓誌蓋資料は3点、すなわち東魏劉懿墓誌・北斉高徽（字は阿難）墓誌と、「大斉太尉公平梁王劉君墓誌」の蓋である。

（1）劉懿墓誌（図9）

趙萬里『漢魏南北朝墓誌集釋』集釋六・劉懿墓誌条によると、劉懿墓誌の高さと幅はともに 57.8cm、文字 32行、行ごとに 33 字であり、清朝の道光初期に忻県から出土し、後に太谷の温氏により収蔵された。『永樂大典』に収録される逸書の『太原志』によると、北魏の劉貴珍の墓碑は、忻州西九原崗にある。明朝初期に墓碑がまだ存在していたが、今は、碑と誌はいずれも逸失した[6]。

瞿中溶（1769～1842）、趙萬里、高維徳諸先学が、劉懿の字は貴珍、『北斉書』の本伝に劉貴とされている人物に当たるという認識を共有している（趙萬里 1956、高 1984）。上の表のように、劉懿墓誌と『北斉書・劉貴伝』を比較すると、同じ結論を導き出せる。

「劉懿墓誌」と『北斉書・劉貴伝』は、その本貫に関する記述が異なるが、墓誌に記される「弘農華陰」は、北族出身の実力者が漢民族名門貴族を名乗るための偽造本貫である（何 2000）。唐の貞観年間に李百薬が『北斉書』を編集する際に北魏懐朔鎮出身の北斉神武帝高歓の「奔走之友」[7]である劉懿の本貫は、秀容陽曲であることを明らかにした[8]。したがって、劉懿と劉貴は同一人物に違いない。

劉懿が東魏王朝から授与される爵位は敷城郡開国公に過ぎないが、九原崗壁画墓の埋葬施設の規模がかつて調査された東魏茹茹公主墓・北斉東安王婁睿墓、武安王徐顕秀墓、順陽王庫狄回洛墓（河清元年〔562〕）よりも大きい。しかも、埋葬施設の規模と比べて、劉懿墓誌の寸

図9　劉懿墓誌拓本

法は案外に小さい[9]。さらに、前述したように、劉懿が埋葬された東魏興和2年（540）には、内部施設の全壁面に壁画を配置する壁画墓がまだ成立していない。九原崗1号墓から出土した遺物は、主に数十点の残俑と陶磁器である。東魏はわずか17年（534～550）、北斉は26年（550～577）で幕を閉じ、いずれも短命な王朝であったため、俑以外の副葬品で墓の造営年代を測るのは困難である。調査概報にある「文吏俑」の頭部やA型裲襠俑は、太原市神堂溝賀婁悦墓（皇建元年〔560〕）の「文吏俑」の形式に類似し、東魏まで遡らない[10]。

おそらく右のような理由に基づき、九原崗1号墓の発掘概報は、劉懿墓誌との関連性に言及しただけで、被葬者を特定せず、年代についても東魏～北斉早期と、大まかな推測に留まった。

(2) 高徽（高阿難）墓誌（図10）

高徽の字は阿難（525～557）、北斉神武帝高歓の三女、文宣帝高洋の姉の長楽長公主であり、劉懿の世子劉洪徽の夫人でもある。その墓誌は山東省淄博市拿雲美術博物館に収蔵されている。出土時期は不明、寸法も公表されなかった。表2を参考して北斉皇族高氏と劉懿一族の関係を窺い知ることができる。

高徽墓誌によると、彼女は天保8年11月に晋陽の自宅に病死し、当時の皇帝である文宣帝高洋はその霊柩に臨んで泣き、副葬品を手厚く贈った。前述したように北朝時代では家族墓地に帰葬する習慣があり、北斉神武帝高歓、文宣帝高洋および高湛妻茹々公主閻氏は、いずれも晋陽で亡くなり、鄴城北西の高氏一族の墓地に帰葬した。庫狄回洛が鄴城で亡くなり、一時的に晋陽大法寺に埋葬、後に2人の夫人とともに朔州に帰葬したのである（王1979）。高徽墓誌には「以天（保）九年（歳次戊）寅五月癸亥朔廿八日庚申窆於肆州城西南繫□山之□□□五里」とあり、その夫の劉洪徽は劉懿の世子であるので、彼女は将来に夫と合葬するために劉氏一族の墓地に仮埋葬されたとわかる。高徽の義父の劉懿は鄴都で亡くなったのであるが、肆州城西南の一族墓地に帰葬したと考えられる。すると、劉懿墓誌に記される「肆盧郷孝義里」と高徽墓誌に記される「肆州城西南繫□山之□□□五里」は同一場所、すなわち今の九原崗であることが推定できる（殷2008）。

(3)「大斉太尉公平梁王劉君墓誌」蓋（図11）

山東省淄博市拿雲美術博物館に所蔵、出土時期は不明、寸法も公表されなかった。毛遠明『漢魏六朝碑刻校注』に高徽の夫である劉懿の世子劉洪徽墓誌蓋として収録されている。公表された拓本から、この墓誌の蓋には「大斉太尉公平梁王劉君墓誌」の12文字が陰刻されている

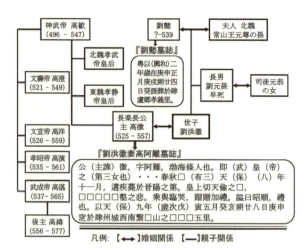

表2　北斉の皇族高氏と劉懿一族の関係

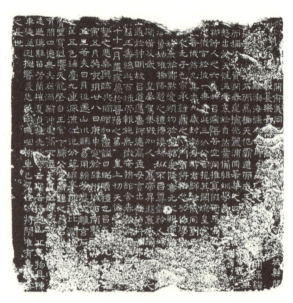

図10　高徽墓誌拓本

図11　大斉太尉公平梁王劉君墓誌蓋拓本

のを確認でき、郡王クラス墓誌の高級感を感じられるものではなかった。

　劉洪徽は、東魏・北斉の武将である。武定元年３月、邙山の戦いの最中、西魏の名将賀抜勝が13人の騎士を率いて東魏軍の統帥高歓を追いかけ、東魏河州刺史の劉洪徽が２人の西魏騎士を射倒し、危機一髪で高歓の命を助けた[11]。

　天保10年10月に文宣帝高洋が崩御し、皇太子の高殷が父親の後を継いで即位すると、高歓の正妻である太皇太后婁氏は、常山王高演（後の孝昭帝）を支持して廃立を行う軍事クーデターを計画した。当時、開府儀同三司領軍将軍を務める劉洪徽は、婁氏―高演集団の中核メンバーとして積極的に政変に参与した。乾明元年（560）５月３日に、劉洪徽が高演に追従して鄴都宮殿の雲龍門に突入し、皇帝高殷に忠実な大臣たちを誅殺した[12]。廃帝高殷の廃位と孝昭帝高演の擁立に重要な役割を果たしたため、５月に尚書右僕射に昇進した[13]。その後、著しい功績がなく、武平年間（570～576）末の肩書は、假儀同三司、奏門下事になり[14]、死後に都督、燕州刺史を贈位されたという[15]。その爵位は、『北史』によれば、「嗣樂縣男」となるが、高徽墓誌に「□城縣開国□」と記されている[16]。

　劉洪徽の経歴を調べても「太尉公平梁王」という肩書は見当たらない。「大斉太尉公平梁王劉君墓誌」の蓋は、高徽墓誌と同じ山東省淄博市拿雲美術博物館の所蔵品であるから、勝手に高徽・劉洪徽夫婦合葬墓の埋納品と推測されたが（毛2008b）、その出土経緯が明らかにされていない。高徽墓誌は文献学と考古学的検証によって真実性が確認されたのに対して、「劉君墓誌」の蓋については真偽の考証も行なわれていない。近年、墓誌を偽造する事例が多発の状況を考え、「大斉太尉公平梁王劉君墓誌」の蓋は贋作である可能性も排除できないので、史料として使用するのは危険である。

5　被葬者推定の試み

　前述したように九原崗北朝墓群は、劉懿一族の共同墓地である。その一族のうち、生前の位がもっとも高い人物は、世子劉洪徽の夫人、北斉の神武帝高歓の三女、文宣帝高洋の姉の長楽長公主高徽である。高徽夫婦合葬墓が郡王クラスに匹敵する規模を持つと考えられる。そうすると、九原崗１号墓は、高徽夫婦の合葬墓である可能性が浮上する。『北斉書』によると、劉洪徽は、武平年間末に死亡したのである。したがって、高徽が劉洪徽と合葬する年代は武平元年の婁叡墓と武平２年の徐頴墓よりも新しく、北斉の末になる。しかし、九原崗１号墓の出土品の年代は、武平年間まで下がらないと思う[17]。さらに、高徽の位が夫の劉洪徽より高いのに、壁画が男性被葬者を中心として展開され、女性の被葬者の存在感が極めて薄いのは、常識で考えられないであろう。

　筆者は九原崗１号墓は劉懿墓であると考えているが、これまでの考古学調査によって、興和２年に劉懿が埋葬された際には、并州・朔州・肆州（今の山西省）には壁画墓の造営と俑の副葬がまだ始まっていないようである。したがって、埋葬される当初、劉懿墓は壁画墓ではなかったと推定できる。

　ところで、墓誌によると、劉懿が埋葬される際に、その夫人である「常山王之孫、尚書左僕射元生之女」がまだ生きていた。これまで調査された山西省太原市北斉武平元年婁叡墓の遊猟出行図と帰来図（山西省考古研究所・太原市文物考古研究所2006）、および陝西省西安市北周大象元年（579）安伽墓（陝西省考古研究所編著2003）と大象２年史君墓（西安市文物保護考古所2004）の狩猟・出行図では被葬者像を特定できることに対して、九原崗１号墓の場合は特定できない。おそらく、壁画が作成される際に、男性被葬者の死から長い年月が経ち、工人たちがその顔をまったく知らないため描写できなかったのであろう。

　劉懿の死後の11年目、高歓の次男である高洋が、東魏の皇帝から禅譲を受けて北斉を建国すると、劉懿墓で皇室主催の祭祀を行い、王朝交代のことを告げた[18]。さらに、皇建元年、孝昭帝高演が即位すると、劉懿の位牌が高祖神武帝高歓の廟に入り、合祀されるようになった[19]。劉懿が北斉の開国功臣と見なされ、その世子も皇室と婚姻関係も結んでいたため、公的な祭儀では「故太師太原王婁昭」、「故太宰章武王厙狄干」などの外戚や郡王と同列に上がった。劉懿夫人の元氏が北斉に入ってから死亡した公算が大きい。元氏夫人と合葬する際に、東魏王朝の公爵の基準に準じて造営された墓はもう身分に合わないため、北斉王朝の功臣として郡王の位に準じて格上の墓を造り直した可能性が極めて高いと思われる。さらに、壁画の内容から見ても、北魏後期の石棺や石屏風の線刻画から受け継いだ漢民族風の神話伝説の図像が大量に描かれ、北魏常山王元遵の孫娘である元氏夫人の漢民族文化に馴染んでいた性格が見えてくる。

　要するに、九原崗１号墓の壁画・出土品および関連する墓誌の検討を試みた結果、その墓は劉懿墓である可能性が極めて高いという結論にたどり着いた。しかしながら、そうはいっても、九原崗１号壁画墓の年代は、劉懿が埋葬される東魏興和２年ではなく、その夫人の元氏と合葬する北斉時期であろう[20]。まだ多くの課題

が残っているが、九原崗北朝墓地発掘調査の進展による
ひと
新たな発見を待って更なる考察を加えたい。

註
（1）白曙璋氏の記述によると、現在、九原崗北朝墓群には、直径40〜50m、高さ5〜8mの墳丘が5基存在しているが、航空写真等では巨大な墳丘は確認できなかった。
（2）茹茹公主墓の墓室の奥壁に華蓋・羽葆・団扇などを持つ6人の侍女に取り囲まれる被葬者、東壁に華麗な服を着た10人の貴婦人、西壁に10人の男性官僚を描いていた（湯1984）。
（3）『魏書』巻75・爾朱兆伝に鹿狩りのエピソードの記事が見られる。
「爾朱兆、字万仁、栄従子也。少驍猛、善騎射、手格猛獣、蹻捷過人。数従栄遊猟、至於窮巌絶澗人所不能升降者、兆先之。栄以此特加賞愛、任為爪牙。栄曾送台使、見二鹿、乃命兆前、止授二箭、曰：「可取此鹿供今食己。」遂停馬構火以待之。俄然矣獲其一。栄欲矜夸、使人責兆曰：「何不尽取？」杖之五十。」とある。
（4）発掘概報（山西省考古研究所・忻州市文物管理処2015）はこの鹿狩り図を第3チームの2コマ目の狩猟場面としている。
（5）劉懿墓誌銘：
魏故使持節侍中驃騎大将軍太保太尉公録尚書事都督冀定瀛殷並涼汾晋建郷肆十一州諸軍事冀州刺史郷肆二州大中正第一酋長敷城県開国公劉君墓誌銘」君諱懿、字貴珍、弘農華陰人也。自豢龍啓胄、赤烏降祥、盤石相連、犬牙交錯、長原遠葉、繁衍不窮、斧衣朱紱、蝉聯奕世。祖給事、徳潤於身、民誉斯在。父肆州、行成於己、名高当世。君体局強正、気幹雄立、剛柔並運、方図備挙。棄置書剣、宿有英豪之志；指画山沢、早懐将率□心。起家拝大将軍府騎兵参軍第一酋長。荘帝之初、以助参義挙、封敷城県開国伯、食邑五百戸；除直閣将軍左中郎将左将軍太中大夫。帝図時意、以為未尽、進爵為公、□邑五百、拝散騎常侍撫軍将軍；乃除使持節都督涼州諸軍事本将軍涼州刺史假鎮西将軍、常侍開国如故。又為征南将軍金紫光禄大夫兼尚書右僕射西南大行台。復除使持節都督二汾晋三州諸軍驃騎大将軍晋州刺史。又行汾州事。大丞相勃海王命世挺生、応期覇世。君既同徳比義、事等魚水、乃除使持節都督肆州諸軍事本将軍肆州刺史、又加驃騎大将軍儀同三司、余如故。及聖明啓運、定鼎鄴宮、乃施西顧、権烽未息。遂以君為使持節都督鄭州諸軍事本将軍鄭州刺史、儀同開国如故。入以本秩為御史中尉。復兼尚書僕射西南道行台加開府、余如故。式遏奸寇、鎮静河洛、復路還朝、仍居本位。君自解巾入仕、撫剣従戎、威略有聞、強毅著称。其猶高松、有棟」梁之質；類如金石、懐堅剛之性。既時逢多難、世属殷憂、群飛競起、横流未歇。折衝行陣之間、運籌帷幄之内。雄図荘志、与韓白連衡；将略兵権、共孫呉合契。猛烈同於夏日、厳厲等於秋霜。去草逐雀、懐鶻鷹之気；誅豺制兕、起臥虎之威。降年不永、奄従晨露、以興和元年十一月辛亥朔十七日丁卯薨於鄴都。追贈使持節侍中太保太尉公録尚書都督冀定瀛殷並五州諸軍事冀州刺史、余官如故。粤以二年歳在庚申正月庚戌朔廿四日癸酉葬於肆盧郷孝義里。乃作銘曰：
森森長瀾、岩岩峻趾、就日成徳、聚星效祉。家風未沫、世禄不巳、於穆夫君、一日千里。昂昂風気、烈烈霜威、進退有度、信義無違。行高州里、声満邦畿、抗足高鶖、理隔奮飛。乗麾執鐸、南臨北撫、粛清邦国、折衝疆寓。駿足未窮、逸翮方挙、奄異金石、遽同草莽。睠言帰奔、有嗟臨穴、荊棘方生、松檟将列。千秋万古、光沈影絶、陵谷若虧、声芳有晰。
夫人常山王之孫、尚書左僕射元生之女。
長子撫軍将軍銀青光禄大夫都督肆州諸軍事肆州刺史元孫。
妻驃騎大将軍司徒公元恭之女。
世子散騎常侍千牛備身洪徽。
妻大丞相勃海高王之第三女。
次子肆州主簿徽彦。
少子徽祖。
（6）趙萬里『漢魏南北朝墓誌集釋』集釋六・劉懿墓誌条に「誌高広57.8厘米、32行、行33字。正書。清道光初忻県、帰太谷温氏。『永樂大典』五千二百四原字韻引『太原志』「魏劉貴珍墓、在忻州西九原崗土、有碑在焉。旧云御史中丞（丞当作尉）、太尉公、録尚書事、敷城公。」是明初墓碑尚存。今碑与誌並佚。」とある。しかし、山西省博物館の研究員であった高維徳氏は、劉懿墓誌が山西省博物館に保管されていると指摘した（高1984）。2004年山西省博物院が誕生し、劉懿墓誌が同博物院の収蔵品となる。2011年10月に、大阪教育大学の伊före敏雄氏、東京大学の佐川英治氏、岡山大学の大知聖子氏が山西省博物院で劉懿墓誌の原石を調査した（佐川2012）。
（7）唐李百薬『北斉書』巻1　神武高歓紀に
「与懐朔省事雲中司馬子如及秀容人劉貴、中山人賈顕智為奔走之友、懐朔戸曹史蔡儁、外兵史侯景亦相友結。劉貴誉得一白鷹、与神武及尉景、蔡儁、子如、賈顕智等猟於沃野。見一赤兎、毎搏輒逸、遂至迴沢。沢中有茅屋、将奔入、有狗自屋中出、噬之、鷹兎倶死。神武怒、以鳴鏑射之、狗斃。屋中有二人出、持神武襟甚急。其母両目盲、曳杖呵其二子曰：「何故触大家！」出甕中酒、烹羊以飯客。因自言善暗相、遍押諸人皆貴、而指麾信由神武。」とある。
（8）瞿中溶氏が「右墓誌近年出土、当在河南之安陽」と記述したが、安陽出土説の根拠を示さなかったため、信憑性が疑われる。瞿1916を参照。
（9）高維徳「劉懿墓誌考辨」によると、劉懿墓誌が山西省博物館（今の山西省博物院）に収蔵されている。蓋が欠けている。本体の高さ63cm、幅56cmであり、文字32行、行ごとに33字、全部で896字である（高1984）。墓誌寸法に関する記述は趙萬里氏が記述した57.8cm四方とはやや異なる。高氏が長く山西省博物館の研究員を務め、劉懿墓誌を調べる機会があるので、その記述の信憑性がより高いと思われる。
（10）これまで晋陽地域で発見された北朝俑もっとも古い例は、賀抜昌墓（天保4年）から出土したものである（太原市文物考古研究所2003）。調査概報に載せている「文吏俑」の頭部やA型補襠俑が太原市神堂溝北斉皇建2年賀婁悦墓（常1992）の「文吏俑」の形式に酷似している。「文吏俑」頭部小冠の上縁はまるく、北魏洛陽と東魏鄴城の影響が認められる。A型補襠俑が、肩は丸みを帯び、右手が垂下し袖の中にしまい、左手は胸前の革帯の端を握る格好を取り、褲褶と呼ばれるズボンを穿き、小林仁氏がまとめた北斉晋陽地域の文吏俑の特徴を備えている（小林2015）。
（11）唐李百薬『北斉書』巻1　神武・高歓紀下に「西魏太師賀抜勝以十三騎逐神武、河州刺史劉洪徽射中其二。勝稍将中神武、段孝先横射勝馬斃、遂免。」とある。
（12）唐李百薬『北斉書』巻6　孝昭・高演紀に
「乾明元年…三月甲戌、帝初上省、旦発領軍府、大風暴起、壊所御車幰、帝甚悪之。及至省、朝士咸集。坐定、酒数行、執尚書令楊愔、右僕射燕子献、領軍可朱渾天和、侍中宋欽道等於坐。帝戒服与平原王段韶、平秦王高帰彦、領軍劉洪徽入自雲龍門、於中書省前遇散騎常侍鄭子黙、又執之、同斬於御府之内。」とある。
（13）唐李百薬『北斉書』巻5　廢帝・高殷紀に「乾明元年…五月壬子、以開府儀同三司劉洪徽為尚書右僕射。」とある。
（14）唐李百薬『北斉書』巻19劉貴伝に「次子洪徽嗣。武平末、假儀同三司、奏門下事。」とある。
（15）唐李延寿『北史』巻53　劉貴伝に「次子洪徽嗣楽県男。卒、贈都督、燕州刺史。」とある。
（16）殷憲氏が高徽の歿した年に劉洪徽の爵位は「□城県開国公」

とした（殷 2008）が、拓本で「公」という文字が確認できなかった。
(17) 徳留大輔氏が 1 号墓から出土した八繋青瓷罐の年代を 540 年代と推定している（徳留 2017）。すると、八繋青瓷罐は東魏時期、つまり劉懿が埋葬される時の副葬品であり、各種の俑は 560 年代、その夫人元氏と合葬する時の副葬品である可能性が見えてくる。
(18) 唐李百薬『北斉書』巻 4 文宣・高洋紀、天保元年 6 月条に「詔故太傅孫騰、故太保尉景、故大司馬婁昭、故司徒高昂、故尚書左僕射慕容紹宗、故領軍万俟干、故定州刺史段栄、故御史中尉劉貴、故御史中尉竇泰、故殷州刺史劉豊、故済州刺史蔡儁等並左右先帝、経賛皇基、或不幸早徂、或殞身王事、可遣使者就墓致祭、並撫問妻子、慰逮存亡。」とある。
(19) 唐李百薬『北斉書』巻 6 孝昭・高演紀、皇建元年 11 月条に「庚申、詔以故太師尉景、故太師竇泰、故太師太原王婁昭、故太宰章武王庫狄干、故太尉段栄、故太師万俟普、故司徒蔡儁、故太尉高乾、故司徒莫多婁貸文、故太保劉貴、故太保封祖裔、故廣州刺史王懐十三人配饗太祖廟庭…」とある。
(20) 墓道壁画の保存状況から見ても、埏道を開けて追葬した痕跡が確認できないため、夫人と合葬する際に改めて営造された墳墓である可能性が極めて高い。これまで山西省で調査された北朝壁画墓は、いずれも地山を掘削して傾斜墓道を造りだしている。九原崗 1 号墓の墓道の両壁が日干し煉瓦で築いた点を考え、合葬する際に旧墳の墓壙を利用し、崩れやすい墓道の壁を補強するため、全面的に日干し煉瓦で築き直された可能性も排除できないと思う。

引用・参考文献

殷憲 2008「北齊劉洪徽妻高阿難墓誌考述」西安碑林博物館編『紀念西安碑林九百二十周年華誕國際學術研討會論文集』文物出版社 pp.239-254

王克林 1979「北斉庫狄廻洛墓」『考古学報』1979 年第 3 期 pp.377-401

何徳章 2000「偽托望族与冒襲先祖—以北族人墓誌為中心—読北朝碑誌札記之二」『魏晋南北朝隋唐史資料』第 17 輯 武漢大学中国三至九世紀研究所 pp.137-143

瞿中溶 1916『古泉山館金石文編残稿』巻 1『適園叢書』第 1 集 烏程張氏刊本 pp.10-11

高維徳 1984「劉懿墓誌考辨」『晋阳学刊』1984 年第 2 期 pp.75-77

小林仁 2015「北斉時代の俑に見る二大様式の成立とその意義—鄴と晋陽」『中国南北朝隋唐陶俑の研究』第 5 章 思文閣 pp.161-195

佐川英治 2012「南北朝新出土墓誌的實地考察—南京、洛陽、西安、太原—」早期中国史研究会『早期中国史研究』第 4 巻第 1 期 pp.153-193

山西省考古研究所・忻州市文物管理処 2015「山西忻州市九原崗北朝壁画墓」『考古』2015 年第 7 期 pp.51-74

山西省考古研究所・太原市文物考古研究所 2003「太原北斉徐顕秀墓発掘簡報」『文物』2003 年第 10 期 pp.4-40

山西省考古研究所・太原市文物考古研究所 2006『北斉東安王婁叡墓』文物出版社 pp.14-82

山東省文物考古研究所・臨朐県博物館 2002「山東臨朐北斉崔芬壁画墓」『文物』2002 年第 4 期 pp.4-26

磁県文化館 1984「河北磁県東魏茹茹公主墓発掘簡報」『文物』1984 年第 4 期 pp.1-9

常一民 1992「太原市神堂溝北斉賀婁悦整理簡報」『文物季刊』1992 年第 3 期 pp.33-38

徐錦順 2015「爾朱栄或爾朱兆?—從"狩猟図"看忻州九原崗北朝壁画墓墓主」『中原文物』2015 年第 6 期 pp.82-86

西安市文物保護考古所 2004「西安市北周史君石槨墓」『考古』2004 年第 7 期 pp.38-49

山西省忻州市九原崗北朝墓群 1 号墓の年代と被葬者について

西安市文物保護考古所 2006「西安理工大学西漢壁画墓発掘簡報」『文物』2006 年第 5 期 pp.7-44

陝西省考古研究所編著 2003『西安北周安伽墓』文物出版社 pp.20-40

太原市文物考古研究所 2003「太原北斉賀抜昌墓」『文物』2003 年第 3 期 pp.11-25

湯池 1984「東魏茹茹公主墓壁画試探」『文物』1984 年第 4 期 pp.10-15

徳留大輔 2017「中国北朝時代の陶瓷器の様相」『出光美術館研究紀要』第 22 号 pp.17-63

趙超 2008『漢魏南北朝墓誌彙編』天津古籍出版 pp.335-337

趙萬里 1956『漢魏南北朝墓誌集釋』集釋六・劉懿墓誌 科学出版社 pp.162-164

白曙璋 2016「守望遺忘的歷史—忻州市九原崗北朝壁画墓発掘記」『発見山西：考古的故事』山西人民出版社 pp.151-161

毛遠明校注 2008a『漢魏六朝碑刻校注』第 7 冊 線装書局 pp.240-243

毛遠明校注 2008b『漢魏六朝碑刻校注』第 9 冊 線装書局 pp.27-28

図出典

図 1　山西省考古研究所・忻州市文物管理処 2015
図 2　山西省考古研究所・忻州市文物管理処 2015
図 3　山西省考古研究所・忻州市文物管理処 2015
図 4　山西省考古研究所・忻州市文物管理処 2015
図 5　九原崗墓群考古隊撮影
図 6　同上
図 7　山西省考古研究所・忻州市文物管理処 2015
図 8　同図 5
図 9　毛 2008a　0930 番「劉懿墓誌」
図 10　毛 2008b　1151 番「劉洪徽墓誌蓋及妻高阿難墓誌」
図 11　毛 2008b　1151 番「劉洪徽墓誌蓋及妻高阿難墓誌」

ひ と

飛鳥河の傍らの嶋家・嶋宮（岡宮）と飛鳥河辺行宮
―2人の皇祖母命の居所とも関係して―

西 本 昌 弘

はじめに

　蘇我馬子の嶋家や草壁皇子の嶋宮は、池中に中嶋を配した古代庭園を有する邸宅として著名であった。奈良県明日香村の島庄は「島」の地名を残すゆかりの地で、島庄遺跡では大型方形池・石組暗渠など、嶋家や嶋宮に関わるとされる遺構が検出されている。付近には馬子の墓とされる石舞台古墳も存在するので、これらの遺構が嶋家に関わるものを含む可能性は少なくないであろう。

　しかし、蘇我氏の嶋家と王家の嶋宮がどのような関係にあるのかについては、これまであまり踏み込んだ追究がなされてこなかった。蘇我氏の嶋家は王家に接収されたのち、中大兄皇子の嶋の宮殿と合わせて嶋宮へと発展したとみるのが一般的であるが、本当にそのように考えてよいのかどうかは、改めて検討を要する問題である。

　また、嶋宮は岡宮とも呼ばれたので、岡寺が建つ明日香村岡の山地部分にまで宮域が広がっていたことが想定できる。このことは以前から指摘されているが、近年ではそうした認識が背後に退いてしまっており、研究史を遡りながら、嶋宮と岡宮の関係を再整理する必要がある。

　さらに、吉備嶋皇祖母や嶋皇祖母命という人物の名前には「嶋」という字が含まれているため、この2人の皇祖母命が嶋家や嶋宮に住んでいたとみる論者が多く、嶋家・嶋宮の伝領にも関わっていたとみる意見も出されている。しかし、「嶋」の一字が名前に含まれるということのみから、そうした重大な結論を導き出すのは、はたして妥当なのかどうか、素朴な疑問を禁じ得ない。

　本稿ではそうした課題や疑問について、私なりの考察をめぐらしてみたい。

1　飛鳥河の傍らの嶋家・嶋宮と飛鳥河辺行宮

　『日本書紀』推古34年（626）5月丁未条には、蘇我大臣馬子が薨じて、桃原墓に葬られたとあるが、馬子の小伝を併記して、馬子は武略と弁才があり、三宝を恭敬して、「飛鳥河の傍ら」に家を構え、その庭の中に小さな池を開き、池中に小嶋を築いたので、時の人は馬子のことを「嶋大臣」と呼んだと伝えている。本居宣長が「俗にいはゆる作庭泉水築山の事を、古は嶋といへり」（本居1968）というように、古代には庭園のことを嶋と称した。蘇我馬子の「飛鳥河の傍ら」の家は、小池中に小嶋を築いた庭園をもつ邸宅として知られていたのである。

　馬子没後の墓作りについては、舒明即位前紀に次のような話がみえる。推古36年に推古天皇が崩じたのち、大臣蘇我蝦夷を中心に次期天皇を定めんとするが、群臣の意見が分かれて紛糾した。ときに蘇我氏の諸族が悉く集まって、嶋大臣の墓作りのため墓所に宿っていたが、次期天皇に山背大兄王を推す境部摩理勢は墓所の廬を壊して、蘇我の田家に退去したため、怒った大臣蝦夷は「逆心を起こすこと勿れ」と教え諭した。蘇我馬子の墓は明日香村島庄にある石舞台古墳にあてるのが通説である。馬子の死から2年以上たったのちにも、島庄付近において馬子の墓作りが続けられ、墓所の周辺には蘇我氏の同族が集まり、廬舎を作って宿侍していたことになる。巨大な横穴式石室をもつ石舞台古墳の規模からみて、その築造には長い年月を要したと考えられ、その間は島庄付近が蘇我氏同族の結集の場となっていたことが想定できよう。

　その後、島庄周辺ではどのような動きがあったであろうか。皇極3年（644）6月是月条には、当時歌われた謡歌三首が掲げられているが、最初の一首は、「遙遙に　言そ聞ゆる　嶋の藪原」というものであった。この歌が意味するところについては、蘇我蝦夷・入鹿討滅後の皇極4年6月己酉条に、中大兄皇子が宮殿を嶋大臣の家に接して建て、中臣鎌子と密かに大義を図り、入鹿誅戮を謀ろうとした兆しであると説明されている。嶋大臣の家とは蘇我馬子の邸宅をさす。馬子の死後もその嶋家は引き続き蘇我氏によって維持・経営されており（亀田1988 p.420）、嶋家や桃原墓（石舞台古墳）の周辺は蘇我氏やその同族が結集する拠点となっていたのであろう。中大兄皇子はその嶋家に接して宮殿を建て、中臣鎌子と蘇我氏討滅の計画を練った。その場所が「嶋の藪原」と歌われていることは、中大兄の宮殿が嶋の地域内でも未開の「藪原」に築かれたことを示唆する。蘇我氏結集の場となっていた馬子の嶋家に接して宮殿を構えることで、蘇我氏の動向を探り、その動きを牽制しようとしたものと思われる。

　大化改新を成功に導いた中大兄皇子の嶋の宮殿は、王

家勝利のシンボルとして、その後長く重視されたことは想像に難くない。この中大兄の嶋の宮殿がのちに嶋宮と呼ばれるようになったようで、『日本書紀』では天智朝末年にはじめて嶋宮の名がみえてくる。壬申の乱を前にした天智10年（671）10月、皇位を辞退して出家した大海人皇子は、近江大津宮から吉野宮に向かう途中、嶋宮に入って一泊した（天武即位前紀）。その後、乱に勝利した大海人は、天武元年（672）9月、倭京に帰還してまず嶋宮に入り、3日後に嶋宮から岡本宮に移っている。そして、即位後の天武5年正月乙卯（16日）には、西門庭で大射ののち、嶋宮に移って宴を催し、天武10年9月には、周芳国から貢上された赤亀を嶋宮の池に放っている。以上により、天智朝末年から天武朝にかけて、嶋宮は王族を迎える離宮として機能し、池を有する別宮として宴会などに利用されたことがわかる。

この嶋宮はいつの頃からか草壁皇子の宮となったようで、『万葉集』巻2に所収の柿本人麻呂や嶋宮の舎人らの作った殯宮挽歌に、嶋宮の様子が詳しく歌われている。

日並皇子尊殯宮之時、柿本朝臣人麻呂作歌一首并短歌

島の宮　勾の池の　放ち鳥　人目に恋ひて　池に潜かず（170）

皇子尊宮舎人等慟傷作歌廿三首

島の宮　上の池なる　放ち鳥　荒びな行きそ　君いまさずとも（172）

み立たしの　島を見る時　にはたづみ　流るる涙　止めそかねつる（178）

橘の　島の宮には　飽かねかも　佐田の岡辺に　宿侍しに行く（179）

み立たしの　島をも家と　住む鳥も　荒びな行きそ　年かはるまで（180）

み立たしの　島の荒磯を　今見れば　生ひざりし草　生ひにけるかも（181）

東の　多芸の御門に　侍へど　昨日も今日も　召す言もなし（184）

水伝ふ　磯の浦廻の　石つつじ　もく咲く道を　またも見むかも（185）

一日には　千度参りし　東の大き御門を　入りかてぬかも（186）

つれもなき　佐田の岡辺に　帰り居ば　島の御橋に　誰か住まはむ（187）

朝ぐもり　日の入り行けば　み立たしの　島に下り居て　嘆きつるかも（188）

朝日照る　島の御門に　おほほしく　人音もせねば　まうら悲しも（189）

これらの歌から、嶋宮には「勾の池」「上の池」と称される池があり、その池には「荒磯」「磯の浦廻」と呼ばれるものが設けられていたことがわかる。また、嶋宮は「東の多芸の御門」「東の大き御門」とも称された。これについては、嶋宮の東門のところに滝があった、嶋宮の正門が東門であったなどと解する説があるが（山田1932、大井1943、渡瀬1973 p.368、仁藤1998 p.58）、岸俊男氏はこれらは方角の東というよりも、皇太子（東宮）としての草壁皇子の宮をさすと説いた（岸1984）。また、小澤毅氏は御門は御殿・宮殿を意味するもので、嶋の御門とは嶋宮の別称であるとし（小澤2003a p.100）、湊哲夫氏は東の御門とは何らかの起点からみて東側にある宮殿の意とみた（湊2001）。私も岸氏らの見解を参照して、東の御門とは東側の門ではなく、当時の王宮であった飛鳥浄御原宮からみて東方にある宮の意と、東宮（皇太子）の居所の意とを兼ね合わせた表現と考えるべきと思う。

さて、以上を要するに、島庄付近には蘇我馬子が「飛鳥河の傍ら」に構えた嶋家があり、中大兄皇子は改新前夜に馬子の嶋家に接して宮殿を建てたが、この宮殿が嶋宮として継承され、壬申の乱前後に大海人皇子が利用し、のちに皇太子草壁皇子の宮となった。馬子の嶋家の庭園には小池と中嶋が築かれ、草壁皇子の嶋宮は飛鳥浄御原宮の東方に位置し、そこには勾の池・上の池や荒磯・滝を配した庭園が作られていた、ということになる。

馬子の嶋家と中大兄の嶋の宮殿の関係については、蘇我蝦夷・入鹿滅亡後に嶋家は接収されて、中大兄の嶋の宮殿と合わせて嶋宮へと発展したと考える論者が多い（瀧川1970、石上1971、末永1991a、秋山1976a p.29、仁藤1998 p.55、櫻井1996 p.18、湊2001、小澤2003a p.95、和田2013）。もちろん蘇我本宗家の滅亡後、馬子の嶋家は王家に接収され、一部は嶋の宮殿と一体的に利用されたであろうが、馬子の嶋家がそのまま嶋宮に継承されたとは考えられない。境田四郎氏は、臣下の居宅がただちに天皇の宮殿に襲用されるというのは不自然であるとして、馬子の家と嶋宮とを結びつけることに反対する（境田1942）。また薗田香融氏は、嶋宮と蘇我氏との関係を不問に付すことはできないが、やはり嶋宮は皇室との関係が第一次的なものであったと考えている（薗田1953 p.22）。私も両氏の考え方に賛成で、蘇我氏の嶋家と王家の嶋宮とはできるだけ分別して考える必要があると思う。嶋宮の起源は中大兄皇子が嶋家に接して建てた宮殿にあり、かりに大化改新後に馬子の嶋家が王家に接収されたとしても、嶋家はその一部が嶋宮の周辺施設として再利用されたにすぎず、嶋宮の主要部はやはり中大兄の嶋の宮殿を継承したものと考えるべきであろう。

その際に注目すべきは、孝徳紀にみえる飛鳥河辺行宮の存在である。白雉4年（653）是歳条には、

是歳、太子奏請曰、欲𛂜冀遷𛂜于倭京𛂜。天皇不𛂜許
　　焉。皇太子乃奉𛂜皇祖母尊・間人皇后𛂜、幷率𛂜皇弟
　　等𛂜、往居𛂜倭飛鳥河辺行宮𛂜。于時、公卿大夫百官
　　人等、皆随而遷。……

とあり、難波長柄豊碕宮から倭京に遷ることを奏請した中大兄皇子は、孝徳天皇の許可を得ることなく、皇祖母尊皇極・間人皇后・皇弟大海人らを率いて倭の飛鳥河辺行宮に遷居した。時に公卿・大夫・百官人らも皆遷ったという。ここにみえる飛鳥河辺行宮は、1976年に発掘された飛鳥稲淵宮殿跡にあてる説がある（奈文研1977、川越・岩本1977）。この遺跡では大規模な掘立柱建物4棟と石敷広場が検出され、正殿・後殿と脇殿をコの字形に配置した7世紀中頃の宮殿風遺構が確認された。しかし、稲淵宮殿跡は古代の飛鳥の範囲から少し南にはずれた場所にあるため、これを飛鳥河辺行宮にあてるのは疑問であり（狩野・木下1985）、私も難波宮から百官を率いて飛鳥に戻った中大兄らが入る行宮としては、飛鳥から奥地に入りすぎているように思う。飛鳥河辺行宮はやはり飛鳥の中枢部に近い場所に想定すべきであろう。

　飛鳥河辺行宮とは「飛鳥河の辺（ほとり）」の行宮を意味する。これは蘇我馬子の嶋家が「飛鳥河の傍ら」の家と表現されたことと酷似している。したがって、「飛鳥河の辺」の行宮とは馬子の嶋家の近くに位置した宮殿とみることが可能となろう。馬子の嶋家に接した宮殿とは、すなわち中大兄皇子が改新前夜に建てた嶋の宮殿である。中大兄は難波遷都以前に嶋に宮殿を築いていたのであるから、この嶋の宮殿は、難波宮から帰還する際に最初に入る宮処としてふさわしいところといえよう。中大兄が難波長柄豊碕宮から母・妹弟を従えて遷った飛鳥河辺行宮とは、中大兄の嶋の宮殿を意味するものと考えられる。

　大海人皇子が壬申の乱をはさんで、倭京を通過もしくは倭京に帰還した際にまず嶋宮に入っていることも、飛鳥河辺行宮の利用法と共通する。中大兄らは難波から倭京への帰還時に飛鳥河辺行宮に入っている。中大兄が建てた嶋の宮殿は、王家勝利のシンボル的存在であったため、中大兄の主導の下に経営・運用され、倭京への帰還時には必ずまず嶋宮に入ることになっていたのではなかろうか。そう考えて大過ないとすると、嶋宮は改新前夜の中大兄の嶋の宮殿にはじまり、難波から倭京への帰還時に中大兄の主導のもと飛鳥河辺行宮として利用されたことになり、中大兄に所属する宮殿という色彩が濃厚に認められる。大海人皇子は天智天皇の許可を得て、壬申の乱前に嶋宮を利用し、乱後は嶋宮を支配下に収めて、別宮として使用したということなのであろう。なお、嶋家や嶋宮に吉備嶋皇祖母や嶋皇祖母命が住んだとする見方については、第3章で検討を加えたい。

2　嶋宮と岡宮・岡寺

　嶋宮の所在地は、古くから明日香村の島庄付近に求められてきた。『大和高市村志』は、島庄の高市小学校付近の岡本亭や字池田・字ナルミ付近を宮阯の一部とし（島岡1933）、奥野健治氏は嶋宮に関わる地名として島庄の村名と小字甲殿・下殿をあげ（奥野1985）、福山敏男氏は嶋宮を高市村島庄に比定した（福山1943）。一方、末永雅雄氏は1933年の石舞台古墳の発掘調査時に島庄の旅館岡本亭の泉水に敷石が存在することを認め、それが吉野宮滝遺跡の敷石と似ていることに注目していたが（末永1991b）、1972年から末永氏の指揮のもと、橿原考古学研究所が島庄遺跡の発掘調査を実施した。調査にあたった秋山日出雄氏によると、石舞台古墳の西方約100mに位置する字池田において、一辺42mの規模をもつ7世紀初頭の（隅丸）正方形の池と幅10mの外堤が検出され、石舞台古墳とこの大池との間を南北に走る石組暗渠が約170mにわたって確認された。また、二条の曲溝、四条の柵列、木製樋管なども検出された。大池の遺構は蘇我馬子の嶋家の池である可能性が高く、石組暗渠は多武峰より西下する冬野川から水を引いたものと、秋山氏は推定している（秋山1976a・1984）。

　その後、1987年の島庄遺跡第20次調査では、大池跡の北東から人工の川、小池、掘立柱建物、柵列などが検出され、島庄遺跡の実態がさらに明らかになった。2003年からは明日香村教育委員会が島庄遺跡の発掘調査を進めており、字池田周辺の北部地区に対して、旧高市小学校跡地付近の南部地区において、掘立柱建物群や石組溝などが確認された。島庄遺跡におけるこれまでの調査成果とその評価を、亀田博（亀田1988）・相原嘉之（相原2011）両氏らの研究によりながら要約すると、以下の四時期の遺構群にまとめることができる。

Ⅰ期（7世紀第Ⅰ四半期）
　北部地区で方形池が築造され、南部地区では大型建物群が造営された。これらは蘇我馬子の飛鳥河の傍らの家（嶋家）の一部であるとされる。

Ⅱ期（7世紀第Ⅱ四半期）
　北部地区では方形池が存続する一方で、石組暗渠、曲溝、人工の川・小池、北で51度西偏する建物群などが作られた。これらは舒明・皇極朝のもので、亀田氏は2人の皇祖母命または中大兄または蘇我氏に関わる遺構であるとし、相原氏は2人の皇祖母命の宮かとする。

Ⅲ期（7世紀第Ⅲ四半期）
　北部地区では方形池が存続する一方で、石組の暗渠、人工の川・小池が壊され、北で30度西偏する

柵（塀）が作られた。南部地区では建物群が建て替えられる。これらは斉明朝頃のもので、中大兄あるいは嶋皇祖母命の宮かとされる。

Ⅳ期（7世紀第Ⅳ四半期）

北部地区では方形池が存続し、南部地区では正方位をとる建物群が作られる。これらは草壁皇子の嶋宮の遺構とされる。

以上のように、島庄遺跡では7世紀を通じて変遷する方形池・石組暗渠、人口の川・小池、建物群などが確認されており、Ⅰ期からⅣ期までの各遺構がそれぞれ蘇我馬子の嶋家、2人の皇祖母命の宮、中大兄皇子の宮殿、草壁皇子の嶋宮などに関わるものとして理解されている。

ただし、『万葉集』にみえる嶋宮の勾の池や荒磯が、島庄遺跡において確認されているかどうかは解釈の分かれるところである。勾の池については、屈曲した汀線をもつ曲池と解するのが一般的であるが（瀧川1970、岸1988a p.285、湊2001、小野2009 p.27）、渡瀬昌忠氏は『和名類聚抄』巻5が曲尺をマガリカネと読んでいることから、勾の池も正方形でないとはいえぬとし（渡瀬1978 p.275）、菅谷文則氏は「曲」は直線が曲がっている状態をさすとし、島庄遺跡の方形池を勾の池にあてている（菅谷2013）。しかし、『日本書紀』では「勾」字は勾玉や勾針として使われ、仲哀8年正月壬午条には「天皇（やさか）、八尺瓊の勾（まが）れるが如くにして、曲妙に御宇（あめのしたしろしめ）せ」とある。また、『播磨国風土記』賀古郡望理（まがり）里条は加古川の屈曲を「此の村の川の曲り」と表現している。奈良時代までは「勾」や「曲」は勾玉や川曲のような蛇行状屈曲の意味で用いられていたと思われる（櫻井1996 pp.19-21）。勾の池はやはり飛鳥宮跡第Ⅲ-B期内郭北院で検出されているような曲池を想定した方がよいだろう。

荒磯については、平安時代の『作庭記』に「大海様ハ先あらいそのありさまをたつべきなり。そのあらいそハきしのほとりにはしたなくさきいでたる石どもをたて、……さて所々に洲崎白はまみえわたりて、松などあらしむべきなり」（林屋編1973）とある。平安時代の作庭では、池岸の辺に石を立てて荒磯の様子を再現し、所々に洲崎・白浜（洲浜）を配すなど、豪快な海辺の風景を表現することが重視されたが、こうした荒磯風の立石と洲浜は浄瑠璃寺庭園や鳥羽殿跡などでみることができる（森1986）。嶋宮の荒磯はこうした後世の日本庭園を彷彿とさせるもので、これを島庄遺跡の方形池にあてるのは無理があるのではないか（小野2009 pp.41・42）。

秋山日出雄氏は、島庄遺跡の方形池は嶋宮の池と考えてよいとしながら、一辺40余mの大池は、たんなる邸内の池と考えるには過大なので、これは野外の公園に設けられた池であり、嶋宮は付近の山野に及ぶ広大な藪地の中に設けられた宮殿・離宮であろうとする（秋山1984 p.67）。また、亀田博氏も『作庭記』の記事を引きながら、島庄遺跡の方形池は、『万葉集』に歌われた滝があり、湾曲した荒磯をもつ池とは違うもので、草壁皇子の嶋宮の池は未発見であると説く（亀田1988 pp.466・467、亀田1990）。さらに河上邦彦氏は、方形池は苑池ではなく貯水池だとすると、島庄遺跡は少なくとも嶋宅あるいは嶋宮の中心ではないと論じている（河上2003）。現在検出されている島庄遺跡が嶋家や嶋宮、とくに嶋宮の中心ではないとすると、嶋宮はさらに付近の山野にまで広げて探索する必要があるということになろう。前述したように、中大兄皇子の嶋の宮殿が「嶋の藪原」に設けられたらしいことも参考になる。

こうした指摘と関連して注目すべきは、嶋宮が岡宮とも呼ばれ、岡宮の一部が岡寺に賜与されたという事実である。喜田貞吉は、嶋宮にいた草壁皇子はのちに岡宮御宇天皇と追尊されたので（『続日本紀』天平宝字2年8月戊申条）、嶋宮と岡宮とは異名同地であり、宮殿の場所は今の岡より島庄に渉っていたとみた（喜田1912・1939）。また末永雅雄氏は、岡寺の創立縁起が語るように、嶋宮の一部を岡寺に賜ったとすれば、岡寺の寺域は嶋宮の一部となり、嶋宮は島庄の平地帯のみならず、岡寺付近の山村地帯も包含することになると説く（末永1991a）。さらに仁藤敦史氏は、岡宮は嶋宮の別称で、嶋の宮域内に草壁の死後、旧岡寺が建立されたと考えられると述べている（仁藤1998 pp.58・59）。旧岡寺とは創建時の岡寺をさし、現在の岡寺のやや西側、参道途中にある治田神社の境内にかつて礎石や小字が存在し、軒瓦以外に凝灰岩切石を用いた壇正積基壇の一部も検出されている（保井1932、田村1970、亀田1983）。これらの意見を勘案すると、嶋宮は明日香村の島庄だけではなく、治田神社の位置する岡の山地部分にも広がっていた可能性が高くなり、治田神社付近にまで探索の手を及ぼす必要があるように思われるのである。

そこで、問題となる岡寺の創建説話について、『七大寺年表』大宝3年条をもとに検討してみたい[1]。

> 僧正義淵、三月十四日任。法相宗。興福寺。化生人也。道昭・道慈・道場・道鏡、已上皆一室弟子也。智鳳法師弟也。
> 龍蓋寺伝記云、大和国高市郡居住、夫津守、婦阿刀氏、多年依レ無レ子、常祈二申観音一。爰夜聞二小児啼音一、〔奇脱カ〕出見レ之、在二柴垣上被一裏二白帖一也。薫香満レ家、〔之脱カ〕悦収養、不レ日生長。天智天皇聞二食件事一、□〔日〕竝所〔岡本歟〕知皇子共令レ移二養岡宮一。遂以レ宮賜二僧正一、為レ寺、号二龍蓋寺一云々。

『七大寺年表』所引の龍蓋寺伝記は次のように述べる。義淵の父と母は、大和国高市郡に住む津守氏と阿刀氏で

ある。2人は多年子に恵まれなかったので、常に観音に祈っていたところ、幸いに小児を授かり、これを養い育てた。これを聞いた天智天皇は、日<ruby>並<rt>ひ</rt></ruby><ruby>所知<rt>と</rt></ruby>皇子（草壁皇子）とともに小児（義淵）を岡宮に移して養い、のちに岡宮を義淵に賜って岡寺とした。号して龍蓋寺という。

『続日本紀』によって義淵の経歴を跡づけると、文武3年（699）11月、その学行を賞されて、稲一万束を賜り、大宝3年（703）3月に僧正に任命され、神亀4年（727）12月、勅して僧正義淵（俗姓市往氏）に岡連を賜い、兄弟に伝えしめた。これによると、義淵の俗姓は市往氏なので、父姓を津守氏とする龍蓋寺伝記の記述は不審であり、観音の奇瑞を述べる説話にも疑いをさしはさむ余地がある。しかし、福山敏男氏が指摘するように（福山1978）、義淵には岡連が賜姓されているので、義淵と岡寺との関係をいちがいに否定するのは難しく、草壁皇子に「岡宮御宇天皇」の尊号が追贈されたのは、草壁が岡の地に居住していたと信じられていたためであろうから、草壁皇子の岡宮の地に義淵が岡寺を造ったことに、不自然なところはないのである。したがって、龍蓋寺伝記の記述のうち、義淵が草壁皇子の岡宮を賜って岡寺を創建したことは信じてよいことと思われる。義淵が岡寺を賜って寺としたのは、持統3年（689）4月の草壁薨去後のこととみられる。ただし、嶋宮はその後も存続しているので、義淵に賜与されたのは嶋宮の一部なのであろう。

岡寺創建説話のなかで、さらに注目すべきは、草壁皇子と義淵を岡宮に移して養ったのが天智天皇とされていることである。普通であれば草壁の養育のことは、父の天武天皇との関わりで語られるべきものであるが、そうではなく天智の関与を明記しているところが重要である。嶋宮は前述のように、中大兄皇子が蘇我馬子の嶋家に接して建てた宮殿に起源をもち、中大兄らが難波から飛鳥に帰還した時にも、飛鳥河辺行宮（＝嶋宮）にまず入るなど、中大兄の主導下に利用された宮殿であった。したがって、天智が草壁と義淵を岡宮（嶋宮）で養育したという所伝は、それなりに筋の通った話ということになる。

草壁皇子は大海人皇子と<ruby>鸕野讃良<rt></rt></ruby>皇女の間に生まれた長子で、天智元年に筑紫の娜大津（長津）において誕生した（『日本書紀』持統即位前紀、天武2年2月条、斉明7年3月条などを参照）。筑紫から飛鳥に帰還後、近江大津宮に遷都する天智6年3月までの数年間、草壁が嶋宮で養育された可能性は少なくないであろう。いうまでもなく、草壁の母鸕野讃良皇女は天智の皇女であったからである。草壁は母家である天智の嶋宮において幼少時を過ごし、そうした縁で壬申の乱後のある時期から嶋宮に住むことになったのであろう。嶋宮を皇太子の宮と

みなし、皇太弟時代の大海人皇子は嶋宮に住んだとみる意見もあるが（渡瀬1978 p.283、岸1984・1988b、小澤2003a p.99）、そうした意見には従えない。前述したように、中大兄皇子が建てた宮殿に起源する嶋宮は、孝徳朝においても中大兄の主導下に使用されており、天智朝に草壁を岡宮（嶋宮）で養育したのも、天智の意思によるものであった。そもそも大海人皇子は皇太弟を辞退して出家した身であったから、皇太子の居所を自由に使用できるはずもない。壬申の乱前の大海人は天智の許しを得て、嶋宮に入ったとみなすべきであろう。

3　吉備嶋皇祖母命と嶋皇祖母命の居所

吉備嶋皇祖母命は皇極天皇の生母で、吉備姫王とも呼ばれた。嶋皇祖母命は舒明天皇の生母で、糠手姫命・田村皇女とも呼ばれた。いずれも中大兄皇子の祖母ということになる。この2人の皇祖母命の名前には「嶋」の字が含まれているため、両人を嶋宮と関わらせて論じることが広く行われている。

まず第1に薗田香融氏は、皇極2年9月に薨じた吉備嶋皇祖母命は島宮に住したのであろうと説いたが（薗田1953 p.17）、日本古典文学大系『日本書紀』下の頭注が吉備嶋皇祖母命について、島は高市郡の地名で、そこに住んだからであろうと述べて（坂本太郎ほか1965）、薗田説を継承した。さらに石上英一氏は、吉備嶋皇祖母命と嶋皇祖母命は2人とも天智天皇の祖母であり、嶋の地にある時期住んでいたと考えられると述べ（石上1971）、2人の皇祖母命が嶋宮に居住したとみる説に発展させた。この説はその後、岸俊男氏（岸1988a p.284）、平林章仁氏、亀田博氏（亀田1988 pp.420・421）小澤毅氏（小澤2003a pp.94・95）らによって継承された。平林氏は、嶋宮は少なくとも舒明朝に2人の皇祖母の居所としてはじまり、中大兄の嶋の宮殿や天武天皇の嶋宮へと伝領されていったと結論づけている[(2)]。

第2に渡瀬昌忠氏は、嶋大臣家と天武朝の嶋宮とは別物とは思われず、嶋大臣も嶋皇祖母命も同じ嶋家に住んだからの呼び名であり、嶋大臣家すなわち嶋宮は、推古朝から舒明・皇極（斉明）・天智朝へと断絶なしに存続したと論じた（渡瀬1973 pp.363-365）。渡瀬氏はその後、蘇我馬子の嶋家がその娘法提郎媛（舒明天皇夫人）を通して、舒明朝に皇室の手に入り、舒明の母や皇極の母が住んで、それが天智・天武朝にまで伝えられたと説いている（渡瀬1978 pp.281・282）。また秋山日出雄氏は、嶋の地には吉備嶋皇祖母命の宮殿もあったとし、中大兄皇子の嶋の宮殿はその吉備姫王の宮殿とみられないこともないとする。そして、吉備姫王の住んだ嶋の宮殿

とは、あるいは馬子の嶋家の一部が、その父桜井皇子（蘇我堅塩媛の子）より吉備姫王に伝えられたと推測することも可能であろうと述べた（秋山1976b）。これらは馬子の嶋家が蘇我系のキサキを通して中大兄の嶋の宮殿や天武朝の嶋宮に伝えられたとみる説といえる。この説はその後、仁藤敦史氏（仁藤1998 p.34、仁藤2004）や遠山美都男氏（遠山2006）によって継承されており、遠山氏は蘇我蝦夷が亡父の嶋家を王宮に改造して、新大王となった舒明の母親に提供し、中大兄皇子の宮殿造営にも蝦夷の協力と奉仕があったと推測している。

以上の2説とはやや異なる説として、第3の直木孝次郎説（直木1990）がある。直木氏は、馬子が甥（桜井皇子）の娘である吉備姫王まで同居させていたというのは疑問であるとして、嶋の地域には一時期、馬子の嶋家、吉備嶋皇祖母命の御殿、中大兄の嶋の宮殿の3系統の建物が並び存していたと論じた。

さて、以上に紹介した3つの見方は細部においては異なるが、いずれも吉備嶋皇祖母命と嶋皇祖母命が嶋家か嶋宮あるいは嶋地域に居住していたとみる点では一致している。しかし、そうした議論の唯一の根拠は、2人の名前に「嶋」字が含まれていることであるが、このような理由のみで両名が嶋家・嶋宮に住んでいたとするのは、一つの推測にしかすぎないと思う。また、蘇我馬子の嶋家が蘇我系のキサキを通して皇極の母や舒明の母に伝えられたとみるのも、古代の一般的な家産伝領方式としては不自然なものといわざるをえない。直木氏が馬子が甥の桜井皇子の娘（吉備姫王）を嶋家に住まわせたとみることに疑義を呈しているように、蘇我馬子や蝦夷からみて、2人の皇祖母命はあまりに遠い血縁関係にある人物である。そうした遠縁の人物に（を）嶋家を伝領させる、あるいは嶋家に居住させるとは考えにくいのである。

古代豪族の邸宅や家産の伝領については、薗田香融氏の研究が参考になる。それによると、古代豪族は自家出身の后妃のために土地や邸宅を負担提供し、それがやがて寺院にされることが多かったという。すなわち蘇我稲目の向原家は欽明天皇のキサキとなった堅塩媛の後宮たる向原宮となり、それが堅塩媛の生んだ炊屋姫（推古天皇）の向原宮（豊浦宮）に継承され、さらに豊浦寺となった。また、藤原不比等の邸宅は聖武天皇の皇后となった光明子の御座所となり、これが光明子所生の孝謙天皇に受け継がれて、やがて法華寺となった（薗田2016）。推古天皇の小墾田宮も蘇我稲目の小治田家を継承したものとみることができよう。

このような事例を参照すると、蘇我馬子の嶋家が舒明夫人となった娘の法提郎媛を通して、舒明天皇の王統に伝えられた可能性は存在するが、それは法提郎媛が生んだ古人大兄皇子の家産として伝領されるはずで、それとは別系統の中大兄皇子系の家産となるとは考えにくい。薗田香融氏が指摘するように（薗田1981 pp.360-363）、敏達天皇直系の押坂彦人大兄皇子—舒明天皇—中大兄皇子と続く系譜は、蘇我氏と血縁的なつながりをもたず、皇統の純粋性を保持しようとした非蘇我系の皇族群であり、この系統がやがて蘇我氏の支配を排除して、大化改新を導き出すのである。中大兄皇子が嶋大臣の嶋家に接して宮殿を築いたのは、蘇我氏に対抗するためであり、嶋家と嶋宮とは本来対抗的なものとして捉えるべきである。蘇我氏の嶋家が改新以前に蘇我系のキサキを通じて舒明や皇極に伝えられ、皇極の母や舒明の母が嶋家に居住していたという想定には従うことができない。

前述したように本居宣長は、古代には作庭・泉水・築山のことを嶋と称したと述べている。嶋とは池中に中嶋をもつ庭園を意味する一般名詞であり、嶋宮とは嶋を主体とした宮のことをいう。岸俊男氏によると、『万葉集』には中臣（のち大中臣）清麻呂の平城京の第で読まれた歌が収められているが（巻20、4511〜13）、それらの歌は「属_目山斎_作歌三首」と題され、「君がこの之麻」と歌われている。また、正倉院文書の写経所関係文書には嶋院・中嶋院・外嶋院が頻出するが、これらはいずれも法華寺内にあった院である。一方、『続日本紀』には西大寺嶋院のほか、平城宮内裏にあったと思われる内嶋院、長岡京の嶋院などがみえる。これら「嶋」を冠する院は、いずれも中嶋をもつ池に臨んで設けられた院で、写経や念仏の場となる場合が多かったことに、岸氏は注目している（岸1988a pp.285-311）。

以上の事実を勘案すると、嶋とは中嶋をもつ池を主体とした庭園を示す一般名詞であり、必ずしも現在の明日香村島庄の嶋家や嶋宮（以下これを島庄の嶋宮などと略称する）をさすとは限らないということになろう。吉備嶋皇祖母命や嶋皇祖母命が「嶋」を名前に含むのは、両名の邸宅が中嶋をもつ池を主体とする庭園で知られていたからに他ならず、その居地を島庄の嶋宮に限定するのはきわめて疑わしいのである。彼女らの邸宅は飛鳥周辺のさらに広い範囲に探し求めるのが穏当であろう。そこで以下、2人の皇祖母命の居地について再検討してみたい。

『日本書紀』皇極即位前記によると、皇極は敏達天皇の曾孫、押坂彦人大兄皇子の孫、茅渟王の女で、母は吉備姫王であるという。皇極2年9月丁亥（11日）に吉備嶋皇祖母命が薨じると、癸巳（17日）に土師猪手に喪儀のことを司らせ、乙未（19日）に皇祖母命を檀弓岡に葬った。同月丙午（30日）には皇祖母命の造墓役を停止させている。延喜諸陵式をみると、「檜隈墓、吉

備姫王。在大和国高市郡檜隈陵域内。無守戸。」とあるので、吉備姫王の檜隈墓は欽明天皇陵域内に位置していたことがわかる。小澤毅氏のいうように、檀弓岡（真弓岡）の範囲は天武・持統合葬陵（檜隈大内陵）の周辺まで含まれると考えられるので（小澤2003b）、吉備姫王の檀弓岡墓と檜隈墓とは異名同墓とみてよいだろう。

吉備姫王の檜隈墓は、明日香村平田の梅山古墳（欽明天皇陵）の兆域内にあるカナヅカ（金塚）古墳に比定する見解が有力である（西光2000、小澤2003b）。カナヅカ古墳の石室はすでに破壊されているが、岩屋山式石室であったことが確認されており、7世紀でも第Ⅱ四半期に収まる時期の築造と考えられる（白石1973、菱田1986、一瀬1988、岸本2016）。『本朝皇胤紹運録』は皇極天皇の母を吉備姫女王とし、欽明の孫で、桜井皇子の女とする。『日本書紀』欽明2年（541）3月条には、蘇我稲目の女堅塩媛の生んだ七男六女のうちに桜井皇子をあげ、『古事記』欽明段にも岐多斯比売の生んだ十三柱のうちに桜井玄王の名がみえている。吉備姫王の父桜井皇子は欽明天皇と堅塩媛の子なので、吉備姫王からみて、欽明は祖父、堅塩媛は祖母にあたる。堅塩媛は推古20年2月に欽明の檜隈大陵に合葬されているので、吉備姫王にとって檜隈陵は祖父と祖母がともに眠る奥津城であった。彼女の墓が7世紀中葉に檜隈陵域内に営まれるのは、そうした血縁関係によるものなのであろう。

さて、吉備嶋皇祖母命は皇極2年9月に薨去した。それまでの長い年月を某宮で過ごしてきたのであろう。一方、中大兄皇子が蘇我馬子の嶋家に接して宮殿を建てたことは、皇極3年6月是月条の謡歌で暗示され、同4年6月の蘇我氏討滅後にその謡歌の謎解きが示されている。したがって、中大兄が嶋家に接して宮殿を建てたのは、皇極3年6月をそれほど遡る時期とは考えにくい。つまり、中大兄が嶋に宮殿を築く以前に、吉備嶋皇祖母命は亡くなっている可能性が高く、彼女が嶋の宮殿に住んだとみるのは困難なのである。かりに亡くなる寸前に中大兄の嶋の宮殿が完成し、そこに住んだとしても、一年程度の短期間の居住で、吉備嶋皇祖母命の尊称が定着するとは思えない。「吉備嶋」とはやはり長年を過ごした宮殿にちなむ名前なのであろう。大化2年（646）3月辛巳に吉備嶋皇祖母の処々貸稲を廃止したのは、彼女の宮処の維持・経営が終了したことを示している。

そこで、大和国内に吉備という地名を探索すると、磯城郡香具山村吉備と高市郡船倉村吉備の2つを見出すことができる（直木1968）。このうち後者は現在の高取町吉備にあたり、明日香村の檜隈や真弓の南に接する地域である。吉備姫王が葬られた檀弓岡墓（檜隈墓）はこの吉備の北方に位置する。蘇我馬子が飛鳥河の傍らの嶋家に住み、その近くの桃原墓（石舞台古墳）に葬られたように、吉備姫王は高市郡の吉備付近に住み、その薨後は近傍の檀弓岡墓（檜隈墓）に葬られたと考えられるのではないか。そう考えてよいとすると、吉備嶋皇祖母命の居所は吉備周辺にあった庭園をもつ宮であり、この付近に池や庭園の遺構を探索する必要があるように思う。

梅山古墳（欽明天皇陵）の南の明日香村平田には「池田」の小字があり、これに南接する平田キタガワ遺跡から庭園遺構が検出された。すなわち大規模な池の石積護岸とその北に広がる石敷広場である（亀田1998）。この遺構の時期は不明であるが、もし7世紀前半に遡るとすると、吉備嶋皇祖母命の嶋宮に関わる可能性も出てこよう。一案として提示しておきたい。

次に嶋皇祖母命について検討する。『日本書紀』舒明即位前紀によると、舒明天皇は敏達天皇の孫、彦人大兄皇子の子で、母を糠手姫皇女という。敏達4年（575）正月是月条には、敏達のキサキのうち采女伊勢大鹿首小熊の女菟名手夫人は、太姫皇女（桜井皇女）と糠手姫皇女（田村皇女）を生んだとある。『古事記』敏達段は、敏達が伊勢大鹿首の女小熊子郎女を娶り、布斗比売命と宝王（糠代比売王）を生んだと述べ、日子人太子が庶妹の田村王（糠代比売王）を娶り、舒明天皇と中津王・多良王を生んだと記す。

糠手姫皇女の薨去記事は、『日本書紀』天智3年6月条に「嶋皇祖母命薨」と伝えられている。『扶桑略記』『本朝皇胤紹運録』『一代要記』などによると、舒明天皇は舒明13年（641）に49歳で崩じたというので、逆算すると593年の生まれとなる。かりに糠手姫皇女が593年に15歳で舒明を生んだとすると、彼女の生年は579年となり、664年に86歳で没したことになる（蘭田1981 p.385）。当時としてはきわめて長生きの人物であった。延喜諸陵式には「押坂墓、田村皇女。在大和国城上郡舒明天皇陵内。無守戸。」とあり、田村皇女は息子である舒明天皇の陵内に葬られた。

以上を要するに、嶋皇祖母命は糠手姫皇女（糠代比売王）とも田村皇女（田村王）とも呼ばれ、敏達天皇の皇女で、母を采女伊勢大鹿首小熊の女菟名子夫人といった。敏達天皇の皇子であった押坂彦人大兄皇子がこの異母妹の糠手姫皇女を娶り舒明天皇を生んだ。長寿を誇り、天智3年に86歳前後で亡くなり、息子の舒明天皇陵内に葬られた。こうした経歴を一覧すると、嶋皇祖母命が島庄の嶋宮に住むべき必然性を認めることができない。

そこで注目すべきは、天平19年（747）の『法隆寺伽藍縁起幷流記資財帳』にみえる次の記載である。

　合法分灌頂幡壹拾肆具、十二具人々奉納者
　　秘錦灌頂壹具

右、養老六年歳次壬戌十二月四日、納賜平城宮
　御宇　天皇者。
　金埿銅灌頂壹具
　右、片岡御祖命納賜、不_レ_知_二_納時_一_。

　養老6年（722）に元正天皇が秘錦灌頂を法隆寺に献納し、某年に片岡御祖命が金埿銅灌頂を献納したとある。ここにみえる片岡御祖命については、『上宮聖徳法王帝説』などに名前がみえる聖徳太子の娘の片岡女王にあてるのが通説である(3)。しかし、正安4年（1302）に審盛が撰した『放光寺古今縁起』(4)には、敏達天皇の第三姫宮の片岡姫（王）が当地に片岡宮を造り、のちにこれを片岡寺（片岡王寺・放光寺）に改めたとあり、この縁起をどのように評価するのかが問題となる。福山敏男氏は、敏達の子孫が創建したという説を認め、敏達の孫にあたる百済王（『新撰姓氏録』左京皇別にみえる大原真人の祖）が片岡王寺を創建したと考えた（福山1937）。その後、塚口義信氏は聖徳太子の娘の片岡女王が御祖命と追称される理由はないとして通説を退け、片岡御祖命は『放光寺古今縁起』にみえる敏達皇女の片岡姫と解することもできると述べている（塚口2000）。さらに近年、吉川敏子氏は「みおやのみこと」と読む「御祖命」は「皇祖母命（尊）」と同様、天皇の母をさすと思われるので、片岡御祖命は敏達の皇女で舒明天皇の母である糠手姫皇女をさし、『放光寺古今縁起』にみえる片岡姫（王）もまた同人をさすと考えて問題ないと論じた（吉川2016）。

　吉川説は卓見であり、法隆寺に金埿銅灌頂を献納した片岡御祖命は、糠手姫皇女（嶋皇祖母命）その人であるとみて間違いあるまい。そう考えてよいとすると、糠手姫皇女が長く住んだ宮は大和国の片岡地域（現在の王寺町付近）にある可能性が高く、「片岡御祖命」と呼ばれていることからも、舒明天皇が即位した舒明元年前後には片岡に居住していたとみなければならない。前述した生年に関する想定からみると、彼女はその頃、50歳前後に達していたはずである。

　平林章仁氏は、敏達の大井百済宮と広瀬の殯宮、舒明の百済大宮や百済大寺、百済の大殯、押坂彦人大兄皇子の水派宮、広瀬郡の成相墓（牧野古墳に比定される）（薗田1981 p.386、河上1987）、茅渟王の片岡葦田墓（平野塚穴山古墳に比定される）（塚口1991、1998・1999）などの事例をあげて、敏達天皇系王統の大和国広瀬郡や葛下郡への進出を示す傍証であるとした（平林1987）。これらのうち、舒明の百済大宮や百済大寺、百済の大殯などは、近年の吉備池廃寺の発掘調査により、桜井市吉備の周辺に比定する説が有力化しているから、これらすべてを敏達系王統の広瀬郡進出の事例とすることには留保が必要であるが、それらを除いても、敏達の広瀬の殯宮、押坂彦人大兄皇子の成相墓、茅渟王の片岡葦田墓などの存在は、敏達・押坂彦人大兄らが広瀬郡や片岡地域に拠点を置いていた根拠として十分なものである。その意味で、押坂彦人大兄皇子に嫁して舒明を生んだ糠手姫皇女が片岡御祖命と呼ばれたことは、少なくとも舒明即位時には彼女が片岡に居住していたことを示している。

　したがって、糠手姫皇女が嶋皇祖母命とも称されたのは、片岡にあった邸宅（片岡宮）に嶋（池・中嶋をもつ庭園）が存在したからと考えるべきであろう。片岡宮を寺に改めたという片岡王寺（放光寺）は、王寺町本町2丁目に古代寺院の遺構が確認されている。明治20年頃までは塔・金堂・講堂の基壇跡や礎石が残されており、南向きの四天王寺式伽藍が存在したと考えられている（石田1936）。採集された瓦からは、寺の創建は7世紀前半に遡るとされる。糠手姫皇女の片岡宮は7世紀前半に一部寺院に改造されて、片岡王寺が創建されたが、片岡宮はその後も存続し、池・中嶋を配した庭園をもつ王邸として名高かったのであろう。上宮王家が斑鳩宮の傍らに斑鳩寺（法隆寺）を創建したように、糠手姫皇女の片岡宮と片岡王寺は近接した場所に並び立っていたことと思われる。推古15年に高市池・藤原池などとともに肩岡池（片岡池）が造営されているのも興味深い。

　舒明天皇の生母である糠手姫皇女は、敏達皇女として広瀬郡に近い片岡宮に住み、片岡王寺を創建した。80歳を超える長寿を誇り、死後は子息の舒明天皇陵内に葬られた。彼女が明日香村島庄の嶋家や嶋宮に居住する必然性はなく、彼女が嶋皇祖母命と呼ばれたのは、彼女の住む片岡宮が嶋（池・中嶋をもつ庭園）を備えた著名なものであったからであろう。百歩譲って、彼女が晩年に孫の中大兄皇子に引き取られて、島庄の嶋宮に住んだことを認めるとしても(5)、それは中大兄の嶋の宮殿が完成したのちのことであるから、嶋皇祖母命という名前は中大兄の宮殿にちなむものということになる。

おわりに

　7世紀史を中心に、蘇我馬子の嶋家や王家の嶋宮に関わる問題を検討してきた。本稿の要旨をまとめると、以下のようになる。

　一、蘇我馬子は「飛鳥河の傍ら」に嶋家を構えたが、ここには小池と中嶋をもつ庭園が築かれていた。一方、中大兄皇子は改新前夜に馬子の嶋家に接して嶋の宮殿を建てたが、この宮殿が嶋宮として継承され、壬申の乱前後に大海人皇子が利用し、その後、皇太子の草壁皇子の宮殿となった。馬子の嶋家が接収されて王家の嶋宮に発展したとする理解が一般的であるが、両者はできるだ

ひ と

け区別して考えるべきであろう。白雉4年に中大兄が群臣を率いて難波宮から倭京に還った際に、母や妹弟とともに遷居した飛鳥河辺行宮は、「飛鳥河の辺」の行宮を意味するので、中大兄の嶋の宮殿に相当するものと考えられる。中大兄の嶋の宮殿は王家勝利のシンボル的存在であったため、中大兄の主導のものに経営・運用され、倭京への帰還時にはまず嶋宮に入ることになっていた。

二、嶋家や嶋宮の所在地は明日香村島庄に求められてきた。島庄遺跡では7世紀初頭の大型方形池をはじめ、石組暗渠・曲溝・川・小池・掘立柱建物などが検出されており、これらは嶋家や嶋宮の遺構であると考えられている。しかし、草壁皇子の嶋宮に存在した勾の池や荒磯などは未検出であり、さらに付近の山野に探索の手を広げる必要がある。嶋宮は岡宮とも呼ばれたが、岡寺創建説話によると、岡宮では天智が草壁と義淵を養育し、その後、義淵が岡宮を賜与されて岡寺としたという。したがって、嶋宮は明日香村の島庄だけではなく、岡寺の創建地とされる治田神社の位置する岡の山地部分にも広がっていた可能性が高い。

三、皇極天皇の生母である吉備嶋皇祖母命と舒明天皇の生母である嶋皇祖母命は、ともに名前の一部に「嶋」を有することから、飛鳥の嶋家や嶋宮に住んでいたと考えられてきた。しかし、この2人は蘇我馬子と深い血縁関係にある訳ではないので、馬子の嶋家に居住したり、嶋家を伝領したりするとは考えがたい。また、吉備嶋皇祖母命は皇極2年に薨去するので、同3年前後に中大兄が築いた嶋の宮殿に住んだ可能性は低い。嶋とは中嶋をもつ池を配した庭園を示す一般名詞なので、2人の皇祖母命はそうした嶋を有する別の宮に住んでいたのであろう。吉備嶋皇祖母命の宮はその墓所に近い高市郡吉備（高取町吉備）付近に想定でき、嶋皇祖母命の宮は、彼女が片岡御祖命と呼ばれたとする新説を踏まえれば、葛下郡の片岡廃寺付近に求めることができる。

蘇我氏の嶋家と王家の嶋宮とを分別して考えることで、嶋宮が中大兄の嶋の宮殿に起源し、王家に直属する記念碑的な宮殿であったことが明確になる。天平勝宝2年（750）2月24日付けの官奴司解（『大日本古文書』東大寺文書3 p.109）には、官奴司から東大寺に奴婢200人を施入したことを記すが、その内訳は嶋宮奴婢が79人、官奴婢が121人であった。官奴婢には広瀬村・飽浪村・春日村・奄知村などの常奴婢が含まれ、これら各村の常奴婢はかつて百済宮・飽浪宮・春日宮などに隷属した奴婢であったと推測されるが、嶋宮奴婢のみが宮名を負っていることが注目される。

このことに関して、宮原武夫氏は嶋宮奴婢の方に大化前代的な旧い形式の支配方式が維持されていると解釈し

たが（宮原1973）、宮原説には神野清一氏が批判を加えている（神野1993）。黒瀬之恵氏が指摘するように、各村の常奴婢に関わる百済宮・春日宮などが王族全体で維持・管理されてきた宮であるのに対して、嶋宮は天皇または皇位継承候補者のみが父系で継承してきた特別な宮であった（黒瀬1994）。8世紀における奴婢の所属からうかがわれる嶋宮の特性は、嶋宮が王家に直属するメモリアルな宮であったことをよく示していよう。

明日香村島庄では大型方形池を含む島庄遺跡が検出されており、7世紀を通して遺構の変遷があったことが判明した。ただし、その方形池に中嶋が存在した可能性は薄く（卜部2008）、これを嶋家の小池にはあてることは躊躇される。また、嶋宮の勾の池や荒磯も未検出であるため、これら庭園遺構の全面的な検出は今後の課題といえる。さらに、嶋が池と中嶋をもつ庭園の一般名詞であることを思えば、島庄以外の地にも「嶋家」や「嶋宮」が存在した可能性が浮上する。平田キタガワ遺跡はそうした「嶋家」「嶋宮」の候補の一つである。これ以外にも片岡を含む大和の各地で、池や中嶋を擁する庭園遺構が確認されることを期待したい。

註
（1）岡寺の創建にまつわる同様の説話は、『東大寺要録』巻1にもみえ、やや簡略化した説話は、『扶桑略記』大宝3年3月条、『今昔物語集』巻11、『元亨釈書』巻2、『南都高僧伝』などにもみえるが、『七大寺年表』所収のものがもっとも正確である（逵1989）。
（2）平林1987 pp.195・196。逵1989 p.23、神野1993 p.90も同様の説を述べる。
（3）平子1905、野間1956、福山1982、吉村1979、加島1999、三田2010など。なお、東野2011は、片岡王寺は大原史氏が聖徳太子の娘の片岡女王を戴いて創立したとみている。
（4）『放光寺古今縁起』は、王寺町2000、池田編2008などに翻刻されている。
（5）薗田1981 p.386は、糠手姫皇女は晩年には飛鳥の嶋宮に居住していたのであろうとし、仁藤1998 p.56も、糠手姫皇女は「皇祖母」と追号される晩年に嶋宮に居住していたとする。

引用・参考文献
相原嘉之2011「嶋宮をめぐる諸問題―島庄遺跡の発掘調査成果とその意義―」『明日香村文化財調査研究報告』10号
秋山日出雄1976a「飛鳥島庄の苑池遺跡」『仏教芸術』109号
秋山日出雄1976b「古代の「宮の伝領」について」柴田實先生古稀記念編『日本文化史論叢』pp.65・66
秋山日出雄1984「嶋宮と飛鳥の禁野・禁苑」『明日香風』10号
池田末則編2008『近世大和紀行集』2、寺社縁起　クレス出版
石上英一1971「官奴婢について」『史学雑誌』80編10号 p.12
石田茂作1936「片岡王寺」『飛鳥時代寺院址の研究』第一書房
一瀬和夫1988「終末期古墳の墳丘」網干善教先生華甲記念『考古学論集』
卜部行弘2008「飛鳥島庄遺跡についての覚書」菅谷文則編『王

権と武器と信仰』同成社　p.410
王寺町 2000『新訂王子町史』資料編
大井重二郎 1943『飛鳥古京』立命館出版部　p.57
奥野健治 1985『万葉地理研究論集』第1巻　秀英書房　p.469
小澤毅 2003a「小墾田宮・飛鳥宮・嶋宮」『日本古代宮都構造の研究』青木書店
小澤毅 2003b「飛鳥の宮都空間」『日本古代宮都構造の研究』青木書店　p.179
小野健吉 2009『日本庭園』岩波書店
加島勝 1999「百済観音の装飾金具について」『仏教芸術』243号　p.26
狩野久・木下正史 1985『飛鳥藤原の都』岩波書店　pp.83-86
亀田博 1983「飛鳥京跡─第84次～96次発掘調査概報」『奈良県遺跡調査概報』1982年度（第1分冊）pp.18-24
亀田博 1988「飛鳥地域の苑池」『橿原考古学研究所論集』第9　吉川弘文館
亀田博 1990「飛鳥の苑池」『発掘された古代の苑池』学生社　pp.34・35
亀田博 1998「平田キタガワ遺跡と猿石の謎」『飛鳥の考古学』学生社
河上邦彦 1987「被葬者について」『史跡牧野古墳』広陵町教育委員会
河上邦彦 2003『飛鳥を掘る』講談社　pp.167・168
川越俊一・岩本正二 1977「稲淵川西遺跡の調査」『奈良国立文化財研究所年報』
岸俊男 1984「皇子たちの宮」『古代宮都の探究』塙書房　pp.73・74
岸俊男 1988a「「嶋」雑考」『日本古代文物の研究』塙書房
岸俊男 1988b「倭京から平城京へ」『日本古代宮都の研究』岩波書店　p.468
岸本直文 2016『岩屋山古墳の石室』大阪市立大学日本史研究室
喜田貞吉 1912「蘇我馬子桃原墓の推定」『歴史地理』19巻4号　p.2
喜田貞吉 1939『帝都』日本学術普及会　p.75
黒瀬之恵 1994「「宮の伝領」について」『白山史学』31号
西光慎治 2000「欽明天皇檜隈坂合陵・陪冢カナヅカ古墳の覚書」『明日香村文化財研究紀要』創刊号
境田四郎 1942「島宮考」澤潟久孝編『万葉雑記』晃文社　pp.319・320
坂本太郎ほか 1965　日本古典文学大系『日本書紀』下　岩波書店　p.248頁頭注9
櫻井満 1996「飛鳥時代の庭園と川」『古代の山河と伝承』おうふう
島岡芳雄編 1933『大和高市村志』pp.10・11
白石太一郎 1973「岩屋山式の横穴式石室について」『論集終末期古墳』塙書房
神野清一 1993「官奴婢の存在形態と職掌」『日本古代奴婢の研究』名古屋大学出版会
末永雅雄 1991a「嶋宮伝承地」末永雅雄著作集3『飛鳥京調査と古墳』雄山閣　p.68
末永雅雄 1991b「勾池と敷石」末永雅雄著作集3『飛鳥調査と古墳』雄山閣
菅谷文則 2013「嶋宮と勾池」『明日香風』127号
薗田香融 1953「万葉貴族の生活圏」『万葉』8号
薗田香融 1981「皇祖大兄御名入部について」『日本古代財政史の研究』塙書房
薗田香融 2016「仏教伝来と飛鳥の寺々」『日本古代仏教の伝来と受容』塙書房
瀧川政次郎 1970「戦後の令制奴婢研究」『古代学』17巻1号　p.37
田村吉永 1970「岡寺考」『大和文化研究』15巻4号

塚口義信 1991「平野塚穴山古墳の被葬者について」有坂隆道先生古稀記念『日本文化史論集』同朋舎
塚口義信 1998・1999「香芝─古代史の謎を探る④平野塚穴山古墳の謎」『香芝遊学』7号・8号
塚口義信 2000「王寺と敏達天皇系王族」『新訂王寺町史』本文編　王寺町　p.28
逵日出典 1989「龍蓋寺（岡寺）草創考」『京都精華学園研究紀要』27号
東野治之 2011「片岡王寺と尼寺廃寺」『大和古寺の研究』塙書房　pp.164・168
遠山美都男 2006『蘇我氏四代』ミネルヴァ書房　pp.203-205
直木孝次郎 1968「国名を持つ大和の地名」『奈良時代史の諸問題』塙書房 p.324
直木孝次郎 1990「嶋の家と嶋の宮」『発掘された古代の苑池』学生社　pp.45・57・58
奈良国立文化財研究所 1977「稲淵川西遺跡の調査」『飛鳥・藤原宮発掘調査概報』7号
仁藤敦史 1998「嶋宮の伝領過程」『古代王権と都城』吉川弘文館
仁藤敦史 2004「嶋宮と香具山宮」『国文学　解釈と教材の研究』49巻8号　p.34
野間清六 1956「金銅灌頂幡」『国華』773号　p.243
林屋辰三郎編 1973　日本思想大系『古代中世芸術論』岩波書店　p.227
菱田哲郎 1986「畿内の初期瓦生産と工人の動向」『史林』69巻3号
平子鐸嶺 1905「喜田氏の法隆寺羅災説を駁して実物研究の弁に及ぶ（上）」『歴史地理』7巻6号　p.502
平林章仁 1987「敏達天皇系王統の広瀬郡進出について」『日本書紀研究』第14冊　塙書房
福山敏男 1937「四天王寺の舎利、甲午年銘版と片岡王寺」『以可留我』1巻4号　pp.199・200
福山敏男 1943『日本建築史の研究』桑名文星堂　p.134
福山敏男 1978「岡寺（龍蓋寺）」『奈良朝寺院の研究』綜芸舎　pp.162・163
福山敏男 1982「般若寺の創立に関する疑問」福山敏男著作集1『寺院建築の研究』上　中央公論美術出版　p.336
三田覚之 2010「法隆寺献納宝物　金銅灌頂幡の再検討」『MUSEUM』625号　p.29
湊哲夫 2001「島宮について」『立命館大学考古学論集』Ⅱ　p.252・253
宮原武夫 1973「奴婢の身分解放闘争」『日本古代の国家と農民』法政大学出版局　pp.332・333
本居宣長 1968『玉勝間』巻13、嶋の条　『本居宣長全集』第1巻　筑摩書房　p.385
森蘊 1986『「作庭記」の世界』日本放送協会出版　pp.109・110
保井芳太郎 1932『大和上代寺院志』大和史学会
山田孝雄 1932『万葉集講義』宝文館　pp.348-355
吉川敏子 2016「片岡王寺創建者についての考察」『文化財学報』34号
吉村怜 1979「天寿国繡帳と金銅灌頂幡にみられる天人誕生の図像」『MUSEUM』345号　p.10
和田萃 2013「飛鳥の苑池」『明日香風』127号　p.5
渡瀬昌忠 1973「島の宮」『柿本人麻呂研究』歌集編上　桜楓社
渡瀬昌忠 1978「島の宮史」『柿本人麻呂研究　島の宮の文学』桜楓社

「山岳寺院」の成立

森下 惠介

はじめに

7世紀後半以降、爆発的に増加する我が国の古代寺院跡のほとんどは、当時の日常生活圏（俗地）からある程度距離をおいた山麓平地や丘陵地に立地していることが多い。しかしながら、この同時期には飛鳥・藤原京や平城京といった当時の最たる俗地、政治権力の中心である都城に営まれた「平地寺院」、「都市寺院」である官大寺が存在し、その対極には、地理的に俗地とは、完全に隔絶した山中、山地に立地する所謂「山岳寺院」が存在する。

「山岳寺院」（石田1978）という用語は従来、史料に見える「山寺」を含む用語として用いられてきたが、近年、山林仏教や山林修行との関連から「山林寺院」（上原1986・2002、斎藤1997）の用語が多く用いられるようになり、「山岳寺院」に替る用語として使われたり、立地条件から「山岳寺院」、「山林寺院」を区分、あるいは「山岳寺院」、「山林寺院」の用語を用いず、そのすべてを史料に見える「山寺」と呼称することも多くなってきている。

「山林寺院」という呼称は、古代の仏教寺院が基本的に俗地から一定の距離を置いた林野に一般的に所在していることもあって、立地からは「平地寺院」との区分があいまいな点があり、問題点も多い。ここでは、「山寺」、「山林寺院」および「山岳寺院」の成立と展開について整理し、そのあり方について考えてみたい。

1　王城の南山

皇極天皇4年（645）の「乙巳の変」の後、皇位に推された古人大兄皇子は、「臣は願ふ　出家して吉野に入りなむ　仏道を勤め修ひて天皇を祐け奉らむ」として、法興寺（飛鳥寺）の仏殿と塔の間において、髪を削り、袈裟をつけたと『日本書記』は記している。出家仏道修行と吉野の地が不可離であったことは壬申の乱の大海人皇子の吉野入りからも知ることができる。

この吉野における仏道修行の地とは、「吉野寺」とも呼ばれた比蘇寺（成瀬2015）とみられ、比蘇寺は7世紀後半の東西両塔を備える「薬師寺式伽藍配置」をもつことで知られるが、無子葉単弁（素弁）の軒丸瓦も出土しており、7世紀前半には何らかの施設が営まれていたことがわかる。奈良時代、大安寺に住した唐僧の道璿が隠棲した「比蘇山寺」であり、古代に「山寺」と呼ばれたことがわかる。元興寺僧神叡が虚空蔵求聞持法によって自然智を得た現光寺とされ、大安寺、元興寺といった都の官寺僧の山林修行地であったこともわかる。

吉野川の河岸段丘に広がる「吉野」と呼ばれた野に面した山麓に営まれた寺院であり、史料では「山寺」とは呼称されるが、山地には営まれていない。吉野郡唯一の古代寺院であり、吉野寺の呼称からも、この比蘇寺が吉野郡の郡寺であったとみられる。「僧尼令義解」は「山居金嶺に在りては吉野郡判下」としており、吉野郡が管理する郡寺である吉野寺は、吉野山地における官営の「山居（山林・山岳修行）」の拠点であったのであろう。『続日本後紀』承和元年（834）に元興寺僧の護命は、吉野山に止入して苦行、月の上半は深山に入り虚空蔵法を修し、下半は本寺に在って宗旨を研精したとし、王城の南山である吉野は、都城の官寺僧に不可欠な禅行修道地であった。

神仏の坐すと観念された金峯の山上、山上ヶ岳山頂（標高1719m）からは、これまでに和同開珎、三彩陶器、小型海獣葡萄鏡など律令的祭祀遺物が出土（前園ほか1986）しており、8世紀、山頂において、雑密的な山上祭祀が行われていた可能性があり、山上における奈良時代の梵鐘（森下2008）の存在もあって、金峯の山上、山下（吉野山）における堂舎の存在は8世紀まで遡る可能性を示している。

2　崇福寺と岡寺

天智7年（668）の創建と伝える崇福寺（林1998、梶原2002）は大津宮西北、滋賀里山中の寺院遺跡とされ、『続日本紀』に見える「志我山寺」に該当するとみられている。遺構は3つの尾根上に残り、中央尾根（標高約250m）を削平して平坦地を造り出し、西金堂と塔、谷を隔てた北尾根山腹に金堂、その東北に講堂の基壇が確認されており、丘陵下方には坊舎跡とみられる平坦地が認められる。この2つの尾根にまたがり、一塔二金堂の「川原寺式伽藍配置」を意識した建物配置をもつ遺跡が崇福寺の遺構で、8世紀後半以降の遺物が出土する南尾根上に営まれた寺院遺構が延暦5年（786）、桓武天

皇創建の梵釈寺の遺構と考えられている。

　尾根の間を流れる谷川の一角には金仙瀑と呼ばれる小滝や人為的に造られた岩窟遺構も存在する。また、南尾根南西南に約1km離れて存在する、大津宮に附属する南滋賀廃寺と同じく、飛鳥川原寺と同笵の瓦が出土しており、南滋賀廃寺等、大津宮に附属する官寺僧の山林修行の場として造営された官営山寺と位置づけられる。

　飛鳥においてこの崇福寺の立地に類似し、高所に位置するのが、岡寺である。飛鳥宮（岡本宮・板蓋宮・浄御原宮）の東方の丘陵尾根上（標高約170m）に営まれ、文武3年（699）から神亀5年（728）まで僧正の地位にあった義淵が創建した龍蓋寺と伝える。7世紀末〜8世紀初頭とみられる複弁五葉軒丸瓦（岡寺式軒丸瓦）と葡萄唐草文軒平瓦を使用していることが特徴的で、この系譜上にある瓦は、大和盆地周辺の丘陵部にある興善寺（香久山寺）・高田廃寺・青木廃寺・駒帰廃寺（安楽寺）・加守廃寺（掃守寺・龍峯寺）・地光寺・戒那山寺（安位寺）・龍門寺・比蘇寺から出土しており、これらの寺院のほとんどは南大和の「山地乃至は高台地」に位置する中小氏族の造営とみられる寺々で、「山林禅行場」としての性格をもつという見方（近江昌司1970）があるところである。

3　水源祭祀と「山地伽藍」

　岡寺の義淵創建と伝える「五ヶ龍寺」（龍蓋・龍門・龍福・龍峯・龍華）のうち、加守廃寺（龍峯寺）と龍門寺は発掘調査が実施されている。

　加守廃寺（近江俊秀1993・1997）は、二上山（標高517m）の東麓、尾根間の谷奥に所在し、尾根を挟んだ二つの山裾谷に寺が営まれる。複弁五葉軒丸瓦（岡寺式軒丸瓦）と葡萄唐草文軒平瓦は南谷の長六角堂に使用されたと考えられており、北谷の塔院は8世紀中頃の建立と考えられている。

　龍門寺（浅野ほか1953）は龍門岳（標高904.3m）の南中腹にある龍門滝を中心にして、滝の右岸直上に塔跡があり、やや上部に金堂跡、右岸に六角堂と伝える平坦地、谷奥や西谷の上部にも谷沿いの斜面を削平したいくつかの平坦地を残している。出土瓦から8世紀初頭の創建が考えられ、滝の下流には『今昔物語集』などが語る大伴、安曇、久米三仙の「古仙旧庵」と伝える岩窟があり、さらに山麓の谷口に祀られる龍門大宮が式内社の吉野山口神社に比定される。

　この2つの寺院は「平地寺院」にみられる「方形区画伽藍」をもたず、地形に合わせた堂塔の配置、「山地伽藍」をもつこと、水に関わる龍神信仰、二上山や龍門岳といった山岳信仰や水源祭祀（龍神信仰）との関連性がうかがえることが特徴的である。

　長谷寺と南法華寺（壷坂山寺）もまた、7世紀末から8世紀初頭に官寺僧の山林修行と関わり、水源祭祀を基盤に山地に営まれた寺院である。長谷寺は初瀬山（標高548m）の山腹に位置し、草創期の遺品と考えられる法華説相図銅板（国宝）の制作時期から7世紀末の創建年代が考えられ、本長谷寺と呼ばれる現在の本堂の西方に川原寺の僧、道明が塔を建て、銅板はこの塔に納められたものと伝えている。『日本霊異記』に見える「泊瀬上山寺」であり、本尊十一面観音の信仰は初瀬川の水源との関わりが深い。

　高取山（583.9m）の中腹尾根上に営まれた南法華寺（壷坂山寺）は比蘇寺を拠点とした山林修行における聖地のひとつがその起源とみられ、水源信仰をもとに本堂である八角円堂が8世紀初頭に営まれ、元興寺僧と伝える弁基の開基を伝えている。承和14年（847）には長谷寺とともに「元来霊験之蘭若也」として定額寺に列せられる。

　出土瓦から8世紀初頭とみられる高宮廃寺（松田ほか1993）は金剛山（標高1125m）の中腹、尾根上の平坦地（標高540m）に位置し、『日本霊異記』の「高宮山寺」とみられている。この寺は古代の葛城山（金剛山）の山岳信仰と関る寺院の可能性があるものの、遺存する金堂跡とその東南に位置する塔跡の遺跡は「平地寺院」と変わらない。また、大和高原にある毛原廃寺（松田・近江1991）の場合は、8世紀前半の創建とみられ、その出土瓦は、伊賀の寺院と同笵関係をもち、伊賀国府の管理下にある「山林寺院」とみられており、その伽藍は「平地寺院」との違いは認めがたく、その規模は平城京の官寺にも匹敵する。

4　奈良時代の山寺

　8世紀の平城京の東山には佐保川、能登川の水源である春日山香山（高山）に香山堂（毛利1942、森ほか1967）が営まれている。光明皇后が新薬師寺（香薬寺）とともに造立した香山寺とされ、天平勝宝8年（756）の『東大寺山堺四至図』には香山堂と記される。天平17年（745）年9月には聖武天皇の病によって、京師の諸寺および名山浄処をして薬師悔過を行わせているが、都、平城京の水源である香山は、この薬師悔過を行わせた「名山浄処」のひとつであったとみられる。これまでに遺跡から採集されている軒瓦にはやや時期が遡る天平初年頃のものもあるが、平城還都以降のものが多く、天平17年を契機に香山寺として大規模に修造された可能性がうかがえる。天平19年の創建を伝える山麓の新薬

ひ　と

師寺と奈良時代後半には一体化し、香山薬師寺、香薬師寺、香薬寺の呼称が生じたと考えられている。遺跡は香山峯の南直下の谷頭となる尾根上（標高444〜438ｍ）に3段の平坦地を造り、東尾根先端に1か所、西尾根に2か所の平坦地を造り、いずれの平坦地にも礎石を残し、瓦類の散布が見られる。

　「東大寺山堺四至図」には「山房道」の記載もあって「山房」とは、「香山堂」など春日山山中に所在した山林修行僧の居所一般であったとみられるが、『続日本紀』には神亀5年に「造山房司」が置かれ、智行僧9名を「山房」に住まわすといった記事がある。この「山房」については良弁の「金鍾山房」を指すものとみられている。東大寺の東山地には、天地院跡、丸山西遺跡、上院地区といった遺跡が所在し、出土軒瓦から丸山西遺跡に「金鍾山房（金鍾山寺）」、上院地区に福寿寺や大和国金光明寺といった東大寺の前身寺院の所在が推定（吉川2000、菱田2000、上原2001）されているが、上院地区が金鍾山寺には含まれないという確証は無い。いずれにしても東大寺は、山林修行の場を包摂、統合し、平城京の東郊に営まれた国家の大寺ということができるだろう。

　南山城の笠置山（標高288ｍ）は全山が花崗岩からなり、山中には奇岩、巨岩が多い。古くから山林修行僧の修行地であったらしく、東大寺の実忠が天平勝宝3年に笠置山の龍穴に入り、都率天之内院に至り十一面観音悔過法を感得し、これが東大寺二月堂修二会の起源と伝える。奈良時代末とされる高さ15.7ｍの弥勒磨崖仏が山頂の巨岩に刻まれ、8世紀後半の軒丸瓦の出土も知られ、山城国分寺との関係も指摘される。神の坐す岩坐と観された山頂巨岩に仏体を表現している点で、山岳信仰を起源としているとみてよいだろう。

　二上山の南西にある鹿谷寺（竹谷1989、山本1994）は尾根上の凝灰岩盤を削った平坦地に十三層石塔を削り出して造り、周辺の石窟には如来坐像や立像を彫る。下方にも削りだした小石塔があり、下方の房跡とみられる平坦地からは須恵器片、土師器片、和同開珎が採集されている。北東約400ｍ離れて、岩窟内に三層塔を削りだした岩屋峠の岩屋（二上の石屋）が所在し、土器類の他に萬年通寶が発見されており、いずれも奈良時代の石窟寺院とみられている。

　春日山の地獄谷石窟もまた奈良時代の可能性が指摘され、奈良時代の磨崖仏として知られる近江の狛坂磨崖仏、大和の滝寺磨崖仏、飯降磨崖仏のうち、狛坂寺跡や滝寺では8世紀初頭に位置づけられる軒瓦が出土しており、磨崖仏前面には堂宇が営まれていた可能性がある。これらも笠置山と同じく山中の露岩（霊石）、岩坐信仰をもとに諸仏出現を表現しているのであろうが、山堂、山房ではあっても寺とみるには少し躊躇される。また、信貴山寺（朝護孫子寺）の創建は未詳だが、毘沙門天（多聞天）を祀ることからすると、あるいは大野城の四王寺と同じく、古代山城である高安城の異敵撃退との関わりを想定してよいのかもしれない。

　8世紀末に山地に営まれた寺院に室生寺がある。室生寺の創建は木津川、淀川水系に属する室生川の水源に所在する龍穴と室生龍穴神社に関わり、宝亀8年（777）の山部親王（桓武天皇）の不予に際し、浄行僧5名が山中で延寿法を修し、効験あって、興福寺僧の賢璟が国家のために山寺を創建したとされる。平安時代には龍王寺とも称され、興福寺別院室生山寺として、興福寺の浄行僧が祈雨のために派遣されることとなっていた。室生山（標高621ｍ）の中腹に堂塔ごとの平坦地を造り、平安初期の金堂（柿葺）、上方に五重塔（檜皮葺）があり、境内からの瓦類の出土はみられない。最上部にある溶岩塊の「つくね岩」は諸仏出現の地と伝わり、その下部には「護摩窟」と呼ばれる岩窟も存在する。五重塔の西北の峰は如意山と呼ばれ、山頂の石塔下からは和同銀銭2枚、和同銅銭189枚、佐波理鋺が出土しており（岸・末永1955）、山峰に対しての奉献遺物であった可能性をうかがわせている。室生寺には、長谷寺や南法華寺（壺坂山寺）に見られる水源信仰の延長にある神仏が習合した山岳仏教寺院の姿を見ることができる。

5　「山林寺院」と「山岳寺院」

　7世紀中葉以後、飛鳥に王宮が固定されることによって、飛鳥に所在した寺々には王宮の護持が期待され、7世紀後半には、大王家が王宮と対にして営まれた大官大寺を筆頭に、薬師寺、飛鳥寺（法興寺）、川原寺（弘福寺）という四大寺が確立する。8世紀の平城京に営まれた大安寺、薬師寺、元興寺、興福寺は、基本的には、この飛鳥の四大寺を継承しており、狭義の「都市寺院」はこの四大寺といってもよいだろう。こうした都城の官大寺の機能を補完すべく期待されたのが、官寺僧の「山林修行」であった。王京の地である飛鳥から隔絶され、山岳地帯に近く、「神仙境」と観られた吉野に所在する比蘇寺が「山林修行」の場としては、最も古くから利用されたとみられる。「比蘇山寺」とは呼ばれるものの、山地に位置せず、伽藍も地形の制約を受けた「山地伽藍」ではなく「平地伽藍」と異ならない。大津宮において、7世紀中葉、官寺僧の山林修行の場として造営されたとみられるのが、「志我山寺」とされる崇福寺で、伽藍は山中の2つの尾根上に営まれているが、「平地伽藍」である「川原寺式伽藍配置」を尾根上に表現したものといってよい。

7世紀後半から8世紀初頭に営まれた岡寺と同系統の瓦の出土から岡寺との関連が指摘される寺々（以下、「岡寺系寺院」と呼ぶ）は、丘陵上、山裾谷、山腹等に位置するものが多く、不規則に堂塔を配置した「山地伽藍」はこの段階で出現すると考えられる。「山林寺院」については、天平宝字8年（764）に「逆党の徒　山林寺院に於て　私に一僧已上を聚めて　読経悔過する者には僧綱固く禁制を加ふ」と『続日本紀』は記す。この「山林寺院」を、「山林」での修行道場と定義すれば、林野の「好処」に寺院が位置していても「山林寺院」でない寺院もあり、「山地伽藍」をもたない「山林寺院」は存在する。僧尼令が規定する「禅行修道有りて　意に寂に静ならむことをねがい　俗に交らず」して「山居」する拠点が「山林寺院」であり、こうした寺院が「山寺」と呼ばれたとみられる。「岡寺系寺院」には官寺僧の吉野における公認の山林修行道場といえる比蘇寺も含まれており、7世紀後半から8世紀初頭、僧官の最上位、僧正であった義淵が、岡寺を中心に王京周辺の山林修行地を設定、編成したものが「岡寺系寺院」と考えたい。奈良時代に活躍する玄昉、行基、良弁、道慈、道鏡らは義淵の弟子とも伝わり、玄昉、良弁、道鏡らの看病禅師として活躍、行基の民衆教化もこうした「山林寺院」における山林修行、山林仏教の中から生まれてくるのである。

　また、「岡寺系寺院」には、水と関る龍神信仰、山岳信仰とも関わるものがあり、龍門寺は長谷寺（泊瀬上山寺）や南法華寺（壺坂山寺）とともに山岳信仰を基盤に山地に営まれた寺院として位置づけられる。こうした山岳、霊山に対する信仰を基盤にして、山中の地形に合わせて、尾根や傾斜地に平坦地を造成して営まれた「山地伽藍」をもつ寺院こそを「山岳寺院」と呼ぶのが適切だろう。「山林寺院」における「意に寂に静ならむことをねがい　俗に交らず」に「山居」する禅居の浄域と聖地として神聖視される霊山は矛盾せず、山林仏教と山岳信仰が習合して成立するのが「山岳寺院」といってよい。こうした「山岳寺院」も古代においては「山寺」と呼称され、開基は川原寺や元興寺といった官寺の僧とされる。「金嶺」の「山居」も遺物からは8世紀まで遡ることができ、山頂への禅定登拝は山林修行の延長として、7世紀後半から8世紀初頭といったこの時期に開始されたとみておきたい。

　奈良時代に春日山に営まれた香山寺は薬師悔過が行われた「名山浄処」のひとつとみられ、香山は平城京を潤す佐保川、能登川の水源信仰を基盤にしており、室生寺と一体の室生龍穴は木津川・淀川水系の水源信仰を基盤にしている。このような香山寺、室生寺もまた「山岳寺院」と呼んでもよいだろう。笠置寺等に見られる山中の露岩、巨岩に仏の湧出、具現を表現したとみられる磨崖仏は岩坐信仰をもとにしており、石窟、岩窟とともに「山岳寺院」を構成する要素とみられる。ただ、岩からの湧出、具現を表現したとみられる磨崖仏や鹿谷寺のような岩頭の石塔は新羅慶州南山にも、その類例があり、こうした遺構には渡来系氏族との関わりも想定できよう。『続日本紀』の養老2年（718）に禁じている「意に任せて山に入り　たやすく菴窟を造る」とは行基の活動とも関わりをもったであろう生駒山系や矢田丘陵に所在するこうした小規模な山堂、山房であったかも知れない。僧正義淵による「岡寺系寺院」の管理掌握化は、こうした禁令とも関わる可能性も考えられる。

　天平14年、聖武天皇は恭仁京の「新京草創するも宮室未だ成らず」という状況の中、紫香楽に離宮が造営され、翌年、紫香楽において盧舎那仏造立の詔が出され、甲可寺の造営が開始される。甲可寺は紫香楽宮に並置された官寺であるが、聖武の思いは太神山、金勝山、飯道山といった霊山に囲まれた紫香楽という山中浄所に王宮と大仏を並置し、政治首都と宗教的聖地、いわば聖俗両界の都の合一を図り、理想の「仏都」を造営することであったとみられ、この計画の挫折、妥協の結果として平城京の東郊に山林修行の場を包摂した東大寺が営まれたと考えたい。

　東大寺こそは古代の「都」の寺と「山」の寺の機能を併せ持った寺院と位置づけてよいのではないだろうか。香山寺と新薬師寺の一体化もまた、こうした在り方を踏襲したものであろう。

6　まとめと展望

　以上、古代の「山寺」、「山林寺院」および「山岳寺院」の成立と展開についての整理を試みたが、都城に営まれた「都」の寺は王宮と並置され、王家と王宮を擁護する機能をもった寺を基本に、王宮周辺の都市化により、「大寺」と呼ばれる大官大寺・薬師寺・飛鳥寺・川原寺の四大寺が藤原京の段階で確立し、平城京の大安寺・薬師寺・元興寺・興福寺がこれを継承した都市内の「平地寺院」、「都市寺院」となる。こうした「都」の寺を担う官寺僧の修学、修行のために設置されたのが、山林修行道場としての「山林寺院」であり、「都の寺」と「山の寺」は同時期に出現する。飛鳥では吉野寺（比蘇山寺）がこの機能を担い、大津宮では崇福寺が創建された。

　この山林修行道場としての南大和の「山林寺院」を7世紀後半から8世紀初頭に一定の組織化を図ろうとしたものが「岡寺系寺院」ではないのだろうか。また、この7世紀後半から8世紀初頭の時期には、山林修行が

山峰、岩や水を対象にする山岳信仰と習合することにより、山地の地形に合わせて、尾根や傾斜地に平坦地を造成し、堂宇を配置した「山地伽藍」をもつ「山岳寺院」が現れる。「山岳寺院」は「山林寺院」から発生したもので、いずれも古代には「○○山寺」と称されるが、「山岳寺院」は「山寺」の中で山岳信仰に関わる要素をもつものに限って、呼称することを提唱したい。さらに「山寺」は、遊行僧や優婆塞たちが民衆と関ることにより、公権力の思惑を超え、国家仏教から離れた属性をも持つようになる。山林修行道場である「山林寺院」と「都市寺院」は東大寺においてひとつとなり、このあり方は、新薬師寺と香山堂、平安時代の醍醐寺や安祥寺の山上伽藍と山下伽藍のあり方にもつながるとみられる。

平安京においては京内に西寺、東寺以外の仏教寺院建立は無く、王都とともに大寺が遷されることはなかった。国家鎮護機能は旧都である南都の諸大寺が担うこととなるが、京周辺の山域には皇族や貴族たちによって「山地伽藍」をもつ数多くの寺院が建立された。これらの寺院についても「山岳寺院」、「山林寺院」の２つの呼称が用いられている。平安時代の密教や神仏が習合した「山岳仏教」のあり方とも関わるが、「山岳寺院」は金峯、白山、伊吹、石鎚、大山などの神霊の宿る霊山・名山の山岳信仰に基づき、山岳神が垂迹した仏や権現を信仰の中心においた寺院に限れば、多くの「俗地」から隔絶した山中や山裾谷奥に立地する寺院は、その立地からは「山林寺院」と呼びたいところでもある。しかしながら、古代の「都市寺院」を補完した「山林寺院」とは性格がやや異なり、平安時代の「山寺」は山林修行とそれを重視する天台や真言の教義とも関わりをもっている。この時期の「山寺」は「山林寺院」、「山岳寺院」といった寺院の性格づけと関わる呼称でなく、まずは、「山中寺院」あるいは「山間寺院」といった立地呼称で把握した上で、その性格についての分析を進める必要があろう。

こうした平安期以降の「山中寺院」は遺跡から見ると、本堂など中心的な建物を尾根上の造成した平坦地に営むものと、山腹の谷頭部に営むものがあり、最奥の高地にある仏を祀る本堂を中心にして、中世の子坊や子院に発展していく僧坊とみられる平坦地が尾根の下方や谷の左右斜面に展開している。寺の立地は「山中浄処」として、尾根と山峰・露岩（磐座）といった「聖地」、谷頭部と水源信仰といった関わりも考えられないことはないが、本寺の「別墅」、隠居処など、山岳信仰とは分けて考えたほうがよいものもある。考古学の立場からは、まず、平安時代以降の「山中寺院」についても、その立地とともに、「山地伽藍」の遺構の比較検討と分類による機能面からの分析、類例化とその変遷の整理が必要となる。古代末、中世以後の「山中寺院」については稿を改めたい。

引用・参考文献

浅野清・日名子元春・中村春壽 1953「龍門寺の調査」『奈良県綜合文化調査報告書　吉野川流域龍門地区』奈良県教育委員会

石田茂作 1978『仏教考古学論攷』1　思文閣出版

上原真人 1986「仏教」近藤義郎ほか編『岩波講座　日本の考古学』4　岩波書店

上原真人 2001「東大寺法華堂の創建─大養徳国金光明寺説の再評価」『考古学の学際的研究─濱田青陵賞受賞者記念論文集』I　岸和田市

上原真人 2002「古代の平地寺院と山林寺院」『仏教芸術』265

近江昌司 1970「葡萄唐草文軒平瓦の研究」『考古学雑誌』55-4

近江俊秀 1993「北葛城郡当麻町　加守寺跡第1・2次発掘調査概報」『奈良県遺跡調査概報1992年度』奈良県立橿原考古学研究所

近江俊秀 1997「加守廃寺の発掘調査」『仏教芸術』235

梶原義実 2002「最古の官営山寺・崇福寺（滋賀県）─その造営と維持─」『仏教芸術』265

岸熊吉・末永雅雄 1955「宇陀郡室生村室生寺如意峯出土遺物」『奈良県史蹟名勝天然記念物調査抄報』第5輯　奈良県教育委員会

斎藤忠 1997「山林寺院の研究」『斎藤忠著作選集』5　雄山閣出版

竹谷俊夫 1989「河内鹿谷寺址出土の遺物」『古文化論叢』20　九州古文化研究会

成瀬匡章 2015「吉野郡内の古代寺院─比曽寺を中心として─」『研究紀要』第19集　由良大和古代文化研究協会

林博通 1998「崇福寺と金勝寺」『月刊考古学ジャーナル』No. 426

菱田哲郎 2000「東大寺丸山西遺跡出土の瓦について」『南都仏教』第78号

前園実知雄・菅谷文則・西藤清秀 1986「地下発掘調査」奈良県文化財保存事務所編『重要文化財大峰山寺本堂修理工事報告書』奈良県教育委員会

松田真一・近江俊秀 1991「毛原廃寺の研究─基礎資料の集成と若干の考察」『橿原考古学研究所紀要考古学論攷』第15冊　奈良県立橿原考古学研究所

松田真一・近江俊秀・清水昭博 1993「御所市高宮廃寺について」『青陵』83号

毛利久 1942「奈良春日山中の香山寺阯について」『考古学雑誌』32-7

森蘊・牛川喜幸・伊東太作 1967「東大寺山堺四至図について」『奈良国立文化財研究所年報1967』奈良国立文化財研究所

森下惠介 2008「大峰山寺鐘小考」菅谷文則編『王権と武器と信仰』同成社

山本義孝 1994「二上山・春日山麓の石窟とその周辺」『山岳修験』第13号

吉川真司 2000「東大寺の古層─東大寺丸山西遺跡考─」『南都仏教』第78号

信貴山寺資財宝物帳
― 翻刻と覚書 ―

東 野 治 之

はじめに

　7、8世紀以来、大和盆地を取り巻く山々には、山岳信仰の拠点となった場所がそこここに見られるが、生駒山系の南端に位置する信貴山もその一つとして名高い。毘沙門天信仰を核とするこの地は、少なくとも9世紀に遡る歴史を持つが、その信仰と密接にかかわる信貴山縁起絵巻が存在することで、仏教史というよりも、主として美術史の研究者から、大きな注目を集めてきた。信貴山縁起絵巻は、平安時代末に描かれた初期絵巻物の名品であり、信貴山信仰が専らこの絵巻との関連で取り上げられてきたのも、肯けるところがある。ただ忘れてならないのは、信貴山信仰に関して別に「信貴山寺資財宝物帳」と名付けられた史料が伝わっており、そこに縁起譚に発展する以前の信仰の姿がうかがえることである。

　通常、寺院の歴史といえば、後世の縁起譚の史料批判を通じて、初期の信仰に迫るしかない場合がほとんどであるのに対し、写本であるとはいえ、10世紀段階の史料が存在することは、きわめて恵まれた珍しい条件といってよいであろう。ところがこの史料については、絵巻との関連で触れられる場合がほとんどで、その本文や史料価値が、正面から論じられたことはなかった。

　私は、この史料が平成27年度に奈良県の文化財に指定されるにあたり、原本を調査する機会を与えられ、史料そのものとして、なお確認しておくべき点の少なくないことを実感した。ここに原本に基づいた新たな釈文を示し、記載内容についていくつかの言及を加えておくこととする。

1　資財宝物帳の釈文

　この史料の釈文は、これまで『平安遺文』第10巻所収のものが流布しているが、これはおそらく東京大学史料編纂所の影写本によったものであろう。その釈文を原本と対照すると、若干訂正を要する文字がある。しかし、それよりも問題なのは、原本に欠けていて影写本に存する文字がまま見られることである。それらの欠字箇所は、もと辛うじて残っていた字が、劣化損傷の拡大によって欠け落ちた結果生じたもので、影写本が作られた後の修理が災いしたものと考えられる。その意味で、影写本が作られていたのは幸いであったと言わねばならない。そこでより正確な釈文を提供すべく、原本と影写本をあわせ参照して、新たに翻刻を行った。その結果は次頁以下に掲げるとおりである。なお次節以降の行論の便宜上、適宜アルファベットとアラビア数字の段落記号を挿入してある。また、原本の現状のカラー写真は奈良県教委2017に、影写本の写真は杉山1976に掲載されているので、必要に応じて参照されたい。

　以上の翻刻を踏まえ、内容的に問題となる点のいくつかについて、次節に私見を述べておくこととする。

2　記載に関する問題点

　まず第一に触れておかねばならないのは、この文書の性格である。末尾に承平7年（937）の年紀があり、内題に「信貴山寺資財宝物帳」と明記されているため、一般に承平7年の「信貴山寺資財帳」として通っているが、これが正確な意味で「資財帳」と言えるかどうかは自明ではない。寺院の動産、不動産が書き上げられている点では、8世紀の大寺の資財帳と類似するし、これより若干遅れた天暦7年（953）の年紀を持つ伊勢国近長谷寺資財帳（『平安遺文』265号文書）とも共通性が見られるから[1]、そのように名付けられるのも首肯できないことはない。ただ、近長谷寺の場合もそうであるが、律令制的な資財帳の制度が既に十全な形で機能しなくなってからの文書であり、末尾に僧綱の署判はなく、替って国判や郡判がある。元来、中央政府に提出する目的で作成されたものではなく、後日、訴訟等が起きた際に備え、証拠とするため作成された目録と見るべきであろう。しかも信貴山寺の場合、寺側の責任者としては「住治沙弥」の命蓮一人が署名しているに過ぎず、その文の終わりには「仍りて後の為め置き記すこと件の如し」とある。即ちこれは命蓮が後世を慮って「置き記」した置文に他ならない[2]。従って「信貴山寺資財宝物帳」というのは二次的な称呼であり、端裏書にいう「信貴山毘沙門堂内録目」が原題に近いのではなかろうか。この命蓮の置文は、国判や郡判を得たのち、草創以来の堂宇である毘沙門堂内に保管されたのであろう。

【F2】
河内国
美努常真有貫等　施入田弐段佰弐拾歩　在若江郡三条竹村里七坪西一者　延喜十七年正月廿六日施入
志紀定子　施入地漆段中之田五段　畠弐段　在安宿郡二条迫里
　畠一条次田里卅坪者、承平元年八月三日施入
飛鳥戸紀子　施入田壱段在大県郡山上二条　字明子者、加佐志谷上
美努忠貞　施入田参佰廿歩　在渋川郡三条利苅里十一坪者　承平六年正月廿日施入
尼妙恩　施入地壱段、并林地肆段在高安郡三条額田廿六坪内
　　　　　林字仏典尾者　承平六年九月十四日施入

【F3】
中堂八尺千手観音奉施入畠壱町、仏子平賢、在平群郡中郷九条
十四里廿五・廿六坪、四至限東公田　限南谷神所地字三宅畠者　限北平隆寺地　限西道
田壱段、在平群郡中郷八条十五里三坪、尼妙好施入
真野吉樹　施入畠弐段在広湍郡十四条三里廿五・廿六坪者
　　　　　　寛弘八年十二月廿五日供　所検校真野吉
妙弥正如　施入畠伍段弐佰歩河内国安宿郡心条池原里卅一・卅二坪内者
　　　　　延喜十六年正月十五日施入
當麻正秀奉施入家地二段事
　在広瀬郡北郷十条三久度里十二坪内西壱
　　　寛仁元年十二月二日

【G】
右、命蓮、以寛平年中、未弁叔麦(萩)、幼稚之程、参登此山、但所有
方丈円堂一宇、安置毘沙門一軀、爰愚私造闇室、限十二年、山蟄
勤修之間、更無人音、仏神有感、彼此同法出来、専住於此山、更
無他行、自然臻于六十有余、其間奉造本堂四面庇、自余宝
殿尊像、又宝物房舎等、所造儲也、但件山寺、雖有十方施主、
施入田地其数乏少、所以難勤常燈修理、伏願、鎮守山王、勧請
諸神、加於冥助、護持伽藍、有縁釈衆、尋於先跡、続於鶏山、

依此功徳、奉増鎮守山王威光、勧請諸神、証四八相、普天神祇
及含怨聖霊、一切霊等、皆成仏道、然後、上奉護一人、下利万
民、仍為後置記如件
　　承平七年六月十七日住治沙弥 在判

【H】
　判　天慶四年八月十五日大和国
守高階真人 在判
　　　　　　　　　　　　大掾紀
　　　　　　　　　　　　権大掾佐伯
　　　　　　　　　　　　無掾朝明(ママ文)
　　　　　　　　　　　　権大目巨勢
　　　　　　　　　　　　少目丹波
　　　　　　　　　　　　権少目狛
　　　　　　　　　　　　　　　　大原

【I】
　　　　　有縁之釈衆尋先跡続鶏
山之間、忠尚法師尤叶其宗、常住染念仏、心寄他(無脱ヵ)
事、仍守国判之旨、奉行如件、
大領兼行事　　　　　　　　在判　主帳清丑(原麻)
行事内豎当井
藤兼　　　　　　　　在判

【J】
（修理奥書）
右朝護孫子寺資財宝物帳、依破壊令修復
奉納寺家文庫者也
　　享保七稔六月日　　　　中院　良訓大法師

（端裏書）
「信貴山
毘沙門堂内録目」

（本文）
信貴山寺資財宝物帳

合

【A】
承平年中中御棟立未葺
文殊等
延長年中、本御堂改奉造、五尺釈迦仏金色奉顕、并普賢
金剛界成身会五仏、並雑仏等
延喜年中、奉造九尺間三間檜皮葺四面庇御堂、即奉安置

法文章
大般若経一部六百巻、即奉積綾槻厨子
墨写法華経有数部、又真言経等有数部
金泥法華経一部

【B】
一 実物章
鍾弐口三尺 打鳴二口 一平 一口圓
鼓口未鋳、其料金在二斤余
錫杖肆茎 香炉三具但一無具 金如意二枝 小大
金剛鈴二口 小大 大螺三小也 高座幡八条 長一丈六尺
八葉蓮華刑綾幡八料、無縫、覆二条花箱等
袈裟一条、加横皮、赤甲袈裟一条、無横皮
仏器十口 高杯廿本 花机肆前 大盤一帖 槻小厨子一口
楾厨子一口、無片戸、楾辛櫃一合、即入宝物等

【C】
楽器
楬皷一面 楷皷一面 三皷一面 太皷一面 貴得王面 在笠
大小尊面各一

【D】
釜肆口之中、一口入四斗、二口入斗〔三脱力〕、一口入二斗足鍋二口入三升
檜三、大中小 供養船肆口 新三 古一 湯船二口 新一 古一 油臼一具
絹幡八流交縫綾文尼妙好施入、金皷壱面 長七寸

【E】
一 房舎
僧房五間、在戸三面、並板敷
戸大小二面
三間東屋、中房即在戸二面・板敷等
五間東屋客坊、在戸二面、支止板敷
西経所五間、在戸二面・板敷等
毘沙門堂三間、在戸
倉壱宇、在板敷・戸等
大衆三間屋二宇 一宇在戸二面、一宇在庇二面

【F】
一 諸檀越施入 山地田畠等、在各相副公験
左衛門督殿御 施入山壱処 承平二年二月三日施入
源右相君御 施入地伍段弐佰歩 在大和国広湍郡十五条三里字鬼取畠者
宗岳用行子 施入田参段并下池壱処 在平群郡中郷八条同郡同条里九坪并十六坪内 承平五年正月十一日施入
伊福部薬子等施入地参段 在同郡同条里十四坪十六坪内 延喜十六年正月三日施入
平群貞主子 施入地一段参佰歩 同郡在龍田東条一里六坪内 延喜廿二年五月十七日施入

本文に入って、【A】は堂宇と経典の記載であるが、堂宇の最後に挙げられた櫢(ひと)は、古字書に見えるものの、意味は記されず、葺くべき屋根を持つ何らかの建造物と考えられる以外、不詳である。

　【B】は梵音具や仏具の項、【C】は楽器の項、【D】は生活用具の項であるが、【D】の末尾に見える尼妙好の施入品のみは仏具であり、下文の水田の寄進記事と考え合わせると、本来、後からの追記であったものが、本文となったのであろう。

　【E】は【A】以外の建物の記載で、毘沙門堂はここに見える。

　【F】はさまざまな檀越から寄進された不動産の項であるが、大きく三つに分けられ、【F1】は大和国所在、【F2】は河内国所在の不動産である。【F1】冒頭の「山壱処」に所在地は示されていないが、記述の流れからすれば、大和国と見てよい。これに対して、【F3】では所在地が大和、河内入り混じっており、「延喜十六年」（916）のように古い年紀が見える一方で、寛弘8年（1011）、寛仁元年（1017）のように、文書の日付を遥かに下る年紀が現れている。この部分は【F1】【F2】と異なり、追記にかかる可能性が強いであろう。この項の二つ目に見える施入者の尼妙好は、【D】の末尾に見えるのと同一人物と考えられるが、その施入品が、【D】の中で異質であったことも想起される。

　施入された水田や畠は、総じて狭い面積のものが多く、命蓮が後段で厳しい経済状況を嘆いているのも肯ける。また施入者の住所は、施入地の場所からすれば、信貴山の麓の東西、あまり隔たらないところにあったと考えてよいであろう。これは信貴山寺への信仰を本来支えたのが、地元の中小豪族層であったことを示している。

　その中で目立つのが、【F1】冒頭の「左衛門督殿」と「源右相君」という二人の中央貴族である。「左衛門督殿」は、福山氏が指摘されたとおり（福山1949）、承平2年（932）時点でその地位にあった藤原恒佐に比定できる。ただ、衛門府や近衛府の長官のような職は、上流貴族の兼官となるのが普通で、現に藤原恒佐も中納言であった。その場合、むしろ「中納言殿」とあるのが自然のように思われるが、なぜ左衛門督が表に出ているのかは不詳である。「源右相君」は従来「源左相君」と読まれてきたが、文字は明らかに「右」である。承平5年時点で源氏の右大臣はおらず（左大臣でも同じ）、福山氏は「相君」が参議を指す可能性を示唆されたが、参議に左右の別は存在しないから、その可能性は捨ててよかろう。源氏から出て右大臣になった人物中、最も年代として近いのは、源光（延喜元年〔901〕～13年在任）である。あるいは彼の後継者が、右大臣家として寄進したのであろうか。

　従来も指摘されているとおり、田畠の施入年月は、延喜年間後半以降に偏る傾向があり、それが命蓮の声望の上昇と連動していることは、まず間違いないであろう（福山1949、亀田1979）。信貴山縁起絵巻の延喜加持巻に見えるところと、どのように関係するかは明確でないにせよ、大きな流れとして、命蓮の徳が中央の注目をも集めるところとなって、このような状況が現れたと判断してよい。

　【G】は既に触れた命蓮の決意を述べた部分である。信貴山寺の草創期の様子や命蓮の実像が語られているので、次に訓読文を示しておこう。

　　右、命蓮、寛平年中を以て、未だ菽麦を弁ぜず、幼稚の程、此の山に参り登る。但有る所は方丈の円堂一宇にして、毘沙門一軀を安置す。爰に愚、私に闇室を造り、十二年を限りて、螢り勤修するの間、更に人の音無し。仏神感有り、彼此同法出来す。専ら此の山に住し、更に他行無く、自然に六十余年に臻る。其の間、本堂四面庇を造り奉り、自余の宝殿・尊像、又宝物・房舎等、造り儲くる所也。但し件の山寺は、十方施主有りと雖も、施入の田地、其の数乏少にして、常燈・修理を勤め難き所以なり。伏して願くは、鎮守の山王、勧請の諸神、冥助を加え、伽藍を護持し、有縁の釈衆、先跡を尋ねて、鶏山に続がんことを。此の功徳に依りて、鎮守の山王の威光を増し奉り、勧請の諸神、四八の相を証し、普天の神祇及び怨を含む聖霊、一切の霊等、皆仏道を成じ、然る後、上は一人を護り奉り、下は万民を利せん。仍りて後の為め置き記すこと件の如し。

　この文章の内容についても、福山氏の優れた分析（福山1949）があるので、改めて述べることはしないが、これによると命蓮は、この文を記した承平7年（937）に六十余歳、およそ873年頃の生まれで、寛平年中（889～898）、二十歳前後で籠山したことになる。彼がその験力で有名になった延喜末年頃には、五十歳前後に達していた。注意されるのは、命蓮が「住治沙弥」と署名していることである。「住治」の「治」は、おそらく同音の「持」に通じ、あえて誤りという必要はない。むしろ重要なのは、彼が老齢に至るまで「沙弥」であったことで、これよりしばらく後、国判の請われた天慶4年（941）には既に没していたらしいことを考慮すると、終生、具足戒は受けないまま、沙弥で終わったと見るべきであろう。この点は東大寺で受戒したという縁起絵巻の記述とは異なり、実在の命蓮が民間で修行し布教する典型的な聖であったことを物語っている。この置文は、聖が自らの活動を述べた記録としても貴重であると言わねばならない。

次に【I】では、信貴山寺の法灯を守っている忠尚法師の名が見えるが、この時すでに命蓮が没していたと見られることは、諸先学の説のとおりであろう。ここで郡判に加わっている行事内豎の「当井」は、草体の部分的な類似から「当麻」と見てよいと思う。

最後に【J】の修理奥書について一言すると、中院の良訓は『良訓補忘集』の著でも知られた18世紀初めの法隆寺僧であるが（高田1998）、彼がこの文書の修理に尽力したのは、改めていうまでもなく、朝護孫子寺が聖徳太子建立の46箇寺の一つに数えられる、法隆寺ゆかりの寺であったからである。信貴山と聖徳太子信仰との関係に関しては、これまた既に諸家の論及があるので立ち入ることはしないが、ここで二つの点を確認しておきたい。第一は、現在朝護孫子寺に所蔵される延長7年（929）銘の金銅鉢（奈良国立博物館2016）は、命蓮が使用したものとされ、信貴山に命蓮の時代から伝わったかに言われることもある。しかしこの資財帳にはそれらしい品が記載されてはおらず。少なくともこれ以降に寺に入った品であろう。この鉢には、「聖徳君」（聖徳太子）に施入する旨の文言があるが、これを以て、信貴山と太子信仰との関わりが既に生じていた証拠とすることは困難と考えられる。第二は、太子信仰に関連して、『聖誉抄』下など鎌倉期の文献に、太子が物部守屋討伐の際、米を焼いて散布した場所が信貴山の北の蔵尾とする所伝を載せることである。これは実際に焼米の散布する場所があり、それを反映した伝承で、その場所が現在確認されている古代の高安城跡であろう。高安城との関連では、すでに命蓮の飛倉伝承に見える「朽ち敗れた倉」（『宇治拾遺物語』）が高安城の遺址とする説もある（棚橋1985）。これらの点は信貴山寺と直接の関係はないが、縁起から派生する事実として、もっと注目されてよいであろう。

おわりに

本稿を草した目的は以上で達せられたと考えるが、このような作業がいくらかでも意味があるとすれば、それはこの文書がこれまで置かれてきた状況と無関係ではない。古代寺院の所謂資財帳の現存するものは十指に満たず、しかも平安時代に遡る写本は稀であるにもかかわらず、この文書は、信貴山縁起絵巻の陰に隠れ、冒頭で述べたとおり、それ自体として本格的に検討されることがなかった。つい近年まで県の指定文化財ですらなかったことが、それを象徴している。その記載内容に関して、さらに精細な分析を加えていくことは、今後に残された大きな課題であろう。

註
(1) 近長谷寺資財帳との類似点として、冒頭に「合」の字が置かれていることが挙げられることがあるが、このような体例は天暦4年（950）の『仁和寺御室御物実録』にも見られ、資財帳の特徴とすることはできない。
(2) 福山敏男氏はこの文書を終始「置文」と呼ばれているが（福山1949）、特に詳しい考証はないものの、これはこの文書の性格的確に捉えられていた結果であろう。

引用・参考文献
亀田孜 1979「信貴山縁起虚実考」『仏教説話絵の研究』東京美術 pp.129-146
杉山博 1976「信貴山縁起の歴史・地理的背景」田中一松監修『新修日本絵巻物全集』3 角川書店 p.47
高田良信 1998『法隆寺教学の研究』聖徳宗総本山法隆寺 p.466
棚橋利光 1985「信貴山寺と高安城」『古代高安城論』高安城を探る会 p.24
奈良県教育委員会事務局文化財保存課 2017『奈良県指定文化財 平成26・27年度版』52輯 pp.25-29
奈良国立博物館 2016『特別展【国宝】信貴山縁起絵巻』p.105
福山敏男 1949「信貴山と命蓮」『美術研究』152号 pp.47-53

天孫降臨と日向と隼人と
―なぜ日本の歴史は日向から始まるのか―

田 中 久 夫

はじめに

『古事記』中巻の冒頭は、神武天皇が東征を決意するに至った理由を次の様に述べた。
> （神倭伊波礼毘古命・五瀬命）二柱、高千穂ノ宮に坐して議りて云らさく、「何地に坐さ者、天下之下政平ケく聞し看さむ。猶東に行かむト思ふ。」トノらして、即ち日向自り発たして、筑紫に幸行しき。

日本統一のための適地を探し求めようと、まずは日向から筑紫に向ったというのであった[1]。

それにしても、なぜ神武天皇兄弟は根拠地日向を日本統一のためとはいえ、捨てようとしたのであろうか。新しい土地で国家をつくるということは並大抵なことではない。根拠地から少しずつ支配地域を広げて、最後に大和で統一を完成するというのが普通に考えられる方法である。それをいわば全軍を率いて東征という方法で統一を考えたというのである。その上、神話の展開からすれば、出発の段階では、天皇は大和のことを充分に知っていない。なぜそんなところへ行こうとしたというのであろうか。

神武天皇伝説自身もこのような方法での統一の困難さを語っている。それなのにどうして、日向から直接に大和へ進撃して統一する方法をとったのであろうか。このためには膨大な軍事力を率いて行かなければならない。途中の食料も用意しなければならない。全軍を率いているのであるから故郷は捨てなければならない[2]。

神武天皇の軍事力を構成したのは、よほど後の記事ということになるが、『続日本紀』巻第4、和銅2年（709）10月戊申（26日）の条には、
> 薩摩隼人、郡司已下一百八十八人入朝す。諸国の騎兵五百人を徴して、威儀に備ふ。

と見えているので、薩摩隼人とそれを出迎えた諸国の騎兵ということになろう。天皇は薩摩の隼人を、敬意をもって迎えているのである。これは同年同月丙申（14日）の禁制と関係があろう。そこには、
> 畿内と近江国との百姓、法律を畏れず、浮浪と逃亡せる仕丁等を容れ隠して、私に駈り使へり。是に由りて、多く彼に在りて、本郷・本主に還らず。

といった状態があった。私兵などを貯えて政府の存在を無視する勢力が登場していた。この勢力に対して、薩摩隼人が郡司已下188人と入朝してきたのを機会に、諸国の騎兵500人を徴して、政府の軍事力を周知させた。

さらに、この薩摩の隼人が政府の軍事力であったことは、翌年の『続日本紀』巻第5、和銅3年（710）年正月壬子の朔の次の記事によってもわかる。
> 天皇、大極殿に御しまして朝を受けたまふ。隼人・蝦夷ら、亦、列に在り。左将軍正五位上大伴宿禰旅人、副将軍従五位下穂積朝臣老、右将軍正五位下佐伯宿禰石湯、副将軍従五位下小野朝臣馬養ら、皇城門の外、朱雀の路の東西に分頭して、騎兵を陳列し、隼人・蝦夷らを引きて進む。

正月の晴の儀式である観兵の式の席に、左右将軍に率いられた隼人があった。さらに『続日本紀』巻第5、和銅3年（710）正月丁卯（16日）の条には、
> 天皇、重閣門に御しまして、宴を文武の百官併せて隼人・蝦夷に賜ひ、諸方の楽を奏る。従五位已上に衣一襲を賜ふ。隼人・蝦夷らにも亦、位を授け禄賜ふこと各差有り。

という宴があり、文武の百官に対する宴のなかに、隼人があった。いかに天皇から信頼された親衛隊であったのかがわかる記事である。隼人は天皇とともにあった[3]。

さらに和銅3年（710）正月戊寅（27日）には、隼人の出身地である日向からは采女、薩摩からは舎人が出された。采女は郡司の大領・少領の姉妹・女であり、後宮十二司に配属された。舎人は天皇・皇族に近侍し、護衛を任とした（「舎人」高柳光寿・竹内理三編『角川日本史辞典』角川書店、1966年）というものなので、天皇家にとって信頼のおける人々が采女・舎人に任じられたということになる。

このことのためにも、庚辰（29日）には、
> 日向の隼人曽君細麻呂、荒俗を教へ喩して、聖化に馴れ服はしむ。詔して外従五位下を授けたまふ。

とあるようなことになっても、無理からぬ話である。日向の方言や風習をそのまま持ち込まれては、中央に通用するはずもなかったからである[4]。

日向隼人曽君細麻呂は、天皇に接近していた大隅の隼人であった。それに対して薩摩の隼人は、ややもすれば

反抗する勢力であった。そこで大和朝廷は日向から四郡を分離して直接に支配しようとしたのである(5)。

ところでこうした九州を統治するのは大宰府であった。『日本書紀』巻第17の継体21年8月の筑紫の磐井叛乱に際しての継体天皇の言葉によってもわかる。

> 天皇、親ら斧鉞を操りて、大連に授けて曰はく、「長門より東をば朕制らむ。筑紫より西をば汝制れ。専ら賞罰を行へ。頻に奏すことに勿煩ひそ」とのたまふ。

さらに、『続日本紀』巻第2、大宝2年（702）10月丁酉（3日）の条に、

> 是より先、薩摩の隼人を征する時、大宰の所部の神九処を禱み祈るに、実に神威に頼りて遂に荒ぶる賊を平げき。爰に、幣帛を奉りて其の禱を賽す。唱更の国司等今の薩摩国なり。言さく、「国内の要害の地に柵を建てて、戍を置きて守らむ」とまうす。許す。諸神を鎮め祭る。参河国に幸せむとしたまふ為なり。

とあるのにも見るように、大和朝廷に敵対した薩摩隼人を、大宰所部神九処の威力によって、荒賊を抑えたというのも、このことを示している。

それにしても『日本書紀』巻第2、神代下第9段（本文）には

> 皇孫天津彦彦火瓊瓊杵尊…其の地に一人有り。自ら事勝国勝長狭と号る。皇孫問ひて曰はく、「国在りや以不や」とのたまふ。…時に彼の国に美人有り。名を鹿葦津姫と曰ふ。亦の名は神吾田津姫。亦の名は木花之開耶姫。…「妾は是、天神の、大山祇神を娶きて、生ましめたる児なり」とまうす。皇孫因りて幸す。…始めて起る烟の末より生り出づる児を、火蘭降命と号づく。是隼人等が始祖なり。火蘭降、此をば褒能須素里と云ふ。次に熱を避り居しますときに、生り出づる児を、彦火火出見尊と号く。次に生り出づる児を、火明命と号く。是尾張連等が始祖なり。凡て三子ます。…

とある。隼人の始祖は天津彦彦火瓊瓊杵尊の子であるというので、天皇家と血縁関係にあったということになる。宮崎・鹿児島はやはり神武伝説が語るように、天皇は宮崎の出身の人であったのであろうか。尾張連の始祖も宮崎県の出身の人であったという(6)。

1 日向の国

だいたい日向の国はそんなに豊かな国ではない。東は太平洋に面しその海岸べりは砂浜と岩石で使用することが困難な所である(7)。『日本書紀』巻第2、神代下第9段（本文）の条にも、天孫降臨にあたって、

> 時に、高皇産霊尊、真床追衾を以て、皇孫天津彦彦火瓊瓊杵尊に覆ひて、降りまさしむ。皇孫、乃ち天磐座…を離ち、且天八重雲を排分けて、稜威の道別に道分きて、日向の襲の高千穂峯に天降ります。既にして皇孫の遊行す状は…脊宍の空国を、頓岳から国覓ぎ行去りて、…吾田の長屋の笠狭碕に到ります。

と見えている。「日向の襲の高千穂峯」は「脊宍の空国（不毛の地）」であるといって通り過ぎて、そこから吾田の長屋（鹿児島県加世田市と同川辺郡の境が遺称地）の笠狭碕へと移動して行ったというのであった。この伝承は強く中央政府によって維持された。それは『日本書紀』巻第3の神武天皇即位前紀に海童の少女玉依姫の子として生まれた神武天皇が、「日向国の吾田邑の吾平津媛」と結婚し、45歳の時に東征することを決意したとあるからである。この吾田が笠狭碕であった。吾田こそが薩摩隼人の住むところであった。天皇家の祖先は不毛の地の高千穂の峰から九州西部の南にあたる野間岬に移動してきたのであった。そこには吾田鹿葦津姫がいた。そうすると、大隅の隼人は今の都城から出たすぐ西の場所、今の国分市に居住していた隼人であったので、日向の天皇家の防衛の第一線にいたということにもなる。『薩摩国風土記』逸文の「竹屋邑」の項の記事も同じことを語る(8)。

そして、時代が随分下って、日向国（宮崎県）は『日本書紀』巻第7の景行17年3月の己酉（12日）の条で、

> 子湯県に幸して、丹裳小野に遊びたまふ。時に東を望して、左右に謂りて曰はく、「是の国は直く日の出づる方に向けり」とのたまふ。故、其の国を号けて日向と曰ふ。

といわれる所が出てくる。景行天皇が子湯の県（宮崎県児湯郡＝西都市が遺称地）の「丹裳ノ小野」に立って東を見て、この国は日の出の方向に向かった国であるので「日向」と名付けるといったという(9)。景行天皇にいわせれば、日向は単に日の出る方向を向いた土地であるだけである。つまり日向は日の出の方向にある大和へ向かった国であるといっているのに過ぎない。

もっとも、遺称地の西都市には一ツ瀬川が流れ豊かな所である。ここには西都原古墳群があることもよく知られている(10)。景行天皇が児湯の郡に行幸あって日向と命名したという(11)。

ここになって、「丹裳の小野」といわれるところが出て、ここでようやく生活もできるようになったとある。ここ児湯の郡は天皇家と縁の深いところであったらしい。それは『日向国風土記』逸文に「吐濃峯」の項があって、神功皇后の征韓にあたり「吐之大明神」を請じて御船に乗せて「船ノ舳ヲ令ㇾ護給ケルニ」とあるように、皇后

の守護神としたとあるからである。ところがこの後、国守が神人を国役に使役したので、神人全員が死んでしまったとある。この伝説は大和朝廷に大いなる功績のあった神人を使役したことに対して、神が怒ったという意味の話である。ここ西都原が天皇家にとって特別な地であったことを主張している記事といえる。そこの神を神功皇后が船の守り神にしたというのであるから、天皇家と日向との関係を推し量ることができるであろう(12)。

さらに、児湯県には西都原古墳群・新田原古墳群・川南古墳群があり、臼杵郡の英多郷には延岡市古川町に安賀多神社があり、さらに史跡南方古墳群や県北最大の前方後円墳である稲葉崎菅原神社古墳がある。諸県郡県田郷は国富町大字本庄がそのところであり、ここには北諸県郡・東諸県郡・西諸県郡の中で最大の規模を持つ史跡本庄古墳群がある。これらはヤマト政権とかかわりがあることを示す材料である。

これらを越えて、日向が有名なのは、北は延岡から南は国富町まで東に日向灘に向う土地であることである。確かに旭日の輝くところである。ここからいえば、九州の大分以南の東側にある地域が日向ということになる。

このことによって『古事記』上巻に、

　　二柱神御子生ノ件…次生₁筑紫ノ島₂此島亦身一而有₁
　　面四₂。毎₁面有₂名（云々）

とあるように、筑紫の嶋は豊国・筑紫の国・熊曾国・日向の四国ということになる。そして、日向から薩摩が和銅2年（709）6月癸丑（29日）にはすでに分離しており（『続日本紀』巻第四）、続いて和銅6年（713）4月乙未（3日）に大隅が分離した。『大宰府管内志』には「日向とあるは古に日向・大隅・薩をかけてよべる名」であるとしている(13)。

それにしても「脅宍の空国」である日向は、豊・筑紫・熊襲と比較して豊かな所とは考えられない。なぜこのような所が天下りの所、神話時代に中心の場所となったのであろうか。ここの理屈を考えたいと思う(14)。

もっとも、先学諸氏は、日向は南に向いた国であると考えた。そうすると、日向の中心は現在の国分市以南とならねばならない(15)。

2　天皇の軍隊・隼人

日向の地域で一つの役割を果たさせられようとしたのが隼人である。『宮崎県史』通史編古代2（宮崎県、1998年3月刊）第1章第1節「南九州諸国の分立」の「二　隼人と日向国」の「朝貢の意味」の項の執筆者永山修一はこのことを以下の様に述べた。「『日本書紀』天武11年（682）7月27日条に見えるように、多くの道俗が明日香寺の西に饗された隼人を見つめる光景や、天武天皇の殯に際して朱鳥元年（686）と持統元年（687）に大隅・阿多隼人が現在の弔辞にも当たる誄を行っている光景は、政府が朝貢に期待した効果の一端をうかがわせる」というものである。朝貢もさることながら隼人に南九州の統一に期待したと思われる(16)。

それというのも、『続日本紀』巻第1、文武4年（700）年6月庚辰（3日）条に、

　　薩末比売・久売・波豆・衣評督衣君県（薩摩国頴娃郡）、
　　助督衣君弖自美、また、肝衝難波、肥人等を従へて、
　　兵を持ちて覓国使刑部真木らを剽劫す。是に
　　竺志惣領に勅して、犯に准へて決罰せしめたまふ。

とあるように、薩摩半島の先端の指宿の豪族が、国家機関に属する覓国使刑部真木らを脅迫しているのである。そこで政府は竺志惣領に命じて政府が引き締めにかかったのであった。

『続日本紀』巻第9、養老7年（723）4月壬寅（8日）の条の記事もこのことを語る。

　　大宰府言さく、「日向・大隅・薩摩の三国の士卒、
　　隼賊を征討して、頻に軍役に遭ひ、兼ねて年穀登
　　らずして、交飢寒に迫れり。謹みて故事を案ふるに、
　　兵役以後、時に飢ゑ疫すること有り。望まくは
　　天恩を降して、復三年を給はむことを」とまうす。

とある。このことがよく示している。

なおここにある隼賊は南九州の隼人地方に住む賊という意味であろう(17)。それでも強いていうならば、大隅の隼人は政府側に立ち、薩摩の隼人は反政府側に立ったと思われる。大隅の隼人は国分市に中心を置く隼人であった。ここは高千穂の峰の麓に繁栄した都城から薩摩への入口にあたる。国分から西へ進むと薩摩の隼人の中心地である阿多へ出る。ここから北上すると熊本へ行く。鹿児島から太宰府への本道である。

その途次に「隼人の薩摩の瀬戸」がある（『万葉集』巻第3、248番）。ここは鹿児島県阿久根市の本土と天草諸島との海峡といわれている鹿児島県と熊本県の県境近いところにある。ここまでが隼人の地であった。これは巻第6の神亀5年の960番「隼人の瀬戸」であることを語っている。この「隼人の瀬戸」の南西の大海の中に甑島があり、ここにも『続日本紀』巻第30の神護景雲3年（769）11月庚寅（26日）条に甑島の隼人麻比古の名がある。薩摩隼人は今の鹿児島県の西半分を支配していたのである。その上、薩摩隼人がそのまま北上すると、政府と対峙することになる。この通路を通ると、どうあっても太宰府での戦いを避けることはできない。

ともかく日向・大隅の隼人は一呼吸おいて登場することとなる。それとも直接に大和へ向かうかである。これ

が神武東征伝説のもとである。

　そうすると、薩摩の隼人の出身地が、天孫降臨にあたり吾多の長屋の笠狭碕に至ったところということになる（『日本書紀』巻第2、神代下第9段）。しかも、皇孫は日向の襲の高千穂峯に天降った後に、野間岬へ移動しているのである。

　隼人が大和朝廷の重要な軍事力であったことは次の資料からもわかる。『続日本紀』巻第10、神亀5年（728）4月辛巳（15日）の記事である。

　…また、諸国司言さく、「調を運ぶ行程遥遠にして、百姓の労弊極めて多し。望み請はくは、外位の位禄は京に入る物を割り留めて、便に当土に給はむことを」とまうす。臣ら商量するに、並に請ふ所に依らむ。伏して天裁を聴かむ」とまうす。奏するに可としたまふ。是の時、諸国の郡司と隼人らとに外五位を授け、位禄を便に当土に給ふ所以なり。

というものである。九州の南の果てからの調を運ぶ困難さを訴えたのに対し、その理由も認めてその土地に置いてもよいとしたのである。その上に、隼人は諸国の郡司と共に、外五位と土地を与えられているのである。

3　天皇の側近にある隼人

　確かにそれは『日本書紀』巻第15、清寧元年10月の癸巳の朔辛丑（9日）の条に、

　大泊瀬天皇（雄略天皇）を丹比高鷲原陵に葬りまつる。時に、隼人、昼夜陵の側に哀号ふ。食を与へども喫はず。七日にして死ぬ。有司、墓を陵の北に造りて、礼を以て葬る。是年、太歳庚申。

とあることからも窺がえる。雄略天皇の墓前で食事をとらず、殉死の道を択んだのであった。雄略天皇の側近であった隼人の存在を差し示している。

　天武天皇が崩御された時にも、大隅・阿多の隼人が誄を奉っているのを見る。『日本書紀』巻第29、天武天皇下、朱鳥元年（686）9月丙寅（29日）の条の記事である。

　是の日に、直広肆阿倍久努朝臣麻呂、刑官の事を誄びことたてまつる。次に直広肆紀朝臣弓張、民官の事を誄る。次に直広肆穂積朝臣蟲麻呂、諸国司の事を誄る。次に大隅・阿多の隼人、及び倭・河内の馬飼部造、各誄る。

とある。ここに見るように、刑官と民官と国司の総括官とともに、天皇の軍隊としての隼人と馬飼部造が「誄」を奉ったのであった。天皇から信頼されていればこそ誄を捧げることができたのであった。

　さらに、このことを示すものが、隼人が南九州から上京したときの記事、『続日本紀』巻第4、和銅2年（709）10月戊申（26日）の条のものである。

　薩摩隼人は、郡司已下一百八十八人入朝す。諸国の騎兵五百人を徴して、威儀を備ふ。

天皇は、「諸国の騎兵五百人を徴して、威儀を備ふ」という風にして出迎えた。同じものを随分遅れるが『続日本紀』巻第37、延暦2年（783）正月乙巳（28日）の条にも見ることができる。

　大隅・薩摩の隼人らを朝堂に饗す。その儀、常の如し。天皇、閤門に御しまして臨み観たまふ。詔して、階を進め物を賜ふこと各差有り。

　さらに隼人の占める位置が大きかったことを示しているものに、聖武天皇の御代に九州で藤原広嗣の乱が発生したときの政府の隼人に対する対応である。『続日本紀』巻第13、天平12年（740）9月丁亥（3日）の条によると、「広嗣遂に兵を起して反く」とある。広嗣の乱が起るや従四位上大野朝臣東人を大将軍、従五位上紀朝臣飯麻呂を副将軍とした討伐の軍隊が編成された。そしてその翌日の9月戊子（4日）には、

　隼人廿四人を御在所に召す。右大臣橘宿禰諸兄勅を宣りて、位を授くること各差有り。并せて当色の服を賜ひて発し遣す。

とあるように、時の権力者である右大臣橘宿禰諸兄がただちに隼人24名を御在所に集めて授位し、そして隼人を広嗣征討に発遣したとある。隼人は広嗣の乱にあたって呼び集められそのまま九州へ発遣されたのであった。このあと、従五位上佐伯宿禰常人、従五位下阿倍朝臣虫麻呂らも発遣された。

　ともかくも、ここにあるように、隼人は政府の軍事力を構成する有力な一員であった。このことは、さらに『続日本紀』巻第13、天平12年（740）9月戊申（24日）の条の記事が語っている。

　大将軍東人ら言さく、「賊徒なる豊前国京都郡鎮長大宰史生従八位上小長谷常人と企救郡板櫃鎮小長凡河内田道と殺獲す。但し、大長三田塩籠は、箭二隻を着けて野の裏に逃れ竄る。登美・板櫃・京都の三処の営兵一千七百六十七人を生虜にす。器仗十七事あり。仍ち長門国豊浦郡少領外正八位上額田部広麻呂を差して、精兵卅人を将ゐて今月廿一日を以て発ち渡らしむ。また、勅使従五位上佐伯宿禰常人、従五位下安倍朝臣虫麻呂らを差して、隼人廿四人併せて軍士四千人を将ゐて今月廿二日を以て発ち渡らしめ、板櫃営を鎮めしむ。東人らは後に到らむ兵を将ゐて、尋ぎて発ち渡るべし。また、間諜申して云はく、「広嗣は遠珂の郡家に軍営を造り、兵弩を儲く。而して烽火を挙げて国内の兵を徴り発せり」といふ」とまうす。

と、先の隼人24名を率いる勅使従五位上佐伯宿禰常人
があったということが物語っている。

さらに、『続日本紀』巻第13、天平12年（740）10
月壬戌（9日）の記事である。

> 大将軍東人に詔して、八幡神を祈り請はしむ。大
> 将軍東人ら言さく、「逆賊藤原広嗣は衆一万許騎を
> 率ゐて、板櫃河（紫川下流か）に到る。広嗣親自ら
> 隼人の軍を率ゐて前鋒と為る。即ち、木を編み船と
> して、河を渡らむとす。時に、佐伯宿禰常人・安倍
> 朝臣虫麻呂、弩を発ちて射る。広嗣が衆却きて河の
> 西に列る。常人ら軍士六千余人を率ゐて河の東に陳
> る。即ち隼人らに呼ばしめて云はく、「逆人広嗣に
> 随ひて官軍を拒捍く者は、直にその身を滅ぼすのみ
> に非ず、罪は妻子親族に及ばむ」といふ。広嗣が率
> ゐる隼人併せて兵ら、敢へて箭を発たず。時に、常
> 人ら広嗣を呼ぶこと十度、而れども猶答へず。良久
> しくして広嗣馬に乗りて出で来りて云はく、「勅使
> 到来すと承る。その勅使は誰にあるか」といふ。
> 常人ら答へて云はく、「勅使衛門督佐伯大夫・式部
> 少輔安倍大夫、今此間に在り」といふ。広嗣云はく、
> 「而今勅使を知れり」といふ。即ち馬より下りて、
> 両段再拝し、申して云はく、「広嗣は敢へて朝命を
> 捍まず。但、朝庭乱す人二人（玄昉と吉備真備）を
> 請はく耳。広嗣は敢へて朝庭を捍まば、天神地祇
> 罰ひ殺せ」といふ。常人ら云はく、「勅符を賜らむ
> が為に大宰典已上を喚ぶに、何の故にか兵を発
> して押し来る」といふ。広嗣弁答すること能はず。
> 馬に乗りて却り還る。時に、隼人三人直ちに河の中
> より泳ぎ来りて降服ふ。朝庭の遣せる隼人ら扶け救
> ひて、遂に岸に着くことを得。仍ち降服へる隼人二
> 十人、広嗣の衆十許騎、官軍に来る。獲虜と器械
> とは別の如し。…

とあるように、広嗣の軍陣に多くの隼人があった。しか
し、それは広嗣が政府の代表者であると誤認していたか
らであった。佐伯宿禰常人が軍士六千余人を率ゐて河の
東に陣どり、広嗣の陣にある隼人らに、「逆人広嗣に
随ひて官軍を拒捍く者は、直にその身を滅ぼすのみに非ず、
罪は妻子親族に及ばむ」と呼びかけた。これに対して「広
嗣が率ゐる隼人併せて兵ら、敢へて箭を発たず」という
対応を示した。そして、広嗣が天皇への敵対者である
ことがわかると、「隼人三人直ちに河の中より泳ぎ来りて
降服ふ。朝庭の遣せる隼人ら扶け救ひて、遂に岸に着く
ことを得。仍ち降服へる隼人二十人」と降伏してきた
とあるからであった。隼人は、本来、天皇の軍隊の一員
であったことを示す記事である。

4　軍事訓練のこと

軍人としての隼人は平素から武力の練磨に日夜努力を
していた。それが鍛錬としての相撲であった。『日本書
紀』巻第29、天武11年秋7月の壬辰の朔甲午（3日）
の条に隼人の相撲の記事が見られる。

> 隼人、多に来て、方物を貢れり。是の日に、大隅の
> 隼人と阿多の隼人と、朝庭に相撲る。大隅の隼人勝
> ちぬ。

とあるものである。そして同月戊午（27日）の日に、

> 隼人等に明日香寺の西に饗たまふ。種種の楽を発す。
> 仍、禄賜ふこと各差有り。道俗悉に見る。

とある。初めのころの天皇の前での相撲は、隼人の武威
を示す場であった。後になって、天皇からの饗があった。
『日本書紀』巻第29、持統9年5月丁未朔には「隼人
大隅に饗たまふ」とあり、次いで丁卯（21日）の条に「隼
人の相撲とるを西の槻の下に観る」とあるのがそれであ
る。天覧相撲である。

このような隼人の役割を示しているものが、『続日本
紀』巻第10、神亀5年（728）4月辛卯（25日）の記事
である。

> 勅して曰はく、「如聞らく、『諸の国郡司ら、部下
> に騎射・相撲と膂力者と有らば、輒ち王公・卿相の
> 宅に給る』ときく。詔有りて捜り索むるに、人の
> 進るべき無し。今より以後、更に然ること得ざれ。
> 若し違ふこと有らば、国司は、位記を追ひ奪ひて仍
> ち見任を解け。郡司は、先づ決罰を加へて勅に准
> へて解き却けよ。その誂ひ求むる者は、違勅の罪を
> 以て罪なへ。…凡そ此の如き色の人等は、国・郡
> 預め知りて、意を存きて簡ひ点し、勅至る日に
> 臨みて即時貢進れ。内外に告げて咸く知せ聞かしむ
> べし」とのたまふ。

とある。ここに見るように、「騎射・相撲と膂力者」は
かならず「勅至る日に臨みて即時貢進れ」というのであ
る。それというのも、王公、卿相が、先に「騎射・相撲
と膂力者」をとったからである。政府は日本中から強い
若者を求めたのであった[18]。人びとはこぞって軍事力
強化に励んだのであった。

そうすると、天皇の軍隊は、基本的には「次に大隅・
阿多の隼人、及び倭・河内の馬飼部造」ということにな
る。天皇直属の軍隊である。その使命たるやそれこそ生
命を懸けて天皇を守ることである。それは次の『日本書
紀』巻第12、履中即位前紀の記事に見ることができる。

> 去来穂別天皇（履中天皇）は、大鷦鷯天皇の太子なり。
> …母をば磐之媛命と曰す。葛城襲津彦の女なり。大
> 鷦鷯天皇の三十一年の春正月に、立ちて皇太子と為

りたまふ。時に年五十五。…仲皇子（履中天皇同母の弟）、太子（履中天皇）已に逃亡げたまひたりと思ひて、備無し。時に近く習へまつる隼人有り。刺領巾と曰ふ。瑞歯別皇子（反正天皇）、陰に刺領巾を喚して、誂へて曰はく、「我が為に皇子を殺しまつれ。吾、必ず敦く汝に報せむ」とのたまふ。乃ち錦の衣・褌を脱ぎて与へたまふ。刺領巾、其の誂へたまふ言を恃みて、独矛を執りて、仲皇子の厠に入るを伺ひて刺し殺しつ。即ち瑞歯別皇子に隷きぬ。是に、木莵宿禰、瑞歯別皇子に啓して曰さく、「刺領巾、人の為に己が君を殺せまつる。其れ我が為に大きなる功有りと雖も、己が君にして慈無きこと甚し。豈生くることを得むや」とまうす。乃ち刺領巾を殺しつ。

刺領巾は、瑞歯別皇子の誘いに乗って主人である仲皇子を殺したのであった。しかしこれは木莵宿禰が瑞歯別皇子に主殺しにあたるといい、今、刺領巾を殺さなければ、いつかこのことによって瑞歯別皇子自身が殺されることになるといった。

ともかく、この書き方であると隼人刺領巾は両兄弟に仕えていたということになる。その隼人刺領巾が仲皇子を殺害した。本当に身近な所で隼人は兄弟に仕えていたのである。そして天皇の身を守っていた。

それが衛門府に隼人司が置かれている理由でもあると考えられている。しかも、『令義解』巻1「職員令」の衛門府の項によると、衛門府は「諸門ノ禁衛。出入。礼儀」のことを掌るとある。これに合わせて「隼人。門籍。問牓」をするのが仕事であるという。確かに宮廷を守るのが仕事であった。その真ん中に隼人があった(19)。

ともかく、隼人は天皇の身近にいて天皇を守護するのが仕事であった。そうすると、隼人は九州以来の天皇の軍事力を構成する一員であったと理解するのが自然ということになる。『続日本紀』巻第31、宝亀2年（771）3月戊辰（11日）の条に、「隼人の剣を帯ぶことを停む」と見えている。天皇の身近にあって天皇を護るために、剣をこの時まで帯びていたことをこの記事は語っている。

5　隼人と相撲

天皇は、先駆けとしての賀茂氏と身辺にあって天皇の身を守る隼人とを率いて、東征したことを語っているのが、神武天皇の話ということになる。それにしても、隼人は文字通り激しい人の意で、天翔る天皇の軍事力の勇猛さを示した表現であった(20)。

天皇と隼人は関係の深いことは上記の資料でご理解いただけると思うが、さらに、『日本書紀』巻第2、神代下第10段（一書第2）にある「海幸彦と山幸彦」（『古事記』上つ巻）の話からも知ることができる。山幸彦が海幸彦の釣針を借りて釣に出かけるが、釣針を魚に取られた。そのことを兄・海幸彦にいって詫びるが赦してもらえなかった。弟・山幸彦は、結局は海の神の助けを得て、兄・海幸彦の要求を退けることに成功した。この時、海幸彦は次のような詫び言をいったという。

　兄既に窮途りて、逃げ去る所無し。乃ち伏罪ひて曰さく、「吾已に過てり。今より以往は、吾が子孫の八十連属に、恒に汝の俳人と為らむ。一に云はく、狗人といふ。請ふ、哀びたまへ」とまうす。弟還りて洞瓊を出したまへば、潮自づからに息ぬ。是に、兄、弟の神しき徳有すことを知りて、遂に其の弟に伏事ふ。是を以て、火酢芹命の苗裔、諸の隼人等、今に至るまでに天皇の宮墻の傍を離れずして、代に吠ゆる狗して奉事る者なり。世人失せたる針を債らざるは、此其の縁なり。

とある。「火酢芹命の苗裔、諸の隼人等、今に至るまでに天皇の宮墻の傍を離れずして、代に吠ゆる狗して奉事る者なり」という。兄の子孫が弟の子孫を守るというのである。犬はいつも飼い主の側にあって、飼い主の安全を守る忠実な動物であることから来る表現である。

この兄弟の両親は第10段一書第8に、天饒石国饒石天津彦火瓊瓊杵尊と大山祇神の女・木花開耶姫命であるとある。そうすると、隼人は天皇の直系の子孫であるということになる。天皇を天皇の子孫が守護するという。これほど安心なことはない。また逆に、対立するときはこれほど悲惨なことはない。

このことによって、隼人はいつも天皇の身近にあって、武力（相撲など）の鍛錬にも励んだ。相撲が武力であったことは、『日本書紀』巻第6にある垂仁7年7月条の生死をかけた當麻蹴速と野見宿禰の相撲がよくこのことを示している。これは天皇が自ら両者を招集して勝劣を競わしたものであった(21)。

それが『日本書紀』巻第29、天武11年（682）7月甲午（3日）の条には、

　隼人、多に来て、方物を貢れり。是の日に。大隅の隼人と阿多の隼人と、朝庭に相撲る。大隅の隼人勝ちぬ。

とある。しかも大勢の隼人が自国の生産物を持ってきて天皇に捧げた。その両隼人が天皇の前で相撲をして見せたというのである(22)。

遅れて『日本書紀』巻第30、持統9年（695）5月己未（13日）に「隼人大隅に饗たまふ」とあり、その八日後の五月丁卯（21日）の条には、「隼人の相撲とるを西の槻の下に観る。」とあり、女帝持統天皇が相撲を観

覧している。それにしても、相撲の記事は隼人(ひと)以外にはない。

やがて『続日本紀』巻第7、養老元年（717）4月甲午（25日）にあるように、

　天皇(すめらみこと)、西朝(さいでう)に御(おは)します。大隅・薩摩の二国の隼人(はやひと)ら、風俗(ふぞく)の歌儛(うたひまひ)を奏(つか)へまつる。位を授け禄賜(たま)ふこと各(おのおのしな)差(しな)有り。

と、大隅薩摩2国の隼人等の風俗歌儛奏が加っているのを見る。相撲への緊迫度が薄れていっているのを見ることができる。それからだんだん形式化してきたのであろう[23]。

そのことは『続日本紀』巻第11、天平6年（734）7月丙寅（7日）の記事に、

　天皇(すめらみこと)（聖武天皇）、相撲(すまひ)の戯(わざみそなは)を観(ゆふべなむあん)す。是の夕、南苑(うつ)に徙(うつ)り御(おは)しまして、文人(ぶんじん)に命(おほ)せて、七夕(しちせき)の詩(し)を賦(ふ)せしめたまふ。禄(ろく)を賜(たま)ふこと差(しな)有り。

とあって、「相撲戯」と書かれるように、楽しみの行事にもなってきた。相撲の形を楽しんだのであろうか[24]。

それでも『続日本紀』巻第12、天平7年（735）7月己卯（26日）の記事には、

　大隅・薩摩の二国の隼人(はやひと)二百九十六人入朝(みかどまゐり)す。調物(でうもつ)を貢(たてまつ)る。

という規模の隼人の入朝を記している。そして、『続日本紀』巻第12、天平7年8月辛卯（8日）の条には、

　天皇(すめらみこと)、大極殿(おほ)に御(おは)します。大隅・薩摩二国の隼人(はやひと)ら方楽(ほうがく)を奏(つか)へまつる。

とあり、相撲の事はいわないで、隼人らの方楽のことを語っている。そして彼等隼人を、『続日本紀』巻第12、天平7年8月壬辰（9日）の条では、

　二国の隼人(はやひと)三百八十二人に爵(しやく)、併せて禄賜(ろくたま)ふこと各(おのおのしな)差(しな)有り。

と、褒賞して入朝してきた382人の隼人に爵を与えて歓迎した。

やがて相撲は隼人を越えて、相撲の人は全国から選ばれてくるようになった。そして、相撲する機会は国を挙げての武力練磨の場となっていった。『続日本後紀』巻第1、天長10年（833）5月丁酉（11日）の条の言葉がことにこのことを示している。

　勅。相撲之節。非_甞娯遊_。簡_練武力_。最在_此中_。宜_令下_越前。加賀。能登。佐渡。上野。下野。甲斐。相模。武蔵。上総。下総。安房等国。捜_求膂力人_貢進上_。

とあるように、ただの娯遊ではなく、武力を簡練するために日本中から膂力の人が求められたということがこのことをよく示している。それが威信をかけて求められたことは、『続日本後紀』巻第3、承和元年（834）11月己巳（23日）の条の次の記事によっても理解できるであろう。

　佐渡国言。国例。毎_郡々司一人_。専_当貢賦_。冬中勘備。夏月上道。而或遭_風波_。留_連海上_。或供_相撲節_。不_得_早帰_。此際無_人_充用_。郡政擁滞。請正員外毎_郡置_権任員_。支_配雑務_。許_之。

とある。その様子は『三代実録』巻第42、元慶6年（882）6月26日丁酉の条に見ることができる。

　任_左右相撲司_。…是日。以_一品行式部卿兼常陸太守諱光孝天皇親王_為_左相撲司別当_。以_三品行兵部卿本康親王_為_右相撲司別当_。両親王殿庭奉_勅拝舞而出。山城国稲三千束。大和国三千束。伊賀国穀二百五十斛。充下造_西寺塔_料上_。並通_用三宝布施衲_。

そこから『三代実録』巻第15、貞観10年（868）6月28日庚寅の条に見るように、「制。相撲節。永隷_兵部省_。」と、相撲の節会は兵部省の管轄で行なわれることになった。相撲は兵衛府の軍事力の訓練の場であったことを示している。

6　天皇と日向と水銀

以上のことなどにより、天皇家の伝説ともいうべき日向の高千穂が、先祖以来の土地であると、奈良時代になっても、隼人の相撲を通しても、中央の官僚たちの心の中には沁みこんでいたことであろう。『万葉集』（岩波文庫）巻第20にある4465番の歌にその片鱗を見ることができる。出雲守大伴古慈斐宿禰が任を解かれた時に、大伴家持が作った「族を喩しし歌一首　短歌を并せたり」である。

　ひさかたの　天の門開き　高千穂の　岳に天降りし　皇祖の　神の御代より　はじ弓を　手握り持たし　真鹿児矢を　手挟み添へて　大久米の　ますら健男を　先に立て　靫取り負はせ　山川を　岩根さくみて　踏み通り国求ぎしつつ　ちはやぶる　神を言向け　まつろへぬ　人をも和し　掃き清め　仕へ奉りて　あきづ島　大和の国の　橿原の　畝傍の宮に　宮柱　太知り立てて　天の下　しらしめしける　皇祖の　天の日継と　継ぎて来る　君の御代御代　隠さはぬ　明き心を　皇辺に　極め尽くして　仕へ来る　祖の職と　言立てて　授けたまへる　子孫の　いやつぎつぎに　見る人の　語り次てて　聞く人の　鑑にせむを　あたらしき　清きその名そ　おぼろかに　心思ひて　空言も　祖の名絶つな　大伴の　氏と名に負へる　ますらをの伴

4466　磯城島の大和の国に明らけき名に負ふ伴の

男心努めよ
4467　剣大刀いよよ研ぐべし古ゆさやけく負ひて来にしその名を

ここにあるように、大伴氏は尾張氏と同じように、自ら日向出身であると名乗り、その日向から天皇の先兵となって大和へ移動して来た。そして天皇の下にあって大和朝廷を作り上げてきたと歌っているのである。これが誇りでもあった(25)。

ともかくも奈良時代に到るまで、天皇家は日向出身であるといっていたのである。この『万葉集』の伝承と同じような神話を語っている資料がある。それは『山城国風土記』逸文の「賀茂社」にかかわる次の縁起である。

　可茂の社。可茂と称ふは、日向の曽の峯に天降りましし神、賀茂建角身命、神倭石余比古の御前に立ちまして、大倭の葛木山の峯に宿りまし、彼より漸に遷りて、山代の国の岡田の賀茂に至りたまひ、山代河の随に下りまして、葛野河と賀茂河との会ふ所に至りまし、賀茂川を見過かして、言りたまひしく、「狭小くあれども、石川の清川なり」とのりたまひき。仍りて、名づけて石川の瀬見の小川と曰ふ。彼の川より上りまして、久我の国の北の山基に定まりましき。爾の時より、名づけて賀茂と曰ふ。

内親王が派遣される京都の賀茂神社は、賀茂氏の祀る神社である。今のところに鎮座するまでの経緯がここに記されている。日向の曽の峯に天降りした賀茂建角身命が神武天皇の先駆けとなって、大倭の葛木山の峯・山代の国の岡田の賀茂・「葛野河と賀茂川との会ふ所」・「久我の国の北の山基」へと来たという。これ以後も、賀茂氏は活発に役割を果たした。『日本書紀』巻第9の神功皇后摂政前紀3月の壬申の朔の条の記事である。仲哀9年春2月仲哀天皇筑紫の橿日宮に崩御された後、神功皇后は新羅出兵を決意するが、その際、

　皇后、吉日を選びて、斎宮に入りて、親ら神主と為りたまふ。則ち武内宿禰に命して琴撫かしむ。中臣烏賊津使主を喚して、審神者にす。…然して後に、吉備臣の祖鴨別を遣して、熊襲国を撃たしむ。未だ浹辰も経ずして、自づからに服ひぬ。

とあるように、熊襲（熊本県）鎮圧のために活躍するのである(26)。賀茂氏も大伴氏と同じように、日向出身と伝えているのである。

天皇家の出身が日向というのはまだある。次の『豊前国風土記』逸文「京処郡（参考）」の記事である。「豊前風土記に曰はく、京処の郡。古、天孫、此より発ちて、日向の旧都に天降りましき。蓋し、天照大神の神京なり。云々（中臣祓気吹抄上）」とある。ここには大分県の京都郡にまず天皇家の祖先が天下りして、その後、日向へ移動したとある。大分県でも日向が天皇家の出身地であると理解していたのである。もっとも、京都郡は「天照大神の神京」であるという。確かに、豊前豊後の国は天皇家とかかわり深いところであった(27)。

ただこの逸文は日本古典文学大系の頭注では、武田祐吉が「古代の風土記」であるといったが、認められないとある。それでも宇佐八幡社があるだけ興味深い指摘である。宇佐八幡の拝殿には真っ赤な朱塗りの廻廊が廻っている。宇佐には水銀文化があったと考えることができるからである。

この水銀で宇佐八幡は東大寺の仏像に金メッキをしたのであった。このことによって、天平勝宝元年（749）12月丁亥（27日）には、豊前国の宇佐郡から八幡大神の託宣を持って、禰宜尼大神朝臣杜女が東大寺に来た。天皇と太上天皇と太后の3名が同じく東大寺へ行幸されたということが起った。

おわりに

『大宰管内志』下巻、「日向之一（国志）」にも、「続紀一巻」に、

文武天皇二年（698）九月乙酉令₌近江国献₌金青₌
云々　常陸・備前・伊予・日向/四国ハ朱沙

という記事が記載されていることからも、日向は伊予と共に水銀の生産地であったことが推測される。

たしかに、北九州には朱で彩られた装飾古墳が分布している。早く、『太陽』8（平凡社、1964年1月刊）に「日本の原始絵画」の特集として「崩れゆく装飾古墳―原始絵画への招待―」を編んだ。そこには朱やベンガラで彩られた北九州地方の装飾古墳が紹介されている。そこに掲載されたキャプションを再録しておきたい（住居表示は『太陽』8に掲載されたもの）。

竹原古墳　　　福岡県鞍手郡若宮町竹原
　おくつきをいろどる覇者の生活
王塚古墳　　　福岡県嘉穂郡桂川町寿命
　冥府を警固する騎馬像
五郎山古墳　　福岡県筑紫郡筑紫野町原田
　のびやかな生のいとなみ
珍敷塚古墳　　福岡県浮羽郡吉井町
　常世の海原をゆく天の鳥船
日ノ岡古墳　　福岡県浮羽郡吉井町若宮八幡境内
　さしそめる暁の太陽群
西隈古墳　　　佐賀県佐賀市金立町
　聖なる色につつまれた石のとりで
太田古墳　　　佐賀県鳥栖市田代
　幾何文様のたわむれ

ひ　　と
　　チブサン古墳　　熊本県山鹿市城
　　　　　　　　はなやかな色の鎮魂歌
　　弁慶ガ穴古墳　　熊本県山鹿市熊入
　　　　　　　　しあわせを運ぶ赤い馬
　　千金甲第一号憤　熊本市小島町千金甲
　　　　　　　　岩にきざむ古代人の祈り
　　井寺古墳　　　　熊本県上益城郡嘉島村井寺
　　　　　　　　岩にきざむ古代人の祈り
　　鍋田第七号墳　　熊本県山鹿市鍋田
　　　　　　　　悪霊とのたたかい

　これらのキャプションは装飾古墳の当時の理解をよく示したものといえる。この後におこなわれている座談会も興味ふかい。この中で「装飾古墳の色」が話題となったとき、小林行雄が「朱は縄文時代から使っていますが、たくさん使えるようになったのは弥生時代からでしょう。九州の甕棺には朱がはいっています。だいたい、朱でもベンガラでも、日本の古代にはお葬式に使う色は赤だといわれています」と紹介している[28]。これに対して画家の海老原喜之助が「今でも熊本の球磨郡の谷間では、ベンガラを採掘しています」と話している。ただ顔料の問題にはこれ以上ふれていない。

　座談会の冒頭の「装飾古墳のなりたち」で、小林行雄が装飾古墳自体は５世紀の後半から７世紀前半くらいに造られたと述べ、その分布は、「地域的には九州、それも鹿児島県、長崎県、宮崎県にはなく、福岡県、熊本県とを中心として大分県、佐賀県に少し分布しております。九州以外では、岡山県と大阪府とに各一つ、関東では茨城県などにわずかあり、北限は福島県の泉崎横穴です。」と、紹介している[29]。

　これを見ると、赤色顔料は熊本県から福岡県あたりで生産されていなければならにことになる。それでも小林行雄が「日本の古代にはお葬式に使う色は赤だといわれています」と紹介されているのは大へん興味深い。それというのも、戦後の最大の考古学の成果ともいえる奈良県生駒郡斑鳩町法隆寺西２丁目所在の藤ノ木古墳から出土した石棺の内部が真っ赤に朱で塗布されていたからである。その赤色顔料の分析結果が「ⅩⅣ　石棺内遺物上ならびに玄室床面礫石に付着の赤色顔料の微量化学分析」の「（３）判定」で、次のように報告している。「赤色顔料はすべて、土壌汚染を避けられぬ出土状況であったことからして、Fe^{3+}は土壌中の鉄成分に由来するものと判断し、各試料の赤色顔料は水銀朱（HgS）であったと判定する。」とある[30]。藤の木古墳の赤色顔料は水銀朱であったと報告しているのである。これに装飾古墳が加わればさらに赤色顔料が必要となる[31]。そうすると、水銀朱を求めていた大和朝廷の官僚たちは、常陸・備前・伊予・日向の四か国には朱沙が生産されることを知っていたということになる。

　大和朝廷の人々はまずは宇佐から南九州の日向へ水銀を求め南下し、佐土原町に流れ出る一ツ瀬川の上流にある西都原の地で力を張り、そこから反転して、日向市の美々津に流れ出る耳川の川尻から宇佐へと帰還したということになる。それというのも、一ツ瀬川の川尻から耳川の川尻までの長い海岸線は東から寄せる波で船を寄せることができないからである。その南の宮崎市からは海岸が岩石で構成されているので船を使用することができない。

　この耳川の川尻の美々津から神武東征が始まったと此地の人々は考えたいようである。『大宰府管内志』下巻、「日向之二（児湯ノ郡）」の項に、

　　北は臼杵郡にとなりて東西十里余、南北八九里あり郡中山多く川二流あり　［割註　二流のうち耳川といふは臼杵郡ヨリ流れ出て此郡をへて海に入る　二流とも高瀬舟などのかよふ処にやしらず、… ［幸丸云］耳川を渡りて町はづれ北ノ方に立岩権現とて耳川の辺町ノ口に社あり　御社の後に大岩あり廻り二町斗にして高さ五丈斗築立たる大岩なり　此地神武天皇の船出し給ひし所なりといふ　耳川は船渡しなり］

と見えているのがそれである。

　そして、天皇家は美々津・宇佐から瀬戸内海の北岸を通り、広島・岡山・兵庫・大坂、そして紀州を廻り、大和へ入った。この道は、基本的には中央構造線を通る道である。そして紀州から入る道はことに水銀の生産地であった。そして水銀の大生産地、中央構造線を走る紀ノ川の内帯の奈良に留まった。天皇家は水銀を求めて大和へきたのであった。中央構造線の近畿地方の東の端の紀ノ川をさらに東へ進み、高見山を越え、櫛田川を松坂市に出る線である。

　櫛田川の河尻に松坂がある。その直前に丹生があり、水銀の神・丹生大師がある。ここら一帯は水銀の生産地である[32]。和銅６年（713）５月癸酉（11日）の条には「伊勢は水銀」とある。それほどまで水銀を生産していたのである。

　ここまでくると、考えなければならないことがある。それは天孫降臨にあたって、その直ぐ前に眼が絶然
あかかがち
赤酸醤とした猿田彦が立っていたことである。それに天鈿女が向かわされたという。これに対して、猿田彦は次のように回答した。

　　　あまつかみ　みこ　　　　まさ　　　　　　　　ひむか　　　　　　　　くしふるのたけ
　　天神の子は、当に筑紫の日向の高千穂の穂触峯に到りますべし。吾は伊勢の狭長田の五十鈴の川上に到
　　　　　　　さなだ
るべし」といふ。

そして、天鈿女も一緒に五十鈴の川上に来るようにといった。天孫を案内に行った猿田彦は天孫と離れて、伊勢へ天鈿女とともに行ったのである。これは𦾔然赤酸醤という表現とともに、水銀朱を求めて伊勢にいったことになる。天皇の東征の前に伊勢まで行った。そこから南下して三重県の熊野市へ行ったというのである(33)。

　神武天皇が豊予海峡にかかったときに、椎根津彦が出迎えた。ここには人物に対する表現がない。宇佐を通って福岡県遠賀郡芦屋町の遠賀川の河尻へ行ったとある。神武天皇は日向・大隅・薩摩の富と力をもって東征したのであった。その背景には北九州の宇土・熊本・大分の「朱」を求める力があった。

　しかし、ここ日向と豊後との交流は大きな山によって妨げられている。ここから豊後と交流するには一度西へ出て、熊本の南端を通り北上するほかはないようである。これには人との対立もあって、困難である。そこで、神武天皇伝説は天皇家の人々を率いての大和へは、豊予海峡を越えて移動して行ったのではないかと思われる。したがってさらにいえば、今の薩摩・大隅地方に天皇は勢力を確立し隼人を軍事力として登用してきたことになる。そして今の宮崎県を通って東征してきたというのである。

　宮崎県の都城から見る高千穂の峯は秀麗な独立峯である。

註
(1) 九州と天皇家とのかかわりを考えようとしたものに、板楠和子の「石棺と石作部」（水野祐監修・新川登亀男編『古代王権と交流8　西海と南島の生活・文化』所収、名著出版、1995年10月刊）がある。その「むすび」で「宇土半島馬門産阿蘇ピンク製石棺の出土地を見てゆくと、海上・河川の要地ばかりでなく、木津から那羅坂を越えて山辺道沿いの大和盆地にまで分布していることがわかる。…（ピンク製）石棺は五世紀後半から六世紀前半にかけて畿内勢のために特別に製作された」ものと論じている。しかも、二上山白石棺はピンク製石棺の影響を受けて製作されたとまで主張されている。
(2) 『続日本紀』巻第6、和銅6年夏4月乙未（3日）の記事に、「日向国の肝坏・贈於・大隅・始羅の四郡を割きて、始めて大隅国を置く。大和国疫す薬を給ひて救はしむ」とある。日向国がもとは大隅まであわせたところであった。国分市を中心として大隅半島が大隅国となった。そうすると、国分市は高千穂の東山麓の人々が外と交流するところであったことになる。さらに神話伝説を信用するならば、日向の国が天皇家の根拠地であったということになる。なぜ大隅から北薩摩、そして肥国・筑紫国・豊国の道を取らなかったのであろうか。
(3) 一般的には隼人は初期の律令国家には異民族であり、化外の民であったと考えられている。飯沼賢司「奈良時代の政治と八幡神」（『西海と南島の生活・文化』所収、前掲書）参照のこと。
(4) 北郷泰道は「クマソ・ハヤトの墓制」（『西海と南島の生活・文化』所収、前掲書）の結論で、「前史から畿内地方と強固な関係性を示し、前方後円墳の存在する平野部（宮崎県）の社会は、畿内文化の波を受け入れたが、それに対して、前方後円墳の存在しない内陸部の社会は体制的には畿内の外に置かれながら副葬品の武器・道具類の所有形態に見られるように、外から畿内を支える役割を担ったものと理解される」と論じた。宮崎県の西都原地方と南の地方は異なった文化を持つ人々が存在したと考えた。およそ隼人には大隅の隼人と薩摩の隼人と日向の隼人の別があった。その内の日向の隼人と大隅の隼人とのかかわりは深かった。それは大隅が日向の外への出入り口であったからである。
(5) 永山修一は「大隅国建国の事情」（『大隅国建国1300年記念　記録集』所収、鹿児島県霧島市、2014年3月刊）で、「王権側には二つの隼人像があったのではないかと考えられています。一つは、王権に忠実な存在としての隼人です。…もう一つの隼人像は、不義・野蛮な隼人です」という表現の仕方をして、2勢力の隼人の存在することを主張した。もっとも、このことを早くに注意したものに井上光貞の「大和国家の軍事的基礎」（『日本古代史の諸問題』所収、思索社、1971年1月刊）がある。
(6) 田中久夫「神武東征伝説と速吸の瀬戸・周防灘と」（『久里』37、神戸女子民俗学会、2016年6月刊）。
(7) 田中久夫「神武東征伝説と速吸の瀬戸・周防灘と」（前掲稿）。
(8) なお、『日向国風土記』逸文の「知鋪郷」の項では、臼杵の郡の内の「日向（ひむか）の高千穂（たかちほ）の二上（ふたかみ）の峯（みね）に天降（あも）りましき」としている。土豪がすすめるままに瓊瓊杵尊が稲を千穂ほど抜いて四方にまき散らすと明るくなったというので、ここでは稲作がおこなわれていたことになる。高千穂は2箇所あることになる。
(9) 『日向国風土記』逸文にも「日向国号」として、「日向の国の風土記に曰はく、纏向の日代の宮に御宇しめしし大足彦（あめのしたしろ）の天皇のみ世、児湯の郡に幸し、丹裳の小野に遊びたまひて、左右に謂りたまひしく、『此の国の地形は直に扶桑に向かへり。日向と号くべし』とのりたまひき」と、『日本書紀』と同じようにいっている。
(10) さらに宮崎市大瀬町には柿木原地下式横穴墓があるが、6世紀末頃の構築といわれている。「平入り方形プランで天井部は寄棟造の屋根形・玄室壁面は朱塗されていた」（「柿木原地下式横穴墓」『日本歴史地名大系』第46巻〈宮崎県の地名〉平凡社、1997年）という墳墓である。
(11) これに対して、『大宰管内志』下巻、「日向国（国志）」1巻は次のようにいって反対した。「○日向国　［割註［日本惣国風土記］と云物に　日向者日神之皇孫神　始向＝此国＿天降給之名也　不レ云＝日牟加比＿而日宇賀者　牟加比者対敵之称也　宇賀者窮順之詞とあるはいみしきひがことなり］さて此国ノ事の物に見えたるは［古事記上巻］…日向′国謂＝豊久士比泥別＿云々」とある。
(12) 広い宮崎県の中で歴史上に名が出て来るところは、極端にいえばこの西都原地域のみである。それを『宮崎県史』通史編、古代2の第1章第3節「ヤマト王権と日向」は、「三つのアガタ」の項を建て、そこで、子湯の県と臼杵郡英多郷と諸県郡県田郷を紹介している。
(13) 『宮崎県史』通史編古代2（宮崎県、1998年3月刊）第1章第1節「南九州諸国の分立」の「一、令制日向国の成立」の執筆者永山修一は「七世紀代の日向国の領域」の項で「大隅国は和銅6（713）年に日向国の四郡を割いて設置されたから、この地域が七世紀代に日向国の領域に含まれていたことは明らかであり」とある。
(14) 下山覚「考古学からみた隼人の生活―「隼人」問題の展望―」（『西海と南島の生活・文化』所収、前掲書）によれば、鹿児島は「透水性高い土壌であり、稲作はあっても陸稲が主であると考えている。
(15) 中村明蔵「大隅国建国前夜の南九州」（『大隅国建国1300年記念　記録集』所収、前掲書）

ひ と

(16) 『続日本紀』巻第9、養老6年（722）4月丙戌（辛未朔16日）の条に、「陸奥の蝦夷、大隅・薩摩の隼人らを征討せし将軍已下と、有功の蝦夷と、併せて訳語の人に、勲位を授くること各差有り。始めて制すらく、『大宰の管内の大隅・薩摩・多禰・壱岐・対馬らの司闕らば、府の官人を選ひて権に補せよ』といふ」とあるが、この場合は大隅・薩摩の隼人らは天皇が大和へ移動したのちそのまま放置されたことへ不満があったのではないか。これと同じことは大和の紀氏と和歌山の紀氏の葛藤に見ることができる。ともかくも、隼人が服属型部民というわけではなかった。なお、井上辰雄は「隼人支配」（大林太良編『隼人』所収、社会思想社、1975年1月刊）で、隼人に薩摩隼人と阿多隼人の別がある事を指摘して居ながら、その著述の大部分を薩摩隼人に割いている。日向にも隼人があったとあるが、そのことにはあまり触れていない。

(17) 新川登亀男は「豊国氏の歴史と文化」（『西海と南島の生活・文化』所収、前掲書）で、養老4年（720）3月丙辰（4日）条の征隼人軍との関係から隼賊は大隅の隼人と考えて、薩摩隼人はこのときは征討側に立っているとある。

(18) 「騎射・相撲と膂力者」が軍事力であったことは、笹山晴生の「奈良朝政治の推移」（『岩波講座日本歴史』3 古代3、岩波書店、1962年8月刊）に三の「2 長屋王の変と光明立后」には、この勅令が「諸氏族が私的武力を強化することを警戒」してのものであるといっている。

(19) 高橋富雄は「古代国家と辺境」（『岩波講座日本歴史』3 古代3所収、前掲書）の「二 毛人と熊襲・蝦夷と隼人」の項で、蝦夷や佐伯部には「蝦夷司」・「佐伯司」がなくて、隼人司があることは注意されてよいといった。そして「隼人はきわめてはやく大量に内国に移住して、広範に白丁、つまり良人としての扱いをうけるようになっていたことが知られる。彼らは白丁隼人というふうに呼ばれた」と論じた。極めて重要な指摘ではあるが、結論の方向が私・田中とは異なっているのが残念である。

(20) 筆者は「神武東征伝説と吉備の杣山と」（『久里』38、神戸女子民俗学会、2017年1月刊）でこの件に触れた。『日本書紀』巻第11、仁徳天皇40年春2月条に、隼の人々の思いが描かれている。そこには仁徳天皇が「雌鳥皇女を納れて妃とせむ」と考えて、「隼別皇子を以て媒」としたのであったが、仲立ちの隼別皇子が雌鳥皇女を娶ってしまった。仁徳天皇は我慢をしたが、隼別皇子が「皇女の膝に枕して」臥せていたとき、つい「鷦鷯と隼と孰か捷き」と尋ねた。皇女は「隼は捷し」と答えたという逸話がこのことを語っている。

(21) 『日本書紀』巻第6、垂仁7年7月乙亥（7日）の条参照事。ずっと遅れてではあるが、持統天皇は7年冬10月戊午（2日）の日に、観兵式をおこなっている。ただこの中に、隼人の姿はない。なお、2017年9月の大相撲秋場所は三横綱・一大関・二関取の怪我による休場を見た。ここにも當麻蹶速と野見宿禰の相撲を思い致させるであろう。

(22) 『続日本紀』巻第6、霊亀2年（716）5月辛卯（16日）の条には、「『また、薩摩・大隅の二国より貢れる隼人は、已に八歳を経て、道路遥に隔たり、去来便ならず。或は父母老疾し、或は妻子単貧なり。請はくは、六年を限りて相替へむことを』とまうす。並にこれを許す」という記事がある。隼人の中には故郷を出てそのまま京にいたものがあったのである。

(23) 藤原喜美子「相撲節会の占手と童相撲」（『御影史学論集』42、御影史学研究会、2017年10月刊）、中村明蔵「大隅国建国前夜の南九州」（前掲稿）には相撲のことを『「すまい」と発言するように、一種の舞であり、舞を踊りながら勝負を兼ねていたもの」であると考えている。

(24) 京都の上鴨社の賀茂族がおこなう烏相撲は、先駆けとしての賀茂氏の姿を象徴させたものであろう（2017年9月9日の調査）。あわせて、子供相撲十番があった。

(25) 『続日本紀』巻第8の養老4年（720）3月丙辰（4日）の条には、大伴氏の南九州での活躍の様子が描かれている。「中納言正四位下大伴宿禰旅人を征隼人持節大将軍とす。授刀助従五位下笠朝臣御室・民部少輔従五位下巨勢朝臣真人を副将軍とす」とあるものである。これは大隅国守陽胡史麻呂殺害に対する国の行動であった。

(26) 田中久夫「神武東征伝説と吉備の杣山と」（前掲稿）でこの件は論じた。

(27) 田中久夫「京都の賀茂神社と王城鎮護のこと」（『御影史学論集』39、2014年10月刊）でこの件については論じた。

(28) 坂元祐己は「大隅国府と大隅国分寺跡の調査」（『大隅国建国1300年記念 記録集』所収、前掲書）の「三、大隅国分寺について」で平安時代末期と考えられている隼人塚に触れたとき、「隼人塚の場合は、白い塗料を塗った後に、朱色の塗料を建築材が表現されているところに塗ってあり、赤と白で塗り分けされていた」という赤白が塗料の使用例を紹介している。

(29) 北郷泰道「クマソ・ハヤトの墓制」（『西海と南島の生活・文化』所収、前掲書）の六の「2 内陸部の社会」で「一つひとつの地下で横穴墓を見れば、朱による彩色を施すものがみられる」ということを指摘している。

(30) 『藤ノ木古墳』（奈良県立橿原考古学研究所編、斑鳩町・斑鳩町教育委員会、1990年2月刊） さらにそれこそ奈良県明日香村大字平田字高松にある壁画で飾られた高松塚古墳の被葬者の棺も、また「内部が木で底に朱を塗ってあった」とある（末永雅雄編『シンポジウム高松塚壁画古墳』「一発掘」の「夾紵棺か漆塗りに木棺か」の項、創元社、1972年7月刊）。

(31) 猪熊兼勝「大和の飛鳥時代の古墳」（泉森皎編『大和の古墳』Ⅰ所収、近畿日本鉄道株式会社、2003年7月刊）を参照されたい。

(32) 田中久夫『金銀島日本』（弘文堂、1988年7月刊）参照のこと。なお、松田寿男は「装飾古墳と水銀文化」（『丹生の研究―歴史地理学から見た日本の水銀―』所収、早稲田大学出版部、1970年2月刊）で、「朱生産地として大和の奥の吉野地方からの移民」によって、水銀鉱が採掘されたと考えたが、ここの水銀で千金甲古墳・井寺古墳の装飾用の塗料として使用されたと説かれた。それでも、先の小林行雄の発言「朱は縄文時代から使っていますが、たくさん使えるようになったのは弥生時代からでしょう。九州の甕棺（かめかん）には朱がはいっています。だいたい、朱でもベンガラでも、日本の古代にはお葬式に使う色は赤だといわれています」と同じように、氏は「なお、この地方でも出土品に朱の痕跡が認められるものが多い。七田教論の手元に保管されているもののうち、例えば神埼郡千代田町詫田字高分の貝塚から発見された弥生式土器に塗られたもの、また佐賀県保朱町西原出土の家型石棺の内壁に見うけられる赤色の物質はともに水銀含有0.003％を示した」とある。これは熊本県・大分県が早くに水銀を使用していたことを示している例である。ただ、この松田氏の結論部分は問題提起と相違するように思われる。これに対して、舟形石棺を用いて九州から大和への文化を考えているのが、真壁忠彦の『石棺から古墳時代を考える―型と材質が表す勢力分布』（同朋舎出版、1994年1月刊）である。

(33) 三重県熊野市の占める位置づけについては、田中久夫「熊野三前史―なぜ熊野へ人々が入って行ったのか―」（『金銀銅鉄伝承と歴史の道』所収、岩田書院、1996年9月刊）で論じた。

常陸における弥生時代の紡錘車

茂木 雅博

はじめに

　常陸国は律令期に麻織物の一大産地であったことは、現存する調布の数によって知ることができる（茂木2013）。土浦市は2013年これらの中から法隆寺に保管されている「常陸国信太郡中家郷」の調布を1300年振りに里帰りをさせることができた。それには法隆寺の英断が大きく、市民約15万人から歓迎された。筆者は法隆寺の英断に謝し、考古学的に古代布を検討し、資料の収集を心掛けて来た。2016年暮までに県内遺跡から発見された紡錘車が2000点を越えたので、整理できた時代から公表することにした。私は稿を草するにあたり、最初に事前調査として私たちに資料を得るために発掘調査を理解して下さった300万県民に対し、更に炎天下及び寒風の中で黙々と調査され報告書に整理して頂いた調査員に満腔から感謝したい。

　私はこうした古代の繊維問題については全くの門外漢であるので、最初に本稿で使用する機織用語について確認しておきたい。

　この点に関して我が国で最初に問題を整理されたのは八幡一郎である。氏は弥生時代の文化的要素の中で生産に関して顕著なものの一つとして機織を挙げ、直径6～7cmの石を磨き、粘土を固め焼いた中心に孔を穿った紡錘車の使用を挙げ、糸を紡ぐ弾み車と理解した。そして次の様に整理した（八幡1947）。

> 紡錘車の用途は二とおりある。すなわち糸を紡ぎ出すこと。糸に撚りをくれることである。勿論、これは同時に行われるのであるが、例えば綿花から糸を抜き出す時に使うし、すでに糸とした樹皮繊維を積むのにも使う。その用法は全く同じで、紡錘車の嵌められた方を下にし、他端すなわち上端に糸を巻きつけて、紡錘車を廻転するのである。その重量と旋廻とによって上端にはしだいに糸が巻付くと同時に撚りが加えられ、紡錘となる。紡錘の字は紡ぐ錘であるから、これに車を付加しては、二重である。しかし紡錘の弾み車の意である。

○紡錘（つむ）とは…回転運動によって繊維に撚りをかける道具が紡錘である。それは回転軸とそれにはめ込む円盤状の弾み車から構成される。

△紡錘（鎛）とその名称については、『延喜式』巻四神祇の伊勢神宮の神宝21種のうちに「金銅鎛二枚　茎長各九寸一分　輪径一寸一分」「銀銅鎛一枚　茎長各九寸三分　輪径一寸一分」とある。

△紡錘車は紡輪と同義語である。

　紡錘で糸に撚りをかける方法は、繊維の種類によって異なる。木綿や羊の繊維は短く、ふわりとした綿の状態である。柔かく絡み合った繊維を少しずつ引き出しながら、紡錘で撚りをかけて糸にする。

　一方、苧麻や大麻、藤、楮などの靭皮繊維は、硬くて細長い帯の状態である。これを指先で細かく裂いて、1本ずつ撚りつなげ、最後に紡錘で繊維全体に撚りをかける。

　絹は、複数の繭から糸を引き揃えるだけでよく、特殊な織物を除いて撚りをかける必要がない。実際に古墳時代の絹織物の繊維は引き揃えただけで撚りがかかっていない（沢田編2005）。また、正倉院に伝来する「調絁」の絹繊維にも撚りがかかっていない（尾形1999）。

　弥生時代から古代の日本では、木綿や羊毛は利用されなかった。また、絹繊維は基本的には撚りをかけないことから、紡錘は主に苧麻などの靭皮繊維に撚りをかける具と考えてよかろう。ただし、糸の拠りかけは、織物に限らず、漁網などの製作にも共通する技術であるため、出土紡錘のうちに網糸・釣糸製作にかかわるものも含まれている事を忘れてはならないだろう（東村2011）。

○紡錘車認定の基準

①中沢悟…群馬県内出土紡錘車1123枚（弥生～平安）…紡茎の太さ。

　　径4cmから6cm、重さ30gから70g等ばらつくのに対して、中心の孔は時代を越えて0.6～0.8cmである（中沢1996）。

②山崎頼人…大阪府甲田南遺跡出土82枚（弥生中期）…孔の穿孔法

　　両面穿孔によって孔の断面が鼓形を呈するものは紡茎が刺し込まれたとは考えにくく、紡輪とする事は困難である（山崎1998）。

③松本直子…岡山県と高知県の弥生時代前期の土器片有孔円盤について、外形が丸く整えられ、孔の断面がほぼ円筒形を呈するものは、紡輪として製作された可能性が高い（松本2002）。

○平面円形に整形焼成した土製品、研磨整形した石・

骨角・貝製品・鍛造整形した鉄製品、或は土器片等を円盤形に加工したもので、中心に径0.6～0.8cm程度の孔が円筒形に貫通していれば、紡輪として利用できる。
○紡輪の重さ…紡輪の軽重が撚りの強弱に関係する（佐原1979）。
　①中沢悟…群馬県下出土の紡錘車は時代を通じて30～50g未満のものが最も多く、次に30g未満のもの、50g未満のものが多い。これら3つの領域で90%を占めるが、70g以上のものも通時的に存在する（中沢1996）。
　②江幡良夫…土浦市原田遺跡群から出土した弥生後期の紡錘車130枚の分析から、20gから80gの範囲に及ぶことから、つくりたい糸の太さにより重量を変えたものと想定される（江幡1994）。

1　先行研究

　常陸国における弥生時代の織物についての研究は余り活発とは言えず、1955年に大賀一郎によって土器の底部に見られる布目圧痕に注目したのが嚆矢である（大賀1955）。このレポートでは、千葉県須和田遺跡と栃木県野沢遺跡及び那珂湊市（現ひたちなか市）の井上義採集資料を使用して、カジノキまたはカラムシを材料とした平織布を復原し、那珂湊の資料では経糸6～10本に対して緯糸19～28本を計測して、経糸よりも遙かに緯糸多いことを指摘している。
　さらに大賀は、1957年に地元の若手研究者と共同で那珂川流域の弥生時代の土器底面の布目文について整理した。それによると、那珂川流域の61枚の弥生土器底部についた布目痕の経緯の数を集成し、経緯の比率は「1対2前後で、時には1対3以上になる事がある。この事は1対1の平織ではなく、羽二重風か綴織風に経糸の見えない平織に近い事である」と、大賀式湿拓法（OIM）による採拓資料から整理している。そのなかで大変注目されることは、1対1の平織との相違を気候の温暖による薄手と厚手の衣服として、「夏季は経1対緯1の如き薄い組織の衣服、冬季は経1対緯2又は3の如き厚手の組織の布で身を被うたのではないか」としている点である。そして「古墳時代になれば、繊細な絹糸を以てする織物を見るようになるので、糸の細くて組織の密なものは動物性の絹布にゆずり、糸の太くて組織の粗なものは植物性の麻布に残ったと考えれば、弥生時代の麻布に経1対緯2前後の密布があって、奈良時代の国分寺瓦に経1対緯1の粗布のあった事も納得される」と理解している（大賀ほか1957）。

　1972年に、川崎純得は渡辺明と連名で、常総地方の紡錘車を「第一形態（円盤型）・二形態（糸巻型）・三形態（円盤型の側面に溝をつける）」の3形式に分類した（渡辺・川崎1972）。
　1985年に川崎純得は、茨城県史の「弥生文化の成立と社会の発展」の中で次のように整理し、後期の十王台文化期に紡錘車や布目圧痕土器の多い常陸国北部では機織が盛んであったと次の様に結んでいる（川崎1985）。
　①住居は平面形が隅丸方形・隅丸長方形を主とし、円形・楕円形も混在する。
　②石器は敲き石・磨り石等で利器としての石器は見られず、金属器として銅鏃、鉄鎌等がある。
　③紡錘車・布痕土器が多く、県北では機織が盛んであった。
　1991年、佐藤次男は「弥生文化のもう一つの特色として紡織技術の存在がある。この地方の土器底における布目痕の存在や紡錘車の出土例から、紡錘が行われていたことは充分にうかがわれよう。紡織にともなっては、多種の木製器具が県外各地で知られているものの、これらの用具を含めて、本県内から弥生時代木製品の発見はまだ認められていない。水田跡の調査とともに低地性遺跡の今後の調査にゆだねられる問題である。まだ、資料の統計的把握は行われていないが、茨城県地方から出土弥生土器の底には、布目痕や木葉痕が比較的多いのも注意すべきことであろう。特に那珂川流域の土器にはこの傾向が強いと思う。布目痕については、独特の拓本、撮影方法によって研究を進めた大賀一郎の研究を継承する必要がある」と整理した（佐藤1991）。
　1994年、江幡良夫は土浦市原田遺跡の大量の紡錘車の出土から「繊維製品が交易品であった可能性を想定」した（江幡1994）。
　2001年、黒沢春彦は土浦市内で調査の実施された11の弥生時代遺跡を整理し、最後に遺物の特徴として、土器・石器・紡錘車をあげ、以下の様に整理した。
「紡錘車はほとんどの遺跡から出土しており、北総から鬼怒川流域にかけての大きな特徴となる。この一帯が布の生産地であることを意味し、江幡氏の指摘のように交易品として作られたことも考えられる。原田北・西原・原出口遺跡では159軒中72軒から155点が出土している。隣接する原田西遺跡では1点と極端に少ない。」そして常陸国内の弥生時代後期に属する遺跡の中で原田遺跡群の紡錘車の出土数が非常に多い点を問題視した（黒沢2001）。
　以上、常陸における紡錘車の出土を中心とする弥生時代紡績の研究は地域が重視され全体的な視野に欠けている傾向が見られたが、その後の膨大な遺跡の発掘によっ

て、開発の進む地域の資料が増加した。そこでこれらを集成して、現時点での様相を整理しておきたい。

2 紡錘車出土の様相

最初に、常陸国内の紡錘車の出土数を表示すると以下の通りである。

表1 常陸の弥生時代の紡錘車出土概数（83遺跡454枚）

市町村名	遺跡数/数量	中期	後期			
			?	前	中	後
水戸市	5/13		1		3	9
石岡市	2/12					12
稲敷市	3/5			1	1	3
牛久市	1/1				1	
笠間市	7/28		2		1	25
鹿嶋市	2/4		1	2		1
かすみがうら市	1/3			3		
桜川市	4/12			1	4	7
筑西市	1/3				3	
つくば市	2/3					3
土浦市	11/162		9	15	9	91
那珂市	2/7					7
日立市	4/13	1(?)	2		2	8
常陸大宮市	3/13					13
ひたちなか市	10/41	2(後半)			12	27
鉾田市	3/7					7
龍ヶ崎市	3/29		2	10	10	7
阿見町	2/4				1	3
美浦村	4/14				5	9
東海村	3/5					5
茨城町	5/51					51
大洗町	7/27				3	24
総計	84/455	3	17	32	55	311

（註）表中の（?）は日立市神明越遺跡SX03土坑状遺構から発見された資料であるが、調査者は耳環と報告している。また後期欄の?に属する17枚は、発掘調査の際、弥生時代後期と想定される遺構外から採集した資料であることを付記しておく。更に住居跡内から十王台式土器と土師器を共伴した遺構があるが、これについては古墳時代前期として処理した。なお紙面の都合上本稿では常陸出土弥生時代紡錘車のデータベース及び実測図については割愛するが、後日データベースを公開するつもりであることを書き添える。

3 常陸の弥生時代遺跡出土紡錘車の整理

（1）代表的な出土遺跡の概略

常陸の弥生時代紡錘車は、その嚆矢が中期に始まり、後期後葉から爆発的に出土する。ただし、この地域の弥生時代の時代区分は未だ明確な統一がなく、報告書によって不統一であることをことわっておきたい。この項では、主要な遺跡の出土状況を時代別に紹介する。

中期として3遺跡を抽出した。日立市神明越遺跡とひたちなか市宮後遺跡と田宮原I遺跡である。神明越遺跡は日立市東滑川町の太平洋に面する標高30m程の海岸台地上に立地し、大きくA・Bの2地区に別れた遺跡である。A地区からは平安時代の住居跡2棟の外に土坑15基及び性格不明の遺構が3基発見された。その中のSX03と命名された遺構は、最大幅16.7m、奥行き12.8mの遺構の覆土上層から縄文晩期後半から弥生時代中期前半の土器、石器、瑪瑙や頁岩及びチャートの玉の未成品とともに、紡錘車が1枚検出された。不正確であるが、伴出土器からはこの紡錘車が常陸最古の遺物である。

宮後遺跡はひたちなか市の東部に位置し、中丸川と本郷川の合流する標高26mの緩斜面に立地する弥生時代から平安時代の集落遺跡で、1900㎡の調査範囲内から竪穴住居跡17棟（弥生1・古墳5・奈良5・平安4・時期不明2）、掘立柱建物跡4棟、土坑22基等が検出された。紡錘車は12号住居跡の覆土下層から出土した。伴出土器から足洗期、即ち中期後半に比定される。田宮原I遺跡は昭和24年、那珂湊市の藤本弥城氏によって発掘された遺跡で5棟の住居跡が発掘されたが、どの住居跡から発見されたかは不詳である（藤本1983）。現在までに発掘調査によって出土した常陸出土の弥生時代中期に属する紡錘車はこの3枚である。

後期前葉になると、常陸南部で9遺跡32枚の紡錘車が出土している。土浦市原出口遺跡では、11棟の住居跡から12枚、26号住居跡からは複数枚が出土した。また竜ヶ崎市屋代A遺跡では、9住居跡から10枚、59号住居跡からも2枚が出土した。この他では、土浦市宝積遺跡SI19号住居跡から2枚が出土している。

考古学的調査で出土した遺物から想定すると、常陸では後期前葉に入ると、土浦市・竜ヶ崎市・かすみがうら市・鹿嶋市・桜川市・稲敷市等の南西部からの出土が多い傾向にある。さらに後期中葉になると、19遺跡54枚と後期前葉の倍に近い数量が出土し、常陸全域に拡大している。加えて、水戸市薬王院遺跡26号住居跡2枚、桜川市加茂遺跡B-1号住居跡2枚、筑西市八丁台遺跡1号住居跡2枚、土浦市原山五反田遺跡2号住居跡2枚、竜ヶ崎市屋代B遺跡35号住居跡2枚、ひたちなか市指渋遺跡1号住居跡2枚、同東中根Y5号住居跡4枚、同鷹の巣遺跡47号住居跡5枚等のように、1棟からの発見例が増える傾向にある。特に、ひたちなか市では弥生時代中期にみられながらも後期前葉には未検出の紡錘車が、3遺跡で11枚という急増の状況を示している。

後期後葉になると遺跡数は58遺跡と急増し、その出土数も310枚に上る。さらに1棟の住居から複数枚出土する例が、55棟の住居跡でみられる。その内訳は、2枚出土が42棟、3枚出土が4棟、4枚出土が6棟あり、5枚出土の1棟が最多例である。これらの住居数は、住

ひと

居総数191棟の約35％に及ぶ。また出土数の偏りをみると、土浦市92枚、茨城町51枚、ひたちなか市26枚、笠間市25枚、大洗町24枚、常陸大宮市13枚、石岡市12枚等と、常陸中央部に集中する傾向がみられる。

単独の遺跡としては、ひたちなか市半分山遺跡、大洗町一本松遺跡等が注目される。半分山遺跡は、弥生時代後期後葉から古墳時代を経て、平安時代に継続された集落遺跡で、75棟の住居跡が発掘された。そのうち弥生時代25棟中の9棟から10枚の紡錘車が検出され、36％の弥生時代住居から紡錘車が出土したことになる。大洗町一本松遺跡は、縄文時代から平安時代にかけての大集落で、発掘された住居跡は275棟に上る。弥生時代後期の82棟のうち、紡錘車の発見された住居跡は14棟（後期後葉13棟を含む）であるから、住居からの紡錘車出土率は16％である。

更に、後期後葉に紡錘車が集中する土浦市根鹿北遺跡・原出口遺跡・原田北遺跡・西原遺跡は、天の川流域の集合遺跡として、また茨城町下郷遺跡・矢倉遺跡・大畑遺跡は、涸沼川流域の集合遺跡として整理することができる。

天の川中流域では、常磐自動車道の工事に伴い原田西遺跡・原田北遺跡・原出口遺跡・西原遺跡の4遺跡が隣接して発掘された。原田西遺跡で12棟、原田北遺跡で130棟、原出口遺跡で57棟、西原遺跡23棟等、合計223棟の弥生時代後期中葉から古墳時代中期にかけての住居跡が調査され、更にその北西部に位置する根鹿北遺跡では39棟（弥生28・古墳1・平安10）が発掘された。これらのうちで弥生時代後期後葉に属する住居跡は187棟である。紡錘車が出土した住所跡はその中の89棟に上り、出土率は47％である。この村の単位集団として4〜5棟を一戸と想定すると（近藤1959）、全戸で機織が行われていたことになる。

また、後期中葉に属するものが10棟あることにより、全体的な遺跡の推移を想定すれば、後期中葉に機織技術を知る住民の移住が行われ、後葉には積極的な機織集落が営まれたが、古墳時代になると他所に移住し、棟数は極端に減少して限界集落化を迎えた。なお後期中葉には、西側上流にある原山五反田遺跡でも7棟が発掘され、2棟で紡錘車が発見されている。

一方、涸沼川流域では、下郷遺跡21棟・矢倉遺跡31棟・大畑遺跡10棟等、総計62棟の弥生時代後期後葉の住居跡が発掘されている。4〜5棟を一戸とすると、少なくとも12前後の単位集団を想定できる。紡錘車の

表2 弥生時代後期後葉の複数出土住居跡

No.	住居跡		枚数
1	水戸市	十万原遺跡 20号住居跡	2
2	石岡市	別所遺跡 5号住居跡	2
3		外山遺跡 45号住居跡	2
4		長峰遺跡 9号住居跡	4
5		大沢遺跡 1号住居跡	2
6	笠間市	塙谷B1区 2号住居跡	2
7		3号住居跡	2
8	桜川市	犬田神社前遺跡 193号住居跡	2
9		辰海道遺跡 469号住居跡	3
10	土浦市	根鹿北遺跡 19号住居跡	2
11		原出口遺跡 18号住居跡	4
12		22号住居跡	2
13		28号住居跡	2
14		34号住居跡	2
15		45号住居跡	2
16		原田北遺跡 1号住居跡	2
17		3号住居跡	5
18		5号住居跡	3
19		13号住居跡	2
20		29号住居跡	2
21		36号住居跡	2
22		72号住居跡	4
23		73号住居跡	2
24		77号住居跡	2
25		81号住居跡	2
26		87号住居跡	2
27		89号住居跡	3
28		91号住居跡	2
29		102号住居跡	3
30		115号住居跡	3
31		116号住居跡	4
32		118号住居跡	2
33		西原遺跡 2号住居跡	2
34		4号住居跡	3
35		14号住居跡	2
36		19号住居跡	3
37		21号住居跡	2
38		原山五反田遺跡 2号住居跡	2
39	那珂市	森戸遺跡 106号住居跡	4
40	日立市	十王台南遺跡 1号住居跡	2
41		岩本前遺跡 6号住居跡	2
42		7号住居跡	2
43	常陸大宮市	富士山遺跡 1号住居跡	2
44		6号住居跡	2
45		泉富士山遺跡 2号住居跡	4
46	ひたちなか市	半分山遺跡 18号住居跡	2
47	鉾田市	安塚遺跡 2号住居跡	2
48		塙遺跡 IA号住居跡	4
49	竜ヶ崎市	屋代B遺跡 26号住居跡	2
50	美浦村	根本遺跡 18号住居跡	4
51		部原遺跡 1号住居跡	3
52	茨城町	石原遺跡 17号住居跡	2
53		下郷遺跡 33号住居跡	2
54		159号住居跡	2
55		矢倉遺跡 14号住居跡	2
56		19号住居跡	2
57		大畑遺跡 1号住居跡	2
58		3号住居跡	3
59		4号住居跡	2
60		11号住居跡	2
61	大洗町	一本松遺跡 53号住居跡	2
62		76号住居跡	2
63		103号住居跡	2
64		千天遺跡 15号住居跡	2
65		19号住居跡	2

出土は20棟に及ぶので、この地域も天の川流域同様の移住による計画村落であると想定される。

(2) 紡錘車の形態

この地域で現在までに発見された紡錘車は、全て焼成された土製品である。

常陸は律令時代に麻織物の特産地であったことが、正倉院に残された庸・調布の現存によって理解される（茂木 2011・2013）。この問題を考古学的に解明するためには、地中から出土する機織に関する遺物の整理が必要であるが、具体的には機織り機の出土が条件である。しかし残念ながら地下水の多い地層からの木製遺品の発見は、つくば市熊の山遺跡で断片的な木製品が発見されたに過ぎず、研究は不可能である。それに対して、弥生時代〜平安時代の集落遺跡は調査が進み、2000点を超える製糸用の撚糸具である紡錘車が出土している。その内で弥生時代に属する資料は、管見によると454点である。

その始源は、弥生時代中期前半の糸巻形（ⅠA型）を呈する資料である。この資料の出土地点は住居跡ではなく、実用に供したか否かは明確ではない。生産に伴うと想定される住居跡からの出土は、中期後半のひたちなか市宮後遺跡21号住居跡と宮田原遺跡の資料が確実である。この紡錘車は一般的な断面長方形（ⅡA型）の資料で、前者には上下両面に二重の連弧文が線刻され、後者は弥生土器の底切片を転用している。後期以降には、糸巻形のⅠA型が32個、鼓形のⅠB型が5個ある。この形態の紡錘車は他地域ではあまり報告されていないが、常陸ではひとつの形式として成立するものと理解する。八幡の綜麻（臍）石（径を減じてその代わりに部厚く饅頭形に作る）に当たるのがⅠA型である（八幡1947）。

後期になると、紡錘車の出土が多量になるのに比例して、形式も多様化する。大きくは7枠15種類に細分される（図1）。

後期前葉では32枚と出土数は増加し、形態も4枠8種類に多様化する。その詳細はⅠA型1枚、ⅠB型2枚、ⅡA型11枚、ⅡB型4枚、ⅢB型10枚、ⅢC型1枚、ⅥA型1枚、ⅥB型1枚、不明2枚である。この時期に新たにⅢ型としたのは、Ⅱ型の断面長方形のB型、即ち厚みのある中央孔部分が膨らんだ形式の紡錘車であり、ⅢC型は側面に沈線の施された形式を設定した。ⅢB型は10枚、ⅢC型は1枚発見されている。

Ⅳ型は逆台形をA、独楽形をBとしたが後期前葉には発見例が無い。Ⅴ型は直径に対して高さの係数が同値または多いもので球形をA型、算盤玉形をB型とした。

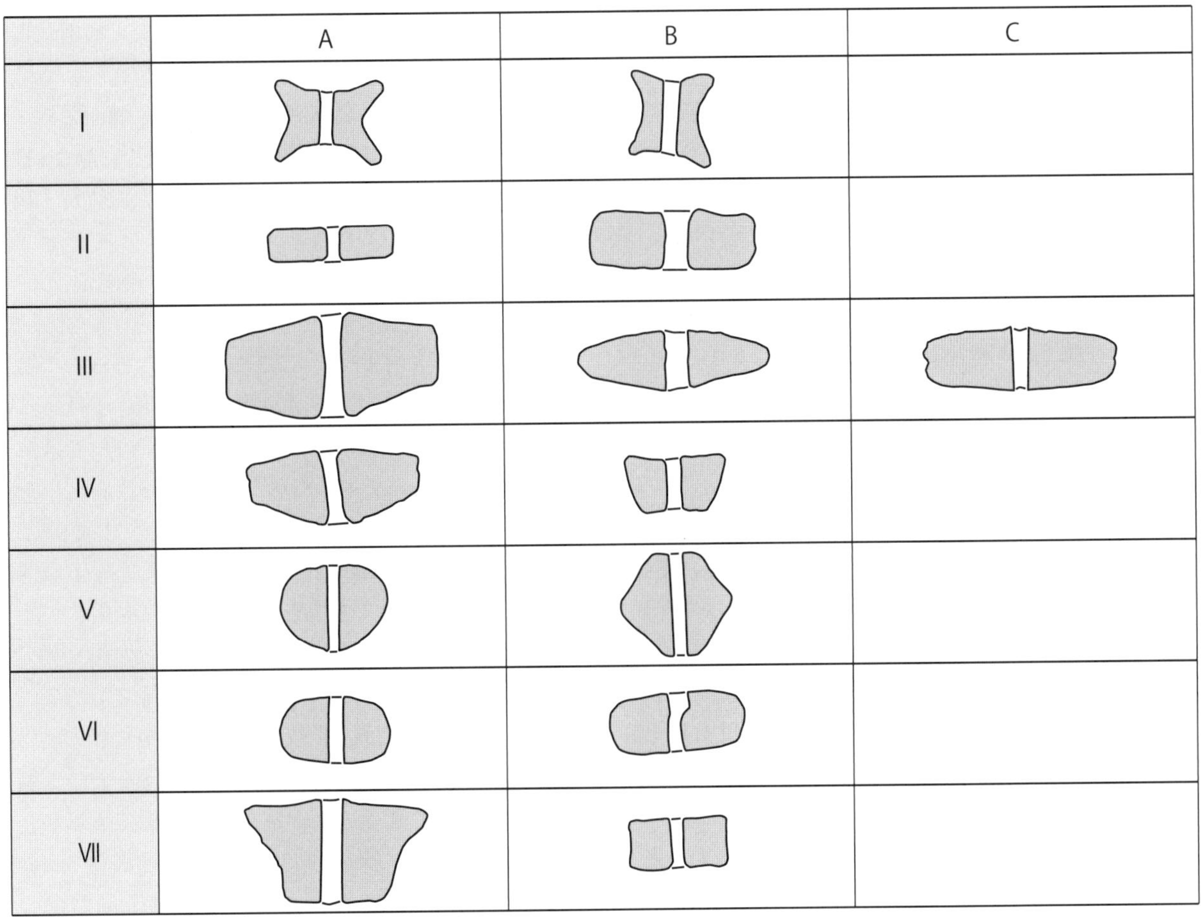

図1　常陸の紡錘車の形態模式図

ひ　と

表3　常陸の弥生時代出土紡錘車の形式分類と出土枚数

	A	B	C	比　率
Ⅰ	1	2		
	5 (3)	0		
	20 (4)	3		
計	26 (7)	5		31 (6%)
Ⅱ	12 (4)	4 (1)		
	7 (6)	17 (6)		
	110 (35)	79 (38)		
計	129 (45)	100 (45)		229 (50%)
Ⅲ	0	10 (5)	1	
	1 (1)	7 (3)	1 (1)	
	5 (2)	25 (12)	14 (6)	
計	6 (3)	42 (20)	16 (7)	64 (14%)
Ⅳ	1	1		
	2	1 (1)		
	10 (3)	10 (8)		
計	13 (3)	12 (9)		25 (6%)
Ⅴ	0	1		
	1	2		
	8 (2)	16 (4)		
計	9 (2)	19 (4)		28 (6%)
Ⅵ	1 (1)	4 (3)		
	0	6 (5)		
	6 (4)	30 (14)		
計	7 (5)	40 (21)		47 (10%)
Ⅶ	0	0		
	0	1 (1)		
	2	7 (1)		
計	2 (0)	8 (2)		10 (2%)

（註）各枠の3段は前葉・中葉・後葉の区分である。（　）内は有文様、後期?無文様22、有文様13枚（ⅠA1枚、ⅠB1枚、ⅡA1枚、ⅡB4枚、ⅢB2枚、ⅤB1枚、ⅥB4枚）、無文7枚（ⅠB2枚、ⅡA4枚、ⅢB1枚、ⅥB1枚、?1枚）がある。

それぞれ各1点発見されている。

中葉では6枠11種類と更に多様化する。その詳細はⅠA型5枚、ⅡA型7枚、ⅡB型17枚、ⅢA型1枚、ⅢB型7枚、ⅢC型1枚、ⅣA型2枚、ⅣB型1枚、ⅤA型1枚、ⅤB型2枚、ⅥB型6枚等が発見されている。

後葉には7枠15種が全て出揃い、343枚を超える紡錘車が発見されている。このことは、常陸における紡績の本格的な生産が、この時期に発展したことを裏付けている。詳細に整理すると、ⅠA型20枚、ⅠB型3枚、ⅡA型111枚、ⅡB型80枚、ⅢA型5枚、ⅢB型25枚、ⅢC型14枚、ⅣA型11枚、ⅣB型10枚、ⅤA型8枚、ⅤB型17枚、ⅥA型6枚、ⅥB型30枚、ⅦA型2枚、ⅦB型7枚等である。

以上の結果、常陸における弥生時代紡錘車は、全体を通して最もシンプルで実用的な断面長方形のⅡA型・ⅡB型が230枚と、ほぼ半数を占めていることが明確になった。全体は表3を参照されたい。この形式分類は、常陸の古墳時代から奈良平安時代までを整理するためのもので、個体数に偏りがある点は、現時点の資料数としてご容赦頂きたい。特にⅣ形式以降が25%に満たないについては、紡錘車の形式変遷を理解する上で重要な視点である。

（3）紡錘車の表面に施された文様の考古学的整理

常陸発見の弥生時代の紡錘車で、表面に何らかの文様が施文されている資料は、破片も含めて総数159点である。これは今日までに発見された紡錘車全体の38%である。常陸における紡錘車に対する施文は、現時点では中期後半（足洗式）に属するひたちなか市宮後遺跡12号住居跡出土の径5.3cm、厚さ1.4cm、孔径0.9cm、重さ46.4gの表裏及び側面に見られ、それは二重の連弧文と側面の刺突文から構成される。後期前葉になると15枚が報告されている。これらを整理すると、刺突文・放射状沈線文等に分れる。

刺突文では、土浦市原出口遺跡と原田北遺跡と西原遺跡出土の資料を観察しておきたい。これらの遺跡は既に紹介した様に、天の川の中流域に連続して展開する遺跡で、3遺跡から破片も含めて31点の刺突文を施文した紡錘車が出土している。文様構成は円形・放射状形・円放射状形の合成形・全面施文形等に分類され、さらに施文された場所も、上面のみ・上下両面・側面のみ・上面と側面・側面を含む全面等に分類される。施文具には、先端の尖った細い針状具・半裁竹管・円形竹管・円形棒状具等が使用されている。

原田北遺跡3号住居跡資料（緑川・海老沢1993：13図28）では、上面には三重圏の内側から18・26・31顆、下面には同様に14・27・35顆を直径1.5mmの半裁竹管で刺突し、側面には撚糸を押捺している。同じく36号住居跡資料（緑川・海老沢1993：78図11）では、先端が径2mm×1mmの楕円形を呈する針状施文具を用い、8～10顆の刺突を直線に並べたものを、上面で15本、下面で8本を放射状に配置する。西原遺跡4号住居跡資料は、ストロー状の5mm円形刺突具を用い、上・下面を二重の同心円に施文し、側面は同様の施文具の刺突を一周させている。これらは焼成前の施文である。

放射状形の文様は、半裁竹管と円形施文具によって施文される。原出口遺跡18号住居跡資料の1つは刺突文と沈線文の組合せで、上面は十字の沈線であるが、下面は5本の放射状沈線を施文し、その周囲に径3mmの円形刺突を上面で28顆、下面で13顆施す。同遺構のもう一点は、半裁竹管による動的な放射状沈線である。上下

両面ともに、心棒孔を中心にして2条の沈線を曲線を描いて施文する。

原田北遺跡3号住居跡資料（緑川・海老沢1993：13図29）は、刺突文と沈線文の合成である。上面には、半裁竹管による2本1対6組の沈線が放射状に施され、心棒孔と外周の間に刺突文37顆で不整円を形作る。下面には心棒孔から沈線が放射状に10本施文される。

石岡市別所遺跡15号住居跡の例は、7条の櫛歯状工具によって全面に波状文を施文している。上・下面は茎径孔から10方向に放射状に伸ばし、側面は左向きに同様な施文具で1条の波線を施文する。ひたちなか市塙遺跡の遺構外で採集された資料では、上・下面及び側面にラフな波状文を施文する。同資料では、茎径孔から9条の波状文が外側に伸び、上面にはさらに中央に円形沈線を施す。側面は、上段に2本の平行沈線を、下段には2条の波状文を施文する。美浦村野中遺跡3号土坑の例では、上面・下面に6条からなる櫛歯文5本を、茎径孔を中心に「大」字状に施文する。茨城町大戸下郷遺跡33号住居跡資料は半欠であるが、3条の櫛歯文が円形に施文され、その後に櫛歯文を茎径孔から外方3方向に伸ばす。大洗町一本松遺跡Ⅱ区102号住居跡資料では、上下両面の外縁に4条櫛歯の円文を描き、心棒孔から放射状に5方向に施文し、上面では放射状の間をさらにV字・I字様に櫛歯文でうめる。

（4）紡錘車の重量

紡錘車の最も重要な性格は、材質でも規模でもなく、重量である。この点に関しては、佐原真の指摘が卓見である（佐原1979）。

常陸出土の弥生時代紡錘車で、重量が完全に測定できた資料は243枚である。その総重量は11754.33gであり、最軽量は12g、最重量は92.9gである。これらの資料を平均すると48.57gである。紙幅の関係上、これ等の資料を時期別・形式別に整理し、表4に掲示するので参照されたい。

なおこの表の問題点は、紡錘車が完形品よりも一部或は半壊状態で出土する為に、後期資料の全てをフォローできてない点にある。しかし逆説的にみれば、対象資料が実用品であったことを示してもいる。

Ⅰ形式はA・B類共に後期後葉の資料のみである。しかしA類とB類では重量に大きな差異が確認される。A類では最軽量が23.5gであるが、それは1枚のみで、45.9gと51g以外は60g前後が4枚、83.1g1枚、92.9gと60g中心である。それに対してB類は35g前後とほぼ半分の重さである。Ⅰ形式はA類・B類合せて10枚であるので重さの類型を分類することが不可能で

表4 紡錘車の重量

	A		B		C	
Ⅰ	0 0 8	計 8	0 0 2	計 2	0 0 0	計 0
	(23.5g～92.9g) avr. 59.14g		(32.6g～36.5g) avr. 34.55g			
Ⅱ	4 4 58	計 66	0 9 51	計 60		
	(12.0g～68.4g) avr. 50.17g		(23.8g～91.5g) avr. 40.62g			
Ⅲ	0 1 1	計 2	7 6 12	計 26	0 1 6	計 7
	(40.0g～63.0g) avr. 51.5g		(25.5g～79.0g) avr. 45.75g		(30.0g～70.0g) avr. 54.44g	
Ⅳ	0 0 8	計 8	0 0 7	計 7		
	(37.3g～72.2g) avr. 50.15g		(25.4g～80g) avr. 60.92g			
Ⅴ	0 0 6	計 6	0 2 15	計 17		
	(22.9g～64.55g) avr. 48.21g		(47g～70.08g) avr. 61.07g			
Ⅵ	0 0 6	計 5	1 2 20	計 23		
	(49.2g～71.9g) avr. 58.86g		(23.2g～83.1g) avr. 53.21g			
Ⅶ	0 0 2	計 2	0 0 3	計 3		
	(50.2g～81.7g) avr. 65.95g		(41.2g～50.7g) avr. 42.48g			

あるので、Ⅱ形式を整理して逆算して最後に整理したいと思う。

Ⅱ形式は常陸の紡錘車の中心をなすものでA・B類合せて表3では229点（50%）あり、施文された資料は126枚（50%）がある。前半に属する資料はⅡA5枚で33.1g、39.8g、41.6g、42.6g、60.5g等である。中葉になるとⅡA3枚（22.7g、25.0g、35.8g）、ⅡB9枚（29.1g、40.8g、44.2g、49.7g、50.0g、69.0g、69.6g、91.5g）となる。

後期後葉出土の210個の完形品の重量の詳細は、表5に整理した。

4 結びにかえて

以上、常陸出土の弥生時代紡錘車を集成して考古学的に検討してみたが、その特徴を整理して結びに替える。

1) 常陸の弥生時代紡錘車は中期に北部地域を嚆矢として、後期後葉には全域に爆発的に発見される。
2) 常陸の弥生時代紡錘車は全て焼成された土製品で、

表5　紡錘車（弥生時代後期後葉）の重量

重量	Ⅰ A	Ⅰ B	Ⅱ A	Ⅱ B	Ⅲ A	Ⅲ B	Ⅲ C	Ⅳ A	Ⅳ B	Ⅴ A	Ⅴ B	Ⅵ A	Ⅵ B	Ⅶ A	Ⅶ B	計
10.5〜20.4g	0	0	4	1	0	0	0	0	0	0	0	0	0	0	0	5 2%
20.5〜30.4g	1	0	8	6	0	0	1	0	1	1	0	0	2	0	0	20 9%
30.5〜40.4g	0	2	19	6	1	4	2	1	0	1	0	0	1	0	0	36 17%
40.5〜50.4g	2	0	17	17	0	3	1	3	0	1	3	1	5	1	2	56 26%
50.5〜60.4g	3	0	11	10	1	5	2	3	1	1	6	2	4	0	0	49 23%
60.5〜70.4g	3	0	4	4	0	2	1	1	3	2	7	1	3	0	0	31 14%
70.5〜80.4g	0	0	4	1	0	1	0	0	2	0	0	0	1	0	0	9 4%
80.5〜90.4g	1	0	0	0	0	0	0	0	0	0	0	0	1	1	0	3 1%
90.5g〜	1	0	0	0	0	0	0	0	0	0	0	0	0	0	0	1 0.4%

（註）この表からは、全体の80％を占める31g〜70gの紡錘車による撚糸の太さの復原が、今後の研究の課題であることがわかる。71g以上の紡錘車から想定される極細の撚糸は約6％であり、30g以下の紡錘車から想定される極太の撚糸は11％である。撚糸の太さと紡錘車の関係については、現在も紡錘車を使用する中国四川省の民族的調査等によって、将来何らかの成果が得られるであろう。

土器片の転用は中期後半の田宮原遺跡で1枚出土したのみであり石製品は発見されていない。
3）常陸の紡錘車の形態は7枠15種に形式分類される。その中で実用的な断面長方形のⅡA・ⅡB形式が全体の半数を占めている。
4）常陸の弥生時代紡錘車に施された文様を有するものは全体の40％弱で円形刺突文と放射状沈線文が主体を成している。後期後葉になると櫛状工具による波状文も見られる。
5）常陸の弥生時代紡錘車の重量は最低12g、最高92.9gで、その平均値は48.57gである。出土資料の多い後期後葉では30g以下11％、60g以下66％、60g以上19％の比率を計測する。紡錘車の重量は撚糸の太さを左右するものであるが、現時点の考古資料から明確に示すことは不可能である。大賀の指摘する様に冬衣と夏衣を想定する場合にも、東村純子氏の指摘する網糸・釣り糸の場合にも民族学的調査等をへて証明する必要があろうが、後日を期したい。

引用・参考文献
江幡良夫 1994「原田遺跡群出土紡錘車について（1）」『研究ノート』4号　茨城県教育財団
大賀一郎 1955「弥生式土器底面の布目文について」『古文化財之科学』10号
大賀一郎・井上義安・佐藤次男 1957「茨城県那珂川流域の弥生式土器―底面の布目文について―」『古文化財之科学』14号
尾形充彦 1999「裂地としてみた正倉院の調絁」『正倉院紀要』21
川崎純得 1985「弥生文化の成立と社会の発展」『茨城県史―原始古代編―』茨城県
黒沢春彦 2001「土浦周辺における弥生時代後期の様相」『土浦市立博物館紀要』11号
近藤義郎 1959「共同体と単位集団」『考古学研究』6-1
佐藤次男 1991「弥生時代研究の回顧と展望　紡績技術」『茨城県史料　弥生時代編』茨城県
佐原真 1979「手から道具へ・石から鉄へ」『図説日本文化の歴史1―先史・原始』小学館
沢田むつよ編 2005「原始・古代の出土繊維」『季刊考古学』91号　雄山閣
中沢悟 1996「紡錘車の基礎研究（1）」『研究紀要13』財団法人群馬県埋蔵文化財調査事業団
東村純子 2011『考古学からみた古代日本の紡織』六一書房
藤本弥城 1983『常陸那珂川下流の弥生土器Ⅲ』私家版
松本直子 2002「弥生時代前期の土器片円盤類―紡錘車である可能性の再検討＝」『環瀬戸内海の考古学―平井勝氏追悼論文集―』上巻　古代吉備研究会
緑川正實・海老沢稔 1993『原田北遺跡、原田西遺跡』（茨城県教育財団文化財調査報告80集）財団法人茨城県教育財団
茂木雅博 2011「常陸の古代布」『常陸国風土記の世界』同成社
茂木雅博 2013「常陸発見の古墳時代繊維について」『橿原考古学研究所論集』第十六　八木書店
山崎頼人 1998「156の弥生紡錘車―甲社南遺跡出土の紡錘車を持つ意味―」『大阪文化財研究』14号
八幡一郎 1947「日本における紡績技術の起源」『あんとろぽす』2-4
渡辺明・川崎純得 1972「常総地方の紡錘車について」『常総台地』6　常総台地研究会

謝辞
　本稿を草するに当たり、奈良法隆寺、奈良県立橿原考古学研究所図書室、茨城県教育財団、土浦市立上高津貝塚歴史の広場図書室、土浦市立博物館図書室、菅谷文則、吉澤悟、鈴木裕明、塩谷修、黒沢春彦、比毛君男、石川功、菅野智則、木塚久仁子、稲田健一、木村利栄氏等に、資料蒐集及び文献探索で大変お世話になりました。更に中井一夫氏には貴重な写真を提供いただいたことを明記して感謝申し上げます。

図2　木綿撚の紡錘車による凡景
中国四川省俄亜納西族自治郷にて
（2006年8月中井一夫氏撮影）

付表　常陸国における弥生時代紡錘車出土一覧（1）　　　（2016年12月現在）

No.	出土地点	重量	時期	形式・文様
1	水戸市十万原遺跡 1号住居跡①	47.4g	後期後葉	ⅥB・有
2	20号住居跡①	(9g：1/3残)	後期後葉	ⅥB・有
3	②	(9g：1/3残)	後期後葉	ⅡA・有
4	④⇒③	(7g：1/3残)	後期後葉	ⅡA・有
5	44号住居跡	61.6g	後期後葉	ⅤB・有
6	二の沢A遺跡93号住居跡	44.8g	後期後葉	ⅡB
7	二の沢B遺跡13号住居跡①	(57.9g：一部欠)	後期後葉	ⅠA
8	②	(40.9g：一部欠)	後期後葉	ⅡA・有
9	16号住居跡	(31.9g：半欠)	後期後葉	ⅡA
10	お下屋敷遺跡12号住居跡	?（図ナシ）	後期？	?
11	薬王院東遺跡26号住居跡①	50g	後期中葉	ⅡB・有
12	②	25g	後期中葉	ⅡA・有
13	36号住居跡	63g	後期中葉	ⅢA・有
14	石岡市別所遺跡 4号住居跡①	86.3g	後期後葉	ⅡB
15	②	(21.7g：半欠)	後期後葉	ⅤA・有
16	8号住居跡	(31.9g：一部欠)	後期後葉	ⅠA
17	11号住居跡	(37.2g：一部欠)	後期後葉	ⅡB
18	15号住居跡	(39.5g：一部欠)	後期後葉	ⅢA・有
19	外山遺跡4号住居跡	27.5g	後期後葉	ⅡB
20	20号住居跡	41g	後期後葉	ⅡB
21	24号住居跡	(30.5g：半欠)	後期後葉	ⅡB・有
22	44号住居跡	(19g：半欠)	後期後葉	ⅡB・有
23	45号住居跡①	36.5g	後期後葉	ⅡB・有
24	②	42g	後期後葉	ⅡB・有
25	61号住居跡	40g	後期後葉	ⅢA・有
26	稲敷市児松遺跡6号住居跡	42.6g	後期前葉	ⅡA・有
27	堂ノ上遺跡10号住居跡	51.4g	後期中葉	ⅥB
28	65号土坑	51.9g	後期後葉	ⅡB・有
29	塚本遺跡9号住居跡①	26.4g	後期後葉	ⅡA
30	②	44.2g	後期後葉	ⅡA
31	牛久市天王峰遺跡5号住居跡	?	後期中葉	ⅡA
32	笠間市塙谷遺跡 16号住居跡	(10.7g：1/4残)	後期後葉	ⅤB・有
33	18号住居跡	55.3g	後期後葉	ⅤB
34	37号住居跡	(43.28g：一部欠)	後期後葉	ⅦB
35	48号住居跡	70.08g	後期後葉	ⅤB
36	58号住居跡	48.08g	後期後葉	ⅤB
37	77号住居跡	(27.9g：半欠)	後期後葉	ⅠA
38	遺構外	(26.47g：半欠)	後期後葉	ⅡA・有
39	B1区1号住居跡	92.9g	後期後葉	ⅠA・有
40	2号住居跡①	65.26g	後期後葉	ⅤB
41	②	59.32g	後期後葉	ⅤB
42	3号住居跡①	65.14g	後期後葉	ⅢB
43	②	64.55g	後期後葉	ⅤA
44	B2区23号住居跡	23.5g	後期後葉	ⅠA
45	遺構外	59.52g	後期後葉	ⅤB
46	B3区 1号住居跡	(21.72g：1/3残)	後期中葉	ⅤA
47	4号住居跡	(32.09g：半欠)	後期後葉	ⅡA・有
48	11号住居跡	44.69g	後期後葉	ⅡA・有
49	長峰東遺跡9号住居跡①	59g	後期終末	ⅠA
50	②	62g	後期終末	ⅤB
51	③	47g	後期終末	ⅤB
52	④	53g	後期終末	ⅤB
53	長峰西遺跡3号住居跡	(18.7g：半欠)	後期後葉	ⅡA
54	12号住居跡	37.1g	後期後葉	ⅠA
55	三本松遺跡 SI33号住居跡	?	後期後葉	ⅡA・有
56	大沢遺跡1号住居跡①	44.0g	後期後葉	ⅡA・有
57	②	68.4g	後期後葉	ⅡA・有
58	石井遺跡（笠間神社蔵）	?	後期？	ⅤB・有
59	大渕宮前遺跡（加藤安雄蔵）	?	後期？	ⅡB・有
60	鹿嶋市木滝台遺跡大溝044-A号	（一部欠）図ナシ	後期後葉	ⅢA・有
61	国神遺跡 SB011号住居跡	（半欠）図ナシ	後期前葉	ⅢB
62	SB018号住居跡	図ナシ	後期前葉	ⅥA・有
63	SB040号住居跡	図ナシ	後期？	ⅢB
64	かすみがうら市 上稲吉西原A遺跡1号住居跡①	?	後期後葉	ⅡB・有
65	②	?	後期前葉	ⅡA
66	③	?（半欠）	後期前葉	ⅡB
67	桜川市犬田神社前遺跡150号住居跡		後期後葉	Ⅲc・有
68	193号住居跡①	59.1g	後期後葉	ⅡA・有
69	②	12.3g	後期後葉	ⅡA・有
70	辰海道遺跡121号住居跡	(44.9g：一部欠)	後期前葉	ⅠB
71	163号住居跡	49.0g	後期後葉	ⅡA・有
72	469号住居跡①	32.6g	後期後葉	ⅠB
73	②	23.8g	後期後葉	ⅡB・有
74		(27.1：g半欠)	後期後葉	ⅡB・有
75	加茂遺跡23号住居跡	(13.5g：1/3残)	後期後葉	ⅣB・有
76	加茂B遺跡1号住居跡	65.2g	後期中葉	ⅤB
77	②	(49.7g)図ナシ？	後期中葉	ⅡB・有
78	4号住居跡	35.8g	後期中葉	ⅡA
79	6号住居跡	69.6g	後期中葉	ⅡB・有
80	筑西市八丁台遺跡1号住居跡①	91.5g	後期中葉	ⅡB・有
81	②	(41.5g：一部欠)	後期中葉	ⅤB
82	2号住居跡	(14.5g：1/3残)	後期中葉	ⅡA・有
83	つくば市古屋敷遺跡135号住居跡	35.4g	後期後葉	ⅢA・有
84	陣場遺跡38号住居跡	38.3g	後期後葉	ⅡA・有
85	139号住居跡	63.4g	後期後葉	ⅡA・有
86	土浦市東山団地遺跡4号住居跡	?	後期前葉	ⅡB
87	根鹿北遺跡3号住居跡	53g	後期後葉	ⅡB
88	4号住居跡	12g	後期後葉	ⅡA
89	5号住居跡	(29g：半欠)	後期後葉	ⅡA・有
90	9号住居跡	(11g：半欠)	後期後葉	ⅡA・有
91	12号住居跡	58g	後期後葉	ⅠA
92	16号住居跡	20g	後期後葉	ⅡA
93	19号住居跡①	68g	後期後葉	ⅡB
94	②	34g	後期後葉	ⅡA・有
95	25号住居跡	52g	後期後葉	ⅥB
96	26号住居跡	42g	後期後葉	ⅡB
97	27号住居跡	54g	後期後葉	ⅤA
98	遺構外SI37	43.7g	後期後葉	ⅡB・有
99	遺構外TM2	(10g：1/3残)	後期後葉	ⅡA・有
100	遺構外SI35	(3g：1/4残)	後期後葉	ⅡA・有
101	原田西遺跡6号住居跡	37.4g	後期後葉	ⅡA
102	遺構外39G	52.8g	後期後葉	ⅡA
103	原出口遺跡5号住居跡	(14.1g：1/3残)	後期前葉	ⅡA
104	7号住居跡	33.1g	後期前葉	ⅡA
105	8号住居跡	43.5g	後期前葉	ⅢB
106	9号住居跡	(13.7g：1/3残)	後期前葉	ⅡA
107	13号住居跡	40.9g	後期前葉	ⅢB
108	14号住居跡	(35.6g：1/3残)	後期前葉	ⅥB
109	18号住居跡①	74g	後期後葉	ⅥB・有
110	②	48g	後期後葉	ⅡA・有
111	③	52g	後期後葉	ⅡB
112	④	31.7g	後期後葉	ⅡB
113	20号住居跡	(19.2g：半欠)	後期後葉	ⅡA・有
114	22号住居跡①	22.6g	後期後葉	ⅡA
115	②	29.3g	後期前葉	ⅡA
116	24号住居跡	60.9g	後期前葉	ⅥB・有
117	26号住居跡①	(14.6g：半欠)	後期前葉	ⅡA
118	②	(14.9g：半欠)	後期前葉	ⅡA・有
119	28号住居跡①	39.8g	後期前葉	ⅡA
120	②	(17g：3/4残)	後期後葉	ⅤB
121	29号住居跡	(69.9g：一部欠)	後期後葉	ⅥB
122	32号住居跡	29.2g	後期後葉	ⅡA
123	33号住居跡	51g	後期後葉	ⅠA
124	34号住居跡①	(35.2g：一部欠)	後期後葉	ⅡA
125	②	(17.2：一部欠)	後期後葉	ⅡA
126	35号住居跡	59.2g	後期前葉	ⅡA
127	40号住居跡	57.1g	後期前葉	ⅢB・有
128	41号住居跡	47.5g	後期前葉	ⅤA
129	45号住居跡①	32.7g	後期前葉	ⅡA
130	②	47.8g	後期前葉	ⅡA
131	46号住居跡	22.9g	後期前葉	ⅡA
132	47号住居跡	(16.8g：1/3残)	後期前葉	ⅢB・有
133	50号住居跡	(26.0g：半欠)	後期前葉	ⅡA
134	54号住居跡	58.2g	後期前葉	ⅡA
135	59号住居跡	(38.9g：一部欠)	後期前葉	ⅢB・有
136	4号溝	(21.5g：1/3残)	後期？	ⅠB
137	6号溝	47.2g	後期？	ⅡA
138	遺構外採集①	70.9g	後期？	ⅡB・有
139	②	(21.2g：一部欠)	後期？	ⅡA
140	③	(37.8g：一部欠)	後期？	ⅠB
141	④	25.4g	後期？	ⅥB・有
142	原田北遺跡1号住居跡①	38.9g	後期後葉	ⅡA
143		(32.9g：一部欠)	後期後葉	ⅡA
144	3号住居跡①	78.7g	後期後葉	ⅡB・有
145	②	58.2g	後期後葉	ⅡB・有
146		44.5g	後期後葉	ⅡB・有
147	④	41.9g	後期後葉	ⅡB・有
148	⑤	47.3g	後期後葉	ⅣA
149	5号住居跡①	52.5g	後期後葉	ⅣB
150	②	(25g：一部欠)	後期後葉	ⅡA
151	③	(11.9g：1/3残)	後期後葉	ⅡB
152	6号住居跡	37.3g	後期後葉	ⅡA
153	9号住居跡	(39.4g：一部欠)	後期後葉	ⅣA
154	13号住居跡①	33.9g	後期後葉	ⅡA
155	②	31.5g	後期後葉	ⅡB
156	16号住居跡	25.9g	後期後葉	ⅡB
157	20号住居跡①	45.4g	後期後葉	ⅡB
158		45.9g	後期後葉	ⅠA
159	29号住居跡①	47.3g	後期後葉	ⅡB・有

ひ と

付表　常陸国における弥生時代紡錘車出土一覧 (2)

No.	出土地点	重量	時期	形式・文様
160	原田北遺跡 29 号住居跡 ②	(12.2g：半欠)	後期後葉	ⅡA・有
161	33 号住居跡	42.6g	後期後葉	ⅡB
162	36 号住居跡 ①	42.1g	後期後葉	ⅡB
163	②	(35.9g：一部欠)	後期後葉	ⅡA・有
164	38 号住居跡	(12.0g：一部欠)	後期後葉	ⅡA
165	43 号住居跡	(15.5g：半欠)	後期後葉	ⅡA
166	47 号住居跡	51.6g	後期後葉	ⅡC
167	63 号住居跡	(30.3g：一部欠)	後期後葉	ⅡB
168	67 号住居跡	62.2g	後期後葉	ⅡB・有
169	68 号住居跡	(21.3g：半欠)	後期後葉	ⅡA・有
170	71 号住居跡	30.7g	後期後葉	ⅡA
171	72 号住居跡 ①	41.1g	後期後葉	ⅡA
172	②	36.3g	後期後葉	ⅡA
173	③	23.2g	後期後葉	ⅡA
174	④	(12.4g：半欠)	後期後葉	ⅡA
175	73 号住居跡 ①	(21.7g：一部欠)	後期後葉	ⅡA
176	②	23.0g	後期後葉	ⅡA
177	76 号住居跡	40.3g	後期後葉	ⅡA
178	77 号住居跡 ①	52.8g	後期後葉	ⅡA
179	②	55.5g	後期後葉	ⅤB
180	80 号住居跡	(19.6g：半欠)	後期後葉	ⅡA
181	81 号住居跡 ①	31.8g	後期後葉	ⅡA
182	②	46.8g	後期後葉	ⅡB
183	86 号住居跡	56.7g	後期後葉	ⅡB
184	87 号住居跡	58.2g	後期後葉	ⅡA・有
185	②	42.5g	後期後葉	ⅡA・有
186	89 号住居跡	38.0g	後期後葉	ⅡA
187	②	46.7g	後期後葉	ⅡA
188	③	(25.3g：半欠)	後期後葉	ⅡA・有
189	91 号住居跡	53.3g	後期後葉	ⅡA
190	②	(16.7g：半欠)	後期後葉	ⅡA・有
191	93 号住居跡	63.9g	後期後葉	ⅡB
192	102 号住居跡 ①	46.5g	後期後葉	ⅡB
193	②	47.8g	後期後葉	ⅡA・有
194	③	(36.3g)	後期後葉	ⅡA
195	103 号住居跡	(53.7g)	後期後葉	ⅡB・有
196	106 号住居跡	39.2g	後期後葉	ⅡA
197	107 号住居跡	51.7g	後期後葉	ⅡA
198	115 号住居跡 ①	43.7g	後期後葉	ⅡA・有
199	②	63.3g	後期後葉	ⅤB
200	③	(26.6g)	後期後葉	ⅡB・有
201	116 号住居跡 ①	47.2g	後期後葉	ⅣA・有
202	②	54.8g	後期後葉	ⅡA
203	③	35.3g	後期後葉	ⅡB
204	④	65.2g	後期後葉	ⅡA
205	118 号住居跡	48.4g	後期後葉	ⅡB・有
206	②	(38.7g)	後期後葉	ⅡB
207	124 号住居跡	(28.8g)	後期後葉	ⅡA
208	遺構外 ①	(69.8g)	後期？	ⅡB・有
209	②	(10.1g)	後期？	ⅡA・有
210	西原遺跡 1 号住居跡	27.2g	後期後葉	ⅡB
211	2 号住居跡	(14.5g)	後期後葉	ⅡB・有
212	②	(6.9g)	後期後葉	ⅢB・有
213	3 号住居跡	(19.5g)	後期後葉	ⅡB・有
214	4 号住居跡 ①	(25.0g)	後期後葉	ⅡB・有
215	②	(23.8g)	後期後葉	ⅡB・有
216	⑤→③	53.2g	後期後葉	ⅢB・有
217	5 号住居跡	(11.0g)	後期後葉	ⅥB・有
218	14 号住居跡	34.1g	後期後葉	ⅢB・有
219	②	46.6g	後期後葉	ⅡB・有
220	19 号住居跡	(31.7g)	後期後葉	ⅡB・有
221	②	45.1g	後期後葉	ⅡB・有
222	③	(57.5g)	後期後葉	ⅡB
223	21 号住居跡	(15.0g)	後期後葉	ⅡB
224	②	(9.5g)	後期後葉	ⅡB
225	22 号住居跡	28.6g	後期後葉	ⅡB・有
226	遺構外 ①	(22.2g)	後期？	ⅡA
227	②	(32.7g)	後期？	ⅡB・有
228	③	(5.9g)	後期？	ⅡB
229	原山五反田遺跡 2 号住居跡 ①	70.0g	後期中葉	ⅥB・
230	②	50.0g	後期中葉	ⅥB
231	3 号住居跡	55.0g	後期中葉	ⅥB・有
232	六十塚遺跡 SI03 号住居跡	51.2g	後期中葉	ⅢB
233	遺構外 ①	(45.1g：一部欠)	後期？	ⅠB・有
234	②	(28.6g：半欠)	後期？	ⅡB
235	宝積遺跡 SI19 号住居跡 ①	70.0g	後期前葉	ⅢC
236	②	(53.5g：一部欠)	後期前葉	ⅡB
237	SI28 号住居跡	38.0g	後期後葉	ⅡB・有
238	SI44 号住居跡	69.0g	後期後葉	ⅡB
239	SI67 号住居跡	44.2g	後期中葉	ⅡB・有
240	SI74 号住居跡	29.1g	後期中葉	ⅡB
241	宝積遺跡 SI79 号住居跡	55.0g (図ナシ)	後期後葉	？
242	SI96 号住居跡	22.7g	後期中葉	ⅡA
243	東台遺跡 SI39 号住居跡	？	後期中葉	ⅡA
244	下郷遺跡 13 号住居跡 ①	41.6g	後期前葉	ⅡA・有
245	②	60.5g	後期前葉	ⅡA
246	遺構外	48.7g	後期？	ⅠA・有
247	那珂市瓜連城内遺跡 2 号住居跡	？	後期末葉	ⅢC
248	7 号住居跡	(6.0g：1/3 残)	後期末葉	ⅦA
249	森戸遺跡 106 号住居跡 ①	32.3g	後期末葉	ⅢC・有
250	②	46.9g	後期末葉	ⅢB・有
251	③	62.7g	後期末葉	ⅣB
252	④	25.4g	後期末葉	ⅣB
253	148 号住居跡	52.8g	後期末葉	ⅢC
254	日立市十王台南遺跡 1 号住居跡 ①	53.0g	後期後葉	Ⅲc
255	②	(28.0g：半欠)	後期後葉	ⅢB
256	2 号住居跡	(27.0g：半欠)	後期後葉	ⅢB
257	岩本前遺跡 5 号住居跡	？	後期中葉	ⅢC・有
258	6 号住居跡 ①	？	後期中葉	ⅢC・有
259	②	？	後期中葉	ⅢC
260	12 号住居跡	？ (1/3 残)	後期中葉	ⅣB・有
261	16 号住居跡	？	後期後葉	ⅡA・有
262	17 号住居跡 ①	？	後期後葉	ⅡB
263	②	？	後期後葉	ⅡB
264	遺構外 (C区)	？	後期？	ⅥB・有
265	金井戸遺跡 4 号住居跡	？ (図ナシ)	後期？	？
266	明神越遺跡 SX03 号坑	耳環と報告	中期前葉	ⅠA
267	常陸大宮市梶巾遺跡　4 号住居跡	57g	後期中葉	ⅣA
268	富士山遺跡 1 号住居跡 ①	55.0g	後期中葉	ⅢB
269	②	18.0g	後期中葉	ⅡA
270	6 号住居跡 ①	？ (半欠)	後期中葉	ⅠA
271	②	？ (半欠)	後期中葉	ⅡA
272	7 号住居跡	？ (半欠)	後期後葉	ⅢC・有
273	泉富士山遺跡 2 号住居跡 ①	(52.1g：一部欠)	後期後葉	ⅢC・有
274	②	(92.3g：一部欠)	後期後葉	ⅣA
275	③	66.5g	後期後葉	ⅥB・有
276	④	70.1g	後期後葉	ⅡB
277	4 号住居跡	56.6g	後期後葉	ⅥB
278	②	(22.5g：半欠)	後期後葉	ⅣA・有
279	遺構外 (SI2 攪乱層)	41.4g	後期後葉	ⅥB・有
280	ひたちなか市西塙遺跡 155B 号住居跡	51.0g	後期後葉	ⅡB
281	256D 号住居跡	52.0g	後期後葉	ⅢB・有
282	遺構外 ①	？ (半欠)	後期後葉	ⅢB・有
283	②	？	後期後葉	？
284	③	？ (1/3 残)	後期後葉	ⅢB・有
285	⑥	？ (1/3 残)	後期後葉	ⅡB・有
286	⑦	？ (1/3 残)	後期後葉	ⅡB・有
287	⑧	？	後期後葉	ⅢC
288	⑨	？ (半欠)	後期後葉	ⅤB
289	指渋遺跡 1 号住居跡 ①	60g	後期中葉	ⅢC
290	②	60g	後期中葉	ⅢB
291	東中根遺跡 Y 5 号住居跡 ①	？	後期中葉	ⅠA・有
292	②	？	後期中葉	ⅠA
293	③	？	後期中葉	ⅡA・有
294	④	？	後期中葉	ⅥB・有
295	宮後遺跡 12 号住居跡	46.4g	中期後葉	ⅡA・有
296	貉Ⅲ B 遺跡？	？	後期後葉	ⅡA・有
297	山崎遺跡 6 号住居跡	？	後期中葉	ⅢB
298	鷹ノ巣遺跡 47 号住居跡 ①	？ (半欠)	後期中葉	ⅢB・有
299	③	？	後期中葉	ⅡB
300	④	？	後期中葉	ⅡB
301	④	？ (半欠)	後期中葉	ⅠA
302	⑤	？	後期中葉	ⅣA
303	半分山遺跡 1 号住居跡	44.5g	後期末葉	ⅢB・有
304	10 号住居跡	37.3g	後期末葉	ⅢB
305	17 号住居跡	28.2g	後期末葉	ⅡB
306	半分山遺跡 18 号住居跡 ①	72.2g	後期末葉	ⅣA・有
307	②	59.7g	後期末葉	ⅣA・有
308	21 号住居跡	59.6g	後期末葉	ⅡB
309	24 号住居跡	68.9g	後期末葉	ⅣB・有
310	40 号住居跡	(43.9g：半欠)	後期末葉	ⅣB・有
311	41 号住居跡	68.2g	後期末葉	ⅤB・有
312	49 号住居跡	65.9g	後期末葉	ⅣB・有
313	56 号住居跡	61.4g	後期末葉	ⅣB・有
314	57 号住居跡	75.8g	後期末葉	ⅣB・有
315	62 号住居跡	？	後期末葉	ⅣA
316	遺構外	55.3g	後期末葉	ⅣB・有
317	船窪遺跡 70 号住居跡	28.1g	後期末葉	ⅡB
318	天神山遺跡 1 号住居跡	？ (図ナシ)	後期中葉	ⅡB
319	田宮原Ⅰ遺跡？住居跡	58.2g	中期後半	ⅡA・有
320	鉾田市北山遺跡 5 号住居跡	？	後期後葉	ⅡB
321	安塚遺跡 2 号住居跡 ①	？	後期後葉	ⅡB

付表　常陸国における弥生時代紡錘車出土一覧（3）

No.	出土地点	重量	時期	形式・文様
322	安塚遺跡 2 号住居跡②	?（半欠）	後期後葉	ⅡB
323	塙遺跡 1A 号住居跡①	?（半欠）	後期後葉	ⅢB・有
324	②	?（半欠）	後期後葉	ⅢB・有
325	③	?（1/3 残）	後期後葉	ⅢB?
326	④	?（1/3 残）	後期後葉	Ⅲb?
327	龍ケ崎市長峰遺跡 1 号住居跡	55.7g	後期後葉	ⅡA
328	5 号住居跡	30.5g	後期後葉	ⅡA
329	9 号住居跡	55.2g	後期後葉	ⅡA
330	92 号住居跡	（25.2g：一部欠）	後期中葉	ⅣA
331	113 号住居跡	?（一部欠）	後期中葉	ⅠA・有
332	151 号住居跡	（19.6g：半欠）	後期中葉	ⅡB
333	屋代 A 遺跡 10 号住居跡	?（1/3 残）	後期前葉	ⅡB・有
334	23 号住居跡	?（半欠）	後期前葉	ⅥB・有
335	31 号住居跡	?（半欠）	後期前葉	ⅢB
336	36 号住居跡	36.5g	後期前葉	ⅠB
337	42 号住居跡	?（半欠）	後期前葉	ⅢB・有
338	49 号住居跡	49.5g	後期前葉	ⅢB
339	51 号住居跡	?（半欠）	後期前葉	ⅢB
340	59 号住居跡①	?（半欠）	後期前葉	ⅢB
341	②	27.0g	後期前葉	ⅢB
342	62 号住居跡①	42.5g	後期前葉	ⅢB・有
343	屋代 B 遺跡 1 号住居跡	30.5g	後期中葉	ⅡB
344	4 号住居跡	25.5g	後期中葉	ⅢB・有
345	20 号住居跡	?（一部欠）	後期後葉	ⅥB・有
346	26 号住居跡①	（26.1g：1/3 残）	後期後葉	ⅡB
347	②	67.5g	後期後葉	ⅥB・有
348	30 号住居跡	（9.0g：1/3 残）	後期中葉	ⅥB・有
349	31 号住居跡	（9.2g：1/3 残）	後期中葉	ⅡA・有
350	34 号住居跡	（13g：1/4 残）	後期中葉	ⅥB・有
351	35 号住居跡①	71.2g	後期中葉	ⅥB・有
352	②	40.8g	後期中葉	ⅡB
353	40 号住居跡	（8.1g：1/4 残）	後期中葉	ⅥB・有
354	遺構外①	（25.4g：半欠）	後期?	ⅥB・有
355	②	23.2g（未成品）	後期?	ⅥB・有
356	稲敷郡阿見町頭田遺跡 2-47 号住居跡	?	後期中葉	ⅥB・有
357	薬師入遺跡 104 号住居跡	83.1g	後期後葉	ⅠA・有
358	107 号住居跡	(83.1g：半欠)	後期後葉	ⅡA
359	109 号住居跡	(18.9g：1/3 残)	後期中葉	ⅢB・有
360	美浦村根本遺跡 6 号住居跡	51.5g	後期中葉	ⅢB・有
361	12 号住居跡	48g	後期中葉	ⅢB
362	15 号住居跡①	(12g：1/3 残)	後期中葉	ⅡB・有
363	②	(26g：半欠)	後期中葉	ⅦB・有
364	18 号住居跡	60.8g	後期後葉	ⅠA
365	②	(10.1g：1/3 残)	後期後葉	ⅡA
366	陣家遺跡 25a 号住居跡	?	後期中葉	ⅢB
367	野中遺跡 3 号土坑	?	後期中葉	ⅡA・有
368	入子ノ台遺跡 7 号住居跡	?（半欠）	後期後葉	ⅦB
369	13 号住居跡①	48.55g	後期後葉	ⅡB
370	②	?	後期後葉	ⅡB・有
371	34 号住居跡	(12.9g：1/3 残)	後期後葉	ⅡB
372	40 号住居跡	20.4g	後期後葉	ⅡB
373	42 号住居跡	?	後期後葉	ⅡB
374	那珂郡東海村石神外宿 B 遺跡 310 号住居跡	60g	後期後葉	ⅤB・有
375	部原東遺跡 1 号住居跡①	44.6g	後期後葉	ⅡA
376	②	59.6g	後期後葉	ⅢB
377	③	50.4g	後期後葉	ⅦA
378	下ノ諏訪遺跡 9 号住居跡	80g	後期後葉	ⅣB・有
379	東茨城郡茨城町大塚遺跡 80 号住居跡	(20.1g：半欠)	後期後葉	ⅡA
380	82 号住居跡	32.2g	後期後葉	ⅡA・有
381	石原遺跡 2 号住居跡	(24g：半欠)	後期後葉	ⅡA
382	石原遺跡 5 号住居跡	54・2g	後期後葉	ⅣA
383	17 号住居跡①	50.2g	後期後葉	ⅡB・有
384	②	51.6g	後期後葉	ⅡB・有
385	30 号住居跡	(12.8g：半欠)	後期後葉	ⅡA・有
386	62 号住居跡	60.6g	後期後葉	ⅡB
387	64 号住居跡	30.7g	後期後葉	ⅥB
388	大戸下郷遺跡 33 号住居跡	41.2g	後期後葉	ⅦB
389	②	(25.8g：半欠)	後期後葉	ⅠA・有
390	③	(36g：半欠)	後期後葉	ⅠA
391	88 号住居跡	61.1g	後期後葉	ⅥA
392	90 号住居跡	83.1g	後期後葉	ⅥB・有
393	96 号住居跡	71.9g	後期後葉	ⅥA・有
394	156 号住居跡	(23.5g：半欠)	後期後葉	ⅠA・有
395	159 号住居跡①	64.5g	後期後葉	ⅥB・有
396	②	49.8g	後期後葉	ⅡA
397	遺構外①	49.2g	後期後葉	ⅥA
398	②	81.7g	後期後葉	ⅦA?
399	③	36.48g	後期後葉	ⅢB・有
400	大戸下郷遺跡 遺構外④	(34.2g：一部欠)	後期後葉	ⅠA・有
401	⑤	61.2g	後期後葉	ⅤA・有
402	⑥	61.9g	後期後葉	ⅢB・有
403	⑦	54.1g	後期後葉	ⅥA
404	矢倉遺跡 4 号住居跡	62.9g	後期後葉	ⅠA
405	6 号住居跡	?（1/3 残）	後期後葉	ⅥB 有
406	12 号住居跡	39.1g	後期後葉	ⅤA
407	13 号住居跡	60.5g	後期後葉	ⅠA
408	14 号住居跡①	(42.4：一部欠)	後期後葉	ⅠA
409	②	46.6g	後期後葉	ⅥB・有
410	19 号住居跡①	42.5g	後期後葉	ⅤB・有
411	②	(21.9g：半欠)	後期後葉	ⅥB
412	20 号住居跡	(13.6g：1/3 残)	後期後葉	ⅠA
413	23 号住居跡	41.9g	後期後葉	ⅢC
414	遺構外①	(48.9g：一部欠)	後期後葉	ⅡB
415	②	50.7g	後期後葉	ⅦB
416	大畑遺跡 1 号住居跡①	68.4g	後期後葉	ⅡB・有
417	②	52.6g	後期後葉	ⅡB・有
418	3 号住居跡①	51.7g	後期後葉	ⅥB
419	②	41.9g	後期後葉	ⅥB
420	③	31.3g	後期後葉	ⅥB・有
421	4 号住居跡①	(28.3g：半欠)	後期後葉	ⅦB・有
422	②	(14.2g：1/4 残)	後期後葉	ⅥB
423	5 号住居跡	42.2g	後期後葉	ⅥB
424	6 号住居跡	(17.6g：1/3 残)	後期後葉	ⅥB
425	7 号住居跡	(18.7g：1/3 残)	後期後葉	ⅦB
426	11 号住居跡①	49.7g	後期後葉	ⅦB
427	②	57.5g	後期後葉	ⅥA・有
428	遺構外①	?	後期後葉	ⅦB
429	②	42.6g	後期後葉	ⅡA
430	大洗町一本松遺跡Ⅰ区 7 号住居跡	38.0g	後期後葉	ⅡA
431	19 A 号住居跡	(26g：半欠)	後期後葉	ⅥA
432	52 号住居跡	(31.9g：半欠)	後期中葉	Ⅵb・有
433	53 号住居跡①	(34g：半欠)	後期後葉	ⅥA
434	②	62g	後期後葉	ⅢC
435	55 号住居跡	30g	後期後葉	ⅢC・有
436	58 号住居跡	79g	後期後葉	ⅢB
437	68 号住居跡	?（半欠）	後期後葉	ⅡA
438	69 号住居跡	(22g：半欠)	後期後葉	ⅡA・有
439	70 号住居跡	?（半欠）	後期後葉	ⅡA
440	76 号住居跡①	47g	後期後葉	ⅣA
441	②	(24g：半欠)	後期後葉	ⅡA
442	Ⅱ区 52 号住居跡	?	後期後葉	ⅢC
443	101 号住居跡	50g	後期後葉	ⅥB・有
444	Ⅱ区 103 号住居跡①	?	後期後葉	ⅣA
445	②	?	後期後葉	ⅢC・有
446	126 号住居跡	?	後期後葉	ⅣB
447	官女平遺跡 1 号住居跡	(25.9g：半欠)	後期後葉	ⅥB・有
448	落神遺跡 110 号住居跡	(20g：一部欠)	後期終末	ⅥB・有
449	千天遺跡 15 号住居跡①	(15g：一部欠)	後期後葉	ⅠB
450	②	(30g：一部欠)	後期後葉	ⅡA
451	19 号住居跡①	(20g：一部欠)	後期後葉	ⅠA
452	②	(19.3g：半欠)	後期後葉	ⅠA
453	長峰遺跡 42 号住居跡	(40g)	後期中葉	ⅢC
454	南藤太郎遺跡 31 号住居跡?	?	後期中葉	ⅡA・有
455	団子内遺跡 23 号住居跡	?	後期後葉	ⅡA
456	26 号住居跡	?	後期後葉	ⅥB

ひ と

田下駄は農具といえるのか
―分布状況からみた田下駄の用途に対する予察―

本 村 充 保

はじめに

　田下駄は、主に湿田などのぬかるみで足が沈まないために履く木製履物の一種とされてきた。弥生時代以降の出土事例が多く、広く利用された農具として位置づけられ、発掘調査報告書などにおいても必ず農具に分類されている。「田下駄＝農具」とする評価が定着しており、発掘調査において水田遺構が検出されていなくとも、田下駄の出土を根拠として、近隣に耕作地が存在する可能性があるとする積極的な評価につなげる見解もみられるほどである。

　出土事例も豊富で、形態的なバリエーションも多様な田下駄は、形式分類はもとより、使用法などについて様々な考察がなされてきた。その一方で、田下駄の分布地域に顕著な偏在性があることはあまり意識されておらず、その意義について積極的に論じられたことは少ない。

　弥生時代から古墳時代にかけて、全国的にいわゆる小区画水田が確認され、初期水田の一般的な形態であったことが知られるなか、小区画水田の伝播・展開と田下駄の出土傾向に明確な相関関係は未だ認められていないのが現状である。耕作地である小区画水田内からは、田下駄に限らず、遺物全般の出土量が僅少であることが一般的である。このために、小区画水田の伝播・展開と田下駄の出土傾向に相関関係が認められないとして、直ちに田下駄が農耕と無関係の履物であると評価することも適切ではないだろう[1]。留意すべきは、逆に、水田内から多量に田下駄が出土する場合はどのような出土状況であるのか、また耕作地である水田内から多量に出土する要因はどのように評価できるのか、という点である。この点を検討することは、田下駄の用途を類推することにもつながると考えられる。

　奈良県唐古・鍵遺跡は、1936年の発掘調査で多量の木製農耕具が出土し、森本六爾が予見したように（森本1934）、弥生時代が農耕社会であることを明らかにした記念碑的な遺跡である（京都帝国大学文学部考古学研究室1943）。しかし、唐古・鍵遺跡では、現在に至るまで、弥生時代に帰属する田下駄は、1点も報告されていない。そもそも奈良県では、弥生時代の田下駄が報告されていない。また、静岡県登呂遺跡は、戦後間もない時期に行われた発掘調査において、整然と整備された水路と水田が検出され、弥生時代の水稲耕作のイメージ定着に大きな役割を果たした遺跡である（日本考古学協会1978）。しかし、唐古・鍵遺跡同様、田下駄はほとんど出土していない。静岡県には、全国的にみても桁違いに多数の田下駄の出土事例があるなかで、登呂遺跡は特異な存在である。

　このように、奇しくも弥生時代が農耕社会であるという評価を決定づけたふたつの遺跡では、田下駄はほとんど出土していない。「田下駄」を「農具」とする評価は、水稲農耕を営む集落の農耕具の実相と必ずしも一致していないのである。このことからは、「田下駄＝農具」との評価の前に、田下駄の用途とは何かを再考する余地があることを示している。

　そこで本稿では、弥生時代から古墳時代における田下駄の全国的な変遷と分布を整理し、出土傾向からみた田下駄の様相、殊に田下駄を農具に分類することの是非について検討する[2]。

1　田下駄の分類

(1) 分類基準

『木器集成図録』（奈良国立文化財研究所1993）による田下駄の分類は、以下の2種である。
(1) 湿田で田植えや稲刈りなどの農作業をする時や湿地で芦を刈る時などに、足が沈まないため、或いは切株などでけがをしないために着用する下駄。
(2) 田の土をならしたり、緑肥を踏みこんで土と混ぜならす代踏みに用いる下駄。

　田下駄を上記のように二分するという考えは、多くの論者に共通した見解である。殊に (2) は、民具としての「大足」に相当し、これを農具とする見解に異論はみられない。

　大足について詳細な検討を加えた秋山浩三は、従来の田下駄の研究で田下駄とよばれてきた (1) と (2) が、考古学的な実証研究に基づいて正しく分離されていないことを指摘するとともに、大足という民具の名称が無批判に使用されていることを批判し、田下駄を枠なし形式、円形枠付き形式、方形枠付き形式の3形式に大別する

ことを提唱した（秋山1993）。さらに、足板の形状が3形式の分類に対応することを示し、完形で出土することの少ない田下駄を足板の形態で3形式に分類できることを示した。秋山の形式分類は、使用痕を根拠とし、田下駄の部材のなかで遺存しやすい足板の形状によって大足とそれ以外の分離を簡潔に説明した点で、田下駄の分類基準として合理的なものである[3]。そこで本稿では、秋山分類に準拠して検討を行うことにする。

なお、秋山分類にいう方形枠付き形式は「大足」のことを指し、民具のそれと一致するものであることから、本稿での検討の対象とはしない。

（2）形式分類

枠なし形式
　構造：足が直接のる板材部である足板だけ。
　緒通し孔：3孔・4孔など。
　足板と足の軸：平行する縦型と直交する横型あり。

円形枠付き形式
　構造：円形もしくは楕円形の環（輪）形の枠。
　　　　枠付き足板の両端に、枠を固定するために「孔どめ」・「抉れどめ」を施す。
　緒通し孔：3孔・4孔・無孔など。
　足板と足の軸：平行する縦型と直交する横型あり。

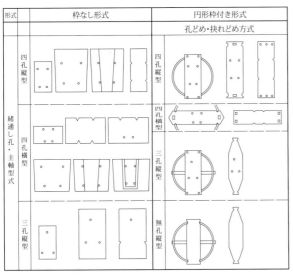

図1　秋山分類（秋山1993掲載図2をトレース、一部改変）

2　変遷及び分布状況

（1）弥生時代前期

大阪府恩智遺跡で1点（瓜生堂遺跡調査会1980）、鳥取県目久美遺跡（米子市教育文化事業団2003）で2点が知られるのみで、事例数・分布地域ともに極めて限定的である。弥生時代前期に遡る水田遺構が全国各地で検出されているのとは、対照的な状況である。このことからは、仮に田下駄が農具だとしても、少なくとも必須の農具ではなかったとみてよいだろう。また、水稲農耕とともに伝来した可能性についても、疑念が残る。

形式としてはいずれも枠なし形式であり、円形枠付き形式は確認されていない。枠なし形式が、円形枠付き形式に先行する可能性が考えられる。

（2）弥生時代中期

事例数が462点に大幅増加し、分布地域も東は千葉県から西は福岡県までに拡大する。この状況からは、田下駄は弥生時代中期に飛躍的に普及したようにみえる。しかしその分布は、296点が静岡県出土事例で、全体の約64％を占める。また、前期以来の鳥取県で65点、大阪府で25点が確認されている。これに加え、滋賀県で43点、島根県で16点の事例がある。静岡・大阪・滋賀・鳥取・島根に全体の約96％の事例が集中する一方で、他県の事例は合計しても17点しかなく、全国的に田下駄が普及していたとはいい難い状況である。

形式別では、枠なし形式が430点（約93％）を数えるのに対し、円形枠付き形式は32点（約7％）に過ぎず、形式間の数量の差が大きい。また、形式ごとの分布に集中がみられ、静岡県では円形枠付き形式が1点も確認されていない。同様に、鳥取県でも円形枠付き形式は5点しか確認されていない。このことからは、枠なし形式と円形枠付き形式には何らかの機能差があり、地域の特性に沿って選択的に受容された可能性があることが推定される。

（3）弥生時代後期

事例数は844点にさらに増加するが、分布地域に大きな変化はみられない。静岡県では629点の事例が報告されており、全体の約75％を占める。また、鳥取県でも152点の事例が確認されており、この2県で全国の約92％を占める。これに近畿地方の事例を加えると、全国の約98％となり、この3つの県・地域に田下駄の分布はほぼ限定される。他地域の事例は合計しても19点しかなく、田下駄が列島に時期を追うごとに普及していったとはいい難い。

形式別にみると、枠なし形式は768点（約91％）、円形枠付き形式は76点（約9％）で、中期ほどではないまでも、枠なし形式が格段に多いという傾向が続く。その一方で、形式分布に変化がみられる。枠なし形式の集中地域である静岡県では、円形枠付き形式が56点確認され、県全体の約9％を占めるようになる。それに対し、鳥取県では、枠なし形式が151点に増加したのに対し、

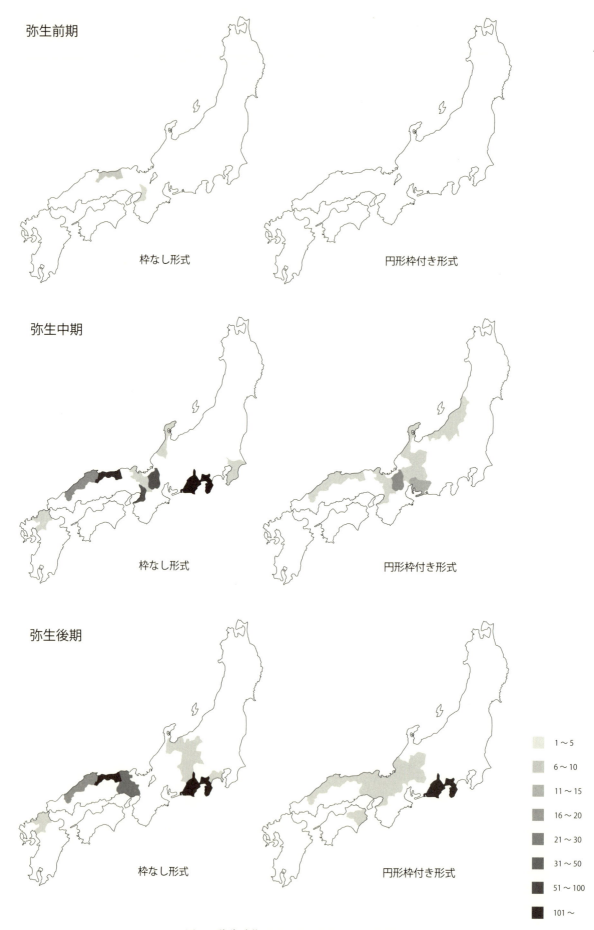

図2 弥生時代における田下駄の分布と変遷

田下駄は農具といえるのか

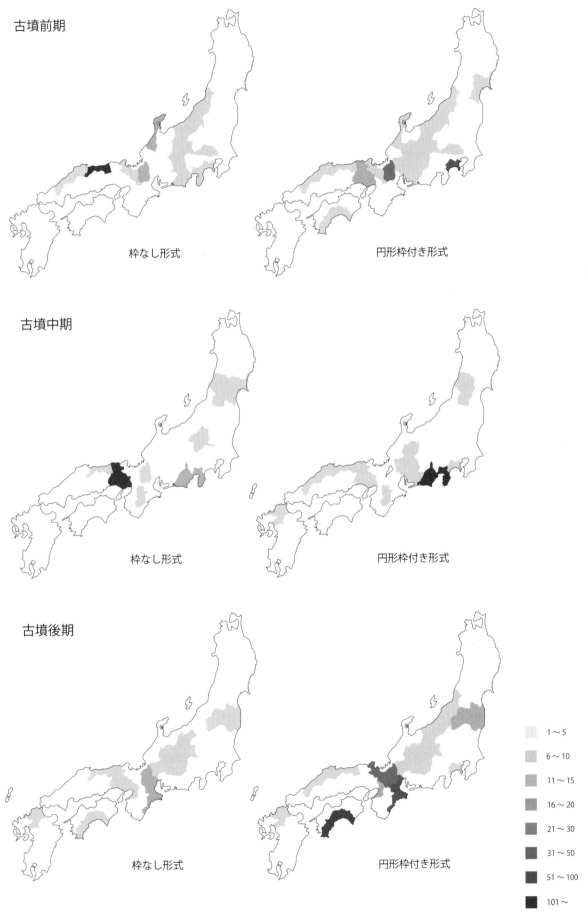

図3　古墳時代における田下駄の分布と変遷

円形枠付き形式はわずか1点に減少する。田下駄が集中的に分布する両県において、枠なし形式と円形枠付き形式の比率の時代変化が異なることは、枠なし形式と円形枠付き形式の機能差に起因して、地域性ごとに選択的に受容された可能性があることが推定される。

なお、円形枠付き形式は、足の沈み込み防止効果の改良という、農具としての機能強化という観点で説明されることがある。しかし、遅くとも中期には出現している円形枠付き形式は、後期に至っても全国的に普及することはなく、田下駄の普及度が高い鳥取県においてすら例外的な存在に過ぎない。この状況を見る限り、農具としての機能強化が希求された結果として円形枠付き形式が成立したと考えることは困難である。

(4) 古墳時代前期

事例数は170点ほどになり、大幅に減少する。これに対し、分布域は東北地方にも広がりをみせる。弥生時代中期から後期にかけて圧倒的な事例数を誇った静岡県では5点が確認されているにすぎず、激減する[4]。鳥取県でも70点ほどの事例が確認されているが、減少傾向は顕著である。

形式別にみると、枠なし形式が102点（約61%）であるのに対し、円形枠付き形式は66点（約39%）となり、飛躍的に後者の割合が高まる。また、事例数では枠なし形式が未だ多いなか、多くの地域で円形枠付き形式が優勢となる。列島全体では、この時期が枠なし形式から円形枠付き形式への転換期である。

(5) 古墳時代中期

事例数は171点で、前代とほとんど変化はない。分布地域も前代と同様の傾向を示す。静岡県で56点、兵庫県で81点確認されているが、それ以外の地域に特別な集中域はみられない。

形式別にみると、枠なし形式が101点（約59%）、円形枠付き形式が70点（約41%）と、前代と同様の比率を示す。注目されるのは、事例が集中する静岡県と兵庫県の間で、形式構成が大きく異なる点である。具体的には、静岡県は56点中49点が円形枠付き形式であるのに対し、兵庫県は81点中80点が枠なし形式という対照的な傾向を示す。

枠なし形式を早くに採用した地域の多くで、時代とともに円形枠付き形式が優勢になるなか、兵庫のように枠なし形式の優勢になる地域がある。このことからは、田下駄の地理的条件への対応力の向上において、一方向的な形式転換が図られるのではなく、適応力のある特定の形式が選択され強化される場合があったことがわかる。

なお、特殊な地理的条件への田下駄形式の適応力に関するこの問題点は、弥生時代の円形枠付き形式の成立について、農具の機能強化としてだけでは説明を尽くせないことを示している。

(6) 古墳時代後期

事例数は175点で、前代とほとんど変化はない。分布地域も前代と同様の傾向を示す。注目されるのは、高知県の49点の事例である。四国地方は、全期間を通じてほとんど資料が確認されておらず、田下駄の空白地帯ともいうべき状況を呈する。高知県も前代までは例外ではなかったが、居徳遺跡群・北ノ丸遺跡（高知県文化財団埋蔵文化財センター 2003・2008）でまとまった資料が確認され、この時期では最も事例数が多い地域となった。

形式別にみると、枠なし形式が30点（約17%）、円形枠付き形式が145点（約83%）となり、弥生時代前期以来、総量としては枠なし形式の比率が高いという傾向にあったが、この時期についに逆転した。枠なし形式は、最も事例が多い三重県・滋賀県でも各9点しかなく、もはや事例が集中する地域はない。これに対し、円形枠付き形式は、高知県の47点を筆頭に、三重県で24点、そして滋賀県で16点、京都府で18点、大阪府で10点、計115点（全体の約66%、同形式の約79%）と、近畿・四国に事例が集中する。つまり、多くの地域で枠なし形式から円形枠付き形式への連続的・発展的な形式の転換はみられないのである。加えて、静岡・鳥取両県のように、田下駄の事例そのものがみられなくなる地域さえある。この現象をみても、田下駄の形式転換が、農具の機能強化としては十分に説明できない可能性の高さが理解できよう。

3 田下駄の出土状況

田下駄の形式別に、時代別・地域別の分布を概観してきた。それによれば、古墳時代前期が枠なし形式から円形枠付き形式への転換期であるとはいえるが、分布地域の変動は非常に流動的であり、時期を追うごとに列島に普及していったとはいいがたいものであった。また田下駄が集中的に分布する地域においても、枠なし形式と円形枠付き形式の比率の変化時期が異なることや、枠なし形式と円形枠付き形式には機能差が推定されることなど、田下駄を普遍的な水稲農耕具とみることは躊躇される状態であった。

そこで、弥生時代中期から後期にかけて、膨大な事例が集中する静岡県における田下駄の出土状況について検討し、田下駄の実際の機能を探る糸口としたい。

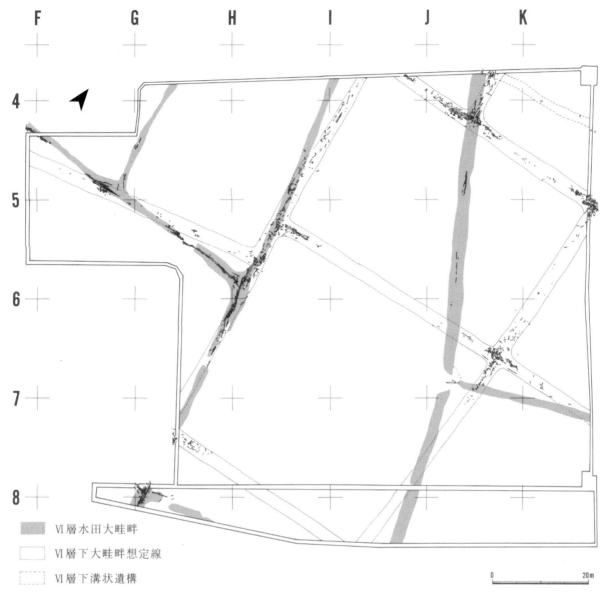

図4　曲金北遺跡大畦畔下木製品出土状況（静岡県埋蔵文化財調査研究所1997掲載図68を転載、一部改変）

　池ヶ谷遺跡・瀬名遺跡・曲金北遺跡などでは、大畦畔の下から多量の田下駄が一括投棄された状態で出土している（静岡県埋蔵文化財調査研究所 1992a・b、1997 ほか）。報告書では、田下駄の使用法などについて、詳細な検討がなされている。しかし、いずれの報告書も、田下駄はぬかるみで用いる農具であるという前提に立っており、大畦畔の下から一括投棄された状態で出土する意味を積極的に論じたものではない。

　一般的に耕作地である水田は、遺物全般の出土が少ない。このため、田下駄が大畦畔の下から大量に一括投棄された状態で出土するというのは、耕作地の中では異質な状況である。大畦畔の下から出土するということは、水稲耕作時には既に廃棄されていたということになる。水田は何面も検出されているから、かつて耕作時に使用していた田下駄を、後の大畦畔造成時に投棄した可能性は否定できない。その一方で、出土した田下駄は、廃棄物を投棄したものとの見解も示されている。しかし資料中には完形品が多く含まれており、すべての田下駄が破損した廃棄物であったとは考えがたいものである。

　出土状態から復原される田下駄の最終的な役割は、報告書でも指摘されているように、大畦畔の補強材であった。出土地点とは離れた場所で使用し、かつ未だ使用可能な田下駄を、別な場所である大畦畔に運び、その下に一括投棄する人間行動は、あまりに合目的ではない。出土した田下駄は、水稲耕作前の時点、おそらく水田造成時に土木作業具として使用され、最終的に大畦畔の芯材として転用されたと考えることが、僅かながらも合理的である[5]。使用可能な田下駄を耕作以前に廃棄したことはまた、田下駄が水田での農耕作業に必須の農具ではなかったことを示してもいる。

ひ と

まとめ

　田下駄は、時期的にも分布状況的にも、大きく偏在したものであった。

　弥生時代前期には限定的な資料しかなく、評価は難しいが、田下駄が農具か否かは別として、田下駄という履物が普及していたといえるだけの資料はない。弥生時代中期から後期になると、資料も増加し、静岡県東部・近畿地方・山陰地方に分布圏が形成される。しかしその他の地域では、事例がほぼ確認されていない。

　古墳時代になると、分布域は東北地方まで拡大するが、事例数は減少傾向が顕著となり、広汎に普及したとはいいがたい。この時期の大きな特徴として、円形枠付き形式が徐々に増大し、枠なし形式との出土比率が後期に逆転する。この現象は、一般的に水田での足の沈み込み防止に対する機能強化を反映したものと考えられている。ただし、後期に至ってようやく達成された機能強化であり、水稲耕作の定着・普及と期を一にした形式転換とはいいがたい。

　こうした田下駄の時間的分布変化と形式変化をみるとき、田下駄が水田で足が沈まないようにするための必須の農具であったのかは、極めて疑わしい。なによりも、その始原が大陸・韓半島から渡来したものとすれば、最古の資料は北部九州およびその周辺でなぜ出土しないのか、そもそも九州地方や瀬戸内沿岸地方に事例がほとんどないのはなぜなのか、という基本的な疑問さえ解消されない。

　弥生時代の水田は全国的にみても、高さ10cm程度の畦畔で区画された小区画水田であり、そもそも田下駄を必要としない水田形態である。加えて、検出される足跡も素足である。むろん、田下駄を履けば足跡はつかないだろうし、一方で田下駄の使用が想定されるようなぬかるみでは、足跡が残りにくいことは想像に難くない。しかし、弥生時代中期から古墳時代前期の田下駄は、静岡県と鳥取県の事例を除くと、各時期に100点ほどしかないうえ、田下駄が全く確認されていない地域もあり、一般的な存在であったとはいいがたいのも事実である。

　加えて、静岡県には弥生時代において圧倒的な田下駄の出土事例があるが、100点以上の資料がまとまって出土した遺跡は全て静清平野に立地している。静清平野は低湿地で軟弱地盤とされる地域であり、ぬかるみでの開田作業には、沈み込みを防止する器具が必要であったことは容易に想像される。また弥生時代前期から田下駄の出土が顕著な鳥取県においても、田下駄がまとまって出土した遺跡は鳥取・米子の低地平野部に立地しており、マコモ層と呼ばれる軟弱地盤である点で、静清平野と共通する地理的特徴をもつ点は注意されてよい。

　秋山は、枠なし形式と円形枠付き形式の田下駄が、長岡京の条坊側溝や都城造営時の整地層から出土するのに対し、方形枠付き形式は皆無であることに基づき、前者は京内低湿地の土木作業に使用されることもある形式とするのに対し、後者は水田作業専用の履物形式と推定している（秋山1993）。筆者は、弥生時代から古墳時代の出土事例を踏まえて、秋山の見解から一歩進み、「土木作業に使用されることもあった」のではなく、それこそが田下駄の本来の機能ではないかと憶測するところである。

　中国の文献史料によれば、木屐（下駄状の木製履物）は雨の日に、ぬかるみなどで、足が汚れないようにするために履くものであり、農具として利用された形跡はない（王2012）。静岡県の事例を重視すれば、田下駄は湿地における水田の造成や水路の掘削など、農作業の前段階である耕地整備にともなう土木作業具として理解することが可能である。さらに想像を逞しくすれば、ぬかるみで履く履物であった木屐が日本列島に伝来した際に、「大規模なぬかるみ」である水田の造成において、「農具に転用」された可能性を検討すべきであろう。

　本稿では、田下駄の変遷及び分布状況をもとに、主な用途は土木作業具であり、農具ではないという可能性について私見を述べた。その中では、農具に転用されることも十分にあり得る田下駄を、「農具」に分類することが不適当と主張したわけではない。秋山も指摘するように、田下駄が使用される場面は水田に限らないことが確実な中で、田下駄が出土したことを根拠として、耕作地の存在を想定することには慎重を期すべきであり、なによりも田下駄と遺跡・遺構との関係性こそ、丁寧に検討すべき事項であることを伝えようとしたところである。

註
(1) 小区画水田にともなう畦畔は、高さ10cm程度のものが多く、素足でもさほど足が沈み込まないため、田下駄を必要としないという意見もある。しかし、検出された水田は、小区画水田であるにもかかわらず、多量の田下駄が出土する事例に対して、説得力のある説明がなされなければ、小区画水田と田下駄との関係を正しく理解したことにはならないだろう。
(2) 検討にあたっては、2015年度までに刊行された報告書を検索し、約4600点の資料を集成した。このうち時期が不明なもの、時期幅があり時期の特定が困難なもの、帰属時期が7世紀代以降のものを除いた約2600点を抽出し、ここからさらにいわゆる大足を除いた約2100点を対象として分析した。本来ならば出典を明記すべきであるが、紙数の関係上省略した。ご了解いただきたい。
　本稿は、田下駄という遺物の用途を検討することを目的としており、その意味において、遺物論の一種だと思っている。しかし、本稿で扱った資料は、すべて報告書に掲載された実測図によっており、資料調査により熟覧した資料はない。このため、帰属時期をはじめ、製作・使用痕跡などの重要な属

性も報告書の内容に依拠しており、遺物論として邪道だとのそしりを受けても致し方ないと思う。ただ、資料を集成する過程で、顕著な地域性を示すことが看取できたことから、本稿を起稿する着想を得た。資料調査による遺物に則した検討は、他日を期するとしたい。
(3) 秋山分類は、足板の形状の違いが、田下駄全体の構造の違いに対応することを実証した点に大きな成果があった。その基準は簡潔で分かりやすく、その見解の正しさを証明する実物資料の出土も相まって、広く受け入れられることとなった。しかし、足板の形状のみでは、判別が困難な資料や秋山分類にはない構造の田下駄があるなど、必ずしもすべての資料に適応できるものではない。
(4) ただし、曲金北遺跡のように、弥生時代後期から古墳時代前期と時期幅をもつ事例を、弥生時代後期に含めてカウントしたことも影響していると考えられる。時期幅が限定される資料が増加すれば、古墳時代前期の資料も増加すると考えられるが、それでも弥生時代後期より減少するという傾向に変化はないと考えられる。
(5) 類例は、千葉県三直中郷遺跡でも確認されており（千葉県文化財センター 2005）、静岡県のみにみられる現象ではない。とはいえ、静岡県に次ぐ事例数が確認されている鳥取県をはじめ、他地域ではこのような田下駄の出土状況は確認されておらず、静岡県に特徴的にみられる地域的特性であり、一般化することは適切ではないだろう。現時点では、あくまで静岡県で出土した田下駄に限定した評価としておきたい。

引用・参考文献

秋山浩三 1993「『大足』の再検討」『考古学研究』40号　考古学研究会　pp.53-79

瓜生堂遺跡調査会 1980『恩智遺跡Ⅰ（本文編）』

王志高 2012「南京顔料坊出土東晋、南朝木屐考」『文物』第3期　文物出版社　pp.41-58

京都帝国大学文学部考古学研究室 1943『大和唐古弥生式遺跡の研究』京都帝国大学文学部考古学研究報告第十六冊

高知県文化財団埋蔵文化財センター 2003『居徳遺跡群Ⅳ』高知県文化財団埋蔵文化財センター調査報告書第78集

高知県文化財団埋蔵文化財センター 2008『北ノ丸遺跡』高知県埋蔵文化財センター発掘調査報告書第101集

静岡県埋蔵文化財調査研究所 1992a『池ヶ谷遺跡遺構編Ⅰ』静岡県埋蔵文化財調査研究所調査報告第38集

静岡県埋蔵文化財調査研究所 1992b『瀬名遺跡Ⅰ（遺構編Ⅰ）』静岡県埋蔵文化財調査研究所調査報告第40集

静岡県埋蔵文化財調査研究所 1997『曲金北遺跡（遺物・考察編）』静岡県埋蔵文化財調査研究所調査報告第92集

千葉県文化財センター 2005『東関東自動車道（木更津・富津線）埋蔵文化財調査報告書4』千葉県文化財センター調査報告第522集

奈良国立文化財研究所 1993『木器集成図録（近畿原始篇）』pp.85-89

日本考古学協会 1978『登呂』東京堂出版

森本六爾 1934「農業起源と農業社会」『日本原始農業新論』（『考古学評論』第一巻第一号）東京考古学会 pp.18-25

米子市教育文化事業団 2003『目久美遺跡Ⅸ・Ⅹ』米子市教育文化事業団文化財発掘調査報告書45

土器炉の検討
―近畿地域の鎔銅技術の基礎的研究（Ⅱ）―

北 井 利 幸

はじめに

　弥生時代に使用され始める青銅器は朝鮮半島からの搬入に始まり、やがて列島内で生産も開始される。北部九州地域では、福岡県北九州市松本遺跡から前期末ないしは中期初頭の小銅鐸の鋳型が、福津市勝浦高原遺跡と熊本県熊本市八ノ坪遺跡から中期前葉の小銅鐸の鋳型が、福岡県春日市須玖タカウタ遺跡から中期前葉の武器形青銅器の鋳型が出土していることから中期初頭には青銅器の生産が開始されていたと考えられる（常松2015）。近畿とその周辺地域からは兵庫県尼崎市田能遺跡から銅剣鋳型が、京都府向日市鶏冠井遺跡から菱環鈕Ⅱ式～外縁付鈕Ⅰ式の銅鐸鋳型が、和歌山県御坊市堅田遺跡から炉跡状遺構や送風管が、愛知県名古屋市朝日遺跡から菱環鈕式の銅鐸鋳型が出土している。田能遺跡の銅剣鋳型や鶏冠井遺跡の銅鐸鋳型は砥石に転用された後に廃棄されたことから遅くとも中期前葉には青銅器生産が開始されていたと考えられる。以上の事例から列島内では遅くとも中期初頭以降に青銅器生産が開始されたと考えられる。

　この青銅器生産であるが、鋳型や送風管など鋳造関係遺物と製品である各種青銅器の存在から当然のように銅を鎔解して鋳込む工程が想定されている。しかし、北部九州、近畿とその周辺地域を含め炉の検出例は少なく、後期に至っては検出例がない。そのため炉の構造と鎔解方法は明らかでない。近畿とその周辺地域では製作する青銅器は弥生時代を通して小型品から大型品へと変化していく。この製品の変化と鎔解方法の変化は連携したものと考えられる。そこで中期中頃に成立・使用される高坏状土製品の用途について検証実験を通して明らかにし、高坏状土製品を用いた炉（土器炉）について検討を行う。

1　高坏状土製品について

　本稿で扱う高坏状土製品（図1）は次のような特徴を有している。弥生時代に一般的に使用される高坏と比較し、著しく分厚く、ミガキなどの外面調整を行わず、ケズリ・ハケ・ナデ調整だけで、粘土紐の接合痕を残すものもある。一見すると非常に粗雑な作りとなっている。坏部には円形の貫通した孔の開けられたものもある。注口または片口状の注ぎ口が取り付き、片口状のものにはブリッジ状にアーチの取り付くものもみられる。大阪府茨木市東奈良遺跡出土品のように坏部外面に把手の付くもの、大阪府摂津市明和池遺跡出土品のように小さな突起が坏部外面に取りつくものなどバラエティにとんでいる。いずれの資料も外面に被熱痕跡を確認できない。兵庫県神戸市玉津田中遺跡や明和池遺跡の事例から坏部内面に砂を貼り付けて使用していたことは明らかである。この砂は坏部内面を高熱から保護するため、表面に付着した金属を再利用しやすくするため、坩堝として使用した際に坏部内面の温度が外面に伝わりにくくするためなど様々な効果があったと考えられる。なお、この坏部内面に貼り付けられた砂の剥がれたものが奈良県桜井市脇本遺跡や兵庫県たつの市北山遺跡、滋賀県栗東市下鈎遺跡などから出土している。これらの資料の表面には銅や鉛などが付着していることと高熱を受けて焼き締まっていることから金属成分付着被熱砂と呼ぶ（北井2011a）。

　この高坏状土製品の用途についてはこれまで論じてきた。金属成分付着被熱砂の分析から砂の表面に銅・鉛などの金属滓のみ付着するものを取瓶、銅・鉛などの金属滓と被熱砂の間に灰釉の付着するものを坩堝と認定した（北井・釆睪2015）。取瓶として分類した資料は中期前半から後半、坩堝として分類した資料は中期後半から後期末にその使用を確認できた。取瓶としての用途を想定した場合は炉の存在を、坩堝と想定した場合は高坏状土製品を使用した土器炉を想定する必要がある。前者の高坏状土製品・取瓶と炉の関係についてはすでに検討を行った（北井2016）ので、ここでは後者の高坏状土製品を使用した土器炉の構造について明らかにする。

2　土器炉の製作

　高坏状土製品を用いた鎔銅・鋳造実験は村上恭通、増田浩太・劉治国、田原本町教育委員会などにより実施されている[1]。村上の実験は高坏状土製品を坩堝・土器炉として使用できることを明らかにした（村上2008）。増田と劉の実験はこれを追認するものであった（増田2012、劉2012）。田原本町教育委員会の実験は高坏状土製品を取瓶としての利用できることを検証した（藤田

A-1号高坏状土製品

図1　高坏状土製品　唐古・鍵遺跡
（田原本町教委 2009 より引用）

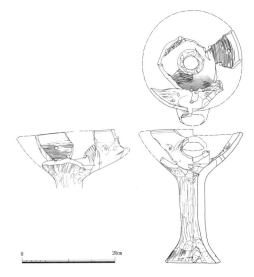

B-29号高坏状土製品

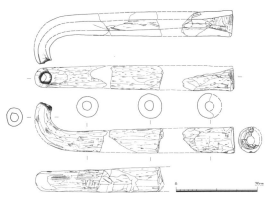

図2　送風管　唐古・鍵遺跡
（田原本町教委 2009 より引用）

2009)。これらの実験は燃料に木炭、コークスを利用している。その理由として実験の目的が高坏状土製品の坩堝・土器炉、取瓶としての使用方法の検証であったため薪で行う必要がなかったと考えられる。ただし、薪では銅の鎔解温度まで上昇しないこと、温度管理が困難なことなどから銅を鎔解することはできないと言われてきたこともあり、木炭・コークスを使用したと推察される[(2)]。

以上の実験を参考に、高坏状土製品を使用した土器炉について次の条件で検証実験を行った。

(1) 高坏状土製品

モデルとしたのは奈良県田原本町唐古・鍵遺跡の1・29号高坏状土製品（図1-A・B）である。1号高坏状土製品は脚の短いタイプで、高さ 22.4cm、直径 28.5cm、坏部の厚さは口縁部で 18mm、底部で 20mm ある。使用時期は大和Ⅳ-2様式頃と推定されている。29号高坏状土製品は脚の長いタイプで、高さ 28.3cm、直径 21.5cm、坏部の厚さは口縁部で 8mm、底部で 15mm ある。使用時期は大和Ⅴ様式を前後する時期と推定されている。これらをモデルに市販されている信楽焼き粘土と信楽焼き粘土に川砂を 10% 混ぜた2種類の粘土を使用して製作した。約1ヶ月乾燥させ、電気窯を使用して 850℃で焼成した。内面に貼り付ける砂は川砂を篩にかけ、焼き真土と信楽焼き粘土の埴汁を混ぜたものを使用した。貼り付ける厚みについては玉津田中遺跡出土例を参考に約 2cm とした[(3)]。

(2) 送風管と送風方法

モデルとしたのは唐古・鍵遺跡の1号送風管（図2）である。直径 6cm の曲管である。後期以降の近畿地域の青銅器生産遺跡から出土する送風管は曲管のため唐古・鍵遺跡の出土品のなかでも直管ではなく曲管を用いた。高坏状土製品同様、信楽焼き粘土を使用し電気窯で焼成した。1号送風管は先端部が被熱しているが、灰釉や金属滓などの付着は認められない。

送風には主に送風機を使用した。銅を鎔解できることを確認後、皮鞴を使用した。送風管と送風機の接続には竹を用いた。皮鞴は人工皮革となめし革を使用して2種類製作した。人工皮革製は直径 60cm、高さ 90cm、なめし革製は直径 40cm、高さ 65cm の円筒形とした。どちらも上部に空気を取り込む開口部をつくり、棒を2本取りつけた。開口部から空気を取り込み、下部の筒状部分から圧縮した空気を送り出す構造である。

(3) 炉壁材

炉壁材には耐火煉瓦を使用した。青銅器生産遺跡から炉壁と考えられる焼土塊がほとんど出土しないことから遺構・遺物として痕跡の残らない・残りにくい炉を検討

することを目的に真土と信楽焼き粘土を1対1で混ぜて、長さ23cm、幅12cm、厚さ7cmに成形し焼き締めたブロックも使用した。

（4）燃料

燃料には木炭[4]、薪を使用した。薪は油分の多い松や杉を用いたが、脇本遺跡の出土例を参考に広葉樹も使用した（パリノ・サーヴェイ株式会社2011）。薪は約5cm四方の大きさを基準にそれ以上のものとそれ以下に分けて使用した。

（5）使用金属

銅、錫、鉛の三元合金を使用した。銅90％、錫5％、鉛5％となるように混ぜ合わせたが、破壊・非破壊成分分析を行っていないため詳細な比率は明らかでない。

以上の条件で土器炉を構築した（図3）。土器炉の基本的な構造は、高坏状土製品を中心にして周囲に耐火煉瓦を積み上げるものである。高坏状土製品の外面に被熱痕跡が認められないことから、高坏状土製品の脚部周辺から温めず、送風管を高坏状土製品の坏部内面に向けて設置し上面から熱する方法をとった（村上2008）。高坏状土製品の口縁部から脚部周辺にかけての炉壁との間の空間を砂で充填し口縁部より下に直接火があたらないようにしたものと高坏状土製品の口縁部と炉壁の隙間をなくし口縁部より下の空間をそのままにしたものの2種類構築した。どちらも高坏状土製品の口縁部より上は、耐火ブロックを垂直に4段積み上げた。薪を投入することを考え上部は開口している。実験の際には薪で蓋をする場合としない場合の2パターンで実施した。送風管は3本使用し、高坏状土製品の坏部内面で風が時計回りに渦を巻くように設置したものと、全てを坏部内面の中央に向けて設置したものの2種類で比較した。

3 検証実験の結果

炉壁との隙間を砂で充填したものとしなかったものどちらの土器炉でも薪だけで鎔解することができた。ただし、送風管の向きは高坏状土製品の坏部中央に向けて設置した方の成功率が高かった。坏部内面で風が回転するように送風管を設置した場合、鎔解した銅が坏部の底に貯まり、再度固まる結果が多かった。

薪を使用した際の炉内温度は最高1302℃まで上昇した[5]（表1）。送風機と皮鞴を使用した際の温度変化を比較すると、皮鞴を使用した際の炉内温度は送風機と比べ、最高温度が1171℃と100℃以上低い（表2）。共通することとして、薪を投入するたびに炉内温度が低くなり、薪に火がつくと温度が上昇するという変化を表から読み取れる。送風機ではすぐに薪が燃え、炉内温度が極端に下がらない。皮鞴では薪に火がつくまでに時間がかかり、その間炉内温度が下がることを確認した。鎔解時間に差はあるものの送風機・皮鞴ともに薪で銅を鎔解できた。薪を使用しても炉内の温度は一気に上昇し、1171℃まで温度があがることを確認した。皮鞴は送風機と異なり、

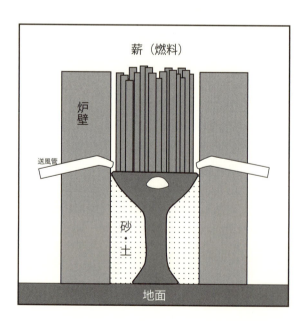

図3 検証実験を行った土器炉の構造
（本図は砂を充填した炉）

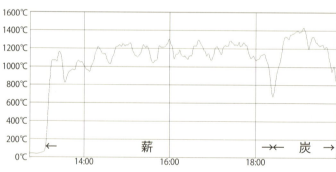

表1 送風機と薪、炭を使用時の炉内温度変化

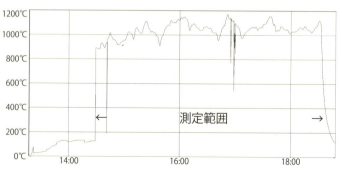

表2 皮鞴と薪を使用時の炉内温度変化

最高温度が低く、かつ1170℃まであがった温度を維持することをできなかったため、一度鎔解した銅が坏部の底で固まる結果となった。

　高坏状土製品と炉壁の空間を砂で充填したものも、しなかった炉も高坏状土製品の外面が被熱による変色・変形を確認できなかった。しかし砂で充填した炉は炉内の熱を砂に奪われてしまい高坏状土製品全体を温めるのに時間を要したが、砂を充填せずに炉壁との隙間を空間として残した炉は空間全体が温まり、高坏状土製品全体を温めることに繋がった。炉内を熱し続けると高坏状土製品が熱を帯び、全体が真っ赤になった。この変化は炉内温度と高坏状土製品が十分に温まったことを示しており、銅を炉内に投入する目安となった。炉壁との隙間をなくしたことで高坏状土製品に直接火が当たらず、脚部等外面も被熱による変色・変形することもなかった。そのため炉の構造としてはどちらとも考えられるが、砂を充填しないほうがより温度を上昇させやすく、鎔解させやすかったことが実験から明らかである。

　薪は太いと燃焼時間が長く、温度を維持しやすいが、火がつくまでに時間がかかり、炉内温度を一時的に下げることとなった。細い薪は火つきが良く、炉内温度を下げることはなかった。しかし、細いためにすぐに燃え尽き、結果的に炉内温度を維持できず温度を下げることとなった。両方を併用することで炉内温度を維持することが可能となる。薪を燃やし、熾き炭を高坏状土製品の坏部に溢れるほど作ることで炉内と高坏状土製品の温度が上昇し、全体の温度を維持することができた。なお炉の上部に設定した薪を入れるための開口部を開放したままでは炉内から熱が逃げ、温度が下がるため、薪を蓋に使用することで対応した。

　銅は熾き炭が坏部内面に十分にたまり、高坏状土製品全体が赤くなった頃を見計らって炉内に投入した。薪を入れ、送風を続けることで銅は鎔解したが、実験結果として多かったのはこの一度鎔解した銅が坏部底で再度固まることであった。炉内温度を1200℃で維持していても、高坏状土製品の温度が低いことで生じたと考えられる。炉内温度だけでなく、高坏状土製品の温度を上げることが銅を鎔解するうえで重要であった。

　炉壁材として用いた真土を焼き締めたブロックは炉内温度が1300℃を超えてもその表面には被熱による変色・変形は生じなかった。炉を解体後に水に浸すと簡単にくずれた。屋外に放置したところ、雨水によりくずれた。送風管の固定に粘土を使用したが、直接火を受けた部分は硬く焼き締まった。そのため炉を解体後に水に浸しても、硬化した状態を保ったままであった。

4　実験資料と出土品の比較

　次に実験資料と青銅器生産遺跡から出土する資料との比較を行う。

(1) 高坏状土製品

　炉内温度が1200℃前後まで上昇したが、外面には被熱による変色・変形を確認できなかった。出土品と同様の結果となった。次に坏部内面に貼り付けた砂の断面を観察すると、土器炉に使用したものでは砂の表面を灰釉が覆い、その上に金属の付着を確認した（写真1）。これは脇本遺跡（写真2）や北山遺跡、下鈎遺跡などで出土した金属成分付着被熱砂の断面と類似する。取瓶として使用した場合、灰釉の付着を確認できなかったので灰釉の有無が使用方法を決定づけるとした仮説（北井2011b）を裏付ける結果となった。なおこの実験に使用した高坏状土製品の内面に貼り付けた砂を取り外し水に浸したところ、表面に近いところは灰釉で固められていたが外側にいくほど脆くなり、坏部内面に接していた部分は簡単にくずれてしまった。各遺跡から出土する金属成分付着被熱砂は金属成分と灰釉、高熱により硬化した砂の三層からなるが、厚みが薄いのは土中で熱を受けていない部分がくずれてしまった、あるいは出土後の洗浄工程で洗い流されてしまった可能性が考えられる。

　高坏状土製品は唐古・鍵遺跡出土品の検討から短脚から長脚へと変化することが想定されている。全体の残る資料は少ないが、中期後半から後期前半に成立する大阪府寝屋川市楠遺跡や後期後半の明和池遺跡の脚部は直線的であることから中期から後期にかけて短脚から長脚へと変化すると考えられる。長脚タイプは短脚タイプと比べ、安定感に欠ける。両タイプを実験で使い分けた結果、長脚タイプは坏部より下により広い空間ができ、高坏状土製品全体を温めることに繋がった。逆に短脚のタイプは田原本町教育委員会の実験から明らかなように鎔解した銅を受け取るのに適していた。実験を通して得られたこととして、長脚タイプは不安定であるが鎔解した銅を注湯する際、地面に接した脚裾部を基準に傾けて湯口に注ぐという極めて機能的な作りであった。これは高坏状土製品の脚が短脚から長脚へ、脚部の裾径が小さくなることと関係していると考えられる。

(2) 送風管

　唐古・鍵遺跡や東奈良遺跡など中期の資料と奈良県桜井市大福遺跡、滋賀県虎姫町五村遺跡など後期の資料はともに先端部分だけが被熱している。そのため検証実験でも先端部分のみを炉壁から突出させて設置した。当然

ひ と

写真1　実験後の坏部内面の砂の断面　　　写真2　脇本遺跡出土の金属成分付着被　　写真3　ススの付着した送風管
　　　　　　　　　　　　　　　　　　　　　　　熱砂の断面（北井2011aより転載）

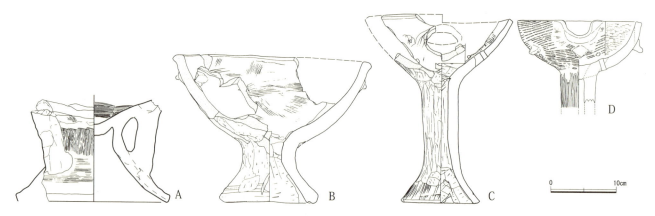

図4　高坏状土製品の比較
A 東奈良遺跡（茨木市史編さん委員会編2014より引用）　　B・C 唐古・鍵遺跡（田原本町教委2009より引用）
D 楠遺跡（寝屋川市教委2001より引用）

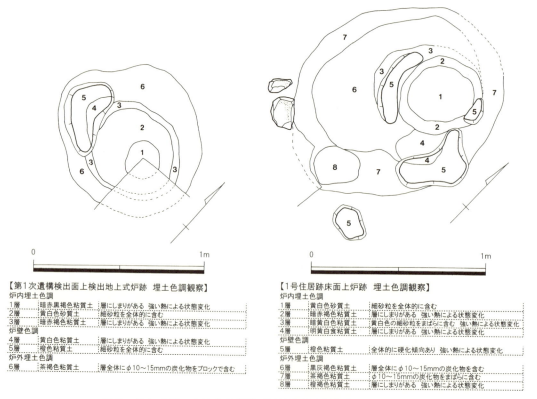

図5　地上式炉　カラカミ遺跡（長崎県壱岐市教委2014より引用）

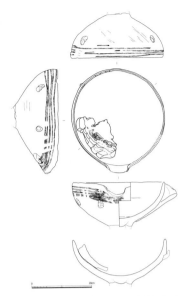

図6 高坏状土製品 明和池遺跡
（摂津市教委・大阪府文化財センター 2017 より引用）

の結果であるが先端のみ被熱して変色した。送風機を使用したものには内面にススは付着しなかったが、皮鞴で送風したものには内面にススが付着し黒くなった（写真3）。送風機と比較し炉内温度が低いことと燃料である薪の燃焼が不十分であったことが原因と考えられる。送風管の内面にススの付着する例として東奈良遺跡から出土した送風管が挙げられる。送風管の内面にススが付着することは炉内温度の管理が十分にできていないために生じる現象と考えられる（清水 2017）。

（3）土器炉の構造

弥生時代の青銅器生産遺跡での炉の検出例は少なく、近畿地域では和歌山県御坊市堅田遺跡と奈良県田原本町唐古・鍵遺跡の2例である[6]。堅田遺跡は前期末から中期初頭、唐古・鍵遺跡は中期と時期が異なる。また地域も、復原される構造も異なっている。そのため直接的な比較検討は困難である。こうした遺跡により異なる炉の復原案は青銅器生産導入期における過渡的な状況を表しているのだろう。土器炉（図3）はこれらの炉と異なり、焼土面・炉壁などの遺構が残らない構造で復原した。後期の青銅器生産遺跡から炉跡が検出されないことからこうした構造を想定したが、2014年に後期の鉄器生産工房に伴う地上式炉が長崎県壱岐市カラカミ遺跡で検出された（図5）。炉は後期前葉の竪穴住居の床面中央部に1基、竪穴住居廃絶後に2基の計3基検出された。竪穴住居に伴う炉は 40〜70cm の楕円形に広がる焼土を方形に取り囲むように炉壁が残存していた。竪穴住居廃絶後の炉の1基は石組み炉で、もう1基は地上式炉であった。地上式炉は、直径 80cm の焼土面を取り囲むように

炉壁の一部と考えられる高さ 10cm の高まりが残っていた。一部に角が認められることから円形ではなく、方形の可能性も残る。鉄器生産に関わる炉のため高坏状土製品を使用する青銅器生産に関わる炉と炉内の構造が異なっていると考えられるが、後期前葉の炉の構造を知る稀有な例である。炉壁を粘質土で製作していること、高熱を受けて焼き締まっていることから炉の構築には粘質土・粘土が使用されたことが想定できる。青銅器生産に伴う炉も半地下式ではなく上部に構造を持つ地上式炉である可能性が高い。

カラカミ遺跡例から土器炉は高坏状土製品を中心に取り囲むように炉壁を構築したものと想定される。高坏状土製品が坩堝となるため炉の床面が直接熱せられず、焼土面が残らない、あるいは残りにくかったと考えられる。炉壁は高ければ高いほど煙突効果で温度は上昇しやすいが、炉内の状態を観察し、燃料（薪）を投入することを考えると薪の長さ程度の高さが妥当と想定される。

まとめ

弥生時代の鎔銅技術を検討するためには炉や炉に関係する遺構が少なすぎることは明らかである。青銅器鋳造関係遺物の出土する遺跡数に対して、あまりにも少ないことから見つかっていないと捉えるよりも遺構として残らない構造と捉えたほうが妥当と考え、土器炉の検討を行った。高坏状土製品と真土を焼き締めたブロック状のものを使用すれば焼土面や焼土塊など高温・高熱に伴う痕跡が残らない結果となった。高坏状土製品が坩堝として使用されたことは出土品と検証実験の結果から明らかである。また高坏状土製品の脚部の長脚化は機能（取瓶から坩堝）の変化と連動していることもこれまで述べてきたとおりである。

弥生時代の鎔銅方法は据付炉と高坏状土製品（取瓶）の組合わせから高坏状土製品を取瓶兼坩堝とした土器炉へと変化する。土器炉は据付炉と高坏状土製品（取瓶）の組合わせと比較すると、工房の規模が縮小し、工人の人数や燃料の量などもより少なくなったと考えられる。中期には東奈良遺跡や大阪府東大阪市鬼虎川遺跡、唐古・鍵遺跡などの大規模集落で青銅器生産が行われていたが、中期後半から後期初頭以降に新たに青銅器生産を開始する楠遺跡や脇本遺跡などは明らかに集落規模が縮小している。

青銅器生産は中期に盛行するが、土器炉の登場により青銅器工房に変化が生じたと考えられる。この変化は製品である銅鐸の大形化、鋳型の素材が石製から土製へと変化する時期に相当する。弥生時代に開始された青銅器

生産は高坏状土製品を検討する限り、中期後半から後期前半に大きな変化を遂げたと考えられる。

註
（1）高坏状土製品を用いて上方から加熱する鎔銅方法のほか、坩堝を下方から加熱する方法も検討されている（藤瀬2002、神崎2006、伊藤2012）。高坏状土製品の外面に高熱による変形、顕著な変色を確認できないこと、高坏状土製品の坏部内面に貼り付けられた砂が内側から熱を受けていることからこれらの方法は検討から除外した。
（2）例えば遠藤喜代志は「…はたして薪で溶解温度（950～1000℃）を保つことが出来るか否かについては疑問が残る。」と記載している（遠藤2012）。
（3）2016年に大阪府摂津市に所在する明和池遺跡から金属成分付着被熱砂の付着した高坏状土製品が出土した。この土器に付着していた砂の厚みは底部付近で1.7cm、口縁部付近で2.7cmであった。玉津田中遺跡出土品は金属滓が残っていなかったため本来の厚みは不明であったが、本資料により初めて厚みが明らかとなった。厚さが均一でないこと、口縁部の端部外面まで覆うように貼り付けていたこと、外面に被熱痕跡を認められなかったことは高坏状土製品の用途を想定するうえで非常に重要な資料である。
（4）弥生時代の木炭の有無について議論が分かれるところである。遠藤喜代志は木炭の存在を安永田遺跡の調査を担当した藤瀬禎博の「土坑内で大量の炭化物が検出され、その樹種はマンサク・アカガシであった。分析の結果、灰化の状況から木炭（意図的な加工灰：遠藤註）と分かった。同樹種が薪炭材であり、平地では自生せず山中まで伐りに行く必要があることから判断して木炭（使用）の可能性大と考える。」という見解を根拠に認めている（遠藤2012）。藤瀬禎博は安永田遺跡から木炭に適した木材が出土していることから木炭の存在の可能性を指摘している（藤瀬2016）。しかし適した木材の存在だけでは木炭の存在を積極的に肯定できない。薪で鎔解することができれば木炭では確実に鎔解できるため本実験では薪を使用した。
（5）温度計は高坏状土製品の坏部中央付近の温度を計測するために1500度まで計測できる熱電対を設置した。
（6）このほか炉跡の可能性のあるものとして、玉津田中遺跡のSH54006の中央土坑がある（多賀2001）。

引用・参考文献
伊藤幸司 2012「曲がり羽口の使用方法にかかわる復元的研究―自然吹の可能性について―」『日本文化財科学会第29回大会研究発表要旨集』pp.218・219
茨木市史編さん委員会編 2014『新修　茨木市史』第7巻　史料編考古　茨木市
遠藤喜代志 2012「現代の鋳造法から見た須玖工人の技術」『須玖岡本遺跡5―坂本地区5・6次調査の報告及び考察―』春日市文化財調査報告書第66集　春日市教育委員会 pp.95-98
神崎勝 2006『冶金考古学概論』雄山閣　pp.155-169
北井利幸 2011a「（2）青銅器鋳造関連遺物」『脇本遺跡I』奈良県立橿原考古学研究所調査報告第109冊　奈良県立橿原考古学研究所　pp.114-120
北井利幸 2011b「高坏状土製品の使用方法について」『FUSUS』3号　アジア鋳造技術史学会　pp.15-21
北井利幸 2012「弥生時代の鎔銅技術の検討―大阪府茨木市東奈良遺跡の再検討を中心に―」吉田広・佐々木正治・宮里修編『アジア鋳造技術史学会研究発表概要集』6号　アジア鋳造技術史学会 pp.85・86
北井利幸 2013「近畿地域の鎔銅技術の基礎的研究（I）」『橿原考古学研究所論集』第16　八木書店 pp.32-40
北井利幸・采睪真澄 2015「高坏状土製品の用途について―弥生時代の鎔銅技術の研究―」三船温尚・持田大輔・廣川守編『アジア鋳造技術史学会研究発表概要集』9号　アジア鋳造技術史学会 pp.29-31
北井利幸 2016「弥生時代の鎔銅技術に関する一考察」吉田広編『アジア鋳造技術史学会研究発表概要集』10号　アジア鋳造技術史学会 pp.26-28
國下多美樹 2016「近畿地方における青銅器生産の系譜と年代」『近畿で「弥生」はどうはじまったか』平成25～28年度科学研究費助成事業基盤研究一般（B）「近畿地方における初期農耕集落形成をめぐる考古学的研究」（課題番号25284159　研究代表者　森岡秀人）成果公開・普及シンポジウム pp.59-68
清水邦702017「弥生時代における送風管の使用方法と鋳造技術」『アジア鋳造技術史学会研究発表概要集』第11号　アジア鋳造技術史学会 pp.26・27
摂津市教育委員会・大阪府文化財センター 2017『明和池遺跡5―（仮称）摂津市千里丘新町（7街区）中高層住宅建設事業に伴う明和池遺跡発掘調査―』（公財）大阪府文化財センター調査報告書第279集
多賀茂治 2001「弥生時代後期の青銅器鋳造工房―玉津田中遺跡「鋳型」出土住居の再検討―」『兵庫県埋蔵文化財研究紀要』創刊号　兵庫県教育委員会埋蔵文化財調査事務所 pp.31-46
田原本町教育委員会 2009『田原本町文化財調査報告書　唐古・鍵遺跡I―範囲確認調査―』第5集
常松幹雄 2015「青銅器の生産と流通」『新・奴国展―ふくおか創世記―』（開館25周年記念特別展）福岡市博物館 pp.172-179
長崎県壱岐市教育委員会 2014『天手長男神社遺跡（T-8区）・市史跡カラカミ遺跡第2次〔カラカミIII区　カラカミIV区〕』壱岐市文化財調査報告書第23集
難波洋三 1998「銅鐸の調査と工房復元」『奈良国立文化財研究所埋蔵文化財センター埋蔵文化財発掘技術者特別研修　生産遺跡調査課程』奈良国立文化財研究所 pp.42-65
難波洋三 2009「銅鐸の鋳造」『銅鐸―弥生時代の青銅器生産―』奈良県立橿原考古学研究所附属博物館 pp.80-87
寝屋川市教育委員会 2001『楠遺跡II―共同住宅建設に伴う埋蔵文化財発掘調査概要報告書―』
パリノ・サーヴェイ株式会社 2011「第5章　脇本遺跡における自然科学分析」『脇本遺跡I』奈良県立橿原考古学研究所調査報告第109冊　奈良県立橿原考古学研究所 pp.163-204
藤瀬禎博 2002「青銅器―石製鋳型による青銅器の鋳造―」『季刊考古学』第81号
藤瀬禎博 2016『九州の銅鐸工房　安永田遺跡』シリーズ「遺跡を学ぶ」114　新泉社 pp.55-60
藤田三郎 2009「第3節　唐古・鍵遺跡における青銅器生産」『田原本町文化財調査報告書　唐古・鍵遺跡I―範囲確認調査―』第5集 pp.215-242
増田浩太 2012「青銅器鋳造実験の考古学的検証」『古代出雲における青銅器文化の研究』島根県古代文化センター pp.73-107
村上恭通 2008「弥生時代の青銅熔融技術」『第9回愛媛大学考古学研究室公開シンポジウム　弥生・冶金・祭祀』
村上恭通 2009「弥生時代における熔銅技術とその問題点」『日本考古学協会第75回総会　研究発表要旨』日本考古学協会 pp.152・153
劉治国 2012「古代青銅器の鋳造鑽研に関する研究」『古代出雲における青銅器文化の研究』島根県古代文化センター pp.49-71

謝　辞
検証実験を行うにあたり中部大学現代教育学部幼児教育学科の采睪真澄氏に技術協力を、皮鞴を用いた実験では中部大学現代教育学部の2016年度1～4回生の学生に協力頂いた。記して感謝申し上げます。

本稿は、JSPS科研費26770274（若手研究B「弥生時代から古墳時代の青銅器鋳造技術の研究」（研究代表北井利幸）の研究成果の一部である。

長方墳から双方墳へ
―河内二子塚古墳の築造の背景―

泉森　皎

はじめに

　2017年7月、大阪府南河内郡太子町、太子町教育委員会の鍋島隆宏氏から講演の依頼を受けた。その内容は、現在史跡整備を計画して、確認調査を行っている太子町山田の二子塚古墳について、関連する話をしてほしいとのことであった。
　なぜ私にと思ったが、そう言えば1980年、藤井裕介氏追悼論集に「「双墓」に関する二・三の考察」を発表し、河内二子塚古墳について言及したことがあった（泉森1980）。二子塚古墳の調査研究が進むなか、関係機関や担当者の人々に迷惑がかからない範囲で、私見を述べたい。

1　二子塚古墳の名称に関連して

　二子塚古墳の名称ほど一般的で広く各地に分布しているものはない。古墳の名称は地名、地形、外観、伝承、出土品等から名付けられたものが多い。二子塚古墳の名称も外観からきたものと考えられる。『大古墳辞典』をみても簗瀬二子塚古墳、姉崎二子塚古墳、宇治二子塚古墳など10基が知られ、その大部分は前方後円墳であるが河内二子塚古墳のような特異な例も含まれ17基が知られている。
　類似した名称には、双子塚、二子山、雙児山、両子塚、二塚、双塚、フタツカサン、ニタツカサン、二ツ塚など48基があり、分布範囲は北は福島県から南は福岡県まで広くおよんでいる。二子塚古墳の名称は前方後円墳や前方後方墳が多い中で、方墳2基が隣接する河内二子塚古墳は特異な例であるので、観察結果を素描しておこう。

2　河内二子塚古墳の特徴

（1）墳　丘

　東西一直線に並ぶ2つの墳丘で、東・西墳丘とも一辺25m、方形墳を連接して築いた双方墳の形をとる。最近の試掘調査結果を総括すると、墳丘基底部は東西66m、南北26m以上とみられている。

（2）埋葬施設

玄室を中心として短い閉塞用の羨道を付けている。東石室は全長5.5m、玄室長4.95m、幅1.7m、高さ1.65m。西石室も東石室とほぼ同じで、玄室の長さ4.4m、高さ1.65m、幅は床面で1.55m、ここに長さ1.5m、幅1.3mの短い羨道を設け、人頭大の丸石で閉塞されていた。
　両石室とも石材は花崗岩系で切石状に加工し漆喰を塗布している（北野1958）。

（3）家形石棺

　両石室内に、同型、同大の家形石棺を安置している。特に棺蓋は縄掛突起を持たない形式で上面は通称蒲鉾形という、上方に凸形に湾曲した形をとり寺社建築ではこの形を「てり起り」と言っている。

（4）出土遺物

　西石室の奥壁と石棺の間から木質の付く鉄釘3本が検出されている。その他として中世の羽釜形土器、土師質小皿が出土している。

3　古典にみられる「双墓」から考えられること

（1）『日本書紀』皇極天皇元年是年の条

同条には
　…又尽発挙国之民、幷百八十部曲、預造双墓於今来。一曰大陵。為大臣墓。一曰少陵。為入鹿臣墓。望死之後、勿使労人。更悉聚上宮乳部之民、…役使塋堀所。…

とあって、1980年の「「双墓」に関する二・三の考察」では、考古学的な資料の検討に入る前に上記の内容を整理してみた（泉森1980）。『日本書紀』に記述されるほど問題になった行為は、以下のとおりである。
　①全国の人々および諸氏の部民を徴発した。
　②生前に大陵・小陵なる双墓を築いた。
　③上宮の乳部の民を塋堀所で使役した。
　以上にあげた行為が、天皇に代わる権力の誇示手段として大陵・小陵なる「双墓」なるものの実体について検討してみる必要がある。

（2）研究史を通してみた「双墓」について

　考古学の報告書や市町村史に「まとめ」として記述さ

ひ と

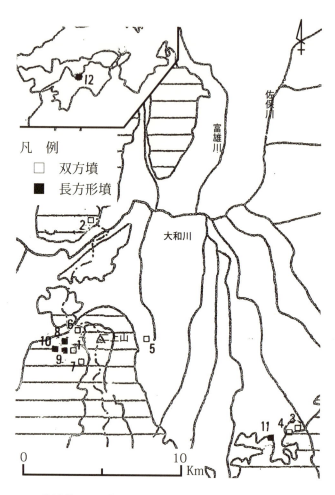

1 二子塚古墳　2 三室山2・3号墳　3 菖蒲池古墳・小山田古墳
4 五条野宮ヶ原1・2号墳　5 上中ヨロリ古墳
6 田須谷古墳群1・2号墳　7 アカハゲ古墳・塚廻古墳
8 用明天皇陵　9 推古天皇陵　10 葉室塚古墳（越前塚古墳）
11 植山古墳　12 向山古墳

図1　長方墳・双方墳の分布（泉森1980による）

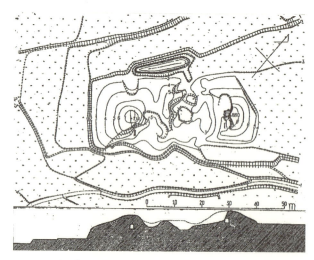

図3　河内二子塚古墳墳丘測量図（北野1958による）

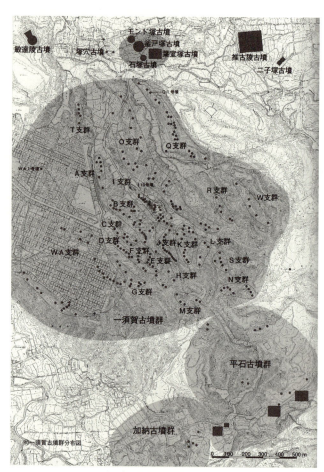

図2　河内二子塚古墳の立地と分布
（太子町立竹内街道歴史資料館2006による）

れている中に「双墓」としてとりあげたものがある。これらを通観してみると

①2基の古墳が近接して立地し、築造時期、構造などに共通性がみられるもの。

②2基の古墳が墳丘および濠が接続した形をとるもの。広義には後期の前方後円墳に後円部、前方部ともに横穴式石室を設けているものが含まれるが、ここでは双室墳、双方墳のみを取り扱うことにする。

③長方墳や楕円形墳に2カ所の横穴式石室を設けたもの。

①〜③の事例をあげてみると、①2基の古墳が近接して築かれ、方位を共通するなどなんらかの整合性のあるもの……これを隣接墳と仮称して水泥南古墳と水泥塚穴古墳、小谷古墳と小谷南古墳など9例が在る。ここでは特徴的な事例として7カ所の古墳を紹介しよう。

4　近接して築かれた双方墳

(1) 三室山2・3号墳（奈良県三郷町立野）

信貴山から南に派生する丘陵の先端に近いところに立地する近接した2基の古墳である。丘陵の東斜面を南

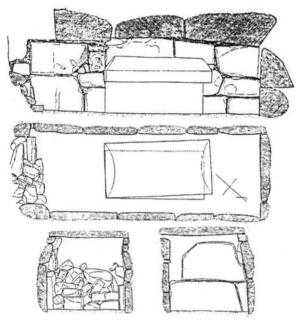

図4　河内二子塚古墳東墳丘石室（北野1958による）　　図5　河内二子塚古墳西墳丘石室（北野1958による）

北長60m、東西幅43mにわたって削り込み、その中央に南北2基の方墳を築造している。墳丘はいずれも南北21.7m、東西17.5mの略長方形で南墳丘にも北墳丘にも等間で2ヵ所の横穴式石室を設けている。開口する3ヵ所の横穴式石室は無袖型式や、わずかに造り出した左袖部をもつ小型のものである。南古墳（2号墳）の南石室は全長5.0m。奥壁幅1.2m、二段積である。羨道部は一段高く、しかも短い。ここに人頭大の石を積みあげ閉塞としている。一瞥(いちべつ)して、墳丘規模に応じて縮小化されているが、河内二子塚古墳と共通する所が多い（こおりやま歴史フォーラム1998）。

但し、異なるところは2基並んだ方墳にそれぞれ2ヵ所の横穴式石室を設けているところである。双方墳であって双室墳の唯一の例である。7世紀前半の築造とみたい。

(2) 菖蒲池古墳と小山田古墳

2015年1月、明日香村川原、県立明日香養護学校改築工事の事前調査で1基の古墳が発見され、小山田古墳と名付けられた（橿考研2015）。古墳は、甘樫丘から延びる尾根の先端部分を切断し、地面を削り出して基盤としてその上に墳丘を構築したものであった。そしてその南斜面は階段状に田畑が存在して県道の岡〜川原線に連なっている。

2017年の調査成果を交えて要約すると、一辺70m以上の方墳で、三方に濠をもつと推定される。最初に検出された北側の濠は下端幅3.5mの大規模なもので、外堤法面と濠底には石英閃緑岩の貼石、墳丘側とみられる南側は結晶片岩の板石と室生安山岩の板石を積みあげている。これは墳丘中央部に突出部を造り出すための石積か、この板石で高さ66cm以上で瓦積基壇状に墳丘を保護したのかは明らかでない。2017年の墳丘南端の調査では、羨道の石材抜取穴と排水溝の小礫詰が検出された。

次に、菖蒲池古墳との関係をみると、菖蒲池古墳は西側にあり、小さい谷間を挟んで距離で西へ140m。第6次現地説明会資料の位置図では墳丘側石がほぼ並行していると読みとれる。小山田古墳は検出された土器類や室生安山岩の使用時期から7世紀中頃と推定されている。

菖蒲池古墳は2014年の範囲確認の調査で、墳丘規模が一辺30mのほぼ正方形の方墳で、二段築成と判断された。また上段裾の規模も一辺17.7mの数値が出されている（松井ほか2015）。

墳丘と横穴式石室の関係については、墳丘の中心と玄室中心を一致させて構築したと判断され、さらに墳丘裾と石室床面を一致させていたとみると、現存する横穴式石室は玄室長7.2m、玄室幅2.5m、高さ3.5mである。

以上の菖蒲池古墳の基礎資料から菖蒲池古墳と小山田古墳の墳丘軸線が並行しているかが重要であるが、前者はN-11°-W、後者は私見ではN-13°-Wとなり、これは当時の測量技術の誤差といえようか。また築造時期についても7世紀中頃と推定され、小山田古墳とはさほど時期差はみられない。

(3) 五条野宮ヶ原1・2号墳

橿原市五条野、先に挙げた菖蒲池古墳の西方100mにあった東西に並ぶ2基の古墳をいう（竹田2001）。こ

ひ と

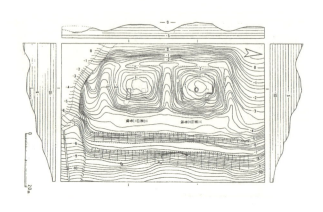

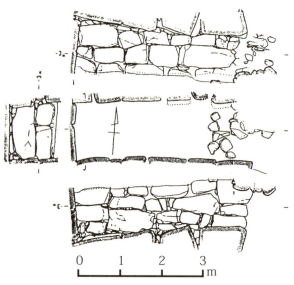

図6 三室山古墳群 2・3号墳墳丘測量図（上）と2号墳南石室（下）（こおりやま歴史フォーラム 1998 による）

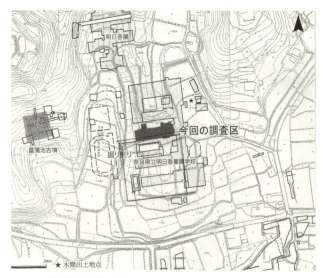

図7 菖蒲池古墳（左）と小山田古墳（橿考研 2015 による）

図8 上中ヨロリ古墳外形写真（泉森撮影）

図9 植山古墳航空写真（竹田 2001 による）

の古墳は 2000 年に調査され、東を 1 号墳、西を 2 号墳と命名された。いずれも残存遺構と石材の抜取穴から、横穴式石室規模と平面形態が推定されている。1 号墳は全長約 12m、玄室長 5.5m、同幅 2.5～2.6m、凝灰岩の出土から石棺が存在したと判断されている。墳丘の一辺はこの玄室の中央部が墳丘の中心であったとすると、石室全長 12m となり、これから類推して一辺 19m の方墳となる。

2 号墳は 1 号墳との玄室心々間が約 32m であるため、通常の墳丘復元を行うと、両古墳の裾分での間隔は 16m 余りとなる。

2 号墳の石室規模は残存遺構から復元すると全長 9m、玄室長 5.5m、同幅 2.4m、羨道幅約 1.5m となる。

なお、調査担当者の竹田政敬は、「二つの石室を内包する墳丘についての手掛りとして」と微妙な地形観察や検出された東西方向の溝状遺構を総合的に勘案して 1 号墳は一辺 30m、2 号墳は一辺約 25m の方墳と推定している。その場合に、両古墳の墳丘裾部間は 26.5m となる。築造時期を 7 世紀中頃と推定している。

(4) 上中ヨロリ古墳

香芝市上中字ヨロリに所在する 2 基の方墳である（佐

藤 1986)。調査概報によると、1辺15〜20mの方墳2基が東西に並んでいて、現状での墳丘心々間は30m、両古墳の墳丘裾が東西に一直線に通っているかのように観察でき、両古墳は計画的に築造された古墳と判断される。

1号墳は、墳丘東半分の表土と撹乱土を除去した結果、封土の版築土の検出と、撹乱土内から金銅製鞍金具1点が出土した。

2号墳は、墳丘頂部から両側へ入れたトレンチによって、墳頂部近くで、奥壁上部の西南隅部の3石分が検出されている。

小規模調査であるが、横穴式石室を主体部とした方墳2基が東西に並んで近接して築かれていることから、三郷町三室山2・3号墳と共通する点が多い。調査者は6世紀後半の築造と推定されているが、鞍金具が金銅製で細身、円弧部の内側断面が真直に仕上げられており新しい型式と観察でき7世紀代に下る可能性が強い。

(5) 田須谷古墳群

大阪府南河内郡太子町春日で、近接して東西に並ぶ2基の方墳が調査されている（大阪文化財センター 1996)。1996年南阪奈道の建設に伴う調査で丘陵の南斜面から検出されたもので、1号墳は南に広がる台形の3段築成で1段目は幅約15m、奥行き18mの規模をもつ。上段の中央に破壊された埋葬施設があり、石槨の床石や石棺片の出土状況から小型の石棺を使用した横口式石槨が想定されている。東側の2号墳は1号墳以上に削平が激しく、わずかに検出されたコ字形に回る周溝から1号墳と同様の方墳と考えられ、1号墳の北側裾と一直線上に並べて築造されたものと判断されている。埋葬施設も同型式である。両古墳の築造時期は出土土器から7世紀後半と推定されている。

(6) シシヨツカ古墳と、アカハゲ古墳・塚廻古墳

南河内最大の群集墳である河南町一須賀古墳群の南方800m、その一支群とみられるものが平石山から西方に流れる平石川の右岸段丘上に約10基あまりの古墳が点在し、平石支群あるいは平石古墳群と呼ばれている。この平石支群に重複する形で終末期の大型方墳3基が点在している。西からシシヨツカ古墳、アカハゲ古墳、塚廻古墳の順である。シシヨツカ古墳は3段築成の長方墳で南側にテラス状施設を設けている。規模は東西60m、南北53m、墳丘各段の斜面には貼石を施している。

埋葬施設は奥室、前室、羨道を花崗岩の切石で構築していた。出土品は漆塗籠棺片や象嵌文様を施した大刀金具、須恵器、装身具の玉類が出土している。築造時期は6世紀末頃に位置づけられている。

次にアカハゲ古墳と塚廻古墳を紹介しよう。

アカハゲ古墳はシシヨツカ塚古墳の北東370mに位置し、南に張り出した尾根を利用した3段築成の長方墳で前面に70m以上の段を設けている。

埋葬施設は石槨部、前室、羨道をもつ横口式石槨である。遺物には漆塗籠棺片、ガラス製扁平管玉、黄褐釉有蓋円面硯などが出土し、築造時期は7世紀中頃前後と推定されている。

塚廻古墳はアカハゲ古墳の北東150mに位置し、墳丘は3段築成の長方墳で前面に80m前後の段を設けている。

埋葬施設は石槨部、前室部、羨道からなる横口式石槨である。ここに漆塗籠棺などと緑釉陶製棺台などの葬具が用いられていた。

副葬品はガラス製扁平管玉、ガラス小玉、七宝飾り金具などが出土している。築造時期はアカハゲ古墳に続いて築造されたと考えられている。

先に発表した論考では、この2基を隣接墳としていわゆる「双墓」の概念の中で理解しようとした。その後、シシヨツカ古墳の調査、アカハゲ・塚廻両古墳の墳丘や石室の追加調査によって新事実が追加された。やはりアカハゲ古墳と塚廻両古墳は墳丘や埋葬施設が近似し、出土品が類似していること、両古墳は150mと離れているが墳丘規模が70mと80mと巨大であることを考慮すると視覚的に遠く離れた古墳とは見えない。逆にシシヨツカ古墳とアカハゲ古墳間が370mも離れていることから、シシヨツカ古墳の北東150mに同種の古墳の存在が推定されている。またシシヨツカ古墳の墳丘東北に接して駕田(かごた)古墳が検出されている。

5 長方形の墳丘をもつ古墳

大阪府南河内郡太子町の丘陵中心部には通称梅鉢五陵と呼ばれている敏達、用明、推古、孝徳の各天皇陵古墳と伝聖徳太子墓が築かれている。その内、宮内庁治定の名称に従い古墳名をあげると、用明、推古天皇陵古墳が長方(形)墳である。以下長方墳の概要を述べることにする。

(1) 用明天皇陵古墳

用明天皇陵古墳は墳丘規模が東西65m、南北60m、高さ10mの長方墳。享保6年（1721）の古図や伴林光平の『河内国陵墓図』などによって、大型の横穴式石室と石棺の存在が記録されている。

(2) 推古天皇陵古墳

推古天皇陵古墳は東西63m、南北55m、高さ11m

図10 東大寺正倉院（鈴木1982による）

図11 法隆寺綱封蔵（鈴木1982による）

の長方墳で、3段に築成して外周に平坦面をもつことが確認されている。

文久3年（1863）の谷森善臣『諸陵説』に横穴式石室と、石室内に並べておかれた2基の石棺のことが記録されている。

(3) 葉室塚古墳（越前塚古墳）

推古天皇陵古墳の西方550mにある葉室古墳群は分布図で見ると4基の大型墳丘をもつ古墳と数基の小円墳で構成されている。その内、葉室塚古墳は群内で唯一の大型長方墳である。規模は東西約80m、南北55m、高さ8.5mである。墳丘裾の北と東に堀割、南に平坦面をもつ。葉室塚古墳には東西2基の横穴式石室があったと推定され盗掘の凹が残っている。

(4) 植山古墳

橿原市五条野町に所在する植山古墳は丘陵の南斜面の凸部を利用して、背後と左右（東・西）をコ字形の空濠で切り離して長方墳としたものである。規模は東西約40m、南北20mである。この墳丘に東西に並ぶ2基の横穴式石室を構築したもので、東古墳の玄室内には阿蘇ピンク石を用いた家形石棺が安置されていた。

西石室は無袖に近い両袖式横穴式石室で、石室内には石棺の存在を推定させる凝灰岩片が出土している。

ところでこの古墳の西石室を特徴づけるものに、玄室と羨道を間仕切る閾石が設けられていたことである。これは仏堂の扉構造と同じ開閉装置を備えた顕著な例である。

植山古墳の被葬者については磯長谷に改葬される前の推古天皇と竹田皇子の陵との説が強い。しかし、石室内には副葬品の取り残しが多く見られ（濱口ほか2001）改葬されたとするには、気になるところである。

(5) 向山古墳

愛媛県川之江市の向山丘陵の南斜面に築かれた長方墳。墳丘は東西40m、南北14m、高さ8mの規模をもつ。北と東に丘陵腹部を切断する形で、空濠状の地形がみられる。

東西2基の横穴式石室が並立する。両石室とも切石を用いていて、ともに全長11mの大規模なもの。東石室は天井石を除去されているため全体は不明であるが、玄室幅3.3mを越える大石室であることが判明している。

(6) 三室山2・3号墳

先に近接して築かれた双方墳の例として三室山2・3号墳をあげた。この古墳は南北21.7m、東西17.5mの長方墳が2基並んでいるが、いずれの墳丘にも2カ所の横穴式石室が構築されている。双方墳であって、双室墳の唯一の例である。

6 終末期古墳と双倉

後・終末期古墳が寺院建築と関連していると考えると、双方墳は双倉の影響をうけたと考えることもできる。以下に現存の建造物をあげる。

(1) 東大寺正倉院

双倉の代表的なものに東大寺正倉院がある。正倉は木造高床で、北、中、南の三倉にわかれ、北南の二倉は校倉、中倉は板倉で寄棟造瓦葺の大屋根をかける。南北32.7m、東西9m、高さ14m、床下高2.5mである。同一基壇の上に南北に並んでいた2つの倉を繋ぎ収納部を拡大したのでそのため中倉部は板倉造になっているといわれている。聖武天皇の遺愛品と東大寺の寺宝、文書が納められていることは広く周知されているところである（奈良県教育委員会1987）。

(2) 法隆寺綱封蔵

桁行9間、梁間3間、高床で寄棟造の本瓦葺建物である。中央3間を吹抜、両端を蔵とした珍しい形式で入口は吹抜部に向って開いている。校倉以外の形式とし

ては珍しい。法隆寺資財帳には、天平19年（747）当時7棟の倉があったことが記されている（鈴木編1982）。

（3）唐招提寺宝蔵・経蔵

唐招提寺東室の東側にたつ2棟の校倉造建物。北側の宝蔵は桁行3間、梁間3間校倉造で寄棟建物。経蔵より規模は大きい。創立沿革はあきらかでないが昭和の修理によって奈良時代に建立されたものと判明している。

経蔵も桁行3間、梁間3間、校倉造、本瓦葺、この建物は解体修理の結果、唐招提寺創立以前の建物と判明している。この2棟の校倉は西向に南北に並んで建っているが、建物規模は宝蔵が一回大きく造られている。

（4）東大寺法華堂経庫・東大寺勧進所経庫

桁行3間、梁間3間、校倉で寄棟造り。創立沿革は明らかでないが、構造型式は奈良時代のもの。勧学院経蔵とともに地蔵院にあったことが判明している。

勧進所経庫は地蔵院にあった2棟の校倉の1棟で、貞享4年（1687）の棟札が残り、この頃移建されたと思われている。現在は別々に建っているがもとは2棟で一組（双倉）の建物であった。

（5）東大寺本坊経庫・手向山神社宝庫

本坊の経庫は桁行2間、梁間2間、寄棟造本瓦葺の奈良時代の建物で、伽藍の東北部で油庫の1棟として使用されていたが、正徳4年（1714）に現在地に移された。奈良時代校倉の1例である。

手向山八幡宮宝庫は桁行3間、梁間3間、校倉で寄棟造の建物。手向山神社の古文書によると東大寺竜松院の東側、持宝院の北側に2棟接近して西向に建っていたが文化5年（1808）に現地に移し、他の1棟は先に紹介した東大寺本坊の経庫となった。校木を始め小屋組の保存もよく、奈良時代校倉として重要視されている。

通称双倉と呼ばれているものは、正倉院宝庫や法隆寺綱封蔵のように基壇と屋根を共通する1棟2室のAタイプと、唐招提寺宝蔵、経蔵などの規模の異なる別個の建物が平行して建つBタイプがある。河内二子山古墳を建造物になぞらえればAタイプ、三室山2・3号墳がBタイプとなる。あえてその変遷を考えればA→Bタイプへの移行が考えられる。

まとめにかえて

（1）大型古墳の築造の背景

前章で大型方墳の姿を素描したが、用明天皇陵古墳は『日本書紀』では改葬墓とされ、また推古天皇陵古墳は『古事記』では改葬墓、『日本書紀』では合葬墓と記されている。このことは、推古天皇陵古墳に2石室があって、東石室に2基の石棺が存在したと復元し、竹田皇子との合葬のためとする説明もいくぶん可能に思えるが、用明天皇陵古墳については合葬・追葬の記述がなく不明な点が多い。また、推古天皇陵古墳も植山古墳を含めて別個に石室を構築していることは、推古天皇の遺詔とは異なる現状である。

とりあえず文献からの理解とは別に大方墳が築かれるようになった現実がある。その背景には当時の東アジアの墓制の影響という考え方と仏殿との関わりがあると見なければならない。現に植山古墳西石室では仏堂につかう閾石が使われている。以下参考までに飛鳥・白鳳時代の仏殿の規模をあげておく。

① 飛鳥寺中金堂　21.2×17.6m
② 若草伽藍金堂　22.0×19.5m
③ 吉備池廃寺金堂　37×28m
④ 川原寺中金堂　23.6×19.4m
⑤ 文武朝大官大寺金堂　54.6×30.1m

（奈文研2003による）

（2）河内二子山古墳をめぐる被葬者についての臆説

太子町に点在する大型古墳について、信疑はともかくとして陵墓としての固有名と官人の名前が付けられている。その一人は小野妹子である。小野氏は和邇氏の同族で、奈良市の東方、山辺の道に沿った地域や滋賀県大津市（滋賀郡真野郷）、あるいは小野毛人の墓誌の出土した京都市左京区上高野（山城国愛宕郡小野郷）などに居住していたとみられる。ところで太子町山田、科長神社に

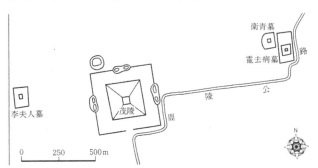

図12　漢武帝の茂陵の配置図（羅1989による）

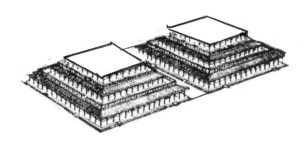

図13　河内二子塚古墳の復元図（泉森作図）

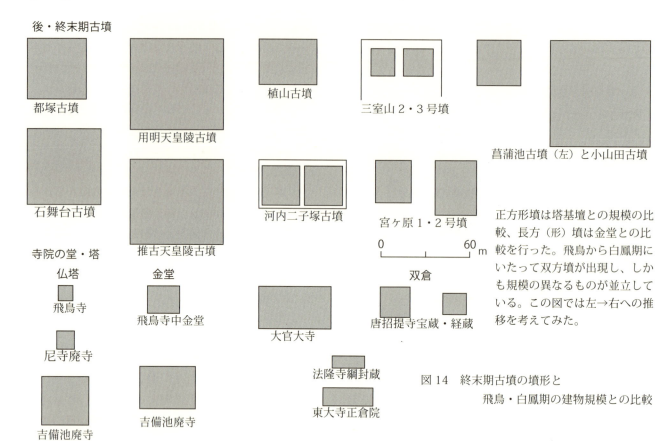

図14　終末期古墳の墳形と飛鳥・白鳳期の建物規模との比較

隣接した場所に小野妹子墓として大正10年（1921）の修築を契機に祀られたものがある。これについて、華道家元の池坊家によって奉祭されてきたことは上野勝己『二つの妹子塚』（上野2005）に詳しく紹介されている。上野は「河内の妹子塚伝承については学者主導の学説ではなく（略）人々の郷土愛とその発展を願う篤い思いによって形成され」とする（上野2005）。

ところで、地元の妹子墓とは別に、推古天皇陵古墳の傍にある二子塚古墳と、この地に長く伝えられてきた小野妹子墓の伝承を結合させて見直すことは可能であろうか。これといった根拠はないが、①推古天皇陵古墳に近いこと、②基台を共通して2基の方墳が並立していること、③小野妹子であれば中国の陵墓を見聞していると考えられること、などがあげられる。

そこで中国の陵墓の中では漢の茂陵が一つの手本となる。長安の郊外にある茂陵は西域地域を支配した象徴と成果を陵墓地帯の各所に残している。茂陵に近接して築かれている2基の方墳もこの一つである。1基は衛生墓、他の1基は衛生の甥、霍去病墓である。2人は匈奴の地を征服し、西域への外交ルートを開いた人物としても有名である（羅1989）。

我国の小野妹子は遣隋使、遣唐使として外交官の草分け的人物である。推古天皇陵古墳に近いこの地に葬地を賜わり葬られても不思議ではない。次いでもう一つの墳丘に葬られた人物は誰であろうか。衛生と霍去病の事例を参考にすれば犬上御田鍬なども候補者の一人になってくるが、これもただの憶測に過ぎない。

引用・参考文献

泉森皎 1999「「双墓」に関する二・三の考察」『近畿の古墳文化』学生社（初出1980）
上野勝己 1973『太子町の古墳』太子町役場
上野勝己 2005『二つの妹子塚』科長遊会
小栗梓他 2010『ふたつの飛鳥の終末期古墳』近つ飛鳥博物館
大阪府教育委員会 2002『加納古墳群・平石古墳群発掘調査概報』大阪府教育委員会
大阪文化財センター 1996『田須谷古墳群現地説明会資料』
北野耕平 1958「河内二子塚調査概報」『古代学研究』19
こおりやま歴史フォーラム 1998『矢田丘陵周辺の古墳文化』大和郡山市教育委員会
佐藤良二 1986『旭ヶ丘1』香芝町教育委員会
鈴木嘉吉 1982「飛鳥・奈良建築」『日本の美術』196 至文堂
太子町立竹内街道歴史資料館 2006『石川流域の後・終末期群集墳とその周辺』
竹田政敬 2001「五条野古墳群の形式とその被葬者についての憶説」『考古学論攷』24冊　橿原考古学研究所
鍋島隆宏 2016『国指定史跡二子塚古墳と大方形墳の時代』太子町竹内街道歴史資料館
奈良県教育委員会 1987『奈良県の文化財　増補改訂版』奈良県観光新聞社
奈良県立橿原考古学研究所 2015『小山田遺跡現地説明会資料』
（独）奈良文化財研究所 2003『吉備池廃寺発掘調査報告』奈良文化財研究所学報第68冊　奈良文化財研究所
濱口和弘・横関明世 2001「植山古墳の調査」『かしはらの歴史をさぐる』9
松井一晃ほか 2015『菖蒲池古墳』橿原市埋蔵文化財調査報告書第10冊　橿原市教育委員会
羅哲文 1989『中国歴代の皇帝陵』徳間書店

ヨモツヘグイと渡来人

坂　靖

はじめに

　イザナギ・イザナミによる国産みの神話のなかに、黄泉国について書かれた有名な一節がある。小林行雄の検討（小林 1959・1976）に代表されるように、考古学者の多くはこれを横穴式石室の世界とみてきた。近年はそれを九州系の横穴式石室や中国の塼室墓の世界に求めるべき（和田 2014）か、畿内系の横穴式石室の世界に求めるべき（白石 2016）かという議論にまで及んでいる。その一方で、殯の場に立てられた喪屋（辰巳 2011）、横穴や洞窟との関わりを想定する見解（菅野 1973）や、現実世界とは切り離された地下あるいは地上・山上の観念的な世界を想定する見解もある（松前 1971、西郷 1975、佐藤 1982）。

　この神話に、『古事記』・『日本書紀』が成立した8世紀代の思想・観念が反映されていることはいうまでもない。しかし、これによりそこから遡った時代の世界観や思想を表現しようとしたものであることもまた事実である。神話成立の背景や神話そのものの意義を解くためには、古墳時代の具体的な事象と対照することが必要である。

　本稿では、そこに記された「ヨモツヘグイ」について検討し、『古事記』と『日本書紀』の比較から『日本書紀』の記載が、渡来人によるミニチュア移動式竈の副葬に関連するものであることを明らかにしたうえで、その特質を明らかにしたい。

1　『古事記』・『日本書紀』のヨモツヘグイ

　『古事記』上巻でのヨモツヘグイは、下記に示すとおりである（岩波古典文学大系＝倉野・武田校注 1958　を一部改変）。

　　是に其の妹伊邪那美命を相見むと欲ひて、黄泉国に追ひ往きき。爾に殿の縢戸より出で向かへし時、伊邪那岐命、語らひ詔りたまひけらく、「愛しき我が那邇妹の命、吾と汝と作れる国、未だ作り竟へず。故、還るべし。」とのりたまひき。爾に伊邪那美命答へ白しけらく、「悔しきかも、速く来ずて。吾は<u>黄泉戸喫</u>為つ。然れども愛しき我が那勢の命、…入り来坐せる事恐し。故、還らむと欲ふを、且く黄泉神と相論はむ。我をな視たまひそ。」とまをしき。

　ヨモツヘグイとは、死者が黄泉国でおこなった食事のことであり、その食事をしたが故に、戸を隔ててむこうの現実世界には戻れないことがここに記述されている。

　一方、『日本書紀』では、ヨモツヘグイについて具体的に触れているのは、神代上第五段第六の一書だけで、第九の一書では、殯斂の場面の記述があり、第十の一書では黄泉国の記述がそれぞれあるものの、ヨモツヘグイについては触れられていない。

　その一書第六では、以下のように記述されている（岩波古典文学大系＝坂本ほか校注 1967 による）。

　　然して後に、伊弉諾尊、伊弉冉尊を追ひて、黄泉に入りて、及きて共に語る。伊弉冉尊の曰はく、「吾夫君の尊、何ぞ晩く来つる。吾已に<u>飡泉之竈</u>せり。然れども、吾當に寝息まむ。請ふ、な視ましそ。」

　さらに、一書第七では、「<u>飡泉之竈、此をば譽母都俳遇比（ヨモツヘグヒ）</u>と云ふ。」とその音読が示されている。

　飡泉之竈＝ヨモツヘグイについて、岩波古典文学大系の補注では、泉を「ヨモツクニ（黄泉国）」、竈は「ヘッツイのへ」として、黄泉国の食物を食したという意味とする。他界の食物を口にすると、その種族の成員の一人とならなければならないので、死後の世界の食をしたものは、俗界に帰ることができないという意味があったとしている。

　『日本書紀』と『古事記』を比べると、『日本書紀』において内容は省略されているが、竈という具体的なものが表現されていることにある。

　さらに、小林行雄は、この両者を比較しつつ、ヨモツヘグイでは竈において火を用いており、調理の際に黄泉国の火に触れたことが、現世に戻れない禁忌であったと解釈した（小林 1976）。葬儀における飲食物供献の意義、『古事記』と『延喜式』祝詞の鎮火祭の記述との対照（折口 1929）と、古代における火の神の信仰と『古事記』や鎮火祭の記述との関わり（武田 1954）がその背景にある。

　すなわち、『古事記』ではイザナミは、火の神である迦具土を産み、火傷を負って亡くなり、出雲の国と伯耆の国の境にある比婆山に葬られる。そののちイザナギが迦具土の神の頸を剣で斬ったという記述がある。武田祐

吉は、『新訂　古事記』（角川文庫）において黄泉戸喫について、「黄泉国の火でつくった食物を食ったので、黄泉の人となってしまった。同一の火による団結の思想である」という注をつけている（武田訳注 1972）。

竈と火、さらには火の神、火の信仰との関わりについては否定できないし、むしろ積極的に評価すべきであろう。しかしながら、小林自身が否定的な言説を述べているとおり、ヨモツヘグイが火の思想であるかどうかはにわかに判断できない。少なくとも、『日本書紀』の編纂時点においては、ヨモツヘグイ（飡泉之竈）とは、「黄泉国において、竈で炊いた飲食物を飲食する行為」という解釈を採用しているのであり、まずはこうした行為の淵源を究明することが必要である。日本列島において、朝鮮半島からの直接的な影響のもと、竈が定着したのは古墳時代中期（5世紀）である。さらに、ミニチュアの竈を古墳に副葬することが古墳時代後期〜飛鳥時代（6〜7世紀）におこなわれている。これが『日本書紀』の解釈したヨモツヘグイと深く関わるものと考えられる。

一方、『古事記』のヨモツヘグイ（黄泉戸喫）においては、竈が登場しない。『古事記』の説話が、『日本書紀』の説話の原型であるかどうかはさらに厳密な検討が必要であるが、竈がのちに付加されたものとみた場合「黄泉国で食物を食する行為」として考証する必要があろう。これについては、横穴式石室や木棺直葬墓などにおいてどのように食器が配置されるかという観点から、先述の小林行雄の研究以降、多くの検討が積み重ねられてきた（白石 1975、亀田 1977、楠元 1992、土生田 1998、寺前 2006、森本 2007 など）。筆者は、これらをふまえ、墓室内での食器副葬がヨモツヘグイに相当し、5世紀の朝鮮半島に出自をもつ渡来人がもたらした儀礼であると考えた。また、墓上や石室の閉塞部でおこなわれる器台や甕などを置く行為は、共同体による別離の儀礼であって、こののち記述されているコトドノワタシに相当するものであるとし、弥生時代に淵源をたどれる在来の儀礼であると考えた（坂 2016a）。

ここでは、上記拙稿で述べ尽くせなかった『日本書紀』のヨモツヘグイ（飡泉之竈）について考えてみたい。

2　ヨモツヘグイ（飡泉之竈）と渡来人

（1）造りつけ竈と実大移動式竈・ミニチュア移動式竈

竈は、炉に比べより高温で炊事をおこなうことが可能な施設であり、まずは竪穴住居の壁面に粘土で造りつけられた。住居内部では正面に焚口部、上部に鍋や釜をかけるための孔（鍋口）が設けられていた。背面や住居壁面などに煙道を設け、住居外部に煙を排出する構造である。日本列島では、北部九州では3〜4世紀の福岡県西新町遺跡など渡来人集落での導入が早く、近畿地方では5世紀の大阪市長原遺跡や奈良県御所市南郷遺跡群などの渡来人集落での導入から、6世紀には定着する。それから現代まで基本的な構造は変わることはなかった。

一方、5〜8世紀にかけ、竈形の土製品が存在している。移動式竈・竈形土器・韓竈などと呼称されるが、ここでは移動式竈と呼ぶことにする。屋外などで実際の炊事に使用された実用品と、古墳の副葬用や祭祀などに使用され、実用に供されなかったミニチュア（模造品）とがある。ただし、実用の移動式竈も日常生活に使用したものではなく、基本的に祭祀の場などで使用されたと考えられる。一方、実用に供されなかったミニチュアのなかには、その大きさにおいて実用品と全く変わらないものがある。そこで、ここでは実用か非実用かについては個別に検討することとする。また、その大きさにより、器高24cmをその基準として、実大移動式竈とミニチュア移動式竈とに分類することにしたい。

（2）黄泉国の竈

黄泉国において、竈でつくった食事を食べるといった場合、死者が実際に食べるわけではないので、墓にミニチュア移動式竈が置いてあれば、それだけで、その思想が反映しているであろうことは容易に想像ができるところである。

『日本書紀』編纂時の7〜8世紀の古墳や古墓ではこうした事例が少ない。そうしたなか、奈良県五條市の勘定山古墳は、埋葬施設が横口式石槨の7世紀中葉に築造された終末期古墳であるが、ミニチュア移動式竈と鍋・甑の炊飯具セットが副葬されている。また、渡来人居住地の檜隈に近い貝吹山の南側、奈良県高取町の白壁塚古墳も同じく横口式石槨を埋葬施設としており、炊飯具セットのうちミニチュアの鍋が副葬されている。

7〜8世紀にかけて、実大移動式竈は非日常的な祭祀の場面に主に使用されている。さらに、ミニチュア移動式竈は木製人形、斎串、墨書人面土器、土馬などとともに、重要な祈りの道具であり、ひとつとしていわゆる律令的祭祀具として使用された。非日常的な王権に関わる祭祀具と評価されている（稲田 1978）。殯屋や集落でおこなわれた葬送儀礼で実大移動式竈が使用されることも想定できる（森本 1997）が、必ずしもそればかりではなく、移動式竈は6〜8世紀において様々な祭祀の場面で使用されたものと考えられる。

ヨモツヘグイは、あくまで神話の世界に描かれたものである。それは、古代における普遍的な習俗ではなく、それから遡った時代の特定の習俗に対する「解釈」である。

6～7世紀代に築造された古墳の墓室内に安置されたミニチュア移動式竈が、『日本書紀』の滄泉之竈＝ヨモツヘグイの基層にあるとみて、まずは誤りがなかろう。

(3) 中国・朝鮮半島の竈形の土製品・金属製品

中国や朝鮮半島においても、墓に竈形の土製品や金属製品を副葬することがある。

中国の場合は、明器として現実の住居や井戸、家畜などとともに、土製や青銅製のミニチュアの竈が墓室に持ち込まれている。生前の生活をそのまま死後の世界に持ち込もうとしたものであり、煙道・煙突などを含めて建物に造りつけた竈全体を模型化・小型化したものである。日本列島のミニチュア移動式竈とは形態的に大きな差違があるものの、こうした死後において竈を用いた食事をする思想が、ヨモツヘグイの淵源と意義づけることができる。

朝鮮半島でも、楽浪漢墓のなかで、竈形土製品を明器として墓室に配置している事例がある。北朝鮮の黄海道鳳山郡養洞里5号墳は、横穴式塼室墓で、長方形の焚口を前面に、後部に煙道をもち、上部に三カ所の鍋をかけた造りつけの竈を模型化・小型化した竈形土製品が出土している（國立中央博物館2001）。派遣漢人が、現地においても故地と同様の生活をおこなったことが、模型によって再現されているものと認識できる。

高句麗においては、黄海南道安岳郡の安岳3号墳に描かれた壁画が著名である。瓦葺き屋根の下に竈が設置されている。長方形の焚口枠が前面に取り付けられ、上面には大釜が1つだけ掛けられ、調理がおこなわれている。竈からむかって左側面に煙道がのび、屋外に排気用のL字形の煙突が取り付けられている。前記の煙道が後部につく「一字（直突）」形ではなく「L字（曲突）」形の竈である。

これと同種の竈を模型化した竈形鉄製品が平安北道雲山郡の竜湖洞1号墳から出土している（図1-1）。正面に長方形の焚口があり、焚口縁辺に装飾を施した焚口枠をはめ、上面に釜口が一口開いている。左側面部に「曲突」形の煙道部があり煙突が付属している。実用にも耐える大きさで、器高は28.1㎝、長辺66.7㎝を測る（梅原・藤田1966）。中国の事例と同様、現実生活を再現した明器としての性格をもつ。「曲突」形の竈は、暖房施設である「炕」や温突（オンドル）との共通性が指摘でき、竈の地域的特徴を写したものであると考えられる。

一方、朝鮮半島南部においては、実大移動式竈およびミニチュア移動式竈の出土例はわずかである。このうち、古墳に副葬されたことが確実にわかるのは、群山余方里82号墳（図1-2）、浦項冷水里古墳（図1-3）、慶山林堂D-Ⅱ-215号墳（図1-4）の計3例があるのみである。

群山余方里82号墳は、百済における唯一例である。埋葬施設は横穴式石室だが、石材は抜き取られている。釘付けの木棺があり、棺内の被葬者頭部付近で2点の銀製釵子と冠飾や髪飾りと想定される計6点の金製装身具が出土している。また、右手部分に2点の銀製釧と2点の銀製指輪、中央部分で31点のガラス小玉が出土し、頭部側の棺外において4点の土器類が集中して出土している。その土器類のなかの1点に、ミニチュア移動式竈が含まれていた。日本列島で渡来人の墳墓と認識されているものと、埋葬施設や副葬品の様相、出土状況が共通する。ミニチュア移動式竈は、半円形の焚口部があり、背後に煙突（煙出し）をもつ。器高7.0㎝、底部幅9.8㎝を測る。上部に円形の鍋口がひとつあり、鍋・釜（長胴甕）を表現したと思われる円錐形の土器がのせられている。器高7.5㎝、口径3.2㎝を測る。竈と鍋の外面調整は縄蓆文タタキである（圓光大學校博物館2001）。

半円形の焚口部や鍋口がひとつで、セットになる土器がのせられている点は共通するものの、把手をもたず、煙出しを含む全体の形状は日本列島のミニチュア移動式竈とは異なる点が多い。日本列島のミニチュア移動式竈の直接の原型とするには、こうした形態に加え、この一例にすぎない[補注]こと、本古墳の築造年代やその規模などの点からみて、かなり難しいといえるだろう。

浦項冷水里古墳や慶山林堂D-Ⅱ-215号墳は、新羅の事例である。いずれも、実大移動式竈で、鍋・釜などとはセットとならず竈単体で出土している。

冷水里古墳は、直径27ｍの円墳で、埋葬施設は全長13.6ｍの片袖式の羨道に直交する方向に側室をもつ横穴式石室である。実大移動式竈は、器高24.7㎝、下部最大幅48.0㎝を測る。半円形の焚口部をもち、上部にむかい直線的にすぼまる形状で、口縁部がそのまま鍋口となっている。鍋口の直径は、13.8㎝である。把手はない。外面の背面上部が格子タタキ、そのほか全面に平行タタキを施す。内面は、ナデ調整で、上部に同心円状タタキの当て具痕が残る。焼成時に付着したと考えられる黒斑がある。実用されたかどうかはさだかではない。日本列島のミニチュア移動式竈のなかに、近い形状をもつものがあるが、その製作技法は大きく異なる。古墳の築造年代は、6世紀前半代と想定され、実大移動式竈の年代も6世紀代におくのが妥当だろう。日本列島のミニチュア移動式竈の原型と評価するにはいたらない（國立慶州博物館1995、森本1995）。

慶山林堂D-Ⅱ-215号墳は、群集墓のなかの一基である。小口部に石材で仕切りを設け、土器などの副葬

ひ と

図1　朝鮮半島（1～8）と日本列島（9～20）の竈形の土製品・金属製品

品をおさめた長さ 2.63 m、幅 62〜84cmを測る石蓋木棺墓（主室）と、それに随伴する土器をおさめた長さ 78cm、幅 41cmの土坑（副室）とで構成されている。甑と実大移動式竈が、副室より出土している（韓國文化財保護財団 1998）。

甑は、器高 29.4〜30.3cm、口径 25.5cmを測る実用品で、実大移動式竈とセット関係にはない。外面は平行タタキ、内面には当て具痕が残る。底部は平底で、直径 1 cm内外の円形蒸気孔を多数穿っている。

実大移動式竈は、隅丸長方形の焚口部をもち、周囲に付け庇を伴っている。体部は、直径 14.5cmの鍋口にむかい、急速にすぼまる形状をなしている。特徴的なのは、鍋口部の口縁部が、短く屈曲し外反していることである。高さ 26.8cm、下端部幅 26.2cmを測る。把手はない。外面は全面に平行タタキを施す。内面下端部に黒斑が付着している。また、内面が赤化しており、2次的な焼成をうけているが実際に竈と使用されたかどうかは判断がつかない。日本列島のミニチュア移動式竈とは形態が大きく異なっているうえ、6世紀代と推定されるその年代観から、これもその原型とすることはできない。

以上みてきたように、中国・朝鮮半島においては日本列島のミニチュア移動式竈の直接の原型となるものはみあたらない。ミニチュア移動式竈は、実大移動式竈を小型化したものであり、実用移動式竈がどのようにして成立したかを探る必要がある。

(4) 実大移動式竈の成立

前述のとおり、朝鮮半島南部の実大移動式竈の出土例は乏しく、百済・新羅・伽耶でそれぞれ 1〜2 遺跡に限られる。百済での事例は益山王宮里遺跡と唐津城山里遺跡例（図 1-5）だが、前者は年代が大きく降るものと考えられる。後者は半円形の焚口部の周囲に庇をもつが、上部が細くなる。全体の形状は裁頭ドーム形で、鍋口にむかいすぼまっている。鍋口部の口径 17cm、器高 25.5cm、底部幅 35cmを測る。把手をもたない。外面調整は平行タタキを施す（忠清文化財研究院 2013）。形態的にミニチュア移動式竈の原型とみることは難しい。

新羅では大邱漆谷生活遺跡例があり、鍋口部直径 15.9cmを測る実大移動式竈の上部破片が出土している（図 1-6）。二次焼成をうけ著しく赤化しているが、破片になって廃棄されてからうけたものであり、竈として使用された痕跡ではない。形態は、冷水里古墳例に近く、日本列島のミニチュア移動式竈とは無関係とみてよい（慶北大學校博物館 2010）。

日本列島に最も近い洛東江河口部の金海は、金官国（南伽耶）と呼ばれた小国があった場所だが、6世紀には新羅の領域となる。金海では、鳳凰台遺跡で集中して大・小様々な形態の実大移動式竈が出土している。大型品は、器高 45.8cmを測り、焚口上部に庇をともなう（図 1-7）。その上面に平面半円形の特異な形状の突出部を設ける。体部の傾きが緩く、鍋口の口径は 24.5cmを測る。口縁部は玉縁状になっている。外面は平行タタキ調整である。これも、形態は日本列島のものとは大きく異なる（釜山大學校博物館 2006）。

一方、鳳凰台遺跡の中・小型品については、全体形を窺うことのできる資料はないが、破片が相当量出土している（図 1-8）。いずれも隅丸長方形・半円形の焚口部と庇をもち、タタキ調整を施す。日本列島の実大移動式竈に形態が最も近い（釜山大學校博物館 1998、慶南考古學研究所 2007）。

また、実大移動式竈とセットとなる羽釜が、金海地域で集中して出土している。日本列島の初期の移動式実用竈は羽釜とセット関係になっている。こうしたことから、実大移動式竈の成立には、この地域も関わっている可能性が高い（中野 2016）。金海周辺地域に出自をもつ渡来人の関与が考えられる。

さらに、日本列島における初期の実大移動式竈の製作には、栄山江流域を中心とした馬韓系渡来人の関与も想定される。大阪府四条畷市蔀屋北遺跡は、馬具や馬の全身骨さらには馬韓系土器・土製品が多量に出土したことにより馬韓系馬飼集団の集住した集落と意義づけられている。実大移動式竈は、韓式系土器にみられる格子タタキ・平行タタキを施したものであるが、平底の馬韓系の甑を反転させ、甑の蒸気孔に当たる部分を鍋口としている（図 1-9〜11）。馬韓系甑の底部外面と移動式竈の鍋口部外面のケズリが共通する。また、移動式竈の把手の上方に刺突があるのは、甑の把手下方の刺突の名残である（寺井 2016）。馬韓地域において実大移動式竈の事例が全くないことからみて、故地の甑の製作方法に工夫を加えることによって、移動式実用竈がここにはじめて創案されたものと考えることができる。

また、蔀屋北遺跡では、馬韓地域にみられるものと同じ特色をもつ造りつけ竈の土製焚口枠が多量に出土している。馬韓系の渡来人が故地の生活を再現するため日本列島で製作したものと考えられるが、竪穴住居に伴うものばかりでなく、共同炊事場的な「屋外竈」に付属していたものも存在していたと考えられている（藤田 2010）。これらの土製竈焚き口枠の取り付けられた竈や移動式竈は、主に屋外で使用されたものであり、一般的な日常生活に使用されたものではないと考えられる。当該地が馬飼集団の居住地であることを勘案するとき、馬匹生産、馬具生産、鍛冶生産、塩生産など種々の馬に関

わる生産活動や、遺跡群内で確認されているガラス小玉の生産などにこれらの竈が使用されたであろうことは想像に難くない（坂2012）。実大移動式竈は、ごく初期には格子タタキを施した韓式系土器としての特徴を有していたが、6世紀にはハケ調整の土師器となって在地に定着することになるのである。実大移動式竈は、馬韓系の馬飼集団が屋外で生産活動に使用するために創案したものであって、その後、現地で定着したものとみることができる。

一方、蔀屋北遺跡とは形態が全く異なる初期の実大移動式竈が安倍寺下層遺跡（図1-12）、奈良県伴堂東遺跡（図1-13）、大阪府伏尾遺跡（図1-14）などで出土している。これも格子タタキ・平行タタキなど韓式系土器の技術でつくられており、朝鮮半島に出自をもつ渡来人が製作に関与したものと考えられる。鍋口部にむかいすぼまる形態であり、甑を反転したなら、伽耶系甑の丸底底部と関連する。しかし、把手をもたないことや、形状が異なる点から、甑を反転して製作したものとすることはできない。この形状の竈の場合、羽釜をセットとするものではなく、また実際に羽釜が出土していないことから、金海周辺地域との直接的な関連性も窺えない。その意味で、いまのところその故地を断定するにはいたらない。しかし、渡来人により、日本列島で製作されたということにかわりはない。在地で様々な要素が複合し、渡来人によりはじめて新たな器形が生み出されたと考えられるのである。

これら渡来人の故地は、朝鮮三国から距離があることが重要である。6世紀に伽耶諸国が新羅や百済に、馬韓が百済に併合されるまで、伽耶においても馬韓においても、5世紀は小国の分立状態が続いていた。こうした戦乱状態のなかで、日本列島にわたってきた渡来人によって実大移動式竈が創案されたものと考えられる。

(5) ミニチュア移動式竈の成立

ミニチュア移動式竈は、実大移動式竈を儀礼用・副葬用にミニチュア化したものである。ミニチュア化にあたっても渡来人が関与したと考えられる。

奈良県天理市の中町西遺跡では、羽釜や馬韓系の甑・平底壺・平底鉢など多量の韓式系土器が出土し、渡来人の集住した集落遺跡と意義づけられる。奈良県内では唯一、竈の土製焚口枠が出土しているほか、ミニチュア移動式竈が1点出土している（図1-15）。試掘調査時の出土で、詳しい年代はわからないが、半円形の焚口部と上部に庇をもち、鍋口部幅3.0cm、器高3.2cm、最大幅8.3cmを測るものである。遺跡内の流路からは円筒埴輪の出土もあり、葬送儀礼との関連性については完全に否定できないが、水の祭祀に使用された可能性もある。いずれにせよ、何らかの儀礼用にミニチュア竈が、渡来人によって製作されたことを窺わせるものとして重要である（橿考研2003）。

滋賀県大津市北郊の穴太周辺では、集落遺跡において大壁建物やオンドルが検出されている一方、古墳においてはミニチュア移動式竈をはじめとする甑・鍋・釜など炊飯具セットや釵子、釧などが出土している。周辺は、6世紀代の百済系渡来人の居住地と墓域であると評価することができる。ここでは、実大移動式竈とミニチュア移動式竈の関係を知ることができる。

穴太周辺では大壁建物が30棟あまり確認されているほか、石組のオンドル状施設が検出されている。また、ハケ調整の在地化した実大移動式竈も出土している。半円形の焚口部をもち、周囲に曲げ庇、把手をともなう。器高37.2cm、底部最大幅43.8cmの大型品で、実用に供されたものである。このような実大移動式竈が、まず古墳に副葬されたのである。

大通寺古墳群では、古墳に副葬された移動式竈のなかに、器高6cmほどの完全にミニチュア化したものから39cm大の実大移動式竈までが含まれている。ただし、実大移動式竈は、火を受けているわけではなく、実用に供されたものではない。このうち、実大移動式竈が出土したのは、3（C-1）号墳、5（C-2）号墳での2基である（滋賀県教委ほか2005）。

3号墳は、横長の長方形プランの玄室をもつ横穴式石室を埋葬施設とする直径23mの円墳である。玄室内に木棺を置き、須恵器・土師器、鉄地金銅張剣菱形杏葉などをはじめとする馬具類、鉄鉾・鉄鏃など武器などが副葬されていた。6世紀初頭の築造である。

実大移動式竈は玄門付近の羨道よりの位置で、セット関係にある実大の羽釜、甑は玄門付近でそれぞれ出土している。ススの付着はみられず、実際に使用されたわけではない。調整はハケであり、土師器の技法で製作されている。竈は半円形の焚口部の上部に曲げ庇、体部両側に把手を取り付ける。器高38.7cm、鍋口部直径26.3cm、底部最大幅50.8cmを測る（図1-16）。

また、大通寺5（C-2）号墳も同様の埋葬施設をもつ。ガラストンボ玉が出土しているほか、玄門付近で器高35.2cmを測る実大移動式竈が出土している（図1-17）。釜（長胴甕）がセットとなり、焚口部が隅丸長方形で、焚口部周囲に付け庇を伴う。把手はなく、体部中央に突帯をめぐらす。3号墳のそれとは型式やセット関係が異なるものであり、これもミニチュア化する前段階のものと位置づけることが可能である。

穴太周辺では、穴太野添古墳群・穴太飼込古墳群・大

谷南古墳群・太鼓塚古墳群・福王寺古墳群などでミニチュア移動式竈を中心とした炊飯具のセットが出土している。太鼓塚古墳群などで、器高20cm大のミニチュア移動式竈が認められるものの、年代的には6世紀後半代であり、成立期のものとは認めがたい。しかし、多くの古墳に副葬されており、限定された地域が渡来人の墓域となることによって、この習俗が一定の定着をみせたことを意味している。それは、竈で炊いた食物を黄泉国で食する行為を形で表現したものであり、これこそヨモツヘグイ（滄泉之竈）の世界であるといえる。

ただし、こうした穴太遺跡周辺の古墳群でのミニチュア炊飯具の副葬を『日本書紀』の神話に記述したとは考えにくい。やはりそれは、都に近い地域の古墳の状況を示しているのだろう。

(6) 飛鳥の渡来人とヨモツヘグイ（滄泉之竈）

大和では、実大移動式竈の古墳への副葬は認められない。

かつては、初期横穴式石室の事例として著名な奈良県桜井市の稲荷西2号墳（桜井児童公園2号墳）で、完全にミニチュア化した竈（器高10.5cm）・鍋・甑が出土しているとされていた。しかし、近年、この竈・鍋・甑は採集品であり児童公園付近の異なった古墳に伴うものであることが判明した。稲荷西2号墳には、ミニチュア移動式竈はなく、鍋の小型品、ミニチュア甑と、銀製釧、釵子が副葬されていた。年代は、5世紀末葉と考えられる（桜井市文化財協会2007）。

また、高取町稲村山古墳でも、実寸は不明だが甑が単独で出土している。大壁建物が多数検出され、百済・馬韓系渡来人の集落遺跡と考えられる観覚寺遺跡が近傍にあり、その墓域と考えられる。横穴式石室かと推定される埋葬施設から、銀釧・銀釵子・ガラス小玉・管玉などの遺物が出土している。築造年代は不明だが、甑の副葬の古い事例と考えられる。

さらに、桜井市浅古所在の古墳では、器高8.0cmのミニチュア移動式竈が単独で出土している（図1-18）。半円形の焚口部上部に付け庇をもつ。把手はもたない。詳細な年代はわからないが、これも6世紀前半代まで遡る古い事例であろう（橿考研1978）。

奈良県の場合、古墳副葬当初から炊飯具のセットのうち竈か甑を単独でミニチュア化している。しかも、滋賀県大通寺古墳群の実用移動式竈の副葬より年代が遡るものと考えられる。そのため、古墳の副葬過程のなかで実大移動式竈からミニチュア移動式竈に変化したとはいえないといえる。滋賀県の事例の場合は、実用に供されない実大移動式竈の副葬を端緒として、それが定着する過程があり、奈良県の場合は実用に供されない個別の小型品の副葬を端緒とし、それが定着する過程があったと考えられる。

奈良県においてもミニチュア移動式竈の副葬は、偏在的である。これらはすべて朝鮮半島西南部及び南部に出自をもつ渡来人集団との関連のなかで把握することが可能である。地域的には、上述の稲荷西古墳や浅古所在古墳のある鳥見山周辺と、観覚寺遺跡や稲村山古墳のある飛鳥地域、さらには金剛山東麓や葛城山東麓地域である。

飛鳥地域では、貝吹山周辺において真弓鑵子塚古墳・与楽鑵子塚古墳・沼山古墳などの大型横穴式石室から、真弓スズミ1号墳（図1-19）、カイワラ1（図1-20）・2号墳や与楽ナシタニ・ヲギタ古墳群などの中・小規模横穴式石室にミニチュア炊飯具が副葬されている（明日香村教委2008・2010・2011）。それが、上述の7世紀代に築造された横口式石槨をもつ白壁塚古墳にまで継承されていく。こうした渡来人による習俗が、飛鳥の特定地域のなかで、定着・展開したことこそが、『日本書紀』の神話に反映したと見なせるのである。

結びにかえて

『日本書紀』のいうヨモツヘグイ（滄泉之竈）は、朝鮮半島西南部及び南部に出自をもつ渡来人が、近畿地方ではじめておこなった儀礼である。『古事記』のヨモツヘグイ（黄泉戸喫）もその淵源は渡来人がもたらしたものにちがいないが、食器の副葬は、6世紀には定着化し様々な階層に広く普及した。それに対し、ミニチュア炊飯具の副葬は、特定地域の渡来人の習俗である。『日本書紀』は、大和における特定の渡来人を対象として、その独特の習俗について、ヨモツヘグイと解釈したわけである。

この神話の後段はヨモツヒラサカにおいて、千引きの岩によって引き塞ぐコトドのワタシ（『古事記』では事戸を度す、『日本書紀』では絶妻之誓建）である。そして、『古事記』ではヨモツヒラサカは、今の出雲国伊賦夜坂とする。島根県八束郡東出雲町（現松江市）に揖屋がある。式内社に揖夜神社、『出雲国風土記』意宇郡の条に、伊布夜社、宇賀郡の条には黄泉之坂の記述もある。『日本書紀』にはこうした地名の表記は一切なく、ここにもその違いがあらわれている。

引用・参考文献
稲田孝司1978「忌の竈と王権」『考古学研究』第25巻第1号
梅原末治・藤田亮策1966『朝鮮古文化綜鑑　第四巻』養徳社
卜部行弘1991「土製品」『古墳時代の研究　古墳II副葬品』雄山閣

ひ　と

折口信夫 1929「国文学の発生（第四稿）」『折口信夫全集』第一巻　中央公論社
亀田博 1977「後期古墳に埋納された土器」『考古学研究』第23巻第4号
楠元哲夫 1992「六文銭―古墳における須恵器祭式成立の意義とその背景―」森浩一編『考古学と生活文化』同志社大学考古学シリーズⅤ
倉野憲司・武田祐吉 1958『古事記　祝詞』日本古典文学体系1　岩波書店
小林行雄 1959『古墳の話』岩波新書
小林行雄 1976「黄泉戸喫」『古墳文化論考』平凡社
西郷信綱 1975『古事記注釈　第1巻』平凡社
坂本太郎ほか校注 1967『日本書紀　上』日本古典文学大系67　岩波書店
佐藤正英 1982「黄泉国の在りか」『現代思想』昭和57年9月増刊
白石太一郎 1975「ことどわたし考―横穴式石室墳の埋葬儀礼をめぐって―」『橿原考古学研究所論集　創立三十五周年記念』吉川弘文館
白石太一郎 2016「祭祀・儀礼からみた古墳」『古墳とは何か―葬送儀礼からみた古墳―』大阪府立近つ飛鳥博物館
菅野雅雄 1973『古事記説話の研究』桜楓社
武田祐吉 1954『古事記説話群の研究』明治書院
武田祐吉訳注 1972『新訂　古事記』角川文庫
辰巳和弘 2011『他界へ翔る船―「黄泉国」の考古学―』新泉社
寺井誠 2016「新たなものを生み出す渡来文化―『百済のような百済でない竈』の紹介を通じて―」『河内の開発と渡来人―蔀屋北遺跡の世界―』大阪府立狭山池博物館
寺前直人 2006「ヨモツヘグイ再考―古墳における飲食と調理としての土器」『待兼山論叢　史学篇』第40号
中野咲 2016「羽釜と移動式カマドの受容と展開」『古墳時代の渡来系集団の出自と役割の関する考古学的研究』平成24～27年度科学研究費助成事業研究成果報告書
土生田純之 1998『黄泉国の成立』学生社
坂 靖 2012「日本畿内地域百済・馬韓系住居址の研究」『甕棺古墳社会住居址』韓国　國立羅州文化財研究所
坂 靖 2016a「儀礼」『季刊　考古学』137号（特集　古墳時代・渡来人の考古学）
坂 靖 2016b『古墳時代の渡来系集団の出自と役割の関する考古学的研究』平成24～27年度科学研究費助成事業研究成果報告書
藤田道子 2010「蔀屋北遺跡出土のU字形板状土製品について」『蔀屋北遺跡Ⅰ　総括・分析編』大阪教育委員会
松前健 1971『日本神話の新研究―日本文化系統論序説』桜楓社
水野正好 1969「滋賀県所在の漢人系帰化氏族とその墓制」『滋賀県文化財調査報告書第4冊』
森本徹 1995「韓国冷水里古墳出土の竈形土器」『大阪文化財研究』10　大阪府文化財調査研究センター
森本徹 1997「古墳時代葬送儀礼専業集落についての覚書」『大阪文化財研究』12　大阪府文化財調査研究センター
森本徹 2007「横穴式石室と埋葬儀礼」『研究集会　近畿の横穴式石室』横穴式石室研究会
和田晴吾 2014『古墳の葬制と他界観』吉川弘文館

（主要報告書　日本）
明日香村教育委員会 2008『明日香村遺跡調査概報　平成18年度』
明日香村教育委員会 2010『真弓鑵子塚古墳発掘調査報告書』
明日香村教育委員会 2011『明日香村遺跡調査概報　平成21年度』
大阪府教育委員会 2010『蔀屋北遺跡Ⅰ』
桜井市文化財協会 2007『桜井公園遺跡群―双築古墳群と安倍山遺跡の発掘調査―』
滋賀県教育委員会・滋賀県文化財保護協会 2005『出土文化財資料化収納業務報告書Ⅱ-2　大通寺古墳群（昭和43年度調査）』
高取町教育委員会 2006『寺崎白壁塚古墳発掘調査報告書』
高取町教育委員会 2012『与楽カンジョ古墳・与楽鑵子塚古墳発掘調査報告書』
奈良県立橿原考古学研究所 1978『奈良県古墳発掘調査集報Ⅱ』
奈良県立橿原考古学研究所 2003『中町西遺跡』

（主要報告書・図録　韓国）
忠清文化財研究院 2013『唐津城山里遺蹟（3-1地点）2巻―原三国～百済時代―』
韓國文化財保護財団 1998『慶山林堂遺蹟Ⅴ D-Ⅱ地区古墳群』
國立中央博物館 2001『楽浪』
國立慶州博物館 1995『冷水里古墳』
慶南考古學研究所 2007『金海鳳凰洞遺蹟―金海韓屋生活體驗造成敷地内遺蹟發掘調査報告書―』
慶北大學校博物館 2010『大邱漆谷生活遺蹟Ⅱ』
釜山大學校博物館 1998『金海鳳凰臺遺蹟』
釜山大學校博物館 2006『傅金海加耶宮墟址』
圓光大學校博物館 2001『群山余方里古墳群發掘調査報告書　西海岸高速道路（舒川―群山間）建設區間内文化遺蹟』

補　註

　本稿校正中の2018年4月、百済の中心部で、4世紀中頃～5世紀初頭の50基あまりの横穴式石室が調査されて、そのなかの1基からミニチュア炊飯具のセットが出土したことが報道された（4月23日付け　連合ニュースなど）。調査地は河南市甘一洞で、百済王城と考えられるソウル特別市の風納土城からは約4km東に位置する。セットとなる竈・甑・鍋は、いずれも瓦質で焼成されている。ミニチュア竈は、煙道を奥にもつ造りつけ竈を模したものであり、日本列島のミニチュア移動式竈とはその発想を違えるものである。明器として墓室内に配置されたもので、報道では中国からわたってきたものとされている。調査された横穴式石室も、美道部が地下に降る構造の中国式の「窟式石室」であり、また中国製の青磁鶏首壺も出土している。
　風納土城に中国から招来した資料が多く出土していることをあわせ、古墳群全体が中国の横穴式石室や明器の思想や影響を強く受けていることは明白である。百済における古墳出土のミニチュア炊飯具セット出土事例は、これで2例目であるが、いずれもその形態の面から、近畿地方のそれに直接的な影響を与えたとは見なしがたい。その意味で日本列島にわたった渡来人が、内外の実大移動式竈を原型にして、ミニチュア移動式竈を創案したという本論の主旨に変更はない。
　渡来人の出自については、この資料をもって特定するにはいたらないが、百済地域との関わりがより高まったといえる。何よりも、百済の中心部での出土であるからである。さらに、近年、同じ百済中心部において、ミニチュア炊飯具と同様に渡来人と関連する資料とされていた釵子が数多く出土している（成南市 2017『板校博物館』）。成南市板校古墳群であり、河南市甘一洞のすぐ南に位置する。また、埋葬施設は甘一洞と同様の横穴式石室であり、埋葬施設の形態・構造からみても、中国と深い関係にあった百済の渡来人が、近畿地方のそれに影響を与えている可能性が高い。

韓式系羽釜と移動式カマドからみた日韓交渉の一様相
―尼崎市平田遺跡・吹田市五反島遺跡出土資料を中心に―

中 野　　咲

はじめに

　本稿は、尼崎市平田遺跡出土の韓式系羽釜と吹田市五反島遺跡出土の移動式カマドの系譜と出土状況を検討し、古墳時代の日韓交渉の実態の一端を明らかにしようとするものである。

　羽釜と移動式カマドは、韓式系土器の一器種ととらえられてきたが（田中清美2005）、朝鮮半島南部でも出土例が少ないうえに、列島でも朝鮮半島南部の資料と直接対比できる資料が不足していた。近年、大阪府蔀屋北遺跡や讃良郡条里遺跡においてタタキ調整の韓式系羽釜と移動式カマドが大量に出土し、その系譜を検討できる資料が出そろいつつある。このうち移動式カマドについては、詳細な属性分類を経て、その特徴的な形態と斉一性から「蔀屋北型」移動式カマドが設定された（藤田2015）。また、製作技法の百済系甑との類似が指摘され、百済系渡来人が倭人の求めに応じて製作したものと評価された（寺井2016）。

　一方、朝鮮半島南部でも羽釜と移動式カマドの出土数が増加している。筆者もこれらの資料を用いて、日韓における分布を検討したことがあり、列島では大阪府四条畷市～寝屋川市におよぶ蔀屋北遺跡、讃良郡条里遺跡や東大阪市神並遺跡や鬼虎川遺跡を中心とする河内湖北岸・東岸、朝鮮半島では釜山・金海地域を中心とする地域であると指摘した（中野2016）。

　このような近年の資料の蓄積を受けて、日本列島と朝鮮半島南部における羽釜と移動式カマドの出現と展開の様相があきらかになりつつある。しかし、その実態は、朝鮮半島における分布の中心が釜山・金海地域というかつての金官加耶の中心地であるのに対し、日本で出土する韓式系移動式カマドの技術的系譜は百済地域に求められるが、当の百済地域ではカマドがほとんど出土していない。移動式カマドの系譜については、いましばらく朝鮮半島における良好な出土事例の増加を待つ必要があろう。

　こうした状況の中、今回は摂津地域の尼崎市平田遺跡と吹田市五反島遺跡で出土した韓式系羽釜と移動式カマドについて検討する。先述の通り日本における韓式系羽釜と移動式カマドの出土は河内湖北東岸に集中している。また時期も5世紀後半に限定されている。摂津地域の出土例は、地理的な分布の中心部から外れている上に、次節で述べるように時期も5世紀後半から6世紀に位置づけられ、集中する時期から外れている。両遺跡の事例の検討は、先述のカマドの出現や系譜の議論とは直接関係しないが、出土の意義から当時の日韓交渉の実態の一端を考察してみたい。

1　資料の観察

（1）尼崎市平田遺跡出土韓式系羽釜

　平田遺跡は猪名川右岸の平野部に立地し（図1）、古墳時代の鉄器生産集落として著名な若王子遺跡とは隣接している。既往の調査では弥生時代中期から平安時代までの遺構・遺物が検出されている（遠藤2015など）。

　羽釜が出土したのは、7次調査で検出された土坑1である。土坑1は他の遺構との重複や遺構の一部が調査区外にあることから全体の形状は不明であるが、平面形状は直径3m弱の円形を呈する。深さは約60cmで、断面形状は半円形を呈する。埋土は凹レンズ状に堆積し、4層に分けられている。埋土には多くの炭化物を含むことから、火災などに伴う一括廃棄の可能性が想定されている。遺物は古墳時代後期を中心として大量に出土しており、土師器・須恵器・韓式系土器、フイゴ羽口、鉄滓などがある（図2-1～21）。

　羽釜（図2-1、写真1）は上半部の破片で全体の形状は不明である。口径は12.4cmである。口縁部は緩やかに外湾し、口縁端部には明確な面をもつ。頸部から口縁部は縦方向の平行タタキで成形され、そののち頸部以下に横から斜め右上がりの平行タタキを施す（写真2）。鍔は頸部より下がった肩部に付加されている。鍔は2枚の粘土板により成形されている（写真1）。体部の断面を観察すると、体部の成形時に粘土を外に引き出し、体部と一体で鍔を成形している（写真3）。さらに、鍔の内面には粘土帯を貼り足して補強しているのも観察できる。焼成は軟質で比較的良好、胎土には長石を含み、色調は白黄色を呈する。

　共伴する須恵器は図2-10がMT15型式期、17がTK209型式期に位置づけられるものの、大半がTK10

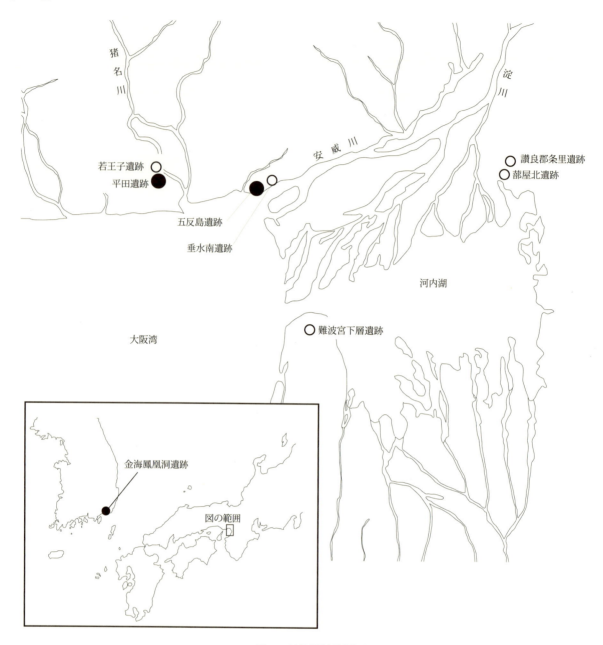

図1 対象遺跡位置図

～43型式期に収まり、時期幅がみられる。羽釜の時期については、6世紀代の所産ととらえておく。

(2) 吹田市五反島遺跡出土韓式系移動式カマド

五反島遺跡は千里丘陵南縁の段丘から安威川に向かう低地のうち安威川の河口付近に立地する（図1）。近接して北側には垂水南遺跡や垂水遺跡があり、そのさらに北方の千里丘陵には須恵器の一大生産地である千里古窯址群が展開する。五反島遺跡では1986年の調査で川跡と堤防が検出され、古墳時代から平安時代にかけての大量の遺物が出土した。なかでも、平安時代の遺物については瑞花双鳳麒麟狻猊文鏡や鉄鏃、鉄鎌、鋤、カマドなどの祭祀に関わる遺物が多数認められ（西本ほか2003）、五反島遺跡を河川祭祀遺跡として著名にした。

古墳時代の土器は、その多くが歴史時代の河道中から出土しており、移動式カマドのうち韓式系と考えられるものは、鎌倉時代に比定される河道1上層から出土している。この河川には弥生時代以降の土器が大量に含まれている。

移動式カマド（図2-22）は器高38.3cm、掛口径19.1cmであり、庇の左側を欠くなどして全体の3割ほどが残存している。全体は上方にすぼむ裁頭形である。粘土紐は内傾接合であり、底部から粘土紐を積み上げて成形していることがわかる。掛口は外面に粘土を折り返して肥厚させており、玉縁状を呈する（写真4）。外面を左上がりの粗い平行タタキで成形しており、内面には同心円の当て具痕跡が残っている（写真5）。底部では縦方向のタタキを施した後、横方向のタタキを施したことが観察

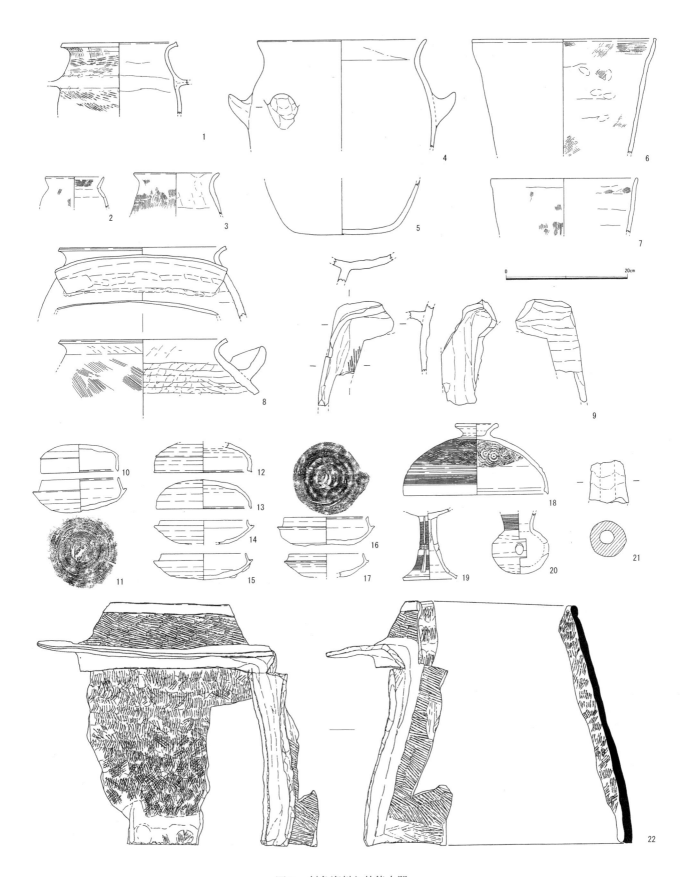

図2　対象資料と共伴土器
（S=1/6, 1〜21：平田遺跡土坑1（遠藤2015に加筆）、22：五反島遺跡（西本2003））

ひ　と

写真1　平田遺跡出土羽釜①

写真2　平田遺跡出土羽釜②

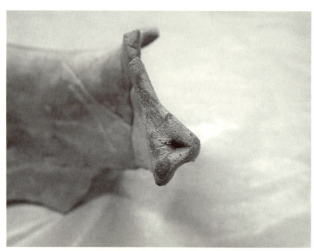

写真3　平田遺跡出土羽釜③

写真4　五反島遺跡出土移動式カマド①
（吹田市教育委員会蔵）

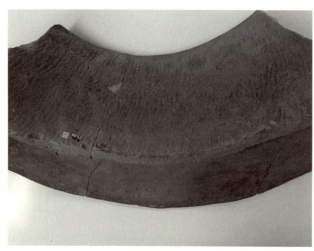

写真5　五反島遺跡出土移動式カマド②
（吹田市教育委員会蔵）

写真6　五反島遺跡出土移動式カマド③
（吹田市教育委員会蔵）

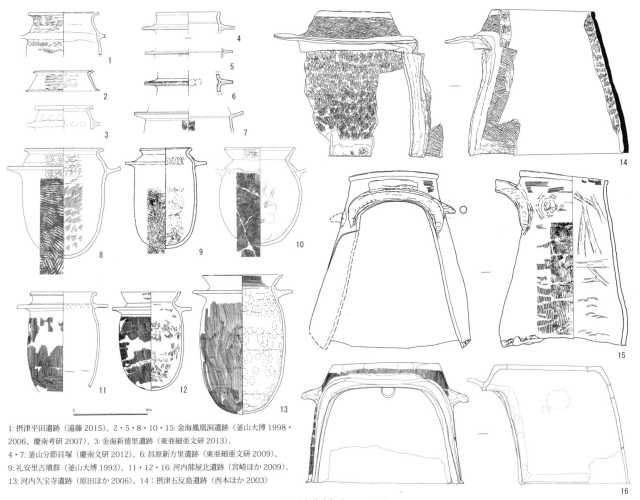

図3 関連資料（S=1/10）

1: 摂津平田遺跡（遠藤2015）、2・5・8・10・15: 金海鳳凰洞遺跡（釜山大博1998・2006、慶南考研2007）、3: 金海新徳里遺跡（東亜細亜文研2013）、4・7: 釜山分節里貝塚（慶南文研2012）、6: 昌原新方里遺跡（東亜細亜文研2009）、9: 礼安里古墳群（釜山大博1993）、11・12・16: 河内蔀屋北遺跡（宮崎ほか2009）、13: 河内久宝寺遺跡（原田ほか2006）、14: 摂津五反島遺跡（西本ほか2003）

できる。焚口は方形に切り取っており、焚口右上では、切り取る際の工具痕が観察できる。焚口の周辺には幅10cm程度の庇を貼りつける。庇の上面には平行タタキの痕跡が観察できる（写真6）。庇の下面は指ナデの痕跡が顕著である。端部はナデで丸く収める。把手の部分は欠損しているが、右側面の中ほどにはタタキがナデ消されている箇所があり、把手を付加した際の痕跡と考えられる。また、接合しないが、同一個体と考えられる破片があり、把手の軸周辺に巻いた粘土が残る。把手の接合方法については、挿入であるのか、貼りつけであるのかは、残存部位からでは判断が付かない。焼成は還元焔焼成で堅緻に焼しめられているものの、色調は明黄褐色を呈する。

2　検討

まずは、先記の2点の土器に関して類例を探索する。

平田遺跡の羽釜（図3-1）は、鍔を体部の成形と同時に造り出す点が特徴的である。列島の一般的な土師器羽釜（13）は、長胴甕をハケ目調整で製作した後、口縁部〜頸部に鍔を付加する。平田遺跡出土羽釜とは、外面のタタキとハケ目という調整以上に、鍔と体部の製作方法、鍔を付加する位置に大きな差異が認められる。列島出土の韓式系羽釜（11・12）も、長胴甕に鍔を付加している。鍔を付加する位置は、土師器羽釜と同様に頸部付近である。一方、朝鮮半島の羽釜（2〜10）は、体部形態が一部布留式甕に類似した球胴のものがあるものの、総じて長胴である点は共通している。しかし、鍔は肩部付近にある。また、土師器と同様に完成した長胴甕の肩部に鍔を付加するもの（Aタイプとする。8〜10）と、体部の成形と同時に鍔を作り出すもの（Bタイプ。2〜7）がある。平田遺跡の羽釜はこのうちBタイプに相当する。

先述のように、朝鮮半島南部における羽釜の地理的分布は、慶尚南道西部山清や全羅北道益山でも出土するものの、中心は慶尚南道釜山・金海地域であり、一部昌原でも出土しているが、特に金海鳳凰洞遺跡に集中する（金2013、中野2016）。現状ではA・Bタイプの分布の片寄りは認められないようである。以上から、平田遺跡の羽釜については、釜山・金海地域を中心とした嶺南地域に系譜が求められる。

ひと

　また、時期については、現状ではトレンチ調査の包含層、貝塚からの出土が多く、存続時期は明確ではない。金海鳳凰洞遺跡58号窯出土品を4世紀末〜5世紀前半に位置づけ、出現期の事例とする意見もある（黄2008）が、日韓の間で出現時期を比較して議論するのに耐えうる良好な資料は少ない。現状ではおよそ5世紀以降とみられている（金2013）。平田遺跡出土羽釜の共伴土器はおよそ6世紀代に収まるので、朝鮮半島の存続時期とも矛盾はないようである。

　五反島遺跡出土移動式カマド（図3-14）は外面横方向平行タタキ、内面当て具痕、還元炎焼成であることが特徴である。列島の韓式系移動式カマドは多様であるが、分布の中心である大阪府蔀屋北遺跡では定型化した「蔀屋北型」移動式カマド（16）が成立している。「蔀屋北型」移動式カマドは、掛口が平坦面をなして逆L字状を呈する点、掛口下をヘラケズリする点、付け庇、焚口左右から庇に続く断面方形の突帯をめぐらす点、把手は下向き、外面は縦方向平行タタキ成形で生駒西麓産胎土等が特徴とされている（藤田2015）。五反島遺跡のカマドの形状はこの蔀屋北型とは異なり、また列島内出土の韓式系移動式カマドにも類似しない。

　類例を朝鮮半島に求めると、金海鳳凰洞遺跡（伝金官伽耶宮墟址）出土移動式カマド（15）が最も類似する。このカマドの形態は裁頭形を呈し、口縁部は外に折り返して玉縁状を呈する。庇は付け庇で焚口上部のみ付加されている。把手は下向きである。外面は平行タタキののちハケで調整している。焼成は軟質である。朝鮮半島出土の移動式カマドのうち、全体の形状が明らかなものはこの個体のみであるが、他の破片をみてもすべてが付け庇であり、口縁部が玉縁状を呈するものが多い。

　また、外面に横方向のタタキを施し、内面に同心円の当て具を残す製作技法については、現状で朝鮮半島南部から出土している移動式カマドには認められないものの、図示した羽釜（図3-2・7〜9）に認められるように、嶺南地域の5世紀後半から6世紀代の煮炊具に一般的に見られる。

　さらに焼成についても、硬緻な赤褐色の軟質土器を製作することは、朝鮮半島南部で一般的に行われている。朝鮮半島南部出土の移動式カマドの中にも鳳凰洞遺跡出土品など、赤褐色であるが硬緻に焼成されているものがある。

　以上のように、五反島遺跡の移動式カマドについては全く類似する例は認められないが、形態・焼成・成形技法は5世紀後半以降の嶺南地域に系譜が求められる。

　朝鮮半島南部において実用サイズの移動式カマドの分布は、浦項・漆谷・慶山など慶尚北道から釜山・金海の慶尚南道を中心に分布しており、特に後者に集中している。さらに、前者の慶尚北道出土のものは、全体的な作りが粗く特に掛口が貧弱で、径も小さく、後者の釜山・金海地域のものは、17のように掛口が玉縁状を呈するものが多い（中野2016）。よって、五反島遺跡出土の移動式カマドは、釜山・金海地域の系譜を引くと想定される。

　また、時期についても、朝鮮半島南部では羽釜と同様に確実な遺構出土例が少なく、存続時期を明確にできない状況である。現状では出現を5世紀代遡及させるのは難しく、6世紀が中心とみられている（金2013）。五反島遺跡例も河川出土であるため時期は明確ではないが、古墳時代に位置づけられており、朝鮮半島の存続時期と矛盾しないとみられる。

　続いて、出土状況を検討してみる。平田遺跡の羽釜は土坑から移動式カマド2点、甑2点鍋などの煮炊具とともに出土している。

　移動式カマドのうち1点（図2-8）は、口縁部が甕のように外反しており、このような形態は日本海側を中心に分布する山陰型移動式カマドと類似する。一方、口縁部を見ると、中央が凹む面を持っており、韓式系土器のそれと類似する。つまり、このカマドは日本海側の属性と韓式系の属性を併せ持つ折衷品と考えられる。山陰型移動式カマドは日本海側のみではなく、丹波のような内陸でも出土している（近澤1992）。カマドの形態の情報は、平田遺跡が面する猪名川を通じた交流によってもたらされたものと考えられる。一方、韓式系土器の情報は大阪湾を介した交流によってもたらされたものであろう。

　土坑1では羽釜と上記の移動式カマドのほか、もう1点付け庇系の移動式カマドが出土しており、羽釜と組み合わせて使用されたとみられる。既往の研究では、羽釜と組み合う移動式カマドは曲げ庇系、付け庇系カマドには釜が組み合うとされてきた（稲田1978）。しかし、改めて両者のセット関係を検討すると、原則から外れた組み合わせで使用する地域があることが明らかとなっている。先にみたように朝鮮半島南部の釜山・金海地域では韓式系の羽釜と付け庇系移動式カマドが組み合い、平田遺跡が位置する西摂地域では、土師器の釜と在地産曲げ庇系移動式カマドが組み合うようである（中野2016）。平田遺跡土坑1では、韓式系羽釜と土師器付け庇系移動式カマドが共伴し、在地の組み合わせに合致しない。さらに、先にみたように移動式カマドにもさまざまな地域の属性が見られ、組み合わせにおいても、土器の個体においても様々な地域の系譜を引く属性の折衷が認められる。

　このように、外来系土器や外来系土器同士の折衷品が

認められることから、平田遺跡はさまざまな地域の人や文物が一定期間滞在する流通拠点であったと想定される。隣接する若王子遺跡については、準構造船を再利用した井戸の存在から港湾施設との関連を指摘する意見もある（森本2014）。拠点となった背景には、フイゴ羽口が共伴して出土している点や、若王子遺跡が著名な鉄器生産遺跡であることから、鉄器生産が関係している可能性がある。

五反島遺跡の移動式カマドは、鎌倉時代の河川から出土しているため、組み合わせは不明である。五反島遺跡では古墳時代から平安時代に至る移動式カマドが破片も含めると145点以上出土している（高橋2006）が、羽釜の出土はほとんどなく、釜と組み合わせて使用された可能性が高い。先述のように、この組み合わせは摂津地域の特徴である（中野2016）。

ところで、五反島遺跡からは古墳時代を通じて外来系土器が多数出土している。増加し始めるのは布留1式とされており、古墳時代前期から中期において東海系土器を中心に多地域の土器が出土している（桐井2016）。中期に入ると馬韓・百済系や加耶系の韓式系軟質土器や陶質土器など朝鮮半島系土器のほか、南九州の成川式土器が出土する（橋本2015）。安威川の河口付近の立地からみても、大阪湾から淀川へ至る間の流通拠点と評価されている（森本2014）。滞在のあり方は不明であるものの、やはり平田遺跡と同様、流通拠点に釜山・金海地域からの渡来系集団が滞在したと考えられる。

おわりに

以上のように、平田遺跡出土羽釜と五反島遺跡出土移動式カマドは、5世紀後半から6世紀の朝鮮半島南部の釜山・金海地域の系譜を引くことが明らかとなった。

釜山・金海地域は、加耶諸国のうち金官加耶の領域内に相当し、中心地とみられている金海鳳凰洞遺跡からは羽釜と移動式カマドが集中して出土している。金官加耶の最盛期は4世紀代である。鳳凰洞遺跡は古金海湾に面した交通の要衝であり、金官加耶は東アジア的な海上交易や鉄生産を背景に発展したと指摘される（田中俊明2009、井上2014など）。しかし、4世紀末には金官加耶の王墓大成洞古墳群の築造が停止する。この背景には新羅の侵攻があり、事実上金官加耶は滅亡したと評価される（申2007）。また、『三国史記』には532年に国王が新羅に降り、金官加耶が完全に滅亡するとある。

つまり、今回検討した土器が関連する5世紀後半～6世紀の釜山・金海地域は、新羅の侵攻を受けその勢力下に編入されていく状況なのである。大成洞古墳群の造営停止以降、金海様式の土器が廃れ新羅化することから、新羅の対倭交渉の窓口となったとの評価もある（李2003、朴2007、金2013）。

今回取り上げた土器は、出土状況から時期を限定することができず、また釜山・金海地域の考古学的な状況は未だ不明な部分が多い。したがって今回は、交渉の背景にある政治勢力への言及は控え、大阪湾北岸の流通拠点に釜山・金海地域を故地とする渡来系集団が一定程度滞在していた可能性を指摘し、難波を中心とした摂津の港湾的役割（森本2014）の一端を示すに留めておく。また、当該期の朝鮮半島南部は、加耶諸国に侵攻する新羅と百済が対立する中、大加耶や安羅加耶勢力が台頭する混乱した状況で、そこに倭も少なからず関与していた（田中俊明2009）。この状況を示すように、列島内では百済に加えて、大加耶、新羅など様々な地域の系譜を引く遺物が出土する（高久2002、朴2007、寺井2009、定森2015など）。今回取り上げた土器はこのような交渉の一端を示していると考えられる。

さらなる交渉の実態や歴史的意義については、今後列島内の半島系遺物のあり方や、5世紀後半～6世紀の釜山・金海地域の様相の検討を経たのちの課題としたい。

引用・参考文献
※日本語（五十音順）
井上主税 2014『朝鮮半島の倭系遺物からみた日朝関係』学生社　pp.1-336
稲田孝司 1978「忌の竈と王権」『考古学研究』25-1　pp.52-69
遠藤啓輔 2015「第7次調査」『尼崎市埋蔵文化財調査年報　平成21年度（2）―平田遺跡第5・6・7次調査の概要―』尼崎市教育委員会　pp.11-25
桐井理揮 2016「古墳出現期の猪名川流域―外来系土器の検討を中心として―」『古墳出現期土器研究』第4号　pp.55-72
定森秀夫 2015『朝鮮三国時代陶質土器の研究』六一書房　pp.1-200
申敬澈 2007「金官加耶土器の編年」和田晴吾編『渡来遺物からみた古代日韓交流の考古学的研究』pp.175-211
高久健二 2002「韓国の倭系遺物―4～6世紀―」『国立歴史民俗博物館研究報告』第110集
高橋真希 2006「五反島遺跡出土竈形土器について」『吹田市立博物館報』6　pp.24-46
田中清美 2005「河内湖周辺の韓式系土器と渡来人」『ヤマト王権と渡来人』サンライズ出版　pp.65-89
田中俊明 2009『古代の日本と加耶』日本史リブレット　山川出版社　pp.1-103
近澤豊明 1992「竈形土製品について」中山修一先生喜寿記念事業会編『長岡京文化論叢』Ⅱ　三星出版　pp.439-453
寺井誠 2009「外交の窓口難波の考古学的研究」『古代嶺南と大阪の出会い』嶺南文化財研究院・大阪市文化財協会交流10周年記念シンポジウム資料　pp.233-292
寺井誠 2016「新たなものを生み出す渡来文化―「百済のようで百済でない竈」の紹介を通じて―」『河内の開発と渡来人―蔀屋北遺跡の世界―』大阪府立狭山池博物館平成28年度特別展図録　pp.82-87
中野咲 2016「羽釜と移動式カマドの受容と展開」坂靖編『古

ひと

墳時代の渡来系集団の出自と役割に関する考古学的研究』平成24～27年度科学研究費（基盤研究(c) 課題番号24520880）研究成果報告書　pp.115-136
西本安秀ほか 2003『吹田市五反島遺跡発掘調査報告書（遺物編）』吹田市教育員会　pp.1-175
橋本達也 2015「やってきた土器・出て行った成川式土器」『成川式土器ってなんだ？』鹿児島大学総合研究博物館図録 pp.43-45
原田昌則ほか 2006「久宝寺遺跡第23次調査」『久宝寺遺跡』財団法人八尾市文化財調査研究会報告89　八尾市文化財調査研究会　pp.1-226
朴天秀 2007『加耶と倭』講談社　pp.1-417
藤田道子 2015「蔀屋北遺跡出土の移動式カマド」『韓式系土器研究』XIV　韓式系土器研究会　pp.165-182
宮崎泰史ほか 2009『蔀屋北遺跡』I　大阪府教育委員会 pp.1-342
森本徹 2014「摂津地域」『古代学研究』第201号　pp.1-8

※韓国語（カナタラ順　タイトルを日本語に翻訳）
慶南考古学研究所 2007『金海鳳凰洞遺蹟』pp.1-490
慶南文化財研究院 2012『釜山分節貝塚』pp.1-463
金大煥 2013「蔀屋北遺跡からみた韓日交渉」『嶺南大學校　文化人類學科 開設40周年 紀念論叢』pp.521-546
東亜細亜文化財研究院 2009『昌原新方里低地遺蹟』pp.1-520
東亜細亜文化財研究院 2013『金海新徳里・新文里生活遺蹟』 pp.180-630
釜山大學校博物館 1993『金海禮安里古墳群II―本文編―』 pp.1-346
釜山大學校博物館 1998『金海鳳凰臺遺蹟』pp.1-283
釜山大學校博物館 2006『傳金官加耶宮墟址』pp.1-74
呉昇桓 2008「我が国の移動用カマド研究」『漢江考古』2號 pp.99-130
黄敬美 2008『金海礼安里古墳群造営集団の煮沸方式研究』釜山大学校修士学位論文　pp.1-88
李盛周 2003「加耶―倭　相互作用に対する考古学の解釈」『伽倻文化』16　伽倻文化研究院　pp.22-45

謝　辞
　本稿を執筆するにあたって、資料調査・文献収集などで下記の機関・個人に便宜を図っていただき、また日韓の土器についてご教示をいただいた。お名前を記して感謝いたします（敬称略、五十音・カナタラ順）。
日本　尼崎市教育委員会　大阪府教育委員会　吹田市立博物館　青柳泰介　井上亮　遠藤啓輔　小浜成　高橋真希　寺井誠　西本安秀　坂靖　藤田道子　藤永正明　藤原学　宮崎泰史　森本徹　米田敏幸
韓国　国立加耶文化財研究所　国立金海博物館　国立文化財研究所　国立晋州博物館　慶南文化財研究院　慶南発展研究院　釜山大学校博物館　釜山市立博物館　三江文化財研究院　昌原大学校博物館　金大煥　蘇培慶　安星姫　呉昇桓　兪炳㻒　李東冠　李英姫　趙晟元　趙賢庭　鄭仁怡　河承哲　洪밝음　黄慶順

追　記
　脱稿後、朝鮮半島南部昌原新方里遺跡から平田遺跡出土カマド（図2-8）と類似したカマドが出土していることを知った（東亜細亜文化財研究院 2017『昌原新方里低湿地遺跡』II）。本文中では、山陰型カマドと韓式系の折衷と評価したが、朝鮮半島南部からの直接的な影響を受けたものと考えられる（中野咲 2018刊行予定「日韓における移動式カマドの展開様相」『研究紀要』第22集　由良大和古代文化研究協会）。

陶棺と土師氏

絹畠　歩

はじめに

　古墳時代後期から終末期にかけて製作された陶棺は須恵器系製作技術を用いる須恵系陶棺と用いない土師系陶棺に大きく二分される[1]（絹畠2013）。土師系陶棺が先行して製作され始めるが、その形態から埴輪製作工人との関係が強く示唆されてきた。またその土師系陶棺の分布が古代氏族である土師氏の居地と重なることから、陶棺は土師氏の棺であるとするという論考が1973年に丸山竜平により提示された（丸山1973）。丸山は土師氏について文献史学における直木孝次郎の論（直木1960）を参照し、得られた考古学的成果はそれに整合的であったことから、その後の陶棺研究に多くの影響を与え、約半世紀近く経過した現在でもなおそれは続いている。

　本稿では、特に近年の文献史学の土師氏研究の諸成果、及び考古学、特に陶棺研究から土師氏への言及を概観・総合し、最新の土師系陶棺の分布との比較を行い、改めて陶棺と土師氏との関係について若干の考察を行いたい。

1　土師氏と陶棺に関する研究史と論点

（1）文献史学における土師氏研究の諸成果

①土師氏の成立

　土師氏は、『日本書紀』において埴輪創出伝承の記載がある野見宿禰を祖とする氏族である。当初は「土部」と名乗っていたとされ、のちに「土師」と名乗るようになったと考えられるが、その改姓の時期について溝口優樹は土師の「師」に着目する。「師」の字は、鏡盤師・瓦師・薬師・仏師・画師など、技術者に多く見られる字であり、これら技術者が定着するのは6世紀末から7世紀以降であることから、もともとは「土部」と名乗っていた集団が6世紀末から7世紀以降「土師」を名乗るようになったとする（溝口2010）。

②土師氏の居地

　居地に関する根拠となるのが、『続日本紀』にみられる土師氏の一連の改姓記事である。天応元年（781）の菅原改姓記事、延暦元年（782）及び4年（785）の秋篠改姓記事、そして延暦9年（790）の大枝改姓記事がこれに相当する。大枝改姓記事では、大枝に改姓することを願い出た土師氏の一族は土師四腹（氏族）の毛受腹であり、残りの三腹が秋篠・菅原に改姓したとある。延暦元年の記事では「菅原」がその居地に由来していることが示されており、これら土師四腹の改姓名と地名から居地が推定されている。なおこの四腹について、後には一族として意識されるようになったが、もともとは血縁的関係を持っていないとする論もある（和田1982）。

　まず「毛受」に関しては、その名から百舌鳥古墳群周辺に居地が推定される。ただし改姓した大枝は山城国乙訓郡にみられ、百舌鳥古墳群周辺から移動したものと推定されている（直木1960）。次に、「菅原」は菅原寺の所在する平城京右京三条二坊周辺と推定され（直木1960）、以上の二腹に関しては、今日まで大方の支持を得ている。

　「秋篠」に関しては、秋篠寺の所在する平城京右京京北周辺と推定される一方で（直木1960）、土師地名の見られる河内国志紀郡土師郷に推定する論もある（小出1951）。中西康裕はこれらが複合した、8世紀前半に志紀郡から平城宮に出仕しやすい秋篠の地へ主要官人が移動した説を採る（中西1994）。

　さらに四腹に名の表れないもう一族に関しては、百舌鳥古墳群周辺の毛受腹に対照して古市古墳群周辺に推定する説と（直木1960）、河内国丹比郡土師郷に推定する説がある（小出1951）。このうち後者に関しては、土師郷を現在の堺市日置荘周辺に比定する説と松原市立部・上田付近に比定する説の二説が存在する（塚口1998）。

③土師氏の職掌

　土師氏の職掌については多くの研究者が言及してきたもので、さらに次にみるように特に職掌の変遷についてもっとも見解が多様である。

　井上光貞は、土師器貢納が本来の職掌で、埴輪製作に携わるようになってから凶令に携わるようになったとする（井上1948）。米沢康もほぼ同様の見解を示す（米沢1958）。一方、直木孝次郎は凶礼が本来の職掌であり、後に土師器貢納が職掌に加わったとする。そして、その土師器貢納は後に贄土師部として土師氏の職掌から切り離されたと考えている。またこれら基本的な職掌に加えて、土師氏関連記事に軍事関係と外交関係のものが見られることを指摘する。このうち軍事関係記事は山陵造営を職務とした結果で、また外交関係記事は渡来系氏族と交流があり、外来文化と関係が深かったことを俎上に挙

ひと

げる（直木1960）。前川明久も直木孝次郎とほぼ同様だが、土師氏・部と贄土師氏・部への職掌の分化を5世紀後半から6世紀初頭にかけての時期とみている（前川1969）。浅香年木は直木の見解を踏まえながらも、贄土師氏と贄土師部は土師氏・土師部と無関係に形成され、土師連が有力伴造として成長する過程においてその支配下に吸収されたものとして、土師器製作は本来の職掌ではなく、二次的に付加された職掌とみる（浅香1971）。近年、溝口も土部連として成立した土師氏は本来喪葬を職掌としており、6世紀末から7世紀以降に土器製作・貢納にかかわるようになり、土師連と称するようになったとの論を展開する（溝口2010）。

これらと異なる別展開として、小出義治はもともと埴輪製作を職掌としていたとみる論を提示する（小出1976）。榊桂子も同様に埴輪製作を最初の職掌とし、6世紀後半以降に喪葬儀礼に携わるようになり、特に8世紀初頭からはそれまで遊部の職掌であった殯宮内の儀礼を果たすようになったと指摘する（榊2008）。

上田正昭は他の論者とは異なり、土師氏を本来土木建築に携わっていた集団とみる。そしてその後喪葬に携わるようになり、さらにその一部が埴輪製作・土器貢納に携わるようになったとする（上田1964）。

以上より土師氏本来の職掌としては主に、1）土師器製作（井上・米沢）、2）凶礼・喪葬儀礼（直木・前川・浅香・溝口）、3）埴輪製作（小出・榊）、4）土木建築（上田）、にまとめることができよう。ただし、これらはあくまでも元々の職掌であって、のちに土師氏の職掌が随時付加・分離されることは共通した見解である。

④土師氏と土師部の関係

土師氏と同名を持つ部民である土師部の職掌について、先にみた土師氏の職掌と同様、埴輪製作や土器生産に携わった職業部とみる見解がある（井上1948ほか）。一方石母田正は、土師部を埴輪・土器製作を担う職業部と安易に推定するのではなく、伴造である土師連へ生活資料を貢納する農民の集団の可能性を想定する必要があることを指摘する（石母田1955）。直木も土師部の職務として古墳造営の役夫としての上番と土師氏への貢納の2種類が存在するとする（直木1960）。このように土師部がいわゆる「職業部」としての職掌だけを司るのではないという見解は、溝口がさらに土師氏と土師部の分布論を踏まえて進める。溝口は土師系氏族の分布について、京・畿内に居住する土師氏が朝臣・宿禰・連などのカバネを有するのに対して、畿外では「土師部」などの部姓者やカバネが記されていない者しか確認できず、分布地域が明確に分かれることから、『延喜式』の畿内に認められる土器貢納者としての「土師」は土師氏・贄土師氏であるとする。そこで7世紀以前における土師部とは、いわゆる「職業部」として土器を直接王権に貢納する部民ではなく、土師氏に支配され、その経済的あるいは労役などの人的な基盤となった部民であり、その土師部のなかには、土師氏の負う土器貢納という職務を分掌して実際に生産作業を請け負った土師部も存在した可能性を指摘しつつも、基本的には畿内居住の土師氏が大王との直接的関係の中で土器貢納の職務を負っていたことを指摘する（溝口2010）。

⑤土師氏と他氏族との関係

土師氏関係記事の中には蘇我氏との関わりを示す記事があり、とくにそれらが軍事的性格を示す記事であることから、両氏には緊密な関係があったことがうかがえる。また蘇我本宗家が滅亡した乙巳の変以降も、蘇我倉山田石川麻呂や大海人皇子に仕えた土師氏一族の人物の名前が日本書紀の記事に見られ、時代に応じて官人としての地位の確保を図っていたことがうかがえる（米沢1958）。

蘇我氏との関係と同時にもう一つ注目されるのが、渡来系氏族とのかかわりである。先に見たように土師氏の職掌の主たる一つとして喪葬儀礼が挙げられ、陵墓造営時などの一連の機会の中で渡来系氏族との関わりがあったと考えられている（直木1960）。渡来文化と関わりの深い氏族の持つ「師」の字を土師氏が持っていることも関わりを示唆する証拠とされる（直木1960・溝口2010）。そのような接触機会の具体例の一つとして、前川は渡来系氏族が技術・思想として持っていた埋葬施設・遺骸への朱の散布・塗布儀礼を挙げている（前川1969）。

（2）陶棺研究から土師氏へのアプローチ

埴輪製作工人を土師氏・部に関係づける論は戦前から存在する（喜田1921ほか）。その後も文献史学の成果とともに埴輪と土師氏の関係は指摘されているが、考古学からの積極的発言は少ない。その中で、日高慎は埴輪生産窯跡と「土師」関連地名を集成し、その対比を試みた。その結果、埴輪生産遺跡の近隣に土師関連地名及び人名が残存し対応することから、埴輪製作と土師部（氏）が関連付けられるとし、畿内では5世紀後半、地方（関東）では6世紀中葉に土師部の成立を求めた（日高2002・2015）。

陶棺研究では、丸山竜平が陶棺と土師氏との関係を論じ、のちの研究に大きく影響を残している。丸山はまず近畿地域における陶棺の分布状況を確認し、いくつかの集中地域があることを見出した。次に陶棺採用古墳の中に円筒埴輪を副葬した事例や、破砕した埴輪を床面に敷いた事例（埴輪床）があることから、土師質陶棺被葬者と埴輪製作を含む土師器製作工人との間に関係性を推定

した。さらに文献・地名より土師氏・部の居住地を大和の秋篠、菅原、河内の道明寺土師里、玉手の4地域に推定し、その一部が先に挙げた集中地域に重なることを指摘した。これらの論拠を踏まえ、土師質陶棺を土師氏（部）の棺であると結論付けた（丸山1973）。

以上のような、陶棺と土師氏・部を結びつける丸山の論は、直木の土師氏居地の検討ともよく整合することもあり、後の近畿地域の陶棺研究者には基本的に受け入れられて今日に至っている。例えば、藤田忠彦は土師質陶棺を河内和泉と大和でそれぞれ2系統、計4系統に分け、それらが土師四腹と対応するとし、陶棺を土師氏が土師部に製作させた棺であるとしている（藤田1994）。

一方、陶棺の分布からみて「吉備」地域では適用できないとの批判もなされており（間壁1983、村上1984）、地域間関係を含めた多様な被葬者像が提示されるに至る（絹畠2016ほか）。また吉田恵二はそもそも陶棺の分布地域と、文献史学と考古学において土師部居住が想定される地域が完全に一致しないことを指摘する（吉田1973）。

近年の動向として、土師系陶棺集中地域の一つ大和の秋篠地域において、赤田横穴墓群の発掘調査が実施され、土師系陶棺の連続的な採用がなされていることが明らかとなった（奈良市教委2016）。また周辺地域のこれまで未報告であった陶棺の資料紹介も行われ（鐘方2016、絹畠ほか2017）、当地域において多くの陶棺が採用されていることが明らかとなってきた。また古市古墳群周辺についても陶棺の検討から、陶棺を創出した毛受の土師氏の居地移動に伴う丹比の土師氏の陶棺生産への変化の可能性が指摘され、新たな展開を見せている（河内2015a）。

(3) 問題の所在

以上、文献史学における土師氏研究と考古学における土師氏へのアプローチについて研究を概観してきた。いくつかの論点についてまとめる。

研究史でみてきたように、土師四腹の居地に関しては直木の論がその後多くの支持を得ている。一方で、本来の職掌から、その後の付加・分離過程や土師氏と土師部の関係については意見が多様であることが看取される。その中でも特に溝口らが指摘する、畿内地域にのみ土師氏がいて地方には土師部がいる点、さらにその土師部も土師氏に貢納する経済的基盤としての部民である可能性については注目すべき見解と言えるだろう。そうであるならば、考古学的観点から日高の指摘する土師地名と埴輪窯跡との関係も、地方では相関しても良いが、必ずしも相関しなくとも良いだろう[2]。

そのような中で、先行研究の動向を踏まえて陶棺と土師氏の関わりについて見ると、丸山の土師質陶棺を土師氏（部）の棺と結論付けた研究以降、「吉備」地域では有効ではないとされるものの、近畿地域では特に土師四腹の居地に土師系陶棺の分布が相関することから、今日に至るまで概ね有効とされている。しかし、「土師氏（部）の棺」という言葉は、本来被葬者が土師氏（部）であることを示す言葉であって、製作者・製作集団が土師氏（部）ということを示すものではない。土師氏（部）と土師系陶棺の関係性を示すためには、製作者論と被葬者論を別個に分けて考える必要がある。すなわち、第一に土師系陶棺を製作したのが土師氏（部）かどうかを検討し、その次に土師系陶棺に埋葬された被葬者が土師氏（部）かどうかを検討すべきであろう。これまでの土師系陶棺と土師氏の関係に言及した先行研究では、土師系陶棺の製作者＝土師系陶棺の被葬者＝埴輪製作者＝土師氏（部）という図式が、漠然とした前提として考えられているようである。

一方、丸山の研究以降、各地の発掘調査により着実に陶棺の出土例が増えており、分布のみならず生産窯跡や墳墓への採用の在り方を詳細に検討することが可能になってきた。そのような背景の中で、主に土師四腹の居地とされる近畿地域において、陶棺と土師氏・部との関係を土師系陶棺の分布から改めて検討することにより、既存の論の検証あるいは棄却、及び新たな知見が得られるものと考える。

2 土師系陶棺の分布と土師氏の居地

近畿地域の土師系陶棺の分布をみる（図1）。図1から近畿地域の各地に土師系陶棺が出土していることがわかる。一方で集中する地域が存在することも看取される。大阪平野東部地域と大和盆地北西部地域である。大阪平野東部地域では特に古市古墳群周辺で陶棺が出土している。具体例としては、安福寺横穴墓群や玉手山東横穴墓群などの横穴墓群からの出土が挙げられる。さらに野々上埴輪窯からは土師系陶棺の破片が出土しているほか、周辺に直接の窯跡出土資料ではないが埴輪窯が検出されている土師の里遺跡や誉田白鳥遺跡でも土師系陶棺の破片が出土している。これらの地域は土師氏居地の候補地の一つと重なるようである。

大和盆地北西部でもっとも多く分布するのは、秋篠土師氏の居地と分布が重なる地域周辺で、赤田横穴墓群を中心とする地域である。赤田横穴墓群は6世紀後半から7世紀中葉まで継続して陶棺が採用され続けており、陶棺の採用を考えるうえで重要な横穴墓群である（奈良市教委2016）。また、現在の秋篠地名が残る付近とは少

ひ と

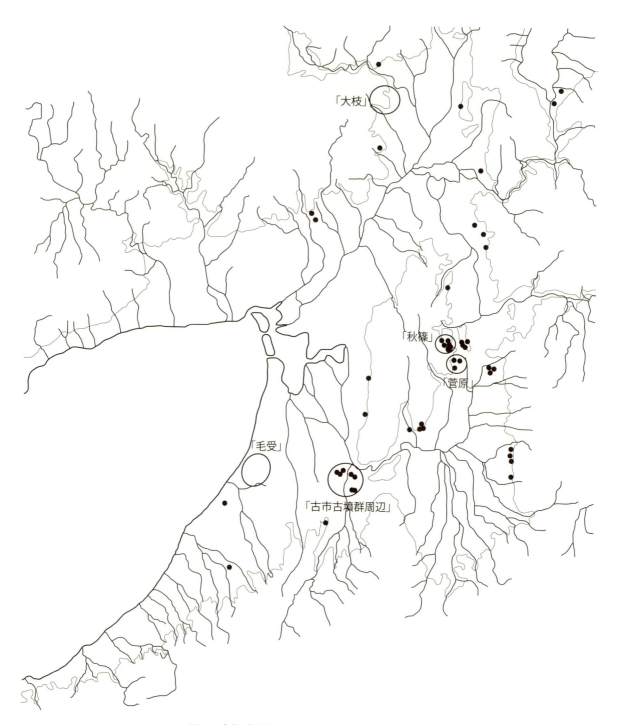

図1　土師系陶棺の分布と土師氏の居地候補地域

し距離が離れるため囲っていない東側の佐紀盾並古墳群周辺でも多く陶棺が出土しており、形態も類似することから同じ分布域に含まれるものと考える。

大和盆地北西部でもう一つの分布集中箇所はその南、菅原土師氏と分布が重なる地域である。この周辺地域では埴輪窯である菅原東窯跡でも陶棺片が出土している。

この他、大和盆地東部地域や山城南部地域、近江地域で土師系陶棺が多少まとまって出土する傾向がある。これらの地域は土師四腹居地候補地ではない。

その一方、文献史学で土師四腹居地の候補地の一つである「毛受」は百舌鳥古墳群周辺と考えられているが、土師系陶棺の出土は積極的に認められない。また「大枝」は山城国乙訓郡周辺地域と考えられているが、まとまった土師系陶棺の採用は認められない[3]。

3　陶棺研究からみた土師氏・部

前章において、陶棺の分布と土師氏居地との関係について若干の検討を行った。本章では陶棺と土師氏との関係を主に生産と墳墓への採用に分けて考察したい。

土師系陶棺の生産が見られるのは大阪平野東部の古市古墳群周辺地域と大和盆地北西部地域である。両地域ともに埴輪窯から陶棺片が出土している。古市古墳群周辺地域の陶棺は脚部にタガが巡ること、透かし孔が認められることなどから、円筒埴輪に類似する。また、身部と蓋部の重ね合わせ部分に関する製作技法は家形埴輪の製作技術に類似することが指摘されており（鐘方2012・2017）、陶棺生産に埴輪製作工人が関わっていた可能性が高い。そして両地域には土師四腹のうち、秋篠・菅原・古市古墳群周辺の土師氏の居地があったと推定される箇所であり、土師氏の職掌の一つとして埴輪製作を想定するならば、陶棺生産と土師氏が関連している可能性は高いだろう。

　近畿地域以外で土師系陶棺が埴輪窯で生産されていることが明らかな一例として、「吉備」地域の旧熊山町域（現赤磐市）に所在する土井遺跡が挙げられる。土井遺跡からは「吉備」地域陶棺導入初期段階の土師系陶棺片の他、人物埴輪や円筒埴輪などが共伴して出土しており、陶棺生産と埴輪製作との関係が確認できる。ただし、この近辺には「土師」地名は認められず、積極的な土師氏・部との関係は認められない。「吉備」地域ではその他埴輪製作と陶棺の関係が認められるものは現状ではないが、陶棺導入の初期段階において埴輪製作者と関わりがあったことは言えるだろう。

　墳墓への陶棺の採用をみれば、土師系陶棺の連続的採用と土師氏の分布が重なるのは赤田横穴墓群を中心とする大和盆地北西部地域のみである。古市古墳群周辺については陶棺の分布と重なるものの、古墳群・横穴墓群の中でも1つの古墳・横穴墓に単発的に採用されるものがほとんどで、連続的採用は見られない。古市古墳群周辺域では一定の陶棺生産を行うものの、陶棺の採用に関しては深く定着しなかったものと考えられる。

　また土師氏の居地とされる地域と陶棺の分布が重ならないのが、毛受地域と大枝地域である。これら2地域は土師四腹のうち毛受腹が大枝氏に改姓したとあり、百舌鳥古墳群周辺地域から山城地域に移動したと考えられている[4]（直木1960ほか）。そうしたいわば特殊な事情が陶棺の分布が希薄な理由の一つとして考えられる。ただし毛受土師氏の居地とされる百舌鳥古墳群周辺地域には日置荘西町窯跡など6世紀後半を中心とする埴輪窯跡が存在する。また8世紀前半に建立された大野寺土塔に葺かれた瓦の中には「土師」という人物名も刻字されている。この地域は研究史で見たように、丹比郡土師郷に比定する説もあり、この地域で陶棺を製作・採用しなくとも、土師氏の一族が居地を構えていた可能性は考えられる。

　以上の点から結論としては、陶棺生産・採用と土師氏のすべてが結びつくのは大和盆地北西部の菅原・秋篠地域のみであり、それ以外の近畿地域においては現段階で陶棺が「土師氏の棺」であるということをいうことができない。ただし、初期の形態からしても陶棺製作に埴輪製作工人が関わっていたことは確実である。また古市古墳群周辺地域の陶棺を採用した横穴墓の中には円筒埴輪を副葬した例や[5]、埴輪を破砕して床面に敷いた例（埴輪床）があり、そのような横穴墓に陶棺が採用されていることは、埴輪製作工人あるいはその親族が被葬者の可能性を示している。土師氏の職掌の一つとして埴輪製作があることを前提として考えるならば、埴輪製作をはじめ喪葬全般を職掌として担った「土師（土部）」集団の一部が陶棺を創出し、土師四腹の居地候補地の一つである古市古墳群周辺域では製作されたものの集団の棺としては根付かず、一方の秋篠・菅原土師氏の居地と考えられる大和盆地北西部では積極的に採用がなされたものと捉えられる。特に、陶棺が多く採用される6世紀末から7世紀前半には土師氏が土師器生産という職掌を新たに担うようになったとすることが指摘されており（溝口2010）、そのような出来事が陶棺の採用による集団のアイデンティティの維持・確認につながった可能性も考えられる。

おわりに

　以上、本稿では陶棺と土師氏との分布の重なりが認められる地域は一部であって、さらに生産と採用に分けて考えた場合、両者が土師氏とかかわっている可能性が高いのは現段階で大和盆地北西部の秋篠・菅原土師の居地推定地域のみであるということを明らかにした。

　一方、陶棺が最も多く集中する「吉備」地域では、当初段階では埴輪製作者との関係がうかがえるものの、その後の採用に関しては、近畿地域の土師系陶棺とは異なる論理で採用に至っている（絹畠2016）。こうした差異の起因については深く追求していく必要があるだろう。

　今回検討しなかった地域と須恵系陶棺も、時期的な変化の中で生産と採用の論理を別個に検討していく必要があるだろう[6]。

註
(1) 先行研究では焼成の質の差異により、土師質陶棺と須恵質陶棺という二分が行われる。焼成の質は窯内における焼成の程度によって変化するものであり、分類には本来不向きである。したがって製作技術による分類である土師系・須恵系という用語を第一基準として採用する。ただし、先行研究に触れる際には、基本的に先行研究の分類法に準拠する。
(2) 日高の提示した表（日高2002 pp.49-50）では自身も指

摘するように、「土師」地名と埴輪窯が相関する地域もあるが、一方が欠落する地域もある。また「埴生」「埴田」などの地名は埴輪生産との関係の可能性を示す手がかりではあるが、それが直接土師氏・部と関連するかは議論が必要であると考える。また「土師」地名に関しても土師氏・部と関連しない後の土師器生産由来の可能性や、後の氏族の移動の可能性も考慮に入れる必要があるだろう。

(3) ただし、当地域周辺で須恵系陶棺の採用は一定数認められる。

(4) 河野一隆は、物集女車塚古墳の埋葬施設や埴輪、地名から毛受腹土師氏の関連を想定しており、6世紀前半には山城地域に進出していたことを指摘している（河野 1997）。

(5) 近隣の高井田横穴墓群では土師系陶棺採用例は認められないものの、円筒埴輪副葬例（河内 2014）や須恵系陶棺採用例（河内 2015b）が認められる。

(6) 関連して最近、大和盆地北西部の土師質陶棺は古市古墳群周辺地域からの影響で製作・採用されるのではなく、陶棺創出時から並立的に製作・採用されるという論が鐘方正樹より提示された（鐘方 2017）。本稿では言及できなかったが、これまでの土師系陶棺の理解とは異なっており、その是非については別稿で論じたい。

引用・参考文献

浅香年木 1971『日本古代手工業史の研究』法政大学出版局

石母田正 1955「古墳時代の社会組織―「部」の組織について―」『日本考古学講座』第5巻古墳時代　河出書房　pp.289-307（「古代社会と物質文化―「部」の組織について―」と改題、1988『石母田正著作集』第2巻　岩波書店所収）

井上光貞 1948『新日本史講座 古代前期 部民史論』中央公論社（「部民の研究」と改題、1985『井上光貞著作集』第4巻 岩波書店所収）

上田正昭 1964「土師の舞人」『観世』31-6　pp.3-7（1968『日本古代国家論究』塙書房所収）

鐘方正樹 2012「埴輪作り」『古墳時代の考古学』5　同成社　pp.119-130

鐘方正樹 2016「赤田横穴墓群周辺の土師質陶棺」『赤田横穴墓群・赤田1号墳』奈良市教育委員会　pp.162-173

鐘方正樹 2017「近畿地方の土師質亀甲形陶棺と埴輪」『埴輪論叢』第7号　pp.197-214

河内一浩 2014「横穴における埴輪祭祀―高井田横穴群出土の埴輪から―」『柏原市立歴史資料館館報』26　pp.43-47

河内一浩 2015a「河内土師氏の陶棺生産」『河上邦彦先生古稀記念献呈論文集』河上邦彦先生古稀記念会　pp.194-204

河内一浩 2015b「高井田横穴群出土の陶棺―須恵系陶棺の製作年代と生産地―」『柏原市立歴史資料館館報』27　pp.41-46

河野一隆 1997「物集女車塚古墳」『京都府埋蔵文化財情報』第63号　pp.38-40

喜田貞吉 1921「埴輪考」『民族と歴史』5-5　民族と歴史編輯所（1979『喜田貞吉著作集』第2巻　平凡社　所収）

絹畠歩 2013「古墳時代後期から終末期における陶棺の分類・編年と系統―「土師系陶棺」と「須恵系陶棺」―」『古代学研究』第198号　pp.1-24

絹畠歩 2016「「吉備」地域における陶棺の採用過程とその論理」『考古学は科学か―田中良之先生追悼論文集』下　田中良之先生追悼論文集編集委員会　pp.697-716

絹畠歩・前田俊雄・持田大輔 2017「奈良市中山横穴墓の研究」『考古学論攷』第40冊　pp.43-58

小出義治 1951「大和・河内・和泉の土師氏」『国史学』第54号　pp.56-70

小出義治 1976「土師氏の伝承成立とその歴史的背景」『國學院高等学校紀要』16（1990『土師器と祭祀』雄山閣出版所収）

榊佳子 2008「古代における天皇大葬管掌司について」『国立歴史民俗博物館研究報告』第141集　pp.41-60

塚口義信 1998「天皇陵の伝承と大王墓と土師氏」『網干善教先生古稀記念考古学論集』下　網干善教先生古稀記念会　pp.1745-1762

津山郷土博物館 2013『土の棺に眠る―美作の陶棺―』

直木孝次郎 1960「土師氏の研究―古代的氏族と律令制との関連をめぐって―」『人文研究』11巻9号（1964『日本古代の氏族と天皇』塙書房所収）

直木孝次郎 1979「土師氏をめぐって」『古代を考える18　河内土師の里遺跡の検討』古代を考える会　pp.31-45

中西康裕 1994「土師氏の活動」『修羅』藤井寺市郷土研究会　pp.126-179

奈良市教育委員会 2016『赤田横穴墓群・赤田1号墳』

日高慎 2002「埴輪の生産と土師部の成立―埴輪生産に因んだ地名をめぐって―」『季刊考古学』79号　pp.46-50（2013『東国古墳時代埴輪生産組織の研究』雄山閣出版　所収）

日高慎 2015「土師氏（部）と埴輪生産」『月刊考古学ジャーナル』No.667　pp.24-27

藤田忠彦 1994「土師質陶棺の粗考」文化財学論集刊行会編『文化財学論集』文化財学論集刊行会　pp.673-682

前川明久 1969「土師氏と帰化人」『日本歴史』255　pp.18-31（「土師氏と渡来系氏族」と改題し、1986『日本古代氏族と王権の研究』法政大学出版局所収）

間壁葭子 1983「岡山の陶棺」藤井駿先生喜寿記念会編『岡山の歴史と文化―藤井駿先生記念論文集』福武書店　pp.41-72

丸山竜平 1973「土師氏の基礎的研究―土師質陶棺の被葬者をめぐって―」『日本史論叢』第2輯　pp.44-71

溝口優樹 2010「「土師」と土器の貢納」『史学研究集録』第36集　pp.11-29

村上幸雄 1984「白い棺と赤い棺」『えとのす』25　pp.74-82

吉田恵二 1973「書評　丸山竜平「土師氏の基礎的研究」」『考古学研究』第20巻第2号　pp.85-87

米沢康 1958「土師氏に関する一考察―『日本書紀』の所伝を中心として―」『芸林』9-3　pp.46-59（「土師氏の伝承と実態―『日本書紀』の所伝を中心として―」と改題し、1992『日本古代の神話と歴史』吉川弘文館所収）

和田萃 1982「ハニ・土師氏・古墳」森浩一編『考古学と古代史』同志社大学考古学シリーズ刊行会　pp.325-332

謝辞

2012年に研究所へ奉職したのち、2016年度に中山横穴墓出土陶棺の整理を行う機会に恵まれた。本稿はそれをきっかけとして土師氏と陶棺の関係について整理・文章化したものである。共同で中山横穴墓出土遺物の整理・検討を行った前田俊雄・持田大輔両氏をはじめとして、文献収集に当たっては田口裕貴氏にお世話になった。記して深く感謝申し上げます。

装飾

同形三角縁神獣鏡3面の鋳造・研磨・装飾性
―黒塚古墳出土2号・27号・33号鏡の程度評価による生産状況の一考察―

三 船 温 尚

はじめに

　黒塚古墳三角縁神獣鏡33面の悉皆調査を橿原考古学研究所において、2011年12月から2013年3月まで計9回、延べ21日間おこなった。全33面について、錆・割れ・文様・造范痕跡・范剝がれ・鋳バリ・湯口などの目視調査を記録し、「切削・研磨」と「鋳上がり・鋳引け・きらわれ肌・銀白色」の程度を、鏡面を除いた全面で判定した。本稿では、そのうち3面同形の2号・27号・33号の三角縁獣帯四神四獣鏡について取り上げ、それらの評価を表1で示した。この3面と同形の鏡は福岡県（石塚山）、岡山県（湯迫車塚）、奈良県（新山）からも出土し、計6面が確認されている。本稿では調査結果を基に、この3面同形の三角縁神獣鏡において当時の製作者が目指した完成基準や、鏡背面の鋳上がりと研磨程度の関係などについて技術と装飾性の面から検討し、生産状況を推測する。

　これら3面は、頭頂部に三角形状に3つの凸点を持つ神像を時計の12時方向（上方向）に、頭頂部に2つの輪を持つ神像を6時方向（下方向）にして、上下を定めた。そして12時の神像を「神1」、1時半の獣像を「獣1」とし、時計回りに神2、神3、神4、獣2、獣3、獣4とした。本稿では、鋳型を「范」、製品形を反転した青銅を流し込む面を「鋳型面」、熔けた青銅を「湯」、鋳型面に接した湯を流し込む穴を「堰」と呼ぶ。また、鋳型陰刻施文時の鋳型面の崩れを「砂崩れ」、陰刻施文時に付けた傷を「范傷」、鋳造後に鏡を外し取る時の鋳型面の剝がれ、あるいは原型鏡から范を抜き取る時の鋳型面の剝がれを「范剝がれ」と便宜的に呼ぶ。なお、X線透過写真で内部の亀裂を確認しながら調査を進めた。

1　同形2号・27号・33号鏡の調査結果

（1）2号鏡について
【状況】
①錆・色調
　厚い錆は少なく、内区の8割は薄い錆で覆われる。内区・外区の1/5程に銀白色が確認できる。縁の外・内斜面は厚錆があるが広域は銀白色である。

②割れ（亀裂）
　鏡体内部亀裂も含め、乳、神像、獣像、鈕などの高肉部分を避けて薄い低部を亀裂が通る。薄い櫛歯文帯上に一周割れが発生している。

③鋳上がり・鋳引け・きらわれ肌
　概ね緻密な肌に鋳上がっている。鈕座一周は少々甘い鋳肌になっている。6時の三角縁内斜面に幅4cmの窪みがあり、この窪みの影響は縁頂部から中心部に向かい、外区外側鋸歯文、複線波文、内側鋸歯文、獣文（鳥文）帯に及び、文様の凸形角が丸く朦朧とし、甘い鋳肌になっている。特に外側鋸歯文は2つの三角形が凝固収縮で形が無くなっている。その内側の神像の頭頂部の2つの丸い輪は鋳出されず無くなっている。注いだ湯が通ったため、鋳型面が加熱された部分の凝固が遅れ鋳引けが起きたと思われる。これらによって、6時方向が堰位置であったと思われる。6時方向の櫛歯文の内側にある珠文、線文など低部の文様は全て朦朧と甘い。低部文様に対して、高部文様はシャープに鋳上がっている。外区の複線波文、鋸歯文は低部ではあるが内区ほど朦朧としていない。12～1時方向の鈕座文様が低くなっていることからは、注湯時の熔湯や鏡范の温度が高く、鏡中央部の凝固が遅くなったためにこの文様が鋳引けたと思われる。

【造范】
④文様
　陰刻施文時の鋳型面の砂崩れは多く見られないが、外

図1　2号鏡9時半方向
複線波文や方格の角は丸く、一画（ひと筆）で連続して陰刻できる軟質な范材を使用している。縁内斜面は未研磨。

装　　飾

表1　黒塚古墳三角縁神獣鏡のうち3面同形鏡（2・27・33号）の切削・研磨、その他の程度評価一覧表

	切削・研磨の有無、程度評価																								その他の程度評価			
	三角縁		外区						内区外周文様帯					界圏		内区						鈕区			25	26	27	28
	1	2	3	4	5	6	7	8	9	10	11	12	13	14	15	16	17	18	19	20	21	22	23	24				
鏡番号	外斜面	内斜面	外周突線上面	外側鋸歯文帯上面	複線波文帯上面	外区圏線上面	内側鋸歯文帯上面	外区地肌面	斜面鋸歯文帯上面	斜面地肌面	櫛歯文帯上面	内区圏線上面	獣文（鳥文）帯上面	方格銘（8個）	櫛歯文・鳥文帯外側地肌面	斜面帯鋸歯文地肌面	斜面帯鋸歯文上面	神獣等文様線上面	乳（神像膝横4個）	珠文	神獣文地肌面	鈕座	鈕	鈕孔	鋳上がり	鋳引け	きらわれ肌	銀白色
2号	△	×	=	×	×	×	×	×	×	×	×	×	×	×	×	×	×	×	×	×	×	×	×	×	A	B	Ⅱ	Ⅱ 20%
27号	△	9:1 ●3:●1	=	●3	●3	●2	●3	×	●1	×	5:5 ×:●2	×	7:1 ×:●1	×	×	×	●1	×	×	×	×	×	×	−	A⁺	A	Ⅱ	−
33号	△	9:1 ●2:×	=	●3	●3	○	●3	×	●1	×	●3	×	●3	×	4:4 ×:●1	×	●1	×	1:3 ●:×	×	×	○	−	A	B	Ⅱ	Ⅱ 20%

「×」⇒未研磨、「△」⇒十分な切下切削、「○」⇒十分な砥石研磨、「▲」⇒不十分な切下切削、「●」⇒不十分な砥石研磨、「−」⇒錆・土等で不明、「=」⇒該当部分なし、「x̱」⇒地肌面未研磨

【切削・研磨について】
＊未研磨は、切下痕跡や砥石痕跡が全く無く、鋳造のままの鋳肌面のもの。
＊十分な切下切削△は、削り方向に対しておおむね直角方向の独特のびびり線と、削り方向の無数の細い線（切下の刃傷を写し取った線）が認められ、鋳肌が残らないもの。
＊十分な砥石研磨○は、面が平滑に研がれ滑らかで、研ぎ面の角が丸まらずシャープなもの。拡大して研磨凹線（砥石の傷線）が確認でき、鋳肌や切下痕跡が残らないもの。
＊不十分な切下切削▲は、鋳肌がなくなるまで切下切削していないもので、上記の切下痕跡があるもの。本3面には該当部分がない。
＊不十分な砥石研磨●は、鋳肌や切下痕跡がなくなるまで研磨していないものや、鋸歯文の二等辺三角形の輪郭凸線の先端のみが削られたようなもの。
＊不十分な仕上げ加工の▲と●の程度を「1」「2」「3」で次のように示す。「1」=鋳肌面が多く、わずかに切削・研磨の痕跡が残るもので、仕上げ加工程度が「低」のもの（●1は×に近い低程度）。「2」=およそ半分程度の仕上げ加工のもの。「3」=わずかな箇所に未仕上げ部分が残り十分ではないが、△○に近い「高」程度のもの（●3は○に近い高程度）。
＊異なる仕上げ加工程度が混在する場合は、「9:1／●3:●1」のように、面積9割が「高」（●3）／面積1割が「低」（●1）のように示す。「13方格銘（8個）」は砥石研磨と、手擦れの磨きがあり、研磨面が砥石で平面になったものを●で表記した。

【その他について】
＊25.　鋳上がりの程度を「A」「B」「C」で次のように示す。鋳肌の荒れは、微細な凸形（鋳型面の微細な窪みや穴に青銅が流れた凸形）が作るざらつきや砂肌感、あるいはピンホールなどの程度で判定した。「A」=鋳肌が緻密、文様が鮮明、鋳肌に荒れがなく程度が「高」のもの。「B」=鋳肌に荒れがあり、文様がやや不鮮明なもの。「C」=鋳肌の緻密さ、文様の鮮明さなどが極めて悪く程度が「低」のもの。なお、本件3面では27号が「A」の中でもさらに高程度であり「A⁺」と表記した。
＊26.　鋳引けの程度を「A」「B」「C」で次のように示す。鋳引けは、鋳込み後の青銅凝固収縮で面が窪んだり文様が朦朧とした鋳肌になる現象を言う。堰からの湯が当たり続けた鋳型面が加熱され、他より凝固が遅れる部分が強く収縮してこれらの鋳造欠陥の現象が起こる。「A」=鋳引けの欠陥がないもの。「B」=狭い面積に鋳引け、あるいは弱い鋳引けがあり、欠陥の程度が「低」のもの。「C」=広い面積に鋳引け、あるいは強い鋳引けがあり、欠陥の程度が「高」のもの。
＊27.　きらわれ肌は、高温の注湯と鋳型面にある有機物や水分が反応してガスを発生し、注湯と鋳型面の間にガスが止まり、笵の鋳型面に注湯が密着して微細な鋳型面形状を青銅が写し取ることを妨げる現象を「湯が鋳型面に嫌われた」と言い、面が光沢を持つヌメリとした肌に、文様が光沢を持つ朦朧肌になる。鋳引けと異なり肌が緻密で光沢を持つ。この程度を「Ⅰ」「Ⅱ」で次のように示す。
「Ⅰ」=地肌面にヌメリとした光沢がありざらついた砂肌感がなく、銘や文様凸線の頂部や鋸歯文の角が丸まり鈍角でヌメリ程度が「高」のもの。
「Ⅱ」=地肌面のヌメリとした光沢が弱く砂肌感がややあり、銘や文様凸線の頂部や鋸歯文の角が顕著に丸まらずヌメリ程度が「低」のもの。
「無」=ヌメリや光沢がなく砂肌感があり、文様が鮮明に鋳出されたもので、ごく稀なものをこの評価とし、多くはⅠ、Ⅱいずれかに判定した。
＊28.　銀白色の程度を「Ⅰ」「Ⅱ」「−」で次のように示す。きらわれ肌と銀白色肌の関連を調査するために全33面について銀白色の程度を記録した。「Ⅰ」=おおむね50%以上の面積に銀白色面が認められ、銀白色程度が「高」のもので、その面積比を%で示す。「Ⅱ」=錆によって銀白色が弱まり、おおむね50%以下の面積に銀白色面が認められるもので、その面積比を%で示す。「−」=錆によって銀白色面が確認できないもの。

区複線波文、櫛歯文にわずかな砂崩れがある。鋸歯文の三角形の左右2辺に凸線があり、笵への陰刻施文と分かる。複線波文の折れ角は、曲線で曲がり（図1）、連続して一気に陰刻している。高肉部の凸線文は断面がシャープな△で砂崩れがない。高肉部の面に対して直角方向（面直）の凸線ではなく、抜け勾配になるように概ね真上方向に施したものが多い。神像の膝の側面下部の凸線側面が抜け勾配か否か微妙なものもある（図2）。

⑤圏線幅等

一見して圏線と圏線・円弧線の間の幅が不均一な部分は見あたらず、これらは同心円である。

⑥回転痕

縁内斜面は未研磨で、銀白色部に長さ1cmほどの横方向の凸線が3本ある。これらは、水平でも、平行でもない。黒色部上部には長さ5cmほどの横凸線があり、これも水平ではない。その右には、長さ1cmほどの横凸線もある。これら長さ1cmほどの線の高さは、左が高く右が低く、左から笵に傷をつけ右で終わっているよ

図2　2号鏡9時半方向
左から神1、獣4、神4、獣3で、高肉部分の凸線文様は概ね抜け勾配になるよう陰刻されている。

表2　獣文帯の鳥文内側の笵剝がれの有無（○:剝がれあり）

鏡番号	4時半の笵剝がれ	7時半の笵剝がれ	9時半の笵剝がれ	10時半の笵剝がれ
2号	○	○	○	○
27号	×	○	○	○
33号	×	○	○	○

図3-1　2号鏡4時半方向
鳥文と界圏の間に笵剝がれ（▽）がある。

図3-2　27号鏡4時半方向
鳥文と界圏の間に笵剝がれがない。

図3-3　33号鏡4時半方向
鳥文と界圏の間に笵剝がれがない。

図4-1　2号鏡7時半方向
鳥文と界圏の間に笵剝がれ（▽）がある。

図4-2　27号鏡7時半方向
鳥文と界圏の間に笵剝がれ（▽）がある。

図4-3　33号鏡7時半方向
鳥文と界圏の間に笵剝がれ（▽）がある。

装飾

うに見える。これらの凸線は、全て挽型ゲージ痕跡ではない。

⑦笵傷・笵剝がれ

縁内斜面に縦方向の凸線があり、工具を落下させたか、当ててしまったものに見える。界圏と獣文帯の鳥文の間の 8 箇所のうち笵剝がれが、4 時半、7 時半、9 時、10 時半の 4 箇所にあり、3 面に共通する笵剝がれの形は概ね同形である（図 3・4）。これは、界圏の高い側面と高肉の鳥文のため間が剝がれたものだが、4 時半の剝がれが 2 号だけにあり、他の 7 箇所の有無に違いがない（表 2）ことからは、27 号・33 号⇒2 号の順に鋳造した同笵鏡の笵剝がれと考えられる。6 時、10 時半の鳥文内側には笵傷、砂崩れと思われる小さな膨らみがある。2 号・33 号は 6 時方向の鳥文が朦朧とし形が判断できないことから、この 2 面は堰が 6 時方向と考えられる。2 号の 10 時半方向の複線波文に陰刻時の砂崩れがあり、27 号、33 号にも共通しているが、33 号のみこの部分を研磨している。

⑧鋳バリ

鈕周辺から外に向かう鋳バリが数本ある。外区や縁に到達する鋳バリや、内区で止まる鋳バリがある。笵の乾燥か焼成の収縮、あるいは注湯の熱膨張のいずれかで発生した鋳型面の亀裂に青銅が流れてできた鋳バリである。27 号に鋳バリはなく、2 号と 33 号はほぼ同位置に同形の鋳バリがあり、33 号は鋸歯文上面などの鋳バリが研磨され消えている。幾分、33 号の鋳バリの方が鋳バリの高さや幅が小さい部分がある。

2 号の縁内斜面にはこれらの鋳バリとは関連のない、内斜面に対して縦方向の凹の溝状の窪みの中にある鋳バリが、堰の左右に 10 数本集中している。これは荒神谷遺跡出土銅剣 B62 にある溝状の鋳バリに似ている。

内区外周文様帯の斜面鋸歯文帯には、鋳バリと思える横方向の短い凸線が途切れ途切れにほぼ一周巡るが、その位置は一定せず、一つの鋸歯文ごとに凸線の方向が異なる（図 5）。主に鋸歯文の高部上面と地肌面にこの鋳バリがあるが、上面にない部分もある。この鋳バリ線は 2 号・33 号に確認できるが、33 号は斜面鋸歯文上面を軽く研磨しているため上面の凸線は消されている。2 号・33 号の地肌面にある両者の鋳バリは同形と確認できる。鋳バリはいずれかの鏡で幅や高さが広くさらに高く進行しているようには見えない。27 号は未研磨の地肌面にもこの横凸線が確認できないため、発生しなかったと考えられる。斜面鋸歯文のこの鋳バリからは、27 号⇒2 号・33 号の順に鋳造した同笵鏡と予測できる。

⑨湯口

上記のとおり、6 時にある縁内斜面の窪みから（図 5）、

図 5 2 号鏡 6 時方向
縁内斜面付け根が幅 4cm に渡って大きく窪み、縁の稜線が低くなることから注湯作業は粗い。縁内斜面に縦方向の溝状の鋳バリが複数本あり、注湯熱と笵内部水分で発生した。

この位置に 1 つの堰があった。山東省臨淄斉国故城出土前漢鏡笵（樋口・白ほか 2009）を参考にすれば、堰の深さは 1.5〜2.0mm で浅く、堰の幅は 4〜5cm で作ったと考えられる。笵を立てた時、堰の上方向に 8cm ほどの長い湯道と、さらに湯口を作って注湯したと推測する。この堰と湯道の延長線と鈕孔は 45 度の傾きとなり、27 号・33 号も同角度、同位置に鈕孔がある。27 号・33 号の 6 時縁内斜面に窪みは発生していない。

【仕上げ】

⑩切削・研磨

鏡背面では、縁外斜面を切下（きさげ）（高炭素鋼を焼入れした刃の角で青銅を削る工具）で十分に切削している。切削時の切下の進行方向と平行に無数の微細な切下の刃の傷跡の凸線があり、進行方向とほぼ直角に切下のびびり振動の段差（以下、「びびり」と呼ぶ）がある。段差は、ピンホールなどに刃が引っ掛かって生じる痕跡で、ピンホールが多い箇所にはびびり線が多い傾向にある。切下刃の微細な凸線痕跡は縁外斜面に対してやや斜め方向にあり、全域に見られることから切下切削後に砥石研磨をしていない。縁内斜面より内側は、鈕を含め全て研磨しておらず、鋳造のままの鋳肌である。3 面の鋳上がりは、27 号が高く、2 号・33 号はやや落ちる。2 号・33 号は共通する鋳バリがあり、鋳上がりも共通するが、33 号が最も広域を研磨し、27 号は若干研磨が落ち、2 号は全く研磨していない。鋳上がりと研磨程度は相関していない。

⑪鈕頭・鈕孔

鈕頂部に微かな溝で形作られた径 1cm 程度の円形が見える。この円と鈕の中心点はほぼ一致する。円形は造笵方法と関連すると思われる。

2 号鏡は鈕孔の入り口の上角から下向きに、下角から上向きに出た鋳バリがある。27 号鏡も鈕孔の角に鋭角な鋳バリがあり、2 号同様に鈕孔は未研磨である。33

(2) 27号鏡について
【状況】
①錆・色調
内区・外区を含め10～1時の範囲は錆が薄く、他は錆があり、6～10時の外区、2～3時の外区はやや錆が厚い。縁内斜面は6～7時に錆が無く、銀白色が見える。縁外斜面も6～7時は錆が無く銀白色を呈す。
②割れ（亀裂）
内部亀裂を含め、薄い内区に亀裂が多く、高肉の乳や神獣像、鈕を避けて割れが発生している。
③鋳上がり・鋳引け・きらわれ肌
27号は3面の中で最も肌荒れが少なく鋳上がりが良好で緻密である。特に低部の珠文等がシャープに鋳出され、他2面とは異なる。6時方向も、地肌面の甘さや、文様の朦朧が無く他の2面より良好である。注湯時の笵角度や注湯温度などが適切で注湯作業が丁寧である。
【造笵】
⑥回転痕
2号・27号・33号鏡の外区地肌面のいずれにも、かすかな造笵時の回転痕跡がある。
⑧鋳バリ
2号・33号の同位置にある鋳バリは27号には確認できない。
⑨湯口
上述の通り、2号・33号の堰位置と同じ6時方向には、他との際立った鋳上がりの差はない。表面調査から27号の堰・湯口の位置を確定することは難しい。
【仕上げ】
⑩切削・研磨
縁外斜面の厚鋳がない部分に、2号同様の切下痕跡が見える。切下切削の面をさらに砥石で研磨した部分はない。27号で使用した切下の刃の傷跡には明確な段差があり、2号で使用した切下の微細凸線だけの刃跡と明らかに一致しない。使い続ける切下刃の研ぎは、作業中頻繁に行うことがあり、刃跡の形の違いから2号と27号の縁外斜面の切削時期が大きく離れたとは言えない。また、切下の研ぎは砥石のほか、近年調査した南インドの高錫青銅器用の切下研ぎのように硬木の溝に細粒砂を入れて研ぐ方法も想定しなければならない。

縁内斜面の錆のない部分には横方向凹線の砥石研磨痕がある。縁内斜面に切下を使用した痕跡は認められない。外区の内側鋸歯文上面の研磨で、内区外周文様帯斜面鋸歯文の先端部分も研磨している。なお、界圏鋸歯文は未研磨の2号との比較によって研磨したと判断した。

表3 外区の外側鋸歯文帯の鋸歯文三角形の寸法

計測位置	三角形の縦長さ（高）mm	三角形の底辺幅 mm
12時	6	5
3時	7	6
6時	6	6
9時	7	7

界圏の斜面帯鋸歯文上面は、27号鏡ではいくつかの鋸歯文先端を研磨している。33号鏡は鋸歯文先端を僅かに研磨し二等辺の凸線が残るものが多い。このような僅かな研磨が砥石によるものか革などで磨いたものか、手擦れによるものかの判定は実のところ難しい。

櫛歯文帯上面は4～8時、12～1時の範囲を研磨し、部分的な加工に止まっている。
⑪鈕頭
錆があり詳細は不明。

(3) 33号鏡について
【状況】
①錆・色調
内区はほぼ全面薄い錆があり、谷部の観察に幾分支障あるが、文様鋳上がり等の判定には問題ない。外区も同様で、5％程の域は銀白色である。縁内斜面の5％程にも銀白色があり、他は黒色を含んで錆色が大半を占める。縁外斜面50％は錆色で、他は光沢の黒色である。
②割れ（亀裂）
錆の少ない部分9時・12時方向の割れは、高錫青銅の特徴的な直線的割れ方で、12時の縁には貝殻剥離状の割れがある。2時から内に向かう内区の割れ方はやや折線的で、内部腐食の影響を受けた割れである。内部亀裂を含め割れは獣像3の顔の一部を通るものの、その他は全て高肉部を避け低部を通る割れ（亀裂）である。
③鋳上がり・鋳引け・きらわれ肌
2号と同程度の状況である。2号よりも幾分鋳上がりは良いが、27号に比べれば2号同様に低部の珠文などが甘い。高肉部の線文は27号に近い鮮明さがある。
【造笵】
④文様
2号と同じである。界圏鋸歯文を施す時に、鋸歯文三角形の二等辺の先が、界圏外側の側面にまで届き傷をつくり小さな凸線となって鋳出される（図6-2の方格下の白△の27号で示す）。こういった部分に陰刻の手順が明確に示されている。
⑤圏線幅等
外区外側の鋸歯文帯の鋸歯文の三角形の縦長さと底辺幅に差があり、この鋸歯文帯の内側円弧線（鋸歯文底辺

装飾

図 6-1　2 号鏡 2 時方向左右回転
縁内斜面、外区鋸歯文、複線波文など未研磨。范陰刻時の鋸歯文上面の二等辺の凸線が残る。

図 6-2　27 号鏡 10 時半方向
縁内斜面、外区鋸歯文など研磨しているが、鋸歯文の三角形の下部に研ぎ残しがあり不十分。

図 6-3　33 号鏡 3 時方向左右回転
縁内斜面、外区鋸歯文など研磨しているが、27 号同様に不十分で研ぎ残しがある。

が連なった弧線で元は圏線と同類同質の円弧線）から縁内斜面の下角の谷の弧線までの距離が異なるためと思われる。本鏡のいずれの圏線間（円弧線や圏線の間）の幅は一周均一で、圏線・円弧線は同心円に見える。この最も外側の同心円（外区外側鋸歯文帯の内側円弧線）から、縁内斜面の下角の谷の弧線までの距離を、表 3 のように鋸歯文三角形の縦長さで測れば、12 時・6 時方向が短く、3 時・9 時方向が長くなっていることが分かる。このことから鏡縁の造范方法と圏線の陰刻方法が異なると考えられる。範囲で見ると、11～1 時と 5～7 時の三角形の縦長が概ね短く、2～4 時と 8～10 時が概ね長く、縁内斜面の下角の谷弧線は 3 時・9 時方向に長い楕円形の可能性がある。本件 3 面以外の外周突線を持つ黒塚古墳三角縁神獣鏡では、この外周突線と縁内斜面の下角の谷弧線との間の幅が明らかに異なるものがあり、三角縁神獣鏡の重要な鏡体の造范方法の特徴と考えられる。外周突線を持たない本 3 面は鋸歯文三角形の頂部が縁内斜面の下角の谷弧線まで至るため、縦長さの違いに気付きにくい。そもそも三角縁神獣鏡の縁は正円であるのか否か、否であればどのような形状であるのかを、精細な 3D スキャンデータを用いて検証し、圏線との関係を明らかにする必要がある。

⑥回転痕
　縁内斜面のほとんどは研磨面でここに造范痕跡はない。
⑧鋳バリ
　2 号と同形鋳バリだが、33 号は文様上面を研磨しているため 2 号との鋳バリ進行比較は厳密にできない。
⑨湯口
　6 時の神像 3 の外の鋸歯文が鋳引けで甘い。27 号は同位置の三角形の角が鋭角に鋳出される。33 号は、神像 3 の外の鳥文、櫛歯文、内区外周文様帯斜面鋸歯文、外区外側鋸歯文等が鋳引けで肌が甘く、堰・湯口は 2 号同様に 6 時方向と考えられる。

【仕上げ】
⑩切削・研磨
　縁外斜面は 2 号・27 号と同様に切下進行方向と平行の切下の刃跡凸線と、進行方向と概ね直角のびびり線がある。刃跡線は 2 号に似るが、2 号と 33 号の切下刃の同異を厳密に検証していない。切下切削面をさらに砥石で研磨することはせず、切下切削だけで完成としている点は、3 面で共通する。縁内斜面には砥石研磨の横凹線が確認でき、27 号と共通するが、2 面ともに縁内斜面の下部に研磨不十分な箇所がある。
　内区外周文様帯斜面鋸歯文の三角形の上面の鋳バリ横凸線を研磨で消しているが、三角形付け根まで十分な研磨をしていない。この上面の研磨は研磨程度に幅がある。
　神像 3 - 獣像 3 の間の乳に明確な回転研磨痕があるが、33 号の他の乳や、2 号・27 号の乳の中でも、この 1 つの乳だけを研磨しており、この気まぐれと思える研磨から研磨仕上げ基準や作業が統制されていないと感じる。
⑪鈕頭
　錆が多いが一部の肌に研磨痕跡がある。頂部に 2 号のような円形は確認できない。

2　同形 2 号・27 号・33 号鏡の造范・鋳造方法

　文様の形状から施文は范陰刻施文法と考えられる。前述のように、複線波文が折れ線ではなく波線であることや、方格銘の方格が方形ではなく隅丸四角であることから、滑石のような硬質な材を陰刻したものではなく、彫りやすい軟質で崩れない材を一画（ひと筆）で陰刻したと分かる（図 1、6-1）。
　上述のとおり、縁の正円を 3D スキャンデータで確認することが急務である。本 3 面の目視調査で圏線等が

同心円に見え、外区外側鋸歯文の縦長さが異なることから、縁は轆轤挽法と仮定して、ここでは以下の工程を推測した。

山東省臨淄出土前漢鏡笵を参考にして造笵方法を推測すれば以下のようになる。文様陰刻時に砂崩れを起こさないよう大きな砂粒の無い粘土を含む微細粉土に炭粉や植物繊維などを練り込んで焼成した軽い陶製材で平板を作る。それを轆轤で回転しながら切削工具で幅置となる面を低く挽き下げて、凸面鏡の鏡背笵の鏡体部分を凸形状に削り残す。鏡背鋳型面に液体油脂を離型剤として塗って、笵土を押し付け鏡面笵を抜き取り、肉厚分を削って鏡面側の合わせ笵とする。このときに複数回連続して多数の鏡面笵だけを先に作ることもできる。粘性のある常温固体油脂を加熱液化し、鏡背笵の鋳型面に含浸させ、冷めてからコンパスで圏線や手彫りで文様を陰刻する。固体油脂の粘性が笵に浸透し陰刻で砂崩れは起きなくなる（持田・三船 2016）。最後に湯道やガスのあがりを彫って加熱し、油脂を除去する。焼成した鈕孔中子を棒状に作り、半球形の鈕の窪みに嵌め、粘土汁と微粉土で接着する。2枚の笵を合せて、鏡背笵側を下側にして40～45°に傾けて注湯する。この角度が60～70°に立つと、注いだ湯が狭い幅で堰から鈕に集中して向かうため、その範囲の笵が湯で加熱され青銅の凝固が他よりも遅れ、鋳引けで朦朧文様になる。上述した2号の6時の縁内斜面の窪みや、33号の6時方向の甘い肌がそれである。40°程に寝かせると、堰から入った湯は、左右両側に分かれて三角縁部分を伝って両側から先端に届き、湯は先端から外区、内区を満たしながら上方向に静かに上がってくるため、堰から鈕の間の鋳型面だけを強く加熱することはない。鋳造時の笵や熔湯の温度が高すぎれば、これによっても鋳型面を加熱し鋳造欠陥を発生するため、冷ました笵に温度を上げ過ぎない湯を注ぐことが重要となる。この3面の造笵技術は高いが、こういった点から2号・33号の注湯技術は粗い。2号・33号が鋳バリが多いことと、6時方向に鋳造欠陥があることは、無関係ではないと思われる。

4時半の鳥文横の笵割れの有無、鋳バリの有無、2号・33号は同方向の堰の3点から推測すれば、3面は27号⇒33号⇒2号の順に鋳造した同笵鏡であろう。2号が3面の中で最後の鋳造であることと、2号の鏡背面が未研磨であることの明確な関連を見出すことはできない。

3　切削研磨の程度と装飾効果

表1などから、3面の中で鋳造が最後と思われる2号は背面未研磨で、33号は微細な部分で先の鋳造の27号よりも研磨程度は若干高い。3面の「研磨程度」と「鋳上がり程度」・「鋳引け程度」は相関しない。27号・33号は外区の鋸歯文帯上面の研磨は程度が高いが、斜面鋸歯文帯上面は程度が低い。この点で2面が一致することから、「縁内斜面⇒外側・内側の外区鋸歯文・複線波文」の外区までが研磨意識が及んだ範囲と言える。しかし、表1でわかるように、この範囲は完全な研磨ではなく削り残しがある（図6）。そして、内区外周文様帯の斜面鋸歯文より内側は、極めて短時間作業で粗く不統一に研磨していることから、内区には研磨意識がほとんどなく、研磨意識は外区と内区で異なる。27号は錆で不明だが、33号の鈕には強い研磨意識があり、鈕には研磨の面で特別なルールがあったと思える。

3面の三角縁神獣鏡は、鋳造後、堰を切断し、先ず最初に鏡面を研磨したと思われる。3面の全ての鏡面を観察することはできなかったが、十分な砥石研磨が一部に確認できた。鏡面は切下後に砥石研磨をするのか、砥石だけの研磨なのかは確認できていない。推測の域を出ないが、鏡面・縁外斜面を同時に切下切削し、鏡面だけを砥石研磨する手順がこの3面ではあったのかもしれない。2007年に菅谷文則氏が統括した洛陽での漢鏡調査に参加し、面径約7cmの鏡の平縁の側面に切下のびびり線が激しく残る鏡に遭遇した。鋳上がりも悪く、背面の仕上げも平縁面に切下痕跡が残るなど極めて質が悪かった。ほとんどの鏡縁は砥石研磨しているため、切下痕跡が残る鏡は極めて珍しいが、「切下⇒砥石」という定まった工程で、これは砥石研磨に至らない鏡、放棄した鏡に思えた。

27号・33号の2面は、鏡面・縁外斜面・外区・内区・鈕の切削・研磨が、生産状況に応じて定められた基準に沿って遂行され、そのなかに1面、未研磨の2号が混在している。27号・33号の2面にみられる、縁内斜面下部の研磨省略、外区鋸歯文等の研磨省略などは基準通りではなく、工人の手抜きによるものであろうから、生産時の検品体制の曖昧さが推測できる。

本来3面の三角縁神獣鏡は、縁両斜面、各鋸歯文帯上面、複線波文、鈕が、研ぎ残しなく十分に研磨され光沢を持てば、その装飾性が効果を高め重厚な存在感を放つはずである。しかし、その水準に到達基準を設けず、遥かに低いレベルの研磨で良しとし、十分な研磨を前提とした三角縁神獣鏡の装飾デザインが活かされていない。2号は縁より内側を一切研磨しないで、それで良しとしている。3面のなかで同笵鏡鋳造の最後と思われる2号は、笵も傷んで鋳バリも多く、製作者側にも質の低い鋳造品という認識があったかもしれないが、33号とそれほど違わない鋳上がりにもかかわらず、未研磨であるこ

装　飾

とは装飾効果を無視できる状況にあったといえる。

　27号・33号を切削・研磨仕上げの一般的な程度からみると、中の下程度で低い。鏡面の研磨状況からは技術や研磨具が不足したということは考えられない。研磨程度が低い理由の一つに、依頼から製作者の手を離れるまでの時間が、1面にかける通常の時間よりも遥かに短かく、研磨時間を省くしかなかったことが考えられる。27号・33号にあと10数時間の研磨時間を追加すればほぼ鏡背面の研磨は完成域に達すると思われるが、それをしていない。「短時間」で「多くの面数」が求められた、という研磨の省略にみえる。「多くの面数」が、①2号・27号・33号と他の同笵鏡の合計面数であるのか、②黒塚古墳の他の三角縁神獣鏡などとの合計面数であるのか、あるいは、③三角縁神獣鏡全体の面数であるのかなど、本稿では報告しなかった他30面の黒塚古墳出土三角縁神獣鏡や他の三角縁神獣鏡の研磨程度と合せて俯瞰し考古学の視点で検討することが望まれる。

4　今後の展望

　3面の同形鏡の鋳上がりと研磨程度を比較した本稿は、浅い結論しか得られていない。継続して三角縁神獣鏡の研磨程度について研究し、生産の状況を技術者の視点から検討したい。

　3面には注湯時の笵内に意図的にガスを発生させ（三船、菅谷ほか2015）、注湯と鋳型面の間にガスを溜めることによって、鋳造による鋳型面の損傷を防いだ痕跡が見られるが、これに関する報告は別稿に改める。また、別のガスの効果として、鏡の鋳肌をヌメリとした光沢面にすることや、銀白色度を高めることがあるのではないかと推測して、調査一覧表の項目に設けているが、これについてはさらに多くのデータを並べて検討しなければならない。

　表1のような、他30面の程度評価一覧表は、順次別稿で報告を予定している。

引用・参考文献
樋口隆康・白雲翔・菅谷文則・三船温尚・清水康二ほか2009『鏡笵―漢式鏡の製作技術―』八木書店
三船温尚・菅谷文則・宮原晋一・村田聡・長柄毅一2015「黒塚古墳出土三角縁神獣鏡にみられる模糊肌・ヌメリ肌・銀白色肌の鋳造実験(1)―実験鏡No.1～No.69の考察―」『FUSUS』7号　pp.121-154
持田大輔・三船温尚2016「海獣葡萄鏡の編年の再整理と文様鋳造技法研究」『FUSUS』8号　pp.75-86

謝　辞
　悉皆調査は橿原考古学研究所 宮原晋一氏のご指導ご協力を得ておこないました。また、中井一夫氏（元橿原考古学研究所）が撮影した切下痕跡写真の提供を受けて縁外斜面の切削状況を正確に考察することができました。深く感謝申し上げます。なお、写真は、橿原考古学研究所から提供いただきました。

　33面の研磨・鋳上がり・鋳引け・きらわれ肌・銀白色の判定を順に三船がおこない、最後の調査で、当時、富山大学の学生（鋳金専門）、森崎拓磨氏と三船で全鏡の判定の再確認をおこない程度を確定しました。森崎氏に深く感謝申し上げます。

　本研究はJSPS科研費JP16H03516（「製作技術を視座とした三角縁神獣鏡の編年と生産体制研究」代表 菅谷文則、基盤研究（B））と、JP16H01918の助成金を受けたものです。

倭鏡と仿製三角縁神獣鏡における挽型使用形態の検討

水 野 敏 典

はじめに

「三角縁神獣鏡とは何か」を問い直す視点として、製作技術に注目し、どのような「注文」で三角縁神獣鏡が製作されたのか、という形に問い直してきた（水野2015a）。三角縁神獣鏡を取り巻く主要な青銅器との技術的な相互関係を示したものが、図1である（水野2017）。断片的であるが、同笵技法の使用、鋳型表面の剥落傷の類似と補修にみる作鏡姿勢、十字に交差する亀裂状の笵傷、文様の異なる鏡の断面形の共通性の存在などの点で、舶載三角縁神獣鏡と仿製三角縁神獣鏡の製作技術上の共通性が際立ち、両者が直接的な技術継承を必要とするレベルで関連が強いことが判明しつつある（水野2017）。

しかし、三角縁神獣鏡の製作技術は、現状の分析では古墳出土の中国鏡とも倭鏡とも異なり、孤立するようにみえ、技術系譜が何処に求められるのか判然としない状況にある。

大局的に、三角縁神獣鏡の製作技術系譜の故地は、古代中国の領域か、倭の領域に求めるかの2択である。本稿では、資料的に扱いやすい倭鏡と仿製三角縁神獣鏡との関係に注目する。両者がその名の通りに倭（日本）製であれば、両作鏡工人間に直接的な技術交流の可能性がある。そこで、倭鏡と仿製三角縁神獣鏡における文様の異なる鏡間で、断面の共通する現象を挽型の共有と仮定して、挽型の使用形態から作鏡工人間の技術交流の有無の検討を行う。

鏡の断面形の検討には、三次元計測データから作成した断面図を用いる。三次元計測を応用した三角縁神獣鏡の断面形の共通性に関わる研究には（岩本2005b、水野ほか2012）があり、日本考古学協会等での発表をもとに（水野ほか2016、水野2017）、考古学的分析に重点を置く。

1 三角縁神獣鏡の断面形の共通例

分析の前提となる仿製三角縁神獣鏡における断面形の共通例を確認しておく。作鏡に際して、鋳型の基本形をつくる挽型は必須ではない。挽型は類似した鋳型をつくるための道具であり（図2）、似た鏡を作る予定がなければ不要なものである。挽型の存在を検討するには、高精度な断面図が必要となる。手計りの実測図では精度と客観性に限界があり、これを補うために高精度の三次元計測を導入し、断面図を作成した。そもそも研究の基礎データとして三角縁神獣鏡の断面を作成する中で（水野・山田編2005）、文様の異なる三角縁神獣鏡間でも断面形が近似するのに気づいたことに始まる（岩本2005b）。断面形が合致するのは決まって三角縁と外区形状、鈕形と鏡径がセットであった。圏線や界圏などは合致していない。これは鏡間で何かを共有していることを示している。そこで鏡径、三角縁と外区断面形と鈕断面が合致する原因として各部を一体した挽型の存在を想定し、文様

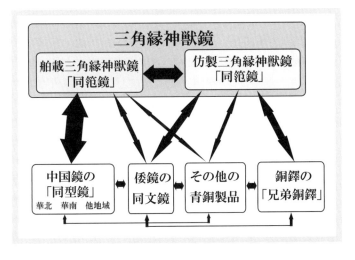

図1 三角縁神獣鏡をとりまく青銅器製作技術相関図

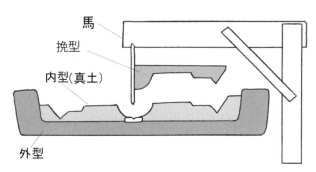

図2 鋳型と挽型使用のイメージ

装飾

表1　断面の共通する三角縁神獣鏡

目録番号	鏡名	面径(cm)	表現・鏡群	配置
25	吾作三神五獣鏡	22.5	⑦	B
32	吾作四神四獣鏡	22.6	⑦	E
33	陳是作鏡四神四獣鏡	22.4	⑦	E
45	天王日月・唐草文帯四神四獣鏡	22.2	⑤	A
48	天王日月吉・獣文帯四神四獣鏡	22.5	⑤	A
60	天王日月吉・獣文帯四神四獣鏡	22.2	⑥	A
52-53	吾作四神四獣鏡	22.0	⑦	A
53	張是作四神四獣鏡	21.8	⑨	A
67	吾作四神四獣鏡	22.3	⑦	D
55	画文帯六神四獣鏡	21.8	⑥	A'
64	天王日月・獣文帯四神四獣鏡	21.7	②	D
70	天王・日月・獣文帯四神四獣鏡	22.0	②	F1
74	天王・日月・獣文帯四神四獣鏡	23.6	②	F2
75	天王・日月・獣文帯四神四獣鏡	23.5	②	F2
77	天王・日月・獣文帯四神四獣鏡	23.6	②	F2
82	陳氏作四神二獣鏡	21.8	⑧	H
―	陳氏作四神二獣鏡	22.0	⑧	H
114	獣文帯三神三獣鏡	22.0	⑪	K1
115	獣文帯三神三獣鏡	22.1	⑪	K1
123	波文帯三神三獣鏡	21.5	⑪	K1
127	波文帯三神三獣鏡	21.4	⑫	K1
209	獣文帯三神三獣鏡	22.2	E	K2
212	獣文帯三神三獣鏡	22.3	E	K2
234	獣文帯三神三獣鏡	21.7	G	K1
235	獣文帯三神三獣鏡	21.7	G	K1

＊岩本2005bを一部改変し、追記した。表現・鏡群の舶載鏡は岸本1989、仿製鏡は岩本2003、配置は小林1971にもとづく。

の異なる三角縁神獣鏡間での挽型の共有の可能性を検討している（図3）。この現象は、仿製三角縁神獣鏡でも舶載三角縁神獣鏡でも確認できた。これは仿製三角縁神獣鏡と舶載三角縁神獣鏡の作鏡技術の強い関連性を示す証拠であり、「仿製」の名が示すような鏡背文様の単なる模倣ではなく、技術的な連続性を強く示している。界圏や外周突線などの圏線の径は、鏡種毎にバラツキが目立ち、別にコンパス状の道具で彫り込んだとみられる。この現象は、神獣の表現とほぼ対応し、各工人グループの存在を裏付けるとともに、1例ではあるが神獣表現の分類からはずれたものを含む（岩本2005b）。作鏡工人グループが比較的小規模でまとまっていたこと、三角縁神獣鏡の量産指向を想定させた。

2　倭鏡の分析資料

倭鏡は、一つの鋳型で一面の銅鏡製作を基本としており、近年、同一文様鏡の類例が確認されているが（加藤2015、水野2010）、例外的な存在であることは変わらない。そのため、挽型もしくは断面形の共通する鏡の抽出は、資料がかなり限定される。それでも古墳時代前期後半には、参考となる資料が散見でき、ここでは三次元計測調査を行った2例をとり上げる。

（1）新山古墳出土の内行花文鏡

新山古墳は、奈良県広陵町の馬見古墳群中の全長約126mの前方後円墳である。34面の銅鏡が出土し、新山古墳に特徴的な倭鏡もみられることから、大和における作鏡工人と関わる有力者の墓とみられる。

その出土鏡群（以下、新山鏡群と呼称）に、直径16.2～16.7cm前後の酷似した12面の仿製内行花文鏡がある（『古鏡集成』22～33）。鏡径や圏線径や文様等から5群に細分できる（A群29・30、B群23・25・26、C群31・32・33、D群27・28、E群22・24）。一見すると酷似し、その違いは判然としないが、不思議なことに珠文の数や雲雷文の違いから厳密には同一文様鏡は一面もない。これについては、文様の部分的な改変から同型技法の使用と鋳型の改変の可能性を指摘している（水野ほか2009、水野2017）。

これらの内行花文鏡群は、明確な意図をもって量産しているものの、現時点で関連鏡群は新山古墳からのみ出土しており、他の古墳での出土は確認されていない。

（2）方格規矩鏡「同工品」の分析

もう一つの資料は、いわゆる「同工品」と呼ばれる倭鏡の方格規矩鏡である（下垣2001、徳田2010、森下2008）。鏡径や文様の酷似からその指摘があり、断面形が共通する可能性があると考えた。取り上げるのは、奈良県新山古墳鏡と、奈良県新沢千塚500号鏡、福岡県沖ノ島祭祀遺跡17号‐2の大型方格規矩鏡である。新山古墳は、(1)資料の出土古墳である。新沢千塚古墳群は奈良県橿原市の群集墳として知られるが、500号墳は全長約62mの前方後円墳である。中期以降を中心とする古墳群中の珍しい前期後半の古墳で、方形板革綴短甲、銅鏃、仿製三角縁神獣、筒形銅器等を出土した。沖ノ島祭祀遺跡は、玄海灘の孤島にある祭祀遺跡で、古墳以外から大量の銅鏡が出土した特殊な遺跡である。これら3面は、鈕の直径が同じで、銘帯が細い蒲鉾状を成し、TLVの文様の間に独特の文様をもつなどの共通する特徴を持つ。

倭鏡と仿製三角縁神獣鏡における挽型使用形態の検討

①仿製三角縁神獣鏡

234 谷口西 J-6196-1　東博所蔵

235 谷口東 J-6198　東博所蔵

目録番号 234・235

谷口東石室 6198（目録番号 235）

谷口西石室 6196-1（目録番号 234）

目録番号 209・212

209 一貴山銚子塚古墳（5281）　　　　212 一貴山銚子塚古墳

②舶載三角縁神獣鏡

高坂古墳鏡　東松山市教委所蔵

82 古富波山古墳鏡　東博所蔵

目録番号 82 と新規確認

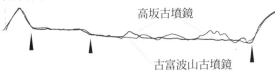

高坂古墳鏡　　　　　　　古富波山古墳鏡（目録番号 82）

古富波山古墳鏡

図3　断面形の比較

装飾

奈良県新山古墳出土内行花文鏡群

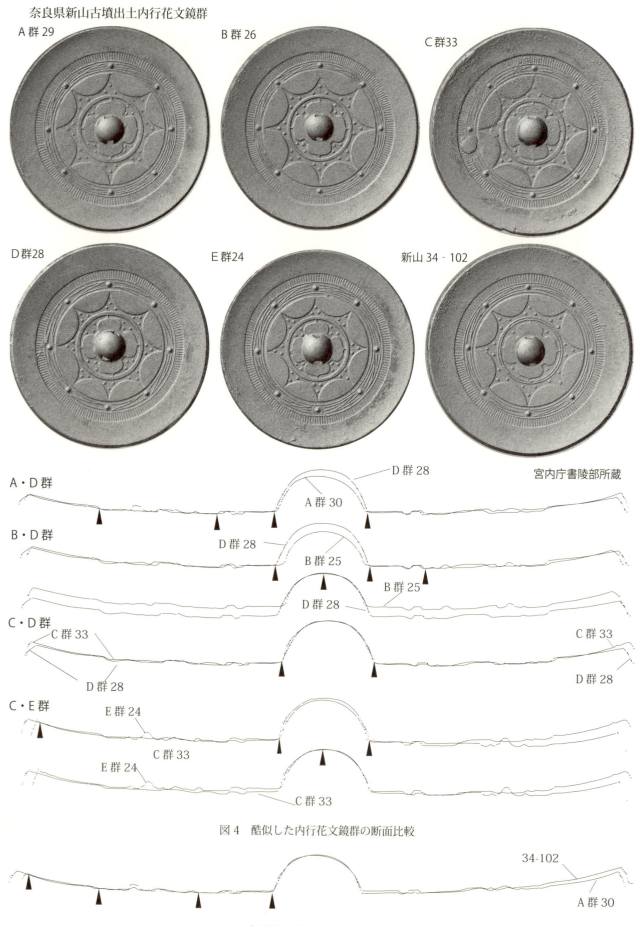

図4　酷似した内行花文鏡群の断面比較

図5　内行花文鏡34とA群30との断面比較

倭鏡と仿製三角縁神獣鏡における挽型使用形態の検討

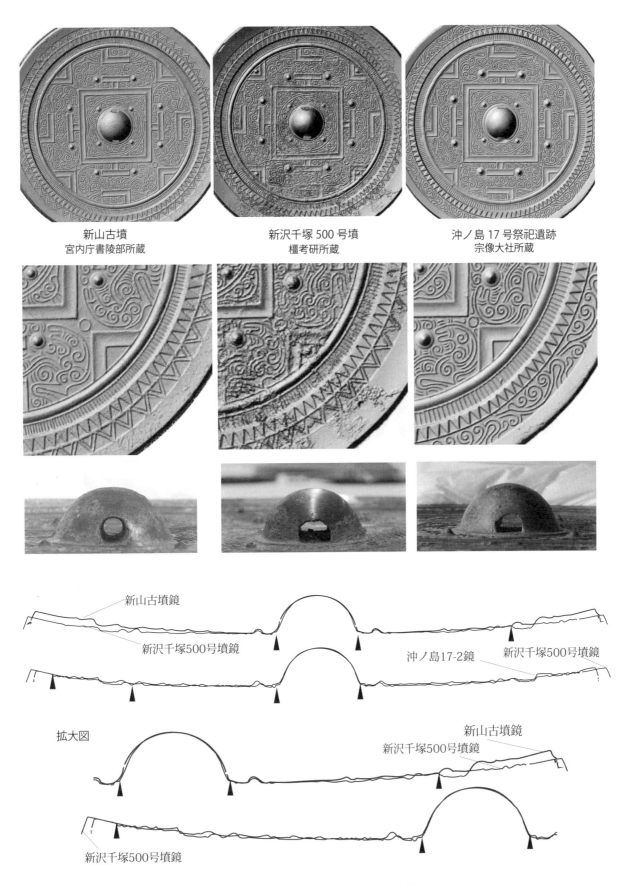

図6 倭鏡の同工品にみる断面形の比較

3 分析とその解釈

(1) 内行花文鏡群の分析

三角縁神獣鏡と同様に、主に三次元計測データから断面図を作成して比較を行った（図4）。

A・D群とB・D群上の比較では、鈕形の下端に合わせると鏡背面の反りが極めて近似する一方で、鈕の部分は合致しない。ところが、B・D群下の鈕頂点を中心に断面を重ねると鈕形が合致するが、その場合には鏡背面までの高さは異なった。この現象はC・E群でも確認できた。これは鈕形を作るための挽型と、鏡背面の反りを作る挽型が別々に存在し、これを共有した可能性があり、同時に鈕と鏡背面の挽型が一体化していないことを示している。その点で、三角縁神獣鏡の鏡縁から鈕形にかけて断面形が合致する現象とは異なる。また、鏡縁形は、A・D群、C・E群でも一見似るが、厳密には鏡径とともに鏡縁形が微細に異なり、断面は合致しない。鏡径については同型技法の使用による修正の可能性も検討したが同群中のまとまりに対して、鏡群間の鏡径のバラツキは明確である。さらに鏡縁の形状を刻んだ挽型がなく、鏡毎に彫り込む可能性も考慮したが、A・B・D群など鏡縁形状が基本的に近似することから何らかの基本形があり、挽型等の使用後に鋳型に修正を加えている可能性が高い。

三角縁神獣鏡と新山鏡の挽型利用状況には、断面形の一体性の有無による現象の違いと、挽型の使用後の修正の有無に違いが認められた。

そもそも新山鏡群では、各群の「同型鏡」間でも、珠文の数や雲雷文等の文様が異なり、意図的に文様を改変したようにもみえることから、同一文様鏡の製作を意図したのではなく、単純に銅鏡の量産を試みたと考えるべきかも知れない。同様の様相をもつ倭鏡群は他に知られておらず、この新山鏡群は、倭鏡における銅鏡量産の試作的な存在とみられる。結果として倭鏡では量産が普遍化することなく、一つの鋳型で一面の作成が主流であった。鈕孔形はいずれも上方が丸い方形を基調としており、鈕孔は綺麗に貫通する。なお、鈕孔方向は、A～Eの各群間でも微細に方向が変わる。

結論として、新山鏡群にみる倭鏡の挽型は、鈕と鏡背の断面形をつくる工具が一体化しておらず、三角縁神獣鏡にみられる現象と異なることから、両作鏡工人間に技術的な交流を確認できなかった。

なお、新山古墳出土の内行花文鏡（『古鏡集成』34）は、圏線が2重線であり、分析対象としたA～E群に含まれていないが、断面図の比較では、これも鈕形が合致し、鏡背面の反りと鏡縁形も類似することから、一連の銅鏡量産の試みの一部とみられる（図5）。

(2) 方格規矩鏡「同工品」の分析

鏡背断面の比較では、鈕と鏡背面の形が合致したが、同時に鏡縁形と鏡径にバラツキを確認した。しかし、既に指摘されるように鏡背の文様は鈕を取り巻く方格の大きさ、文様の細部に共通点が多く、鈕と鏡背面の形の合致は、同じ工人による連作としての「同工品」との評価を裏付けるものである。鈕孔についても、鈕孔下面が平らで上面にやや丸みをもち、孔は綺麗に貫通する。なお、新山鏡の鈕孔は中ほどが現状で円形となるようにみえるが、孔の下面には平らな面を認めることができ、他の2面と近似する。文様に対して鈕孔方向はほぼ上下で、この点でも3面は良く似る（図6）。

鏡背の断面形は、鈕の頂点を中心に断面図を重ねても鏡背面の反りに大きなズレは生じなかった。そのため、鈕と鏡背面が一体化した挽型を使用していないとは確認できなかった。特に新沢500号鏡と沖ノ島鏡の断面は酷似しており、鈕の中心から平縁部の段差までの長さも酷似する。この2面だけならば鏡縁形も一体化した挽型を共有したともみえる。しかし、新山鏡と新沢500号鏡では、平縁部の高さや鈕からの幅も異なり、一体型の挽型を使用したとの確信は得られなかった。この鏡径と鏡縁形のバラツキは、(1)の状況と良く似ており、鏡縁形を刻んだ挽型を使っていなくとも、鏡背面の反りを作り出す挽型を共有したとみて良い。二本線の入る断面蒲鉾形の擬銘帯などが酷似するが、各部の圏線径は異なり、個別に彫り込んだとみられる。

なお、倭鏡の鏡背面の反りは、やや鏡に厚みがあるためか、鋳型の鏡背面の反りを大まかに維持できるのに対して、三角縁神獣鏡では、薄いためか、ヒビや歪みが生じやすく「同笵鏡」間でも鏡背面の反りに大きなバラツキが出ており、鋳型時の鏡背面の反りの比較は困難である。

今回の分析では、鏡縁以外の鈕形と鏡背面の反りが共通する一方で、鏡縁形と鏡径に違いが出ることから、鏡縁形の違いは偶然ではなく、挽型使用後に何らかの手を加えている可能性があり、むしろ、挽型を使用したまま加工することなく利用すると考えていた三角縁神獣鏡とは現象が異なった。

まとめ

倭鏡と仿製三角縁神獣鏡が、その名前のとおり日本製であれば、工人間に直接的な技術交流を見出せるのではないかとして断面形の共通する現象に注目したが、結果として、両者に技術交流の痕跡は見出せなかった。

むしろ、今回の分析では、仿製三角縁神獣鏡と倭鏡の間の作鏡姿勢の違いが浮かび上がった。少なくとも三角縁神獣鏡にみられる強い量産化の姿勢は、倭鏡製作とはその方向性が異なった。倭鏡は類似した鏡の製作においても同一文様鏡の製作を積極的に意図しない。それに対して、仿製三角縁神獣鏡は、同笵技法の採用とともに、異なる文様の鏡作りにおいても、鏡縁から鈕の断面形が一致するものがあり、何らかを共有することで省力化を進める点で、作鏡姿勢が大きく異なる。この点は、舶載三角縁神獣鏡とも共通しており、同笵技法の採用だけではなく、三角縁神獣鏡全体は量産を強く指向するといえる。

同笵技法そのものは、既に弥生時代の銅鐸に石製鋳型、土製鋳型ともに確認しており、三次元計測を用いた検証も行っている（水野ほか 2010）。そのため、古墳時代前期の倭鏡の奈良県衛門戸丸塚古墳の小型内行花文鏡群など、同笵技法を使用したとみられる例もあり（水野ほか 2016）、導入困難な技術ではない。

結果として、倭鏡と仿製三角縁神獣鏡は、鏡背断面形の共通の仕方において今回取り上げた 2 例では、直接的な技術交流を確認できず、むしろ対照的な様相となった。これは、舶載三角縁神獣鏡と仿製三角縁神獣鏡の製作技術に明確な違いがなく、全ての三角縁神獣鏡の製作地が古代中国あるいは倭の領域と成り得る可能性を考える立場からすると（水野 2015a、水野 2017）、ただちに中国製との結論に結びつくものではないが、今回の分析では倭鏡との関係が薄いことが明らかとなった。

あくまでも鋳型が出土していない状況での検討である。製品の観察から現象を抽出し、それに解釈を加えることに限界を覚えるが、今後、笵傷にみる鋳型の構造や鈕孔の製作技術などの様々な中国各地の鏡、三角縁神獣鏡、倭鏡などを結ぶ技術的な系譜関係の検証を積み上げることで、三角縁神獣鏡の製作地論争の結論に至りたいと考える。

参考文献
岩本崇 2003「「仿製」三角縁神獣鏡の生産とその展開」『史林』第 86 巻第 5 号
岩本崇 2005a「三角縁神獣鏡の終焉」『考古学研究』第 51 巻第 4 号
岩本崇 2005b「三角縁神獣鏡の規格と挽型」『三次元デジタルアーカイブを活用した古鏡の総合的研究』奈良県立橿原考古学研究所（『古鏡総覧』学生社）
加藤一郎 2015「前期倭鏡における同一紋様鏡の一例 ―伝持田古墳群および富高 2 号墳出土鏡と公文書について―」『宮崎県立西都原考古博物館研究紀要』11 号
岸本直文 1989「三角縁神獣鏡製作の工人群」『史林』72 巻第 5 号
宮内庁書陵部 2005『古鏡集成』学生社
小林行雄 1971「三角縁神獣鏡の研究」『京都大学文学部研究紀要』13
下垣仁志 2001「仿製方格規矩四神鏡」『寺戸大塚古墳の研究Ⅰ』向日丘陵古墳群調査研究報告第 1 冊
徳田誠志 2010「三次元計測データを用いた鏡の観察手法」『考古資料における三次元デジタルアーカイブの活用と展開』科研報告書（研究代表：水野敏典）
水野敏典・山田隆文編 2005『三次元デジタル・アーカイブを活用した古鏡の総合的研究』奈良県立橿原考古学研究所（『古鏡総覧』学生社）
水野敏典・徳田誠志・奥山誠義・樋口隆康 2009「三次元計測技術を応用した倭鏡における同一文様鏡の検討」『日本考古学協会第 75 回総会研究発表要旨』
水野敏典 2010「三次元形状計測による沖ノ島出土の同一文様鏡の検討」『考古資料における三次元デジタルアーカイブの活用と展開』科研報告書
水野敏典・奥山誠義・北井利幸・寺沢薫・青木政幸・徳田誠志・古谷毅 2010「三次元形状計測を用いた兄弟銅鐸の検討」『日本考古学協会第 76 回総会発表要旨』
水野敏典・奥山誠義 2012「三次元計測を応用した挽型からみた三角縁神獣鏡製作技術の研究」『日本考古学協会第 78 回総会研究発表要旨』
水野敏典 2015a「三角縁神獣鏡を科学する」『古代史研究の最前線 邪馬台国』洋泉社
水野敏典 2015b「三次元計測を応用した三角縁神獣鏡の研究」『三角縁神獣鏡研究の最前線』第 35 回橿考研公開講演会 奈良県立橿原考古学研究所
水野敏典・奥山誠義 2016「製作技法からみた倭鏡と仿製三角縁神獣鏡」『日本考古学協会第 82 回総会研究発表要旨』
水野敏典 2017「青銅器製作技術からみた三角縁神獣鏡」『三次元計測を応用した青銅器製作技術からみた三角縁神獣鏡の総合的研究』科研報告書
水野敏典・奥山誠義・北井利幸 2017「三次元計測を応用した倭鏡における挽型使用形態の検討」『日本考古学協会第 83 回総会発表要旨』
森下章司 2008「銅鏡製作工人の分析」『古墳出土品がうつし出す工房の風景―手工業生産の実像に迫る―発表要旨集』平成 20 年度大阪大谷大学文化財学科公開講座

謝 辞
調査では、下記の協力者と機関の協力を受けた。記して感謝の意を表します。
　上野祥史　岩本崇　奥山誠義　徳田誠志　福島真貴子　古谷毅　北井利幸　勝川若奈　森下章司　宮内庁書陵部　宗像大社神宝館　東京国立博物館　東松山市教育委員会

本稿は、JSPS 科研費 25284161「三次元計測を応用した青銅器製作技術からみた三角縁神獣鏡の総合的研究」（研究代表：水野敏典）、および JSPS 科研費 17H02423「三次元デジタル・アーカイブを活用した青銅器製作技術解明の総合的研究」（研究代表：水野敏典）の成果の一部である。

装　飾

三角縁神獣鏡製作技術把握への小考　－挽型共有説の検証－

清水康二・宇野隆志

はじめに

　三角縁神獣鏡には現在の鋳鏡技術では使用されていない同笵法が用いられていることが知られ、同笵鏡ごとの比較検討により製作技術に関する数多くの研究成果が明らかになっている（藤丸1997など）。三角縁神獣鏡以後の銅鏡製作技術史上においても特異な技法である同笵法の他に、損傷した鏡笵の鋳型面を削って鋳型面を再生し、鏡笵を再利用することで新たな三角縁神獣鏡を製作する技法の存在が確認された。これまでの検討により、この鏡笵再利用技法が三角縁神獣鏡関連鏡群に普遍的に使用された技法であったことが判明した（梅木1998、森下2005、清水2014、清水ほか2018）。また、三角縁神獣鏡に舶載鏡と倣製鏡の区別が存在しないこと（清水2015a）、三角縁神獣鏡製作期間とほぼ重複するような期間に渡って鏡笵再利用が続けられる鏡笵を確認したこと、これまでの神獣像の表現分類により、異なる工人群による製作と想定されていた三角縁神獣鏡間に鏡笵再利用関係がある可能性を指摘したことなどが大きな成果である（清水2015b・2016）。

　この論文で取り扱うのは挽型の問題である。三角縁神獣鏡の製作に挽型が用いられたことを主張し、複数の三角縁神獣鏡製作に共通する挽型が使用されたという仮説があり、9組23種の三角縁神獣鏡に挽型の共有の可能性が指摘されている（岩本2005）。その後、岩本の研究を引き継ぐ形で、新たに1組の挽型共有が示されている（水野2015）。高精度の3次元計測値をもとに同じ挽型を使用する三角縁神獣鏡を指摘するのだが、そこには3つの問題点がある。

　1つ目は三角縁神獣鏡の製作に挽型が使用されているという前提で、検討を進めている点である。2つ目は計測値が断面図としてのみ公開されているため、断面形状の一致を検証するにあたっては、再度、当該鏡の高精度計測をする必要がある点である。3つ目は、同笵鏡間でも完全には断面が一致しないとし、「笵の傷みや鋳上がりの具合、研磨や熱処理などの鋳造後の後処理といったさまざまな要因」によって同一の挽型を使用しても断面がずれることは当然の結果とすることである（岩本2005 p.424）。高精度の計測値を用いながらも完全な一致をみない点を軽視し、同一挽型鏡候補間の不一致の程度、形状の変形に関して鋳造実験データなどが提出されていないにもかかわらず、鋳鏡に伴う「さまざまな要因」に断面不一致の理由を割り当ててしまう手法は危ういものと言わざるをえない。

　三角縁神獣鏡を含む漢式鏡に挽型が使用されていたという仮説に関しては、既に重要な疑義が提出されていることもあり（三船2015）、ここでは挽型が共有されているという指摘を受けた三角縁神獣鏡と鏡笵再利用の関係を検討してみたい。

　現在のところ公表されている挽型の共有は岩本が指摘した9組23種に（岩本2005）、1組2種が加えられ10組25種となっている（水野2015）。まずは新しく挽型共有例と指摘された埼玉県東松山市高坂古墳群出土の陳氏作四神二獣鏡と滋賀県古冨波山古墳出土の陳氏作四神二獣鏡を俎上に載せて、挽型と鏡笵再利用技法の関係を検討する。その後、岩本が指摘した9組23種の挽型共有事例の一部を検討する。

1　高坂古墳群出土鏡と古冨波山古墳出土鏡（82鏡）の検討

　2011年に埼玉県東松山市高坂古墳群の発掘調査に伴い発見された三角縁神獣鏡と、滋賀県野洲市古冨波山古墳から出土した三角縁神獣鏡（82鏡）[1]が「挽型の共有の可能性」があるとの指摘がなされている（水野2015 p.68）。これについて、挽型の共有の可能性以外に、鏡笵再利用技法との関連について検討を行った。

(1) 陳氏作四神二獣鏡（高坂鏡）（図1）

　面径は22.0cmである。鈕座は有節重弧文で鈕孔は上下方向である。内区は乳によって4分割される。上方には西王母と右側に傘松文が置かれる。下方には東王父と対になる神像が向かって右側に配される。左の区画には青龍像が、右の区画には白虎像が表され、いずれも右に向かっている。界圏の内斜面は鋸歯文帯で、内区外周は銘文帯―櫛歯文帯からなる。銘文は「陳氏作竟…」で、時計回りにめぐる。外区内斜面は鋸歯文帯で、外区は鋸歯文帯―複線波文帯―鋸歯文帯の3帯構成である。外区の最外周には外周突線がめぐる。湯口方向はX線透過による鬆の分布から、東王父側の鈕孔方向の可能性がある（永嶋2009）。

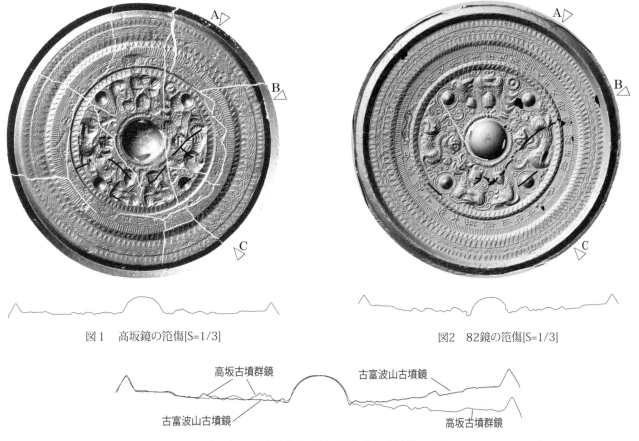

図1　高坂鏡の笵傷[S=1/3]　　　　　　　　　　　　　図2　82鏡の笵傷[S=1/3]

図3　高坂鏡と古富波山鏡の断面重ね合わせ図 [S=1/2]

　鏡背に残された傷を３次元画像、写真から検討すると（東松山市教委編2015）、錆も比較的多いため観察が難しいが、右斜め上方の乳から鈕座に至る間には、通常は内区文様には用いられない鋸歯文と半円文を中心とした文様がある。これは左に隣接する傘松文を削っており、鋳型面が大きく損傷した際に傷部分に補刻したものと思われる。これを傷Aとする。

　この他に線状の傷が確認できる。３時方向の獣像右前肢の付け根から頭部を通り、下方右の神像頭部を斜めに横断するものを傷Bとする。また、右斜め下の乳頂部を斜めに横断する傷Cを見て取れる。また傷Bから直交方向に派生する線状の傷と７時方向の神像と９時方向の獣像に線状の傷が存在する。

(2) 陳氏作四神二獣鏡（82鏡）（図2）

　古富波山古墳出土鏡の他に、京都府椿井大塚山古墳出土の鏡片（M27）がある。面径は21.8cm。鈕座は有節重弧文で、鈕孔は３時半から９時半方向である。内区は乳によって４分割される。上方には西王母と右には傘松文が置かれる。下方にも左に西王母、右に東王父像が置かれる。左右の区画には右方向に向かう走獣が描かれる。左下乳の上には正面を向く獣面が描かれる。

　界圏の内斜面には鋸歯文帯、外斜面は連弧文帯で、内区外周は銘文帯―櫛歯文帯が配される。銘文は「陳氏作竟…」で、時計回りにめぐる。外区内斜面は鋸歯文帯、外区は鋸歯文帯―複線波文帯―鋸歯文帯の３帯構成で、外周突線がめぐる。

　鏡背に残された傷を３次元画像、写真から検討すると（橿考研2005）、面的な傷として注意すべきは、右上方の乳内側に現れている傷である。そして、そこから鈕方向に向かった有節重弧文と鈕の端との間には小規模であるが面的な傷が見て取れる。この２つの面的な傷の間には、通常は内区文様には用いられない鋸歯文と半円文が描かれる。これらを傷Aとする。

　線状の笵傷は下方の東王父の顔面から右方の獣像の体部上へ続き、間を少しおいて外周突線付近に面的な傷として現れる。これを傷Bとする。右斜め下の乳頂部を斜めに横断する傷Cがある。左下方の乳近くの界圏内斜面鋸歯文帯上には円周に沿って短い傷がある。

(3) 笵傷と形状による検討

　結論からすれば、両鏡は挽型を共有したものとすることは難しい。３次元計測による断面を検討しても鈕より左側の三角縁頂部の位置は一致するものの、挽型の使用であれば一致するはずの、鈕より右側の内区径、界圏の位置、三角縁の形状などが一致しない（図3）。界圏は

装飾

図4　朝日谷鏡[上]と天神山鏡[下]の鏡范

鏡背の地の部分から大きく突出するので、挽型を使用するのであれば、界圏を挽型の形状に組み込む方が自然であろう。両鏡の断面形状の不一致は高坂鏡が破損しているとはいえ、共通の挽型使用という主張を疑わせるに充分である。

次に近年明らかになってきた鏡范再利用技法との関連を検討してみる。まず、両鏡を重ね合わせた場合、界圏の鋸歯文帯の位置が一致しないので、一見すると位置が異なるように見えるものの、四乳の位置は一致する。そして両鏡の間では右下の乳上を斜めに走る線状の傷Cが一致する。この傷は短いものであるため偶然の一致の可能性も否定はできないが、傷Bは長さも充分にあり、両鏡の傷は一致するとみて良い。

他にも検討対象は存在する。古冨波山鏡（82鏡）で傷Aとしたもののうち、乳の脇にあるものは小規模で、鈕と有節重弧文座の間にあるものはさらに小さな傷である。しかしながら、両鏡の傷は大小を除けば相対的な位置関係は同じである。つまり、古冨波山鏡の傷Aが鋳鏡によって拡大したため、補刻をおこなった結果が高坂鏡の傷Aと想定する。古冨波山鏡にも小規模な補刻は存在しており、高坂鏡の傷Aはこれらが拡大した結果であろう。

群馬県前橋天神山古墳、愛媛県朝日谷2号墳出土の二禽二獣鏡の鏡范再利用は幅置面も含めて大きく削り込むものと想定したが（図4）、この鏡范再利用は全般的な文様構成が同様であることや三角縁頂部や鈕形がおおむね一致する。加えて両鏡の神獣像、傘松文の配置が基本的に一致することからしても、古冨波山鏡范の文様の凹凸を再利用できる程度の削り込みを想定したい。鏡范再利用の順序を示す有効な根拠は断面形態の重ね合わせでは見出しがたいが、82鏡より高坂鏡の傷Aが拡大したと考えて、高坂鏡が後出すると判断する。

以上の検討からは、同一の挽型使用と考えられているものの中に、鏡范再利用関係で説明できるものがあることがわかった。大きな削り込みを行わないのであれば、前回の鏡范利用とさほど大差のない断面形態になることは充分に考えられる。

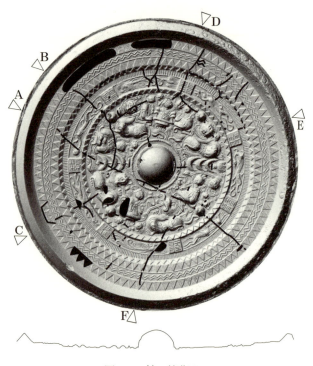

図5　9鏡の范傷 [S=1/3]

2　9鏡、74鏡、75鏡、77鏡、80鏡、81鏡の検討

このうち、74鏡、75鏡、77鏡（いずれも表現②）の間には挽型共有の可能性が指摘されている（岩本2005）。

（1）天王日月・獣文帯同向式神獣鏡（9鏡）（図5）

静岡県上平川大塚古墳出土鏡と京都府椿井大塚山古墳出土鏡（M25）、岡山県湯迫車塚古墳、三重県草山久保古墳があるが、上平川大塚鏡をもとに検討する。

面径は23.2cm。鈕座は有節重弧文で、鈕孔は3時から9時方向である。鈕頭には鳥目の痕跡がわずかに残る。

内区は乳によって4分割される。上方の区画には伯牙と鐘子期像、右には脇侍1体、鐘子期像の左には巨を銜む獣像が配置される。左方の区画には西王母が置かれるが、同向式神獣鏡であるにもかかわらず頭部を鈕方向に向けている。西王母像の下には、傘松文が頂部を鈕に向けて立てられ、さらにその下には巨を銜んで右方に駆ける獣像が配置される。右方の区画には巨を銜んで右に駆ける獣像が置かれる。その下には蓮華座の傘松文が頂部を鈕に向けて置かれている。さらにその下には、東王父像が同向式の方向に置かれている。東王父の後方には頭頂部を下方に向けた獣面と右に駆ける半身の小獣像が置かれる。下方の区画には頭部と体を斜め右に向けた神像が置かれている。顔面の前には左を向く小羽人像が配され、神座の両脇には獣面が1つずつ配置される。神像の右には巨を銜んで左に駆けていく獣像が置かれる。

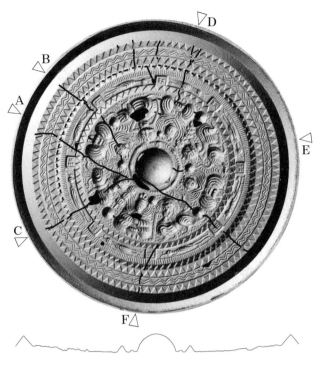

図6　74鏡の笵傷 [S=1/3]

図7　75鏡の笵傷 [S=1/3]

界圏の内斜面は鋸歯文帯、内区外周は獣文帯―櫛歯文帯が配される。「天王日月」銘の方格によって7分割される獣文帯で、反時計回りに疾走する青龍、白虎、鳥像等がある。外区内斜面は鋸歯文帯、外区は鋸歯文帯―複線波文帯―鋸歯文帯の3帯構成である。

鏡背に残された傷を3次元画像、写真から検討すると（橿考研2005）、錆も比較的少ないため観察がしやすい。最も顕著な笵傷は10時方向の外区から鈕の下を通り右斜め下の乳を通過して外区まで続く傷である。これを傷Aとする。次に10時半のあたりの外区から左斜め上の乳のすぐ下を通過して円弧を描く笵傷を傷Bとする。8時方向から右斜め上に向かって傷Aまで伸びる笵傷を傷Cとする。次に12時半の外区からやや左斜めに内区外周まで伸びる笵傷を傷Dとする。10時から2時のあたりまで、外区の内斜面鋸歯文帯の鋸歯文の間の谷部分で確認できる傷を傷Eとする。傷Fは6時半方向の外区から傷Aに向かって伸びる傷である。

鋳型の崩れと考えられる面的な傷はそれほど多くなく、左斜め上と下方に比較的大きな傷がある。湯口方向に関しては判断する根拠がない。

(2) 天王・日月・獣文帯四神四獣鏡（74鏡）（図6）
奈良県新山古墳12号鏡の他に奈良県黒塚古墳出土鏡（2、27、33号鏡）、福岡県石塚山5号鏡、岡山県湯迫車塚古墳出土鏡の計6面がある。ここでは新山鏡をもとに記述する。

面径は23.5cm。内区は四乳によって4分割される。さらに鈕の近くに小ぶりな乳が4つ配置される。鈕孔は4時半から10時半方向である。

鈕座は有節重弧文。上方には西王母が置かれ、その左には巨を衞んで顔を正面に向け左方向に駆けていく獣像が配置される。西王母像の右側の乳の上には傘松文が置かれる。右の区画には東王父像が置かれ、その上には巨を衞んで顔を正面に向け右に駆けていく獣像が配置される。左方の区画も同様で、獣像は右に向いている。下方の区画には東王父像が置かれ、その右には巨を衞んで顔を正面に向け左方向に駆けていく獣像が配置される。東王父像の左の乳上には傘松文が置かれている。

界圏の内斜面は鋸歯文帯、内区外周は獣文帯―櫛歯文帯が配される。獣文帯は7個の「天王」と1個の「日月」の方格銘によって8分割され、時計回りに疾走する同一形状の退化した獣像が配される。外区内斜面は鋸歯文帯、外区は鋸歯文帯―複線波文帯―鋸歯文帯の3帯構成である。

鏡背に残された傷を3次元画像、写真から検討すると（橿考研2005）、錆も比較的少ないため観察がしやすい。最も顕著な笵傷として、10時方向の外区から鈕の下を通り右斜め下の乳を通過して外区まで続く傷Aを確認できる。次に10時半方向の外区から鈕左上の乳のすぐ下を通過して円弧を描く傷Bを確認できる。このほか、8時方向の外区から右斜め上に向かって傷Aまで伸びる傷C、12時半の外区からやや左斜めに内区外周まで伸びる傷D、8時半から2時半までの範囲で外区内斜面鋸歯文帯に沿った傷Eを確認できる。傷Fは6時

装　飾

半方向の外区から傷Aに向かって短く伸びる。

　鋳型の崩れと考えられる面的な傷はそれほど多くなく、内区外区に数箇所確認できる。湯口方向に関しては判断する根拠がない。

（3）天王・日月・獣文帯四神四獣鏡（75鏡）（図7）

　京都府椿井大塚山古墳出土鏡（M16）のほかに、伝鳥取県倉吉市旧社村付近鏡、東北歴史博物館蔵鏡がある。ここでは椿井大塚山鏡をもとに記述する。

　面径は23.4cm。鈕座は有節重弧文で、鈕孔は4時から10時方向にあいている。

　内区は四乳によって分割され、さらに鈕の近くに小乳が4つ配置される。上方の区画には神像が置かれ、小乳を挟んでその左には巨を衙んで顔を正面に向け左方に駆けていく獣像が配置される。神像の右の乳上には傘松文が置かれる。右の区画には東王父像が置かれ、小乳を挟んで上には、巨を衙んで顔を正面に向け右方に駆けていく獣像が配置される。左方の区画も同様で獣像は右方に駆けている。下方には西王母像が置かれ、小乳を挟んで右には左方向に駆けていく獣像が配置される。西王母像の左側の乳上には傘松文が置かれる。

　界圏の内斜面は鋸歯文帯、内区外周は獣文帯―櫛歯文帯が配される。獣文帯は7個の「天王」と1個の「日月」の方格銘によって8分割され、獣像は反時計回りに疾走する獣像や鳥像などが配される。外区内斜面は鋸歯文帯、外区は鋸歯文帯―複線波文帯―鋸歯文帯の3帯構成である。

　鏡背に残された傷を3次元画像、写真から検討すると（橿考研2005）、下部の三角縁と外区の付近に錆が多く、上方の9時から11時の付近から2時の方向に内区を通っていく幅3〜6cmほどの帯状部分は錆が多く観察しにくい。その他の部分は錆が比較的少ないため観察がしやすい。

　最も顕著な范傷は鈕の下を通り右斜め下の乳を通過して外区まで続く傷Aである。次に鈕の左の小乳から8時の方向の外区まで傷Cが断続的に確認できる。

　鋳型の崩れと考えられる面的な傷は散在して確認できる。湯口方向に関しては判断する根拠がない。

（4）天王・日月・獣文帯四神四獣鏡（77鏡）（図8）

　京都府久津川箱塚古墳出土鏡のみが知られている。箱塚鏡をもとに記述する。

　面径は23.6cm。鈕座は有節重弧文座で、鈕孔は3時から9時方向にあいている。鈕頭にはわずかに鳥目の痕跡が認められる。

　内区は乳によって4分割され、さらに鈕の近くに小

図8　77鏡の范傷 [S=1/3]

乳が4つ配置される。上方の区画には東王父像が置かれ、小乳を挟んでその左には巨を衙み、顔を正面に向け、左方に駆けていく獣像が配置される。神像の右の乳上には傘松文が置かれる。右の区画には神像が置かれ、小乳を挟んで、巨を衙んで顔を正面に向け右方に駆けていく獣像が配置される。左方の区画も同様で獣像は右方に駆けている。下方には西王母像が置かれ、小乳を挟んで右には左方向に駆けていく獣像が配置される。西王母像の左側の乳上には傘松文が置かれる。

　界圏の内斜面は鋸歯文帯、内区外周は獣文帯―櫛歯文帯が配される。獣文帯は7個の「天王」と1個の「日月」の方格銘によって8分割され、疾走する同一の獣像が時計回りに各区画に配される。外区内斜面は鋸歯文帯、外区は鋸歯文帯―複線波文帯―鋸歯文帯の3帯構成である。

　鏡背に残された傷を3次元画像、写真から検討すると（橿考研2005）、緑青が厚い部分が見られるが、その範囲は大きくなく、全体的に范傷を検討しやすい状況である。

　最も顕著な范傷は、10時方向の外区から鈕の下を通り右斜め下の乳を通過して外区まで続く傷Aである。次に10時半のあたりの外区から左斜め上の乳のすぐ下を通過して円弧を描く傷Bを確認できる。8時方向から右斜め上に向かって傷Aまで伸びる傷Cや、12時半の外区からやや左斜めに内区外周まで伸びる傷D、右斜め下の傷Aから12時のあたりまで、外区の内斜面鋸歯文帯で確認できる傷Eを確認できる。6時半方向の外区か

220

図9　80鏡の范傷 [S=1/3]

図10　81鏡の范傷 [S=1/3]

ら傷Aに接続する傷Fも確認でき、さらに、傷Aを越えて鈕の周囲を巡るような傷が断続的に続いている。

鋳型の崩れと考えられる面的な傷は比較的多く、散在している。湯口方向に関しては判断する根拠がない。

(5) 天王日月・鋸歯文帯四神四獣鏡 (80鏡) (図9)

京都府椿井大塚山古墳出土鏡 (M18)、大分県赤塚古墳出土鏡、京都府長法寺南原古墳出土鏡、奈良県桜井茶臼山古墳出土鏡が知られている。椿井大塚山鏡をもとに記述する。

面径は23.2cm。鈕座は円圏座で、鈕孔は1時から7時方向にあいている。

内区は乳によって4分割される。鈕の近くに小乳は配置されない。各区画には神像と獣像が交互に置かれ、獣像は巨を銜んで顔を正面に向け、右方に駆ける。

界圏の内斜面は鋸歯文帯、内区外周は鋸歯文帯―櫛歯文帯が配される。両帯には「天王日月」の方格銘4個と小乳4個が交互に配置され、8分割される。外区は鋸歯文帯―複線波文帯―鋸歯文帯の3帯構成である。

鏡背に残された傷を3次元画像、写真から検討すると (橿考研2005)、鏡の上方1/3程は錆化が進んでおり、范傷を確認することが難しい。また、鈕の上も緑青病が進行しており范傷を確認することは不可能である。残りの2/3ほどの範囲は、全体的に范傷を検討しやすい状況である。

鈕の左方向に少し離れた位置から鈕の下を通り、右斜め下の乳を通過して外区までは続かない傷Aを確認で

きる。次に10時半のあたりの外区から左斜め上の乳のすぐ下を通過して円弧を描く傷Bを確認できるが、一部は錆のために確認できない。傷Cは8時方向から傷Aに向かって断続的な曲線を確認できる。6時半方向から右斜め上に向かって傷Aまで伸びる范傷Fを確認できるが、外区までは伸びていない。さらに傷Aから始まり、鈕を小さく取り巻くように11時半方向まで弧を描く傷も認められる。

鋳型の崩れと考えられる面的な傷は少ない。湯口方向に関しては判断する根拠がない。

(6) 天王日月・獣文帯四神四獣鏡 (81鏡) (図10)

京都府椿井大塚山古墳出土鏡 (M17) (以下、椿井大塚山鏡)、愛媛県広田神社上古墳出土鏡 (2面)、奈良県桜井茶臼山古墳出土鏡が知られている。椿井大塚山鏡をもとに記述する。

面径は22.7cm。鈕座は有節重弧文で、鈕孔は12時から6時方向にあいている。左斜め下の外区の一部と有節重弧文の一部が欠失している。

内区は振座の乳によって4分割される。鈕の近くに小乳は配置されない。各区画には神像と獣像が交互に配置され、獣像は巨を銜んで顔を正面に向け、右方に駆ける。

界圏の内斜面は鋸歯文帯、内区外周は獣文帯が配される。獣文帯は「天王日月」の方格銘4個と小乳4個が交互に配置され、8分割される。各区画には疾走する同一の獣像が反時計回りに配される。外区は鋸歯文帯―複

装　飾

線波文帯—鋸歯文帯の 3 帯構成である。

鏡背に残された傷を 3 次元画像、写真から検討すると（橿考研 2005）、欠損している部分と錆化が進んでいる部分は比較的少ないため観察しやすい状況である。

鈕の左方向に少し離れた位置から鈕の下を通り、右斜め下の乳まで続く傷 A を確認できる。左斜め上の乳から 8 時の方向の外区まで円弧を描く傷 B、C を確認できる。6 時半方向から右斜め上に向かって傷 A まで伸びる范傷 F を確認できるが、外区までは伸びていない。さらに鈕の右斜め下の傷 A から、鈕を小さく取り巻くように 11 時方向まで弧状の傷がある。

鋳型の崩れと考えられる面的な傷は少ない。右斜め上の外区に比較的大きく凹む部分がある。湯口方向に関しては判断する根拠がない。

(7) 范傷と形状による検討

傷 A ～傷 F までの范傷を検討すると、6 種の鏡は鏡范再利用関係にあると考えてよいだろう。傷をもとに乳の重なり具合を検討すると内区の 4 乳はほぼ一致する（図 11）。神獣像配置に関しても獣像の向きまで考慮に入れなければ、同向式の 9 鏡以外は同様である。

74、77 鏡の鈕周辺の小乳が鏡范再利用後も同じように 12 時方向にある乳だけ一段と小ぶりであるのは、74、77 鏡間の鏡范再利用に関する鋳型の削り込みあるいは改変が大きくなかったことを示している。この乳が再度大きく彫り込まれたのではなく、前回の鏡范を最小限に改変した根拠となろう。

9 鏡と 74、75、77 鏡の鈕の大きさが一致し、鏡体形状も近いが、文様表現の精緻さからすれば、9 鏡が古く位置づけられる。9 鏡は同向式神獣鏡であるものの 10 時方向の神像と 8 時方向の獣像の頭部は鈕方向に向けている。かつ神像と獣像の配置は各像の頭部の方向を除けば他鏡と一致する。特に 5 時方向の獣像の駆ける方向は 74、75、77 鏡とは一致するが、80、81 鏡とは一致しない。さらに内区外周に乳が付け加えられる 80、81 鏡は鈕が大型化している点で 9、74、75、77 鏡の断面形態と大きく異なる。80、81 鏡は鈕が大きくなり、小乳がなくなるほどの改変が行われている。したがって、9 鏡のあとに 74、75、77 鏡、その後に 80、81 鏡の鏡范が用意されたと考えられる。

鏡范再利用の際の大きな改変は、9 鏡と 74、75、77 鏡の間、74、75、77 鏡と 80、81 鏡との間に行われ、74、75、77 鏡間および 80、81 鏡間では小規模な改変が行われたと理解したい。

74、75、77 鏡の前後関係に関しては、9 鏡の 5 時方向の獣像頭部が横向きであり、75 鏡の 5 時方向の獣像

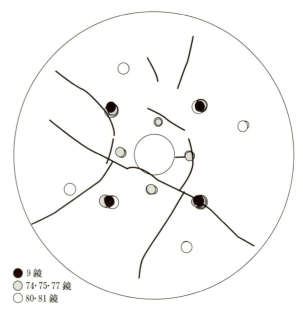

● 9 鏡
◉ 74・75・77 鏡
○ 80・81 鏡

図 11　范傷と乳の比較

頭部のみがわずかに横向きであること、9 鏡と 75 鏡の獣文帯における獣像の疾駆方向が同じであることからすれば、75 鏡が他の 2 鏡より先行する。74 鏡の 5 時方向にある獣像の頭部は大きく変形し奇怪な形状となっているが、これはこの部分の鋳型が大きく損傷し、追刻で間に合わせたためである。高坂鏡と 82 鏡に見られた傷部分の追刻と同様である。77 鏡ではこの部分に損傷が確認できないこととともに、このような損傷の増加が 80、81 鏡の鏡范再利用の際の大きな鋳型改変に繋がったと考えれば、74 鏡の鏡范再利用が後出すると考えるべきであろう。75 鏡にはわずかに見られた内区主文様の珠文が 77 鏡、74 鏡の順に増加する点も考慮したい。

80、81 鏡の前後関係に関しては製作技術痕跡から検討することはできなかったが、74 鏡の内区主文様に珠文が多用されており、81 鏡には珠文があるが 80 鏡にはないこと、鈕座に有節重弧文が採用されないのはこの鏡群では 80 鏡だけであること、74、75、77 鏡には獣文帯があり、80 鏡には獣文帯がないことから、81 鏡が先行すると想定した。

したがって、鏡范利用は 9 鏡—75 鏡—77 鏡—74 鏡—81 鏡—80 鏡の順序で行われたと考える。

3　25 鏡、32 鏡、33 鏡および 29a 鏡、31 鏡の検討

25 鏡、32 鏡、33 鏡の間には、挽型共有関係以外にも神獣像の表現も共通する点（表現⑦）が指摘されている（岩本 2005）。これら 3 種の鏡については、既に鏡范再利用関係を確認できることを前稿で記した（清水 2016）。その際には、併せて 29a 鏡、31 鏡を鏡范再利

用関係にあると想定した。

　范傷等の検証をもって鏡范再利用関係を認定した詳細については前稿に示したので、ここで繰り返すことはしないが、概略のみを述べることにする。

　范傷と乳の位置からすれば、初期三角縁神獣鏡である29a鏡の范が作られ、次にその范をもとに31鏡の范が用意される。その後、鏡范の大きな削り込みが行われたようで、31鏡范と25鏡范の范傷の位置はわずかに異なるものの、乳の位置および鈕孔方向が類似する。しかしながら、その後の25鏡—33鏡—32鏡に至る鏡范再利用に関しては、鏡范の改変がそれほど大きくなかった可能性があり、范傷は一致し、乳もおおよそ近い位置に配置されている。これらの状況をもとに5種の鏡を鏡范再利用関係にあると判断した。

4　鏡范再利用技法と挽型共有

　鏡の鋳造、その重要な工程である鏡范の製作に「挽型」が用いられているという推測は、考古学研究者の間では常識的な事柄となっている。一方で、鏡范の製作に挽型が使用されたと想定することに関しては、あくまで仮説にしか過ぎないという意見がある（三船2015）。確かに現在まで、古代東アジアの鋳鏡工房において挽型が遺物として発見された例はなく、銅鏡に残された製作痕跡としても挽型の存在を立証できるわけでもないので、挽型の使用が古代東アジアの鋳鏡まで遡るかどうかは疑問とせざるをえない。鏡の鈕上に鳥目が遺る事例が散見されるものの、挽型の支点痕跡と判断するのは早計であって、円規の支点痕跡である可能性がある。

　三角縁神獣鏡の製作に挽型が用いられているという主張において重要なのは、挽型の材質に何を想定するかということである。これまで幾つかの三角縁神獣鏡関連鏡群で鏡范再利用技法を確認してきたように、いずれも焼成後の硬化した鋳型をさらに削り取って新たに鏡体や鏡背文様を刻んでいく必要がある。仮にこれを同一の挽型で複数回の鏡范成形を達成するためには、挽型の材質は有機質ではなく、金属であったに違いない。しかしながら、挽型に金属を想定した場合に、なぜ非常に多様な断面形態が三角縁神獣鏡に存在するのであろうか。三角縁神獣鏡の大量生産指向は、既に複数の研究者から指摘されているが、これまでの鏡范再利用技法の研究成果をみれば、三角縁神獣鏡の製作にはそれほど多くの鋳型本体が用いられていたわけではなさそうである。そのような中で、金属製の挽型を一つ製作したのであれば、それを複数回使用すればよく、多数の金属製挽型を製作して使用する意味はない。もちろん、多様な三角縁神獣鏡を製作しようという、工人を含めた製作者の要望があったという主張もあるかもしれないが、三角縁神獣鏡の微細な断面形状の類似が今日では指摘されているものの、これまでは鏡背文様が同じでなければ異なった鏡という認識がされていたことからしても、現在指摘されている挽型の異同が製品の完成時における多様性を確保していたとは思えない。挽型が仮に同じであったとしても鏡背文様の違いで発注者の三角縁神獣鏡に求められた多様性の需要に充分に応えることができたはずである。

　今回検討してきたことを挽型共有、挽型使用と関連して考察を進めると、まず挽型共有が指摘されている10組25種のうち3組もの鏡范再利用関係が確認された。鏡范再利用関係の確認例は今後も増えると予想され、両者の関連に注意が必要であろう。

　特に高坂鏡と古冨波山鏡（82鏡）の鏡范再利用関係を見ると、線状の范傷以外の面的な范傷の拡大をもとに、古冨波山鏡が先行し、高坂鏡が後続すると推定した。このように考えると、共通する位置にある面的な范傷が拡大していく状況はそれほど大きな削り込みを行わない鏡范再利用の結果ではなかろうか。もちろん同一の挽型を用いても軽微に削り込むことは可能なので、ここから挽型共有を完全に否定するつもりはないが、この程度の断面形状の類似であれば、同一挽型の使用でなくても類似した形態が生じる可能性がある。一方、鏡范再利用技法が最初に注目される契機となった愛媛県朝日谷2号墳出土二禽二獣鏡と群馬県前橋天神山古墳出土二禽二獣鏡では、天神山鏡范を後続鏡范と考えた場合、断面形態の重ね合わせからすると鏡范再利用にあたって大きな削り込みが行われたと判断できる（図4）。

　さて、前記した三船温尚による漢式鏡製作における挽型使用への疑義をもとにすれば、三角縁神獣鏡製作に挽型が使用されていたということを前提に研究を進めるべきではないことは明白である。挽型の使用を前提とするのではなく、まずは三角縁神獣鏡製作で挽型が使用されていたことを証明する作業が必要となってくる。

　仮に三角縁神獣鏡製作に挽型が使用されていると考えた場合、単純に頭に浮かぶ疑問は、「なぜ、これまで確認されている三角縁神獣鏡に共通の挽型が使用されている事例が少ないのか」ということである。これからも新種の三角縁神獣鏡が発見されていくとは思われるが、その数が爆発的に増えることはない。三角縁神獣鏡の生産に量産指向があげられることが多いが、挽型使用は量産に適した技法である。特に鏡体の「鈕」「内区」「外区」「縁」を規定するのみの簡略な形状であれば、挽型の傷みも少なく、多数の同一挽型鏡があっても不思議はない。しかも、今回の検討をもとにすれば、高坂、82鏡間と74、

75、77鏡間、25、32、33鏡の三角縁神獣鏡は挽型共有が指摘されているが、それとは別に鏡笵再利用が行われ、同一の鋳型が用いられたことが確認された。さらに、これをもとに鏡笵の小規模な改変では、再利用の際に大きく鏡背の断面形状が変わることがない可能性を想定した。仮に鏡笵再利用技法が使用された時に、もう一度、同一の挽型で鏡体を挽いたとすれば、焼成後の鏡笵を挽くわけであるから、その挽型の素材は焼成前の真土でも挽けるような有機質の挽型ではなく、金属材で製作された挽型であったと考えねばならない。このように挽型の素材を金属材としたならば、明らかに今まで見つかっている挽型共有の事例は少なすぎる。

　最後に、挽型使用論者は、和鏡製作に代表されるような笵素材が軟質時点での挽型使用を想定している（岩本2005 p.423、水野2015 p.67）。復元案では、鳥目に挽型の心棒を固定するために、挽型の上下動が困難な構造になっており、鏡笵再利用技法を用いる硬質素材の笵では鏡体を挽くことができない。この点からも三角縁神獣鏡製作の挽型使用に対して慎重にならざるをえない。

まとめ

　今回の検討で明らかになったことと、それを基にした解釈、今後の三角縁神獣鏡製作技術研究で解明していかなければならないことは、以下の通りである。
① 銅鏡の製作に挽型を使用する定説に疑問を投げかける説があり（三船2015、持田ほか2016）、三角縁神獣鏡の製作に「挽型」が使用されていたということを前提に研究を進めることは危険である。
② 挽型共有が指摘されている三角縁神獣鏡（高坂、82鏡）（74、75、77鏡）（25、32、33鏡）に関して、鏡笵再利用技法が確認された。
③ 挽型共有が指摘されている鏡群に関して、断面形状の一致が挽型共有の結果ではなく、わずかな削り込みにとどめた鏡笵の再利用によるものである可能性を示した。
④ 仮に挽型共有が指摘されている鏡群が、同一挽型で挽かれていたとしたら、今回検討した3種の鏡群の挽型は金属素材で製作されたものである。
⑤ 耐久性の高い金属素材で製作された挽型を想定するのであれば、今までに三角縁神獣鏡で指摘されている挽型共有の事例は少なすぎる。
⑥ 82鏡の鏡笵利用が先行し、高坂鏡の鏡笵利用が後続すると想定した。
⑦ 9鏡―75鏡―77鏡―74鏡―81鏡―80鏡の順序で鏡笵再利用が行われたと想定した。

註
（1）三角縁神獣鏡の番号は、『三角縁神獣鏡研究事典』（下垣2010）に掲載された「目録番号」である。表現の番号は「三角縁神獣鏡製作の工人群」（岸本1989）による。

引用・参考文献
岩本崇 2005「三角縁神獣鏡の規格と挽型」『三次元デジタルアーカイブを利用した古鏡の総合的研究』奈良県立橿原考古学研究所　pp.423-429
梅木謙一 1998「二禽二獣鏡の検討」『朝日谷2号墳』松山市文化財調査報告書63
岸本直文 1989「三角縁神獣鏡製作の工人群」『史林』第72巻第5号　pp.1-43
清水康二 2014「製作技術からみた三角縁神獣鏡」『駿台史学』150　pp.79-105
清水康二 2015a「「舶載」三角縁神獣鏡と「仿製」三角縁神獣鏡との境界」『考古学論攷』38　pp.19-31
清水康二 2015b「初期三角縁神獣鏡成立過程における鏡笵再利用」『古代文化』67-1　pp.22-30
清水康二 2016「笵の一生―初期三角縁神獣鏡の二つの事例―」『考古学論攷』39　pp.47-60
清水康二・宇野隆志ほか 2018「平原から黒塚へ―鏡笵再利用技法研究からの新視点―」『古代学研究』215　pp.1-9
下垣仁志 2010『三角縁神獣鏡研究事典』吉川弘文館
永嶋正春 2009「三角縁陳氏作四神二獣鏡のX線による調査」『三角縁神獣鏡と3～4世紀の東松山発表要旨資料』東松山市教育委員会　pp.70-82
奈良県立橿原考古学研究所編 2005『三次元デジタルアーカイブを利用した古鏡の総合的研究』奈良県立橿原考古学研究所
藤丸詔八郎 1997「三角縁神獣鏡の製作技術について―同笵鏡番号60鏡群の場合―」『研究紀要』4　北九州市立考古学博物館　pp.1-38
東松山市教育委員会編 2015『三角縁神獣鏡と3～4世紀の東松山』東松山市教育委員会
水野敏典 2015「三次元計測からみた高坂古墳出土の三角縁神獣鏡」『三角縁神獣鏡と3～4世紀の東松山発表要旨資料』東松山市教育委員会　pp.62-68
三船温尚 2015「青銅鏡技術研究の最新事情―二つの定説を疑う―」『古鏡―その神秘の力―』川崎市民ミュージアム　pp.102・103
持田大輔・三船温尚 2016「海獣葡萄鏡の編年の再整理と文様鋳造技法研究」『FUSUS』8号　pp.75-86
森下章司 2005「三次元計測と鏡研究―傷の比較検討」『三次元デジタルアーカイブを利用した古鏡の総合的研究』奈良県立橿原考古学研究所　pp.411-416

図出典
図1　東松山市教育委員会編2015をもとに作成。
図2　奈良県立橿原考古学研究所編2005をもとに作成。
図3　水野2015を転載。
図4　清水2014を転載。
図5～10　奈良県立橿原考古学研究所編2005をもとに作成。
図11　筆者作成。

謝辞
　下記の個人、機関には論文作成に関してご助力いただきました。記して感謝いたします（五十音順・敬称略）。
　菊池望　小林加奈恵　清水克朗　冨田尚夫　三船温尚
　龍崎純子　愛媛県歴史文化博物館

　この論文は平成29年度科学研究費補助金「製作技術を視座とした三角縁神獣鏡の編年と生産体制研究」（基盤研究B、研究課題/領域番号16H03516、研究代表者：菅谷文則）の研究成果の一部である。

大谷今池2号墳出土の繊維痕跡

髙木清生・奥山誠義

はじめに

(1) 大谷今池2号墳

大谷今池2号墳は奈良県大和高田市大字大谷、馬見古墳群の南方に所在した古墳時代後期（6世紀後半）の円墳である。周辺には北東約750mに新山古墳、南南東約500mに築山古墳、コンピラ古墳など大小の古墳が点在する。報告書によると2号墳の墳丘規模は復元径24m、高さ3.2～2.2mで、地形的に高い西側には堀が設けられていた。

墳頂に並列で設けられた2基の木棺墓のうち、1号木棺は盗掘により大部分が破壊され、副葬品もほとんど失われていたが、遺存した南東隅の小口部分からは金銅製冠や鞍金具、頭骨片が出土した。一方、2号木棺は未盗掘であり、捩り環頭大刀、鉄鏃などの鉄製武器・工具・馬具、玉類、須恵器、土師器等が出土し、遺存した人骨から3体が同一棺内に埋葬されていたことが確認されている（宮原・平井2003、以下報告書と表記）。

古墳の発見時期は比較的新しく、『改訂大和高田市史』の編纂に際して実施された踏査によって前方後円墳と考えられる1号墳とともに確認された（泉森1984）。1、2号墳の周囲は1980年代後半に宅地開発が進み、一旦は現状保存がはかられたものの開発対象地となり、1号墳は発掘調査前に墳丘の大半を失い、2号墳も1989年に発掘調査が行われたのちに消滅している[1]。

(2) 繊維製品の調査経緯

古墳出土の繊維製品は、金属製品などに錆着することで遺存した例が多い。その場合、本来の有機質の繊維は失われ、痕跡として錆に置き換わる、または錆の上に形状がプリントされたような状態で残る。大谷今池2号墳の繊維痕跡は、そのような遺存例の一つである。2003年刊行の報告書において、副葬品に複数の繊維痕跡の付着が認められることが記載されている。しかしながら、写真図版が示されたのは金銅製冠に付着する繊維痕跡1点である。今回、科学研究費による調査の一環で、繊維製品に着目して副葬品の観察を行った[2]。ここでは報告書で詳しく触れられなかった他の資料についても繊維痕跡の遺存状態の確認を行い、得られた新たな知見についても合わせて報告したい。

なお、2号木棺から出土した捩り環頭大刀についても繊維の付着が確認できる。しかし、実測図等の報告がされていないため、稿を改めて検討したい。

1 1号木棺 金銅製冠の繊維痕跡

1号木棺の南小口近く（頭位側と推定される）から出土した破片化した冠のうち、報告書図版8の6に「亀甲文部裏側の繊維痕」として報告されている帯部の一部（図20-20）を含め、3点（図20-20、18、12）に繊維痕跡の付着が認められる。

(1) 帯部20（報告書図20-20）

報告書の図版に示された繊維痕跡である（写真1-1～1-3）[3]。遺存する部分から判断して平織物と考えられる。糸には強い撚りがかけられており（S撚り）、報告書に記載されているとおり、麻の可能性が高いと思われるが、分析は未実施である。糸は組織として残る2×3本とその周辺に繊維残欠が認められる（写真1-2）。1本の糸幅は0.4～0.8mm前後で、密に織られていたようである。1cm間の織り密度は11×19本に復元できる。遺存部分が少ないので断定できないが、写真1-2の矢印に直行する方向の糸の上下が大きいため、これが緯糸の可能性がある（矢印方向が経糸と推定）。緯糸の延長線上に、同一の織物の残欠と見られる糸と繊維が付着する（写真1-3）。

(2) 帯部18（報告書図20-18）

付着は2箇所で特に顕著ではあるが、比較的広範囲に糸の形状をなさない繊維痕跡が見られる（写真2）。

(3) 帯部12（報告書図20-12）

同一方向の糸が3本残るが、これに交差する明瞭な糸は観察できない（写真3-1、3-2）。糸には強い撚りがかけられている（S撚り）。1本の糸幅は0.5～0.9mm前後で、3本の糸は密着している。

上記3点は、いずれも帯部とされた亀甲文を有する破片の裏面に付着しており、糸の太さ、繊維の構造等から同一の織物と考えられる。一方、歩揺、立飾とされた部分には繊維の付着を確認できない。冠とすれば、帯部

装　飾

の肌に直接当たる部分のみ裏面に布が張られたと考えられる。

2　1号木棺　靫金具の繊維痕跡

　現存長15.8cm、幅2.5cmの帯状鉄板で、一端は遺存し、一端は欠損する。この他に接合しない破片が数点ある。「裏側には木質が付着しており、木質と鉄板との間に織り目の粗い布の痕跡が確認できる部分もある」と報告されているが、この「木質」が獣毛を誤認したものであることを今回確認した。したがって報告書の木質を獣毛に置き換えて考える必要がある[4]。

　獣毛は帯状鉄板の裏面ほぼ全体に陰刻状の痕跡で残っており、獣毛自体の痕跡は一部に遺存する（写真4-1）。現状で皮革と認識できる痕跡はなく、木質の付着は確認できない。他の破片にも獣毛の付着が認められる。獣毛の痕跡が見られない部分で鉄板に接して織物が確認できる。これも大部分が陰刻状の痕跡となっていて、繊維痕跡が観察できるのは一部である。

（1）獣毛

　鉄板の短軸に対しておよそ平行する方向で付着しており、やや斜行する部分はあるものの、毛の方向はよく揃っている（写真4-4、12-1、12-2）。毛1本の太さはおよそ120〜140μmである。獣の種別については今後鑑定を依頼する予定であるが、現生ニホンジカと比較すると非常によく似た構造であり、シカである可能性が考えられる（写真13-1、13-3）[5]。

（2）平織物

　1種類を確認している（写真4-2・12-5・12-6、4-3・12-3・12-4）。1本の糸幅は0.1〜0.3mm前後で、1cm間の織り密度は20×23本である。糸と糸の間隔がやや大きな「筵目」状の平織物である。糸はほとんど引き揃えた状態に見え、撚りは確認できない。鉄板の長軸方向の糸の上下が大きいため、これが緯糸である可能性がある。観察できる部分では織物は一重で、鉄板の縁部分の布処理方法等はわからない。

　報告書で靫金具としている本資料であるが、具体的部位が想定できるものではなく、胡籙金具の可能性も考えられる。帯状鉄板は扁平であり、鉄板と毛皮との間に平織物を挟んで、鉄板の表から2列の鋲を打ち込んで留めている。

3　2号木棺　鉄製品に付着する繊維痕跡

（1）獣毛

①T13（報告書図22-13）

　獣毛は、綿毛20μm前後、刺毛60μm前後である（写真5、17-1〜3）。表裏両面の全体に付着する[6]。身に対して茎を下に置いたとき、獣毛は斜め方向で揃っている。

②T20（報告書図22-20）

　獣毛は綿毛40μm前後、刺毛65μm前後である（写真6、15-1、15-3、15-5、15-6、16-1、16-2）。これも両面の全体に付着する。やや乱れる部分はあるが、T20の短軸方向で獣毛の方向は揃っている。獣毛のほかに糸状の別の繊維も付着している。

①②とも報告書では繊維状の有機物とされている。

③T4（報告書図22-4）

　獣毛は、鏃身の片面の一部に、やや斜めではあるが直交方向で付着している（写真7）。

　①〜③は比較的細い獣毛で、太さが近いことから同一の獣の毛である可能性も考えられる[7]。出土状態では、2号木棺の北小口（北副室）に馬具、鉄鏃、工具が一括で納められており、そのうち西側にT4ほかの鉄鏃、少し離れて北側にT20がT13の上に重なって出土している。T20は先端が尖り、基部に円孔があるため、針として報告されている。T13は楕円形の身に断面方形の茎が付く鏃状のもので、不明鉄器とされている。これらの性格はわからないが、特殊な工具および鉄鏃を「毛皮」で包んで埋納したと考えられる。

（2）平織物、その他

①T1（報告書図22-1）

　鏃身の関に近い部分から頸部にかけて繊維痕跡が付着する。錆に埋もれているが、裏面や茎側面にも遺存する。状態の比較的良い4箇所では平織物であることがわかる（写真8-2〜8-4）。いずれも1本の糸幅は0.2mm前後、1cm間の織り密度は29×32本である。撚りははっきり観察できない。軸方向の糸の上下がやや大きくみえるので、鏃身に直交する方向が経糸である可能性がある。同一の織物の痕跡と考えられる[8]。

②T3（報告書図22-3）

　茎の基部側に茎巻きの糸が遺存する。糸は茎に対してやや斜行する。糸幅は0.1mm前後で、ごく緩い撚りが見られる（S撚り）。いわゆる樺巻に用いるような扁平な繊維ではなく、糸の断面形は円形に近い（写真9-2）。

　これより鏃身に近い部分に平織物が付着する。織物は茎に巻き付くように付着する。1本の糸幅は0.3mm前後である。1cm間の織り密度は24×30本である。鏃身にも2箇所で平織物とわかる状態で遺存しており（写真9-3、9-4・14-1・14-2）、同一の織物と考えられる。

③T7（報告書図22-7）

2つの鉄鏃が密着し、両者の茎は180度ヘアピン状に折れ曲がっている。一方の茎の基部に茎巻きがよく残っている（写真10）。糸1本は幅0.1mm前後で、断面形は円形に近い。緩い撚りがかけられている（S撚り）。

④ T6 不明繊維（報告書図22-6）

茎の基部近くに斜行して付着する繊維痕跡があり、これは茎巻きの可能性が考えられる（写真11-2）。一方、茎のこれより身に近い位置から鏃身にかけて、表裏面に不定方向に単独の繊維痕跡がまばらに付着する（写真11-3）。

T1、T3は各々布で包まれていた可能性がある。出土状態では、振り環頭大刀の上に重なっており、今後大刀を含めて織物のあり方を検討する必要がある。T6、T7は北小口（北副室）から、他の鉄鏃と近接して出土しているが、他の資料には繊維痕跡の遺存は認められなかった。

おわりに

本稿では、大谷今池2号墳の1号木棺、2号木棺から出土した繊維製品について報告した。複数の平織物と、2種以上の獣毛の遺存が確認できた。今回明らかにし得なかった資料、更に分析等を行う必要のある資料が残されてはいるが、馬見地域の古墳時代後期の繊維製品の一つの情報を得ることができた。

遺跡出土の繊維製品の研究は、対象が有機質であるために、極めて限られた状況でしか遺存しないことから、本稿のような個別遺跡からの出土品の織り方と構造研究が中心となっている。

今後は、ますますこのような確認例を増やし、古墳時代を通しての素材や構造の変遷の検討を進め、一方で同時期の広範囲での素材や構造の分布を探ることで、生産や流通を含めた古墳時代の繊維製品の実態に迫りたいと考えている。

註
（1）発掘調査の時点で、すでに1号墳は墳丘の形状を留めておらず、2号墳は東裾を削り取られていた。
（2）科学研究費「黒塚古墳から藤ノ木古墳へ至る古墳時代における染織文化財の総合的研究」（基盤研究B、研究代表：奥山誠義）による（JSPS科研費17H02023）。
（3）本稿に掲載した写真のうち、実体顕微鏡写真は髙木、マイクロスコープ写真・走査型電子顕微鏡写真の一部は奥山の撮影である。
（4）獣毛と木質との誤認は、肉眼ないし実体顕微鏡観察ではままあることのようである。これは遺存する獣毛が複数並ぶ状況と木質の組織が類似しているためである。また、繊維だと認識できた場合も獣毛と植物由来繊維と区別できない場合がある。このため、獣毛の実際の出土数は確認数よりかなり多いと考えている。今後の確認例増加のため、特徴を記載しておく。まず、獣毛では繊維方向が微妙に揃わない。第2に繊維の並びに不定の粗密がある。第3に太い繊維のなかに不規則に細い繊維が混じる。このため、複数の木材ないし繊維が付着しているような印象を受ける。該当する資料には、獣毛の観察経験のある保存科学担当者の鑑定の機会を設けて頂きたい。
（5）走査型電子顕微鏡写真の撮影の一部は河原麻衣氏による。記して感謝致します。
（6）このほかにT14があり、これは製品ではなく、T13から剥離した可能性がある。
（7）今後種別の鑑定を依頼する予定である。ただし、ニホンジカ、クマとは特徴が異なり、小動物の可能性が考えられる。
（8）鉄鏃に織物が付着する例は、奈良県新沢千塚古墳群、寺口忍海古墳群などがあるが、付着繊維の分析を行った例は少ない。奈良県池内古墳群（角山1973）、宮崎県島内地下式横穴墓群23号墓（沢田2001）出土鉄鏃などでは、本例とは異なるが、一括で複数の鉄鏃を布で巻いて副葬したと想定される報告例がある。

引用・参考文献

泉森皎 1984「考古学的に見た大和高田地方」『改訂大和高田市史』前編

近藤敬治 2013『日本産哺乳動物毛図鑑―走査電子顕微鏡で見る毛の形態』北海道大学出版会

沢田むつ子 2001「出土遺物に付着した繊維について」えびの市教育委員会編『島内地下式横穴墓群』えびの市埋蔵文化財調査報告書第29集

新庄町教育委員会・奈良県立橿原考古学研究所編 1988『寺口忍海古墳群』新庄町文化財調査報告書第1冊

田中新史 1988「古墳出土の胡籙・鞆金具」小川貴司編『井上コレクション　弥生・古墳時代資料図録』

塚本敏夫・小村眞理ほか 2012「胡籙の復元製作―今城塚古墳出土品をモデルとして―」『日本文化財科学会第29回大会研究発表要旨集』p.p.98-99

角山幸洋 1973「出土織物片の調査」『磐余・池内古墳群』奈良県史跡名勝天然記念物調査報告第28冊

奈良県立橿原考古学研究所編 1981『新沢千塚古墳群』奈良県史跡名勝天然記念物調査報告第39冊

坂靖 1990「胡籙の復元―寺口千塚の資料を中心として―」『古代学研究』120

宮原晋一・平井孝憲 2003『大谷今池1号墳・2号墳』奈良県文化財調査報告書第101集

装　飾

写真 1-1　1 号木棺出土
金銅製冠　帯部 20（裏面）

写真 1-2　帯部 20　細部

写真 1-3　帯部 2　細部
緯糸方向に繊維痕跡が残る
双方向矢印は経糸の方向、
スケールの 1 目盛は 0.5mm
（以下共通）

写真 2　同　帯部 18（裏面）

写真 3-1　同　帯部 12（裏面）

写真 3-2　帯部 12　細部
棒印は糸の方向（3-1・2 共通）

写真 4-1　1 号木棺出土　鞆金具（裏面）
繊維痕跡の付着状況
矢印位置は写真 4-2〜4 に対応

写真 4-2　平織物
（4-1 矢印左側）

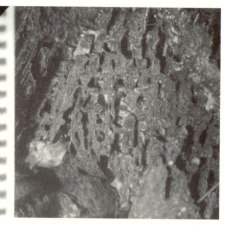

写真 4-3　平織物
（4-1 矢印中央）

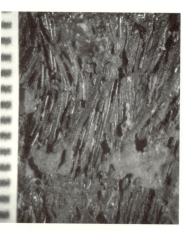

写真 4-4　獣毛
（4-1 矢印右側）

大谷今池2号墳出土の繊維痕跡

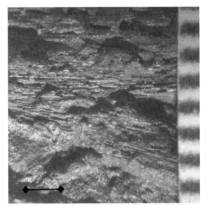

写真5　T13（不明鉄製品）
棒印の方向で付着する獣毛

写真6　T20（針）
短軸方向で付着する獣毛（左）
と不明繊維（右）

写真7　T4（鉄鏃）
鏃身直行方向で付着する獣毛

写真8-1　T1（鉄鏃）
（矢印位置は写真8-2〜4に対応）

写真8-2　頸部の平織物　　　　写真8-3　鏃身関近くの平織物　　　写真8-4　鏃身刃部の平織物

写真9-1
T3（鉄鏃）

写真9-2　茎の平織物と茎巻き　　写真9-3　鏃身関近くの平織物　　　写真9-4　鏃身の平織物

装　飾

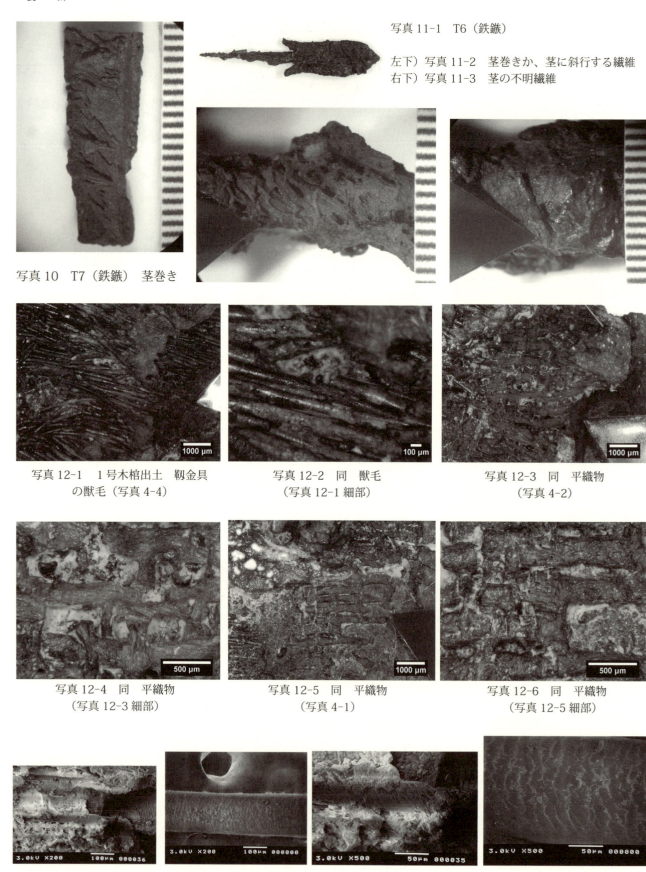

写真 11-1　T6（鉄鏃）
左下）写真 11-2　茎巻きか、茎に斜行する繊維
右下）写真 11-3　茎の不明繊維

写真 10　T7（鉄鏃）茎巻き

写真 12-1　1号木棺出土　靫金具
　　　　　の獣毛（写真 4-4）

写真 12-2　同　獣毛
　　　　　（写真 12-1 細部）

写真 12-3　同　平織物
　　　　　（写真 4-2）

写真 12-4　同　平織物
　　　　　（写真 12-3 細部）

写真 12-5　同　平織物
　　　　　（写真 4-1）

写真 12-6　同　平織物
　　　　　（写真 12-5 細部）

写真 13-1
同靫金具の別破片　獣毛

写真 13-2　比較資料
ニホンジカ

写真 13-3　写真 13-1 細部
獣毛

写真 13-4　比較資料
ニホンジカ

細部写真のうち、写真 1～11：実体顕微鏡、写真 12・14：マイクロスコープ、写真 13・15～17：走査型電子顕微鏡

写真 14-1　T3 平織物

写真 14-2　T3 平織物（写真 14-1 細部）

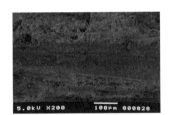
写真 15-1　T20 獣毛

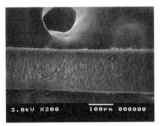
写真 15-2　ニホンジカ

写真 15-3　写真 15-1 細部

写真 15-4　ニホンジカ

写真 15-5　T20 獣毛

写真 15-6　T20 獣毛（写真 15-5 細部）

写真 16-1　T20 獣毛

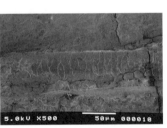
写真 16-2　写真 16-1 細部

写真 17-1　T13 獣毛

写真 17-2　同獣毛（写真 17-1 細部）

写真 17-3　同獣毛（写真 17-1 細部）

装飾

葛城地域における飛鳥時代後半の軒瓦の展開

大 西 貴 夫

はじめに

大和における古代寺院(遺跡)の集成は、保井芳太郎(保井 1932)をはじめとして奈良国立文化財研究所(以下、奈文研と略。奈文研 1983)、前園実知雄(前園 1988)によってまとめられている。しかし、その後の発掘調査の進展によって新たに寺院跡や瓦出土遺跡も増えており、それらを網羅した研究は見られない。その一方で地域を限定した寺院集成やそれをふまえた軒瓦の同笵・同系関係については検討されており、主なものとして飛鳥・藤原地域の花谷浩(花谷 2000)や平松良雄(平松 2006)、奈良盆地東山麓の山村廃寺式の分布に関する田坂佳子(田坂 1997)や近江俊秀(近江 2004)の研究がある。

今回、葛城地域とした奈良盆地西南部については、広瀬郡・葛下郡北部における出土瓦の紹介を清水昭博が行っており(清水 2000)、廣岡孝信は寺院だけでなく古墳などを含めて分析している(廣岡 2008)。しかし、古代において葛城とされた地域全体を対象に同一基準で検討することも必要と筆者は考えることから、本稿ではこの地域の飛鳥時代後半における瓦出土遺跡に見られる軒瓦の同笵・同系関係を取り上げ、その意味を検討することにする。葛城の範囲については、近代以降の行政区分から古代の郡域を復元し、北から広瀬郡、葛下郡、忍海郡、葛上郡に限った。ただし関連する場合は、周辺地域についても適宜言及する。また飛鳥時代後半は、全国的に山田寺式、川原寺式、法隆寺式、藤原宮式などの分布が知られることから、この分類を基準に述べる[1]。

1 同笵・同系軒瓦の分布

(1) 山田寺式・系ほか

本地域において山田寺の単弁八弁蓮華文軒丸瓦(以下、蓮華文軒丸瓦は略)と同笵・同系のものはほとんど無く、花弁中央に凸線が通る西琳寺式が、寺戸廃寺(以下2回め以降の廃寺は略)で見られるのみである。ここでは外縁が三重圏文の六弁(図2 2-1、以下図2・3は略)と花弁の細い八弁(2-2)があり、前者は河内・萬法蔵院と後者は河内・妙見寺(春日廃寺)、平城京北方の秋篠寺と同笵とされる(上田 2005)。隣接する平群郡の額田寺でも同系統の文様が見られるが、外縁は素文の八弁である(上原 2001)。またこの瓦は、河内・西琳寺と内区が同笵とされる(上田 2005)。

尼寺北・南廃寺では、坂田寺式の単弁八弁(7-1)が

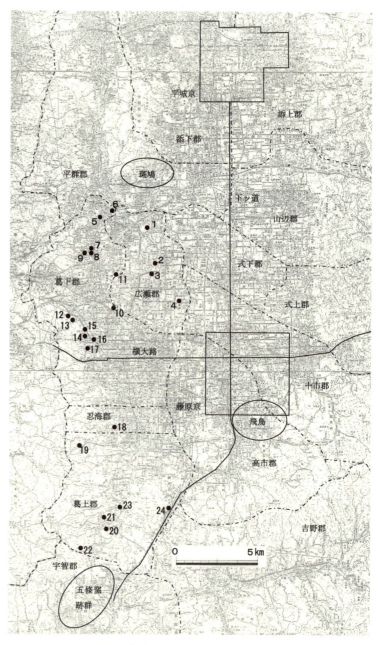

図1 本稿に関連する寺院と遺跡

表1 葛城地域の軒瓦一覧（各瓦の頭の数字は各文献における型式番号、（ ）内の数字は本稿の番号）

旧郡	所在地	番号	遺跡名	軒丸瓦 単弁	軒丸瓦 複弁 他	軒丸瓦 外区2重 他	軒平瓦 単弁（細弁）	軒平瓦 重弧文 他	軒平瓦 偏行唐草文 他	特殊な平瓦	文献
広瀬郡	北葛城郡河合町	1	長林寺・長林寺瓦窯		4 法隆寺式（長林寺式）(1-1)			6 法隆寺式(1-2)			河上ほか1990
	北葛城郡広陵町	2	寺戸廃寺	山田寺式（西琳寺式）(2-1)		単弁8弁(2-2)					白石1978
		3	巣山古墳周辺		法隆寺式（長林寺式）(3-1)						東影2011
		4	百済寺		川原寺式(4-1)						井上1990
葛下郡	北葛城郡王寺町	5	片岡王寺				110A 単弁16弁(5-1) 110B 単弁17弁(5-2)	204A・205A 二・三重弧文(5-3・4)			廣岡2013
		6	西安寺・西安寺瓦窯		川原寺式面鋸		単弁16弁	三重弧文			清水2000
	香芝市	7	尼寺北廃寺	NKM1 坂田寺6A(7-1)	NKM2 川原寺式面鋸(7-2) NKM3・4 複弁面鋸(7-3・4) NKM9 複弁線鋸(7-5)	NKM5 藤原宮式(6276G)(7-6)	NKM6 単弁12弁(7-7) NKM8 単弁16弁(7-8)	NKH1・2・3 二・三重弧文(7-9・10)	NKH6 偏行唐草文(6645A)(7-11) NKH7 偏行唐草文(7-12)	凸面布目	山下2003、山下・西垣2016
		8	尼寺南廃寺								
		9	平野窯								
		10	下田東遺跡		GM3・4 川原寺式面鋸(10-1) GM5 複弁線鋸(尼寺NKM9)(10-2)		GM2 単弁16弁(10-3)	GH1～5 川原寺式 三・四重弧文(10-4)		凸面布目 横縄叩き	辰巳2011
	北葛城郡上牧町	11	大谷瓦散布地					川原寺式四重弧文(11-1)			前田ほか2014
	葛城市	12	加守廃寺北遺跡			岡寺(5・6弁)(13-1)			葡萄唐草文(13-2)		近江1995
		13	加守廃寺南遺跡								
		14	石光寺		M2複弁線鋸(只塚Ⅲ)(14-1)	M1 藤原宮式(14-2)	M3 単弁珠面鋸(14-4)	H3四重弧文(14-3)	H1・2 偏行唐草文(14-5)		神庭2012 河上1992
		15	新在家遺跡		（石光寺M2）(只塚Ⅲ)(15-1)						入倉2003
		16	只塚廃寺		Ⅱ 川原寺式面鋸(16-1) Ⅲ 複弁線鋸(16-2)			Ⅰ 川原寺式四重弧文(16-3) Ⅱ 三重弧文(16-4)		凸面布目 横縄叩き	大西2003a
		17	当麻寺		川原寺式面鋸			川原寺式四重弧文			
忍海郡		18	地光寺		Ⅰ 鬼面文(18-1) Ⅱ 岡寺式(18-2)			Ⅰ 三重弧文(18-3)	葡萄唐草文(18-4・5)	凸面布目	大西2002
葛上郡	御所市	19	戒那山寺						葡萄唐草文(19-1)		天沼1914 難波田1974
		20	朝妻廃寺		Ⅰ 複弁7弁(20-1) Ⅱ 複弁6弁(名古曽)(20-2)	Ⅲ 藤原宮式(20-3) Ⅳ 巨勢寺式(10弁)(20-4)		Ⅰ～Ⅴ 二・三・四重弧文(20-5～9)	藤原宮式(6641H)(20-10) Ⅵ 巨勢寺式(20-11)	凸面布目	前園ほか1978 前園1981
		21	二光寺廃寺	単弁8弁(21-1)	複弁6弁(名古曽)(21-3) 複弁8弁(檜隈寺)(21-2)	高宮廃寺式(21-4)		四重弧文(21-5)	偏行唐草(21-6) 高宮廃寺式(21-7・8)		廣岡2006
		22	高宮廃寺		高宮廃寺式(22-1)				高宮廃寺式(22-2)		松田ほか1993
		23	南郷遺跡周辺		複弁7弁(朝妻)(23-1) 複弁8弁(檜隈寺)(23-2)			四重弧文(23-3)			神庭・清水2017 坂2000
		24	巨勢寺		3・4 三重圏縁単弁8弁(24-1・2) 13 複弁線鋸(24-5)	5 藤原宮式(6273B)(24-3) 6～12 巨勢寺式(24-4)		17～21 三・四・五重弧文(24-6・7・8)	22～25 巨勢寺式(24-9)		河上・木下2004

知られる。飛鳥の坂田寺6Aと同笵であり、笵傷から南廃寺が北廃寺に先行し、北廃寺では塔の創建瓦とされる[2]。坂田寺式は周辺地域では、飛鳥の奥山廃寺、紀伊・那賀郡の西国分廃寺・北山廃寺・最上廃寺からも出土している（冨加見2005）。また巨勢寺では、単弁ではないが外縁が三重圏文の素弁八弁（24-1・2）があり、五・四・三重弧文軒平瓦（24-6・7・8、以下、軒平瓦は略）と組む[3]。この組み合わせは巨勢寺独自のもので、塔・金堂の創建に使用されたが、周辺の寺院には展開しない。

(2) 川原寺式・系—広瀬郡・葛下郡—

本地域での川原寺式の分布も限定的である。確実な同笵例はないが、只塚廃寺の創建軒丸瓦（16-1）は外縁が面違鋸歯文で、中房の蓮子に周環は無いものの1+5+9の配置であり飛鳥の川原寺創建瓦に非常に近い。組み合う四重弧文（16-3）は、段顎で側面の調整など川原寺の特徴をもつ。この組み合わせは、当麻寺でも見られる。只塚廃寺では川原寺で特徴的な凸面布目平瓦（川原寺Ⅵ類、只塚Ⅱ）や横縄叩き平瓦（川原寺Ⅲ類、只塚Ⅴ）も出土しており、両者のつながりがうかがえる[4]。その他の川原寺式軒丸瓦としては、百済寺において外縁が素文で中房の蓮子に周環が見られる破片が2点ある（4-1、井上1990）。下田東遺跡では、外縁が面違鋸歯文で中房の蓮子に周環が見られる破片（10-1）の他、四重弧文（10-4）、凸面布目平瓦、横縄叩き平瓦、陰陽逆転斜格子叩き平瓦などが出土している。平瓦は量的にまとまっている（辰巳2011）。大谷瓦散布地では、四重弧文（11-1）、横縄叩き平瓦が採集されている（前田ほか2014）。川原寺創建瓦の生産地としては、宇智郡の荒坂瓦窯が知られるが、丸・平瓦の製作技法、焼成の特徴から他の瓦窯の存在が考えられており、川原寺瓦窯や下田東遺跡周辺が推定されている（小谷・箱2004）。大谷瓦散布地もその可能性が考えられよう。

川原寺式の系譜を引く複弁蓮華文として、只塚16-1

装飾

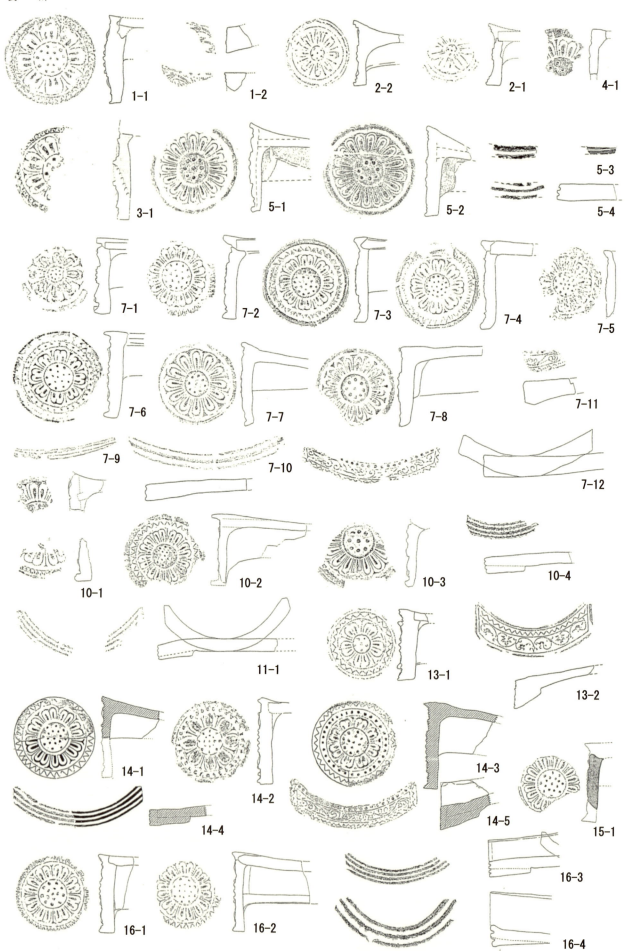

図2 葛城地域の軒瓦①（S=1/8） 番号は表1に対応、図は表1の各文献から引用

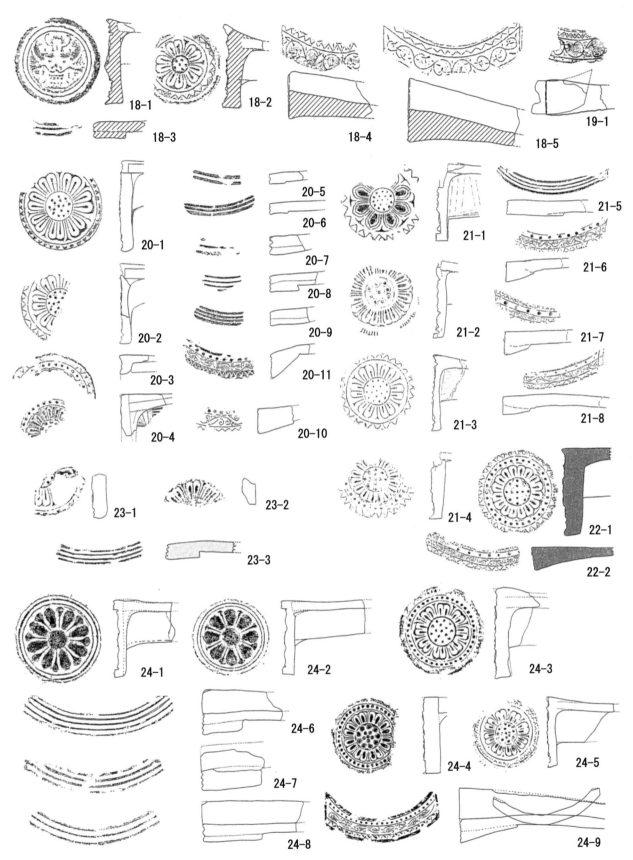

図3　葛城地域の軒瓦②（S=1/8）　番号は表1に対応、図は表1の各文献から引用

装　飾

に似る尼寺7-2は、同じく外縁が面違鋸歯文であるが中房の蓮子配置は1+6+12である。直線顎の二重弧文（7-9）と組む。只塚16-2は、外縁が線鋸歯文で中房の蓮子配置は1+8+8である。直線顎の三重弧文（16-4）と組む。石光寺14-1や新在家遺跡15-1と同范であり、石光寺では三・四重弧文（14-4）と組むようである(5)。尼寺7-3・4は、外縁が面違鋸歯文であるが、周囲に素文の縁が巡る。中房の蓮子配置は7-3が1+7+13、7-4が1+7+12である。直線顎の三重弧文（7-10）と組む。7-2・3・4の中では、点数が多い3・4が北廃寺金堂の創建瓦、2は回廊所用とされる。尼寺7-5は、外縁が線鋸歯文で周囲に素文の縁が巡り、中房の蓮子配置は1+6+10である。これは、下田東遺跡、河内・妙見寺と同范である（上田1997）。また、尼寺北からは、凸面布目平瓦も出土している。

（3）川原寺式・系—忍海郡・葛上郡—

地光寺跡からは鬼面文軒丸瓦（18-1）が出土しており、川原寺や飛鳥の雷廃寺・大官大寺から出土する三重圏縁のものを斜縁に改范している。川原寺式の特徴をもつ段顎の三重弧文（18-3）と組み、凸面布目平瓦も出土している。鬼面文軒丸瓦は稀少なものではあるが、只塚では鬼面文隅木蓋瓦があり、新羅系の文様として共通性が見られる（大西2002）。朝妻廃寺からは、外縁が凸鋸歯文の複弁七弁（20-1）、線鋸歯文の複弁六弁（20-2）が出土している(6)。20-1が多数を占めており、創建軒丸瓦と言える。同范品は南郷遺跡周辺からも出土しており（23-1）(7)、文様は紀伊・佐野廃寺に祖形が求められている（藤井1994）。20-2は二光寺廃寺（21-3）、紀伊・名古曽廃寺と同范であり、范傷から名古曽が先行する（小谷2001）。20-1と組む段顎の二・三・四重弧文（20-5〜9）は、川原寺式の特徴をもつものもあり、凸面布目平瓦も出土している。また、二光寺の幅線文縁複弁八弁（21-2）は飛鳥の檜隈寺、南郷遺跡周辺（23-2）と同范である。檜隈寺では三重弧文と組み、二光寺（21-5）、南郷遺跡周辺（23-3）からは四重弧文が出土している。

（4）法隆寺式・系

法隆寺式については、大和では基本的に斑鳩周辺に集中するが、それ以外にも若干の分布が見られる。ただし分布の周縁では、面違鋸歯文となることが特徴である。その一つである平群郡の平隆寺は、中房の蓮子配置が1+6+12で鋸歯文の幅が広い。法起寺と同范であり、法隆寺式軒平瓦も出土している。長林寺は、中房の蓮子配置が1+6+11で鋸歯文の幅が狭い（1-1、河上ほか1990）。長林寺式と称され、同范と考えられる軒丸瓦は巣山古墳周辺（3-1、東影2011）、飛鳥・藤原地域の醍醐廃寺、木之本廃寺でも出土している。長林寺の法隆寺式軒平瓦（1-2）は、豊前・虚空蔵寺に酷似している（大西2009）。さらに長林寺式軒丸瓦は、異范であるが河内・西琳寺、摂津・芦屋廃寺、播磨・金剛山廃寺でも見られる。これらと組み合う軒平瓦も法隆寺式である（上田・近藤2009、竹原・津川2009）。

（5）藤原宮式・系ほか

藤原宮式の分布は少ない。尼寺では八弁の6276G（7-6）と偏行変形忍冬唐草文6645A（7-11）の組み合わせが見られる。これは飛鳥・藤原地域の久米寺の組み合わせでもあり、尼寺では6645Aに似た7-12が主体を占める。出土点数も多く、未検出ながら講堂の創建瓦と考えられている。また、7-12の文様を反転したものが、丹波・綾中廃寺に見られる。石光寺には7-12に似た14-5があり、藤原宮式の軒丸瓦14-3と組む。中房の蓮子配置は1+4+8である（新倉1998）。石光寺には他に外区内縁が珠文、外縁が面違鋸歯文の単弁（14-2）がある。中房の蓮子配置は1+8+8。これも14-5と組む。朝妻では偏行唐草文軒平瓦6641H（20-10）が1点採集されている。宇智郡の牧代瓦窯で生産し、藤原京の本薬師寺に供給されたものである。本薬師寺系統の組み合わせは、紀伊に展開することが指摘されている（藤井1994、小谷2010）。

巨勢寺式は、軒丸瓦は複弁八弁で中房の蓮子配置は1+5+9で周環をもつ。外縁は細かい面違鋸歯文である（24-4）。軒平瓦は、偏行忍冬唐草文で下外区は面違鋸歯文である（24-9）。巨勢寺の中で祖形から文様が崩れる状況が見られる。この組み合わせは、朝妻や紀伊に分布するが、巨勢寺では八弁であるのに対し十弁である点が大きく異なる（藤井1994）。また、高宮廃寺の組み合わせ（22-1・2）と同范のものが二光寺に見られる（21-4・7）。軒丸瓦は蓮弁がつながり、間弁が無い点が特徴で中房の蓮子配置は1+4+8である（松田ほか1993、廣岡2006）。

片岡王寺には、複弁八弁で外区内縁に面違鋸歯文、直立縁の外縁上面に珠文を配する軒丸瓦が採集されており、これは紀伊・上野廃寺と同范である（小谷2001）。複弁五弁と葡萄唐草文の組み合わせは岡寺式と称され、加守廃寺南遺跡（13-1・2）と地光寺（18-2・4・5）で見られるが文様は大きく異なる。戒那山寺からは、葡萄唐草文（19-1）が採集されており、これは地光寺と同范である（大西2003b）。また、片岡王寺（5-1・2）や、西安寺、尼寺北・南（7-7・8）、下田東遺跡（10-3）では細弁蓮華文が見られる。十六弁・十七弁など范は複数種ある。

片岡王寺や尼寺北廃寺では均整唐草文と組み、年代は奈良時代に下ることから今回は詳しくは扱わない。

2 同笵・同系軒瓦の分布に見える地域性

前章において葛城地域における同笵・同系軒瓦の分布について述べた。その結果、他地域との関係や小地域でのまとまりなどいくつかの特徴がうかがえたことから、以下ではそれを再度確認することにする。

単弁の西琳寺式の分布は、大和川に沿った河内とのつながりを表している。この関係は複弁の時期においても長林寺式や尼寺北に見られ、広瀬郡や葛下郡北部（以下、片岡とする）の軒瓦の特徴と言える。本地域で数少ない法隆寺式である長林寺と巣山古墳周辺例は、斑鳩とのつながりとともに面違鋸歯文である点は川原寺式の影響もうかがえる。

川原寺式に系譜をもつ複弁の展開は、只塚と尼寺北・南の関係が指摘できた。次の段階の偏行変形忍冬唐草文においても同じ当麻地域の石光寺と尼寺北の関係が見られる。下田東遺跡の状況から川原寺に関わる瓦窯が広瀬郡に推定されているが（小谷・箆 2004）、この存在が隣接する尼寺や只塚の軒瓦にも影響を与えたものと思われる。ただし、川原寺式の軒平瓦や凸面布目平瓦は忍海郡や葛上郡にも分布する。これらは、距離からも荒坂瓦窯の影響と思われる。また、朝妻、二光寺、高宮などは葛上郡内でまとまる同笵関係が見られ、一部の系譜は紀伊に求められた。

飛鳥地域との同笵関係としては、尼寺北・南と坂田寺があり、その背景には尼僧の関与を指摘する意見もある（清水 2016）。長林寺と醍醐廃寺、木之本廃寺の長林寺式については、百済大寺とされる吉備池廃寺や木之本廃寺と斑鳩寺に型押し忍冬唐草文の同笵関係が飛鳥時代前半に既に見られ、それを引き継ぐ形で斑鳩系統の瓦と飛鳥の関係が飛鳥時代後半にも続くことを示している。また、改笵しているが地光寺の鬼面文があげられる。同笵関係にある川原寺や雷廃寺、大官大寺は、いずれも主要な官寺であることは注意されよう。また、二光寺と檜隈寺は、檜隈寺が渡来系氏族の東漢氏の造営であることから、渡来系氏族のつながりが背景にあると考えられている（廣岡 2006）。

3 まとめ —同笵・同系軒瓦の分布の背景—

これまでの検討で葛城地域の飛鳥時代後半の軒瓦の展開は、各郡でそれぞれ大きく異なることが明らかになったと言える。最後にその歴史的背景を考えてみたい。

片岡や広瀬郡の寺院については、これまで敏達天皇とその皇子が造営に関わったことが指摘されている（近江 1997、清水 2000、山下 2003）。ただし、長林寺や寺戸、尼寺北・南はそれぞれで河内地域とのつながりは見られるが、片岡と広瀬の間の同笵関係はなく、各寺院の造営主体間につながりはないようにも見える。

その一方で当麻と片岡の同系関係の背景はどのように考えられるであろうか。当麻寺の造営氏族としては、寺伝から用明天皇の皇子である麻呂子皇子とその後裔氏族である当麻氏と考えられている。只塚廃寺と石光寺、当麻寺の同笵関係を見るとそれらの寺院の造営にも当麻氏が関わった可能性は高い。また、只塚廃寺からは、法隆寺若草伽藍の創建軒丸瓦と同笵の素弁軒丸瓦が出土しており、あたかも麻呂子皇子の創建伝承を示すようである。また、尼寺の造営者は、手彫り忍冬唐草文の出土から山背大兄王の妹にあたる片岡女王と考える意見もある（山下 2003）。この場合、上宮王家という共通点が見いだせるが、飛鳥時代後半段階まで継続したことを示す史料は無い[(8)]。しかし、系統は異なっても王家につながる一族が広瀬・葛下郡に定着し寺院造営を相互に協力して行っていたことは、川原寺式・系軒瓦や平瓦の分布が示しているのではなかろうか。

その一方で葛上郡の寺院造営は、やはり渡来系氏族のつながりが背景に考えられる。ただし巨勢寺の瓦は、本薬師寺に比しても遜色なく、古くからの在地の豪族である巨勢氏の造営と官の援助を示している。また、地光寺は、官大寺との同笵関係や忍海郡が小規模ながら郡として独立している点は、忍海氏出身の母親をもつ天智の皇子である川嶋皇子の関与や、山林修行に関わる特殊な寺院であることが改めて指摘できる（吉村 1986、大西 2002）。

以上、同笵・同系軒瓦の分布からうかがえる葛城地域の飛鳥時代後半の寺院の造営背景を検討した。むろん前後の時期を含め総合的に検討すべき問題でもあり、その点は今後の課題としたい。

註
(1) 以下、本文中の瓦・遺跡の番号は、表1、図1～3で共通する。4桁の番号は、奈文研が設定したものを使用した（奈文研 1996）。大和国内の寺院については、旧国名を略した。
(2) 以下、尼寺北・南の調査内容・出土瓦については山下 2003、山下・西垣 2016 を参照した。
(3) 以下、巨勢寺の調査内容・出土瓦については河上・木下 2004 を参照した。
(4) 以下、川原寺の調査内容については奈文研 1960、松村・冨永 2004、瓦については花谷 2009、小谷・箆 2004 を参照した。只塚については大西 2003a を参照した。只塚からは、他に線鋸歯文縁複弁八弁蓮華文垂木先瓦（円形）や鬼面文隅木蓋瓦が出土している。
(5) 以下、石光寺と周辺の調査内容・出土瓦については河上 1992、入倉 2003、大西 2004、神庭 2012 を参照した。

装　飾

(6) 以下、朝妻、二光寺の調査内容・出土瓦については前園ほか 1978、前園 1981、廣岡 2006 を参照した。
(7) 南郷遺跡群周辺における古代の瓦の出土は坂 2000、神庭・清水 2017 において紹介されている。周辺では、他に小型の鴟尾も出土しており（坂 2000）、塔心礎と見られる石造物も確認されている（佐々木 2000）。
(8) 東野治之氏は尼寺北・南について、蘇我氏や上宮王家と関わりの深い氏族が壇越勢力と指摘している（東野 2009）。ただし、飛鳥時代後半の法隆寺式の分布は見られない。

引用・参考文献

天沼俊一 1914「地光廃寺址」『奈良縣史蹟勝地調査報告書』第二回　奈良縣 pp.1・2
井上義光 1990『百済寺範囲確認調査概報百済寺防災施設工事に伴う発掘調査概報』広陵町埋蔵文化財調査概要 3　広陵町教育委員会 pp.21・22
入倉徳裕 2003『新在家遺跡』奈良県文化財調査報告書第 54 集　奈良県立橿原考古学研究所（以下、橿考研と略す）
上田睦 1997「河内妙見寺と敏達大王家」『太子町立竹内街道歴史資料館館報』第 3 号　pp.29-43
上田睦 2005「摂河泉の山田寺式軒瓦」『古代瓦研究Ⅱ』奈文研 p.36
上田睦・近藤康司 2009「摂河泉の法隆寺式軒瓦」『古代瓦研究Ⅳ』奈文研　pp.54-65
上原真人 2001「額田寺出土瓦の再検討」『国立歴史民俗博物館研究報告』第 88 集　pp.107-146
近江俊秀 1995「加守寺跡の発掘調査」『シンポジウム古代寺院の移建と再建を考える』帝塚山考古学研究所　pp.96-109
近江俊秀 1997「大和の古墳と寺院」『季刊考古学』第 60 号　雄山閣　pp.26-30
近江俊秀 2004「山村廃寺式軒瓦の分布とその意味―7 世紀末における造瓦体制の一側面―」『研究紀要』第 8 集　財団法人由良大和古代文化研究協会　pp.35-65
大西貴夫編 2002『地光寺―第 3 次・第 4 次調査―』奈良県文化財調査報告書第 87 集　橿考研
大西貴夫編 2003a『只塚廃寺・首子遺跡』奈良県史跡名勝天然記念物調査報告第 57 冊　橿考研
大西貴夫 2003b「岡寺式軒瓦に関する一考察」『山岳信仰と考古学』同成社　pp.205-212
大西貴夫 2004「古代における瓦当文様の系譜と伝播―大和と伊勢の寺院を例に―」『かにかくに』八賀晋先生古稀記念論文集刊行会　pp.293-302
大西貴夫 2009「平隆寺と長林寺の法隆寺式軒瓦」『古代瓦研究Ⅳ』奈文研　pp.28-41
河上邦彦・吉村公男・松本百合子・藪田治美 1990『長林寺』河合町文化財調査報告第 3 集　河合町教育委員会
河上邦彦編 1992『当麻石光寺と弥勒仏概報』吉川弘文館
河上邦彦・木下亘 2004『巨勢寺』橿考研調査報告第 87 冊　橿考研
神庭滋 2012『石光寺』葛城市文化財調査報告第 4 冊　葛城市教育委員会
神庭滋・清水昭博 2017「葛城の古瓦―御所市葛上中学校所蔵瓦の紹介―」『かづらき』11　葛城市歴史博物館　pp.17-28
小谷徳彦 2001「紀伊と大和の同笵瓦―新資料を中心として―」『紀伊考古学研究』第 4 号　pp.51-60
小谷徳彦・筧和也 2004「瓦塼類」『川原寺寺域北限の調査』奈文研　pp.28-32
小谷徳彦 2010「紀伊における本薬師寺式軒瓦」『古代瓦研究Ⅴ』奈文研　pp.259-270
佐々木好直編 2000『南郷遺跡群Ⅴ』橿考研調査報告第 76 冊 p.56
清水昭博 2000『王家の寺々―広瀬・葛下地域の古代寺院―』橿考研附属博物館

清水昭博 2016「飛鳥時代の尼と尼寺―考古資料からのアプローチ―」『日本古代考古学論集』同成社　pp.116-130
白石太一郎 1978「広陵町寺戸廃寺とその屋瓦」『青陵』第 37 号　橿考研　pp.3-8
竹原伸仁・津川千恵 2009「播磨の法隆寺式軒瓦」『古代瓦研究Ⅳ』奈文研　pp.66-81
田坂佳子 1997「山辺の道の古代寺院研究―山村廃寺を中心にして―」『古事　天理大学考古学研究室紀要』第 1 冊　pp.35-49
辰巳陽一 2011「瓦塼類」『下田東遺跡』香芝市文化財調査報告書第 12 集　香芝市教育委員会　pp.224-239
東野治之 2009「片岡王寺と尼寺廃寺」『文化財学報』第 27 集　奈良大学文学部文化財学科　pp.1-7
難波田徹編 1974『京都国立博物館蔵瓦と塼図録』京都国立博物館 p.22
奈文研 1960『川原寺発掘調査報告』
奈文研 1983『埋蔵文化財ニュース 40』pp.3-71
奈文研 1996『平城京・藤原京出土軒瓦型式一覧』
新倉香 1998「瓦当文様にみる技術伝播・交流の一様相」『帝塚山大学考古学研究所研究報告Ⅰ』pp.113-135
花谷浩 2000「京内廿四寺について」『研究論集ⅩⅠ』奈文研　pp.77-202
花谷浩 2009「飛鳥の川原寺式軒瓦」『古代瓦研究Ⅲ』奈文研　pp.3-10
坂靖編 2000『南郷遺跡群Ⅳ』橿考研調査報告第 76 冊　pp.128-158
東影悠編 2011『巣山古墳・寺戸遺跡』奈良県文化財調査報告書第 142 集　橿考研　pp.82-83
平松良雄 2006「明日香における古代寺院の調査と遺物」『続明日香村史』上巻考古編　pp.274-383
廣岡孝信 2006「二光寺廃寺」『奈良県遺跡調査概報 2005 年』橿考研　pp.289-312
廣岡孝信 2008「推古朝の「片岡」・馬見丘陵開発と王権の基盤―奈良県馬見丘陵の飛鳥時代―」『王権と武器と信仰』同成社　pp.390-407
廣岡孝信編 2013『片岡王寺跡・達磨寺旧境内』奈良県文化財調査報告書第 159 集　橿考研
冨加見泰彦 2005「紀伊の坂田寺軒丸瓦」『古代瓦研究Ⅱ』奈文研　pp.288-299
藤井保宏 1994「紀伊の白鳳寺院における川原寺式・巨勢寺式軒瓦の採用について」『古代』第 97 号　pp.246-269
前園実知雄・関川尚功・中井公 1978「御所市朝妻廃寺発掘調査概報」『奈良県遺跡調査概報 1977 年度』橿考研　pp.61-81
前園実知雄 1981「御所市朝妻廃寺発掘調査概要」『奈良県遺跡調査概報 1979 年度』橿考研　pp.201-207
前園実知雄 1988「大和における飛鳥・奈良時代の寺院の分布について」『橿原考古学研究所論集』第九　吉川弘文館　pp.471-511
前田俊雄・絹畠歩・松吉祐希 2014「北葛城郡上牧町久渡古墳群周辺における踏査の採集遺物について」『青陵』第 139 号　橿考研　pp.2-4
松田真一・近江俊秀・清水昭博 1993「御所市高宮廃寺について」『青陵』第 83 号　橿考研　pp.5-8
松永恵司・冨永里菜編 2004『川原寺寺域北限の調査』奈文研
保井芳太郎 1932『大和上代寺院志』大和史学会
山下隆二編 2003『尼寺廃寺Ⅰ』香芝市文化財調査報告書第 4 集　香芝市教育委員会
山下隆二・西垣遼 2016『尼寺廃寺Ⅱ』香芝市文化財調査報告書第 16 集　香芝市教育委員会
吉村幾温 1986「地光寺の建立」『木村武夫先生喜寿記念　日本佛教史の研究』永田文昌堂　pp.161-186

徳興里古墳壁画図像の系譜関係

東　潮

はじめに

　徳興里古墳壁画図像のうち、墓主、火焔紋、山岳紋、雲気紋についてふれる。すでに徳興里壁画の天井壁画については図像学的分析がなされている（南 1993・2007）。高句麗壁画の墓主図像は墓主夫婦が昇仙した、西王母・東王父に変容した姿と解釈される（東 2011）。あらためて高句麗における「昇仙思想」をかんがえる。

1　徳興里古墳の構造と被葬者

　古墳は南浦市江西区に所在する。平壌の西約 20km、舞鶴山（347m）から南にのびる丘陵上に立地する。西側の平野に平原王陵に比定される江西三墓が位置する。

　徳興里古墳の被葬者は墓誌によると、「□□氏鎮」で、「永楽十八年十二月廿五日」に薨じた。永楽 18 年は 408 年で、十二月廿五日は陽暦で 409 年である。

　墓室の主軸は南北方向で、墓道・前室・甬道・後壁からなる。後室は長さ・幅 328cm の正方形で高さ 290cm。前室は長さ 202cm、幅 297cm の長方形で、高さ 285cm。後室と前室の高さはほぼ同じである。墓室構造は耳室・側室（前室）・天井の架構法（平行、三角、三角平行天井）の発達段階からみて前室が大形化している（図 1）。

　徳興里古墳は安岳 3 号墳（冬寿墓）、集安禹山 3319 号墳石室、集安万宝汀 1368 号墳の穹窿状天井式石室、舞踊塚、龕神塚の変遷上にある。

　徳興里古墳は鎮の墓で、墓誌はつぎのように釈読されている（□は判読不能、＊はほぼ可能）（武田 1989）。

　　□□郡信都縣都郷中甘里＊
　　釈加文佛弟子□□氏鎮仕
　　位建威將軍國小大兄左將軍
　　龍驤將軍遼東太守使持
　　節東夷校尉幽州刺史鎮
　　年七十七薨焉以永楽十八年＊
　　太歳在戊申十二月辛酉朔廿五日
　　乙酉成遷移玉柩周公相地
　　孔子擇日武王選時歳使一＊
　　良葬送之後富及七世子孫
　　番昌仕宦日遷移至侯王
　　造塘萬功日殺牛羊酒宍米粲
　　不可盡掃旦食塩鼓食一椋記＊
　　示後世富寿無疆＊＊＊＊

　墓誌の解釈（武田 1989）によると、鎮は中国の冀州・安平郡（長楽郡）・信都県・都郷・中甘里出自の亡命中国人であった。亡命前は中国の実績を得、建威将軍・遼東太守まで昇進した官僚であった。華北の動乱の中で高句麗に亡命し、平壌地方で勢力を扶植しながら高句麗官位の国小大兄をうけ、その一方で自ら中国伝統の大将軍、龍驤将軍号、そして使持節・東夷校尉・幽州刺史の官職を称した。冬寿は楽浪相で、故国原王は 355 年に後燕から「楽浪公」の爵位があたえられている。冬寿は高句麗の臣下となると同時に後燕の皇帝の陪臣となる。鎮の国小大兄で高句麗の官位である。冬寿は東晋の永和年号、鎮は高句麗の永楽年号を用いた。鎮は年七十七歳、永楽十八年太歳戊申十二月辛酉朔廿五日に薨じ、翌年の乙酉に移葬された。

　鎮（322～408）は冀州信都県（今の河北省）の人である。鎮は後趙に生まれた。前燕から前秦・後燕と国名はかわった。鎮は釈迦文仏弟子で、仏教に帰依した。

　高句麗への仏教公伝は小獣林王 2 年（372）である。前秦王の符堅は使者と浮屠順道を遣わし、仏像や経文を送った。前秦に遣使し、朝貢した。2 年後の 374 年に前秦から僧阿道が来る。375 年、肖門寺に創建し、順道を置き、伊弗蘭寺に阿道を置いた。海東における仏法のはじまりである。広開土王 2 年（392）、平壌に九寺が創建された。

　後燕が成立した翌年の 385 年に龐淵という「遼東太

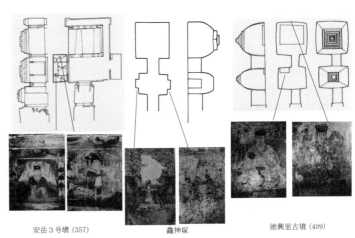

安岳 3 号墳（357）　　龕神塚　　徳興里古墳（409）

図 1　墓主図像の表現空間の変化 ―右壁から北壁へ

「守」が存在した。鎮の「遼東太守」は実号である。幽州刺史は鎮の亡命後の虚号・虚職である（武田1989）。壁画の「太守来朝賀図」の冠帽は高句麗の臣下のものである。墓主のみが武冠で、侍従は進賢冠、黒幀、頭巾を着用する。各郡太守の服飾も三燕諸国諸郡の太守の身分の冠帽でなく、鎮墓築造時の冠帽の制が表現されている。

2　徳興里古墳の壁画図像

墓道から前室につながる甬道の両壁に鬼神（門衛）像が立つ。西（右）壁の鬼神（畏獣）像は両手に武器（槍）を持つ。その右上に「太歳在己酉二月二日亲□成関□□戸太吉史」の墨書がある。己酉（409年）2月2日（陽暦3月4日）に葬送儀礼が終わり、閉塞の際に記された。鬼神像の左手に舌出し獣、左上に人物と蓮華紋がある。東（左）壁の鬼神像はわずかに痕跡をとどめるだけである。墓室入口に辟邪として畏獣を配する。徳興里古墳の畏獣は鬼神像、力士像ともよばれる。安岳3号墳の力士像は前室・甬道・後室にかけて墓主の昇仙の場面のなかで描かれる。

前室前（南）壁の下段に墓主が牀床に坐る。墓主の右側に侍従5人、左側に女侍が描かれる。墓主は「進賢冠」をかぶる。上段に官吏がみえ、墓主の生前の職能と関連する。従者の左右に対向する人物は進賢冠（一耳式）をかぶる。右の人物は筆のようなものを持つ。他の従者にくらべ、大きめに表現され、重視されているようだ。上方に、「鎮□□□史□馬参軍典録事□曹□史諸曹職□故銘記□」の題字がある。報告書では「幕府官吏図」とよぶ。鎮は墓誌によると、「幽州刺史」をへて、高句麗の「国小大兄」の官位にあった。

前室左（東）壁に鎮の鹵簿・出行図がある。墓主の花蓋車に「鎮□□史馬」の傍題がみえる。前室西壁の13人太守像の上段に奮威将軍が先導し、范陽内史・漁陽太守・上谷太守・廣寧太守・代郡内史と続く。下段は□□太守・遼西太□・昌黎太守・遼東太守・玄菟太守・楽浪太守・□□□□の太守図像が配列される。奮威将軍の冠帽のみ一耳式進賢冠で、他の太守は三耳式である。これら太守級の冠帽はいずれも同一形式で、鎮の侍従の冠帽と同じである。鎮の喪葬に参列した各地の諸太守ではなく、造作されたものであろう。

前室の後（北）壁に墓主が安座する。武冠（籠冠）をかぶり、右手に団扇を持つ。団扇の紋様は不明である。安岳3号墳の団扇には鬼が表現されている。

後室につながる甬道の両壁に墓主夫婦の出行図と乗り物がある。西壁の上段には墓主の乗る蓋車と従者があり、騎馬人物の冠は進賢冠（一耳式）である。下段に御者に牽かれた馬と従者がある。東壁上段に婦人の乗る牛車と騎馬人物、下段には牽馬があり、馬上には人物は表現されない。牽馬図像は昇仙の葬送儀礼に不可欠である。昇仙する墓主の乗り物である。馬や花蓋車の乗り物で昇仙するという思想である。

後室右壁に騎馬射戯図がある。「屯為西園中馬射戯人」「射戯注記入」の傍題があり、競技の場を表現する。

後（北）室後（北）壁に墓主が独座する。前室の墓主像とはことなり、武冠ではなく、進賢冠をかぶる。墓主の左に墓主婦人を描くだけの空間はあるが表現されていない。帷帳の右に牽馬と男侍6人、左方に牛車牽引図と女侍9人が並ぶ。飾馬は墓主、牛車は墓主婦人の乗り物である。婦人の乗り物はあるが、婦人自体の像は描かれていない。婦人の葬送にさいして、図像をあらたに描くのであろうか。墓主が埋葬されたとき、婦人は生存していたためか。墓主のための埋葬であったことをおもわせる。また後室の空間は地にたいする天の世界を表現している。前室では垂直的に、前室から後室へと水平的に昇仙する。

安岳3号墳には墓主夫婦がともに描かれた。夫婦合葬を至上のこととする観念がある。

前室壁画は三角形紋帯を境界として、天と地、天界と地界に区分される。山岳紋もそうした性格をもつばあいがある。四壁の上部は最上部に二十八宿の星座が配置される。北壁に北方七宿、北斗七星と二星を線で結ぶ星座（虚宿・室宿、壁宿）と大星2、南壁に南斗六星と大小の星6、東壁に日象・三足烏、五星の房宿、大小の星3、西壁に月象・蟾蜍、七星の畢宿、五星の星座、大小の星5がある。星宿図の下には南壁から東壁、北壁にかけて山岳紋・狩猟紋がある。山岳紋の上方に天空をかけまわる狩猟の状景がある。傍題のある図像の一群がある。このように東壁から北壁、西壁、南壁と逆時計回りで展開する。東壁に飛魚、陽燧、北壁に地軸一身両頭、天馬、博位、賀鳥、天雀、喙遠、辟毒、零陽、西壁から南壁にかけて千秋、萬歳、玉女持幡、仙人持幡、玉女持案、吉里、富貴、仙人持蓮、織女、黒犬、牽牛、天の川、猩猩青陽図像が表現されている（南1995）。天界の様が表象されている。

3　徳興里壁画図像の系統関係

(1) 墓主図像

徳興里古墳壁画の墓主像は前・後室の4つの場面に描かれる。

前室：後（北）壁（家居内屏風牀）、前（南）壁（牀床坐像）、左（東）壁（出行）

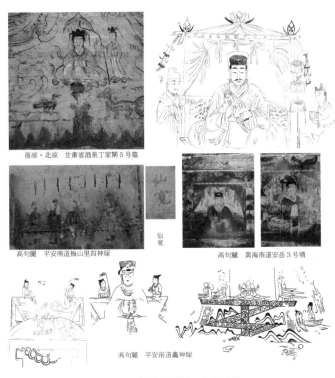

図2　神仙思想と西王母像

後室：後（北）壁（家居内牀床）、左（東）壁（牀床坐像）

徳興里古墳の墓主像は前室・後室の後（北）壁に表現される。一方、安岳3号墳（冬寿墓）の墓主図像は右（西側室）右（西）壁、墓主婦人は前（南）壁に描かれる。357年の安岳3号墳から409年の徳興里古墳（鎮墓）の半世紀の間に、墓主図像の表現空間は右（西）壁から後（北）壁にかわるのである。その墓主図像の表現空間の変移の中間に位置づけられるのが龕神塚である（図2）。

龕神塚は前室（両龕）・後室からなる双室墓である。前室の天井高は後室のそれより若干低い。徳興里古墳とほぼ同じ高さであり、墓室構造から龕神塚が先行して構築されたようだ。墓主図像の表現空間が右から後へ変化したという仮説からも龕神塚は徳興里古墳より先行すると考えられる。

龕神塚の墓主図像は前室両龕の右壁と左壁にある。西龕の墓主図像は王字紋牀床（屏風牀）上の蓮華紋座に座る姿である。「神像」ともよばれたが、墓主像である。一方、王字紋屏風牀に安座する人物は右の奥の空間に座する。のちの祖廟の空間である。右の空間は祖霊神、宗廟にかかわる霊魂の空間である。

（2）墓主図像と西王母・東王公像

龕神塚前室の上段北西角に、西王母像が描かれる（南2007）。人物像の背に領巾がひるがえる西王母特有の図像である。T字形の樹木（世界樹）に階段状の坂道がつき、台上に西王母がすわる。袍をまとい、両手をくむ。山岳にそびえ立つ樹は連続渦紋として表現される。鳥に乗る天女と霊気紋がめぐらされる。西王母像は楽浪王盱の永平12年（69）銘漆盤に描かれている（原田・田澤1930）。つまり、後漢代の楽浪郡に西王母信仰、昇仙思想が伝わっていたのである。円形の盤内面に西王母と白虎が対として表現される（小南1991）。梅山里狩猟塚の墓主図像も西王母像にあいつうずる。墓主夫婦図像は西王母・東王公図像で、昇仙思想が表象されたものであろう（東2011）。

龕神塚では墓主図像と西王母像が同一空間において共存する。墓主とはべつに西王母が存在するのである。また別の事例としては酒泉丁家閘5号墓においても西王母・東王公が表現され、前室後壁では上段の西王母と下段の墓主図像が共存する。丁家閘5号墓は東入口の主軸が東西方向の双室墓で、後涼から北涼の間、4世紀末から5世紀中葉、386〜441年の時期の築造と推定されている（甘粛省文物考古研究所1989）。このように墓主図像は前室後（西）壁、西王母は西の空間に描かれた。墓主図像の表現空間が後壁にあることは右（西）壁に存在する前燕袁台子墓より新しいと判断できる。墓主図像は「右」から「後」の空間に移るからである。

龕神塚は年代的に409年の徳興里古墳以前に築造されたものである。前室北西角の仙界に西王母が表現されている。西方から昇仙思想、西王母図像が伝播してきた。龕神塚では前室両龕室の墓主図像と共存する。そのご墓主図像は後（北）の空間に描かれるようになり、西王母像と融合した墓主図像の性格は変質する。梅山里四神塚後壁に「仙竟」の墨書があり、帷幔に安座する昇仙した墓主夫婦像が表現されている。領巾は雲気紋化している。帷幔の左に墓主が乗った牽馬像がみえる。

徳興里古墳は垂直的に地界と天界を区分するとともに、前室から後室にかけて水平的に昇仙を表象する。両者の図像を比較すると、冠帽・服飾に差はないが、前室の墓主は王字紋蓮華の屏風付きの独座で、後室のそれは屏風のない牀に坐る。

（3）王字紋屏風の牀の有無

後室の墓主は昇仙した姿を表現しているのであろう。

徳興里古墳西壁天井部の「玉女持幡」の榜題のある図像がある。「玉女」の図像は後漢から魏晋代、西王母や東王父の傍らで仕える侍女としてあらわされる例がある（南1995）。西王母の住む天界が表現されているのであろう。西王母像に擬された墓主図像は北壁（後壁）に表現される。

安岳3号墳の屏風牀の紋様は雲気紋である。王字紋に表現されるようになるのは長川2号墳・山城下332

装　飾

号墳においてで、龕神塚、徳興里古墳のように変化する。

徳興里古墳の墓主図像は安岳3号墳、袁台子墓のものと類似する。冠帽、服飾、屏風牀（独座）も共通する。袁台子墓には四神が表現されている。同じころ4世紀後半の平安北道順天遼東城塚に四神図像がある。

(4) 霊気紋（雲気紋、流雲紋）の系統

高句麗壁画のなかで、流雲紋・雲気紋・飛雲紋、蓮華化生が表現される。「無限の気の表現」をすべてふくめ「霊気紋」とよばれる（姜2011）。霊気紋は天上世界を表象する。

安岳3号墳の墓主（冬寿）が座る屏風牀に雲気紋が表現されている。また龕神塚の右龕の墓主坐像の壁面に王字連続半弧紋で飾られる。左龕の墓主坐像の屏風牀にわずかに線紋がみえ、背景の壁面に一種の雲気紋が施される。墓主図像の空間に表現される。

徳興里古墳前室の墓主の屏風牀紋様は後面が王字連続半弧紋であり、側板の内外面に霊気紋が描かれている。後室墓主は屏風牀でなく、独座である。この屏風牀の有無は意味をもつ。後室の独座の墓主は昇仙した、仙界の姿と解釈されるのである。

墓主の屏風牀紋様は安岳3号墳のばあい霊気紋、龕神塚は右龕に王字紋、同左龕に霊気紋、徳興里古墳は王字紋・霊気紋が施される。

桓仁米倉溝1号墳と集安長川2号墳は両耳室付きの双室墳であるが、耳室に王字紋、後室に蓮華紋が描かれる。集安山城下332号墳では後室四壁に王字紋、天井部に蓮華紋と表現空間がかわる。

霊気紋は他界、天上、天界を表象する。その意味で安岳3号墳のばあい、昇仙した墓主の冬寿の姿を表現している。霊気紋は王字紋とともに、墓主図像の表現空間を象徴する。

安岳3号墳の墓主が安座する牀床の屏は雲気紋で装飾されている。その「座」は仙界のものであった。龕神塚では墓主とともに西王母が表現されているのであるが、それは墓主図像が西王母と他の存在で、墓主が墓主として表象されている。

三燕の袁台子墓と馮素弗墓に弧と線をくみあわせた紋様が表現されている。

(5) 山形火焰紋・山岳紋

火焰紋は5世紀前半代に流行した図像である。徳興里古墳壁画のように、火焰紋帯は天と地の空間の境界に表現される。結界を表象する図像である。

図3　山形火焰紋・山岳紋・霊気紋

火焔紋図像は、三角状の山形火焔をなし、焔端が二尖一組となる。龕神塚型から双楹塚型、角抵塚型、舞踊塚型と変化するととらえた（馬目1980・1991）。火焔紋図像の変化と墓室構造の変遷過程をあわせてみると、徳興里古墳（409年）、舞踊塚、龕神塚、角抵塚、安岳1号墳、双楹塚と変化したのであろう（図3）。

　山形火焔紋の祖形は徳興里壁画図像にある（図3）。桓仁米倉溝1号墳壁画の蓮華紋と、三燕袁台子壁画墓の山岳紋などから生まれたのであろう。徳興里図像の宝珠形は蓮華紋に由来する。

　龕神塚と舞踊塚の火焔紋の先端の宝珠形は「矢印」のように変化する。粉本や手本のようなものがあったにちがいない。舞踊塚と角抵塚の火焔紋は酷似する。時期は平壌城遷都以前の5世紀初葉である。

　安岳1号墳の山形火焔紋は徳興里図像から変容したのであろう。四重の火焔紋である。

　双楹塚の山形火焔紋は安岳1号墳図像から変化している。やがて火焔紋は消失する。

　新羅の慶州天馬塚漆器に火焔紋が描かれている（馬目1980）。皇南大塚南墳・北墳漆器の蓮華山形紋と関連がある。

　袁台子墓の墓主図像は右（西）壁に表現されるが、太平房村墓や北廟村墓は後（北）壁である。朝陽地域の壁画墓は袁台子墓→太平房村墓→北廟村1号墓→西官営子2号墓と変遷する。

　5世紀初葉の徳興里壁画墳と4世紀末葉の酒泉丁家閘5号墓（後涼）とは同時期のこともあって図像上の共通点がある。墓主図像はともに後（北）壁空間に表現されている。墓主の冠帽は進賢冠・武冠で類似する。そのほか山岳紋、天馬、飛天、日象・三足烏、月象・蟾蜍、牛車、九尾狐（博位）、天蓋、侍従の一耳式冠、扶桑樹などの図像も共通する。

　山岳紋は壁面と天井部の天と地の境界（徳興里古墳）や四壁に表現される（薬水里古墳）。壁面のばあいも天界における状景である。

　朝陽袁台子墓や北廟村墓に線画の山岳紋がある。それらの図像は徳興里古墳・薬水里古墳・舞踊塚、さらに内里1号墳のような墨絵の山岳紋に変化する。

（6）徳興里古墳と前燕袁台子墓

　故国壌王2年（385）夏6月、4万の兵で遼東を襲撃する。燕王垂（384～396）が守らせた龍城からの救援軍と戦い、撃破して遼東・玄菟郡を陥しいれ、男女1万を捕虜として帰る。冬11月、燕の慕容農が兵を率いて侵入し、遼東郡・玄菟郡を回復した。幽州・冀州の流民が多く移入した。さきに慕容農（慕容垂の第3子）は范陽郡の龐淵を遼東太守としたという。当時遼東郡は後燕の管轄下にあった。広開土王は永楽5年（395）に稗麗を討伐し、襄平（遼陽）をへて国内城に凱旋する（広開土王碑文）。後燕の遼東郡（遼陽）は385～395年の間に高句麗の支配下に組みこまれたのであろう。335年、高句麗は玄菟郡（撫順）を攻撃し、新城を築いた。鎮は遼東太守であった。高句麗の遼東城塚壁画に「遼東城」の銘とともに城郭図が描かれている。鎮の葬地は平壌城の西にあり、平壌城に居留したのであろう。

　「十三人太守」の鎮に対する朝賀図は4世紀末葉の高句麗と前燕・後燕との国際関係、遼東・玄菟郡をめぐる攻防、遼東・玄菟郡からの多数の捕虜、幽州・冀州からの流民という政治的関係が反映されているようだ。鎮は王族ではないが、周辺諸国からの朝賀という、高句麗の天下観思想が表現されている。

（7）徳興里壁画の仏教的要素と神仙思想

　蓮華化生図像が前室甬道東壁、後室南壁の両側、後室東壁に描かれる。図像に差異はないが、後室の蓮華紋は比較的大きく表現されている。

　集安の長川1号壁画墓に、仏に礼拝する墓主の姿が表現されている。

　385年のころの遼東郡は後燕の管轄下にあった。鎮は前秦以前の遼東太守であったことになる。385年の小獣林王の遼東攻略が鎮の亡命の契機となったからである。前燕の慕容暐（360～370）から後燕の慕容垂（384～396）の時期である。

　徳興里壁画図像は全体的に朝陽袁台子墓など三燕壁画と共通する。徳興里古墳と馮素弗墓の天文図の日・月・雲気紋は類似し、同時期の所産である。

　前燕袁台子墓に墓主図像とともに四神図像が出現している。高句麗の遼東城塚（平安北道順天郡）の四神図像はその影響をうけている。

　安岳3号墳と徳興里古墳の直後につくられた薬水里壁画では四神が出現し、墓主像は玄武とともに後壁に表現されるようになる。こうした墓主図像の表現空間は西晋、東晋、前燕、前秦、後燕、後涼～北涼の墓制に共通する。

　壁画の墓主図像の表現空間の変化は東西原理から南北原理、東西から南北思想へ変化を象徴する。南北思想によってはじめて四神・十二支思想、天下観念、統治思想が確立する。天文思想と結合するのである。

　徳興里古墳と安岳3号墳の間には半世紀の時間的流れがある。墓室構造・壁画図像に共通性と差異がある。冬寿は楽浪相で、東晋の永和年号を用い、鎮は高句麗の官位の国小大兄で、広開土王の永楽年号を用いた。高句

装　飾

麗国家形成の過程をものがたる。

　遼寧北票西官営子1号墓は馮素弗墓で、范陽公（金製）、車騎大将軍（金銅製）、大司馬、遼西公の印章がみつかった。馮素弗は北燕馮跋の弟である。馮跋は長楽信都人（今の河北省冀州）で、父は慕容永の時将軍となり、慕容永が滅んだのち、家を昌黎長谷に移したという。馮跋は「署弟為侍中、車騎大将軍、録尚書事」（『晋書』載記25 馮跋）。馮素弗墓ではじっさいに「車騎大将軍」の印章が発掘された。北燕大平7年（415）に没した（黎 1973）。鎮の没後6年であり、鎮と馮素弗は高句麗と北燕に生きた同時代の人である。しかも2人の出自はくしくも冀州長楽信都であった。

(8) 徳興里古墳壁画図像の意味

　安岳3号墳が魏晋代の遼東壁画の系統上にあるのにたいして、徳興里古墳壁画にはあらたに前燕の袁台子墓、北燕馮素弗墓など三燕の遼西地域から影響がみられる。遼東城塚（平安南道）の四神図像も袁台子壁画の図像に類似する。

　袁台子墓の墓主、山岳、狩猟、門衛鬼神像、日象・月象などの図像は共通する。

　龕神塚の墓主図像と西王母像の共存関係は北涼の丁家閘5号墳と同様であり、墓主図像が昇仙観念とかかわっている。

　徳興里古墳の墓主図像は前・後室の後（北）壁に表現されている。安岳3号墳から龕神塚、徳興里古墳へ、墓主図像の表現空間は右（西）壁から後（北）壁、つまり「坐北朝南」の空間に変移する。いわば西から東の東西方向から、北から南への南北方向に移行する。東西思想から南北思想への変化の表象としてとらえられる。「坐北朝南」の空間は四神、風水、統治思想をあらわす。

　天井壁画は地軸・牽牛・織女・天の川の南北中心方位、吉利・富貴・千秋・萬歳・天馬・天雀の瑞獣・吉祥図像、天空の世界の存在としての蓮華・旒旗・食物を持つ仙人・玉女の図像学的解釈がなされた（南 2007）。昇仙思想が基層にある。

　墓主図像の表現空間は高句麗のみならず、魏晋南北朝時代の壁画図像に共通する。四神・十二支思想も発達するようになる。

4　百済漢城期の冠帽と高句麗

　近年、百済漢城時代の冠帽・履が京畿道から忠清南道、全羅南道、漢江から錦江、栄山江流域に分布している。漢城期百済の領域内外の諸々の交通関係をあらわす。冠・履の紋様の伝播のなかに高句麗と百済の政治的関係を読みとることができる。

　5世紀初葉―江原道原州法泉里2号墳（履）、忠清南道公州水村里1号墳（冠・履）、天安龍院洞9号墓（冠）、京畿道華城郷南料里古墳（冠）、慶尚南道陜川玉田23号墳（冠）。

　5世紀中葉―水村里4号墳（冠・履）・8号墳（履）、瑞山富長里5号墳（冠）、熊本江田船山古墳（冠・履）、全羅南道高興雁洞古墳（冠・履）、全羅北道高敞鳳徳里古墳（履）

　5世紀末葉（熊津期）―京畿道燕岐羅城里（履）、益山笠店里1号墳（冠・履）、羅州丁村（履）、羅州新村里9号墳（冠・履）〈慶州飾履塚〉

　6世紀初葉―全羅南道咸平新徳古墳（冠・履）、丁村古墳（履）、羅州伏岩里3号墳（履）、武寧王陵（履）

百済水村里金銅冠の図像

　公州水村里1号墓冠帽は前・後面の立飾と内帽からなる。外縁部に二叉火焔紋帯と連珠紋帯をめぐらせ、下縁部は「変形火焔紋」で縁取りする。内側に龍（怪獣）紋が透彫りされる（図4）。

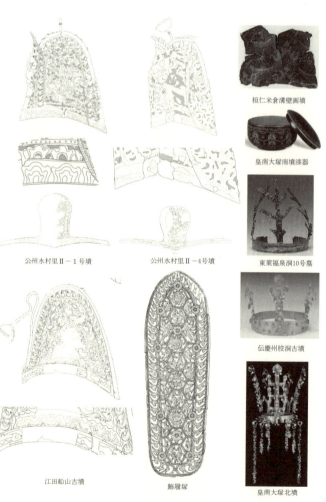

図4　百済と新羅冠帽の図像とその系統

1号墓冠帽に次いで漢城で製作された江田船山古墳の金銅冠帽の同所の紋様は波状紋に変化している。山形紋の痕跡をとどめ、形式学的序列をたどりうる。水村里4号墓冠帽のばあい、龍紋が形式化した波状紋である。半世紀ほどの時間差はあるが、王都の漢城の専業工房で生産されたものにちがいない。李養璿コレクションの二葉紋透彫冠帽の下底側面にも同種の波状紋があり、百済製であろう。

　慶州飾履塚の履の二叉火焔紋も龕神塚や舞踊塚の火焔紋や江田船山冠帽の図像に近似する（馬目1980）。飾履塚の亀甲紋透彫紋様は忠清南道瑞山富長里5号墳の冠帽にみられる。百済の金工品の可能性がたかまった。

　桓仁米倉溝壁画墓の側視蓮華紋は皇南大塚南墳（458年、訥祗王陵）・北墳の漆器の蓮華紋にみられる。それは福泉洞10号墓→伝慶州校洞古墳→皇南大塚南墳の山（出）字形金銅冠→皇南大塚北墳金冠へと変化する（図4）。

　水山里1号墓冠帽の二叉火焔紋は龕神塚や徳興里古墳（409年）の壁画図像、変形火焔紋は安岳1号墳壁画図像に類似し、高句麗由来の紋様である。龍紋は太王陵出土の輪鐙の透彫紋様、水村里1号墳例は冠帽に斜格子紋と逆三角形・凸字形（T字形）紋が透彫り履がともなう。凸字形透彫は4世紀後半の高句麗の装飾紋様に由来する。つまり水村里冠履は4世紀末葉から5世紀初葉の高句麗の冠飾の影響をうけつくられたものだ。

　水村里古墳群では5世紀初葉の1号墳に継続して、5世紀中葉の4号墳でも同形態の冠がある。4号墳例の紋様構成は1号墳例と時間的な変化はあるが、同一系統上にある。とくに外冠下縁の変形火焔紋は波状紋に、側縁部の列点・斜線紋は列点綾杉紋にかわる。龍紋透彫りの飾履がともなう。半世紀の隔たりがあるが、同一意匠の冠帽が水村里古墳群の被葬者にわたっている。冠帽は双龍交叉紋を主体として縁辺部に火焔紋と波状紋を飾る。内冠（帽）の火焔紋は慶州飾履塚のものに類似し、その製作地は南朝でなく百済である。外冠は細帯式で水村里1・4号墳の山形紋様が帯式に変化したもので、三葉唐草紋で飾られる。熊津遷都以前の5世紀の半ばに水村里4号墳とともに江田船山古墳の被葬者に同一意匠の冠帽が賜与された。

おわりに

　徳興里古墳（409年）の被葬者の鎮は永楽14年（404）の広開土王の軍と倭（倭寇）との帯方界での戦いに何らかのかたちでかかわったのであろう。徳興里壁画の鹵簿図像は高句麗の騎馬戦術、軍事力を表現している。

　鎮の没年の永楽18年（408）条に、「夏四月立王子巨連為太子。秋七月。築国東秀山等六城。移平壌民戸。八月。王南巡」（『三国史記』巻18）とある。鎮の葬地は平壌の西、大同江をこえた江西であり、鎮は国内城ではなく、平壌城周辺に居住していたとみられ、その政治情勢と無縁でなかったにちがいない。

　徳興里壁画に広開土王の天下観念、高句麗王権の支配思想が表現されている。

引用・参考文献
東潮 2011『高句麗壁画と東アジア』学生社
池内宏・梅原末治 1938『通溝』上巻
甘粛省文物考古研究所 1989『酒泉十六図墓壁画』文物出版社
姜友邦 2011「武寧王陵出土金冠의 造形的構成原理와 象徴構造」『百済의 冠』国立公州博物館 pp.16-45
菊水町史編纂委員会 2007『菊水町史江田船山古墳編』
慶州文化財研究所編 1994『皇南大塚南墳発掘調査報告書』
共同通信社 2005『高句麗壁画古墳』共同通信社
小南一郎 1991『西王母と七夕伝承』平凡社
徐基・孫小平 1985「遼寧朝陽発現北燕、北魏墓」『考古』1985-10
武田幸男 1989「徳興里壁画古墳被葬者の出自と経歴」『朝鮮学報』130
谷井済一・栗山一 1915『朝鮮古蹟図譜』1
忠清南道歴史文化研究院 2007『公州水村里遺蹟』
朝鮮遺跡遺物図鑑編纂委員会 1990a『朝鮮遺跡遺物図鑑高句麗篇（3）』5
朝鮮遺跡遺物図鑑編纂委員会 1990b『朝鮮遺跡遺物図鑑高句麗篇（6）』6
朝鮮画報社出版部 1995『高句麗古墳壁画』朝鮮画報社
原田淑人・田澤金吾 1930『楽浪』刀江書院
武家昌 1994「桓仁米倉溝将軍墓壁画初探」『遼海文物学刊』1994-2
馬目順一 1980「慶州飾履塚古新羅墓の研究」『古代探叢』pp.645-684
馬目順一 1991「高句麗龕神塚型火焔状起麹紋の変遷」『古代探叢』Ⅲ pp.513-556
南秀雄 1993「高句麗壁画の地軸像」『古文化綜鑑』30 pp.945-952
南秀雄 1995「高句麗古墳壁画の図像構成—天井壁画を中心に—」『朝鮮文化研究』2 pp.37-64
南秀雄 2007「図像構成からみた高句麗前期の壁画古墳の特性と被葬者の出自の研究」『平成17年度〜平成19年度科学研究費補助金基盤研究（C）研究成果報告書』pp.1-40 http://www.occpa.or.jp
李慶発 1984「朝陽袁台子東晋壁画墓」『文物』1984-6
黎瑶渤 1973「遼寧北票県西官営子北燕馮素弗墓」『文物』1973-3

図出典
図1　朝鮮画報社出版部 1995、共同通信社 2005、朝鮮遺跡遺物図鑑編纂委員会 1990a・b
図2　甘粛省文物考古研究所 1989、谷井・栗山 1915、朝鮮画報社出版部 1995、小南 1991、南 2007
図3　李 1984、徐・孫 1985、武 1994、朝鮮画報社出版部 1995、朝鮮遺跡遺物図鑑編纂委員会 1990a、池内・梅原 1938、黎 1973、朝鮮遺跡遺物図鑑編纂委員会 1990b、共同通信社 2005
図4　忠清南道歴史文化研究院 2007、菊水町史編纂委員会 2007、馬目 1980、慶州文化財研究所編 1994

装飾

弥生時代の巫覡小考

豊岡 卓之

はじめに

　佐原眞は、銅鐸絵画にみる人・動物の方向性を分析し、画題配列順を検討して、弥生時代の"物語"を読み解いた（佐原1982）。それを踏まえて、筆者もまた奈良県天理市・田原本町清水風遺跡（井上1986）の土器絵画の検討をおこない、以下の仮説を得た（豊岡2003a）。清水風遺跡の土器絵画には、不動の事物を描く空間性の画題と、動作の状態を描く方向性の画題という"品詞"の区別があり、2種類の品詞を横位に連鎖して描画する"文章構成法"には、一方向的な画題連鎖を土器表面の対称位置に描き分ける"暗転法"や、横位左方向に連鎖する画題の後に反転する方向性の画題を挿入する"場面転換法"があって、総合して生成神的神格を中心とする穀物祭祀の物語を形成しているというものであった。仮に、袈裟襷文銅鐸のカンバスに描かれた画題の連鎖が、弥生時代の物語のエッセンスあるいはダイジェスト版であるとすれば、清水風遺跡の土器絵画群は物語の全編を記したものである可能性を推定した。

　そこで小稿では、清水風遺跡出土の"鳥装の巫女"とよばれる土器絵画を再度取り上げる。類例との比較検討によって、弥生時代中期社会における司祭者像について地域差を考えるとともに、弥生時代後期以後の社会に与えた影響についても、糸口を探ることを目的とする。

1　古代東アジアの司祭者

　古代の東アジア世界には、男性と女性の司祭者がいた。『周礼』「春官宗伯」は、「男巫は望祀望衍して號を授くるを掌り、旁招くに茅を以てする。冬は無方無算に堂贈し、春は弭を招ちて、以て疾病を除く。…女巫は歳時の祓除、釁浴を掌る。旱暵には則ち舞雩す。…およそ邦の大災には、歌哭して請う」とし、男巫・女巫の職能の区別を記す[1]。女巫による舞雩は、「司巫は群巫の政令を掌る。もし国に大旱あれば、則ち巫を帥いて舞雩する」とあり、司巫の支配のもとで群舞としておこなわれた。『周礼』の成立は前漢の頃といわれるように、この男巫・女巫の姿は国家祭祀が高度に制度化されて以後のものではあるが、かれらの始原的な職能の差は意識されていたとみてよい。

　やはり前漢に成立した『説文解字』は、「巫：巫祝なり。女能く無形に事へ、舞を以て神を降す者なり。人の両褎をもって舞う形に象る」とし、「覡：齊粛事を能くし、神明に事える。男にあっては覡といい、女にあっては巫という」として、『周礼』と同旨の説明を加える。

　巫が両褎をもっておこなう舞の起源は、商代後期に確実に遡る。殷墟出土の甲骨文にみる「舞」の字形には、いくつかの種類があるが（松丸・高嶋編1994）、図1「舞」（…部分）の字形

図1　殷墟卜辞中の「舞」

は、頭上に雨の形象を加えたものとも、あるいは雨の形象としての垂れ飾りのある笠を被るともみえる巫が、両袖の先に3～5又に枝分かれした呪具をもつ姿である。巫がもつ呪具は、羽籥（羽飾り、白川1984）、あるいは牛尾（王1925）ともいわれるが、字形の類似からは『周礼』で覡がもつとされた茅とも思われる。図1の殷墟卜辞が、「来庚臥乘乃舞、亡大雨（来たる庚の臥乘[2]に乃ち舞うに、大雨亡きや）」（郭1957）と記すように、商代後期には既に、巫によって雨乞いの舞がおこなわれていた。

2　弥生絵画にみる二様の司祭者

(1) 清水風遺跡の人物画（図2、清水風人物1）

　清水風遺跡（奈良県天理市・田原本町）は、唐古・鍵弥生時代集落の北の入口であるとともに、遺跡東部は唐古・鍵弥生時代集落の墓域である。同遺跡第1次調査では、第Ⅵ遺構面SD-01下層洪水層から近畿第Ⅳ様式土器が一括出土し（井上1986）、64点の絵画土器片が含まれていた（豊岡2003a）。その一つである広口壺片には、袖の大きな服を纏い、両手を上方に広げる人物画があった。

弥生時代の巫覡小考

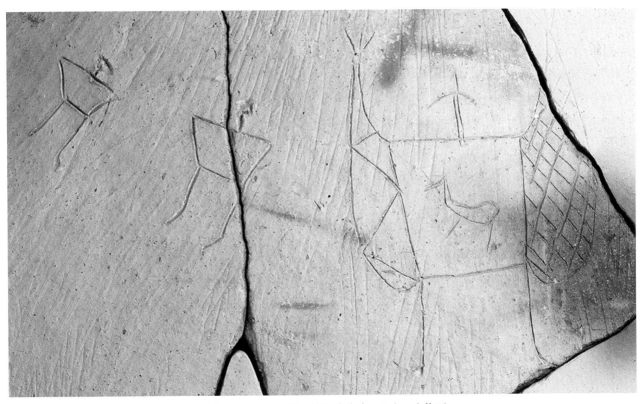

図 2　清水風遺跡第 1 次調査出土　3 人の人物画

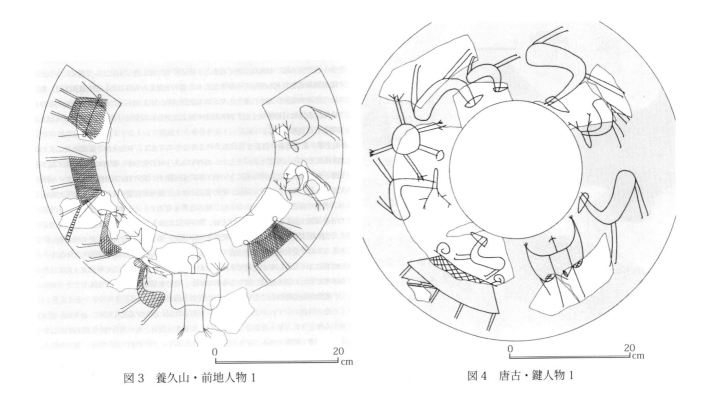

図 3　養久山・前地人物 1

図 4　唐古・鍵人物 1

247

装飾

清水風人物1は、左右に並んで描かれた3人の人物の左端に立つ（以下、横位に配された複数の画題の左右の位置関係は、土器・銅鐸の内部から外面を見たときの位置関係で記述）。頂部に立ち飾りのついた器物で頭部を隠し、袖を広げて両手をあげる。逆台形の胴衣の中央には右向きの角のない鹿を描き、胴衣より下方に垂れ下がる大きな両袖は、左側袖を斜格子文、右側袖を縦の鋸歯文で飾る。右側袖の上端からは、3本の線が放射状に上方へ広がるが、左側袖の上端は欠失して不明である。

この清水風人物1に伴出した土器絵画の画題群には、建物・鹿の画題が豊富である。他には船・矢・魚の画題がみられるが、人物画は清水風人物1の右の2人と乗船者以外にはない（豊岡2003a）。

(2) 養久山・前地遺跡と唐古・鍵遺跡の人物画

大きな両袖の服を着た人物を連鎖した画題中に描いたものは、兵庫県龍野市養久山・前地遺跡（岸本1992）、奈良県田原本町唐古・鍵遺跡（藤田1992）に例がある。この2例の土器の画題連鎖には"場面転換"がないため、画題連鎖の起点が不明なことから、循環する画題連鎖を任意の点で切り開いて記述すると以下となる。

養久山・前地人物1（図3）は、「←切妻高床建物←寄棟高床建物←鹿と戈（？）←鹿←養久山・前地人物1←寄棟建物←鹿←鹿←」の画題連鎖の中にある。○形の頭をし、逆台形の胴衣の大きな袖の下端は下半身まで垂れ下がる。左袖先には4本の直線が上方へ放射状に広がり、右袖先は棒状に斜め上方にのびる。

唐古・鍵人物1（図4）は、「←寄棟高床建物とその上の角なしの鹿←唐古・鍵人物1←鹿←角ありの鹿←角なしの鹿←角なしの鹿←角なしの鹿←○形頭の人物が捕える角ありの鹿←」の画題連鎖の中にある。唐古・鍵人物1は胴部より上を欠失しているが、大きな袖のある胴衣の下端には女性器を描く。一方で、同じ画題連鎖中の人物画である○形の頭の人物は、胴は丸く衣服に袖の表現はない。両手を挙げてはいるが、手を挙げるのは鹿

を捕える所作であり、本稿の検討対象の画題とはしない。

このように養久山・前地人物1と唐古・鍵人物1は、ともに鹿・建物の画題連鎖の中に人物を描いたものである。先記の清水風人物1は、土器単体の画題としては横位に並ぶ3人のうちの1人にすぎないが、土器群の一括性からみれば、複数の手で多くの土器に描き分けられた船・建物・鹿等の画題連鎖のなかにあることが確実である。その点で養久山・前地人物1と唐古・鍵人物1の画題連鎖と共通する部分をもつ。

3　清水風人物1、養久山・前地人物1、唐古・鍵人物1の性別

唐古・鍵人物1が女性器を描く点は興味深い。唐古・鍵人物1の頭部表現が不明であるなか、○形の頭の養久山・前地人物1と、頭部を器物で隠した清水風人物1の性別は、どう観念されていたのだろう。

佐原眞は、袈裟襷文銅鐸の人物画表現上の特徴である○・△頭の区別に注目し、世界の民族誌との比較から、○頭＝男性、△頭＝女性であると論証した（佐原1982）。しかし土器絵画の人物画には、△形の頭の人物画がない上に、銅鐸にみる△形の頭の人物画と同じ所作の画題もない。そのため土器絵画には男女の描き分けがない、あるいは女性画がないとの憶測さえある（藤田2006）。そうしたなか、これまでに女性画の可能性が指摘された土器絵画は、先の唐古・鍵人物1と清水風人物1を除くと、以下の2例である。

第1の例は、唐古・鍵遺跡出土土器に描かれた高床建物に登る2人のうちの下位の人物画である（図5、唐古・鍵人物2、末永ほか1943）。辰巳和弘が頭部の形状差を根拠にして女性とした（辰巳1990）。

同資料に関する筆者の観察では、2人の頭形の形状差は、右の人物の頭部をヘラ状の描画具を用いて刺突して描く際に、描画具の先端が砂粒に当たり移動した偶然によるものである。したがって2人を描画するにあたり、頭を異なる形状に描こうとしたとはいえず、唐古・鍵人物2を女性とする根拠は見出せない。

第2の例は、先記の図2で清水風人物1の右に立つ2人の人物のうちの右の人物である（清水風人物2）。左の人物の頭が丁寧に○形に描かれるのに対し、清水風人物2はやや素早い筆致で▽形に頭部を描く。足先の表現からみて、両者は向かい合って立つ。弥生絵画のなかで、向い合わせに立って人物画の例には、石上2号銅鐸の戦士画や桜ヶ丘5号・伝香川銅鐸の脱穀作業画がある。それらでは同じ筆致で頭を同形に描くが、清水風2はそうではない。一方で、桜ヶ丘5号銅鐸の争う3人の人物画は、中央が○形、左が△形であり、立ち位置は

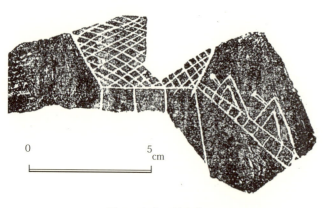

図5　唐古・鍵人物2

逆であるが、清水風人物2との類似が指摘できる。清水風人物2は、佐原が銅鐸絵画で女性とした△形の頭とは逆の▽形ではあるが、向かい合わせに立つ男女を、頭の形状で描き分けたとみるのが妥当である。

このように土器絵画に女性画があり、銅鐸と同様に男性とは異なる頭形の表現がとられていたのであれば、大きな袖のある胴衣を身に纏って両手を挙げた人物画の頭部表現の差は、司祭者の性別の表現である可能性が指摘できる。唐古・鍵人物1は女性であることが確実であり、清水風人物1は衣服と一括出土の画題群でそれに類似する。ふたつの人物画の表現は、同一集落の共通する習俗を背景にしているものであることを重視すれば、清水風人物1は女性画と考えてよい。

4　○形の頭で両手を挙げる人物画

(1) 唐古・鍵人物3（中期後葉、図6-1）

壺胴部に櫂を広げた船を描き、その船尾の楕円形の突出部のなかに、横たわるように人物を小さく描き加える（末永ほか1943）。

○形の頭には、刺突によって目・口を表現する。胴衣は斜格子文を充填し、両手をあげているが袖の表現はない。船の画題は清水風遺跡例等の画題連鎖中にみられるものであるが、操船や漁労との関係をたどれない乗船者は極めて珍しい。敢えて司祭者と見るのであれば、魏志東夷伝倭人条にみる持衰が想起される。

(2) 唐古・鍵人物4（中期後葉、図6-2）

同遺跡第91次調査SD-101B出土の壺胴部片に描かれた人物画である（藤田ほか2009）。

○形の頭には目・口を表現する。逆台形の胴から左手を上方に挙げるが、袖の表現はない。右手部分は欠失する。左に位置する画題は不明である。同一個体と目される破片に、○形の頭で目・鼻・口を表現した人物画があるが、腕や体部は欠失して不明である。

SD-101B中層からは、後期初頭の土器群がまとまって出土し、鳥・渦巻き文を描く器台、鹿を描く器台や鹿を描く長頸壺等がある。しかし中期後葉の土器群の出土はなく、先の人物画がどのような画題連鎖のなかにあったのかは不明である。

(3) 唐古・鍵人物5（中期後葉、図6-3）

採取資料である（末永ほか1943）。壺胴部に人物を描く。頭と首とを一体で描き、顔面には眉・目・口を表現する。斜格子文を充填した長方形の胴衣から両手を上方に挙げるが、前腕部はいずれも欠失する。左手上腕部を筒状に描き、直線文を充填するが、垂れ下がる袖の表現はない。

(4) 唐古・鍵人物6（後期、図6-4）

採取資料である（末永ほか1943）。長頸壺の頸部に両手をあげた人物を描く。

○形の頭には「く」字形に折れ曲がる立ち飾をつけ、特異な顔面表現をもつ。顔面上部には髪の生え際のような双山形の細い線を引き、横楕円形の目を離して描く。二つの目頭から垂線を胴部上端に引き下ろし、その間の下端に目と相同の横楕円形を描くが、通常の口の表現ではない。鼻・口を隠す細長い器物を装着し、その下端に口の表現があると考えることが適当かもしれない。両手を頭の上方に挙げるが、斜格子文で飾られた衣服に袖の表現はない。右手は腕部分を欠失している。左手は前腕部で線が途切れており、手と見える部分は呪具である可能性も考えられる。

(5) 奈良県田原本町法貴寺斎宮前（中期後葉、図6-5）

同遺跡は、唐古・鍵遺跡の南東1kmに位置する。壺の体部に連鎖して画題を描く（安永・岡田2017）。

人物・双輪状文（？）の画題と高床建物・棟飾りのある建物の画題の位置関係、ならびにその間の画題の有無については不明である。人物画は、○形の頭と首を一体の線で描く。逆三角形あるいは台形の胴衣を身につけ、左手を斜め上方に挙げることで、翼を広げたように長い袖が胴衣から広がる。右手側は欠失する。ただし、左袖の先端を短い2線によって窄まるように描く点は、他に例がない。

(6) 奈良県橿原市坪井・大福人物1

（中期後葉、図6-9）

壺胴部に描かれた人物画である（橿原市千塚資料館1983）。

○形の頭と首を一体で描く。顔面にはV字形の眉と目・口を表現する。逆台形の胴衣からは、左手あるいはマントと思しき垂線が下方にのびる。左肩からは羽根状のものが半円弧を描き、頭上を右に越えて翻る。羽根状のものは先端に向かって窄まってはおらず、袖を広げた人物画のように先端に手（あるいは放射状の線）を想定することも難しい。したがって本資料は、本稿の対象とする両手を挙げた人物画ではないと考える。

(7) 岡山県岡山市新庄尾上人物1（中期後葉、図6-6）

壺胴部に描かれた人物画である（長谷川1992）。

人物の左右に描かれた画題連鎖の全体像は不明である

装　飾

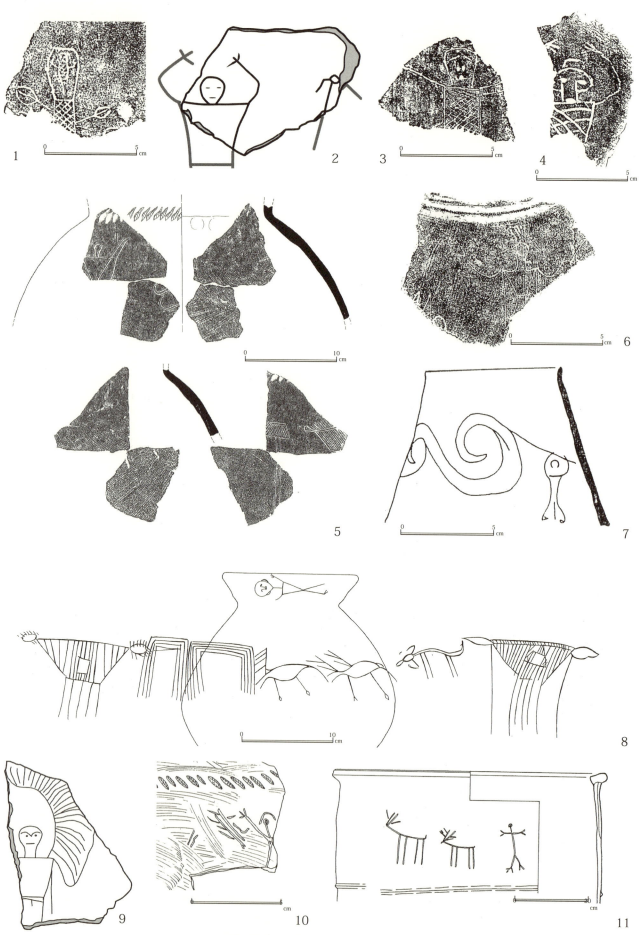

図6　両手を挙げる人物画（出典は文末に一括掲載）

が、高床建物の画題のあることが知られている。○形の頭には嘴と鶏冠状の装飾があり、顔面に何らかの器物を装着した姿である。胴衣は逆台形であるが、両肩よりひかれた垂線は腰を越えて脚まで下がり、マントの可能性が指摘されている。両手は斜め上方にあげ、各先端から4本の線が上方へ放射状に広がる。

(8) 岡山県真庭市下市瀬人物1（後期後葉、図6-7）

台付直口壺の側面に描かれた、渦巻文様を捉える人物画である（新東 1973）。

○形の頭と逆台形の胴を有し、右手を頭上に挙げ、連続渦巻文からのびる尾に手をのばす。左手も上方にのびているようであるが、遺存状態はよくない。袖の表現はみられない。

(9) 石川県金沢市戸水B人物1
　　　　　　　　　　　　（弥生時代中期後葉、図6-10）
壺胴部に描かれた人物画である（中屋ほか 1992）。

刺突によって○形の頭を描き、その上に半円弧を加えて頭部に装飾品のあることを示す。左手は欠失しているが、右手は上方に挙げ、先端からは3本の直線が広がる。

同遺跡には、他に鹿の画題をもつ土器等が出土しているが、本資料の出土遺構では、土器絵画の共伴は知られていない。

(10) 岐阜県大垣市東町田人物1
　　　　　　　　　　　　（弥生終末〜古墳初頭、図6-10）
広口短頸壺の口縁内面に人物を描き、体部外面に鹿・建物等を連鎖して描く（高田 2012）。

○形の頭で、目・鼻・口・耳を表現する。直線の頸と逆三角形の胴で、脚を広げ、両手を斜め上方に挙げる。加えて、壺の体部には複数の画題が横位に連鎖する。画題の連鎖を任意の起点で示すと、「←切妻高床建物←冂字形の幾何学文（辟邪視文？）←鹿←鹿←犬？←棟持柱をもつ切妻高床建物←」であり、唐古・鍵人物1の画題連鎖に類似する。

(11) 福岡県小郡市三沢ハサコの宮22号甕棺人物1
　　　　　　　　　　　　（中期前葉、図6-11）
下棺に描かれた「鹿←鹿←人物」の画題連鎖中の人物画である（片岡 2002）。

○形の頭、直線の頸・胴で、両脚を開く。両手を左右に広げ、先端はいずれも2本の直線に分かれる。

葬送のために作られた土器に描かれた絵画である点で、他の資料と異なる。葬祭の期間のなかで、甕棺がどの程度人の目に触れるのかは不明であるが、器形に比して小さな絵画が注視されたとは思われない。敢えて推論すれば、被葬者の職能にまつわる絵画であろう。

5　○形の頭で両手を挙げる人物画の分類

○形の頭で両手を挙げた人物画は、衣服と附属する画題からみて三大別できると思われる。

第1は、大きな袖のある胴衣、またはマント状のものを纏う人物画であり、頭・腕先表現を除いて清水風人物1に類似し、唐古・鍵人物1の画題連鎖の一部と共通する画題を伴うものである。法貴寺・斎宮前人物1、新庄尾上人物1がこれにあたり、性別は男性と推定される。

第2は、袖のない胴衣を纏う、あるいは衣服を表現しない人物画であって、唐古・鍵人物1の画題連鎖の一部と共通する画題を伴うものである。東町田人物1、三沢ハサコの宮22号甕棺人物1がこれにあたり、性別は男性と推定される

第3は、第2と同様の人物画ではあるが、乗船する唐古・鍵人物3を除き、清水風人物1や唐古・鍵人物1の左右に連鎖する画題と共通する画題を伴うことを指摘できない人物画である。下市瀬人物1が確実な例であり、男性と推定される。また唐古・鍵人物4も、その左に位置する画題が唐古・鍵人物1や清水風人物1の画題連鎖に見当たらないことから、本分類に含まれる可能性が高い。さらに唐古・鍵人物5、同6も、唐古・鍵人物1の画題連鎖にみられない表現をとる人物画であることから、本分類に含まれる可能性がある。

本分類の第3で注目すべきは、唐古・鍵人物3である。同人物画は、船の画題が清水風人物1の画題連鎖中にあることによって、それと同様の画題連鎖中の一部として描かれた人物画として考えることもできる。しかし、乗船する両手を挙げる○形の頭の人物が、操船や漁労に関わる者として描かれていないことは、第3の分類に含めるべき要素として重視されるべき点である。先に指摘したように、唐古・鍵人物3が持衰とよばれた水運に関わる司祭者であれば、○形の頭で両手を挙げ、袖やマントの表現のない人物画は、清水風人物1や唐古・鍵人物1とは異なる職能を有する司祭者の存在を認めなければならない。この推論が正しければ、やはり唐古・鍵人物4、同5、同6、戸水B人物1は、第3の分類に含まれる人物画として、男性の可能が指摘できるであろう。

清水風人物1や唐古・鍵人物1が、生成神的神格を中心とする穀物祭祀の物語に登場する巫であれば（豊岡 2003a）、第1・2は同様の職能をもつ覡と思われる。そ

装飾

れに対して第3は、第1・2とは異なる祭祀に関わる覡の絵画であろう。弥生時代の絵画土器が、幾種類の祭祀に対して作られたのかは不明であるが、第3の覡の画題の存在は、生成神的神格を中心とする穀物祭祀の物語とは異なる主題の祭祀が、弥生時代にあったことを窺わせる。弥生時代の覡の職能の多様さについては、今後の研究課題であるといえよう。

6 弥生時代の巫覡 —まとめにかえて—

　弥生時代の土器絵画に現れた司祭者像を検討し、その表現の背後に、巫・覡の存在に対する観念のあることをみた。その中で注意されたのは、土器絵画による集落・地域社会の存立の源泉たる穀物祭祀の物語の中心に立つ司祭者の像に、巫・覡の差がみられることである。現在の資料からは、弥生時代中期後半には唐古・鍵遺跡（清水風遺跡を含む）のみが巫を中心とし、他の集落・地域は覡を中心にしていた可能性が高い。

　加えて、清水風人物1の右位置には、向かい合わせに立つ男女が描かれている。この男女の画題を巫から神意を下される政治的権威者の象徴とすれば、当時の唐古・鍵では首長は男女一対と観念されていたことになる。祭祀権の独立性と首長権の双系の可能性によって、弥生時代中期後半の唐古・鍵におこなわれた原始民主制の一端を知ることができる。また祭祀権を包括するとされる古墳時代的首長権や、あるいは記紀から指摘されるヒメヒコ制が（高群1938）、どのような経緯で成立するのかをたどる手がかりになる絵画と評価できるかもしれない。

　このように巫・覡の現れ方には、弥生時代の各地域の社会組織がもつ宗教上の差異が垣間みえている。弥生時代研究上では、被葬者の装着した貝輪等から、巫の実在が指摘されてきた。近年の資料でいえば、佐賀県神埼町吉野ケ里遺跡志波屋四の坪地区SJ0495甕棺・大分県日田市吹上遺跡第6次調査第5号甕棺のイモガイ製貝輪を装着した女性被葬者が挙げられる（七田ほか1992、舟橋ほか2014）。これらの甕棺は占有区画をもたず、また吹上遺跡例の被葬者は、肉体労働を伴う生業に従事していたと分析されている。こうしたことからは、弥生時代中期の北部九州外周部の巫は、集落や地域社会から傑出した地位にある者ではなく、有力親族組織の成員の一人として、司祭者の職能を託された者であったと思われる。

　その一方で、弥生時代中期後葉の北部九州の中心部には、漢から国とよばれる小国家が既にあり、王と称される男性首長がいて、男性首長と同様に厚葬される女性がいた。考古学的には、福岡県糸島市三雲南小路遺跡（柳田1985）等がその典型である。北部九州の外周部との比較からみれば、小国家群が連合体としての倭国を形成した段階の北部九州の先進地域では、支配領域と社会集団の拡大に合わせて、祭祀権が首長権の一部として再編され、巫・覡の職能も重層化するに至ったと類推されるところである。その変化は、小国家群統合による列島規模の古代国家形成段階へと続いて、さらに深化したのであろう。

　中国中原での古代国家の展開と祭祀権の在り方は、複雑かつ大規模であり、日本列島との比較材料とはできないが、いくらかは参考になる。商は東方より中原へ進出する過程で、他氏族の祭祀するところの岳神・河神等の祭祀権を掌握し、一部を自らの祖神の系譜に組み入れて、王権の神聖性を確固たるものにしたと復原されている（白川1972）。『尚書』「君奭」は、成湯には伊尹がいて皇天を祀り、太甲には保衡、太戊には伊陟、臣扈、巫咸が王家を乂（おさ）め、祖乙には巫賢、武丁には甘盤という宗教権威者が商王を支えたと伝える。商王を滅ぼした周王家でも、王権の維持には同盟関係にある有力氏族の宗教権威者が必要であるとして、周公旦は召公奭に太保の位につくように要請した。その結果、成王崩御に伴う康王の継体儀礼は、太保である召公奭が執行したと『尚書』「顧命」は伝える。氏族の連合に基づいた王権の祭政分掌による国家経営である。

　弥生時代の巫覡像を追跡する小稿の遠望するところは、弥生時代後期以後の王権の成長と、その結果としての祭祀権の帰着先に迫るところにある。既成の研究のなかで、弥生時代から古墳時代への首長権の展開の結果として、大型前方後円墳の築造段階には、穀物祭祀と祖神祭祀の発展の上に埴輪祭祀が成立した（豊岡2003b）。王権の盟主たる首長（霊）に対する畏怖も、大型前方後円墳の竪穴式石室での朱の多量使用及び鏡の多数副葬、加えて埋葬施設上部に造られる付帯施設の内容からみて、一つの極点に達した（豊岡2016）。

　弥生時代中期に巫覡が職能とした穀物神・祖神・支配領域等の祭祀は、弥生時代後期の社会をへて初期大和王権が成立する間に統合・再編成され、最終的には王権が執行するようになったと推量する所以である。それにあわせて司祭者も階層分化し、王権がおこなう穀物神・祖神・支配領域等の中心的神格の祭祀は、王族や同盟部族の首長等を司祭者として執行されることになったのであろう。「鬼道をよくする」と記された卑弥呼のこともあり、また日本書紀が伝えるミマキイリビコ治世下でのアマテラス・ヤマトノオオクニダマ・オオモノヌシの祭祀の実施もあって、弥生時代後期以後の巫・覡については、さらに考察が必要とされていることを再度指摘して、ひとたび筆をおくこととする。

註
(1) 読み下しについては、中村雅量 1980「死と再生―中国古代祭祀の一側面」『日本中國學會報』第 32 集　日本中國學會　pp.6・7 を参考にした。
(2)「臥乘」は、文意からみて祭祀あるいは歳時の名と思われる。

引用・参考文献
井上義光 1986「清水風遺跡発掘調査概報」『奈良県遺跡調査概報　1986 年度第 1 分冊』橿考研
王襄 1925『簠室殷契徴文附考釈』天津博物館影印本
郭沫若 1957『殷契粹編』文求堂
橿原市千塚資料館編著 1983『貫頭衣を着た人々の暮らし』
片岡宏二 2002『三沢ハサコの宮遺跡』小郡市教育委員会
岸本道昭 1992『養久山・前地遺跡発掘調査報告書』龍野市教育委員会
佐原眞 1982「34 のキャンバス―連作 4 銅鐸の絵画の文法―」『考古学論考』小林行雄博士古稀記念論文集：pp.245-280　平凡社
七田忠昭・森田孝志・田島春己・草野誠司・桑原幸則・吉本健一 1992『吉野ヶ里』佐賀県教育委員会
白川静 1972『甲骨文の世界』平凡社
白川静 1984『字統』平凡社
新東晃一 1973「市瀬遺跡　3D 調査区」『中国縦貫自動車道建設に伴う発掘調査Ⅰ』岡山県教育委員会
末永雅雄・小林行雄・藤岡謙二郎 1943『唐古弥生式遺蹟の研究』図版 59 京都帝国大学
高田康成 2012「第 2 章　試掘・確認・立会・測量調査　19.東町田遺跡・東町田 1 〜 3 号墳」『大垣市埋蔵文化財調査概要　平成 22 年度』大垣市教育委員会
高群逸枝 1938『母系制の研究』理論社
辰巳和弘 1990『高殿の考古学』白水社
豊岡卓之 2003a「清水風遺跡の土器絵画小考」『考古学論攷』26　橿考研　pp.1-32
豊岡卓之 2003b「特殊器台と円筒埴輪」『考古学論攷』26　橿原考古学研究所　pp.33-96
豊岡卓之 2016「3 基の柄鏡形大型前方後円墳―桜井茶臼山古墳再調査から見えてくるもの」『友史会 60 周年記念誌』橿原考古学研究所友史会　pp.16-27
中屋克彦・栃木英道・藤田邦雄 1992『金沢市戸水 B 遺跡』石川県埋蔵文化財センター
長谷川一英 1992「御津町新庄尾上遺跡出土の絵画土器」『古代吉備』第 14 集　pp.116-120
藤田三郎 1992「唐古・鍵遺跡の絵画土器」『弥生の神々』大阪府立弥生文化博物館　p.22
藤田三郎 2006「絵画土器の見方小考」『原始絵画の研究　論考編』六一書房　p.77
藤田三郎・豆谷和之・石川ゆずは・奥谷知日朗 2009『唐古・鍵遺跡Ⅰ―範囲確認調査―』田原本町教育委員会
舟橋京子・岩橋由希・米元史織・田中良之 2014「第 14 章　第 2 節　吹上遺跡出土人骨について」『吹上Ⅵ』日田市教育委員会　pp.4-20
松丸道雄・高嶋謙一編 1994『甲骨文字字釈綜覧』東京大学出版会
安永周平・岡田憲一 2017『法貴寺斎宮前遺跡　小坂榎木遺跡』奈良県文化財調査報告書第 173 集　橿考研
柳田康雄 1985「三雲遺跡　南小路地区編」福岡県文化財調査報告書　第 69 集　福岡県教育委員会

図出典
図 1　郭 1957　掲載資料 845：p.173
図 2　豊岡 2003a　巻頭図版
図 3　岸本 1992　p.152
図 4　藤田 1992　p.22
図 5　末永ほか 1943　図版 59
図 6-1　末永ほか 1943　図版 59
図 6-2　藤田ほか 2009　p.28 より筆者作図
図 6-3　末永ほか 1943　図版 59
図 6-4　同上
図 6-5　安永・岡田 2017　p.43
図 6-6　長谷川 1992　p.118
図 6-7　新東 1973　p.132
図 6-8　高田 2012　p.63
図 6-9　橿原市千塚資料館 1983　p.10 写真より筆者作図
図 6-10　中屋ほか 1992　p.33
図 6-11　片岡 2002　p.60

装飾

「戈と盾をもつ人物」像の弥生絵画

岡﨑 晋明

はじめに

　弥生時代の絵画は動物・建物・人物・船・武器などのモチーフをはじめとして種類は多岐にわたっている。その大量の弥生絵画のなかにあって戈と盾をもつ人物を描いた特異な図像が少量ながら存在する。弥生絵画は、自由な発想のもとに各人が画題を選んでいた訳でなく、そこには社会の世界観の表現が託されており、メッセージ性の強い資料といえる。戈と盾をもつ人物絵画は土器、銅鐸、銅鐸型土製品に描かれることが多く、多くの所見が出されてきた。しかし、最近埋葬に伴う遺構にも同様の図像が描かれていたことが判かり、生者の日常生活の場と死者の世界という異なる状況下で同じ図像を使用していたことに注目した。

　弥生絵画の原理については寺沢薫の指摘するように、大きく自然の営みと人間の営みの2元的な対峙とみなす見解は多い（寺沢1987）。そうしたなか、戈と盾をもつ人物像が時期、地域を異にしながらも同じ図像を長時間踏襲していたことは、弥生時代において護るべき思想の伝達が深く存在していたことになる。そこで日常と非日常の両面で用いられていたこの画像を通して儀礼の目的を考えることにする。

　今回、戈と盾をもつ人物像を探るにあたっては中国の『周礼』『礼記』などの史料に記された方相氏にも着目する。史料に示された方相氏の容姿は、仮面を装着し向って右手に盾・左手に戈をもち、いわゆる弥生絵画のこの種の人物像と共通していること、また、追儺の儀式や大喪の葬送儀礼にも携わっていたことに注目したい。

　日本での方相氏の出典は『元興寺縁起流記資財帳』『続日本紀』からであるが、古墳時代、纏向遺跡の土坑から共伴した仮面・盾・利器の木柄や盾持ち人埴輪の造形物は、弥生絵画のそれと繋がりをもつのではと推察する（岡﨑2013a・b）。

1 「武器形木製品」と「戈と盾をもつ人物」像の研究略史

(1) 武器形祭器と木製戈

　銅戈の祭器化は中細形以降と考えられている。奈良県唐古・鍵遺跡から大阪湾型銅戈を写実したような線刻した絵画土器が出土し、柄を表現していないことから戈の儀礼化の一端を示している（田原本町教委2006）。

　一方、奈良県唐古遺跡では1943年の調査当初から武器形木製品が、弥生前期から存在することが知られていた（末永ほか1976）。滋賀県下之郷遺跡からは木戈か銅戈を装着した柄も検出している（守山市教委1990）。

　山口県宮ケ久保遺跡を調査した中村哲也は、弥生中期の鉾を除く戈・戟・槍などの武器形木製品を中国の沂南画漢代像石の手戟図と比較して、それらを「祭器」と捉え、戦闘による不安定な社会状況に打ち克つ為の戦闘儀礼と考えた（中村哲也1977）。

　一方、武器形木製品について金関恕・小野山節は、木製武器が実際の戦闘に使用されたとは考えられず、祭儀の際か儀礼の過程のなかでおこなわれた模擬戦に用いられたと考えた（金関・小野山1978）。中村友博も祭祀場で執行される戦闘行為は模擬戦であると想定している（中村友博1987）。春成秀爾は、武器形祭器は青銅製・木製を問わずおそらく戦いの儀礼、神への奉納の場でその役割を発揮したとし、儀礼の場での楯伏舞や久米舞のような舞を想定し、必ずしも実戦を模さないと考えた（春成1999）。模擬戦が木製武器自体に呪力を仮託する儀礼であるとすれば、その内容が重要となるが、北原真知子は諸外国の模擬戦の事例を紹介しながら、双方が武器をもって戦う性質のものではなく、日本の祭りのなかにみられる年占いなどと通じる一種の豊穣儀礼（綱引き、馬追い、相撲なども模擬戦の一種）と結びつけて考えている（北原1959）。

(2)「戈と盾をもつ人物」像

　奈良県清水風遺跡第2次調査から出土した複合口縁の大型壺の胴部上半に描いた矢追の鹿、魚、2人の戈と盾をもつ人物、高床式建物という物語風の図像から、儀礼の目的を探る研究が進められてきた。桑原久男はこの絵画土器を2人の人物と牡鹿が対峙している図で、2人は主人と従者とみられ、強い呪力をもつ地霊であると同時に水田を荒らす害獣でもある鹿を人間が武力で退治し、服属させる模擬戦を表現しているとした（桑原1997）。小林青樹も同様の絵画土器をはじめ、物語性のある絵画を整理し、中国の文献『月令』などをもとに儀礼の復元を試み、自然の脅威である黒鹿を威嚇する形式的な儀礼であり、それは自然の脅威と戦って打ち勝ち、豊作を願

「戈と盾をもつ人物」像の弥生絵画

1. 清水風第2次(写)　2. 清水風第2次(写)　3. 唐古・鍵第93次(田原本町教委2009)　4. 唐古・鍵第1次左下書き(藤田1999)

5. 妻木晩田(写)　6. 日吉塚古墳(写)　7. 石上2号鐸複製(写)

8. 神水(写)　9. 名主原(写)　10. 瀬ノ尾(写)　11. 平野(写)

12. 唐古・鍵第44次(写)　13. 川寄吉原(写)　14. 那珂(福岡市教委2007加筆)

15. 清水風第2次　模式図(藤田2006加筆)　16. 城野(北九州埋文2011)　17. 武氏祠堂壁画(小林太市郎1947)

図1　戈と盾をもつ人物の弥生絵画
(写)は実見により撮影した写真から所蔵者の許可を得て図化したものである。その他は報告書・論文から図化したものである。
(縮尺不同)

装　飾

う予祝儀礼を意味するとした（小林青樹 2008）。

　近藤喬一は、川寄吉原遺跡の銅鐸型土製品や石上 2 号銅鐸の人物をシャーマンが戈と盾をもち鐸の音に合わせて踊る、あるいは戦闘儀礼風の踊りをすることを弥生時代の農耕儀礼に想定した（近藤 1986）。甲元真之は、佐賀県川寄吉原遺跡の銅鐸形土製品や熊本県神水遺跡の図像から中国の廟前での踊り「万舞」を紹介し、戈や鉞もって踊る「武舞」と羽や楽器をもつ「文舞」を指摘している（甲元 2004）。辰巳和弘も奈良県清水風遺跡から出土した同様の絵画土器にある戈と盾をもつ 2 人の人物と、その隣に配された切妻屋根に渦巻き状の棟飾りをもつ高床式建物から、人物は儀礼に武器をもって舞う武舞の情景とした（辰巳 2013）。

2　「戈と盾をもつ人物」絵画の検出

　図像は戈・盾・人物の 3 要素を基本とする。しかし、「戈と盾」「盾と人物」など一部の要素を省略した絵画もありそれらを含めると、その数は下図を含めると現在 17 例になる。省略型とは、大阪府平野遺跡の盾と人物のように右手にもつ戈部分の欠損や（北野 1995）、福岡県那珂遺跡群の戈と盾の他に人物の表現はないものの（福岡市教委 2007）、3 要素をもつ図像と同様の表現と捉えられる場合は含めた。

(1) 出土状況

　戈と盾をもつ人物を描いた考古資料は土器 9 例、銅鐸 1 例（同笵 1）、銅鐸形土製品 3 例、石棺 1 例である。この種の土器、銅鐸、銅鐸型土製品を用いた儀礼の場は集落の一画にあったと想定でき、儀礼の終了後は、銅鐸は集落から離れた地点に埋納し、他は溝、井戸、貯水域、竪穴住居内の埋土、掘立柱建物の柱穴に置くなり破棄していた。一方、集落内ではなく墓地や埋葬用土器から出土した例が福岡県城野遺跡 1、同県那珂遺跡群から検出している。

　城野遺跡 1 は東西 23 m、東西 16.5 m の大型方形周溝墓の墓壙内に組合式の石棺が 2 基あり、南棺の西小口板の内側に戈・盾をもつ人物絵画を描いていた。石棺の小口部分からは 4 ～ 5 歳児の頭蓋骨を検出している。絵画は石棺内側に水銀朱をべったりと厚く塗り、その上から先のまるいヘラ状の工具で水銀朱に圧をかけて浅く彫りくぼめるように描く独特の技法であった。図像は明確ではないが、右手に武器を、左手に盾をもつ人物像の可能性が高く、時期は弥生末葉から古墳初頭である（北九州埋文 2011、設楽 2010）。また、那珂遺跡群の戈と盾の絵画土器は大型甕（甕棺）の肩部に描いていて、井戸の底から約 1 m 上で木製槽や他の遺物とともに出土している。大形甕の口径は 58 ㎝で、内面に僅かに赤色顔料の付着がみられる。甕は粘土の継ぎ目で破砕されていて、井戸枠の筒としての利用も考えられたが、井戸底からの出土ではなく、破片も小さいことから、甕棺を意図的に破砕して破棄したと捉えられている。絵画は土器の焼成後に描き、戈と盾以外に人物の表現はなく、建物らしい部分が見える。時期は中期後葉である（福岡市教委 2007）。

(2) 遺跡分布

　出土遺跡を府県別にみると、奈良県 4 例、大阪府 1 例、鳥取県 2 例、福岡県 2 例、佐賀県 1 例、熊本県 1 例、鹿児島県 1 例となり、近畿から九州までの西日本に点在している。

　奈良県は唐古・鍵遺跡、清水風遺跡、石上 2 号銅鐸（同笵）からの出土である。石上 2 号銅鐸と同笵の辰馬 406 号銅鐸は鈕に戈と盾をもつ人物像を描き、辰馬 406 号銅鐸は伝奈良県出土となっている（難波 1991）。唐古・鍵遺跡は奈良県最大の拠点集落で、清水風遺跡はその西側に隣接した衛星集落である。両遺跡には絵画土器のモチーフや技法に共通性が認められる。大阪府は平野遺跡から出土していて生駒西麓に点在する拠点集落のひとつである。鳥取県は妻木晩田遺跡と日吉塚古墳（墳丘盛土中）から出土している。絵画の鳥装の人物の表現に類似性を指摘している（山田 2006）。また、日吉塚古墳出土の絵画土器は、口縁端部に装飾された斜格状文の沈線数や線の施文状況から、稲吉角田遺跡の物語風絵画を描いた土器の口縁端部の文様や施文具と共通しており、同一工人集団による製作の可能性を濱野浩美から教えていただいた。遺跡は米子市淀江町内で隣接しており、日吉塚古墳の盛土中の絵画土器は稲吉角田遺跡から移動したものであろう。九州では福岡、佐賀、熊本、鹿児島とほぼ各県から出土している。那珂遺跡群は弥生中期の福岡平野の拠点集落のひとつであり、熊本県の神水遺跡、鹿児島県の名主原遺跡も同様の集落である。佐賀県の瀬ノ尾遺跡は吉野ヶ里遺跡に隣接した集落である。

　このように戈と盾を持つ人物絵画を出土する遺跡は、弥生中期以降、各地の限られた集落から出土し、分布状況をみる限りこれら拠点集落から周辺地域への拡散はあまり見られない。今後とも多くの検出は考えられず、限られた集落で用いられていたと捉えたい。

3 「戈と盾をもつ人物」像の観察

(1) 出現時期と終焉時期

戈と盾をもつ人物絵画の出現は弥生中期、それも後葉（Ⅳ様式併行期）である。稲吉角田遺跡で代表される物語風絵画土器が出現していた時期でもある。出現期の中期後半の遺跡として唐古・鍵遺跡（清水風遺跡）、妻木晩田遺跡、日吉塚古墳（稲吉角田遺跡）、那珂遺跡群と各地域の拠点集落から出土している。このように西日本の限られた拠点集落で同様の絵画が用いられていることは、絵画の基となる儀礼の思想が短期間に伝播したか、各地域の拠点集落ではすでにこの儀礼を行っていたかの何れかであろう。もうひとつ重要なことは、この図像が葬送儀礼の出現期から終焉期まで用いられていたことである。

この弥生絵画の終焉期は弥生末葉から古墳初頭である。絵画土器の多くは弥生後期（Ⅴ様式併行期）になると具象から記号文へと変化する（春成1991）。しかし、石上2号銅鐸、平野遺跡、川寄吉原遺跡、神水遺跡、名主原遺跡、瀬ノ尾遺跡、城野遺跡1のように、戈と盾をもつ人物絵画は弥生後期から古墳初頭という終焉期まで図像に変化はなかった。そのことは、この図像が他の図像と異なる特別な意味を有していたからだと思われる。

(2) 下絵・書き直し

戈と盾をもつ人物の土器絵画をみると描いた所には必ず下絵や書き直しの痕跡と消した痕があった。今回実見した資料は例外なく絵画部分の土器表面の調整技法がナデ技法により消され磨滅していた。この状況を最初に指摘したのは藤田三郎である。清水風遺跡（第1次調査）の「両手を挙げる鳥装の人物」の下絵に戈と盾をもつ人物を描いており、両絵画のモチーフと製作者は密接な関係にあるとした（藤田2006）。

戈と盾をもつ人物像は、描くうえで他の弥生絵画と比べ図像的にさほど難しいとは思えず、それよりも絵画の主題となるモチーフを表現する際の大きさや配置が書き直しの原因となっていた。藤田三郎作成の唐古・鍵遺跡出土の逆三角形の胴部をもつ人物像（図1の4）をみると、下絵の人物は左手に盾を描いているが、完成図では戈を描いていると思われる（藤田1999）。ここでは、人物の持つ武器・武具の違いが訂正の主な原因となっていた。土器表面が乾燥しないうちに素早く描ききることが求められるなかで、訂正個所の修整をナデ技法などで丁寧に行うことが時間的に許されなかったのであろう。

(3) 頭部と鳥装

頭部は沈線で円あるいは楕円に描き、男性を表している。戈と盾をもつ人物像の多くが頭部に羽根飾りを装着している。その形状は冠状や逆U字形の平行線の中を斜行線で充填する丁寧な描写は弥生中期後半に多く、後期以降になると川寄吉原遺跡、神水遺跡、瀬ノ尾遺跡のように数条の沈線で表現する簡略形に変化する。

鳥装の人物について国分直一は、稲吉角田遺跡出土のゴンドラ型船の船人の鳥装に注目し、河南晋寧銅鼓の船文にある鳥装の船人との類似性から、鳥をトーテムとする思想が背景にあるとした（国分1982）。また、金関恕は韓国忠清南道大田付近から出土したとされる青銅製小板の一面には樹木に集まる鳥禽がおり、他の一面には鋤を踏む人の頭に尾羽根状の飾りが付けられていたことに注目して、この図像こそが韓国における前3世紀頃の祭場の風景であるとした（金関1986）。以後、多くの研究者は頭部に羽根飾りをもつ人物像を鳥装と捉えている。鳥装の人物は呪者か司祭者の性格をもった人物と思われる。

(4) 仮面の装着

戈と盾をもつ人物像を説明するなかで、仮面を装着しているとする研究者は多い。小林太市郎は、中国の明器にある方相氏像が身長に比して過大な顔面をしていることから、仮面とみる他ないとした（小林太市郎1947）。今回の弥生絵画に身長と顔との比をあてはめると相対的に顔を大きく表現した例が多く、気になる視点である。岡山県新庄尾上遺跡から出土した嘴をもつ鳥の頭を表した人物像は、横からの描写で仮面の装着が想定できる（岡山市教委2009）。同様に、戈と盾を描いた人物の横からの表現が瀬ノ尾遺跡にあり、新庄尾上遺跡と類似の表現で仮面を着けていた可能性がある（安城市歴博2001）。しかし、戈と盾をもつ人物像の多くは正面からの描写で、そこからは仮面の装着を判断しうる表現を見いだせない。しかし、着けていないとも断定できず、筆者は仮面を想定しても良いと考えている。それは人物像を呪術者とすると、仮面を被ることで人間界からの離脱がはかられ、人々にとっては神の憑依を想定しえるからである。

(5) 胴・脚の表現

胴と脚は基本的に一体に描いており、表現法は①胴と脚を二本の長い平行線で一体に描き、胴は頸と腰部分に横線を引いて表現し、脚は平行線の先端の足首にあたる部分を屈曲させて足先を表している。②胴を逆三角形で表現し、脚は逆三角形の交点からの延長線で表す場合と逆三角形の交点部分からの短い2本線で脚を描く例がある。③胴と脚を漢数字の八を長くした2本線で表す例がある。このなかで、①の図像が一番多い。唐古・鍵

装　飾

遺跡では①と②の図像が中期後葉の時期にある。③の例は神水遺跡に見られるのみである。

胴・脚の図像に時期や地域による特徴は見られない。

(6) 戈と盾

人物の所作を図像からみると、向って盾は右、戈は左に持つ形が基本であり、石上2号銅鐸や日吉塚古墳のように左右対称の人物像は例外的である。戈は輪郭のみで外向きに立てて描いている。身長を基準に比較すると、戈の柄は身長より短く片手で操作できる短戈である。大阪府鬼虎川遺跡から出土の石戈を着けた柄は全長76cmで、弥生遺跡から出土する戈の柄の長さはほぼ65cm前後である（守山市教委1990、小林青樹2006）。中国の春秋・戦国時代の短戈の柄は130cm程で、長戈はさらに長くなり、この違いは非戦闘時と攻撃時の戈の扱い方に反映しているとする（深澤1998）。短戈は祭祀用の可能性もある。

盾は置き盾でなく持ち盾である。盾の表現は長方形の正面形と、一本線の側面形があり、後者の表現については1942年に検出した石上2号銅鐸の解説のなかで、人物の持ち物は盾と利器と表現しているとある（梅原1927）。

一方、熊本県神水遺跡と鹿児島県名主原遺跡の人物のもつ武器は、戈の描写がなく、柄の先端部に大量の房状の線が垂れ下がり、利器が隠れた状況になっていた（熊本市教委1986、鹿屋市教委2008）。中国湖北省包山2号楚墓からは全長370cmの戟と390.8cmの矛の柄の先に羽根と人髪を房状に飾りとして巻きつけたものが出土している（深澤1998）。金文の戈の文字には、呪術的な役割をもつ綏（紐飾り）を付けた図像が多く、兵器の中でも重要で聖器であった。儀器・呪器として用いられ造字の上にその意を残している（白川2005）。戈の房の強調には呪的な意味が隠されていると思われる。

4　「鐸」「舞」と「戈と盾をもつ人物」絵画

戈と盾をもつ人物像の表現について、銅鐸・銅鐸型土製品と土器の間に大きな違いはない。石上2号銅鐸では人物像を対で描くが、川寄吉原遺跡の銅鐸型土製品は人物像を単体で大きく描き、舌をもったラグビーボール状の銅鐸を人が持つ盾の下に描いていた（佐賀県教委1981）。銅鐸という祭器に戈と盾をもつ人物を描き、銅鐸形土製品という銅鐸を模した祭器に銅鐸を描くという、ともに異なった描き方をしていた。

(1) 音楽・音

儀礼と音楽あるいは音との関係は古くからあった。縄文土鈴をみると、土鈴の音量は昼間では聴きとれないほどの微かな音色しかないが、静寂な夜更けでは効力を発揮する。このことから人には見えない神の存在を気配で知らしめる手段として音を充てた可能性がある。（岡﨑2012）。銅鐸の音色は、聴いたことのない大きな金属音と余韻をもって鳴り響く。この状景は当時の人々にとっては驚きであり、神の降臨や移動、または呪術者への憑依を人々に連想させ、祭場の神をも楽しませるには充分で、祭器へと発展していったに違いない。

儀礼には参加する人々に意識の高揚と宗教的興奮を誘発させる必要があり、人々の注意を確実に儀礼に集中させるために建物、音、光、香などの道具立てが必要であった（コリン・ポール2007）。

石上2号銅鐸は突線鈕1式銅鐸であるが、高さ約57cmと木に吊るすことは可能で「聞く銅鐸」としても充分に機能したと考える。中村友博は、模擬戦のように武器と鐸を用いた鳴り物入りの儀礼は朝鮮半島から伝来した形態と捉えている（中村友博1987）。また、清水風遺跡では自然河道の下層から弥生中期後半の約30点の絵画土器とともに3点の銅鐸型土製品が出土しており、両資料は儀礼として共に使用された可能性もある（辰巳1992）。川寄吉原遺跡の銅鐸型土製品は弥生後期の掘立柱建物の1.4m×0.7mの長方形の柱の掘り方に納まっていた（佐賀県教委1981）。銅鐸型土製品に音の効果は得られないが、建物内での儀礼に銅鐸と同様の効果は求めたのであろうか。また、その儀礼を邪魔する悪霊を遮断するべく、戈と盾をもつ人物像に託したとも考えられ、銅鐸型土製品は形代であったのだろう。

(2) 舞を踊る

儀礼における舞も音楽と同様の効果を狙ったものと思われる。石上2号銅鐸の戈と盾をもつ人物像を高橋健自は「武舞」と早くから評していた（高橋1925）。その後、春成秀爾、辰巳和弘、甲元眞之、寺沢薫なども武舞を説いている。

一方、中国の同時期の戈と盾をもつ舞の事例を紹介すると、『礼記』「月令」仲夏の月（五月）条に「この月、楽士に命じ楽器や歌舞の器具の手入れをさせる。（略）干（盾）、戚（斧）、戈はともに舞人の持ち物で、雉の尾羽根で作った舞楽の具である羽は舞人の指揮者がもつ」とあり、同じ月に「天子は役人に命じて、人民の生活のために山や川のすべての流れの本源の神を祀り、天に対して雨乞いを行ない、賑やかに音楽を演奏する」「穀物の実りを祈らせる」とある（竹内1971）。この時期、陰陽のバランスを保つべく戈と盾で悪鬼を駆逐する雨乞いなどの農耕儀礼には、音楽と舞が共存していたのである。

また、『逸周書』「世俘解」には、周の武王が殷を倒した時に営まれた儀礼で、生け捕りにした殷の俘虜のいる廟の前で手に黄鉞と戈をもつ舞を行ったとある。また、廟の前での舞は「万舞」と称され、戈や鉞を持つ「武舞」と、羽と楽器をもって踊る「文舞」とに分かれていたとある（甲元 2004）。

『後漢書』「禮儀」による宮中の大儺（追儺）では、中黄門が方相や十二神獣を指揮して宮中の悪鬼を追いたてる儀礼がある。中黄門の唱える呪文では悪鬼の名を挙げ、すぐに立ち去らないと十二神獣が追い食い殺すぞ、と脅す内容になっている。呪文の後、方相氏と十二神獣が舞い、侲子らは雄叫びをあげて宮中をくまなく歩き悪鬼を追い出すとある。舞は十二神獣が悪鬼を食い殺す様を表現したものと考えられる（大日方 1993、渡邉ほか 2002）。

古代中国の戈・盾をもつ舞は、雨乞いの農耕儀礼、祖廟での儀礼、追儺の儀礼などで行われていたことが判る。

5　中国史料における方相氏（魌頭）の役割

方相氏は『周礼』「夏官司馬第四」条に、
　方相氏掌。蒙熊皮、黄金四目、玄衣朱裳、執戈揚盾、帥百隷而時難、以索室毆疫。
　大喪、先匶。及墓入壙、以戈撃四隅、毆方良。
と記し、また、同書には「方相氏。狂夫四人」とある。

夏官は官職六官のひとつ兵（軍政）を所管する部署である。長官を司馬といい、方相氏はこの長官司馬の管轄下にあった。方相氏は狂夫4人とあるように長大な体格を要求され、容姿は熊皮を頭に覆い、黄金の4ツ目の仮面を着け、衣服は玄色の上衣と朱色の下裳で、片方の手に戈を、もう一方の手で盾を挙げ、4人は狂夫そのものであった。

（1）方相氏と大儺

『周礼』では方相氏の職責のひとつに「百隷を帥いて時に難し」とある。方相氏は「百隷」、すなわち大勢の部衆を引き連れ、年3回の追儺では悪鬼を追い払い、室内に進入して疫鬼を捜し求め、これを駆逐することが責務であった。「時に難し」とは追儺のことである（本田 1979）。

『礼記』「月令」によると「難（儺）」は季春（3月）、仲秋（8月）、季冬（12月）に行われ、「時」とは大難の3回の儀礼をさす。通釈では「季春の月、累牛や騰馬を、ともに牧場に放って交尾させる。犠牲用の小馬や子牛は調べてその数を記す。国郡の役人に命じて、都城の九門において儺（追儺）を行わせ、牲を裂いて四方の神を祭り、邪気を祓い、春気を乱れないように引き締める」、「仲秋の月…天子は儺をして秋の気がよく流通するようにする」、「季冬の月…役人に命じ、賑やかに追儺を催し、四方の門に牲を磔にして邪気の退散を祈り、また土牛を作って寒気の去ることを祈る」とある（竹内 1971）。土牛とは『後漢書』「禮儀」に「土で作った牛の像六体を國・都・郡・縣のそれぞれ城外に丑の方角に当たる場所に設置し、大寒の時候が過ぎゆくのを見送る」とあるように（渡邉ほか 2002）、牛により陽気を助長しようとするもので、土は水に克つとする五行思想と十二支の子（寒気）を丑が追い出すという関係にあった。

後漢の鄭玄注では、陰陽の二気が節を失うと癘鬼が活動して人々に害をもたらすとある。即ち陰陽のバランスが失われると癘鬼が活動して疫病などの害を引き起こす原因となるからである（大日方 1993）。大儺は、季春には国毎に行うとあるように国儺として催され、宮中だけでの儀礼ではなかった。

『後漢書』「禮儀志」大儺の項目に、大儺は臘の一日前に行うとある。「臘」とは「季冬の月、星廻り歳終はり、陰陽以て交はる、農を労ひて大いに臘を享る」とあるように、陰陽の気が交差するこの時節に農事に従事する人々を労う祭りであった（渡邉ほか 2002）。漢代の臘の日は冬至の後、第3の戌の日とされほぼ12月中に催された。その後、南北朝を経て唐に到る間に12月晦日に移行する。このことは季春、仲秋の儺の軽視であった。季冬の儺が重視された背景には、農業生活に携わっていた多くの人達にとっての最大の節目は冬から春への交わりであり、彼等には新しい生活の節目を迎えるに当たって、儺により疫癘などの悪鬼を駆逐せねばならなかった。また、季冬は生活上の歳終の時期で、臘日はまさにその生活の歳終の日であるため、大儺の次の日に行い、翌日を「初歳」と称したとある（中村喬 1993）。

このように方相氏の職務である季冬の大儺は、臘日の農業歳時とも繋がりをもちながら行われていた。

（2）方相氏と大喪

方相氏の役割のもうひとつは大喪に於ける葬送儀礼である。『周礼』には「大喪の儀礼では霊柩の前にいて葬列を先導し、墓地に到着すると壙の中に進入し、戈で四辺の隅を突き刺し、山川の精怪を駆除する役目を掌る」とある。鄭玄の注によれば壙は穿った地の中をさし、椁は天子の柩の外を囲む槨で、柏、黄腸とある（本田 1979）。墓室は棺の外側を柏の木の黄心部分で作った角材を小口積にした構造で、1974年と1975年に発掘調査された北京市豊台区に所在する大葆台漢墓と類似する。因みに大葆台漢墓の被葬者は木室の規模などから前漢元帝期の広陽王夫妻の墓と推定されている（中国社会科学

装　飾

院 1987)。

　また、『後漢書』「禮儀志」大喪の項目では、天子が崩ずると、皇后は葬儀を取り仕切るように三公に詔を下し、以後、礼儀に沿って宮中での複雑な喪葬が続く。天子が出御する車駕の出行にあたり、方相氏は黄金色の4ツ目の仮面を着け、熊の皮を被り、黒色の衣に朱色の裳を着け、戈を持ち、盾を揚げて、4頭立ての高車に立乗して葬列の先頭に立つとある。天子の柩車はその後に続く(渡邉ほか 2002)。

　壁画に描かれた方相氏の例としては、河南省密県の打虎亭漢墓（呉 1984）や山東省嘉祥県の武氏祠堂にある後漢の画像石は有名である。武氏祠堂は祖先祭祀を行う施設で、その石刻画は後石室の第3石第3層にあり、拓本では全身熊の毛皮で、顔は仮面の特徴を示し、頭、右手に戈、左手に剣、左足に盾を持つ像で、小林太市郎はこの像を方相氏とした（小林太市郎 1947）。方相氏の右に描かれた像は悪鬼で、人の後ろ脚を銜えているかに見え、方相氏が駆逐する図となっている。

(3) 方相氏と疫癘（悪鬼）

　方相氏は大儺において邪気の駆逐に務め、喪葬の儀にあっても同じ役目を担っていた。そこで当時の悪鬼の種類を探ると、前述したように『後漢書』「禮儀志」の大儺において中黄門と侲子の唱える呪文には、十二神獣の駆逐する悪鬼が示されている。例えば強梁や祖明は磔の鬼や人に取りつく鬼を喰らう神で、委随は墓場に出没する鬼を喰らう神とある。また、『東京賦』によると、悪鬼は魑魅（山林の異気から生じる化け物）、獝狂（凶暴な鬼）、委蛇（沢に住む化け物）、方良（罔両で死者の肝臓を食らう）、耕父（旱魃などの災禍をもたらす）、女魃（旱魃をもたらす）、夔虛（暴風雨を起こす、あるいは寒熱により疫病を与える）、罔象（水中に棲み、人を喰らう）、野仲と遊光（死者の亡霊）などが示されている（黄 1998）。

　人々はこの世に多くの種類の疫癘がいると信じていた。自然界で起こる旱魃、暴風雨、寒熱による疫病などの猛威を引き興すのも悪鬼であり、一方人間界にあっては屍体を安置する墓所がまさしく方良の狙い好む処のひとつで、特に墓の周囲に群がると考えられ、喪葬の儀において悪鬼を駆逐してくれる方相氏や魌頭の行う儀礼は必要であった。

(4) 方相氏と魌頭

　方相氏の対応する儀礼は大儺や大喪の礼など国家的儀礼に限られていた。しかし、方相氏という名称について、『周礼』の鄭玄注に「如今魌頭也」とあるように、方相氏は漢代においては既に古語となり、一般的には俗語としての「魌頭」の名が用いられていたとある（小林太市郎 1947）。魌頭の魌とは、方相氏が4ツ目であるのに対して2目をさし、北朝の北斉の令文によると、方相の使用は三品以上と五等の開国侯に限られ、四品以下から庶民に至までは魌頭と定められていた。隋代、唐代には方相氏の使用が緩和され、方相と魌頭は両目と4ツ目の差異はあるものの、服装と持ち物は両者ともに『周礼』の遺制を引き継いでいたとある（上田 1988）。

　人々にとって疫癘の存在は疫病などが自分の身に降りかかり不幸を招きかねず、それを駆逐する方相氏と魌頭の存在は重要で、なかでも高貴な人を対象にする4ツ目の方相氏と異なり、両目の魌頭（魑頭）はより身近で人々の目に止まる存在であったと思われる。

6　まとめにかえて ー「戈と盾をもつ人物」絵画の意義ー

　戈と盾をもつ人物を描いた弥生絵画は、生者を対象にした儀礼と死者を対象にした儀礼に用いられていた。両者に画像上の大きな相違はない。また、この種の絵画の基本構図は制作し始めた弥生中期から終焉する弥生末葉・古墳初頭まで変わらない。この人物の頭部には鳥装を施しており、戦闘する武人でないことは容易に判断できる。

　方相氏との関連で戈と盾をもつ人物像を捉える視点は春成秀爾（春成 2002）、小林青樹（小林青樹 2006）、設楽博己（設楽 2010）などの研究にある。筆者も死者を対象にした儀礼にも用いられていた点に注目してきた。

　戈と盾をもつ人物像については、『周礼』、『後漢書』「禮儀志」にある方相氏からみてきた。方相氏と戈と盾をもつ人物像の容姿や本務が重なってみえる。容姿で異なる点は、戈と盾をもつ人物の頭部に鳥装の飾りがついていることである。この点は、方相氏の思想が伝わった折に、呪術者のスタイルとして鳥装がすでにあり重ね合わせたのではないかと推察する。

　仮面は、方相氏が4ツ目で魌頭は両目の仮面を着装するという。両者は目以外、容姿や職責は変わらないが、大儺、大喪の時は方相氏が、身分的に下位の儀礼では魌頭が行っていた。弥生時代にこの思想が伝わったと思うが、導入したのが方相氏か魌頭か、仮面も含め判断できない。

　今一度、城野遺跡1の埋葬例をみると、4〜5歳児の霊を護るかのように戈と盾をもつ人物画が頭部に接する小口板に描いていた。また、那珂遺跡群の場合は大型甕（甕棺）の口縁部に近い肩部に描き、ともに死者に近づく悪霊の遮断、駆逐を意図していた。

　一方、清水風遺跡の物語風の絵画は、左から右へ鹿、魚、

2人の戈と盾をもつ人物、高床式建物を描いている。2人の人物は大きさを異にし、しかも離れて描かれている。この構図を画面転換とする指摘がある（豊岡2003）。鹿は自然界における天候の不順、猛威を初め、豊穣に害を及ぼす全ての動物の象徴として描いている。鹿に箭が射られている図は自然界の疫癘悪鬼を駆除したことを示している。目に見えない疫癘の駆除を表す際のパターンであった。魚は川を示し人間界の生活領域の設定を示しているという（豊岡2003）。川は自然界と人間界を二分するものであり、その境界に戈と盾をもつ人物が立つ、これが1つの場面である。高殿状の高床式建物は人間界の象徴としてあり、その前で大きく描いた人物は、儀礼での自然の象徴を駆逐した安堵と喜びを表しているのであろう。これがもう一つの場面を表していると考える。

このように儀礼により使い分けていた。

生者を対象にした儀礼と死者を対象にした儀礼において、盾を持ち、戈を振り上げる相手は「疫癘悪鬼」であり、それらを駆除することが彼らの責務であったと考えられる。当時の人々にとって疫癘悪鬼こそが、自然界における旱魃、暴風雨の猛威、寒気や熱気による疫病の発生を引き起こす要因であると考えていた。また、屍体を安置する墓所では遺体を狙い好む方良を始めとした多くの悪鬼がいると考えられ、駆逐する必要があった。

舞は季冬の追儺のおり、宮中で方相氏と十二神獣が疫癘悪鬼を駆逐する際に舞う踊りと類似し、疫癘悪鬼を駆除して役目を果たした悦びの舞であったのだろう。

引用・参考文献
安城市歴史博物館 2001『弥生人の絵画倭人の顔』p.7
上田早苗 1988「方相氏の諸相」『橿原考古学研究論集』第10 p.362
梅原末治 1927「石上銅鐸」『銅鐸の研究』大岡山書店 pp.25・26
黄強 1998「漢代の「大儺」の儀礼が追い払った「悪鬼」」『中国の祭祀儀礼と信仰』上巻 pp.151-158
大日方克己 1993「大晦日の儺」『古代国家と年中行事』pp.189-191
岡﨑晋明 2012「縄文時代の土鈴―中部山岳地域の長野県・山梨県を中心として―」『龍谷大学考古学論集―網干善教先生追悼論文集―』p.32
岡﨑晋明 2013a「盾持ち人埴輪の諸相」『龍谷日本史研究』第36号 pp.59-62
岡﨑晋明 2013b「律令期の大儺・葬送儀礼と方相氏」『飛鳥乃風たより』第5号 pp.9-15
岡山市教育委員会 2009『新庄尾上遺跡』
呉曾徳 1984「神荼郁壘及方相氏」『漢代画像石』文物出版社 pp.118-122
金関恕・小野山節 1978「木製武器」『武器装身具・日本原始美術大系』第5巻 p.176
金関恕 1986「呪術と祭り」『岩波講座日本考古学』4 pp.285-297
鹿屋市教育委員会 2008『名主原遺跡』pp.107-111

北九州芸術文化新興財団埋蔵文化財調査室 2011『城野遺跡1（1A・1B区の調査）』pp.92-95
北野重 1995「平野遺跡出土の絵画土器」『みずほ』第16号 pp.46-49
北原真知子 1959「模擬戦について」『社会人類学』Vol.2 No.2 p.42
熊本市教育委員会 1986『神水遺跡発掘調査報告書』p.226・227
桑原久男 1997「戦士と鹿―清水風遺跡の弥生絵画を読む―」『宗教と考古学』pp.78
甲元真之 2004「鳥装のシャーマン」『日本の初期農耕文化と社会』pp.274-276
国分直一 1982「船と航海と信仰」『えとのす』第19号 pp.29-32
小林青樹 2006「弥生祭祀における戈とその源流」『栃木史学』第20号 pp.102-104
小林青樹 2008「盾と戈をもちいた儀礼」『弥生時代の考古学』第7巻 pp.37-40
小林太市郎 1947「葬送及び防墓の土偶と辟邪思想」『漢唐古俗と明器土偶』pp.118-120、pp.199・120
コリン・レンフルー、ポール・バーン 2007「祭儀の認知」『考古学―理論・方法・実践』pp.416-418
近藤喬一 1986「東アジアと青銅器祭器」『銅剣・銅鐸・銅矛と出雲王国の時代』p.136
佐賀県教育委員会 1981『川寄吉原遺跡』佐賀文化財調査報告書第61集 p.4・44・45
設楽博己 2010「弥生絵画と方相氏」『史學雜誌』第119編第9号 pp.33-35
白川静 2005『新訂字統』平凡社 p.72
末永雅雄・小林行雄・藤岡謙二郎 1976『大和唐古弥生式遺跡の研究』京都帝国大学文学部考古学研究報告第16冊 pp.166-170
高橋健自 1925「我が上代に於ける原始的繪畫（1）」『国華』第35編第7冊 pp.193-203
辰巳和弘 1992「鳥装する人物」『埴輪と絵画の古代学』白水社 pp.12-15
辰巳和弘 2013「『古事記』に読む古代の心―祭祀遺跡はなぜそこにあるのか？」『國學院大學研究開発推進機構紀要』第5号 p.100
田原本町教育委員会 2006『弥生の絵画―唐古・鍵遺跡と清水風遺跡の絵画―』p.2
田原本町教育委員会 2009『田原本町文化財調査報告書』第5集 p.8
中国社会科学院考古研究所編 1987『北京大葆台漢墓』文物出版社 pp.93-97
寺沢薫 1987「弥生人の心を描く」『日本の古代・心のなかの宇宙』13 中央公論社 pp.78-130
豊岡卓之 2003「清水風遺跡の土器絵画小考」『橿原考古学研究所紀要・考古学論攷』第26冊 p.13
中村喬 1993「除夜雑俗管見」『中国歳時史の研究』pp.514-517
中村哲也 1977「宮ケ久保遺跡出土の木製武器形祭器」『考古学雑誌』第63巻第2号 pp.74・75
中村友博 1987「武器形祭器」『弥生文化の研究』第8巻 1987年4月 pp.23-28
難波洋一 1991「同笵銅鐸2例」『辰馬考古資料館考古学研究紀要』2 pp.77-103
春成秀爾 1991「絵画から記号へ―弥生時代における農耕儀礼の盛衰―」『国立歴史民俗博物館研究報告』第35集 pp.15-38
春成秀爾 1999「武器から祭器へ」『人類にとって戦いとは』1 東洋書林 pp.143-148
春成秀爾 2002「日本の先史仮面」『仮面―そのパワーとメッセ

装　飾

　　ージ』里文出版　pp.59-87
深澤芳樹 1998「戈を持つ人」『みずほ』第 24 号　p.53
福岡市教育委員会 2007『那珂 47―那珂遺跡群第 109 次調査
　　報告―』pp.18-22
藤田三郎 1999「唐古・鍵遺跡出土「楯をもつ人物」の絵画土器」
　　『みずほ』第 29 号　pp.62-65
藤田三郎 2006「絵画土器の見方小考―手を挙げる人物と盾・
　　戈を持つ人物―」『原始絵画の研究―論考編』pp.73-83
守山市教育委員会 1990「木戈の柄出土」『滋賀埋文ニュース』
　　第 125 号　pp.2・3
山田康弘 2006「山陰地方の弥生絵画」『原始絵画の研究―論考
　　編―』p.201

原典の釈文は以下の書物によった。
　本田次郎 1979『周禮通釋下』秀英出版
　渡邉義浩・藤高裕久・塚本剛・平田陽一郎編 2002「禮儀」『全
　　譯後漢書』汲古書院
　竹内照夫 1971『礼記上』新釈漢文大系 27　明治書院

謝　辞
　今回、資料の実見に際しお世話になった機関と名前を記して、
感謝の意を表す（順不同）。
　奈良県立橿原考古学研究所附属博物館、佐賀県立博物館、柏
原市教育委員会、鹿屋市教育委員会、熊本市教育委員会、米
子市教育委員会、福岡市埋蔵文化財センター、北九州市芸術
文化振興財団、田原本町教育委員会、大山町教育委員会、吉
野ヶ里町教育委員会
　藤田三郎、中原康介、濱野浩美、西尾秀道、木下博文、前田
義人、佐藤浩司、稲村博文、内久保博樹、金田一精、
　鷲見昌尚、寺田博昭、西田和己、安村俊史、北井利幸

付載：奈良県立橿原考古学研究所
5年間（2013～2017年度）の主な歩み

はじめに

2013年度から2017年度の5年の歩みのなかで、大きな出来事としては2014年3月の奈良県立橿原考古学研究所室生埋蔵文化財整理収蔵センターの開設、2015年4月2日の樋口隆康第4代研究所所長のご逝去、2015年4月の当研究所の教育委員会事務局から知事部局への所管替え、2016年4月2日の天皇皇后両陛下の当研究所へのご訪問などがあげられる。

年度毎にみていくと、2013年度は室生埋蔵文化財整理収蔵センター開設にあたり、分散して収蔵していたコンテナ2万箱以上の遺物をセンターにまとめて移動し、開所を記念して式典及び講演会を開催した。また、2011年に発生した東日本大震災の復旧・復興にともなう埋蔵文化財調査のため、職員1名を宮城県に派遣した。この職員派遣は2014年度まで2年間実施した。2014年度は14県が連携した古代歴史文化協議会による「古代歴史文化に関する共同調査研究事業」が「古墳時代の玉類」を研究テーマにして開始され、奈良県は幹事（副会長）となり、当研究所が調査研究部会長機関として参画した。2015年度は当研究所が1974年度以来41年間所属してきた教育委員会事務局（主管課は文化財保存課）から、知事部局の文化関係の組織改編にともない、地域振興部文化資源活用課に移管された。2016年度は天皇皇后両陛下が、神武天皇2600年式年祭の儀山陵の儀につき、併せて地方事情御視察のため、奈良県に行幸啓になられた。その一環として当研究所にご来訪され、遺物整理作業、古墳時代の玉類関連展示などをご覧になった。2017年度は翌2018年の橿原考古学研究所創立80周年記念事業に向けた準備を本格的に開始し、複数のプレイベントを実施した。さらに奈良県内外の寺社・企業・団体・公的機関・有識者などによる「奈良県立橿原考古学研究所創立八十周年を祝う会」が発足した。また2011年からの内戦により甚大な被害にあっているシリアの世界遺産を、保存修復し次世代へ継承することを目的として、国連開発計画の委託を受けて、当研究所が主体となったシリアの文化財関係者の人材育成事業を開始した。

研究所には所長の諮問機関として、特別指導研究員のなかから選任された委員で構成される企画運営委員会があり、2014年度に石野博信委員の研究顧問就任により、新たに谷山正道特別指導研究員に委員を委嘱した。菅谷文則所長をはじめとして白石太一郎委員、泉森皎委員、和田萃委員、片山一道委員、谷山委員の5名の委員の指導のもと、研究所の運営が進められている。この指導・運営に大きく携わられ、研究所発展に寄与された樋口前所長、森浩一研究顧問（2013年度）、岡幸二郎共同研究員（2014年度）、松井章共同研究員（2015年度）、薗田香融研究顧問・山田良三研究顧問（2016年度）が、この5ヶ年度の間にご逝去された。

橿原考古学研究所及び附属博物館の運営では、学術・文化財関連の財団に長くご支援いただいている。（公財）由良大和古代文化研究協会においては、研究所事業では秋季の公開講演会と同内容での東京公開講演会の開催、海外研修員の支援、附属博物館事業では特別陳列などの展観事業の実施にご尽力いただいている。考古学・歴史及び関連図書の当研究所への設置では（公財）修徳会、附属博物館ミュージアムショップの運営及び考古学・歴史概説図書、博物館関連図書の設置では（財）橿原考古文化財団に多大なご支援をいただいている。

研究所の事業・活動には、まず根幹となる調査課の発掘調査、附属博物館による展観、所員各々の研究があり、さらに教育普及活動、海外交流、図書刊行、資料保管などがある。以下では、2013～2017年度のこれら主な研究所の事業・活動について記す。

1　発掘調査

2013～2017年度の5年間で約690ヶ所、約35万㎡の発掘調査を各年20名前後の常勤研究員で実施した。開発にともなう事前の記録保存目的の発掘調査が大半を占め、そのほか史跡や重要遺跡に対する学術目的の発掘調査を実施した。そのなかで注目すべき調査成果のあった発掘現場では、現地説明会を開催した。

国事業

2008年度から継続している京奈和自動車道建設にともなう御所市秋津遺跡の調査では、2013～2015年度にかけて、以前に確認し注目されていた古墳時代前期の

大型方形区画施設の続きと竪穴建物群・掘立柱建物群・土坑・井戸などの遺構を検出し、また大量の古式土師器、石製品・玉類などが出土し、秋津遺跡の西への広がりを確認した。その下層では、秋津遺跡から中西遺跡にまたがって広範囲に検出していた弥生時代前期～中期の水田遺構の続きも確認している。2016 ～ 2017 年度にかけての中西遺跡の調査では、弥生時代前期の 3 面にわかれる水田を確認し、小区画水田や大畦畔に併行する水路などを検出している（口絵 1）。

県事業

2013 年度に奈良県庁舎東側のバスターミナル建設事業にともなって興福寺跡の発掘調査を行い、奈良時代から中世にかけての井戸・土坑を多数検出した。出土遺物のなかで注目されたのが、平安時代の井戸から出土した木簡（「承徳二年銘」題籤軸）・平安時代の将棋駒（「酔象」、「桂馬」、「歩兵」、口絵 3）・銭貨（「富壽新寶」、「承和昌寶」）などである。特に将棋駒は日本遊戯史における将棋の起源とその受容過程や歴史的変遷を明らかにする上で極めて重要な資料である。2014 年度には、奈良県立明日香養護学校の教室棟改築事業にともない小山田遺跡の発掘調査を行い、北から延びる丘陵を大規模に造成した飛鳥時代の石貼りの掘り割りを東西方向に長さ 48m 分検出した（図1）。古墳にともなう掘り割りとみられ、北面には貼石、底面には敷石、墳丘裾とみられる南面は板石積みであった。小山田遺跡についてはその後毎年、学術目的の範囲確認調査を実施している。2015 年度には小山田遺跡の西側に存在する谷部一帯で、古墳を造営するために大規模に造成した際の盛り土を厚さ 3.0 m 以上にわたって確認し、2016 年度には墳丘盛土と横穴式石室羨道の痕跡を検出し、古墳であることが確定的となった。またその墳丘規模は、一辺約 70 m の方墳となる可能性があり、墳丘盛土中から出土した遺物から、築造時期は 7 世紀前半以降であることが明らかとなった。

2017 年度にも羨道及び羨門の痕跡を検出し、小山田古墳は巨石を用いた大型横穴式石室をもつ古墳であったことが確実視でき、飛鳥時代の王権中枢の古墳を考える上で重要な発見となった。2015 年度には、平城宮跡歴史公園整備事業にともなって平城宮朱雀門の南西側の平城京右京三条一坊一・二・七・八坪の発掘調査を行い、平城京三条条間北小路と西一坊坊間東小路の側溝、右京三条一坊七坪の宅地相当部分では、複数の掘立柱建物・塀、北辺と東辺では築地の痕跡を確認している。また朱雀大路に面する右京三条一坊一・二坪の宅地相当部分では遺構を検出しておらず、意図的に建物などを配置しない空間が設けられていた。また県営プール跡地（奈良警察署跡地）活用事業にともない平城京左京三条二坊十四坪の調査を実施し、掘立柱建物 43 棟、柵・柱列 73 条、井戸 19 基などの遺構を検出し、十四坪内の宅地利用状況を明らかにした。またこの下層では弥生時代前期とみられる小区画水田の遺構も検出し、奈良盆地北部における貴重な事例となった。2016 年度には、県道上笠間八幡名張線の拡幅工事にともなって毛原廃寺の発掘調査を実施した。1938 年に調査が行われていたが、その時に想定していた礎石建物の基壇と礎石 1 個、礎石抜取穴 10 基などをあらためて確認した。毛原廃寺に関わる主要堂宇の一つと考えられる。2017 年度には、国道 169 号線高取バイパス建設にともなう清水谷古墳群の発掘調査を行い、飛鳥時代の 2 基の木棺直葬墳を確認した。橿原市四条町での県立医大・まちづくりプロジェクトにともなっては、四条 1 号墳の再調査を行い、二重に巡る濠の内濠を完掘し、北辺の外濠を新たに検出した。奈良県婦人会館・消費生活センター跡地においては、登大路瓦窯跡群の再調査を行い、12 世紀末の南都焼討後の興福寺再建の際に瓦を生産し供給したとみられる瓦窯など 11 基を確認した（図 2）。

民間事業

図 1　小山田古墳掘り割りの貼石と敷石

図 2　登大路瓦窯跡群全景

付載：奈良県立橿原考古学研究所5年間（2013～2017年度）の主な歩み

　2013年度に史跡東大寺旧境内において東大寺と空海寺の墓地造成にともなう調査があった。和同開珎を5枚納めた須恵器短頸壺を埋納した小土坑を検出した。この検出位置が、東大寺の伽藍中軸線と『東大寺山堺四至図』に表現されている北辺の築地のラインとの交点付近に当たることから、寺域全体の地鎮遺構であった可能性がある。2014年度には、史跡唐招提寺旧境内において防災事業にともなう発掘調査を実施した。講堂西北周辺の調査区から奈良三彩の軒丸瓦、軒平瓦、丸瓦、平瓦、熨斗瓦の各種類の瓦類が集中して出土し、唐招提寺特有の波状文様を持つことが注目された。講堂北西や西室関連の施設に特別に使用したものであろう。2015年度には個人住宅新築にともなって松林苑の発掘調査を実施し、松林苑南面大垣の東西築地塀と大蔵省推定地の東を限る南北築地塀をL字形に折れ曲がる形で検出した。また南北築地塀の東側で、歌姫街道に関する路面及びその西側溝も確認した。築地塀の隅を検出した希少例で、歌姫街道の発掘調査による最初の検出例であり、重要な成果となった。

　学術調査
　前述の小山田古墳の範囲確認調査以外に、2010年度から継続している史跡・名勝 飛鳥京跡苑池の保存整備活用事業にともなう発掘調査がある。2013～2017年度の間も毎年、南池及び周辺部の構造を解明する目的で調査を実施した（図3）。南池では中島の周囲に東西14間以上、南北7間の大型の木造施設がつくられていたことが判明し、池や水路の周囲には掘立柱建物が配置され、苑池全体を出入りする門が設置された大垣が取り囲んでいたことなど、広大な飛鳥時代の宮廷庭園の実態が判明した。なお、2013年度の北池から北に延びる水路の調査では飛鳥京跡では2例目となる海老錠が出土している（口絵2）。2014年度には、県道建設にともなう2010・2012年度の発掘調査で大規模な東西方向の掘立柱建物1棟を確認していた藤原京右京十一条二坊において、その建物範囲を確定するための発掘調査を実施した。その結果、桁行16間・梁行2間、実長は東西約51.5m・南北約6.0mの規模をもつ藤原宮期後半の建物で、藤原京内最大規模となることが判明した。2014・2015年度には、国宝薬師寺東塔の保存修理事業の一環として、東塔基壇の発掘調査を奈良文化財研究所と共同で実施した。調査の結果、基壇外装を創建時の切石積基壇から中世に乱石積基壇に改修したこと、創建基壇の版築がほぼ完存していること、基壇版築の下の掘込地業などを確認し、掘込地業の底部付近から地鎮供養に用いられたと考えられる和同開珎が4点出土した。2015年度から、宗教法人東大寺が実施する境内整備事業の一環と

図3　飛鳥京跡苑池南池（渡堤から中島を望む）

して、史跡東大寺旧境内に所在する東塔院跡での発掘調査を史跡東大寺旧境内発掘調査団（東大寺・奈良文化財研究所・当研究所）によって開始した。鎌倉時代再建期の塔基壇が良好に遺存し、東塔院の南門が桁行3間・梁行2間の礎石建物であること、南面回廊は複廊であることなどを確認している。その下層には創建期の奈良時代塔基壇の盛土や基壇外装・階段と基壇周囲の石敷も良好に遺存していることが判明している。2017年度には、吉野町教育委員会が実施している史跡宮滝遺跡の整備事業にともなう発掘調査に協力し、奈良時代の吉野宮の中心建物となる桁行9間・梁行5間の大型掘立柱建物を確認している。

　現地説明会
　発掘調査による現地説明会は、地元対象のものを含めて2013年度は4件（中ッ道、大塩城跡、飛鳥京跡苑池第8次、島庄遺跡第32次）、2014年度は5件（飛鳥京跡苑池第9次、史跡唐招提寺旧境内〔三彩瓦出土品の展示〕、藤原京右京十一条二坊・四坊、小山田遺跡、国宝薬師寺東塔）、2015年度は5件（京奈和自動車道中西遺跡第26次、飛鳥京跡苑池第10次、東大寺東塔院跡、平城京左京三条二坊十四坪、平城京右京三条一坊一・二・七・八坪）、2016年度は3件（毛原廃寺、平城京左京三条二坊十四坪、東大寺東塔院跡）、2017年度は5件（小山田遺跡、東大寺東塔院跡、登大路瓦窯跡群、四条遺跡、宮滝遺跡）である。このなかで2014年度の小山田遺跡の現地説明会では約8000人の参加があった。

2　展　観

　展観事業として附属博物館では恒常的な常設展示「大和の考古学」のほか、春・秋季特別展、速報展（夏季の「大和を掘る」）、特別陳列（冬季の「十二支の考古学」展、早春のテーマ展、そのほかの企画展）がある。これらの展覧

会では図録及び冊子を刊行し、研究講座を開催している。研究所棟では、アトリウムを使用して発掘調査あるいは研究活動などの簡易な成果展示を年数回実施している。

2013年度

博物館の展観事業は、春季特別展が「5世紀のヤマト～まほろばの世界～」、秋季特別展が「美酒発掘」、速報展の「大和を掘る31 ―2012年度発掘調査速報展―」であった。特別陳列として「シリア・古代パルミラの人々 ―シルクロードの隊商都市に生きた人々―」と「十二支の考古学 ―午―」、さらに「東海地方からの新しい風 ～古墳出現期の東海系遺物～」を開催した。博物館無料ゾーンでは、奈良県が取り組んでいる記紀万葉プロジェクト関連事業として、ゆかりの地である島根県と連携して「高く大きい「出雲大社」」展を開催した。

研究所棟のアトリウム展は、大和郡山ジャンクション建設にともなう馬司寺山遺跡第1・2次調査と馬司遺跡第3・4次調査の発掘調査成果展と科学研究費による研究成果として「三次元レーザー計測を利用した古墳時代甲冑研究の新展開」の展示を行った。

2014年度

博物館の展観事業は、春季特別展が「弥生時代の墓 ―死者の世界―」、秋季特別展が「飛鳥宮と難波宮・大津宮」、速報展の「大和を掘る32 ―2013年度発掘調査速報展―」であった。特別陳列として「十二支の考古学 ―未―」と、藤ノ木古墳第1次発掘調査から30周年を記念した展示「大和の豪族たちと 藤ノ木古墳」、同時開催で無料ゾーンでは「三次元で"作る"！ 藤ノ木古墳の国宝・馬具」の展示を行った。

研究所棟アトリウム展では、高取バイパス建設にともなう発掘調査成果展として「薩摩遺跡 ―巨勢氏以前の市尾谷―」、科学研究費研究成果の展示として「科学で紐解く古代の織物 ～科学的視点から出土染織品（織物）を探る～」を実施した。

2015年度

博物館の展観事業は、春季特別展が「継体大王とヤマト」、秋季特別展が「人のかたちの埴輪はなぜ創られたのか」、速報展の「大和を掘る33 ―2014年度発掘調査速報展―」であった。特別陳列として 「十二支の考古学 ―申―」、重要文化財長福寺本堂の保存修理事業にともなう建築史・美術史・考古学の調査成果を展示した「奈良県生駒市長福寺の古瓦」、横口式石槨のクリーニング及び再調査の成果を展示した「竜田御坊山3号墳 ―発見50年記念―」を開催した。2015年度からは、博物館・研究所の所蔵・保管品の中で、常設展示に出陳していないが学芸員がおすすめする一品を月替わりで無料ゾーンにて展示する「ミニ・ミニギャラリー蔵出しの一品」がはじまり、2015年度は「装飾付須恵器子持ち器台」や「和同開珎銀銭」など7回開催した。

研究所棟アトリウム展では、2015年4月2日に逝去された前所長樋口隆康先生を偲んで写真展「樋口隆康先生と歩んだ日々」を開催した。また、長く内戦にさらされているシリア国民に再び平安が訪れ、貴重なシリアの文化遺産が護り伝えられることを願って写真展「危機に瀕するパルミラ遺跡」を開催した。

2016年度

博物館の展観事業は、島の山古墳前方部埋葬施設発掘調査から20周年を記念した春季特別展「やまとのみやけと女性司祭者 ―史跡島の山古墳発掘20年―」、秋季特別展の「蘇我氏を掘る」、速報展の「大和を掘る34 ―2015年度発掘調査速報展―」であった。特別陳列では、モンゴルの7世紀代の墳墓から初めて発見された極彩色壁画を写真・復元模写などで紹介した「モンゴル草原7世紀の極彩色壁画 オラーン・ヘレム墓」、「十二支の考古学 ―酉―」、「ヤマトの戦士 ―古墳時代の武器・武具―」を開催した。また博物館利用の少ない視覚障害者を主な対象に、実物資料やレプリカなどのさわれる展示品を使って考古学に接し、体感する展示の「さわって体感考古学!!」も開催した。博物館無料ゾーンでは、科学研究費による研究成果報告として「御所市南郷大東遺跡における馬の飼育と利用」、「古墳時代甲冑製作における「型紙」の新例発見とその意義」、発掘調査の速報展として「小山田遺跡第7次調査発掘調査」を開催した。「ミニ・ミニギャラリー蔵出しの一品」は、「末永雅雄初代所長製作復原小札鋲留衝角付冑」、「建国奉仕隊旗」など8回開催した。

研究所棟アトリウム展では、天皇皇后両陛下が2016年4月2日に当研究所をご視察されたことを記念して、「行幸啓 写真展」を開催した。

2017年度

博物館の展観事業は、春季特別展が唐古・鍵遺跡発掘80周年を記念した「新作発見！ 弥生絵画 ―人・動物・風景―」、秋季特別展が発掘調査から20周年を迎えたことを記念した「黒塚古墳のすべて」、速報展の「大和を掘る35 ―2016年度発掘調査速報展―」であった。特別陳列として、県内高等学校写真部の参加による博物館展示考古資料の撮影会「第1回考古学写真甲子園「はにわ」を撮ろう!!」にともなう作品展、「十二支の考古学 ―総集編―」、「万葉集と考古学」、「博物館の歩み」を開催した。「ミニ・ミニギャラリー蔵出しの一品」は、「森本六爾の直筆野帳に描かれた石庖丁」、「「飛鳥瓦窯」銘平瓦」など6回開催した。

研究所棟アトリウム展では、当研究所の初代及び第3

代所長を顕彰した「末永雅雄先生・岸俊男先生回顧写真展」、当研究所室生埋蔵文化財整理収蔵センターで開催した宇陀文化財講座にともなう写真パネル展の巡回展として「発掘調査写真から見る宇陀の原風景」、帝塚山大学主催で当研究所開催の内蒙古考古学最新成果学術報告会にともなう写真パネル展「中国内蒙古自治区遼代蕭氏貴妃墓」、最新の電子顕微鏡を駆使して考古資料を観察した成果の展示である「電子顕微鏡で視るミクロの考古学」を実施した。

そのほか、博物館の展観事業の一環として、この5ヶ年度も学校関係者や遠隔地で博物館が利用しにくい方々の要望により、小学校や文化施設において「移動博物館」を実施した。また2016年度には吉野の自然と人々の関わりをテーマに、大淀町・川上村・吉野町の文化施設を巡回する展示「川に生きた人たち ―吉野川流域の考古学―」を開催した。

以上、展観事業のなかで、附属博物館は（公財）由良大和古代文化研究協会、友史会、一般財団法人橿原考古文化財団、ミュージアム・トーク、ミュージアム・トークの会に多くの援助を受けている。

3　報告書

当研究所が実施した発掘調査の大多数を占める県内開発にともなう記録保存目的の調査及び継続的に実施している史跡及び重要遺跡の内容解明のための学術調査の報告書が、2013～2017年度の5ヶ年度の間にも多数刊行された。

2013年度

奈良県立橿原考古学研究所調査報告4冊、奈良県立橿原考古学研究所文化財調査報告2冊を刊行した。研究所調査報告としては、奈良盆地南部の弥生時代中期の方形周溝墓群を報告した『観音寺本馬遺跡Ⅱ（観音寺Ⅱ地区）―京奈和自動車道「御所区間」建設にともなう調査報告書（5）』（第114冊）、桜井市南部、泊瀬の地に想定される宮殿との関連が考えられる古墳時代後期～飛鳥時代の建物群を報告した『脇本遺跡Ⅱ』（第115冊）、奈良盆地南部の弥生時代中期及び古墳時代前期初頭～中期の墳墓・古墳群を報告した『薩摩遺跡Ⅰ ―高取バイパス建設にともなう調査報告書4』（第116冊）、飛鳥京跡の内郭西方から北方・北東方のⅢ期遺構群を報告した『飛鳥京跡Ⅵ ―吉野川分水の発掘調査―』（第117冊）がある。文化財調査報告としては、三輪山祭祀に関連する子持勾玉など祭祀遺物を報告した『松之本遺跡第4次調査』（第163集）などがある。

2014年度

研究所発掘調査報告3冊、文化財調査報告2冊を刊行した。研究所調査報告としては、雄略朝の泊瀬朝倉宮との関連がうかがわれる古墳時代中期後半の大規模な石積みの壕状遺構を報告した『脇本遺跡Ⅲ』（第118冊）、奈良県営プール跡地整備事業にともなう調査により平城京内の宅地利用の一端を明らかにした『平城京左京三条二坊十一・十二・十三・十四坪』（第120冊）などがある。文化財調査報告としては、平城京跡の坪境溝から多数出土した人面墨書土器・絵馬などの祭祀関連遺物を報告した『平城京左京五条五坊二坪 ―奈良警察署庁舎建設にともなう発掘調査報告書―』（第165集）、藤原京内で最大規模の東西長となる大型掘立柱建物を報告した『藤原京右京十一条二坊 ―県道橿原神宮東口停車場飛鳥線建設事業にともなう発掘調査報告書Ⅲ』（第166集）がある。

2015年度

文化財調査報告4冊を刊行した。古墳時代中期の流路から出土した多数の土師器や刀剣装具や蓋（きぬがさ）などの木製品と藤原京条坊関連遺構を報告した『四条遺跡Ⅲ ―奈良県立医科大学附属病院中央手術棟整備工事にともなう発掘調査報告書―』（第168集）、古墳時代中期～後期の円墳・方墳からなる古墳群を報告した『稲葉車瀬遺跡 ―斑鳩パークウェイ建設にともなう発掘調査報告書（2）―』（第170集）などがある。

2016年度

研究所発掘調査報告4冊、文化財調査報告7冊を刊行した。研究所調査報告としては、奈良県内ではほとんど例がない仰臥屈葬された埋葬人骨を検出した土壙墓など縄文時代晩期中葉の遺構群を報告した『観音寺本馬遺跡Ⅲ（観音寺Ⅰ区）―京奈和自動車道「御所区間」建設にともなう調査報告書（7）―』（第121冊）、平安時代の将棋駒としてはじめてその実在が明らかとなった「酔象」駒などを報告した『名勝奈良公園・興福寺跡 ―興福寺子院観禅院跡の調査―』（第122冊）、弥生時代前期末の洪水に埋もれた水田と埋没林などを報告した『中西遺跡Ⅰ―京奈和自動車道「御所区間」建設にともなう調査報告書（8）―』（第123冊）、飛鳥時代の和田廃寺に関連する建物群と藤原宮期の建物群を検出する一方で、想定位置で藤原京朱雀大路が検出されなかったなどの調査内容を報告した『藤原京右京十一条一坊・左京十一条一坊―県道橿原神宮東口停車場飛鳥線建設事業にともなう発掘調査報告書Ⅳ―』（第124冊）がある。文化財報告としては、大和高原における中世城郭と中世墓について報告した『大塩城跡 ―県道月瀬三ヶ谷線拡幅工事にともなう発掘調査報告書―』（第171集）、奈良盆地中央部における弥生時代中期～後期にかけての集落と墓域と

古墳時代中期の方墳などの調査内容を報告した『法貴寺斎宮前遺跡・小坂榎木遺跡』（第173集）、柳本古墳群周辺の古墳時代前期の玉作り関連遺物や中期の埋没古墳を報告した『立花遺跡 ―近畿農政局大和紀伊平野農業水利事務所・吉野川分水農業用水路改修工事にともなう発掘調査報告書―』（第175集）、史跡唐招提寺旧境内の西室跡と講堂の間で大量に出土した三彩瓦などを報告した『史跡唐招提寺旧境内 ―緊急防災施設改修事業にともなう発掘調査報告書―』（第177集）などがある。

2017年度

研究所発掘調査報告1冊を刊行した。五條地域の最古段階の有畦式平窯及び瓦製作工房の調査内容を報告した『居伝瓜山瓦窯 ―京奈和自動車道「五條道路」建設にともなう発掘調査報告書―』（第125冊）である。

4　研究紀要

研究所研究員が研究論文を発表する場として『橿原考古学研究所紀要 考古學論攷』を刊行している。この5ヶ年に第37～41冊の5冊を刊行した。第37冊には、吉村和昭「古墳時代中期甲冑製作における「型紙」存在の確認 ―三次元計測技術を用いた分析成果―」、御山亮済・青柳泰介「南郷大東遺跡出土導水施設の垣根について」、丸山真史・青柳泰介「和爾遺跡第10次調査出土動物遺存体について」、清水康二「「庶民の遊戯である将棋」考 ―将棋伝来問題の定説化を目指して―」を掲載した。第38冊には、奥山誠義・北田正弘・柳田明進「高松塚古墳出土青色顔料の成分分析」、柳田明進・北田正弘・奥山誠義「高松塚古墳の赤色顔料試料の材料分析研究」、北田正弘・奥山誠義・柳田明進「高松塚古墳の緑色顔料試料の材料分析研究」、清水康二「「舶載」三角縁神獣鏡と「仿製」三角縁神獣鏡との境界」、李炳鎬・（訳）鈴木一議「百済泗沘期の王宮と寺院の位置について」、上杉彰紀・清水康二・長柄毅一・杉山拓己・Virag Sontakke「南インドにおける巨石墓に関する基礎的研究」を掲載した。第39冊には、岡見知紀「唐招提寺創建期における寺地」、豊岡卓之「史跡大峯奥駈道・史跡熊野参詣道小辺路の現状と保存管理」、鈴木裕明・石田大輔・福田さよ子・高橋敦「小墓古墳出土笠形木製品の研究」、清水康二「笵の一生 ―初期三角縁神獣鏡の二つの事例―」、鶴真美「天理市ハミ塚古墳から検出されたリン酸塩鉱物について」を掲載した。第40冊には、重見泰「新城の造営計画と藤原京の造営」、鈴木裕明・青柳泰介・福田さよ子・高橋敦「古墳時代大和の木器生産遺跡の検討 ―奈良盆地東山間部の谷遺跡から―」、絹畠歩・前田俊雄・持田大輔「奈良市中山横穴墓の研究」、持田大輔「明治・大正期における個人収集品の一様相 ―「双龍環頭」を中心に―」を掲載した。第41冊には、重見泰「律令制都城の形成」、廣岡孝信「奈良時代のヒツジの造形と日本史上の羊」、本村充保「弥生時代～古墳時代の木製履物について」を掲載した。

他の刊行物として研究所の業務実績を記した『橿原考古学研究所年報』39～43、研究所の活動情報及び小論考・資料紹介を掲載した奈良県立橿原考古学研究所彙集『青陵』第138～153号を定期的に刊行している。さらに2016年度からは、一般の方々を対象に当研究所の活動・調査研究の成果の情報発信を目的として『橿考研通信』Ⅰ～Ⅳを刊行している。

5　研究会

研究会は、常勤・非常勤研究者が集う研究集会、主に若手の常勤研究者の発表の場の談話会からなる。

研究集会

常勤・非常勤研究者の研究成果の発表の場として、あるいは検討すべき遺跡・遺物の発見や特別なゲストの来訪などに応じて年に4～5回程度開催してきた。内1回は毎年1月開催の研究所新年会である「いのししの会」に併せて実施している。2013年度には、ウィーン大学名誉教授で初代ドイツ考古学研究所ダマスカス所長であるアンドレア・シュミット・コロネー氏を迎え、パルミラ遺跡のドイツ調査隊の最新の調査成果についての発表、「いのししの会」では、稲村達也特別指導研究員による弥生時代前期水田におけるイネ収量推定の可否、西本昌弘共同研究員の大藤原京説批判の発表、5回目には石野博信特別指導研究員による「纒向遺跡から藤ノ木古墳へ」と題した70～80年代の研究所の調査研究史についての発表があった。2014年度は、弓場紀知特別指導研究員による「エジプト・フスタート遺跡出土の中国陶磁器」を皮切りに5回開催した。その中には当研究所と韓国国立文化財研究所交換研修10周年を記念して「考古学からみた日韓交流」をテーマにそれぞれの所員6名による研究発表、「いのししの会」での田中晋作共同研究員による「古墳時代中期の政権構造」の発表などがあった。2015年度には、「いのししの会」での谷山正道特別指導研究員による「陵墓と地域社会 ―近世から近代へ―」の発表、当研究所で研修された国立扶余文化財研究所の申㵛宇氏による「地球物理探査を活用した遺跡調査事例 ―慶州月城の調査を中心に―」、国立伽倻文化財研究所の鄭仁部氏による「昌寧地域の古墳築造技法の検討・封土墳を中心に」の発表など5回実施した。2016年度には、今津節生特別指導研究員による「藤ノ

木・勝負砂・船原古墳に見る有機物調査法の発展」、中橋孝博特別指導研究員による「日本人の起源問題 ―その現状と課題―」、「いのししの会」での田島公特別指導研究員による「十巻本『伊呂波字類抄』の写本研究の進展と考古学 ―『校刊美術史料』寺院篇上巻「伊呂波字類抄」の問題点―」の発表など、4回実施した。2017年度には、科学研究費「国家形成期の畿内におけるウマの飼育と利用に関する基礎研究」の研究成果発表、「いのししの会」での茂木雅博特別指導研究員による「徳川光圀と宇陀育ちの佐々宗淳」の発表など、4回実施した。

談話会

研究所の若手の常勤研究員及び海外研修員の研究発表の場として毎月1回、第3金曜日に開催している。2013年度には12回開催し、海外研修員の発表として8月にウズベキスタン共和国アカデミー芸術学研究所のアクマル・ウルマゾフ氏による「ウズベキスタンの遺跡」、12月に中国社会科学院考古研究所の宋江寧氏による「地域社会の形成と発展 ―社会史からみた関中地区商代銅器の解読―」、3月に韓国国立羅州文化財研究所の田庸昊氏による「霊巌沃野里方台形古墳墳丘築造過程と円筒形土器についての研究 ―古代韓日古墳の比較検討を中心に―」、オハイオ州立大学大学院の崔惠貞氏による「韓国三国時代の弥勒の造形と造像」があった。2014年度には11回開催し、新規採用された岡見知紀（装飾古墳）・木村理恵（須恵器）・宇野隆志（埴輪）・藤元正太（青銅武器）が各専門分野の研究発表を行った。ほかに東日本大震災の復旧・復興事業にともなう埋蔵文化財発掘調査のため宮城県に派遣していた須藤好直・井上主税がその調査体制・内容などについて発表し、さらに海外研修員の中国社会科学院考古研究所高江涛氏による山西省陶寺遺跡の調査研究についての発表があった。2015年度には10回開催し、常勤研究員以外では8月に九州大学の辻田淳一郎氏を迎え、「古墳時代中・後期における同型鏡群の授受とその具体相」について、12月には香芝市教育委員会の西垣遼氏による山陰型甑形土器、1月には橿原市教育委員会の杉山真由美氏による弥生時代中期の奈良盆地における土器製作についての発表がそれぞれあった。3月には退職を迎えた今尾文昭による古墳の終焉と「都市陵墓」の出現についての発表があった。2016年度には10回開催し、5月にはリヨン大学上席研究員のピエール・ロンバーン氏を迎え、「バハレーン島におけるティロス文化：ヘレニズムと伝統」についての発表があった。海外研修員では、中国寧夏文物考古研究所の馬強氏による西夏の考古学的調査成果について、ウィスコンシン大学マディソン校のローレン・グローバー氏による日韓の玉と青銅の交易と加工について、韓国羅州文化財研究所の李志映氏による羅州五良洞窯跡の調査研究成果についてそれぞれ発表があった。さらに新規採用の岩越陽平の専門分野（須恵器）、日本学術振興会特別研究員の石黒勝己氏による「ミューオンラジオグラフィーによる古墳埋葬施設研究の現状」の発表もそれぞれあった。2017年度には11回開催し、海外研修員の発表として5月に寧夏文物考古研究所の馬暁玲氏による「発掘された北朝から唐代壁画墓の屏風式樹下老人図について」、12月に西北大学文化遺産学院の孫麗娟氏による「中国西北地区の毛皮類文化財の保存科学的研究」、2月に韓国国立江華文化財研究所の南浩鉉氏による「忘れられた古代道路の検出 ―可能か？」、3月に寧夏文物考古研究所の王宇氏による「寧夏固原須弥山石窟考古調査」があった。また新規採用された鈴木朋美（ベトナム考古学）・河﨑衣美（石造文化遺産の保存）・齊藤希（中国考古学）が各専門分野の研究発表を行った。

6　科学研究費補助金

基盤研究A

「古代パルミラの葬制の変化と社会的背景にかかわる総合的研究」代表者 西藤清秀（2011～2015）、「藤ノ木古墳出土品からみた考古系博物館における展示・公開に関する総合的研究」代表者 今尾文昭（2013～2016）、「弥生初期水田に関する総合的研究 ―文理融合研究の新展開―」代表者 本村充保（2016～2019）、「バハレーン・ティロス文化に見るシリア・パルミラの人と文化の影響に関わる総合的研究」代表者 西藤清秀（2016～2020）

基盤研究B

「三次元計測を応用した青銅器製作技術からみた三角縁神獣鏡の総合的研究」代表者 水野敏典（2013～2016）、「古墳時代中期における甲冑生産組織の研究 ―「型紙」と製作工程の分析を中心として―」代表者 吉村和昭（2014～2017）、「古墳時代王権中枢の木材利用に関する総合的研究」代表者 鈴木裕明（2014～2018）、「製作技術を視座とした三角縁神獣鏡の編年と生産体制研究」代表者 菅谷文則（2016～2019）、「三次元デジタルアーカイブを活用した青銅器製作技術解明の総合的研究」代表者 水野敏典（2017～2020）、「黒塚古墳から藤ノ木古墳へ至る古墳時代における染織文化財の総合的研究」代表者 奥山誠義（2017～2020）

基盤研究C

「三次元レーザー計測を利用した古墳時代甲冑製作の復元的研究」代表者 吉村和昭（2011～2013）、「人骨埋葬資料による縄文社会動態に関する研究」代表者 岡田憲一（2011～2014）、「古墳時代木棺の展開過程におけ

る鏃の基礎的研究」代表者 岡林孝作（2012〜2014）、「前期古墳出土鉄製小札革綴甲冑の復元的研究 ―黒塚古墳出土品をモデルとして―」代表者 卜部行弘（2012〜2015）、「古墳時代における渡来系集団の出自と役割に関する考古学的研究」代表者 坂靖（2012〜2015）、「デカン高原・巨石文化期に現れる高錫青銅器製作技術の源流の探索」代表者 清水康二（2013〜2016）、「朝鮮半島初期鉄器時代 〜三国時代の鉄・鉄器生産遺跡出土の倭系遺物に関する研究」代表者 井上主税（2014〜2016）、「国家形成期の畿内におけるウマの飼育と利用に関する基礎的研究」代表者 青柳泰介（2014〜2016）、「古墳出土の釘に付着した材組織の観察からみた木棺の用材利用法と棺構造の復元的研究」代表者 岡林孝作（2015〜2017）

若手研究B
「古墳時代における埴輪生産と製作技術系統の研究」代表者 東影悠（2012〜2013）、「古墳出土繊維製品からみた繊維劣化過程の復元的研究」代表者 奥山誠義（2013〜2014）、「煉瓦等の生産技術を中心とする産業近代化の考古学的研究」代表者 北山峰生（2013〜2015）、「弥生時代から古墳時代の青銅器鋳造技術の研究」代表者 北井利幸（2014〜2016）、「日韓における古代都城の形成に関する考古学的研究」代表者 重見泰（2014〜2017）、「水蒸気移動を用いた出土鉄製文化財の新規脱塩法の開発」代表者 柳田明進（2015〜2017）、「着生地衣類の二次代謝産物による石造文化遺産への化学的劣化に及ぼす影響評価の試み」代表者 河崎衣美（2016〜2019）

特別研究奨励
「宇宙線ミューオンを用いた古墳埋葬施設の研究」代表者 石黒勝己（2016〜2018）

挑戦的萌芽研究
「文化財美術品搬送における振動及び温湿度環境」代表者 西藤清秀（2012〜2014）、「乾燥剤を用いた出土木製品凍結乾燥法の基礎的研究」代表者 奥山誠義（2015〜2017）、「破壊された建造物・消滅した遺跡の写真の利用による３次元画像化に関わる研究」代表者 西藤清秀（2017〜2019）、「原子核乾板を用いたミューオントモグラフィー技術による古墳墳丘内部の３次元画像化」代表者 石黒勝己（2017〜2019）

研究スタート
「サーフィン文化の起源を探る ―土器編年からのアプローチ―」代表者 鈴木朋美（2016〜2017）

7　海外交流・研修

　海外から研究者の受け入れを行い、相互の研究交流をはかっている。当研究所と韓国国立文化財研究所の研究者の相互派遣事業は2014年度で10周年を迎え、記念の公開講演会「百済と日本の寺院と都城」を当研究所で研修した韓国国立文化財研究所の研究員を招いて開催した。また相互派遣も国際文化交流事業として継続的に実施しており、当研究所から2013年度に持田大輔、2014年度に絹畠歩、2015年度に清水康二、2016年度に中野咲、2017年度に絹畠歩を派遣し、韓国国立文化財研究所から2013年度に蘇哉潤氏・田庸昊氏、2014年度に韓志仙氏、2015年度に申涼宇氏、2016年度に李志映氏、2017年度に南浩鉉氏を受け入れている。

　奈良県国際課の海外技術研修員受入事業として、中国社会科学院考古研究所から2013年度には宋江寧氏、2014年度には高江涛氏を受け入れたが、2014年度をもって2000年度から継続した中国社会科学院考古研究所からの受け入れは中断することになった。同事業では2017年度に中国陝西省西北大学から孫麗娟氏を受け入れている。奈良県国際課では2014年度より奈良県戦略的専門分野交流事業がはじまり、奈良県と友好提携の協定を結んでいる中国陝西省へ当研究所研究員を派遣することになった。研修機関は陝西省考古研究院と西北大学である。2014年度は前田俊雄、2015年度は木村理恵、2016年度は岡見知紀、2017年度は米川裕治を派遣した。

　他に中国考古学研究機関からの研究員受け入れとして、2015年度から中国寧夏文物考古研究所からの依頼により、当該研究所研究員の受入事業を開始した。2015年度は馬強氏、2016年度は馬暁玲氏、2017年度は王宇氏を受け入れている。また前述の国際文化交流事業の一環として、2016年度から中国陝西省考古研究院の研究員受け入れも行っている。2016年度は曹龍氏、2017年度は邱楠氏を受け入れている。

　この他、2013年度に国際交流基金知的交流フェローシップによりウズベキスタン科学アカデミー芸術学研究所のアクマル・ウルマソフ氏、国際交流基金によりオハイオ州立大学の崔惠貞氏、カリフォルニア大学バークレー校のカールエー・ゲラート氏、2015年度にフルブライト基金によりウイスコンシン大学マディソン校のローレン・グローバー氏を受け入れた。

執筆者紹介 〔掲載順〕

稲村 達也（いなむら たつや） 1953年生まれ。京都大学大学院農学研究科教授、橿原考古学研究所特別指導研究員。

岩越 陽平（いわこし ようへい） 1992年生まれ。橿原考古学研究所主任技師。

橋本 裕行（はしもと ひろゆき） 1959年生まれ。橿原考古学研究所企画課長。

奥田 尚（おくだ ひさし） 1947年生まれ。橿原考古学研究所特別指導研究員。

石野 博信（いしの ひろのぶ） 1933年生まれ。兵庫県立考古博物館名誉館長、橿原考古学研究所研究顧問。

菅谷 文則（すがや ふみのり） 1943年生まれ。橿原考古学研究所所長。

田中 晋作（たなか しんさく） 1955年生まれ。山口大学人文学部教授、橿原考古学研究所共同研究員。

森岡 秀人（もりおか ひでと） 1952年生まれ。関西大学大学院文学研究科非常勤講師、橿原考古学研究所共同研究員。

河上 邦彦（かわかみ くにひこ） 1945年生まれ。橿原考古学研究所共同研究員。

泉 武（いずみ たけし） 1951年生まれ。高松塚壁画館学芸員、橿原考古学研究所共同研究員。

重見 泰（しげみ やすし） 1977年生まれ。橿原考古学研究所附属博物館主任学芸員。

入倉 徳裕（いりくら のりひろ） 1960年生まれ。橿原考古学研究所企画部長・附属博物館副館長。

山田 隆文（やまだ たかふみ） 1971年生まれ。橿原考古学研究所指導研究員。

蘇 哲（そ てつ） 1954年生まれ。金城大学社会福祉学部教授、橿原考古学研究所共同研究員。

西本 昌弘（にしもと まさひろ） 1955年生まれ。関西大学文学部教授、橿原考古学研究所共同研究員。

森下 惠介（もりした けいすけ） 1957年生まれ。橿原考古学研究所共同研究員。

東野 治之（とうの はるゆき） 1946年生まれ。武田科学振興財団杏雨書屋館長、橿原考古学研究所特別指導研究員。

田中 久夫（たなか ひさお） 1934年生まれ。神戸女子大学名誉教授、橿原考古学研究所研究顧問。

茂木 雅博（もぎ まさひろ） 1941年生まれ。土浦市立博物館館長、橿原考古学研究所特別指導研究員。

本村 充保（もとむら みつやす） 1971年生まれ。橿原考古学研究所調査課係長。

北井 利幸（きたい としゆき） 1978年生まれ。橿原考古学研究所附属博物館主任学芸員。

泉森 皎（いずもり こう） 1941年生まれ。（公法）由良大和古代文化研究協会業務執行理事、橿原考古学研究所特別指導研究員。

坂 靖（ばん やすし） 1961年生まれ。奈良県教育委員会事務局文化財保存課課長補佐。

中野 咲（なかの さき） 1980年生まれ。橿原考古学研究所主任研究員。

絹畠 歩（きぬはた あゆむ） 1987年生まれ。橿原考古学研究所主任技師。

三船 温尚（みふね はるひさ） 1955年生まれ。富山大学芸術文化学部教授、橿原考古学研究所共同研究員。

水野 敏典（みずの としのり） 1965年生まれ。橿原考古学研究所資料課係長。

清水 康二（しみず やすじ） 1964年生まれ。橿原考古学研究所指導研究員。

宇野 隆志（うの たかし） 1981年生まれ。橿原考古学研究所主任研究員。

髙木 清生（たかぎ きよみ） 1976年生まれ。橿原考古学研究所主任研究員。

奥山 誠義（おくやま まさよし） 1976年生まれ。橿原考古学研究所指導研究員。

大西 貴夫（おおにし たかお） 1970年生まれ。橿原考古学研究所指導研究員。

東 潮（あずま うしお） 1946年生まれ。徳島大学名誉教授、橿原考古学研究所共同研究員。

豊岡 卓之（とよおか たくし） 1959年生まれ。橿原考古学研究所副所長・附属博物館館長。

岡﨑 晋明（おかざき くにあき） 1943年生まれ。龍谷大学名誉教授、橿原考古学研究所共同研究員。

橿原考古学研 究 所論集 第十七
（かしはらこうこがくけんきゅうしょろんしゅう）

2018 年 9 月 13 日　初版第一刷発行　　　　　定価（本体 22,000 円＋税）

編　者	奈良県立橿原考古学研究所
発行所	株式会社　八木書店 古書出版部 代表 八 木 乾 二

〒 101-0052 東京都千代田区神田小川町 3-8
電話 03-3291-2969（編集）-6300（FAX）

発売元　株式会社　八 木 書 店

〒 101-0052 東京都千代田区神田小川町 3-8
電話 03-3291-2961（営業）-6300（FAX）
https://catalogue.books-yagi.co.jp/
E-mail pub@books-yagi.co.jp

印　刷	天理時報社
製　本	牧製本印刷
用　紙	中性紙使用

ISBN978-4-8406-2228-8

©2018 Archaeological Institute of Kashihara, Nara prefecture